20세기 이야기

1990년대

20세기 이야기 _1990년대
홍청대다 맞은 위기(國內) I 인터넷·휴대폰 혁명(國外)

1판 1쇄 발행일 2014년 9월 15일

지은이 김정형
발행인 한숙희
발행처 답다출판
출판등록 제2012-000343호(2012년 11월 1일)
주소 135-875 서울시 강남구 선릉로94길 7 현죽빌딩 7층
전화 02)733-9389 I **팩스** 02)6280-9387
전자우편 dabda12@naver.com

편집디자인 나모에디트(02-2263-3309)
용지 동남지류유통(02-2274-0223)
인쇄 상지사 P&B(031-955-3636)

ISBN 978-89-98451-09-7-04900
ISBN 978-89-98451-10-3(세트)

20세기 이야기

1990년대

홍청대다 맞은 위기(國內)
인터넷·휴대폰 혁명(國外)

답다

무한질주 20세기 발자취와
대한민국의 뚝심 추적史

20세기는 무한질주의 시대였습니다. 과학과 기술이 비약적으로 발전하고, 신제품이 쏟아져 나왔습니다. 컨베이어 벨트로 상징되는 대량생산 덕에 인류는 유사 이래 처음 물질적 풍요의 시대를 경험했습니다. 불치병은 치료되고 수명은 연장되었습니다. 농업생산력도 폭발적으로 증가해 세계 대부분의 나라에서 기아가 사라졌습니다. 항공기의 발달로 세계는 지구촌이 되고 인터넷과 휴대폰의 대량 보급으로 인류는 이웃이 되었습니다.

문제는 인간의 무지와 탐욕, 야만과 광기였습니다. 여기에 과학과 기술의 옷이 입혀지면서 대량학살이 자행되었습니다. 20세기 전반기에 겪은 두 차례의 세계대전은 인류를 죽음의 구렁텅이로 몰아넣었습니다. 20세기 후반기에는 미소 냉전과 이로 인한 국지전, 민족과 종교의 이름으로 가해지는 무차별적인 학살, 독재자들의 만행, 악덕 자본가의 탐욕, 환경오염으로 인한 자연파괴 등으로 인류는 혼돈의 시대를 살아야 했습니다. 다행인 것은 이런 와중에도 문화가 꽃을 피우고 생활수준은 나아졌으며 민주주의가 세계 곳곳에서 자리를 잡아갔습니다.

20세기 초, 대한민국은 적자생존과 약육강식이 지배하는 제국주의 세계에 내던져진 한 점의 고깃덩어리에 불과했습니다. 결국 아가리를 벌리고 발톱을 세운 일본 제국주의의 먹잇감이 되고 말았습니다. 그렇게 질곡의 시대를 살아야 했던 대한민국이 비로소 명패를 내걸고 존재를 인정받은 것은 1948년입니다. 하지만 곧 전 세계를 짓누른 미소 냉전의 틈바구니 속에서 또다시 민족의 비극 6·25를 경험해야 했습니다. 모든 것은 재가 되었습니다. 우리는 그 참혹한 현실 앞에서 망연자실했습니다.

그러나 우리 국민은 참으로 위대했습니다. 끈질긴 생명력으로 다시 일어서고 가난과 폐허로부터 벗어났습니다. 도저히 따라가지 못할 것 같은 선진국과의 격차를 근소하게 좁히고 코리아의 존재를 세계에 각인시켰습니다. 정치적으로는 민주주의를 완벽하게 정착시키고 경제적으로는 절대 가난에서 벗어나 물질적 성취를 이뤄냈습니다. 식민지를 경험한 국가 중 '산업화'와 '민주화'를 모두 이룬 대표적인 모범 국가로 발돋움했습니다.

하지만 오늘이 있기까지 남북 대치와 개발 독재에 따른 인권 유린, 자본의 논리로 인한 노동자·농민의 희생이 잇따랐습니다. 민주화를 이룬 뒤에도 사회 양극화와 이념적 대립이 계속 우리 사회 전반을 짓누르고 있습니다. 압축 성장에 따른 정신적 황폐화와 상대적 박탈감, 속물 자본주의 근성도 끈질기게 우리 주변을 배회하고 있습니다.

이 책은 이런 20세기 100년(정확히는 101년)의 이야기입니다. 20세기 국내외에서 일어난 중요하고 의미가 있는 과학, 산업, 정치, 경제, 전쟁, 문화, 예술, 스포츠, 학문, 언론 등을 망라했습니다. 의미가 있는지? 후세에 영향을 미쳤는지? 선구적 업적인지? 새로운 흐름인지? 등을 수록의 기준으로 삼았습니다. 20세기 100년을 10년 단위로 구분해 총 10권으로 구성했습니다. 각 권의 연도마다 국내와 국외를 함께 수록했습니다.

자료를 찾고 원고를 정리하면서 가장 궁금했던 것은 100년 동안의 세계적인 대격변 속에서 대한민국이 어떤 과정을 거쳐 오늘에 이르렀을까 하는 의문이었습니다. 궁금증을 풀려면 국내와 국외에서 비슷한 시기에 일어난 문제를 함께 소개해야 거시적이고 상대적인 관점에서 온전한 비교가 가능하다고 판단했습니다.

　현재 우리 사회는 진보와 보수 간에 도그마, 자기 합리화, 독선, 진영논리 등에 매몰되어 있습니다. 끊임없이 계속되는 사회적인 갈등과 극단적인 이념 대립은 심각한 수준에 이르렀습니다.

　그런데도 대한민국은 중심이 흔들리지 않고 꿋꿋하게 버티고 있습니다. 이것은 선대의 희생과 당대 사람들의 용기가 있었기에 가능했습니다. 일제하에서는 독립운동가, 해방 후에는 6·25 참전용사, 개발 독재 시절에는 산업화의 두 주역인 근로자와 기업가, 민주화를 열망하는 시민과 운동가 등이 오늘을 있게 한 주역들이었습니다.

　그중에서도 특히 근로자의 근면과 기업가의 리더십은 오늘의 대한민국을 있게 한 원동력이었습니다. 기업가는 더 많은 부를 쌓고 싶어서, 근로자는 더 나은 삶을 위해서 함께 기업을 키워갔습니다. 이 과정에서 다수 근로자의 노력과 희생을 발판 삼아 살아남은 기업은 대기업으로 성장하고 국가는 이들 대기업 덕에 경제 규모를 키워 유엔 사무총장을 배출하는 등 지구촌의 중요한 멤버로 자리를 잡았습니다. 이런 점에서 대한민국의 중심이 흔들리지 않을 수 있었던 결정적인 이유를 꼽으라면 근로자의 땀, 기업의 성장, 국가 경제 규모의 확대 등을 들고 싶습니다.

　이 책은 진보 보수 어느 한쪽의 입장에 서기보다 양쪽 모두를 긍정하는 입장을 취했습니다. 양쪽의 생각을 가급적 균형 있게 소개하려 했습니다. '사회가 건강하려면 보수와 진보라는 두 날개로 날아야 한다'는 주장에 전적으로 공감하고, 두 입장 모두 우리 사회를 지탱하는 소중한 두 축이라고 믿기 때문입니다. 그렇다고 우리 사회의 건강성을 해치는 일부 보수의 '부패'와 '탐욕', 일부 진보의 '경박'과 '독선'까지 수용하는 것은 아닙니다. 빛과 그림자는 늘 함께하는 것인데도 이 같은 사실을 애써 외면한 채 어느 한쪽 면만을 지나치게 강조하거나 부각하려는 외눈박이에 대해서도 경계합니다.

이 책이 국내 위주의 정치·사회적인 책으로 오해하는 독자가 있을지 모르겠습니다. 사실 이 책에는 정치·사회 외적인 내용들이 훨씬 더 많습니다. 세계 문제도 국내 문제 못지않게 풍부하고 다양합니다. 총론적인 역사서도 아닙니다. 하나하나가 과학사이고 문화사이고 경제사이고 생활사입니다.

풍부하지만 부실하고 잘못된 정보가 인터넷에 넘쳐나는 현실도 책을 쓰게 된 동기 가운데 하나였습니다. 물론 인터넷에는 뛰어난 고수들이 많습니다. 하지만 그들의 고급 정보를 일일이 찾는 게 쉽지 않습니다. 장시간 인터넷을 뒤져야 겨우 찾을 수 있기 때문입니다.

원고를 쓰면서 가장 신경을 쓴 부분은 '정확한 사실'이었습니다. 물론 사실이라는 것도 때로는 그것을 바라보는 사람의 관점과 해석에 따라 달리 보인다는 것을 모르지는 않습니다. 우리 사회는 아직도 자신의 입맛대로 해석하거나 특정한 의도를 갖고 사실을 취사선택하는 경향이 강합니다. 우리가 마지막 보루로 기대고 싶어하는 '상식'의 기준과 개념 역시 사람에 따라 각기 다르게 인식되는 것도 사실입니다. 따라서 이 책에서 가끔 드러나는 필자의 생각을 긍정하거나 부정하는 것은 전적으로 독자의 몫입니다.

또 하나 걱정되는 것은 혹시 있을지 모르는 오류입니다. 원고를 쓸 때부터 꼼꼼히 확인하고 몇몇 지인이 원고를 읽어주긴 했지만 그래도 작업이 방대하고 기간이 오래 걸려 어떤 오류가 어디서 튀어나올지 몰라 내심 걱정스럽습니다.

　이 책은 독창적이거나 학문적인 저술이 아닙니다. 기존의 저술들을 수집·정리·소개한 것입니다. 그런 점에서 국내외의 많은 학자, 기자, 작가들이야말로 이 책의 진정한 저자입니다. 저는 대표 저자로 이름을 올렸을 뿐입니다. 그들의 책과 논문, 기사를 일일이 소개하는 것이 예의겠으나 책의 분량이 너무 늘어난다는 것을 핑계로 부득이 제외했음을 양해 바랍니다.

　국내에 이런 종류의 책이 없고, 20세기를 총체적으로 이해하는 데 도움이 될 수 있겠다는 지인들의 권고에 고무되어 감히 이 책을 세상에 내놓았습니다. 관심과 격려, 질정을 바랍니다.

'20세기 이야기'(전10권) 첫 권을 내며

2012년 12월 1일

김정형

1994년

1990년

한국·소련 수교

1905년 을사조약에 따라 한러 관계가 단절된 후 85년 만에 다시 수교하는 역사적인 순간이었다.

1905년 이후 80여 년 동안 자의·타의로 서로 문을 닫고 살아온 한국과 소련이 상대국에 문호를 개방한 것은 노태우 대통령의 적극적인 북방 드라이브 정책과 고르바초프 소련 공산당 서기장의 신사고 외교정책이 맞물린 결과였다. 노태우 대통령은 1988년 7월 7·7선언을 천명하고 다음 달 비밀리에 소련을 방문하는 박철언 청와대 정책보좌관 편에 고르바초프에게 첫 친서를 보내는 것으로 한·소 수교에 시동을 걸었다. 서울올림픽 개막 전날인 1988년 9월 16일 고르바초프 서기장이 연설을 통해 한반도 평화, 한국과의 협력 등을 주요 내용으로 언급한 것은 7·7선언에 대한 화답이었다.

당시 고르바초프에게 북한은 점차 부담이 되고 있었던 반면 한국은 매력적인 경협 파트너로 비쳐지고 있었다. 소련은 1988년 9월 개막한 서울올림픽에 6명의 영사단과 1,000여 명의 선수단을 비롯해 관광객, 예술공연단 등 2,000여 명을 파견해 화해 무드를 조성했다. 이에 고무된 노태우 정부는 1988년 12월 "소련의 상업차관 요구를 긍정적으로 검토할 것"이라는 뜻을 소련에 전달했다.

소련은 사회주의권 특유의 외교 방식인 정경분리 원칙을 내세워 '선 경제협력, 후 국교 수립'을 주장했다. 이에 따라 1989년 4월 3일 서울에 소련의 상공회의소 무역사무소가, 4월 13일 모스크바에 대한무역진흥공사 사무소가 개설됨으로써 양국 간 경제 관계가 공식화되었다. 1990년 2월 22일에는 주소련 대한민국 영사처가 개설되고 3월 19일 주한국 소련 영

노태우 대통령(왼쪽)과 고르바초프 소련 대통령이 미국 샌프란시스코 페어몬트 호텔에서 수교 원칙에 합의하기 전 포즈를 취했다 (1990.6.4).

사처가 문을 열어 양국 간 공식관계에 물꼬를 텄다. 이 과정에서 김영삼 의원이 1989년 6월 민주당 총재 자격으로, 1990년 3월 민자당 최고위원 자격으로 두 차례 소련을 방문한 것도 양국 관계를 다지는 데 일정한 역할을 했다.

한국은 '선 경제협력'에 이어 '후 국교 수립'을 요청했으나 소련은 즉각적인 반응을 보이지 않았다. 그러다가 1990년 5월 고르바초프가 자신의 외교수석보좌관인 아나톨리 도브리닌 전 주미대사를 한국에 보내 비밀리에 노태우 대통령을 만나게 함으로써 한소 정상회담을 타진했다. 그 결과물이 1990년 6월 4일 미국 샌프란시스코에서 열린 노태우 대통령과 고르바초프 대통령 간의 첫 한소 정상회담이었다. 회담은 노 대통령의 숙소인 페어몬트 호텔에서 이뤄졌다. 소련은 회담 후 공동성명 발표를 생략하는 등 회담의 성격을 비공식적인 것으로 인상 지우려 했다. 고르바초프는 기념사진을 찍자는 노 대통령의 요청도 거절했다가 노 대통령의 설득에 마지못해 응했다. 그래도 만남 자체만으로 전 세계를 놀라게 했다.

공식 수교에 앞서 해결해야 할 문제는 우리가 제공하기로 약속한 경협 자금이었다. 구체적인 내용은 1990년 8월 2일 모스크바에서 열린 제1차 한소 정부대표단 회담에서 유리 마슬류코프 부총리와 김종인 청와대 수석의 협상 끝에 결정되었다. 경협 자금은 총 30억 달러였다. 1991년부터 3년에 걸쳐 지원하되 그중 15억 달러는 한국의 소비재와 공업원료 수입을 위한 차관으로, 10억 달러는 현금으로, 나머지 5억 달러는 공장 건설 등의 형태로 지원하기로 합의했다. 노태우 대통령이 소련과의 관계 개선을 생각하면서 무엇보다 중요하게 여긴 것이 북한에 대한 소련의 무기 지원 억제였기 때문에 김종인 수석은 경협 규모 결정에 앞서 북한에 대한 소련의 군사원조를 단호하게 경고했다. 다행히 소련도 약속을 지켜 경협 이후 북한에 한 기의 전투기, 한 대의 전차, 한 기의 미사일도 가지 않았다.

노태우의 북방정책과 고르바초프의 신사고 외교정책이 맞물린 결과

소련이 비로소 수교에 관심을 보인 것은 1990년 9월이었다. 예두아르트 셰바르드나제 외무장관이 블라디보스토크에서 공로명 주소련 영사처장을 만나 유엔총회 때 뉴욕에서 한소 외무장관 회담을 열자고 전해온 것이다. 그러나 소련은 사전 실무 접촉 때부터 수교 발효 시기를 1991년 1월 1일로 하자는 입장을 고수해 '수교 서명 즉시 발효'를 원하는 우리 측의 애를 태웠다. 소련은 "의미 있는 한소 수교인 만큼 해가 바뀌는 시점으로 잡자"는 이유를 들었지만 실은 오랜 맹방인 북한에 대한 '마지막 배려'였다.

양국 간 외무장관 회담은 9월 30일 낮 12시(한국시간 10월 1일 오전 1시) 유엔본부 안보리 의장실에서 열렸다. 수교 원칙에는 이견이 없었으나 예상대로 발효일이 문제였다. 셰바르드나제 외무장관은 여전히 이듬해 1월 발효를 고집했다. 최호중 외무장관이 재차 강하게 촉구하자 셰바르드나제는 의외로 입장을 바꿔 '수교 즉시 발효'에 합의해 주었다.

마지막 과제는 서명이었다. 우리 측은 한소 외무장관 회담에 앞서 수교일을 1991년 1월 1일로 명시한 공동 코뮈니케를 준비해 놓고도 혹시나 하는 기대감에 수교일을 빈칸으로 남겨놓은 문서를 따로 준비해 그 자리에서 수교일을 9월 30일로 기재할 수 있었다. 그러나 소련은 수교일을 1991년 1월 1일자로 작성한 문서만을 준비해 와 그 자리에서 1991년 1월 1일을 1990년 9월 30일로 수정하고 서명했다.

회담 후 두 장관은 1990년 9월 30일부로 대사급 외교 관계를 수립하기로 결정했다는 공동 코뮈니케를 발표했다. 1884년 한러 수호통상조약으로 국교 관계의 첫 장을 열었다가 1905년 을사조약에 따라 한러 관계가 단절된 이후 85년 만에 다시 수교하는 역사적인 순간이었다. 소련은 북한과의 관계가 악화할 것을 의식해 코뮈니케 3항에 "양국은 이 조치가 각자의 제3국과의 관계에 결코 영향을 미치지 않는다는 전제하에서 추진한다"는 조항을 두었다.

우리나라는 수교 이듬해인 1991년부터 경제협력 차관을 제공했다. 그러나 그해 소련이 해체되면서 잔여분에 대한 차관 제공을 중단해 소련에 제공한 차관 총액은 14억 7,000만 달러였다. 1999년까지 돌려받기로 했으나 구 소련으로부터 상환을 승계받은 러시아가 자국 사정으로 상환을 미루면서 제대로 회수되지 않자 우리 정부는 차관 중 3억 100만 달러를 러시아제 무기·장비로 돌려받았다. 나머지 원금과 이자 중 13억 3,000만 달러는 현금 대신 군사기술로 대신하는 것으로 2007년 12월 러시아와 합의했다.

국내 인터넷 시대 개막과 전길남
1994년은 인터넷의 대중화가 시작된 원년이었다.

우리나라 인터넷 역사는 1982년 5월 15일 경북 구미의 한국전자기술연구소와 서울대 전자계산학과를 네트워크로 연결한 'SDN' 전산망으로부터 시작된다. 서울대의 PDP11 중형컴퓨터와 전자기술연구소의 VAX 11/780 중형컴퓨터가 1,200bps 속도의 전용회선으로 연결된 SDN이 등장하기 전, 은행 온라인망이 없었던 것은 아니지만 이 네트워

크는 대형 메인컴퓨터와 더미 터미널 간의 연결
이었기 때문에 각기 독립된 역할을 하는 컴퓨터
와 컴퓨터를 연결하는 네트워크와는 거리가 멀
었다.

전길남(1943~)

물론 SDN도 컴퓨터와 컴퓨터의 연결이었기
때문에 네트워크와 네트워크의 연결을 의미하는
인터넷 시대의 개막을 운운하기에는 여전히 미
흡했다. 다만 훗날 모든 인터넷이 사용하게 되
는, 서로 다른 환경에서 데이터를 주고받을 수 있도록 설계된 TCP/IP(통
신 프로토콜)를 사용해 두 기관을 연결했다는 점에서 인터넷 맹아로서의
가치는 있다.

SDN이 등장하게 된 배경에는 '한국 인터넷의 대부'로 불리는 전길남
(1943~)이 있다. 그는 일본에서 태어나 오사카대에서 전자공학을 전공했
다. 미국으로 건너가 UCLA대에서 시스템공학 박사학위를 받고 한국 유
학생 아내를 만나 결혼했다. 우리나라 대안교육과 대안문화운동의 대모
로 활동한 전 연세대 문화인류학과 교수 조한혜정이다.

전길남은 미국의 항공우주국(NASA)에서 근무하다 1979년 2월 해외 과
학자 유치 계획의 일환으로 한국 땅에 터를 잡았다. 한국전자기술연구소
에 둥지를 튼 그에게 주어진 첫 임무는 컴퓨터 개발이었다. 그러나 전길
남은 NASA에서 우주선을 연결하는 통신을 연구한 경험이 있어 네트워
크에 더 관심이 많았다. 그 결과물이 SDN 개통이었다.

1982년 9월 전길남이 KAIST 전산학과 교수로 자리를 옮기면서 SDN
의 중심 무대는 자연스럽게 KAIST로 넘어갔다. 그때 만난 석·박사 과정
의 제자들이 훗날 우리나라 인터넷과 컴퓨터 분야에서 두각을 나타낸 박
현제, 허진호, 정철, 송재경 등이다. '전길남 사단'으로 불리는 이들은 "전

길남 박사가 없었다면 우리나라의 인터넷 발전은 더디게 진행되었을 것"
이라고 이구동성으로 말한다.

1983년 1월 KAIST까지 SDN망에 연결되어 SDN은 어엿한 통신망의
구색을 갖추게 되었다. 하지만 미 국방부가 주도한 세계 최초의 인티넷
'ARPANET'은 물론 미국의 다른 네트워크와도 연결되지 않아 아직은 국
내를 무대로 한 네트워크에 만족해야 했다. 그래도 아시아 최초로 구축한
네트워크라는 점에서 자부심이 컸다.

SDN은 점차 해외 컴퓨터와 연결을 추진했다. 1983년 8월 UNIX의 내
장 프로토콜인 UUCP로 네덜란드 네트워크를 경유해 유럽의 유닉스망인
'EUNET'에 연결하는 데 성공, 첫 해외망 접속이라는 기록을 세웠다. 당
시 EUNET에는 유럽·미국 등 30개국이 가입되어 있어 SDN은 자연스럽
게 미국과도 연결되었다. 곧이어 그해 10월 미국의 HP연구소와 연결하
는 데 성공, 1,200bps 전화선으로 유럽·미국과 전자우편을 교환했다. 설
치비가 별도로 들지 않는다는 이점 때문에 UUCP는 한동안 국내 노드(네
트워크의 분기점이나 단말장치의 접속점) 확산에 유리한 환경을 제공했다.

최초 메시지는 'The Network connection was set up this morning'

UUCP를 이용한 미국 네트워크와의 첫 접촉은 1984년 12월 미국
'CSNET'(ARPANET에 가입하지 못한 대학, 연구소, 기업들 간의 네트워크)과
의 연결이었다. SDN 구성원들은 이 CSNET을 이용해 구미 각국과 정
보를 교환했으나 아직은 초보적인 전자우편이나 뉴스 서비스 정도에 그
쳤다. 미국의 ARPANET은 군사용 네트워크인 MILNET과 연구용인
ARPANET으로 분리된 뒤에도 영국, 노르웨이, 캐나다 등 일부 국가에만
문호를 개방했을 뿐 다른 나라에는 연결을 허용하지 않았다. 그러던 중
SDN은 1986년 7월 미국의 인터넷 관리기구인 NIC으로부터 최초의 IP

주소(128.134.0.0)를 할당받자 8개 호스트(KAIST, KIET 등)를 NIC에 가입케 하고 'kr' 도메인을 등록함으로써 미국과도 인터넷을 연결할 수 있게 되었다.

공식적으로 미국의 네트워크와 연결할 수 있는 기회가 찾아온 것은 1989년이었다. 미국의 하와이대를 중심으로 일본, 호주, 뉴질랜드 등 태평양 지역을 인터넷으로 연결하는 'PACCOM망'에 가입한 것이다. 우리나라는 KAIST, 한국통신, 포항공대, ETRI 등 11개 기관을 중심으로 '하나망(HANANET)'을 구축, PACCOM망과 연결을 시도했다. 그 결과가 TCP/IP를 이용해 이뤄진 KAIST와 하와이대 컴퓨터 간의 첫 연결이었다. 당시 하와이대는 미국과 외국의 네트워크를 이어주는 관문 역할을 했다.

KAIST의 중형컴퓨터 '설악'은 청량리전화국과 금산지구국을 거쳐 태평양 상공의 미 인공위성을 통해 하와이대와 56Kbps 전용선으로 연결되었다. 그리고 1990년 3월 24일 KAIST의 전길남 연구실에서 '오늘 아침 네트워크 연결이 이뤄졌다(The Network connection was set up this morning)'는 첫 메시지를 하와이대로 전송했다. 요즘으로 치면 우리나라에서 외국으로 보낸 최초의 이메일이었다.

한국의 인터넷사에서 중요한 의미를 갖는 첫 인터넷 연결은 1990년 6월 1일 이뤄졌다. 전길남 교수가 KAIST에서 워크스테이션급의 컴퓨터 '썬스팍1'을 켜는 순간 하나망의 KAIST와 PACCOM망의 하와이대 간에 이메일과 데이터 파일이 흘렀다. 미국은 물론 전 세계 인터넷과 직접 연결되는 순간이자 한국의 인터넷이 비로소 국제 사회에 출생신고를 하는 순간이었다. 이듬해 하나망이 미국의 'NSFNET'(미국의 교육기관을 서로 연결한 네트워크)과 접속하는 데 성공, 비로소 우리나라에도 본격적인 인터넷 시대가 개막되었다.

그러나 당시의 인터넷 이용은 학계·연구기관의 연구정보 교류와 교육용으로만 한정되어 있어 일반인이 인터넷의 혜택을 누리려면 좀 더 시간이 필요했다. 그런 점에서 1994년은 인터넷의 대중화가 본격적으로 시작된 원년이었다. 1994년 6월 20일 한국통신이 일반인을 상대로 '코넷(KORNET)'을 상용 서비스한 데 이어 데이콤 인터넷(10월)과 아이네트·나우콤의 '나우누리'(11월)가 인터넷 시장에 뛰어들면서 인터넷 대중화의 물꼬가 터진 것이다.

TCP/IP 1969년 9월 2일, 미 UCLA대 교수 레너드 클라인록이 UCLA 컴퓨터를 스탠퍼드대 컴퓨터와 연결해 'LO'라는 단어를 최초로 전송하는 데 성공했다. 이로써 미 국방부가 설립한 ARPA(고등연구계획국)의 네트워크 즉 '아르파넷(ARPANET)'이 세상에 처음 모습을 드러냈다. 그해 말 캘리포니아 샌타바버라대와 유타대까지 네트워크로 연결되면서 ARPANET은 본격적인 인터넷 시대의 발판이 되었다. 그러나 ARPANET은 아직 인터넷이 아니었다. 서로 다른 네트워크들끼리 연결되어야 진정한 인터넷이 될 수 있기 때문이다.

섬처럼 분리되어 있는 네트워크 사이에 다리를 놓은 사람은 '인터넷의 아버지'로 불리는 빈턴 서프(1943~)다. 그는 미국 코네티컷주 뉴헤이븐에서 태어나 스탠퍼드대에서 수학을 전공했다. 졸업 후에는 UCLA 대학원에서 컴퓨터공학을 전공하면서 텔넷, 파일 전송 등 아르파넷의 여러 프로토콜을 만들었다.

UCLA 대학원에서 박사학위를 취득하고 스탠퍼드대 교수로 부임한 뒤에는 아르파넷의 핵심 엔지니어인 로버트 칸과 함께 1973년 6월 TCP라는 새로운 프로토콜을 제안했다. 이후 두 사람은 수년간 TCP 시스템을 개발하고 테스트하고 안정화시켰다. 당초 TCP에는 전송 방법을 통제하고 주소를 찾아가는 기능이 포함되어 있었지만 1978년 주소를 찾아가는 일부 기능이 IP라는 새로운 프로토콜로 독립하면서 지금의 TCP/IP가 탄생했다. 인터넷이란 이름은 이 IP(Internet Protocol)에서 나온 것이다.

빈턴 서프(1943~)

TCP/IP 시스템을 쉽게 설명하면 이렇다. 오늘날 인터넷은 전화와 같은 회로 교환 방식이 아니라 패킷 교환 방식이라는 분산적 통신 방식을 쓰고 있다. 패킷 교환 방식은 노드(네트워크의 분기점이나 단말장치의 접속점)와 노드 사이에 고정된 연결 없이 데이터를 패킷(여러 조각)으로 쪼개 목적지를 명시하고 동시에 여러 노드로 보내는 방식이다.

인터넷상에서 정보를 다른 사람들에게 보낼 때는 데이터를 한꺼번에 보내는 것이 아니라 작은 패킷으로 나누어 분산적인 통신망을 통해 여러 경로로 보낸 다음 이것을 다시 모아서 수신하는 형태로 정보를 교환한다. 한 권의 책 내용을 다른 곳으로 보낸다고 가정할 때 전송 방법을 통제하는 TCP가 한 권의 책 내용을 몇 쪽씩 여러 개로 나누어 IP(인터넷주소)가 적힌 각각의 봉투에 넣고 거미줄처럼 얽혀진 분산적 통신망을 통해 전 세계로 보내는 것이다. 이렇게 해서 여러 경로를 통해 각자 목적지에 도착한 봉투들을 수신 장소에서 내용물을 다시 꺼내서 묶어 한 권의 책으로 읽어 들이는 식으로 서로 통신교환을 한다. 따라서 인터넷을 공식 정의하면 TCP/IP 프로토콜을 통해 패킷 교환 방식으로 데이터를 송수신하는, 서로 연동된 컴퓨터 네트워크의 집합이다.

서프는 1977년 TCP/IP를 성공적으로 테스트한 후 1978년부터 1982년까지 아르파넷 컴퓨터가 기존에 써오던 NCP 프로토콜을 TCP/IP로 대체했다. 1983년 1월 TCP/IP가 아르파넷의 기본 프로토콜로 정해짐에 따라 아르파넷의 모든 컴퓨터는 외부 네트워크와 연결될 수 있었고 비로소 진정한 의미의 인터넷이 탄생했다.

그러나 TCP/IP는 1983년부터 1993년까지 ISO 국제표준 프로토콜인 OSI7 계층 방식과 경쟁해야 했다. 기술 중심인 TCP/IP와 이론 중심인 OSI7 간의 경쟁이 심화하던 1990년대 초반, 팀 버너스 리의 '월드와이드 웹'과 마크 앤드리슨이 만든 '모자이크'라는 웹브라우저가 등장하면서 경쟁은 사실상 끝이 났다. TCP/IP의 인터넷에서 웹을 사용하게 되는 사용자가 폭발적으로 늘어나 결국 TCP/IP가 산업 표준이 된 것이다.

장영주 뉴욕 필하모닉 오케스트라와 협연
장영주는 천재 소녀 시절부터 '성 안의 공주'가 아니라 '세상 속으로' 뛰어드는 스타일이었다.

한국인에게 장영주(세라 장·1980~)는 어렸을 때나 성인이 된 지금이나 '음악 신동'의 대명사다. 세계 음악계 역시 천재성만은 인정한다. 한 언론은 "이런 아이는 1세기에 한 번 정도 주기적으로 나온다는 음악계 윤회설 말고는 달리 설명할 방법이 없다"고 보도하기까지 했다. 유명 음악가들도 "신동을 넘어선 경이", "신들린 세라", "섬뜩하다", "하늘이 내려준 음악의 천사"라며 경쟁하듯이 찬사를 아끼지 않았다. 1993년 6월 28일자 뉴스위크지는 '천재의 수수께끼'라는 제목의 기획기사를 실으면서 아인슈타인, 피카소, 프로이트 등으로 시작해 장영주로 마무리했다. 뉴스위크는 그해 9월 장영주를 '20세기 10대 천재'로 선정했다.

장영주의 천재성을 설명하는 것 중 하나가 다른 음악가들과 달리 세계 유수의 콩쿠르 경력이 전무하다는 점이다. 콩쿠르는 상대적으로 뛰어난 음악도들이 기량을 겨뤄 세계 무대에서 인정받고자 하는 관문이다. 장영주는 데뷔와 동시에 레코딩을 시작했다는 점에서도 여느 연주자들과 달랐다. 보통 연주가들은 젊은 시절 콘서트에 주력하다가 연주 세계가 안정되었다고 판단이 서면 비로소 레코딩에 들어가는데 장영주만은 예외였다. 바흐에서 쇤

장영주(1980~)

베르크까지 바로크, 낭만주의, 초현실주의, 포스트모던 등 모든 사조를 넘나들며 완벽하게 소화하면서도 단기간에 그것도 전혀 힘들이지 않고 이루어냈다는 점에서도 그의 천재성은 독보적이다.

장영주는 천재 소녀 시절부터 '성 안의 공주'가 아니라 '세상 속으로' 뛰어드는 스타일이었다. 음악전문학교가 아닌 일반 학교에 다니며 다른 아이들과 똑같이 놀 것 다 놀고 학교 공부 다 하며 연주 활동을 병행했다. 이 모든 것은 장영주를 "반쪽의 천재로 만들지 않고 행복한 보통 아이로 키우겠다"는 아버지의 교육관에 기인한다. 아버지는 서울 음대를 나와 국립교향악단 수석단원으로 활동한 바이올리니스트이고 어머니는 피아노를 배우다 작곡으로 전향한 서울 음대 작곡과 출신이다.

부모는 1979년 미국으로 유학을 떠나 1980년 필라델피아에서 장영주를 낳았다. 어머니는 장영주가 절대음감의 소유자임을 알고 세 살 때부터 직접 장영주에게 피아노를 가르쳤다. 그러다가 네 살이 되는 생일날, 아버지가 16분의 1 바이올린을 장난감 선물로 사주자 장영주의 관심은 피아노에서 바이올린으로 바뀌었다.

바이올린을 만지작거린 지 한 달 후, 장영주는 아버지가 연습했던 멘델스존의 바이올린 협주곡을 그대로 따라 연주해 부모를 깜짝 놀라게 했다. 6살이던 1986년에는 필라델피아 지역의 한 오케스트라와의 협연무대에서 모차르트와 브루흐를 연주했다. 그러자 천재성을 확인한 줄리아드 음

대의 도러시 딜레이 교수가 레슨을 자청했다. 장영주는 토요일마다 뉴욕에 있는 줄리아드 예비학교에 가서 딜레이 선생에게 레슨을 받았다. 1988년과 1989년에는 TV쇼 '투데이쇼'와 '자니카슨쇼'에 출연, 음악 신동으로 소개되었다. 1990년 1월 뉴욕 필히모닉 상임지휘자 주빈 메타가 장영주를 집으로 초대했다. 그 자리에서 연주를 직접 듣고 넋이 나간 메타는 이미 짜인 오케스트라 신년음악회 연주 스케줄을 급히 변경해 이틀 후 열릴 뉴욕 필하모닉 정기 연주회에 장영주를 특별 협연자로 초청했다.

"이런 아이는 1세기에 한 번 정도 주기적으로 나온다"

장영주는 1990년 1월 13일 링컨센터에서 주빈 메타가 지휘하는 뉴욕 필하모닉 오케스트라와 어렵기로 유명한 '파가니니 협주곡 1번'을 협연했다. 연주가 끝나자 10여 분간의 열광적인 기립박수와 6번의 커튼콜이 쏟아졌다. 10살에 불과한 장영주의 연주는 음악계를 발칵 뒤집어 놓았다. 장영주는 이후에도 필라델피아 오케스트라, 시카고 심포니, 몬트리올 심포니 등과의 협연을 모두 성공적으로 마쳤다. 1992년 9월에는 런던 심포니 오케스트라와도 협연, 유럽 무대에 진출했다.

흔히 연주가의 성공 여부를 판단할 때 유명 오케스트라와의 협연은 중요한 기준이 된다. 장영주는 시카고, 뉴욕, 보스턴, 클리블랜드, 필라델피아 등 미국의 5대 메이저 오케스트라와 모두 협연했다. 베를린 필하모닉, 파리 국립 오케스트라, 런던 필하모닉, 암스테르담 콘세르트헤바우 등 음악인들이 '꿈의 무대'로 꼽는 유럽의 오케스트라 무대에도 성공적으로 데뷔했다.

1992년 9월 장영주가 연주하고 EMI가 제작한 '데뷔'라는 제목의 첫 앨범(콤팩트 디스크)이 발매되었다. 10살 때 녹음을 시작한 사라사테의 '카르멘 환상곡', 차이콥스키의 '멜로디 Eb장조', 엘가의 '사랑의 인사' 등이 수록된 이 데뷔 앨범은 음악사적으로도 각별하다. 모든 곡이 쿼터(4분의 1) 바이올린으로 연주·녹음된 유일한 앨범이자 최연소 연주가가 낸 앨범이기 때문이다. 이 기록은 지금도 깨지지 않고 있다. 음반은 발매되자마자 빌보드 클래식 부문 상위에 랭크되어 바이올린 신동의 출현을 알렸다. 미국서 활동하는 젊은 음악 유망주에게 수여하는 '에이버리 피셔 커리어 그랜트 상'도 10살 때 받았다.

장영주의 두 번째 앨범은 1993년 봄 런던 심포니 오케스트라와 함께 녹음한 차이콥스키 바이올린 협주곡이다. 두 번째 앨범 역시 풀사이즈가 아닌 4분의 3 크기로 녹음했다. 장영주는 세계 유수의 오케스트라와 거의 매년 앨범을 발매했다. 앨범들은 극심한 음반시장 불황에도 잘 팔려 나갔다. 장영주는 한국인(엄밀히 말하면 미국인)으로는 유일하게 베를린 필과도 음반을 녹음했다. 베를린 필과는 1998년 마리스 얀손스의 지휘로 멘델스존의 협주곡을 녹음한 것을 비롯해 '불과 얼음'(2001), '쇼스타코비치-프로코피예프'(2006) 등 3장의 앨범을 녹음했다.

장영주가 얼마나 바쁘게 사는지 알려주는 일화가 있다. 16살 때 장영주는 빡빡한 연주 일정과 대학수학능력시험(SAT)을 준비해야 했기 때문에 엄청난 스트레스를 받았다. 그래서 매니저에게 "연주 없이 꼭 한 달만 쉴 수 있게 해 달라"고 하소연하자 매니저는 "지금 일정대로라면 2년 뒤에나 한 달간 쉴 수 있겠네"라고 대답했다. 결국 장영주는 2년을 기다려서 한 달 쉬었고, 쉬는 동안 원 없이 잠만 잤다.

장영주는 성인이 되어서도 2006년 '세계 차세대 여성 지도자 20인'(뉴스위크지), 2008년 '세계의 젊은 리더'(세계경제포럼), 2012년 '예술 부문의 탁월한 지도자'(미국 하버드대)에 선정될 정도로 세계 음악계의 주목을 받고 있다. 지금도 장영주는 연 100여 회의 꽉 짜인 연주 활동을 하고 있다. 세계에서 가장 바쁜 바이올리니스트답게 3년 뒤까지 스케줄이 잡혀 있다.

이창호 국수위(位) 등극

한국·일본·중국의 그 어떤 기사도 이창호처럼 10대에 세계를 제패하지 못했다.

이창호(1975~)의 전성기 때 별명은 '돌부처'다. 그와 미주하고 있으면 마치 돌부처가 앉아 있는 것 같다고 해서 붙여진 별명이다. 이창호는 감정의 동요를 드러내지 않는다. 타고난 체력 덕에 두텁게 두어가면서 힘을 비축하고 있다가 끝내기에서 힘을 발휘한다. 그래서 붙여진 별명이 '끝내기의 귀재', '반상의 신산(神算)'이다.

2012년 7월 한겨레신문이 바둑 전문가 10명에게 "누가 역대 최강의 국내 기사인가"라고 물었을 때 1위는 이창호였다. 그를 추천한 전문가들의 의견은 찬사 일색이다. "바둑의 도를 지키며 싸우는 마지막 솔저 같은 사람", "종반 끝내기 분야를 개척해 신세계를 열었다", "전성기 때 이창호를 이길 사람은 이창호밖에 없다."

이창호는 전북 전주에서 태어나 초등학교 1학년 때인 1983년 1월 할아버지를 따라간 기원에서 처음 바둑을 배웠다. 입문 1년 만인 1984년 1월 전국어린이바둑왕전에서 우승하고 초등학교 3학년이던 1984년 8월 조훈현(1953~)의 내제자가 되어 서울로 올라왔다. 내제자는 스승의 집에서 동거하면서 배우는 제자를 말한다. 조훈현도 10살 때 일본으로 유학을 떠나 세고에 겐사쿠 9단의 내제자로 성장했다. 조훈현이 처음 이창호에게서 발견한 것은 번뜩이는 천재성이 아니라 타고난 과묵함이었다.

이창호는 자신의 부단한 노력에 스승 조훈현의 가르침이 더해져 스펀지가 물을 빨아들이듯 일취월장했다. 11세이던 1986년 8월 초단으로 입단하고 매년 1단씩 고속 승단했다. 1989년 8월 KBS 바둑왕전 우승으로 자신의 첫 타이틀이자 세계 최연소(14세 10일) 타이틀을 획득한 기록은 지금까지 깨지지 않고 있다. 이창호는 1989년 한 해 동안 '최연소 4단', '최다 대국', '최다승', '최연소 타이틀 획득' 등 기사 (棋史)에 길이 남을 각종 대기록을 수립했다.

이창호(1975~)

1990년은 '이창호 시대'가 본격적으로 개막한 해였다. 1990년 2월 2일 이창호 4단은 스승 조훈현 9단과 대국한 최고위전(부산일보 주최) 마지막 5국에서 반집승을 거두고 최고위를 차지했다. 1 인자 조훈현을 넘어서자 이창호 앞에는 거칠 것 이 없었다. 1990년 10월 10일 국내 최고 전통 을 자랑하는 동아일보의 국수전 대국에서는 조훈현 9단을 세 판 모두 내 리 이겨 '쌍십절의 반란'으로 불리는 바둑계의 천재지변을 일으켰다. 국내 최다연승인 41연승과 역대 최고 승률인 86.7%(78승 12패)를 기록한 것도 1990년이었다.

"이창호를 이길 사람은 이창호밖에 없다"

이창호는 중학교를 졸업할 무렵인 1991년 2월 스승의 집에서 나와 스승 의 타이틀을 하나둘 빼앗았다. 최연소, 최단 기록도 갈아치웠다. 17세 때 인 1992년 1월에는 동양증권배 세계바둑대회 결승 5국에서 대만 출신의 임해봉 9단에게 승리를 거둬 최연소 세계타이틀도 획득했다. 조훈현과 조 치훈은 물론 일본·중국의 그 어떤 기사도 이창호처럼 10대에 세계를 제 패하지 못했다.

이창호는 1994년 4월 기왕전 우승으로 총 16개의 국내 기전을 한 차례 이상 모두 우승(국내 기전 사이클링 히트)하고 역대 최다관왕 기록을 13관 왕으로 늘리는 놀라운 기력을 과시했다. 모든 타이틀을 독식하는 전관왕 달성은 조훈현이 유일하지만 조훈현의 전성기 때 가장 많은 타이틀이 11 개였기 때문에 13관왕은 조훈현도 이루지 못한 대기록이다. 전관왕을 3

차례나 달성한 조훈현의 기록 역시 아무나 할 수 있는 것이 아니고 이창호의 13개 타이틀 획득보다 더 힘든 기록일 수 있다.

이창호는 1996년 6월 9단으로 특별 승단함으로써 최연소 9단, 최단기 9단 승단 기록을 세웠다. 세계 바둑선수권대회인 후지쓰배(1996)와 응창기배(2001)에서도 우승, 세계 바둑계까지 호령했다. 2007년 대만이 주최한 제3회 중환배를 제패하면서 당시 존재하던 모든 국제 기전을 1회 이상씩 정복하는 그랜드슬램을 달성했다. 2002년 2월에는 국내에서 세 번째로 1,000승 고지에 올랐다. 1986년 입단 이래 16년 만의 일로 이 역시 세계 최단 기록이다.

국내에서 최초로 1,000승을 올린 기사는 '된장 바둑', '야전사령관'이란 별칭으로 불리는 서봉수 9단이다. 그는 1970년 입단 후 24년 만인 1994년 11월 1,000승을 돌파했다. 1995년 9월에는 조훈현 9단이 1,000승 테이프를 끊었다. 조훈현의 1,000승 기록에는 1967년부터 1972년까지 일본 기원 소속기사로 활동했던 전적은 포함되지 않았다.

한국기원 통계에 따르면 이창호는 2014년 7월 현재 생애 통산 140회 우승을 기록하고 있다. 조훈현이 따낸 타이틀은 모두 159개로 이 부문 부동의 1위다. 세 번째로 타이틀을 많이 차지한 이세돌이 43회 우승에 그치고 있어 조훈현의 기록을 가장 먼저 깰 수 있는 인물은 이창호가 가장 유력하다. 2014년 7월 현재 통산 순위 1~3위인 조훈현, 이창호, 서봉수를 비교하면 조훈현은 대국수(2,741)와 승수(1,916)에서 1위이고 이창호는 승률(74%)에서 1위다. 2,266회 대국 중 1,676회 승리했다.

현재 이창호는 하향세다. 2011년 3월 국수위를 잃으면서 22년 만에 빈털터리가 되고 2012년 8월에는 2005년 8월 랭킹제 도입 이후 처음 10위권 밖으로 밀려났다. 그럼에도 이창호의 등장이 갖는 의미 중 가장 먼저 꼽히는 것이 한국 바둑계가 풍요로워졌다는 점이다. 그의 뒤를 잇기 위해 수많은 어린이가 바둑교실을 찾았고 그 후 바둑이 대중적이면서 고급 오락으로 정착했기 때문이다.

동·서독 통일과 헬무트 콜
막상 장벽이 무너지자 무엇을 어떻게 해야 할지를 몰라 곤혹스러워했다.

1989년 11월 9일, 28년간 동서 냉전의 상징이던 베를린 장벽이 무너졌다. 서독의 헬무트 콜 총리(1930~)는 베를린 장벽이 머지않아 무너질 것으로 예상을 하긴 했지만 막상 장벽이 무너지자 무엇을 어떻게 해야 할지를 몰라 곤혹스러워했다. 당혹스럽기는 2차대전 후 독일을 갈라놓은 미국, 영국, 프랑스, 소련 등 4대 전승국 역시 마찬가지였다. 콜 총리는 동·서독을 포함해 6개국이 얽히고설켜 있는 고차원의 방정식을 어떻게든 풀어야 했고 전승 4개국은 자국의 이익에 부합되는 선택이 무엇인지를 놓고 저마다 계산에 분주했다.

콜은 고심 끝에 11월 28일 10개 항의 통일 방안을 일방적으로 발표했다. 과도기적인 국가연합 단계를 거쳐 최종적으로는 연방 형태로 통일을 구현한다는 방안이었다. 하지만 콜의 통일 방안은 4대 전승국과 사전 협의를 거치지 않았다는 이유로 처음에는 4대국으로부터 비판을 받았다. 독일 전체에 관한 사항, 평화조약 체결, 베를린 지원 문제 등은 4대 전승국과만 해결하도록 '독일 조약'(1955)에 규정되어 있기 때문이다.

그러나 각론에서는 큰 차이를 보였다. 미국의 부시 대통령은 통일된 독일이 NATO에 남는다는 조건만 충족되면 통일에 반대하지 않는다는 견해를 피력해 큰 문제는 없었다. 영국의 대처 총리는 노골적으로 불편한 심기를 드러냈다가 이듬해 안전보장 대책이 마련된 후에야 통일을 인정

헬무트 콜(1930~)

했다.

프랑스의 미테랑 대통령은 처음에는 독일의 통일이 급작스럽게 진행되는 것을 막으려고 했다. 하지만 독일의 통일을 더 이상 막을 수 없다는 사실을 깨닫고 1989년 12월 "경제통화동맹 창설을 위한 정부 간 회담을 1990년 안에 개최하는 것에 서독이 동의한다는 조건하에 독일의 통일을 허락하겠다"는 뜻을 콜에게 전달했다. 독일의 통일을 승인하는 대가로 콜에게 유럽 통합 진행 속도의 가속화를 요구한 것이다.

미테랑의 요구는 콜의 평소 신념과 크게 벗어난 것이 아니기 때문에 콜로서는 어려운 문제가 아니었다. 평소 콜은 독일의 초대 총리 아데나워처럼 독일의 이해는 유럽의 틀 안에서 가장 잘 실현할 수 있다고 믿어 왔다. 통합된 서유럽의 틀과 서유럽 국가들의 동의가 독일의 통일에서 필수불가결한 전제 조건이라는 사실을 인식하고 있었다. 1990년 1월 콜이 미테랑에게 독일 통일과 유럽 통합은 동시에 진행되어야 한다는 사실을 확인시켜주고 공동의 행보를 취하겠다고 약속한 것은 콜이 추구해온 이런 통일 철학의 반영이었다.

소련의 고르바초프 대통령은 1990년 2월 콜 총리를 만난 후 찬성으로 돌아섰다. 고르바초프는 동독의 붕괴가 불가피한 상황에서 경제적으로 월등한 서독과 협력하는 것이 장기적으로 소련에 이익이라고 판단했다. 소련은 38만 명에 이르는 동독 주둔 소련군의 철수비 명목으로 120억 마르크(76억 달러)를 받고도 추가로 30억 마르크를 받아내 가장 큰 실리를 챙겼다.

당시 콜의 최대 관심사는 갑작스럽게 전개된 상황을 받아들여야 하는 동독 정부의 입장과 태도였다. 다행히 동독 정부는 한동안 당혹스러워하다가 현실을 받아들이는 쪽으로 입장을 정리했다. 베를린 장벽이 무너지고 1개월이 채 지나지 않은 12월 3일 동독의 집권당인 SED(독일사회주의통일당)는 정치국과 중앙위원회를 해산했다. 12월 6일에는 에곤 크렌츠가 서기장직에서 물러나고 핵심 요직은 개혁파 한스 모드로에게 넘어갔다. 집권당 당명(SED)도 과거와의 단절을 위해 PDS(민사당)로 바뀌었다. 그러나 동독인들의 시위와 서독으로의 이주 행렬은 멈추지 않았다. 노동력의 손실과 의도적인 태업 등으로 경제마저 불안한 상태로 치달았다.

독일이 마침내 하나가 된 것은 1990년 10월 3일 0시

상황이 악화하자 동독의 PDS 대표와 반체제 인사들이 12월 8일부터 원탁회의를 정례화했다. 1990년 3월 12일 마지막 회의가 열릴 때까지 원탁회의는 과도정부의 역할을 수행했다. 그 사이 비밀경찰조직 슈타지를 해산하고 자유선거를 위한 새로운 선거법을 제정하는 등 성과가 적지 않았다. 그런 가운데 군중 집회에서는 "독일 통일"을 연호하는 목소리가 더욱 높아졌고 "우리는 한 민족"이라는 구호가 대세를 이뤘다. 동독의 모드로 정부는 동서독의 정치적 통합을 목표로 삼아 1990년 3월 18일 동독 최초로 자유·직접·비밀·평등선거를 실시해 인민의원을 선출했다. 선거 결과 로타어 데 메지에르를 중심으로 한 동독 최초의 민주정부가 1990년 4월 12일 출범했다.

콜은 동독의 데 메지에르 총리를 파트너로 삼아 통일로 가는 과정을 논의했다. 1990년 7월 1일에는 동독에 시장경제를 도입할 목적으로 '통화·경제 및 사회 통합을 위한 조약'을 동독과 체결함으로써 통일로 가는 실질적인 성과를 이뤄냈다. 조약에 따라 서독의 마르크화가 동독의 유일한 법정통화로 도입되고, 동독의 통화 발행권이 서독의 연방은행으로 넘어갔다. 8월 31일 체결된 통일조약에서는 통일에 대한 법적 문제들을 규정하고 10월 3일을 기준으로 동독의 5개 주를 서독에 편입하기로 확정했다.

동서독의 외무장관과 4대 전승국의 외무장관은 '독일 문제의 최종 해결에 관한 조약'(2+4조약)을 9월 12일 체결함으로써 통일로 가는 마지막 관문을 무난히 통과했다. '2+4조약'은 독일 연방군을 37만 명으로 감축하고 핵무기, 생물학무기, 화학무기의 생산과 보유를 금지하며 소련군이 동독에서 철수하는 1994년까지 독일군이 구동독 지역에서 NATO의 임무를 수행할 수 없도록 했다. 4대국도 독일에 대한 그들의 권리와 책임이 유보 조건 없이 소멸되었음을 선언함으로써 통일에 힘을 보태주었다.

이런 우여곡절 끝에 독일이 마침내 하나가 된 것은 1990년 10월 3일 0시였다. 동독을 흡수통합하는 형식으로 독일연방공화국이 새롭게 태어난 것이다. 통일 전날 밤, 베를린의 옛 제국의회 건물 앞 광장에 100만 명의 군중이 운집한 가운데 대형 독일 국기가 게양되고 독일 국가가 연주되었다. 시계가 10월 3일 0시를 가리키는 순간 군중이 일제히 '도이칠란트'를 외쳐댔다. 독일 전역의 교회와 성당은 일제히 종을 울려 통독의 탄생을 자축했다. 10월 4일에는 서독 의원 519명, 동독 의원 144명 등 663명이 참석한 통일 독일의 첫 의회가 개원하고 통일을 주도한 헬무트 콜 총리는 12월 2일 실시된 독일 총선에서 승리해 초대 독일연방의 총리로 역사에 이름을 새겼다.

헬무트 콜, 정치 사다리를 오르는 과정에서 수많은 최연소 기록 세워

헬무트 콜(1930~)은 독일 라인란트팔츠 주의 루트비히스하펜에서 태어났다. 고교생이던 1947년 자신의 신념과 행동철학을 구현할 수 있는 '기독교민주당(기민당)'에 입당하고 1950년 프랑크푸르트대에 입학해 법학을 공부했다. 1년 후 옮긴 하이델베르크대에서는 역사와 정치학을 전공하고

1958년 역사학 논문으로 박사학위를 취득했다.

기민당에서는 '아데나워의 정치적인 손자' 소리를 들어가며 콘라트 아데나워 대통령과 기민당 간부들의 총애를 받고 정치 사다리를 오르는 과정에서 수많은 최연소 기록을 세웠다. 29세(1959)에 라인란트팔츠 주의원으로 당선되고 33세(1963)에 주의회의 기민당 원내총무를 맡았으며 36세(1966)에 라인란트팔츠 주 기민당 당수로 활동했다. 39세(1969)에 주지사 겸 기민당 부총재, 43세(1973)에 기민당 총재를 꿰찼을 때도 모두가 최연소 기록이었다. 이후 1998년까지 25년 동안 기민당 총재로 장기 집권했다.

콜은 1976년 기사당(기독교사회연합)과 연합해 서독의 총리직에 도전했다가 고배를 마셨다. 1980년 총선에서는 라이벌이자 친구에게 기민당/기사당 연합의 총리 후보를 양보했으나 친구 역시 정권 획득에 실패했다. 그런데 사민당과 자민당 연립정부 내에서 예기치 않은 정치적 분열이 일어나 콜에게 서독의 총리가 되는 길을 열어주었다. 자민당은 사민당과의 연정을 거부한 뒤 기민당/기사당의 새로운 연정 파트너가 되어 기민당의 손을 들어주었다.

콜은 1982년 10월 1일 당시 총리인 헬무트 슈미트에 대한 의회의 불신임 투표 덕에 어부지리 격으로 서독의 총리 자리에 올랐다. 52세에 권력의 최정상인 총리직을 차지한 것도 최연소였다. 콜은 민주적인 선거를 통하지 않고 총리가 되었다는 사실 때문에 총리가 되고도 정치적 입지가 좁았다. 그래서 과감하게 의회 해산 후 총선이라는 정치적 승부수를 띄웠다. 1983년 5월 총선에서 기민당, 기사당, 자민당의 3당 연정이 55.8%의 과반수 지지를 얻어 선거를 통한 총리가 되었다.

콜의 지도력에 대한 첫 시험대는 안보 분야였다. 당시 소련은 미국의 군사력 증강 정책에 맞서 중부 유럽을 겨냥한 신형 중거리 핵미사일 'SS-

20' 수백 기를 배치했다. 그러자 미국과 나토가 미국의 중거리 핵미사일 '퍼싱2' 100여 기를 서독에 배치하겠다고 맞섰다. 서독인들은 독일을 무대로 핵전쟁이 벌어질 수도 있다는 두려움에 휩싸여 독일 역사상 최대 규모의 반핵 시위를 벌였다. 30만~40만 명이 시위를 벌인 때도 있었다. 1983년 12월로 예정된 퍼싱2 미사일의 서독 배치가 가까워질수록 소련의 전쟁 위협 목소리도 커졌다.

그런데도 콜은 정면 돌파를 시도했다. 그는 "다른 유럽 국가들이 퍼싱2 미사일을 받아들이지 않는 상황에서 서독마저 이를 거부하면 결국 나토 방위체제의 와해로 이어지고 이는 훨씬 더 심각한 결과를 초래할 것"이라며 국민을 설득했다. 그 결과 퍼싱2 미사일이 1984년 1월부터 1985년까지 예정대로 배치되었고 반대 시위는 잦아들었다.

협상력, 조정력, 친화력으로 4번의 총선 승리로 이끌어

1980년대 중반 이후 새롭게 대두된 유럽 통합 문제도 콜에게 던져진 숙제였다. 그는 유럽 통합을 지향하는 외교정책을 추구하면서 특히 프랑스의 미테랑 대통령과 긴밀히 협조했다. 두 정상은 1992년 2월 마스트리흐트 조약이 체결되고 1993년 11월 유럽연합(EU)이 탄생하는 데 함께 힘을 보탰다. 독일을 통일하는 데 외교적 노력을 다하고 유럽연합의 탄생에 크게 기여하는 과정에서 드러난 콜의 결단력과 추진력, 흔들리지 않는 정치관과 신념 등은 콜의 트레이드 마크로 부각되었다.

콜은 공사 구분도 철저하고 사생활도 깨끗했다. 격식도 크게 따지지 않아 상대방 국가원수를 부를 때도 성이 아닌 이름을 불렀다. 덕분에 각국 정상들은 모두 친구가 되었다. 그가 독일 통일을 예상외로 빨리 이룩한 것에는 이렇게 사귀어 놓은 세계 지도자들의 적극적인 도움이 큰 역할을 했다.

콜은 193cm의 키에 몸무게가 1백수십kg이나 되는 거구다. 게다가 투박한 라인란트팔츠 사투리를 일부러 써 이웃집 아저씨 같은 푸근한 이미지다. 하지만 독일 언론들은 이런 콜에게 별로 호감을 보이지 않았다. 호감은커녕 촌사람, 수다쟁이, 코끼리라며 조롱했다. 독일 언론들이 콜 총리를 지성과는 거리가 먼 사람으로 보도한 것은 전임 총리인 빌리 브란트, 헬무트 슈미트와 비교해 콜의 비지성이 두드러졌기 때문이다. 실제로 콜은 브란트와 슈미트보다 덜 세련되어 보이고 무미건조하고 색깔이 없었다. 그러나 막후 협상력, 조정력, 친화력만은 뛰어나 14년 동안 기민당, 기사당, 자민당 등 색깔이 다른 3개 당을 탈 없이 이끌며 16년 동안 4번의 총선을 승리로 이끌었다.

콜에 대한 조롱은 집권 후반으로 가도 줄어들지 않았다. 1996년 '슈피겔'지가 국민에게 "당신이 가장 즐겨 농담 대상으로 삼는 사람은 누구냐"고 물었을 때 1위는 45%의 콜 총리였다. 그 다음은 경찰관(17%), 동성연애자(10%), 터키인(6%), 유대인(3%) 등의 순이었다. 함께 대상에 오른 사람들이 모두 사회로부터 따돌림을 받고 있는 부류인데도 총리인 콜이 1위로 꼽히는 불명예를 당한 것이다. 1998년 9월 총선에서 사민당 총리 후보 게르하르트 슈뢰더에게 패해 16년 만에 총리직에서 물러났다.

걸프전과 사담 후세인
전쟁 상황이 사상 유례없이 안방 깊숙이 생중계되었다는 점에서도 큰 화제가 되었다.

1991년 1월 17일 새벽 2시 30분, 미군이 주축이 된 다국적군이 이라크와 쿠웨이트 전역에 산재한 주요 군사 목표물을 향해 대대적으로 야간 공습을 단행했다. 이로써 이라크를 쿠웨이트에서 축출하기 위한 걸프전이 시작되었다. 이라크의 바그다드 현장에서 그 순간을 지켜보던 CNN의 한 기자는 당시 상황을 이렇게 방송했다. "하늘은 순식간에 번쩍거리는 섬광들로 검붉게 물들고 있다. 마치 지옥의 한가운데 서 있는 것 같다."

전쟁의 원인 제공자는 아랍 민족주의자이며 반제국주의자를 자처하는 사담 후세인(1937~2006)이었다. 그의 명령을 받은 이라크군이 인구 60만 명의 작은 나라 쿠웨이트를 전격 침공한 것은 1990년 8월 2일이었다. 후세인은 "쿠웨이트는 역사적으로 우리 영토이며, 쿠웨이트 왕가는 제국주의 미국 등과 결탁한 아랍 민족주의의 배신자"라는 점을 침략의 명분으로 삼았다. 총병력 2만 명, 탱크 275대밖에 없던 쿠웨이트는 조직적인 저항 한번 못하고 영토를 이틀 만에 이라크에 넘겨주었다.

후세인은 북티그리스 강가의 소도시 티크리트에서 농부의 아들로 태어났다. 8개월 만에 고아가 되어 군 장교이던 외삼촌 슬하에서 어린 시절을 보냈다. 외삼촌은 이라크 왕정을 꼭두각시로 만든 영국의 지배에 항거하기 위해 1941년 반영·반왕정 불발 쿠데타에 가담했다가 체포되어 옥살이를 했다. 외삼촌의 반영투쟁과 투옥은 어린 후세인에게 민족주의에 대한 열망과 반외세적인 성격을 형성시켰다.

19살이던 1956년 후세인은 친영 이라크 왕정에 반대하는 폭동에 참가하고 사회주의와 범아랍 민족주의를 주창하는 바트당에 입당해 현실 정치에 발을 들여놓았다. 이라크 왕정은 1958년 카셈의 쿠데타로 종말을 고했다. 그러나 바트당은 신정부에서 정치적 입지를 확보하지 못하고 카셈에게 정치적 탄압까지 받자 1959년 카셈의 암살을 기도했다. 후세인도 참여한 암살 기도가 실패하자 후세인은 이집트로 도피해 3년간을 지냈다.

1963년 2월 바트당의 쿠데타가 성공해 고국으로 돌아왔으나 바트당 정권이 다시 전복되는 바람에 또다시 2년간 옥살이를 했다. 투쟁과 도피와 투옥으로 어느덧 '신화'가 된 후세인은 음모와 폭력을 서슴지 않는 대담한 처신으로 승승장구했다. 1968년 바트당이 쿠데타에 재성공해 사촌인 하산 알 바크르는 최고지도자에 오르고 후세인은 군사평의회 부의장이 되었다. 그러다가 1979년 7월 알 바크르가 질병으로 하야해 후세인에게 대통령 자리가 주어졌다. 후세인은 잔인한 독재자답게 취임 며칠 전 22명의 바트당 지도급 인사

사담 후세인(1937~2006)

들에게 반역죄를 씌워 처형하고 1984년에는 자신의 어머니를 언급한 측근의 혀를 잘라 가족 앞에서 죽였다.

후세인은 아랍의 패권을 차지한 지도자가 되겠다는 야심을 불태웠다. 1980년 9월에는 이란의 호메이니를 적대시하는 미국의 지원을 받아 이란을 침공했다. 8년간의 전쟁은 수백만 명의 목숨을 앗아갔다. 후세인은 전쟁 기간 중 이란을 도왔다며 쿠르드족 5,000여 명을 1988년 독가스로 살해했다.

다국적군, 9만 톤의 폭탄 투하해 이라크를 '석기시대'로 되돌려 놓아

1990년 8월 후세인이 쿠웨이트를 침공하자 미국은 그때서야 괴물을 키웠다는 사실을 깨달았다. 서방 세계는 후세인을 '전쟁광'으로 비난하며 제거 대상으로 삼았으나 같은 수니파 이라크인과 아랍의 과격 세력은 후세인을 서구 제국주의에 맞서 싸우고 이스라엘로부터 팔레스타인을 해방시킬 '아랍의 영웅'으로 추앙했다. 심지어 십자군에게 점령당한 예루살렘을 1187년에 되찾은 '아랍 최고의 영웅' 살라딘과 비교하는 사람들도 있었다. 후세인과 살라딘은 고향(티크리트)이 같았다.

후세인의 도발 후 유엔 안보리가 "즉각적이고 무조건적인 철수"를 요구

하는 결의안을 채택하고 무역 금지 조치를 선포하며 후세인에게 압력을 가했으나 후세인은 철수는커녕 쿠웨이트를 이라크의 19번째 주로 통합 (8.28)했다. 유엔 안보리가 11월 29일 "1991년 1월 15일까지 쿠웨이트에서 철수하지 않을 경우 무력 사용을 승인한다"는 두 번째 결의안으로 최후통첩을 보냈으나 후세인은 요지부동이었다. 결국 미국의 군대와 무기를 주축으로 한 유엔 다국적군이 편성되었다. 작전명 '사막의 폭풍'도 미국이 정하고 총사령관도 미국의 노먼 슈워츠코프 장군이 맡았다. 서방 국가들은 자국의 불안 요소가 될 석유 보호 때문에, 일부 아랍 국가들은 이라크가 아랍의 맹주가 되는 것을 인정하기 싫어 다국적군에 가담했다.

54만 명의 미군 등 총 34개국 68만 명으로 편성된 다국적군은 사우디아라비아에 집결했다. 개전 초기, 미군은 이라크의 레이더 시설에 미사일 공격을 집중적으로 퍼부어 방공망을 무력화했다. 뒤이어 수백 기의 항공기로 이라크를 초토화했다. 전쟁은 20세기 최첨단 신무기들의 시험장이었다. 특히 미국의 F-117A 스텔스 폭격기, 토마호크 순항미사일, 패트리엇 요격미사일 등은 이라크 군대를 옴짝달싹 못하게 했다. 다국적군 공군은 11만 회의 출격을 통해 9만t의 폭탄을 투하해 이라크를 가히 '석기시대'로 되돌려 놓았다.

후세인은 이스라엘과 사우디아라비아를 향해 80여 발의 소련제 스커드 미사일을 발사하며 저항했으나 수백 명의 사상자만 냈을 뿐 대부분은 미국의 패트리엇 미사일에 가로막혀 무용지물이 되었다. 결국 이라크군은 1월 22일 쿠웨이트에서 퇴각했다. 이 과정에서 700여 개의 유정에 불을 지르고 1,100만 배럴의 원유를 방류해 쿠웨이트와 사우디아라비아 해안선 1,300km와 걸프만을 죽음의 바다로 만들었다.

39일 동안 공습만 하던 다국적군은 2월 24일 새벽 4시 지상전을 전개했다. 100시간 동안의 지상전에 세계 최정예 지상부대라고 자랑하던 이라크 공화국 수비대는 일거에 무너졌다. 전쟁은 2월 27일 다국적군이 쿠웨이트 영토를 되찾고 2월 28일 후세인이 무조건 항복함으로써 전쟁 개시 43일 만에 막을 내렸다.

미국이 국제사회의 유일한 초강대국임을 확인시켜준 전쟁

걸프전은 역대 전쟁과는 양상이 달랐다. 가공할 첨단 신무기로 전쟁이 일방적으로 끝난 것도 이전의 전쟁과는 다른 모습이었다. 이라크군과 민간인은 5만~10만 명이나 죽었으나 다국적군은 230여 명이 전사하고 38기의 항공기만 추락했을 정도로 전쟁은 일방적이었다.

CNN의 현장 생중계로 전쟁이 안방에서 구경하는 컴퓨터게임처럼 된 것도 걸프전의 특징이었다. 위험을 무릅쓰고 현장에서 전쟁을 중계한 CNN의 피터 아넷은 걸프전을 통해 단숨에 세계적인 스타로 부상했다. 전쟁 상황이 사상 유례없이 안방 깊숙이 생중계되었다는 점에서도 큰 화제가 되었다. 하지만 전쟁의 참혹성과 인간성 파괴의 실상들을 도외시한 채 마치 스포츠경기를 연상시키듯 흥미 유발에만 주력했다는 비난이 CNN에 쏟아졌다.

걸프전은 소련이 몰락하고 냉전이 종식된 후 미국이 국제사회의 유일한 초강대국임을 분명하게 확인시켜준 전쟁이기도 했다. 요르단과 팔레스타인해방기구를 제외한 전 이슬람 국가가 미국을 위시한 서방 측을 지지해 전쟁은 '아랍민족주의의 분열'을 낳았다. 이스라엘과 아랍 간의 전통적인 대립 구도에 아랍국 내부의 분열이 더해져 아랍국 간의 갈등 구조가 중층으로 쌓였다. 전쟁 후 후세인을 지지한 요르단, 예멘, 팔레스타인은 국제적 고립에 놓였고 다국적군에 가담한 시리아는 이 지역의 새로운 강자로 부상했다.

종전 후 유엔은 대량 살상용 무기의 전면 폐기를 확인할 때까지 이라크의 석유 수출을 금지하는 내용의 경제제재 조치를 취했다. 이라크 국민의 생활은 더욱 피폐해졌다. 그런데도 후세인은 여전히 건재했고 권좌는 견고했다. 정적들은 무자비하게 제거되었다. 미국은 암살을 비롯해 공습 등의 군사적 제재에 이르기까지 후세인의 권력을 와해시키기 위한 직·간접적인 시도를 수차례 했으나 후세인 제거 계획은 번번이 실패했다. 잇따른 실정에도 불구하고 후세인은 1995년과 2002년 두 차례의 대통령선거에서 100%에 가까운 압도적 찬성으로 대통령직을 유지했다.

미국은 후세인 정권이 테러 조직을 비호하고 대량살상무기를 보유하고 있다는 이유를 들어 2003년 3월 이라크를 침공했다. 나중에 밝혀졌지만 대량살상무기는 없었다. 이 때문에 조지 워커 부시 대통령은 국내외적으로 각종 비난에 시달렸다.

후세인은 고향인 티크리트의 한 농가 토굴에 숨어 있다가 2003년 12월 초췌한 모습으로 미군에게 붙잡혔다. 미국이 조종한 이라크 특별재판부는 주민 148명을 처형한 1982년의 두자일 마을 학살사건을 들어 2005년 후세인을 기소했다. 2006년 12월 30일 교수형에 처했을 때 후세인은 집행관들에게 욕설을 하고 큰소리로 저주를 내뱉으며 마지막까지 신경질적인 반응을 보였다. 전쟁광과 아랍 민중의 영웅이라는 두 얼굴을 지닌 후세인은 사실상 미국의 지원을 받으며 컸고 결국 미국에 의해 생을 마감했다.

파바로티·도밍고의 '스리 테너' 공연

성악적 난이성 때문에 누구도 원음대로 부르지 못했던 노래를 120년 만에 악보대로 완벽하게 불렀다.

루치아노 파바로티(1935~2007)와 플라시도 도밍고(1941~)는 20세기 후반기를 대표하는 테너 성악가다. 전성기를 굳이 나눠 구분한다면 1990년을 기점으로 그 이전은 파바로티, 그 이후 21세기까지는 도밍고가 조금 앞선다는 게 중론이다.

두 사람은 삶의 역정이 비슷하면서도 다른 점이 많다. 공식 데뷔는 1961년 같은 해에 했지만 오페라 가수로는 파바로티가 먼저 성공을 거두고 '역사적'이라는 평가를 받는 오페라 명반도 파바로티가 더 많이 남겼다. 천부적인 미성과 시원스런 고음의 뻗침에서도 파바로티가 도밍고보다 낫다는 평가다. 하지만 극적 표현력, 드라마틱한 가창, 배역 소화와 연기 면에서는 도밍고가 탁월하다. 그렇기 때문에 같은 작곡가의 곡이라도 좀더 리릭한(서정적인) 작품은 파바로티가, 드라마틱한 작품은 도밍고가 낫다는 평가다.

루치아노 파바로티는 20세기 후반기에 인종과 종교를 뛰어넘어 대중적 사랑을 받은 대표적인 성악가다. 특히 '저 높은 곳에 있던' 클래식을 대중 곁으로 끌어내린 것은 가장 높게 평가받아야 할 부분이다. 그런데도 그는 질시와 비난, 중상과 멸시에 시달렸고 클래식을 지나치게 상업화했다는 비판까지 받았다. 그러나 파바로티가 아니더라도 클래식의 대중화는 거역할 수 없는 시대의 흐름이었다.

파바로티는 이탈리아 모데나에서 태어났다. 아버지는 빵가게를 운영하면서 아마추어 테너 가수로 활동한 음악 애호가였다. 파바로티는 아버지의 피를 물려받아 일찌감치 음악적 재능을 드러냈으나 넉넉하지 못한 집안 형편 때문에 정규 음악교육은 받지 못했다. 대신 교회에서 합창단으로 활동하거나 아버지가 수집해 놓은 유명 성악가들의 음반을 스승으로 삼아 자신의 재능을 계발했다.

파바로티는 정규 음악교육을 받지 못했다는 이유로 훗날 명성을 얻은 뒤에도 이론에 어둡고 악보를 읽지 못한다는 비판에 시달렸다. 실제로 그는 오페라 연기를 잘하지 못하고 극본을 잘 외지 못했다. 악보도 정확히

루치아노 파바로티(1935~2007)

읽을 줄 몰랐다. 그래서 그는 각 음표를 설명하는 자기만의 기호를 아리아의 가사와 함께 노트에 메모해 두곤 했다. 하지만 파바로티 팬들은 엔리코 카루소도 악보를 읽을 줄 몰랐다며 파바로티는 악보보다 자신의 귀와 목소리가 더 정확한 절대음감의 소유자였기 때문에 별 문제가 없다고 반박한다.

파바로티는 사범학교를 졸업한 뒤 초등학교 시간제 교사나 보험설계사로 일하면서 개인 레슨을 받거나 시골 마을에서 독창회를 여는 것으로 음악 활동을 병행했다. 대중적으로는 성공하지 못했지만 개인 레슨과 맹연습 덕에 실력이 탄탄해져 기회가 찾아왔다. 1961년 4월 모데나 극장에서 푸치니의 오페라 '라보엠'으로 성공적인 데뷔를 하고 1963년 3월 '리골레토'에 발탁된 것을 계기로 런던 코벤트 가든(1963)과 이탈리아 라스칼라(1965)에도 데뷔해 명성을 얻었다.

파바로티의 이런 음악적 재능에 날개를 달아준 사람은 지휘자이자 제작자인 리처드 보닝이었다. 파바로티는 본래 청아한 음색과 고음을 쉽게 넘나드는 재능을 갖고 있었다. 여기에 보닝의 트레이닝이 더해지고 새로운 발성법에 눈을 뜨면서 성량의 서정성과 장대함을 겸비한 초대형 테너로 거듭났다.

보닝은 파바로티가 자신의 아내인 소프라노 조앤 서덜랜드의 파트너로 적합하다고 생각했다. 서덜랜드는 당시 최고의 찬사를 받으며 음악계의 주목을 받았지만 키가 180cm로 너무 큰 게 문제였다. 소프라노 중에서도 가장 높음 음색을 가진 레지에로 파트였다는 것도 상대역을 선택하는 데 제한적 요소로 작용했다. 비슷한 음색의 상대역을 찾았다 해도 아내보다 작은 키 때문에 연인 분위기를 연출하지 못해 청중의 몰입을 방해했다.

다행히 파바로티는 큰 덩치에 테너 가수가 낼 수 있는 가장 높은 음역인 '하이C'를 안정적이고 자유자재로 소화했다. 보닝은 서덜랜드의 파트너로 손색이 없는 파바로티에게 1963년 호주 투어를 제안했다. 이후 파바로티는 서덜랜드와 함께 세계 투어 공연에 나서 세계 무대에서도 가창력을 인정받았다.

'저 높은 곳에 있던' 클래식을 대중 곁으로 끌어내려

1966년 6월 2일 파바로티는 영국의 코벤트 가든에서 가에타노 도니체티의 '연대의 딸' 중 '하이C'가 9번이나 등장하는 아리아 '친구들이여, 오늘은 즐거운 날'을 불러 대호평을 받았다. 성악적 난이도 때문에 1840년 2월 파리에서 초연된 후 누구도 원음대로 부르지 못해 공연이 제대로 이뤄진 적이 한 번도 없는 노래를 120년 만에 악보대로 그것도 아주 여유 있는 목소리로 완벽하게 부른 것이다.

1972년 2월 17일에는 뉴욕 메트로폴리탄 극장에서 또다시 '연대의 딸' 중 9개의 하이C를 완벽하게 성공함으로써 '하이C의 제왕' 이란 별명을 얻었다. 엄청난 거구를 바탕으로 왜곡이나 무리 없이 곧바로 고음까지 목소리를 올려보내는 그의 가창력에 청중은 열렬한 박수로 화답했다. 파바로티는 무려 17차례의 커튼콜을 받아 당시 메트로폴리탄 극장이 갖고 있던 커튼콜 기록을 깼다. 1988년 독일 베를린 도이치 오퍼에서 오페라 '사랑의 묘약'의 아리아 '남몰래 흘리는 눈물'을 불렀을 때는 무려 1시간 7분 동안 박수가 이어져 무대 인사를 165번이나 해 기네스북에 올랐다.

파바로티는 일찍이 엘튼 존이나 스팅 등 당대 팝스타들과 '파바로티와 친구들'이라는 이름으로 크로스오버 음악을 시작했다. 크로스오버 음악은 어떤 장르에 이질적인 다른 장르의 요소가 합해져서 만들어진 음악을 말한다. 이후 파바로티는 12년 동안 '파바로티와 친구들'과 함께 자선 콘서트를 고향인 모데나에서 개최해 인구 18만 명의 모데나를 국제적인 음악 도시로 알리는 데 일등 공신 역할을 했다. 전통적인 클래식 애호가들은 이런 그를 비판했으나 클래식 저변 확대에 기여하고 수익금을 난민이나 빈민 구호 등에 사용했기 때문에 비판은 오래가지 않았다.

1990년대 들어 파바로티는 전통적인 오페라 무대만이 아니라 대형 야외무대로도 활동 반경을 넓혔다. 특히 1990년 7월 7일 로마의 야외 특설 무대에서 열린 이탈리아 월드컵축구 기념 자선음악회에서 뉴욕필하모니 상임지휘자 주빈 메타의 지휘로 스페인의 두 마에스트로인 플라시도 도밍고, 호세 카레라스와 팀을 이룬 '스리 테너' 공연은 TV로 생중계되어 전 세계의 격찬을 받았고 지금도 많은 음악 애호가의 가슴에 감동으로 남아 있다. 그날 공연은 저 높은 곳에 있는 클래식을 대중의 곁으로 끌어내린 상징적 사건으로 평가되고 있다.

이들의 공연은 다시 세계 투어와 음반 발매로 이어져 1,000만 장의 음반과 700만 장의 비디오테이프 판매고를 올렸다. 이후 '스리 테너'는 파바로티가 팬들의 곁을 떠난 2007년까지 세계 곳곳에서 30차례 이상의 공연을 열어 소수의 애호가들만 즐기던 클래식을 대중의 곁으로 끌어내리는 데 견인차 역할을 했다. 파바로티는 보스니아 전쟁이나 아르메니아 지진과 같은 대규모 참사 피해자를 도울 때도 아낌없이 자신의 목소리를 제공했다. 한국과도 인연이 깊어 1977년과 1993년 방한에 이어 2000년 6월 남북 정상회담 개최를 기념한 '한반도 평화 콘서트', 2001년 6월 '한일월드컵 기념 스리 테너 콘서트'를 서울 잠실주경기장에서 열었다.

1990년대 들어 175kg이나 되는 비대한 몸무게로 건강 상태가 나빠지고 목소리도 점차 노쇠해지면서 일부 공연 때는 욕을 먹기도 했다. 무대 중앙에 우두커니 서 있거나 공연 시작 몇 분 전 공연을 취소해 원성을 사고 1992년의 한 공연에서는 공연 수일 전 녹음된 음악에 따라 노래를 부르는 시늉만 한 것으로 알려져 거센 비판을 받았다.

이런 이유로 1990년대 이후 최고 성악가는 플라시도 도밍고라는 것이 중론이지만 그래도 20세기 후반 전체를 아우르는 대표 성악가를 꼽을 때는 늘 파바로티가 수위에 올라 있다. 20세기 초에 오페라의 황금시대를 연 엔리코 카루소가 있긴 하지만 카루소는 대중매체를 이용할 수 없었기 때문에 파바로티의 대중적 성공에는 미치

플라시도 도밍고(1941~)

지 못한다는 게 중론이다. 파바로티는 일생 동안 뉴욕의 메트로폴리탄극장에서 379회, 이탈리아 밀라노의 라스칼라극장에서 140회, 런던의 코벤트 가든에서 96회 등 세계 최고의 극장을 두루 섭렵하고 100여 장의 음반을 취입했다.

2006년 2월 이탈리아 토리노 동계올림픽 개막식에서 오페라 '투란도트'에 나오는 칼리프 왕자의 아리아 '공주는 잠 못 이루고'를 부른 것을 마지막으로 더 이상 무대에 오르지 못했다. 2007년 9월 6일 삶을 마감했을 때 오스트리아 빈의 국립오페라극장은 입구에 검은 천을 내리고 메트로폴리탄 오페라극장은 무대 커튼을 검은 천으로 바꾸어 달았다.

유럽 평론가들, 도밍고를 '역사상 가장 위대한 테너'로 선정

플라시도 도밍고는 스페인의 마드리드에서 태어났다. 민속 오페라 가수이던 부모의 피를 이어받아 어려서부터 음악에 재능이 많았다. 8살 때 부모를 따라 건너간 멕시코에서 피아노와 지휘를 배우고 노래에 심취했다. 16살이 되던 1957년부터 스페인의 오페라 스타일을 주로 공연하는 사르수엘라 극단에서 바리톤 가수로 활동했으나 목에 이상이 생겨 노래를 중단하고 나이트클럽 등을 전전하며 생활비를 벌었다.

그러던 어느 날 멕시코 국립오페라단의 오디션에 참가해 바리톤 아리아를 불렀는데 그의 목소리에서 테너 음색을 발견한 극장 관계자의 요청으로 테너 아리아 한 곡을 더 불렀다. 이것이 계기가 되어 테너 조역을 맡게 되었다. 20살이던 1961년 멕시코시티의 한 극장에서 오페라 '라트라비아타'의 알프레도 역을 맡아 테너로 데뷔했다. 1962년 이스라엘 국립오페라단에 입단하고 1965년까지 12작품에 출연해 주목을 끌었다.

그가 성악가로 입지를 굳힌 무대는 1968년 입단한 뉴욕의 메트로폴리탄 오페라단이었다. 1960년대를 대표하는 테너 프랑코 코렐리의 대역으로 1968년 9월 28일 메트로폴리탄 오페라 무대에 서게 된 그는 '아드리아나 르쿠브뢰르'의 마우리치오 역을 노래했다. 그날 밤 그가 보여준 뛰어난 가창력과 연기력은 그에게 큰 명성을 안겨주었다. 1970년 밀라노의 라스칼라 극장, 1971년 런던의 코벤트 가든에서 노래할 무렵의 그는 이미 원숙한 기량의 테너로 성장해 있었다.

도밍고 역시 대중음악과의 크로스오버 음악을 꺼리지 않았다. 1981년 존 덴버와 함께 부른 노래 '퍼햅스 러브(Perhaps Love)'가 광고음악과 각종 차트에서 인기를 얻어 대중가수로도 입지를 확고히 다지고 대중에게는 오페라와 친숙해질 수 있는 계기를 만들어 주었다.

1980년대 들어서는 어린 시절 잠시 공부했던 지휘에도 관심을 보여 오페라뿐 아니라 교향악단도 지휘하는 등 다방면의 재능으로 관객을 만족시켰다. 행정에도 능력을 보여 미국의 워싱턴내셔널 오페라와 LA 오페라 총감독으로 활동했다. 두 극장은 도밍고의 부임 후 질적·양적으로 성장했다.

도밍고는 데뷔 40년 동안 각종 오페라에서 130여 개 역을 소화해 역사상 가장 많은 레퍼토리를 보유한 테너로 알려졌다. 3,500여 회의 오페라에 출연해 '오페라계 대통령'으로도 불렸다. 한국에도 네 번이나 방문했으며 1995년 세 번째 방한 때 홍혜경과 함께 우리 가곡 '그리운 금강산'을 불러 박수갈채를 받았다.

그는 특히 말년에 각종 명예를 누렸다. 2007년 여름 그가 청소년기를 보낸 멕시코시티에 도밍고 동상이 들어섰고 2008년 영국의 음악저널 'BBC뮤직 매거진'이 유럽 평론가들을 대상으로 실시한 투표에서 '역사상 가장 위대한 테너'로 선정되었다. 이로써 도밍고는 오랜 라이벌인 파바로티뿐 아니라 엔리코 카루소, 마리오 델 모나코, 주세페 디 스테파노 등 과거의 전설적 테너들을 생전에 뛰어넘는 영예의 주인공이 되었다.

1991년

남북한 유엔 동시 가입

일각에서는 분단의 고착화, 분단의 국제 공인화라는 지적이 제기되었다.

남북한의 유엔 가입사는 수십 년에 걸친 좌절의 역사다. 1948년 남북에 각기 다른 정부가 수립된 후 남한은 14번, 북한은 5번 유엔의 문을 두드렸으나 그때마다 문전박대를 받았다. 인구 수만 명의 소국들도 별 무리 없이 가입할 수 있는 유엔의 문이 유독 남북 양쪽에만 굳게 잠긴 것은 한반도가 냉전의 전초기지이고 남북 간의 과도한 체제 경쟁 때문이었다.

남북이 처음 유엔에 가입 신청을 한 것은 1949년 2월이었다. 남북 모두 가입 신청서를 제출했으나 성사되지 못했다. 이후에도 남한은 안보리 국가인 미국과 자유중국의 힘을 빌려 지속적으로 유엔의 문을 두드렸지만 그때마다 소련의 거부권 행사로 번번이 유엔 진입에 실패했다. 서방 국가의 반대로 실패하기는 북한도 마찬가지였다. 1957년 1월 소련이 남북한과 남북 베트남을 한데 묶어 4개국의 동시 가입을 추진했으나 역시 무산되었다.

당시만 해도 북한과 소련은 남북의 동시 가입에 적극적이었던 반면 남한과 미국은 6·25 발발의 책임을 물어 북한의 유엔 가입을 적극적으로 저지하는 태도를 취했다. 그러나 1973년 박정희 대통령이 6·23 평화통일 외교정책 선언을 통해 "남북한의 유엔 동시 가입을 반대하지 않겠다"고 천명하면서 남북한 유엔 동시 가입의 가능성이 높아졌다. 그러자 이번에는 북한이 입장을 바꾸어 "분단의 영구화 책동"이라며 고려연방공화국 단일 국호하의 유엔 가입안을 들고 나왔다. 공수가 바뀐 것이다.

남북한의 유엔 가입 후 유엔 본부 앞에 나란히 게양된 태극기와 인공기

남북은 1975년 유엔 가입 신청을 마지막으로 더 이상 유엔 가입에 미련을 두지 않았다. 결정적인 국면 전환이 없는 한 유엔 가입이 무망하다고 본 것이다. 그 결과 대결 외교는 진정 국면에 이르렀다. 남북이 유엔의 문턱을 넘지 못하는 동안 동서독은 빌리 브란트 서독 총리의 동방정책에 힘입어 1973년 9월 18일 유엔 동시 가입에 성공, 통일의 초석을 마련했다.

1980년대 말까지 한국은 남북대화와 긴장 완화를 촉구하는 여론 조성, 유엔 가입을 위한 유리한 국제 여건을 마련하는 외교에 치중했다. 1988년에는 노태우 대통령의 '7·7 특별성명'을 통해 대북한 대결 외교를 지양하는 입장으로 선회했다. 이는 공산권과의 수교를 포함하는 북방외교 추진에도 긍정적 요인으로 작용해 이후 동구권 국가들과의 외교 수립을 위한 발판이 되었다.

그 결과 1989년 열린 제44차 유엔총회 기조연설에서는 오스트리아(영세중립국), 헝가리(동구권), 인도, 말레이시아, 나이지리아 등 18개국을 포함해 총 48개국이 우리나라의 유엔 가입 지지 발언을 했다. 이처럼 우리 정부가 점진적으로 동시 가입을 추진하고 국제사회 역시 우리의 동시 가입안을 지지하는 쪽으로 기울자 1990년 5월 김일성이 "남북통일 전 유엔 가입은 남북한이 하나의 의석을 가지고 공동 가입해야 한다"는 이른바 '단일 의석 공동 가입안'을 제시하며 물타기 작전을 펼쳤다.

45년간 좌절되었던 남북한 유엔 동시 가입 7분 만에 해결돼

한국이 또다시 유엔 가입을 추진한 것은 노태우 정부의 북방정책이 활기를 띠던 1990년이었다. 1989년 11월 냉전의 상징인 베를린 장벽이 무너지고 1990년 9월 30일 한소 수교까지 이뤄져 분위기는 충분히 성숙되어 있었다. 결국 동시 가입이 대세임을 깨닫게 된 북한은 제45차 유엔총회 벽두인 1990년 10월 2일 북한 외교부 명의의 비망록을 통해 "단일 의석 유엔 가입안이 최종적인 것이 아니며 협상의 여지가 있다"는 유연한 입장을 내비쳤다. 중국도 11월 초 우리 측에 1991년이라면 반대하지 않겠다는 의사를 밝혀 우리 측을 고무했다.

1991년 4월 7일 노창희 유엔 주재 대사가 "북한이 우리의 남북한 유엔 동시 가입 노력에 호응해 주지 않을 경우 오는 9월 17일 제46차 유엔총회 개막 전에 단독 가입 신청서를 제출하겠다"는 내용의 각서를 유엔 회원국에 배포했다. 우리 정부의 남북한 동시 가입 입장이 확고한 것으로 확인되자 그동안 "한국 정부가 유엔 문제를 대북 카드로 쓰는 것 아니냐"고 반신반의하던 우방들도 "가입을 돕겠다"는 사인을 보내왔다.

게다가 현홍주 주미대사가 북한의 박길연 유엔대사와 비밀리에 수차례 접촉한 것이 주효했는지 북한은 1991년 5월 27일 외교부 성명을 통해 남북한 공동 가입 의사를 표명했다. 절차만 남은 마당에 함께 신청하고 함께 가입하면 모양새가 좋으련만 북한은 공동 가입에 대한 우리 측의 협의 제의를 외면한 채 7월 2일 먼저 가입 신청을 했다. 평화 애호국이라는 이미지를 부각하고 혹시 서방 측이 북한의 가입을 막으려는 시도를 할지 모른다는 불안감을 없애기 위함이었다.

우리 국회는 7월 13일 '유엔 가입을 위한 헌장 수락 동의안'을 여야 만장일치로 통과시켜 국내 절차를 마무리한 뒤 8월 5일 신청서를 제출했다. 남북한의 유엔 가입 신청은 8월 8일 7분 만에 만장일치로 유엔 안보리를 통과했다. 45년간 미국과 소련의 거부권 행사로 좌절되었던 유엔 동시 가입이 7분 만에 해결된 것이다.

남북한이 각각 대한민국과 조선민주주의인민공화국의 공식 국호와 국기를 갖고 유엔의 옵서버국에서 정식 회원국이 된 것은 1991년 9월 17일 오후 3시 25분(한국시간 18일 새벽 4시 25분)이었다. 이날 개막된 제46차 유엔총회에서 115개국이 공동 제의한 '남북한 유엔 동시 가입 결의안'이 159개 회원국의 만장일치 박수로 통과된 것이다. 총회장을 가득 메운 1,000여 명의 참관단 및 취재기자들까지 모두 일어나 박수를 쳐 총회장 분위기는 절정에 달했다. 영문 표기에 따라 북한은 160번째 남한은 161번째 회원국이 되었다.

총회는 뒤이어 에스토니아, 라트비아, 리투아니아 등 발트 3국과 마셜제도, 미크로네시아 등 5개 신규가입국의 결의안을 만장일치로 채택함으로써 유엔 회원국은 9월 17일자로 모두 166개국으로 늘어났다. 그러나 일각에서는 남북의 유엔 동시 가입을 두고 분단의 고착화, 분단의 국제 공인화라는 지적이 제기되었다. 이는 양측이 평소 주장해온 평화 분위기 조성과는 배치되는 개념이었다. 이를 두고 유엔의 한 관계자는 "코리아는 평화를 획득한 반면 한반도 통일은 그만큼 멀어진 것으로 본다"고 견해를 밝혔다.

강경대의 죽음과 학생운동권의 분신 투쟁사
김지하는 5월 5일자 조선일보에 '죽음의 굿판을 당장 걷어치우라'는 제목의 글을 기고했다.

1991년 2월 명지대가 새 학기 등록금을 16%나 인상해 학생들에게 고지했다. 그해 4월 교육부 집계에 따르면 전국의 사립대는 7.5~23.6%씩 등록금을 평균 15.5% 인상했다. 명지대 학생회는 곧바로 등록 연기를 결의하고 재단 전입금 확충과 민주적 등록금 책정을 학교 측에 요구했다. 그러나 반응이 없자 개학 후 총장실을 폐쇄하고 무기한 농성에 들어갔다. 700여 명의 학생은 등록을 하지 않았다. 그러자 학교 측이 이들의 제적 방침을 통보했다.

이런 와중에 4월 24일 명지대 총학생회장이 경찰에 연행되었다. 500여 명의 학생이 4월 26일 오후 항의 집회를 열고 4시 20분쯤 교문 밖으로 나가 돌과 화염병을 던지며 시위를 벌였다. 저녁 5시쯤 전투경찰과 백골단으로 불리는 사복 체포조가 시위자를 검거하기 위해 교내로 진

고(故) 강경대의 운구행렬(1991.5.14)

입했다. 학생들은 경찰에 밀려 학교로 뒷걸음쳤다. 헬멧을 쓴 청바지 차림의 백골단은 학생들을 쫓아가 진압봉과 쇠파이프를 휘둘렀다. 그때 교문 밖에서 시위를 벌이던 한 학생이 추격을 피해 정문 옆 담장을 넘으려다 백골단에게 붙잡혔다. 경제학과 1학년생 강경대(1972~1991)였다.

백골단은 강경대를 쇠파이프 등으로 집단 구타하고 5~10m쯤 끌고 가다 학생들이 몰려오자 강경대를 버려놓고 달아났다. 강경대는 인근 성가병원으로 옮기던 중 숨졌다. 검찰은 사인을 밝히기 위해 부검을 시도했으나 강경대 아버지의 반대로 부검은 하지 못하고 CT를 촬영해 사인을 분석했다. CT 촬영 결과 왼쪽 가슴 아래 15cm가량의 피하출혈, 오른쪽 이마의 5cm가량 찢어진 상처 등 3군데가 결정적 사인인 것으로 밝혀졌다.

강경대의 사망 후 분신(焚身)이 전국 대학으로 들불처럼 번졌다. 4월 29일 전남대생 박승희가 분신해 5월 19일 사망하고 5월 1일 안동대생 김영균이 "살인정권 노태우는 물러가라"며 분신해 이튿날 숨졌다. 5월 3일에는 경원대생 천세용이 몸에 불을 붙인 채 건물에서 뛰어내려 수 시간 후 숨졌다. 잇따른 분신은 국민에게 엄청난 충격을 던져주었다. 재야단체는

"끝까지 목숨을 포기하지 말고 투쟁하자"며 자제를 호소했다. 종교계에서는 사회문제 해결에 귀중한 목숨을 내거는 일이 없어야 한다고 목소리를 높였다.

시인 김지하는 5월 5일자 조선일보에 '죽음의 굿판을 당상 걷어치우라'는 제목의 글을 기고했다. 김지하는 "죽음의 찬미를 중지하라. 소름 끼치는 의사굿을 당장 걷어치워라"라며 진보 진영을 향해 일갈했다. 기고 후 김지하는 거센 후폭풍에 시달렸다. 진보 진영은 "그것을 배신이라고 부르자"고 선언했다. 민족문학작가회의는 회원 자격정지를 내렸다. 김지하는 "내가 감옥에 있을 때 내 의사와 무관하게 회원으로 가입된 것이므로 제명 결정은 나와 무관한 일"이라고 일축했다.

김지하는 이렇게 진보 진영으로부터 집단 따돌림을 당하다가 10년 뒤 '실천문학' 2001년 여름호에 실린 대담에서 해명과 사과의 뜻을 표명했다. 김지하는 ▲(보수 언론인)조선일보에 칼럼을 쓰고 ▲흥분해 있는 학생들에게 날카로운 비판의 칼날을 들이대고 ▲정권에 이용당할 만한 빌미를 준 것은 자신의 잘못이었다고 시인했다.

김지하의 칼럼이 일파만파로 파문을 일으키고 있던 5월 8일, 전민련 사회부장 김기설이 서강대 옥상에서 유서를 남긴 뒤 분신해 또다시 충격을 던져주었다. 김기설의 분신은 '강기훈 유서대필 사건'으로 비화해 또다시 정국을 뜨겁게 달구었다. 그래도 학생들은 죽음을 계속 저항의 수단으로 삼았다. 5월 18일 전남 보성고생 김철수가 분신하는 등 한 달도 안 되어 학생, 노동자, 주부 등 13명의 젊은 목숨이 사라졌다.

그러던 중 6월 3일 터진 새로운 사태가 뜨겁게 달궈진 분신 사태에 역풍으로 작용했다. 정원식 총리서리가 한국외국어대 학부 학생들에 의해 계란·밀가루 세례와 함께 주먹질과 발길질을 당하는 등 집단폭행을 당한 것이다. 문교부 장관으로 재직 당시 전교조 교사 1,500여 명을 해임·파면

한 것에 대한 분풀이였다. 정부는 '인륜을 저버린 패륜아적 범죄'로 규정하고 관련 학생들을 구속했다. 시민들도 학생들을 비판하는 쪽으로 급선회했다. 결국 이 사건으로 정권 퇴진을 외치던 학생과 시민들의 투쟁 열기는 급속히 냉각했다.

재야 측에 따르면 5공화국 7년 동안 19명의 학생이 분신자살해

분신의 역사는 전태일이 근로조건 개선을 요구하며 자신의 몸에 불을 붙인 1970년 11월 13일로 올라간다. 1975년 4월 12일 서울대생 김상진이 유신 철폐를 외치며 할복으로 자살하긴 했지만 분신은 더 이상 없었다. 그러나 1986년 두 서울대생이 같은 날 분신하면서 분신은 학생운동권의 새로운 투쟁 수단으로 발전했다.

당시 대학생들은 1학년 때 문무대(학생중앙군사학교)에서 1주일 동안 군사훈련을 받고 2학년이 되면 최전방 부대에서 1주일간 병영 체험을 하는 전방 입소 교육을 받았다. 서울대 총학생회와 자민투(반미자유화 반파쇼민주화 투쟁위원회)는 전방 입소 훈련을 "미 제국주의의 대학생들에 대한 용병 교육이며 식민지 노예교육"이라고 규정했다.

1986년 4월 28일 오전 서울대생 400여 명이 신림동 사거리 가야쇼핑센터 앞으로 모여들었다. 그날은 2학년 학생들의 전방 입소일이었다. 이윽고 맞은편 서광빌딩 3층 옥상에서 두 학생이 핸드마이크를 들고 "반전 반핵 양키 고 홈", "양키의 용병 교육 전방 입소 결사반대" 구호를 선창했다. 1명은 자민투 산하 반전반핵평화옹호투쟁위원장 김세진(정치학과 3학년 휴학)이었고 다른 1명은 자연대 학생회장 이재호(미생물학과 4학년)였다.

경찰은 쇼핑센터 앞의 학생들을 연행하는 한편 건물 옥상으로 뛰어 올라갔다. 그러자 김세진과 이재호가 시너를 몸에 끼얹었다. 곧 몸에 불이 붙었다. 이재호는 옥상에서 아래로 떨어지고 김세진은 옥상에 쓰러졌다. 김세진은 5월 3일, 이재호는 5월 26일 눈을 감았다. 5월 20일 서울대생 이동수(원예학과 1학년)가 학교 안에서 미 제국주의 타도 등을 외치며 또다시 분신했다가 병원으로 옮기던 중 숨졌다. 훗날 재야 측은 5공화국(1981~1988) 7년 동안 독재정권에 항의하며 분신자살한 학생은 19명이라고 주장했다.

분신은 노태우 정권이 출범한 지 3개월도 채 지나지 않은 1988년 5월 중순부터 또다시 전염병처럼 번져갔다. 1988년 5월 15일 명동성당 소속 가톨릭민속연구회 회장인 조성만(서울대)이 명동성당 구내 교육관 4층 옥상에서 칼로 복부를 찌르고 몸을 뒤로 날려 마당으로 떨어졌다가 저녁 7시에 운명했다. 5월 18일에는 단국대 천안캠퍼스에서 최덕수(법학2)가 온몸에 시너를 붓고 분신했으며 6월 4일에는 숭실대 인문대 학생회장이던 박래전(국문3)이 학생회관 옥상에서 분신했다. 두 학생 모두 눈을 감았다. 1989년 4월 7일에는 서울교대생 남태현이 분신해 이튿날 사망했다. 분신은 강경대의 죽음 후 5년이 지난 1996년에도 이어졌다. 4월 6일 경원대 진철원(도시계획2), 4월 16일 성균관대 황혜인(물리2), 19일 여수수산대 오영권(식공2)이 각각 분신했다.

강기훈 유서 대필 사건
진위 논쟁은 각종 정황 증거와 방증 자료를 내놓는 양측의 신경전으로 지루하게 전개되었다.

1991년 5월 8일 오전, 전국민족민주운동연합(전민련) 사회부장 김기설이 서강대 본관 4층 옥상 위로 올라갔다. 그리고 오전 8시 7분쯤 온몸에 시너를 뿌리고 라이터로 몸에 불을 붙여 건물 아래 도로 위로 투신했다. 현장에는 부모와 시민에게 보내는 2통의 유서가 있었다. 김기설의 자살은 그해 4월 26일 명지대생 강경대 군이 시위 도중 경찰의 쇠파이프를 맞고 사망한 후 노태우 정권에 항의하는 분신과 투신이 잇따르던 와중에 일어나 또다시 사회에 충격을 던져 주었다.

강기훈이 명동성당에서 검찰 출두 의사를 밝히고 있다(1991.5.22).

그날 오후 검찰은 당시 상황을 목격한 한 서강대 교수가 "김기설이 떨어진 직후 본관 옥상에 흰 점퍼 차림을 한 청년 등 2~3명이 더 있었고, 이들이 김씨의 투신 후 곧바로 5층 옥상에서 달아나는 것을 보았다"고 말한 진술을 공개했다. 박홍 서강대 총장이 "죽음을 선동하는 '어둠의 세력'이 있다"며 특정 세력이 분신·투신을 선동하고 있음을 강력히 시사하는 발언을 한 것도 그날 오후였다.

검찰총장이 "자살을 부추기는 조직적인 배후세력이 있는지를 철저히 수사하라"고 지시하면서 세간의 관심은 "조직적인 배후가 있었느냐"는 쪽으로 급속히 이동했다. 검찰의 움직임에 재야와 학생운동권은 "상식 이하의 반인륜적 시각", "정국의 반전을 노리는 공안통치 세력이 불순한 목적을 가지고 의도적으로 조작한 것"이라며 강력히 반발했다.

이런 와중에 5월 18일 검찰이 "유서의 필적은 김기설의 친필이 아니며 유서를 대신 써준 한 용의자의 필적과 유서의 필적을 감정한 결과 같은 것으로 확인되었다"고 발표했다. 이후 사건은 검찰의 공정성과 재야의 도덕성이 맞붙는 첨예한 싸움터로 바뀌었다. 검찰이 지목한 용의자는 전민련 총무부장 강기훈이었다. 강기훈은 검찰 발표 다음 날인 5월 19일부터 명동성당에서 항의 농성을 하며 "검찰의 밀실 수사에는 응하지 않고, 공개된 장소에서만 필적 감정 등 검찰의 조사에 적극 응하겠다"고 했다.

검찰은 5월 20일 국립과학수사연구소(국과수)의 필적감정 결과를 공개했다. 1차 감정 결과서에는 강기훈이 과거 경찰에서 쓴 자술서 2장과 김기설의 유서 2장 등이 '모두 동일 필적으로 사료된다'고 적혀 있었다.

재야와 운동권, '한국판 드레퓌스 사건'이라며 반발

재야와 운동권은 검찰 발표를 부정하며 유서 대필 논란을 '한국판 드레퓌스 사건'으로 규정했다. 그들은 "검찰 측 발표는 사실과 완전히 다른 악의에 찬 날조"라며 김기설이 자살 직전까지 사용한 수첩과 서류봉투, 서류철 등에 적힌 김기설의 필체를 공개하고 "이 필체가 유서의 필체와 동일하다"고 주장했다. 또한 강기훈이 1987년 4월 옥중에서 여동생에게 보낸 편지를 공개하며 편지의 필체가 유서 필체와 전혀 다르다고 항변했다.

이후 유서를 둘러싼 진위 논쟁은 각종 정황 증거와 방증 자료를 내놓는 양측의 신경전으로 지루하게 전개되었다. 공방이 어느 쪽의 승리로 귀결되든 다른 한쪽은 도덕적으로 치명적인 타격을 입게 된다는 점에서 양측의 공방은 전 국민의 관심을 불러일으켰다. 강기훈은 명동성당에 들어간 지 37일 만인 6월 24일 검찰에 출두했다.

검찰이 강기훈을 자살방조 혐의로 기소함으로써 공은 사법부로 넘어갔다. 12월 20일 1심 재판부는 "국과수의 필적감정 결과와 검찰이 제시한 증거를 종합할 때 강기훈의 유서 대필 혐의가 인정된다"며 자살방조죄와 국가보안법 위반죄를 적용해 징역 3년에 자격정지 1년 6월을 선고했다. 재판부는 필적 감정을 한 국과수 문서감정실장의 감정 결과를 신뢰한다는 입장을 취하면서도 판결문 끝 부분에 "우리의 결론이 절대적·객관적 진실이라고 단언하지는 못한다"고 적어놓아 개운치 않은 뒷맛을 남겼다.

유서 대필 사건 공방은 1심 형량을 인정한 항소심을 거쳐 1992년 7월 24일 대법원이 징역 3년에 자격정지 1년 6월을 선고한 원심을 확정함으로써 일단락되었다. 대법원은 김기설이 6살 때 생모가 사망한 후 주로 누나 손에서 자라났는데도 유서에 큰 누나를 언급하지 않았고 김기설의 수첩이 변조된 것으로 보이며 유서의 필적과 김기설의 필적이 다르다는 점 등을 판결 이유로 들었다. 강기훈은 1994년 8월 만기 출소했고 이후 사건은 잊혔다.

그런데 강기훈의 재판에서 결정적인 증거로 채택된 필적 감정의 당사자인 김형영 국과수 문서분석실장이 1998년 다른 사건과 관련해 허위 감정을 해주고 돈을 받은 혐의로 구속되는 일이 벌어졌다. 그러자 강기훈의 무죄를 추장하는 측에서 "국과수의 필적 감정을 믿을 수 없다"는 주장이 강하게 제기되었다.

서울고법 재심에서는 무죄, 현재는 대법원에 상고 중

강기훈에게 재심의 기회를 열어준 것은 노무현 정부의 과거사 정리 작업이었다. 2005년 12월 '경찰청 과거사위원회'가 "유서는 김기설의 친필로 보이나 명확한 결론을 내리지는 못했다"고 발표했다. 사건 당시 김기설의 유서 필적 감정을 했던 국과수는 "김기설의 유서는 김기설 본인이 작성한 것"이라는 필적 재감정 결과를 내놓아 국가기관의 신뢰를 스스로 무너뜨렸다.

강기훈 측은 "김기설의 친구가 보관하고 있다가 뒤늦게 발견한 전대협 노트와 낙서장에 적힌 글씨가 김기설이 남긴 유서의 필적과 일치한다"며 김기설의 유서를 강기훈이 대필하지 않은 증거라고 주장했다. '진실·화해를 위한 과거사 정리위원회'(진실화해위)는 필적 재감정 결과를 근거로 2007년 11월 "유서는 강기훈이 쓰지 않았다. 김기설의 친필 유서가 맞다"며 국가의 사과와 법원 재심 등의 조치를 권고했다. 강기훈은 이를 근거로 2008년 1월 서울고등법원에 재심을 청구했다.

서울고법은 2009년 9월 진실화해위의 판단을 근거로 무죄 취지의 재심

개시 결정을 내렸다. 서울고법이 허위로 인정한 것은 사건 당시 국과수 직원들의 공동 심의에 대한 진술이었다. 사건 당시 국과수의 감정인 2명이 법정에서 "4명의 감정인이 공동으로 현미경 관찰을 하고 토의를 했다"고 진술한 것과 달리 또 다른 감정인 2명은 진실화해위 조사에서 사건 당시 진술한 2명과 다른 내용을 증언했기 때문이다. 이들은 "유서 필적 감정에 직접 참여한 바가 없다"며 "공동 심의란에 서명 날인한 것이 전부"라고 했다. 2심 재판부는 허위증언을 토대로 유죄를 인정한 것이기 때문에 재심 사유가 된다고 인정했다.

검찰은 전대협 노트와 낙서장을 증거로 인정할 수 없다며 반발했다. 김기설의 필적이 남아 있다면 사건 당시 증거로 제출했어야 하는데 그러지 않았기 때문에 전대협 노트에 적힌 글씨 등은 강기훈이 김기설 사후에 썼을 가능성이 높다는 게 반박 이유였다.

대법원은 2012년 10월 "유서 감정에 참여한 국과수 문서실장 등의 증언 중 일부가 허위라고 보고 재심을 결정한 서울고법의 원심은 정당하다"며 재심 결정을 내렸다. 즉 국과수의 허위 진술을 토대로 판결했기 때문에 심리를 다시 해야 한다는 것이다. 그러면서도 대법원은 진실화해위 조사보고서의 결론에는 동의하지 않았다. 김기설의 친구가 진실화해위 조사 과정에서 증언한 진술만으로는 '전대협 노트가 김기설의 것'이라고 단정할 수 없다는 것이다. 또한 서울고법이 진실화해위의 필적 감정 결과에 신빙성을 부여해 "무죄를 인정할 명백한 증거에 해당한다고 판단한 것은 잘못"이라고 지적했다. 즉 종전 재판에서 허위 진술을 갖고 심리했기 때문에 재심을 개시하지만 유서 작성자에 대해서는 처음부터 다시 심리를 해봐야 한다는 것이다.

서울고법은 재심에 착수했다. 그리고 2014년 2월 13일 강기훈의 자살방조 혐의에 대해 무죄를 선고했다. 재판부는 "강기훈의 필적과 유서의 필적이 유사하다는 1991년 감정 결과는 신빙성이 없고 검찰의 증거만으로는 강기훈이 유서를 작성했다고 보기 부족하다"고 판결했다. 검찰은 "적법한 수사와 재판을 통해 과거 대법원에서 유죄가 나왔던 사건인 만큼 다시 판단을 받아보기로 했다"며 대법원에 상고했다.

김수현과 '사랑이 뭐길래' 최고 시청률 기록

인물의 감정을 찌꺼기 없이 적확하게 드러내는 대사야말로 김수현 드라마의 요체이자 상징이다.

　　　　　김수현(1943~)은 '언어의 연금술사', '시청률 제조기'다. 그가 오랫동안 안방극장의 맹주로 군림한 원천은 수십 편의 드라마 극본이다. 김수현 드라마의 특징은 탄탄한 구성, 빠른 진행, 생생한 캐릭터로 요약된다. 특히 인물의 감정을 찌꺼기 없이 적확하게 드러내는 대사야말로 김수현 드라마의 요체이자 상징이다. 수다스러운 말투와 톡톡 튀는 속사포 대사, 게다가 배역의 감정이 듬뿍 실려 무시로 튀어나오는 신조어와 직설적인 화법은 누구도 흉내낼 수 없는 김수현만의 개성이자 특징이다.

　김수현의 드라마 덕에 일약 스타덤에 오른 배우들도 많다. 그러다 보니 김수현과 오래 호흡을 맞춰온 연출자와 연기자들을 가리켜 '김수현 사단'이라고 부른다. 연기자로는 이순재·김혜자·윤여정·김희애·강부자 등이 있고, 연출자로는 곽영범·박철·정을영 등이 사단으로 분류된다. 김수현은 이런 표현을 싫어한다.

　김수현은 충북 청주에서 태어나 청주여고를 졸업했다. 1961년 고려대 국문학과에 입학했으나 부친이 위암에 걸려 돈을 벌어야 하는 가장이 되었다. 다행히 글쓰는 데 재주가 있어 대학 1학년 때부터 상금이 주어지는 공모라면 드라마든 소설이든 가리지 않고 응모했다.

김수현(1943~)

김수현이 방송작가로 정식 데뷔한 것은 MBC 개국 7주년 기념 라디오 드라마 공모에 당선된 1968년이었다. 당선작 '그해 겨울의 우화'는 '저 눈밭에 시슴이'로 제목이 바뀌어 1969년 1월 2월부터 라디오 방송을 탔다. 정소영 감독에 의해 동명의 영화로도 만들어져 1969년 6월 11일 국도극장에서 개봉되었다.

4년 동안 라디오 드라마를 집필하던 김수현이 TV 드라마로 영역을 넓힌 것은 1972년 5월이었다. 첫 TV 드라마는 MBC TV의 목요연속극 '무지개'였다. '김수현 시대'를 열어젖힌 출세작은 MBC TV의 '새엄마'로, 총 411회(1972.8~1973.11) 방영되어 김수현에게 1973년 10월 제1회 방송상 TV부문 극본상을 안겨주었다.

김수현은 이후에도 '신부일기'(1975) 등 여러 드라마를 성공시켰으나 모든 것이 순항하지만은 않았다. 일일드라마 '안녕'(1975)과 '후회합니다'(1977), 주말드라마 '청춘의 덫'(1978) 등은 유부남과 미혼 여성의 불륜, 혼전 임신 이야기를 다뤘다는 이유로 예정된 방송 횟수를 채우지 못하고 중단되거나 조기 종영되었다.

김수현의 시대가 본격적으로 펼쳐진 것은 MBC의 '사랑과 진실'(1984), '사랑과 야망'(1987)이 대박을 터뜨린 1980년대부터였다. '배반의 장미'(1990)부터는 무거운 주제를 벗고 과감하게 코믹 드라마에 도전했다. 총 55회(1991.11.30~1992.5.31)에 걸쳐 MBC TV에서 방영된 주말드라마 '사랑이 뭐길래'(박철 연출)는 첫 번째 시도였다. 빠른 극 전개와 특유의 맛깔스러운 대사는 김수현의 색깔 그대로였다. 여기에 다양한 인물 묘사까지 더해지면서 시청자들이 폭발적으로 반응했다.

지극히 보수적인 이 사장(이순재)과 민주적이고 자유로운 분위기의 박이사(김세윤), 남편에게 주눅 들어 숨죽이고 사는 대발이 엄마(김혜자)와 현대적 가정주부 지은 엄마(윤여정)의 극명한 대칭 구조에, 서로 다른 환경에서 자라난 대발(최민수)과 지은(하희라)의 사랑 싸움을 보며 남자 시청자들은 시대착오적인 대발이 아버지의 권위주의에 대리 만족을 느꼈고, 여자들은 서서히 전개되는 여인들의 반란을 즐겼다.

드라마가 방송되면 각 가정의 전화 통화와 수돗물 사용 현격히 줄어들어

'사랑이 뭐길래'가 워낙 인기가 높아 주말 저녁 8시대에 각 가정의 전화 통화와 수돗물 사용이 끊긴다는 보도가 잇따르고 김혜자가 극 중 간간이 읊조린 김국환의 노래 '타타타'는 공전의 히트곡이 되었다. '사랑이 뭐길래'는 시청률 조사기관 미디어서비스 코리아의 조사에 의해 평균 시청률이 59.6%라는 사실이 공식적으로 확인되었다. 한국에서 과학적인 시청률 조사는 1992년 1월 1일부터 시작되었는데 '사랑이 뭐길래'는 마침 그 무렵에 방영된 덕에 시청률을 공인받을 수 있었다. 역대 시청률 2위와 3위는 1992년 10월부터 방영된 MBC의 '아들과 딸'(49.1%), 1999년 11월부터 방영된 MBC '허준'(48.3%)이다.

'사랑이 뭐길래'가 수립한 시청률 59.6%는 이후 케이블TV, 위성TV, 종합편성채널 등 다양한 매체가 등장하고 이 때문에 시청자의 선호 프로그램이 분산되어 좀처럼 깨지기 힘든 기록으로 남을 전망이다. 회차 시청률을 기준으로 하면 '사랑이 뭐길래'는 2위로 내려간다. 회차 시청률 1위는 65.8%를 기록한 1997년 4월 20일 KBS2의 '첫사랑'이다. '사랑이 뭐길래'는 1992년 5월 24일 64.9%의 회차 시청률을 기록했다.

1970년대 TBC의 '아씨', KBS의 '여로' 등이 방송될 때도 길거리 인적이 끊길 정도로 인기가 높았으나 그때는 방송국 자체 시청률 조사였기 때문에 정확한 비교는 어렵다. 무엇보다 TV 수상기 80만 대 시대와 2,000만

대가 넘는 시대를 단순 비교하는 게 어려워 큰 의미를 두지는 않는다. '사
랑이 뭐길래'는 한국 드라마 사상 처음으로 1997년 중국의 CCTV에서 방
영되어 높은 시청률을 기록했다. '한류'의 원조인 셈이다.

　김수현은 이후에도 '산다는 것은'(1993), '목욕탕집 남자들'(1995), '청춘
의 덫'(1999), '엄마가 뿔났다'(2008), '인생은 아름다워'(2010), '무자식 상
팔자'(2012) 등 히트작을 연속 터뜨리며 왜 김수현이 '드라마의 대모'인지
를 입증해 보였다. 김수현의 감각은 영화와 소설에서도 빛을 발했다. 직
접 영화 시나리오를 쓰거나 원작을 제공한 영화가 '보통여자'(1976), '내가
버린 여자'(1977), '마지막 겨울'(1978) 등 30여 편이나 되고 장편소설도 '상
처'(1977), '모래성'(1986), '망각의 강'(1988) 등 10여 편에 이른다. 2008년
한국방송협회가 대한민국 대표작가로 김수현을 처음 선정한 것은 이처럼
폭넓은 활약을 하는 김수현에 대한 최소한의 예우였다.

이순재　이순재(1935~)는 연극, 텔레비전, 영화를 넘나들며 오직 연기
한 길만을 걸어온 천상 연기자다. 국회의원으로 4년간 외도한
것 말고 80대의 나이에도 카리스마 넘치는 연기를 펼치는 영원한 연기
자다.

　이순재는 함북 회령에서 태어나 4살 때 조부모를 따라 서울로 상경했
다. 서울고를 졸업하고 1954년 서울대 철학과에 입학해서는 2학년 때부
터 서울대 극단에서 활동했다. 대학 3학년 때인 1956년 초여름에는 서울
대 극단의 마지막 작품이자 그의 첫 출연작인 '지평선 너머'(유진 오닐 작)
에서 열정을 불태웠다.

　1958년 대학을 졸업한 후에는 한동안 국립극단 등의 게스트로 출연하
다가 1960년 10월 이낙훈, 김동훈, 오현경, 여운계 등 서울대, 연세대, 고
려대 출신 연극인들과 함께 '실험극장'의 창단 멤버로 참여했다. 극단 '산

하'의 창단에도 참여해 많은 작품에서 숱한 개성을 창조했다.

이순재가 텔레비전 연기자로 데뷔한 것은 KBS TV의 개국 기념 드라마로 1962년 1월 19일 방영된 '나도 인간이 되련다'(유치진 작)였다. 그 후 1964년 12월 개국한 동양TV(TBC)로 옮겨 16년 동안 전속으로 활약하다가 1980년 방송 통폐합 때 KBS TV로 옮겨 프리랜서 연기자로 활동했다.

그의 스크린 데뷔작은 1966년 정진우 감독의 '초연'으로, 당시 이 영화의 주연은 신성일과 남정임이었다. 탤런트로 활동하면서도 '세일즈맨의 죽음'(1978) 등 몇 편의 연극에 출연하고 1986년에는 '수전노', '환상살인' 등의 연극을 연출했다. 1971년 5월 한국TV방송연기자협회를 창립해 초대와 2대, 12대 회장을 역임했다.

1988년 13대 총선 때 서울 중랑갑에 출마했다가 낙선했으나 4년 후 리턴매치 때 승자가 되어 1992년부터 1996년까지 민자당의 국회의원으로 활동했다. 연기자 출신의 지역구 의원으로는 영화배우 이대엽과 탤런트 홍성우에 이어 세 번째였다. 드라마 '사랑이 뭐길래'가 그의 당선에 도움을 준 것은 사실이지만 낙선 후 4년 동안 저인망식으로 지역구를 관리한 것도 빼놓을 수 없다.

그가 출연한 TV드라마는 수백 편이나 되고 주·조연으로 출연한 영화만도 100여 편에 달한다. '대원군', '사랑이 뭐길래', '허준', '상도', '토지', '보고 또 보고', '거침없이 하이킥', '이산', '엄마가 뿔났다', '무자식 상팔자' 등은 이순재의 활약상이 두드러진 대표적인 작품들이다. 2009년 3월 한국방송영상산업진흥원(현 한국콘텐츠진흥원)이 처음 선정한 '방송인 명예의 전당'에 연기자로서는 처음 뽑힌 것도 이런 그의 활약이 인정을 받았기 때문이다. 이순재는 2013년 tvN의 예능프로그램 '꽃보다 할배'에도 출연, 동료 노배우들과 해외여행을 하며 노익장과 유머 감각을 자랑했다.

두산전자 낙동강 페놀 방류 사건

이로써 페놀 방류 사건도 1985년의 '온산병'에 이어 또다시 영구 미제로 남게 되었다.

두산전자 구미공장에서 방류한 1.3t의 페놀 원액이 낙동강의 지천으로 흘러들어간 것은 1991년 3월 14일 저녁 10시쯤이었다. 이것이 대구시 식수의 70%를 공급하는 다사수원지로 유입되어 정수처리제인 염소와 결합, 클로로페놀로 변한 것은 3월 16일 오후 2시쯤이었다. 페놀은 인쇄회로기판(PCB)을 만드는 수지나 농약 제조의 원료로 사용하는 독성 물질로 2차대전 때는 나치가 유대인을 학살할 때 사용하기도 했다. 클로로페놀은 농도가 1ppm을 넘으면 암이나 중추신경장애 등 신체에 치명적인 악영향을 미치는 극약과도 같은 물질이다.

3월 16일 저녁 대구시 일부 가정의 수돗물에서 악취가 났다. 시민들의 항의가 잇따르자 다사수원지는 원인도 모른 채 더 많은 염소를 투여해 악취를 더욱 가중했다. 악취 소동이 처음 있는 일은 아니었다. 가깝게는 2주일, 멀게는 2년 전에도 비슷한 일이 있었다. 그때마다 대구시 상수도본부는 "상수도 물의 세균 오염을 막기 위해 염소 소독을 너무 많이 했기 때문"이라며 별일 아니라는 반응을 보였다.

그러나 이번의 악취는 전과 확실히 다르다는 것을 알았는지 뒤늦게 사태 파악에 나서는 한편 이산화염소로 소독약품을 대체하는 등 긴급 대책을 마련했다. 경찰도 조사에 나서 일부 공장에서 공장 폐수를 낙동강에 쏟아버린 사실을 확인했다. 특히 두산전자 구미공장은 5개월 동안 300여t가량을 방류한 것으로 밝혀졌다. 당시 식수에 대한 페놀 함유 허용치는 0.005ppm이었는데 낙동강 하천에서 검출된 일부 지역의 페놀 함유량(0.11ppm)은 이 허용치의 22배, 세계보건기구 허용치의 110배나 되었다.

페놀이 강물에 실려 하류로 내려가자 부산·마산·창원까지 악취에 시달리고 낙동강에 물을 의지하는 모든 지역이 페놀 공포에 사로잡혔다. 이른바 '페놀 대란'이었다. 일부 목욕탕은 휴업을 하고 페놀 수돗물로 만든 두부 등 음식들은 폐기 처분되었다. 약수터는 북새통을 이뤘고 생수는 품귀 현상을 빚었다. 당시 내국인 판매가 불법이던 생수는 이 사건 5개월 후 합법화되었다.

슈퍼마켓 주인이 '두산 제품을 판매하지 않겠다'며 두산 제품을 진열장 밖으로 꺼내고 있다(1991.3.28).

시민들의 항의는 전국으로 확산되었다. 경실련·공추련 등 10여 개의 환경·사회운동 단체는 두산 제품 불매운동을 벌였다. 정부는 두산전자 구미공장장 등 6명을 구속하고 1개월간의 조업정지 처분을 내려 여론을 잠재우려 했다. 그런데도 수출에 차질이 생긴다는 이유로 보름 만에 조업 재개를 허용했다. 그러나 조업 재개 5일 만인 4월 22일 두산전자가 또다시 2t이나 되는 페놀을 방류함으로써 또다시 전 국민의 공분을 불러일으켰다. 이 사실이 알려져 결국 박용곤 두산그룹 회장이 물러나고 환경처 장·차관이 한꺼번에 경질되었다.

우리나라 환경운동 수준을 10년 앞당긴 사상 최대 환경사고

페놀 쇼크는 2개월 정도 지나 잦아들었다. 하지만 페놀 사건의 최대 피해자인 대구의 임산부들은 그냥 있을 수 없었다. 페놀 사건이 터진 후 4월 말까지 접수된 1만 3,000여 건의 피해 신고 중 임산부의 신청 건수는 844건이었다. 그해 11월 대구시 환경분쟁조정위원회는 988건에 대해 2억 8,122만 원의 배상금을 지급하도록 하는 페놀피해분쟁 조정을 내리는 한편 1,000여 건은 중앙조정위에 이송했다. 조정위는 조정신청을 한 844명의 임산부 중 유산 또는 사산 임산부 271명에게는 연령과 초산 여부에 따라 50만~100만 원, 일반 임산부 573명에게는 20만 원씩 모두 2억 6,000만 원을 지급하도록 했다. 그러나 60여 명의 임산부들은 조정안에 불복, 중앙환경분쟁조정위에 재심을 신청했다. 중앙조정위의 조정안도 인과관계를 인정하지 않자 16명의 임산부는 1992년 10월 민사소송을 제기했다.

이 소송은 2년여 동안 지루하게 이어졌으나 대구지법도 결론을 내리지 못하고 1995년 2월 '조정'으로 종결지었다. 사건 당시 수돗물의 페놀 및 클로로페놀의 농도를 정확히 알 수 없고 이것이 태아에게 미치는 영향에 대해 누구도 장담할 수 없다는 게 조정 이유였다. 이로써 페놀 방류 사건은 1985년의 '온산병'에 이어 또다시 영구 미제로 남게 되었다.

페놀 방류 사건은 환경운동가들이 '우리나라 최대 환경오염 사건'으로 꼽을 만큼 충격파가 컸다. 우선 환경오염이 식수에까지 영향을 미치면서 생명을 위협하는 수준에 이르렀다는 점에서 큰 사회적 경고와 함께 전국적인 환경운동을 불러일으켰다. 기업 이윤의 극대화는 절대선이고 그 선을 위해선 식수원인 강물에 '독약'을 흘려도 눈감아주던 성장 일변도의 사고방식에 제동이 걸렸다는 점에서도 의미가 컸다.

무엇보다 우리나라 환경운동의 양적인 팽창뿐 아니라 질적인 변화까지 가능하게 했다는 점에서 페놀 사건은 '환경운동의 수준을 10년 앞당긴 사상 최대의 환경 사고'로 평가되고 있다. 소수에 불과하던 환경단체들도 페놀 사건 이후 2년 만에 100여 개를 넘어섰다. 사건은 두산그룹에도 재앙이었다. 그룹 회장 사임, 두산전자 사장 해임, 공장장 등 6명 구속, 여기에 220억 원의 손해배상과 땅에 떨어진 기업 이미지는 산술적으로 계산할 수 없을 만큼 심각했다.

소련 소멸

고르바초프가 등장한 후 7년 동안 세계에 휘몰아친 대변혁이 대단원의 막을 내린 것이다.

1991년 12월 21일 소련(소비에트 사회주의 연방공화국)에 속해 있던 국가 중 이미 독립을 선언한 발트 3국 등 일부 국가를 제외하고 러시아를 비롯한 11개 공화국이 카자흐공화국 수도 알마티에서 독립국가연합(CIS) 창설 협정에 서명했다. 이로써 러시아혁명 후 74년, 소련 성립 후 69년 동안 지구의 절반을 지배해온 소련이 마침내 역사 속으로 사라졌다.

협약에는 러시아, 우크라이나, 벨라루스 등 슬라브계 3개 공화국을 비롯해 카자흐스탄, 몰도바, 아제르바이잔, 아르메니아, 우즈베키스탄, 키르기스스탄, 타지키스탄, 투르크메니스탄 11개국이 서명했다. 7년 동안 변화의 한가운데에 운명처럼 서 있던 미하일 고르바초프는 나흘 후인 12월 25일 자신의 역할이 끝났음을 인정하고 총총히 크렘린궁을 떠났다.

소련이 공식적으로 출범한 것은 69년 전인 1922년 12월 30일이었다. 이날 열린 제1회 전 소비에트 대회에서 러시아, 우크라이나, 벨라루스, 자캅카스(아르메니아·아제르바이잔·그루지야) 4개 공화국을 구성원으로 한 소련의 출범이 공표된 것이다. 사실 레닌은 1917년 러시아혁명 후 수년 동안 소 연방을 구성하는 데 부정적이었다. 레닌은 연방제가 국가 간의 경제적 결속을 약화시킨다며 연방제를 반대하고 리투아니아, 우크라이나 등을 독립국가로 인정했다. 1921년 3월의 당 대회에서는 러시아의 배타적 국수주의가 가져올 위험을 경고하기도 했다. 그러나 러시아 내정에 간섭하려는 열강들과의 전쟁, 여기에 국내 적대 세력과의 내전에 휘말리면서 레닌의 결심이 흔들렸다.

스탈린은 레닌의 의중을 간파하고 연방공화국을 자치적 지위로 격하하

보리스 옐친이 최고회의 건물 앞 탱크 위에서 쿠데타를 규탄하는 선언서를 낭독하고 있다(1991.8.19).

고 중앙정부의 권위를 강조하는 헌법 초안을 만들어 1922년 8월 당 중앙에 제출했다. 하지만 해당 국가 공산주의자들이 격렬하게 반대해 레닌은 각국 노동자가 완전한 통일을 이룰 때까지 과도적인 형태로 각 공화국이 평등한 자격으로 합쳐야 한다는 덜 중앙집권적인 안을 채택했다.

4개 연방공화국으로 출발한 소련은 1924년 10월 중앙아시아의 투르크메니스탄, 우즈베키스탄 두 공화국이 러시아 공화국에서 분리되고 1929년 10월 타지키스탄 공화국이 다시 우즈베키스탄 공화국에서 떨어져 나가면서 7개 공화국으로 늘어났다. 1936년 12월에는 자캅카스 공화국이 그루지야(조지아), 아르메니아, 아제르바이잔의 3개 공화국으로 나뉘고 러시아에서도 카자흐스탄과 키르기스스탄 2개 공화국이 분리되어 연방공화국은 모두 11개로 늘어났다.

당시 집권자 스탈린은 각 민족의 단결을 막기 위해 공화국 간의 경계를 자의로 구획하고 주민들을 타 지역으로 이주시켰다. 중앙아시아와 시베리아 극동 지역에도 러시아인을 대거 이주시켰다. 2차대전이 한창이던 1940년 3월에는 핀란드를 침공해 카렐로핀(카렐리야) 공화국을 연방에 편입시키고 1940년 8월에는 독소 불가침조약의 비밀의정서에 따라 1918년 러시아에서 독립한 에스토니아, 라트비아, 리투아니아 등 발트 3국과 1918년 이래 루마니아의 영토였던 몰다비아(몰도바)를 병합했다. 이로써 구성 공화국은 16개로 늘어났다. 1956년 7월 카렐로핀 공화국이 러시아의 자치공화국으로 바뀌는 등의 변화를 거쳐 15개 공화국과 20개 자치공화국으로 유지되다가 1991년 공산당 보수파의 쿠데타 실패, 독립국가연합(CIS) 창설, 고르바초프의 사임 등으로 소비에트 연방은 종지부를 찍었다.

비극적 유산 남긴 채 74년의 역정 마감해

1991년 8월 19일 아침, 막 잠에서 깨어난 소련 국민들은 부통령 야나예프, 국방장관 야조프, KGB 의장 크류츠코프 등 8명의 보수파 지도자가 국가 위기를 해소하기 위해 국가비상사태위원회를 구성했다는 라디오 방송을 들었다. 직감적으로 쿠데타라고 느낀 국민들은 불안감을 감추지 못했다. 그날은 고르바초프 대통령이 소련 내 15개 공화국에 중앙정부의 권한을 대폭 이양하는 '신연방조약'을 공화국들과 체결하기로 한 날의 하루 전날이었다.

쿠데타는 1991년 7월 고르바초프가 미국과 체결한 '전략무기감축협정(START)'이 소련의 군사력을 약화시키고 또한 '신연방조약'이 15개 공화국에 과도한 주권을 넘겨주어 자칫하면 소 연방이 공중분해될지 모른다는 보수파의 불안감에서 비롯되었다. 쿠데타 주동자들은 고르바초프를 크리미아 휴양지에 가택 연금했다.

그러나 그 긴박한 상황에서 보리스 옐친 러시아 대통령이 탱크 위로 올라가 쿠데타의 불법성을 큰소리로 비난하고, 수만 명의 시민이 혹시 있을지 모를 쿠데타군의 진격에 맞서 러시아 공화국 의사당 주변에 임시 바리케이드를 설치해 인간 방벽을 구축하면서 사태는 일순간에 역전되었다.

결국 사전에 옐친을 구금하지 못한 쿠데타 주동자들의 실책과 내부 분열, 거기에 더해진 군중의 적극적인 반쿠데타 시위 등으로 군이 민간인을 향해 발포하지 못함으로써 쿠데타는 3일 만인 8월 21일 실패로 돌아갔다. 반란 주동자 중 둘은 자살하고 나머지는 체포되었다. 쿠데타는 거함 소련에 큰 구멍을 낸 폭발음이었고 소련이 소멸한 연말까지 벌어진 일련의 사태는 거함이 서서히 침몰하는 과정이었다.

80시간 만에 초췌한 모습으로 다시 돌아온 고르바초프에게 모스크바는 이미 그의 안식처가 아니었다. 도로에는 파괴된 레닌 동상이 뒹굴었고 KGB 본부 앞에서는 체카(KGB 전신) 창설자 펠릭스 제르진스키의 거대한 동상이 시위대에 의해 짓밟히고 있었다. 실권은 이미 고르바초프를 떠나 옐친의 손으로 넘어간 상태였다. 고르바초프가 8월 24일 당 서기장을 사임하고 공산당의 해체를 권고한 것도 옐친의 입김이 작용한 결과였다.

'당=국가'라는 등식 아래 모든 국가조직을 장악했던 공산당은 쿠데타 실패로 하루아침에 불법 조직으로 전락했다. 쿠데타 실패 후에도 고르바초프는 소련의 대통령으로 자신의 직무를 재개했지만 그것은 공허한 몸짓에 불과했다. 보수파들은 그들이 지키고자 했던 것들을 더욱 철저히 파괴하는 '역의 결과'를 초래하고는 서서히 무대 뒤로 사라졌다.

공산당 해체는 소련 몰락의 시작이었다. 연방정부의 취약성을 간파한 각 공화국은 무력해진 고르바초프를 몰아붙여 주권 확대와 독립의 길로 거침없이 달려나갔다. 69년 전 강제로 성립된 소비에트 연방을 각 공화국의 합의에 따라 재구성한다는 내용의 '신연방조약안'은 각 공화국의 주권을 강화한 것이었으나 그들의 종국적인 꿈은 확실히 분리된 독립공화국이었다. 발트 3국이 먼저 독립을 선언하고 전통적으로 러시아와 유대 관계를 맺어온 우크라이나마저 연방 참여를 거부하면서 소련의 운명은 바람 앞에 등불이었다.

쿠데타 실패 후에도 소련을 개편해 명맥을 유지하고자 했던 고르바초프의 마지막 희망은 옐친의 러시아 등 11개국이 참여한 독립국가연합에 가로막혀 완전히 무산되었다. 12월 17일 고르바초프와 옐친은 사실상 수명이 다한 연방 해체를 확정지었다. 12월 21일 독립국가연합이 결성되고

12월 25일 고르바초프마저 소련 대통령직을 사임함으로써 소련은 실체 없는 존재로 전락했다. '사회주의 실험의 실패'라는 비극적 유산을 남긴 채 74년의 역정을 마감한 것이다. 소련의 소멸은 20세기 내내 국제 질서를 왜곡해온 냉전 체제의 완전 청산을 의미했다. 또한 인간의 창의와 자유를 말살한 통제 체제가 결코 민주정치체제를 능가할 수 없음을 역으로 증명해 주었다.

발트 3국 독립과 독립국가연합 창설 1989년 8월 23일 에스토니아의 수도 탈린에서 라트비아의 리가를 거쳐 리투아니아의 빌뉴스에 이르기까지 620km나 되는 긴 거리에 100만 명이 넘는 사람이 손과 손을 맞잡은 인간 사슬을 만들었다. 독소 불가침조약 체결 50주년이 된 이날, 조약의 비밀의정서에 항의하기 위해 에스토니아, 라트비아, 리투아니아를 통칭하는 발트 3국의 국민들이 독립을 향한 자신들의 의지를 세계에 천명한 것이다.

발트해에 연한 이 세 나라는 주변의 소련, 독일, 폴란드로부터 줄기차게 독립을 위협받아와 인종과 언어가 다르면서도 공통된 정서를 갖고 있었다. 발트 3국은 1920년까지 차례로 러시아에서 독립했지만 약소국이다 보니 1939년 8월 23일 독소 불가침조약의 비밀의정서에 의해 그해 가을 소련의 진주를 허용해야 했고 결국 1940년 8월 소련의 공화국으로 편입되었다.

2차대전 때 독일에 점령되었다가 독일이 패망한 1945년부터 40여 년 이상 소련의 지배를 받아온 발트 3국에서 독립의 열망이 분출한 것은 1988년이었다. 고르바초프 소련 공산당 서기장이 일으킨 페레스트로이카 바람이 이곳에까지 불어닥치자 세 나라는 각각 결성된 '인민전선'을 중심으로 산발적인 독립 시위를 벌이며 독립의 꿈을 키웠다.

에스토니아
라트비아
리투아니아
벨라루스
우크라이나
그루지야 (가입X)
아르메니아
아제르바이잔
우즈베키스탄
투르크메니스탄

러시아
몰도바
카자흐스탄

타지키스탄
키르기스스탄

□는 '발트 3국'

발트 3국과 독립국가연합 11개국

고르바초프는 가장 먼저 결성된 에스토니아 인민전선의 창립 대회에 축하 메시지를 보내 성공을 기원했다. 그러나 그것은 페레스트로이카를 가속화하기 위한 기대 표명이었지 발트 3국의 독립을 위한 진정한 연대 표명은 아니었다. 당시 고르바초프는 사회주의가 민족 문제를 해결했다는 소련의 신화에 여전히 집착해 있었다. 하지만 고르바초프의 뜻이 어떻든 발트 3국의 독립 의지에는 변함이 없었다. 1990년 3월 비록 선언에 그치긴 했지만 리투아니아가 독립을 선언하고, 1990년 5월 라트비아와 에스토니아 역시 이행 기간을 달아 독립을 선언하면서 실질적인 독립을 향한 3국의 움직임은 빠르게 전개되었다.

3개 공화국 100만 명, 620km의 인간 사슬 만들어

고르바초프가 여전히 발트 3국의 독립을 가로막고 있던 1991년 1월 13일 리투아니아의 수도 빌뉴스에서 '피의 일요일 사건'이 일어났다. 소련의 보수주의자들이 고르바초프 모르게 TV 방송국을 점거하는 등 무력으로 공격한 것이다. 13명이 죽고 112명이 부상한 이 사건으로 그동안 고르바초프의 트레이드 마크였던 페레스트로이카는 사실상 공허한 외침이 되었다. 발트 3국의 의지는 더욱 굳건해졌다.

이처럼 소연방 내 공화국 중 독립의 주된 동력은 발트 3국이었지만 소련 내 다른 공화국도 손을 놓고 있지는 않았다. 그루지야(조지아), 아르메니아, 우크라이나, 몰도바에서도 민족주의 바람이 불었고, 소련의 종주국

격인 러시아에서도 민족주의 감정이 확산되었다. 1990년에는 소련 공산당과 별개로 러시아 공산당이 창당되고 1991년에는 옐친이 러시아 공화국의 초대 대통령으로 선출되었다.

원치는 않았지만 시대적 흐름에 따라 어쩔 수 없이 공화국 전반에 대한 입장과 정책을 바꾸어야 했기에 고르바초프는 1991년 3월 '주권 공화국 연방조약'을 국민투표에 부쳐 통과시켰다. ▲연방 가입 여부는 공화국이 자발적으로 한다 ▲외교, 국방, 법 집행 등은 연방정부가 책임을 진다 ▲ 그 외 다른 사안에 대해서는 회원국이 공동 논의 후 처리한다는 나름대로 획기적인 조약안이었다. 그러나 발트 3국과 조지아, 몰도바, 아르메니아는 조약안이 미흡하다며 받아들이지 않았다.

고르바초프는 나머지 9개 공화국과 추가 협상을 진행했다. 그 결과 전보다 개선된 신연방조약안이 만들어지고 1991년 8월 20일 조인될 예정이었다. 그러나 조인 하루 전날인 8월 19일 소련의 보수파가 쿠데타를 일으켜 신연방조약안은 물론 고르바초프의 존재마저 물거품으로 만들었다. 쿠데타를 전후로 발트 3국은 물론 그루지야(조지아), 우크라이나, 벨라루스, 몰도바, 아제르바이잔이 독립을 선포하자 8월 24일 고르바초프는 소련 공산당 해체를 선언하고 개별 공화국의 독립을 인정한다고 발표했다.

하지만 고르바초프가 인정하든 인정하지 않든 각 공화국은 독립을 향해 제 갈 길을 가고 있었다. 결국 12월 8일 옐친은 고르바초프에게 알리지도 않고 같은 슬라브 민족인 우크라이나, 벨라루스 대통령과 만나 소련의 종식과 '독립국가연합' 창설을 선언한 데 이어 12월 21일 그루지야와 발트 3국을 제외한 나머지 11개 공화국과 독립국가연합을 창설했다. 그러나 급조된 독립국가연합은 이후 세부적인 의견 조율에 실패해 사실상 유명무실한 존재가 되고 각 공화국은 독립국가가 되었다.

독립국가연합 11개국은 러시아, 우크라이나, 아르메니아, 아제르바이잔, 카자흐스탄, 투르크메니스탄, 우즈베키스탄, 키르기스스탄, 몰도바, 타지키스탄, 벨라루스다.

유고슬라비아 연방 해체
몬테네그로마저 독립함으로써 남슬라브족을 뜻하는 '유고'라는 국명은 영원히 지구상에서 사라졌다.

1개 국가, 2개 문자, 3개 종교, 4개 언어, 5개 민족, 6개 공화국, 7개 접경국. 구 유고슬라비아 연방이 얼마나 복잡한 모자이크 국가였는지를 상징적으로 잘 보여주는 숫자들이다. 구 유고 연방의 6개 공화국은 세르비아, 몬테네그로, 슬로베니아, 크로아티아, 보스니아·헤르체고비나, 마케도니아를 일컫는다. 여기에 코소보와 보이보디나의 2개 자치주도 있다.

민족적으로는 세르비아인, 크로아티아인, 슬로베니아인, 마케도니아인, 몬테네그로인 등 5개 민족으로 구성되고 소수 민족인 알바니아인, 헝가리인, 터키인 등이 일부 지역에 거주했다. 지리적으로는 역사·정치·종교적으로 늘 경계선상에 있어 내·외부적으로 각종 갈등이 중첩한 분쟁의 진원지가 되었다.

갈등의 뿌리는 멀리 4세기까지 거슬러 올라간다. 당시 유럽을 지배하고 있던 로마제국이 둘로 나뉘면서 서로마는 가톨릭, 동로마는 동방정교(그리스정교회)를 채택해 구 유고 연방의 한가운데를 경계선으로 삼았다. 이 때문에 서쪽의 슬로베니아와 크로아티아는 가톨릭의 영향권으로 들어갔고, 동쪽의 세르비아와 몬테네그로 등은 그리스정교회에 속했다. 보스니아·헤르체고비나는 반반으로 나뉘었다.

그러던 중 14~15세기에 오스만 튀르크 제국이 이곳을 침략하면서 동쪽 지역 즉 세르비아, 몬테네그로, 보스니아·헤르체고비나는 오스만의 지배를 받게 되고, 서쪽의 슬로베니아, 크로아티아, 세르비아의 일부는 오스트리아·헝가리 제국의 지배하에 들어갔다. 오늘날 발칸반도에 이슬람교가 존재하게 된 것은 당시 오스만

유고 연방에서 분리·독립된 6개 공화국

튀르크 제국이 남겨놓은 흔적이다.

세르비아와 몬테네그로는 오스만의 지배를 받다가 1877~1878년 오스만이 러시아와의 전쟁에서 패한 후 오스만의 지배를 벗어났다. 19세기 말부터 20세기 초에는 범슬라브주의를 내세우며 남진정책을 펼치던 러시아와 이를 저지하기 위해 남슬라브 민족운동을 탄압하던 오스트리아의 이해관계가 서로 충돌해 발칸반도는 언제 폭발할지 모르는 화약고가 되었다. 1차대전도 이런 국제 관계 속에서 터져 나온 것이다. 1908년 오스트리아가 남슬라브 민족운동을 저지하기 위해 보스니아·헤르체고비나를 전격적으로 병합했을 때 같은 남슬라브족인 세르비아가 이에 저항하던 중 1914년 오스트리아 황태자가 보스니아의 사라예보에서 세르비아의 청년에게 피살된 것이 1차대전으로 발전한 것이다.

1차대전 후에는 영국과 프랑스 등 전승국들이 패전국인 오스트리아·헝가리 제국에 속해 있던 슬로베니아와 크로아티아를 세르비아로 강제 통합했다. 이후 이 통합국가 내에는 의회와 군주가 따로 구성되었으나 무력이 강한 세르비아는 크로아티아와 슬로베니아의 실질적 자치를 인정하지 않았다. 결국 1929년 세르비아의 알렉산더왕이 의회와 모든 정당을 해

체하고 왕권 독재를 선언함으로써 유고라는 하나의 통일 왕국으로 완성되었다. 이후 세르비아가 중심이 된 유고 왕국이 이질적인 서유럽의 문화 전통을 지닌 크로아티아인들을 통치하기 위해 철권통치를 행사하면서 세르비아와 크로아티아 간 갈등의 골이 더욱 깊어졌다. 이 과정에서 알렉산더왕이 1934년 크로아티아 민족주의자에게 암살되었다.

2차대전 때는 유고를 점령한 독일과 이탈리아가 그동안 세르비아의 지배를 받아온 크로아티아인을 중심으로 괴뢰정권을 세우자 이번에는 크로아티아인들이 복수에 나서 35만 명의 세르비아인을 집단학살했다. 두 국가는 더욱 화합할 수 없는 불구대천의 원수 관계로 발전했다. 이처럼 앙숙이던 두 적대 국가가 유고 연방이라는 한 울타리 안에서 수십 년간 외형상 평온을 유지할 수 있었던 것은 '유고 연방의 아버지' 티토(1892~1980)가 있었기에 가능한 일이었다. 2차대전 후인 1946년 티토가 세운 '유고슬라비아 사회주의 연방공화국'은 명목상 6개 공화국이 결합된 국가였다.

티토 사후 유고 연방에 소용돌이쳐

티토는 어느 한 민족이 강력해지는 것을 막기 위해 유고를 연방국가 형태로 발전시켰다. 유고인이라는 개념을 만들어 공직을 배정할 때 각각의 민족을 적절히 배합했다. 여기에 '노동자 자주관리'라는 시장제도를 도입해 민족과 종교 갈등을 누그러뜨렸다. 1974년부터는 군 통수권과 외교권 등 일부만 제외하고 대부분의 권한을 6개 공화국 자치정부에 대폭 이양했다. 그러면서도 각 공화국의 독립 움직임만은 철저하게 견제하는 정책을 취했다. 중앙정부와 공산당의 권한은 대폭 축소하고 지방분권화를 촉진해 민족·종교 갈등을 2선으로 물러나게 했다. 티토는 이렇게 함으로써 민족주의 표출이 억제될 것이라고 믿었다.

그러나 당장에 폭발하지는 않았지만 최대 민족인 세르비아는 티토가 세르비아령 코소보를 알바니아인이 다수 거주한다는 이유로 자치주로 허용한 것에 불만을 품고 있었다. 크로아티아와 슬로베니아는 경제 후진 지역인 세르비아 등 다른 공화국들을 먹여 살리기 위해 자신들의 부(富)를 나눠주는 것을 못마땅하게 생각했다. 1980년 티토가 사망하자 그의 강력한 통치하에서 숨죽이고 있던 크로아티아 등의 민족주의가 되살아나면서 연방에는 소용돌이가 쳤다. 티토는 이미 1974년 헌법을 개정해 자신의 사후 유고 연방정부 지도부를 집단지도체제로 전환해 특정 공화국의 독주를 막고자 했으나 이는 오히려 연방기능을 약화시키는 결과를 가져왔다.

티토 사후 몇 년간의 권력투쟁 기간을 거친 뒤 연방 대통령이 된 슬로보단 밀로셰비치는 대(大) 세르비아주의를 공개적으로 표방하고 연방정부와 군을 세르비아인 중심으로 채워 크로아티아와 슬로베니아인들의 불만을 증폭시켰다. 갈등이 내연하면서도 연방이 지탱할 수 있었던 것은 1980년대 말까지 기능해온 강압적인 공산당 덕분이었다. 그러나 1989년에 불기 시작한 민주화 바람은 동유럽 구석구석까지 휩쓸고 지나갔고 유고도 그 거센 바람에서 자유롭지 못했다.

1990년 2월 유고 공산당이 권력 독점 포기를 선언하고 뒤이어 4월에 실시된 슬로베니아와 크로아티아 총선에서 민족주의 세력이 승리하면서 유고 연방은 해체의 길로 들어섰다. 크로아티아와 슬로베니아는 1991년 6월 25일 독립을 선언했다. 그러자 세르비아 중심의 유고 연방군이 탱크를 앞세워 슬로베니아로 진격하면서 유고 내전이 시작되었다. 다행히 슬로베니아는 90% 이상이 슬로베니아인이고 EU가 평화 중재에 나선 덕에 별로 피를 흘리지 않고 독립을 쟁취할 수 있었다.

문제는 세르비아인이 20%나 살고 있고, 씻기 어려운 구원(舊怨) 때문에 세르비아와 사이가 좋지 않던 크로아티아였다. 밀로셰비치는 크로아티아의 독립을 허용하지 않았다. 결국 세르비아와 크로아티아 두 공화국 간에 내전이 치열하게 전개되었으나 1992년 1월 EU가 슬로베니아와 크로아티아 두 공화국의 독립을 승인하고 유엔 평화유지군이 크로아티아에 주둔함에 따라 세르비아는 어쩔 수 없이 크로아티아의 독립을 받아들여야 했다. 6개 공화국 중 마케도니아는 1991년 9월, 이슬람교도 중심의 보스니아·헤르체고비나는 1992년 3월 독립을 선언했다. 그러나 보스니아 내 세르비아계가 보스니아의 독립을 반대하면서 유고 땅에는 '보스니아 내전'이라는 피의 살육전이 또다시 전개되었다.

6개 공화국 중 4개국이 독립한 후 세르비아와 몬테네그로도 1992년 4월 27일 대 세르비아에 기초한 신 유고 연방을 창설함으로써 구 유고 연방은 역사 속으로 사라졌다. 신 유고 연방의 한 축을 이루던 몬테네그로마저 2006년 5월에 독립함으로써 남슬라브족을 뜻하는 '유고'라는 국명은 영원히 지구상에서 사라지게 되었다.

보스니아 내전 보스니아 내전은 보스니아·헤르체고비나가 1992년 3월 유고 연방으로부터 독립을 선언할 때, 같은 유고 연방에 속해 있던 세르비아는 물론 보스니아에 살고 있는 세르비아계가 보스니아의 독립에 반대하면서 점화되었다. 즉 보스니아 전체 주민의 45~50%나 되는 보스니아계(이슬람교)가 15%의 크로아티아인(가톨릭)들과 힘을 합쳐 보스니아의 독립정부를 구성하고, 1992년 4월 EU가 보스니아의 독립을 승인하자 30~35%를 차지하고 있던 보스니아 내 세르비아계(정교회)가 독립에 반발하며 일어난 것이 보스니아 내전이다.

본격적인 내전은 1992년 5월 25일 세르비아 군대와 보스니아 내 세르비아계가 연합해 보스니아의 수도 사라예보를 공격하면서 시작되었다.

분쟁의 직접적인 원인은 세르비아가 각 공화국에 퍼져 있는 세르비아계를 모두 묶어 대(大) 세르비아를 건설하기 위해 보스니아 내의 세르비아계를 무력으로 지원한 것이지만 근본적인 원인은 수백 년간 지속되어온 민족과 종교의 갈등이었다. 침공 후 군사력이 우세한 세르비아계는 한때 보스니아·헤르체고비나 영토의 70%까지 점령하고 이슬람교도들이 주로 사는 지역을 고립시켜 이른바 '인종 청소'와 조직적 강간을 자행했다.

그러자 서방 측은 1992년 5월 30일 유엔 결의안을 통해 전면적인 금수 조치를 주요 내용으로 하는 경제제재를 단행함으로써 세르비아를 압박했다. 1992년 8월에는 유엔 안보리 결의안 의결에 따라 약 3만 명의 평화유지군이 내전 지역에 파견되었다. 1993년 5월 유엔 안보리 결의안에 의거해 내전 당시 반인륜적 행위를 저지른 자들을 처벌하기 위해 유고 전범 재판소를 설치하고, 1995년 12월 14일 보스니아 내전을 종식시킨 이른바 '데이턴 평화협정'이 파리에서 공식 체결됨으로써 3년 7개월간 계속된 '유럽판 킬링 필드'는 일단락되었다. 그 사이 보스니아 전체 인구 430만 명 중 27만 명의 사상자와 250만 명의 난민이 발생했다.

데이턴 협정에 따라 보스니아 내 세르비아계의 자치공화국(영토의 49%)과 이슬람교-크로아티아 연방(51%)으로 분리된 두 개의 정부가 들어서, 지역 정부마다 대통령과 의회를 두고 국가원수도 세르비아계, 크로아티아계, 이슬람교를 대표하는 정치인들이 순번으로 맡기로 했다. 현재의 보스니아·헤르체고비나는 국가 차원의 연방 정부와 체제 차원의 2개 공화국으로 구성된 독특한 정치 체제로 되어 있다. 임기 4년의 대통령 위원회도 각 계파 3인으로 구성되어 있고 8개월 단위의 순번제로 의장(대통령) 역할을 수행하고 있다. 보스니아는 이처럼 단일국가로 유지되고 있지만 그렇다고 양측 모두 협정에 불만이 많고 민족·종교간 갈등도 워낙 뿌리가 깊어 미래가 어떻게 될지 알 수 없는 상황이다.

코소보 전쟁　코소보는 2차대전 후 구 유고 연방이 들어섰을 때 세르비아에 귀속되었다가 티토에 의해 세르비아 공화국의 자치주가 된 곳이다. 인구의 90%는 알바니아계 이슬람교도이고 10%만이 세르비아계로 되어 있다. 그런데도 세르비아계는 오랫동안 코소보의 정치·사회를 지배해왔다. 알바니아계는 이런 현실이 불만이었다. 다수 민족인 자신들은 주로 하층의 빈곤 계층에 속하는 데 비해 소수의 세르비아인 대부분이 부유층을 형성하고 있는 것도 못마땅했다. 알바니아계는 이런 이유로 코소보의 자치권 확대와 공화국 승격을 연방정부에 꾸준히 요구했으나 기득권층인 세르비아인들의 반대로 번번이 좌절되었다.

세르비아계 입장에서는 코소보가 사실상 세르비아의 지배를 받으면서도 자치주인 것이 불만이었다. 더구나 코소보는 세르비아인에게 민족의 발상지이자 성지였다. 세르비아인들은 12세기부터 세르비아 왕국과 그리스정교회 교회를 이곳에 세웠으나 14세기 이슬람교도인 오스만 튀르크와의 전투에서 패해 코소보를 빼앗겼다가 1912년 발칸전쟁을 계기로 지배권을 다시 확보했다. 하지만 이미 오랫동안 이슬람의 지배를 받아왔던 터라 코소보에는 이슬람교도 알바니아인이 압도적 다수를 차지하고 있었다.

세르비아는 유고 연방이 해체의 길로 들어서는 혼란한 틈을 타 코소보를 점령해 영토로 삼고자 했다. 코소보 자치주의 점령을 자극하는 선거 전략을 내세워 1989년에 대통령이 된 세르비아의 슬로보단 밀로셰비치는 "코소보에서 알바니아계 이슬람교도들이 세르비아인 동포들을 탄압한다"며 이를 구실로 코소보의 자치권을 빼앗았다.

밀로셰비치는 코소보에서 알바니아어 방송이나 교육을 금지했고 언론기관, 교육기관 등에서 일하던 10만 명 이상의 알바니아계 공무원, 언론인, 교사, 의사 등을 해고하는 등 숙청 작업을 벌였다. 알바니아인들이 이에 반발해 파업과 시위를 벌이며 독립을 요구하자 밀로셰비치는 군을 동원해 무력으로 탄압했다. 밀로셰비치는 1995년부터는 크로아티아와 슬로베니아 등에서 밀려난 세르비아계 난민들을 코소보에 정착시켰다. 그러자 알바니아인들이 1995년 코소보 해방군을 결성하고 1998년부터 세르비아군에 대항하면서 코소보는 죽음과 난민의 땅이 되었다.

세르비아군이 압도적인 무력을 바탕으로 알바니아인을 몰아내기 위해 인종 학살을 벌이자 1999년 3월 23일 미국 주도의 나토군이 코소보 내 세르비아계에 대한 대규모 공습을 벌였다. 코소보 전쟁이 시작된 것이다. 결국 세르비아는 6월 20일까지 78일간 계속된 공습을 이겨내지 못하고 코소보에서 철군했다. 이 기간 지역 주민의 절반가량인 100만 명 이상의 알바니아계가 인근 마케도니아 및 알바니아로 이동하는 전대미문의 난민 위기를 초래했다.

세르비아군이 철수한 후 코소보는 유엔이 관할하고 있으나 주민 간의 충돌은 여전히 그치질 않고 있다. 2006년 10월에는 코소보가 세르비아의 영토임을 일방적으로 규정한 세르비아 헌법이 통과됨에 따라 한동안 코소보에 전운이 감돌았다. 서방 세계는 겉으로는 발칸의 현상 유지를 원하는 듯한 태도를 보이고 있지만 속내는 각기 다르다. 발칸반도가 전통적으로 슬라브족의 세력권이고 현실적으로도 러시아의 영향력이 강한 지역이다 보니 미국은 코소보의 독립에 호의적이고, EU 역시 동부 유럽의 안전을 위해 코소보의 독립을 유리하게 보고 있다. 반면 슬라브족의 종주국인 러시아는 코소보를 빼앗길 수 없는 중요한 거점으로 생각하고 있다.

남아공 '아파르트헤이트' 철폐

전체 인구의 14%에 불과한 소수 백인이 73%의 흑인을 지배하도록 촘촘하게 그물망을 쳤다.

　　남아공의 인종차별은 1652년 네덜란드인들이 아프리카 최남단 희망봉에 정착하면서 시작되었지만 노골적으로 체계화된 것은 1948년 국민당이 집권하면서부터였다. 국민당 정권은 아프리칸스어(네덜란드어에서 파생된 언어)로 '분리'나 '격리'를 뜻하는 '아파르트헤이트'(인종차별)를 공식 정책으로 채택해 남아공 전체 인구의 14%에 불과한 소수 백인이 73%의 흑인을 효율적으로 지배하도록 촘촘하게 그물망을 쳤다.

　　1949년 백인과 흑인의 결혼을 금지하는 법을 만들고 1950년 모든 국민을 백인, 흑인, 아시아인, 혼혈인종의 4개 범주로 나눠 등록하게 하는 '인종등록법'을 제정해 인종에 따라 각종 권리와 일상생활에 차별을 두었다. 1956년에는 '유권자 분리 대표법'을 제정, 유색인종이 중앙정치에 참여하는 것을 원천적으로 제한함으로써 정치·사회·경제적으로 백인만의 특권이 유지·강화되도록 했다.

　　1959년에는 집단거주지법인 '반투(순수 아프리카 흑인) 자치촉진법'을 제정, 흑인들을 종족별로 나눠 10개 지역의 홈랜드(흑인 자치구)에 의무적으로 귀속시켰다. 흑인들이 남아공 인구의 대부분을 차지하는데도 홈랜드의 흑인들에게는 전체 면적의 13%에 불과한 땅만 할당하고 그나마 황폐한 산간의 불모지가 대부분이다 보니 흑인들로서는 사실상 경제권을 박탈당한 것이나 다름없었다. 이 때문에 먹고살기 힘든 흑인들은 홈랜드를 떠나 대도시로 흘러들어 갔고, 백인 정부는 흑인들의 일거수일투족을 감시하는 '통행법'(1959)을 제정해 흑인들의 출입을 막았다. 1960년 3월 21일, 백인 경찰의 총에 맞아 69명의 흑인이 무참하게 죽은 '샤프빌 학살'도 이 통행법에 항의하다 일어난 참사였다.

이처럼 더욱 극심해지는 남아공의 인종차별에 영국 정부가 문제를 제기하자 그때까지 영 연방의 일원으로 '남아프리카 연방'이던 남아공은 1961년 5월 '남아프리카 공화국'(남아공)을 선포하며 영 연방과 관계를 끊었다.

'백인만 해변을 이용할 수 있다'는 영어, 아프리칸스어, 줄루어 표지판

남아공의 역대 대통령 중 피터르 보타는 '늙은 악어'로 불리며 흑인 탄압에 가장 가혹했던 인물로 유명하다. 그의 집권기 11년(1978~1989) 동안 3만 명이 인종차별에 반대하다 투옥되었으며 정보기관에 끌려가 고문당한 흑인들도 부지기수였다. 보타는 인종차별에 항의하다 붙잡혀 1962년부터 무기수 생활을 하고 있는 넬슨 만델라의 석방도 거부했다. 그럴수록 남아공은 국제사회에서 철저히 고립되었다.

보타가 이런 국제사회의 눈총을 의식해 1984년 혼혈인 의회와 아시아인 의회를 신설해 백인 의회와 함께 3원제를 채택하는 제스처를 취했으나 혼혈인과 아시아인의 의석 수가 어떤 경우든 백인 의석을 넘지 못하게 하고 흑인은 여전히 의회에 발을 들여놓지 못하도록 해 국제 관계를 의식한 생색내기라는 비난이 쏟아졌다.

야만의 시대가 가고 이성과 민주주의 시대가 도래했다

남아공에 본격적으로 변화의 바람이 분 것은 1989년이었다. 흑인 인권 단체들이 힘을 합쳐 백인 소유 기업의 상품 불매운동, 시민 불복종 운동 등 비폭력적인 저항운동을 전개하며 백인 정권에 압력을 가하고, 1989년 9월 6일 총선에서 집권 국민당의 의석 수가 123석에서 93석으로 줄어든데 반해 아파르트헤이트에 반대하는 민주당의 의석 수가 증가한 것이 국민당의 변화를 재촉하는 계기가 되었다.

보타가 물러나고 1989년 9월 20일 새 대통령에 취임한 프레데리크 데 클레르크는 남아공 변화의 진원지였다. 취임사에서 "지배와 억압이 없고 평화가 정착되는 남아공을 건설하겠다"고 천명한 데클레르크는 먼저 다인종 학교를 허용하는 정책을 발표함으로써 아파르트헤이트를 하나하나 지워나가는 작업에 시동을 걸었다. 1990년 2월에는 '샤프빌 학살' 후 불법 단체로 낙인찍힌 '아프리카민족회의(ANC)'를 비롯해 30여 개의 반정부 흑인단체를 합법화했다. 2월 11일에는 넬슨 만델라를 27년 만에 석방하는 유화정책을 펼쳤다. 이런 일련의 변화에는 데클레르크 개인의 성향도 작용했지만 ANC를 비롯한 흑인 단체들의 강력한 투쟁과 국제적 고립, 여기에 낮은 경제성장률과 실업률의 증가가 더 크게 작용했다.

데클레르크 대통령이 백인 의회의 협조를 얻어 아파르트헤이트 철폐에 본격적으로 칼을 들이댄 것은 1991년이었다. 6월 5일 남아공 땅의 87%를 백인이 소유하도록 한 '토지법'과 '집단거주지법'을, 6월 16일 모든 차별법의 토대가 되는 '인종등록법'을 폐지한 것이다. 이처럼 급격한 변화를 추진하는 데클레르크에 대해 백인 보수파들은 '배신자', 흑인 좌파는 '사기꾼'으로 몰아세웠다.

그렇다고 가던 길을 멈추면 데클레르크가 아니었다. 1992년 3월 전체 백인을 대상으로 백인 권력 독점체제의 포기와 흑인의 참정권을 보장하는 내용을 골자로 하는 국민투표를 실시해 68.7%의 지지를 끌어냈다. 1993년 12월에는 백인 의회의 압도적인 찬성을 얻어 새 헌법안을 제정하는 등 자신에게 주어진 소명에 충실했다.

새 헌법에 따라 1994년 4월 사상 첫 흑백 모두가 참여한 총선이 실시되었다. ANC에게 승리를 안겨준 총선 결과에 따라 1994년 5월 10일 넬슨 만델라가 대통령에 취임함으로써 마침내 남아공에도 흑백 공존 시대와 흑인 집권 시대가 열렸다. 야만의 시대가 가고 이성과 민주주의 시대가 도래한 것이다.

팀 버너스 리 'WWW(월드와이드웹)' 첫 공개
CERN과 버너스 리의 특허출원 포기 결정으로 인류는 그들에게 엄청난 빚을 졌다.

'월드와이드웹(WWW)'은 인류 역사의 근간을 뿌리째 흔들어 놓은 대혁명이었다. 혁명의 봉화를 처음 지핀 이는 팀 버너스 리(1955~)였다. 그는 영국 런던에서 태어나 1976년 옥스퍼드대 퀸스칼리지 물리학과를 졸업했다. 한동안 통신장비 제조사와 소프트웨어 개발 회사에 다니다가 1980년 유럽입자물리연구소(CERN)의 계약 연구원으로 입사했다.

CERN은 20여 개 유럽 국가가 과학 발전을 위해 1953년 스위스와 프랑스 국경에 세운 연구기관으로 각국에서 파견된 5,000여 명의 연구원으로 늘 북적거렸다. 등록된 전화번호만 1만 개가 넘었다. 무엇보다 연구소 내부의 연구 결과는 물론 전 세계의 많은 연구원들이 보내오는 데이터의 양이 엄청났다. 하지만 데이터가 제각각 흩어져 있어 필요한 정보를 찾는 데 많은 시간이 소비되고 심지어 찾지 못하는 경우도 자주 일어났다.

연구소는 이 정보들을 체계적이고 효율적으로 공유할 대책 마련을 위해 버너스 리에게 관련 업무를 맡겼다. 당시에도 서로의 정보를 공유하기 위한 '고퍼', '아키'와 같은 프로그램이 있었으나 고퍼와 아키는 디렉토리 구조이고 키보드로 일일이 쳐서 검색하는 방식이어서 필요한 정보를 찾는 게 쉽지 않았다.

버너스 리는 이런 점을 고려해 연구원들의 리스트와 컴퓨터, 프로젝트를 관리하는 개인용 웹 프로그램 '인콰이어'(1980)를 개발했다. 각 페이지에는 색인 카드를 두어 정보를 찾을 때 링크만 따라가면 되도록 했다. 하지만 버너스 리가 CERN과의 계약 만료로 1981년 초 CERN을 떠나면서 연구는 유야무야되었다.

중단된 연구는 버너스 리가 1984년 9월 CERN의 정식 연구원으로 복귀한 후 재개되었다. 버너스 리는 네트워크와 연구원들의 컴퓨터를 연결해 컴퓨터 기종은 물론 운영체제와 언어가 다른 시스템에서도 서로 불러올 수 있는 방식을 구상했다. 그리고 1989년 CERN 안의 컴퓨터와 CERN 밖에 있는 전 세계의 연구원 컴퓨터를 연결할 수 있는 '하이퍼텍스트 프로젝트'를 연구소에 제안했다. 하이퍼텍스트는 1965년 시어도어 넬슨이 처음 제기한 개념으로, 문서의 특정 자료가 다른 자료와 거미줄처럼 연결되어 있을 때 순서에 관계없이 자유롭게 넘나들며 정보를 얻을 수 있는 문서 형태를 말한다.

버너스 리는 1990년 11월 넥스트 컴퓨터 운영체제에서 돌아가는 최초의 그래픽 웹브라우저를 개발했다. 이 브라우저로 만든 HTML 문서를 동료 컴퓨터와 연결한 뒤 1990년 12월 25일 웹서버에서 서로 통신하는 데 성공했다. 마침내 'WWW'의 시대가 개막된 것이다.

인류 역사의 근간을 뿌리째 흔들어 놓은 대혁명

버너스 리는 곧 발명품 이름을 짓는 데 고심했다. 그래서 붙인 이름이 '지구촌을 묶는 거미줄'이라는 뜻의 '월드와이드웹(WWW)'이었다. 버너스 리는 첫 작품으로 CERN의 전화부를 웹사이트에 올렸다. 하지만 당시의 웹사이트는 명령어를 키보드로 입력하는 수준이었기 때문에 웹사이트가 정보화 혁명의 첨병으로 자리 잡으려면 마우스 시대를 더 기다려야 했다.

버너스 리는 웹 소식을 하이퍼텍스트 문서로 만들어 틈틈이 텔넷 서버에 올리는 한편 인터넷 프로그램 언어(HTML), 인터넷 주소(URL), 통신규

약(HTTP) 등을 잇따라 선보이며 WWW을 발전시켰다. 그리고 좀 더 많은 사람이 월드와이드웹을 폭넓게 사용할 수 있도록 관련 소프트와 소스 코드를 1991년 8월 6일 뉴스그룹 'alt.hypertext'에 공개했다. 이 소스 코드가 외부로 빠르게 전파되면서 세계는 WWW으로 묶이는 지구촌 가족이 되었다.

팀 버너스 리(1955~)

CERN은 유료화를 저울질하다 버너스 리의 요청을 받아들여 특허 출원을 포기하고 1993년 4월 30일 누구나 월드와이드웹을 무료로 사용할 수 있다고 공표했다. 인류가 그들에게 엄청난 빚을 지는 순간이었다.

버너스 리는 WWW을 개발·보급한 공로를 인정받아 1999년 3월 '타임'지가 '20세기 20대 지성'을 발표할 때 아인슈타인 등과 나란히 선정되는 영광을 누렸다. 2004년 7월 영국 엘리자베스 2세 여왕으로부터 기사 작위를 받고 핀란드 정부가 수여하는 제1회 밀레니엄 기술상을 받았다. 2007년 5월에는 미국의 '포브스'지가 선정한 '1950년 이후 세계를 바꾼 15인'에 이름을 올렸다.

버너스 리가 인터넷 혁명을 일으켰다면 초기에 이를 확산시킨 사람은 마크 앤드리슨이다. 그는 웹 형태의 정보를 한층 손쉽게 검색할 수 있는 프로그램 '모자이크'를 개발해 무료로 공개하고 1994년 11월 짐 클라크와 함께 '넷스케이프 네비게이터' 1.0을 발표해 인터넷 대중화에 불을 붙였다.

리누스 토발즈 '리눅스' 소스 코드 공개

"새로운 운영체제를 만들고 있는데 완성 단계에 접어들었습니다. 어떤 제안도 환영합니다."

리처드 스톨먼이 미국에서 'GNU(그누) 프로젝트'를 한창 진행 중이던 1991년, 미국에서 멀리 떨어진 핀란드 헬싱키대생 리누스 토발즈(1969~)도 밤낮으로 자신의 PC와 씨름했다. GNU 프로젝트는 '오픈 소스 운동'을 확산하기 위해 컴퓨터 운영체제(OS) '유닉스'와 호환은 되면서도 독자적인 운영체제를 개발하는 프로젝트다. 스톨먼은 독자적인 운영체제에 필요한 컴파일러, 문서편집기, 문서형식기, 메일 소프트웨어 등은 1990년에 거의 완성했으나 프로세스, 입출력, 파일 시스템을 관리하는 운영체제의 엔진 격인 '커널'은 개발하지 못해 GNU 프로젝트는 더 이상의 진전을 보지 못했다.

토발즈는 미국에서 이런 움직임이 있다는 것을 알지 못한 채 당시로서는 신기종인 386 PC를 구입해 새로운 운영체제 개발에 열을 올렸다. 토발즈가 386 PC에 유닉스 계열의 '미닉스'를 설치한 것은 1991년 1월이었다. 자신의 PC로 대학 서버에 올라있는 메시지를 읽기 위해서였다. 하지만 미닉스는 터미널 에뮬레이터가 없어 대학 서버에 접근할 수 없었다.

스스로 세계 최고의 프로그래머라고 자부해온 토발즈는 관련 소프트웨어를 직접 개발하기로 결심한 뒤 먹고 잘 때를 제외하곤 밤낮으로 코드만 썼다. 그리고 마침내 터미널 에뮬레이터를 개발했을 때, 토발즈는 자신도 모르는 사이에 운영체제의 심장 격인 커널을 만드는 데까지 발을 들여놓았음을 알게 되었다.

토발즈는 자신이 개발하고 있는 운영체제의 존재를 1991년 8월 25일 'comp.os.minix'라는 인터넷 뉴스 그룹에 올렸다. "새로운 운영체제를 만들고 있는데 완성단계에 접어들었습니다. 어떤 제안도 환영합니다."라는 내용의 메시지가 뉴스 그룹에 오르자 4시간 만에 첫 응답이 올라왔다. 이후 스스로 세계 최고의 프로그래머로 자처하는 해커들로부터 무슨 언어로 만들었는지, 호환성은 어떤지를 묻는 질문이 쏟아졌다. 해커는 컴퓨터 또는 컴퓨터 프로그래밍에 뛰어난 기술자들을 말한다. 다른 컴퓨터에 불법으로 침입해 자료의 불법 열람·변조·파괴 등을 일삼는 사람들은 '크래커'인데도 언젠가부터 크래커가 해커로 오용되고 있다.

리누스 토발즈(1969~)

토발즈는 1991년 9월 17일 최초 버전 0.01을 FTP 사이트에 올렸다. 새 운영체제에는 리누스 이름에 미닉스를 조합한 '리눅스(Linux)'라는 이름이 붙었다. 리눅스의 시작은 초라했다. 소스 코드는 1만 줄을 넘지 못했고, 작은 글자로 프린트하면 100페이지도 안 되었다. 그러나 소스 코드가 세상에 공개된 후 리눅스는 빠르게 진화했다. 해커들이 버그를 찾아내 고친 후 이를 토발즈에게 보내면 토발즈가 이를 반영해 새로운 버전을 발표했다. 그러면 해커들이 다시 새 버전에 대한 의견을 보내고 토발즈가 이 의견을 반영한 새 버전을 발표하는 식의 선순환으로 리눅스는 날이 갈수록 기능이 향상되었다.

모바일 시장은 리눅스가 대세

해커들의 참여와 개선 덕에 리눅스 버전 0.02가 1991년 10월에 발표된 것을 시작으로 '버전 0.03'(11월), '버전 0.11'(12월), '버전 0.12'(1992년 1월)가 속속 발표되었다. 리눅스를 처음 세상에 내놓을 때까지도 토발즈는 스톨먼의 존재를 알지 못했다. 하지만 소스 코드를 공개함으로써 결과적으로 스톨먼의 '오픈 소스 운동'과 흐름을 같이하는 전사가 되었다.

1991년 · 99

토발즈는 1994년 3월 첫 정식판에 해당하는 '버전 1.0'을 선보였다. 이후 리눅스는 뛰어난 확장성과 안정성, 그리고 저렴한 가격을 무기로 전세계 PC를 장악하고 있는 마이크로소프트사의 '윈도'를 견제할 수 있는 대안으로 부상했다. 2000년 8월에는 레드햇, 칼데라 등 리눅스 전문업체들과 IBM, 컴팩, 선마이크로시스템즈 등 13개 주요 컴퓨터 제조사가 마이크로소프트의 독점 체제에 대항하는 '그놈(Gnome) 재단'을 만들어 일전을 준비했다.

문제는 대중화였다. 복잡한 설치 방법, 어색한 사용법, 매끄럽지 못한 화면구성 등이 대중화를 가로막은 주 요인이었다. 공짜 혹은 저렴하다는 이점에도 불구하고 고객관계관리(CRM), 전사적자원관리(ERP) 등 기업들의 생산·구매·주문·고객 서비스 등을 관리하는 기업용 통합 소프트웨어가 턱없이 부족하고 유지 보수가 힘든 것도 대중화에 걸림돌이 되었다.

리눅스는 2001년 소스 코드가 200만 줄을 넘어선 '버전 2.4'를 발표하고부터 애송이 티를 벗었다. 소스 코드는 해커들의 참여 덕에 2007년 1,500만 줄로 늘어났다. 영화 '타이타닉'의 컴퓨터그래픽도 리눅스 슈퍼컴퓨터로 만들어졌고 미 NASA의 화성탐사선 '소저너'도 리눅스를 탑재했다. 특히 레드햇은 2002년 5월 기업용 '레드햇 엔터프라이즈 리눅스'를 발표해 리눅스 확산을 가속화했다.

하지만 PC 시장에서만큼은 마이크로소프트의 상대가 되지 못했다. 선마이크로시스템즈가 리눅스용 데스크톱 PC를, HP가 리눅스를 깐 노트북을 발표하고 유통업체들도 리눅스 PC, 리눅스 노트북 열풍에 가세했지만 이미 PC 운영체제 시장의 90% 이상을 점유하고 있는 윈도의 벽을 넘지 못했다. 그래도 대형 서버 시장에서만큼은 점유율 20~40%를 넘나들며 선전하고 있다.

현재 리눅스의 미래를 밝게 해주는 것은 모바일 시장이다. 세계 모바일

시장을 석권하고 있는 구글의 스마트폰 전용 운영체제 '안드로이드'가 리눅스를 기반으로 만들어졌기 때문이다. 삼성과 인텔 등이 합세해 2012년 4월 정식 버전을 발표한 오픈 소스 모바일 운영체제 '타이젠'도 리눅스를 기반으로 하고 있다.

2013년 9월 리눅스재단이 리눅스 커널 개발에 대한 기여도를 발표했을 때 1위는 레드햇이 차지했다. 2위와 3위는 인텔과 TI였다. 삼성전자는 IBM 등에 이어 7위, 구글은 8위를 차지했다. 시장조사기관 IDC에 따르면, 2013년 후반기 안드로이드폰의 시장점유율은 80%를 넘어섰다.

마이클 조던과 '시카고 불스' NBA 첫 우승

현란한 드리블을 쫓아가지 못한 심판들이 수없이 트래블링 반칙을 선언할 정도로 발놀림이 빨랐다.

프로야구 선수를 꿈꾸던 마이클 조던(1963~)이 농구로 방향을 튼 것은 고교 2학년 때였다. 고교를 졸업할 무렵 조던은 '좀 잘하는' 농구 선수였을 뿐 전미 고교 유망주 300위 내에도 들지 못했다. 그러나 조던의 잠재력을 알아챈 노스캐롤라이나대 농구 감독이 그를 스카우트하면서 조던의 농구 인생은 중요한 전기를 맞는다. 대학에서 조던의 농구 기량은 일취월장했다. 조던의 현란한 드리블을 제대로 쫓아가지 못한 심판들이 수없이 트래블링 반칙을 선언할 정도로 발놀림이 빨랐다. 심판들의 오심은 대학 측이 심판들에게 조던의 동작을 슬로비디오로 보여주고 서야 잠잠해졌다.

조던은 1984년 6월에 실시된 미 프로농구(NBA) 신인 드래프트에서 하킴 올라주원, 샘 보위에 이어 3번째로 지명되어 시카고 불스에 입단했다. 입단 첫해에 평균 28.2점을 득점하는 놀라운 기량을 보이며 그해 신인왕

마이클 조던(1963~)

타이틀을 차지함으로써 곧 다가올 '조던의 시대'를 예고했다.

조던은 1986년 4월 플레이오프 1라운드에서 63점을 넣어 플레이오프 최다 득점 신기록을 세웠다. 1986년 3월부터 2001년 12월까지는 무려 866경기 연속으로 두 자릿수 득점 행진을 펼쳤다. 1986~1987년 시즌에서 평균 37.1점이란 가공할 득점력으로 첫 NBA 득점왕 타이틀을 따낸 것을 시작으로 1988~1989년 시즌까지 3시즌 연속 득점왕을 차지했다.

그러나 혼자서 팀을 우승시키는 데는 한계가 있었다. 1989년 필 잭슨이 지휘봉을 잡고 스코티 피펜과의 환상적인 조합이 무르익으면서 1991년 마이클 조던은 또다시 득점왕에 오르고 시카고 불스는 처음 NBA 정상에 등극했다. 이후 1993년까지 조던은 3연속 득점왕을 차지하고 불스 역시 3연속 우승을 차지하며 미 NBA 무대를 평정했다. 그러나 '농구 황제'라는 찬사에 시샘이 난 듯 운명은 그를 가만히 내버려두지 않았다. 거액의 골프 도박에 연루되었다는 사실이 알려져 그동안 출중한 실력과 모범적인 사생활에 감동했던 팬들을 충격에 빠뜨렸다.

조던의 공개 사과로 잠잠해질 무렵이던 1993년 7월 23일에는 아버지가 강도에게 살해되는 비극적인 일이 일어났다. 조던은 이때의 충격으로 1993년 10월 6일 은퇴를 선언했다. 하지만 몸속에서 꿈틀거리는 승부욕을 어쩌지 못해 1994년 3월 31일 농구 선수가 아닌 야구 선수로 경기장에 나왔다. 시카고 화이트삭스의 마이너리그에서 뛰었으나 역시 야구는 그의 본업이 아니었다. 0.202의 낮은 타율에 실망한 조던은 1995년 3월 18일 "내가 돌아왔다(I'm Back)"라는 유명한 말과 함께 전격 복귀 선언을 했다. 1995년 3월 19일 복귀 첫 경기에서 조던은 19점 득점에 그치고 팀은 패했지만 그것은 17개월간의 공백을 메우기 위한 워밍업일 따름이었다. 3월 28일 경기에서 조던은 무려 55 득점을 쏟아부으며 전성기의 기량을 유감없이 발휘했다.

누가 뭐래도 1990년대는 마이클 조던의 시대

그동안 하락세를 면치 못하던 시카고 불스는 조던 복귀 이듬해인 1996년 72승 10패라는 역대 NBA 시즌 최다승을 기록하며 옛 명성을 이어갔다. 시카고 불스는 1997년과 1998년 또다시 3연속 우승이라는 위업을 달성하는 기쁨을 누렸으나 조던은 1999년 1월 13일 두 번째 은퇴를 발표했다. 이듬해 1월 조던은 선수가 아닌 워싱턴 위저즈의 공동 구단주가 되어 나타났지만 또다시 농구에 대한 열정을 어쩌지 못해 2001년 9월 25일부터 다시 위저즈의 선수로 뛰었다. 2003년 4월 16일 조던이 세 번째이자 마지막으로 은퇴함으로써 '농구 황제'는 '농구의 전설'로 남게 되었다.

조던은 농구 역사상 누구와도 비교할 수 없는 굵은 발자취를 남겼다. 시카고 불스를 6차례나 NBA 챔피언으로 끌어올리고 개인 통산 득점왕 10차례, 플레이오프 MVP 6차례, 정규 시즌 MVP 5차례, 올스타 14번 출장, 올스타전 MVP 3차례, 스틸왕 3차례에 오르는 등 공수 양면에서 농구 선수가 할 수 있는 각종 기록을 갈아치웠다.

15시즌 통산 경기당 평균득점도 역대 최고인 30.12점이나 되었고 통산 득점은 카림 압둘 자바(3만 8,387점), 칼 멀론(3만 6,928점)에 이어 3위(3만 2,292점)를 기록했다. 올림픽과도 인연이 있어 대학 때는 LA 올림픽(1984), 프로 때는 바르셀로나 올림픽(1992)에 출전해 두 차례 모두 미국의 우승을 이끌었다. 압둘 자바, 월트 체임벌린 등 쟁쟁한 선수들을 제치고 AP가 선정한 '20세기 최고'로 꼽힐 수 있었던 것은 누구도 흉내낼 수 없는 조던만의 화려한 플레이 때문이었다.

조던이 현란한 드리블, 폭발적인 슬램덩크, 상상을 초월하는 고난도 슛, 엄청나게 긴 체공 시간 등으로 종횡무진할 때마다 농구 팬들은 탄성을 쏟아냈다. 큰 키로 골밑을 제압하는 센터들이 코트를 지배하던 시대에 보통키(198cm)의 조던이 보여준 것은 인간의 동작이 아니라 신의 동작이었다. 그래서 붙여진 별명이 '농구의 신'이었다.

NBA가 미국이라는 울타리를 뛰어넘어 지구촌 스포츠로 격상할 수 있었던 것도 조던이라는 걸출한 스타가 있었기에 가능한 일이었다. 스포츠 산업에 끼친 '조던 효과'도 엄청났다. 조던이 입단할 때 2,000만 달러이던 불스 구단의 값은 조던이 마지막 투혼을 불사르던 1999년 2억 달러로 치솟았다. 나이키 등 조던과 광고 계약을 맺은 기업들도 '조던 특수'에 엄청난 돈을 벌었다. 누가 뭐래도 1990년대는 마이클 조던의 시대였다.

월트 체임벌린과 압둘 자바 마이클 조던이 천하를 호령하기 전, 미국의 프로농구사를 가장 화려하게 장식한 인물은 월트 체임벌린 (1936~)과 압둘 자바(1947~)다. 그중 216cm의 장신 센터 체임벌린은 통산 최다 리바운드(2만 3,924개)를 비롯해 한 게임 최다 득점(100점)과 최다 리바운드(55개), 한 시즌 최다 득점(4,029점) 기록을 갖고 있는 미 프로농구사의 상징적인 인물이다. 한동안은 통산 최다득점(3만 1,419점) 기록도 갖고 있었으나 1984년 압둘 자바(3만 8,387점)에게 깨지고 뒤이어 칼 멀론 (3만 6,928점)과 마이클 조던(3만 2,292점)에게 연속 추월을 당해 현재는 4위에 랭크되어 있다.

필라델피아 워리어스에 입단한 1959년부터 LA 레이커스에서 은퇴한 1973년까지 14년간 경기당 평균 30.1 득점에 22.9 리바운드를 기록했다. 데뷔 첫해 평균 37.6 득점을 기록, 신인왕과 MVP를 동시에 차지하는 등 통산 4회 MVP에 올랐다. 특히 입단 첫해인 1959~1960 시즌부터 1965~

1966 시즌까지 7시즌 연속 득점왕에 오르고 총 11시즌에서 리바운드왕에 올라 체임벌린의 시대임을 온 천하에 알렸다. 플레이오프에는 13회 진출했으나 천적인 보스턴 셀틱스에 번번이 막혀 우승의 기쁨은 2회만 맛보았다.

전문가들은 체임벌린의 가장 위대한 시즌은 8분을 제외하고 전 경기에 출전한 1961~1962 시즌이라고 한결같이 입을 모은다. 그 시즌에서 체임벌린은 평균 50.4점, 25.7 리바운드를 기록하고 지금도 깨지지 않는 한 시즌 최다 득점인 4,029점을 기록했다. 한 시즌 득점 2위에 올라 있는 마이클 조던이 1986~1987 시즌에 3,041점을 세운 것과 비교하면 얼마나 큰 점수인지 쉽게 짐작할 수 있다.

1962년 3월 2일 뉴욕 닉스와의 경기에서는 100점을 올리는 전무후무한 대기록을 세웠다. 당시만 해도 3점짜리 득점이 없었기 때문에 100점에 그쳤지 3점숫 제도가 있었다면 100점을 훨씬 넘었을 것이라는 게 중론이다. 당시 체임벌린의 라이벌인 빌 러셀은 "체임벌린을 막는 방법은 라커룸에 묶어두거나 아니면 총으로 쏴 버리는 것밖에 없다"고 할 정도로 그는 코트에서 훨훨 날았다.

"체임벌린을 막는 방법은 묶어두거나 총으로 쏴 버리는 것밖에 없다"

압둘 자바(1947~)는 고등학교 때부터 이미 스타였다. 그의 고교는 자바가 재학 중이던 3년 동안 95승 6패라는 경이적인 승률에 71연승 기록을 세웠다. 자바는 1965년 UCLA에 입학했으나 대학 1학년생은 전국대회에 출전할 수 없다는 규정에 막혀 1년 동안 전국대회에 출전하지 못했다. 2학년이 되자 UCLA의 30연승을 이끌며 UCLA를 무적의 팀으로 만들고 자신은 MVP로 선정되었다. 언론이 MVP 수상 소감을 물었을 때 자바는 "여러분은 하늘을 나는 새가 새장에 갇혀 있을 때의 기분을 아는가"라고 말했다. 소감은 바로 신문과 방송 스포츠뉴스의 헤드라인을 장식했고 이듬해 미국 대학농구연맹은 1학년생도 전국대회 리그에 참가할 수 있도록 규정을 바꾸었다. 그의 발언 한마디가 미국 대학농구 규정을 바꾼 것이다.

UCLA는 자바가 졸업할 때까지 3년 동안 미국 정상을 차지했다. 자바는 1969년 밀워키 벅스에 드래프트되었다. 데뷔 첫해 자바는 평균 28.8 득점(2위), 14.5 리바운드(3위)를 기록, 그해 신인상을 차지했다. 1970~1971 시즌에는 밀워키 벅스가 66승 16패라는 경이적인 승률로 구단 사상 처음으로 시즌 우승을 차지하는 데 결정적인 역할을 했다. 그 시즌에서 평균 31.7 득점을 기록해 자바는 득점왕과 함께 정규리그 MVP, 챔피언시리즈 MVP 등 3관왕이 되었다. 1971~72 시즌에도 34.8 득점을 기록, 2년 연속 득점왕과 MVP를 거머쥐고 1973~74 시즌에도 3번째 MVP를 수상했다.

자바는 1975년 6월 미 최고의 명문 구단 LA 레이커스로 트레이드되었다. 자바를 떠나보낸 밀워키 벅스는 그 후 한 번도 NBA 정상에 오르지 못했다. 자바를 영입한 LA 레이커스 역시 한동안은 NBA 정상과는 거리가 멀었다. 그러나 1980년 '어시스트의 귀재' 매직 존슨이 입단하면서 LA 레이커스는 전성시대를 맞았다. 자바와 존슨은 환상의 콤비를 이뤄 LA 레이커스를 5번(1980, 1982, 1985, 1987, 1988)이나 NBA 정상에 올려놓았다. 자바는 1984년 체임벌린의 통산 득점(3만 1,419점) 기록을 제치고 통산 득점 1위에 올랐다.

자바는 키가 219cm나 되면서도 '스카이훅 슛'과 '슬램 덩크'라는 신무기까지 갖춰 천하무적이었다. '스카이훅 슛'은 상대 수비수를 등진 상태에서 그대로 몸을 돌리면서 점프해서 팔을 세운 채 손목 스냅을 이용해 던지는 고공 슛으로 그가 훅슛을 던지면 누구도 막지 못했다. 게다가 슬램 덩크까지 자유자재로 구사하자 급기야 다른 팀들이 이의를 제기하기에 이르렀다. 재미를 반감시키고 자칫 농구대가 파손될 염려가 있다는 것이다. 결국 NBA는 '덩크슛 금지'를 선언했다. 물론 이 규정은 나중에 다시 바뀌었다.

자바는 1969년부터 은퇴하던 1989년까지 20시즌 동안 모두 6차례 우승하고 정규리그 MVP도 5차례나 차지했다. 올스타전에는 19회 출전했다. 20년 동안 1,560경기에 출전, 평균 24.6 득점을 기록하고 총 3만 8,387점을 올렸으며 리바운드는 1만 7,440개를 기록했다. 통산 득점은 현재까지 NBA 사상 최고점수로 기록되어 있다. 당시 덩크슛을 그대로 놔두고 3점슛까지 있었다면 통산 득점 기록은 4만 점을 족히 넘겼을 것이고 어쩌면 불멸의 기록이 되었을지도 모른다. 1989년 4월 코트를 떠나서도 자바는 다방면의 재능을 보였다. 영화와 드라마에 출연하고 프로덕션을 운영했다. 특히 이소룡의 유작 영화 '사망유희'에서는 이소룡과의 격투 신을 선보여 화제가 되기도 했다.

쿠르드족 독립 위한 무장봉기 실패

그들의 20세기는 좌절과 배신이 난무하는 가운데 생존을 위한 몸부림으로 점철된 비운의 역사다.

쿠르드족은 세계 최대의 유랑 민족이다. 그래서 붙은 별칭이 '중동의 집시'다. 4,000년의 역사, 3,000만~4,000만 명의 인구가 동일한 언어·문자·종교·민족이라는 문화적 일체감을 유지하는데도 주변 강대국들의 외면과 배신, 이웃 국가들의 탄압과 동화정책에 눌려 좀처럼 단일 민족국가를 세우지 못하는 것은 물론 이방인 신세에서도 벗어나지 못하고 있다.

인종적으로는 이란계 백인, 종교적으로는 이슬람 수니파인 그들은 오

쿠르드족 분포도

늘날 이라크, 터키, 이란, 시리아, 아르메니아 등 5개 국가의 접경 산악 지대인 쿠르디스탄에 살고 있다. 전체 인구의 절반가량인 1,400만 ~1,800만 명이 터키에 살고 있으며 이란에 700만~800만, 이라크에 650만~700만, 시리아에 200만~300만 명이 거

주하고 있다. 레바논, 아르메니아, 아제르바이잔을 비롯해 유럽 각국에도 수만에서 수십만 명씩 살고 있다.

그들의 20세기는 좌절과 배신이 난무하는 국제 관계 속에서 생존을 위한 몸부림으로 점철된 비운의 역사다. 쿠르드족은 12세기 십자군으로부터 예루살렘을 탈환한 '불세출의 영웅' 살라딘을 배출한 위대한 민족이었다. 그러나 16세기 오스만 튀르크 제국에 정복되고 1639년 오스만-이란의 협약으로 영토가 오스만과 이란으로 갈라지면서 현재의 불씨가 만들어졌다.

1차대전 종전 후 패전국인 오스만 제국이 붕괴했을 때 쿠르드족은 독립할 기회가 있었다. 연합국이 오스만 제국과 체결한 '세브르 조약'(1920.10)에서 쿠르드족의 자치를 허용했기 때문이다. 그러나 새로 구성된 무스타파 케말 정부의 요구로 오스만의 적자(嫡子)인 터키와 연합국이 쿠르드족 영토를 5개 국가로 분리하는 로잔 조약(1923.7)을 체결, 독립은 또다시 공염불이 되고 말았다. 2차대전 직후 소련이 이란을 점령했을 때는 소련의 지원을 받아 1946년 1월 이란 북서부 지역에 쿠르드 공화국을 세웠으나 소련이 이란으로부터 석유 이권을 넘겨받는 대가로 쿠르드족을 외면해 독립을 선언한 지 11개월 만에 무너졌다.

1970년대에는 이란이 이라크와의 분쟁에 쿠르드족을 이용하기 위해 이라크 내 쿠르드족 전사들의 망명을 허용하고 각종 지원을 베풀었다. 그러나 그것도 잠시뿐, 1975년 이라크의 양보로 양국 간 경계가 이란에 유리하게 그어진 후에는 지원을 철회해 쿠르드족은 또 한 번 배신에 치를 떨어야 했다. 1980년 이란·이라크 전쟁 때도 다시 이란의 지원을 받아 이라크의 사담 후세인에 맞서 싸웠으나 전쟁이 끝나갈 무렵인 1987년부터 1989년까지 후세인 정권의 초토화 작전으로 4,000개 이상의 쿠르드족 마을이 초토화되고 수십만 명이 학살당했다. 심지어 1988년 3월에는 이라크 정부군의 무자비한 독가스 공격으로 5,000여 명이 떼죽음을 당하기도 했다.

언어·문자·종교·민족이 같은데도 좀처럼 독립 못해

걸프전이 이라크의 완패로 막을 내렸을 때인 1991년 3월 초에는, 이라크 내 반후세인 시아파가 이라크 남부에서 일으킨 소요로 이라크가 혼란한 틈을 타 독립을 꿈꾸며 본격적인 무장투쟁에 돌입해 이라크 북부 주요 지역을 해방구로 삼는 듯했다. 그러나 헬기, 야포, 탱크 등을 동원한 후세인 정부의 집중 반격으로 봉기 몇 주 만에 철저하게 진압되었다. 이 과정에서 쿠르드족 약 200만 명이 이란이나 터키로 탈출했고 상당수가 기아와 추위로 국경 산악 지대에서 비참하게 죽어갔다.

쿠르드인들은 미국을 원망했다. 미국의 군사 지원을 믿고 무장폭동을 일으켰는데 미국이 발을 빼는 바람에 죽음으로 내몰렸다는 것이다. 그러나 미국은 그런 언질을 준 적이 없다고 공식적으로 부인했다. 물론 미국이 사담 후세인을 척결하기 위해 시아파 및 쿠르드족의 봉기를 유도했을 수는 있겠지만 당시 미국이 궁극적으로 노렸던 것은 이라크의 약화였지

쿠르드족의 독립이 아니었다.

쿠르드족이 가장 많이 거주하는 터키, 이란, 이라크, 시리아 등은 서로 사이가 좋지 않은데도 불구하고 쿠르드족 문제에 대해서만은 한목소리를 내고 있다. 그것은 "독립 절대 불가"이다. 터키의 경우, 무스타파 케말의 지시에 따라 쿠르드어 사용을 완전히 금지하는 등 민족주의 말살과 철저한 동화정책을 취해 왔다.

쿠르드족이 이처럼 외면을 당한 것은 냉엄한 국제 관계 탓도 있지만 서방 국가와 비교적 온건한 걸프 국가들로부터 인심을 잃은 것도 한 원인으로 작용했다. 이란·이라크전 당시 쿠르드족은 이란으로부터 물심양면의 지원을 받은 대가로 이라크를 공격했으나 도를 넘어 이라크를 지원하고 있던 미국 등의 서방국가들과 쿠웨이트를 비롯한 걸프 국가들에까지 공격을 가해 불신을 샀다.

이라크 내 쿠르드족의 봉기는 이처럼 피의 악순환을 거듭하고 있지만 경제·문화적으로는 인근 동족들의 처지에 비해 상대적으로 좋은 대우를 받고 있다. 유전 지대를 장악하고 있어 경제적으로도 다소 유리하고 자신들의 언어와 전통문화 등에서 민족 정체성을 유지하는 데 큰 방해를 받지 않고 있기 때문이다. 1980~1990년대에 세계의 주목을 끌었던 쿠르드족 사태는 다시 무관심의 긴 늪으로 빠져들어 지금은 휴화산 상태로 잠복해 있다.

1992년

김영삼 제14대 대통령 당선
한국·중국 수교
PC통신 천리안·하이텔 서비스 시작
_ 이우혁과 퇴마록
서태지와 아이들 1집 음반 '난 알아요' 발표
한경직 목사 템플턴상 수상
'로드니 킹 사건'과 LA 흑인 폭동
리우 환경회의 개막
다베이 준코 여성 최초 7대륙 최고봉 등정

김영삼 제14대 대통령 당선

대통령 혼자 청와대에서 칼국수를 먹고 있을 때 측근 실세들은 밖에서 스테이크 대접을 받았다.

김영삼(1927~)은 한국 현대 정치사의 산 증인이다. 민주화 투쟁으로 고난의 가시밭길을 걷기도 했지만 도전적이고 거침없는 그만의 정치 스타일로 지금도 깨지지 않는 최연소 의원(26세)에 최다선 의원(9선), 야당 총재 4번, 여당 총재 1번이라는 화려한 경력을 쌓았다. 이런 그가 1992년 12월 18일 제14대 대통령에 당선됨으로써 대권을 향한 오랜 집념이 마침내 결실을 이뤘다.

최종 집계 결과 김영삼은 997만 7,332표(41.96%)를 얻어 804만 1,284표(33.82%)로 2위를 차지한 민주당 김대중 후보를 저만치 따돌리고 대통령에 당선되었다. 정주영 국민당 후보는 388만 67표(16.32%), 박찬종 후보는 151만 6,047표(6.38%)를 얻어 각각 3위·4위에 랭크되었다.

김영삼은 1944년 입학한 경남중학 시절부터 책상머리에 "미래의 대통령 김영삼"이라고 써 붙여놓고 대통령이 될 꿈을 꿨다. 따라서 그의 대통령 당선은 48년 만의 성취였다. 그에 대한 평생의 이미지는 '야당의 민주 투사'였으나 정치인으로서의 시작과 끝은 여당 의원이었다. 정치 인생은 1954년 5월 고향인 경남 거제에서 3대 민의원에 당선되면서 시작되었다. 여당인 자유당 소속이던 그는 이승만 대통령이 사사오입 개헌을 강행하자 자유당을 탈당, 야당의 길로 들어서 1990년 3당 합당을 이룰 때까지 37년간 오로지 야당의 길을 걸었다.

대권의 꿈을 본격적으로 드러낸 것은 1970년 '40대 기수론'을 제창하면서였다. 그러나 평생의 동지이자 라이벌이던 김대중에게 당내 경선에서

김영삼(1927~)

패해 한동안 꿈을 접어야 했다. 대신 그는 이 땅의 민주화에 헌신했다. "닭 모가지를 비틀어도 새벽이 온다"는 결연한 자세로 유신의 암흑기를 헤쳐나갔다. 박정희 대통령은 1979년 눈엣가시이던 그에게서 야당 총재직을 박탈하고 급기야 의원직까지 빼앗았다. 그러나 그것이 도화선이 되어 그해 10월 부마사태가 일어나고 이를 진압하는 과정에서 불거진 정권 내부의 갈등으로 오히려 박 대통령 자신이 살해되는 비극을 맞았다.

1980년 모처럼 '서울의 봄'이 찾아왔으나 '춘래불사춘(春來不似春)'이었다. 전두환 정권은 그를 연금했다. 그런 와중에도 민주산악회를 조직하고 1983년 5월 목숨을 건 23일간의 단식투쟁을 벌여 민주화운동의 불씨를 지폈다. 1984년 김대중과 '민주화추진협의회(민추협)'를 결성하고 1985년 창당한 신민당을 발판으로 2·12총선에서 돌풍을 일으켜 직선제 개헌 서명운동에 돌입했다.

대학생·재야와 함께 추진한 개헌운동은 1987년 6월 마침내 '6월 항쟁'을 촉발해 단단하던 독재의 벽을 허물었다. 주로 구속과 가택 연금을 당했던 김대중이 막후에서 구심적 역할을 했다면 김영삼은 공개적으로 민주화 세력의 중심 역할을 했다. 그러나 1987년 12월의 대선에서 김대중과 후보 단일화에 실패해 노태우에게 어부지리 기회를 주고 자신은 차점자로 낙선의 고배를 마셨다.

최대 업적은 공직자 재산 공개와 금융실명제 단행

1988년 4·26 총선에서마저 패배해 제1야당에서 제2야당 당수로 전락하는 쓴맛을 보자 여당인 민정당과 김종필의 공화당, 그리고 자신이 이끄는 민주당의 3당 합당으로 일대 정치적 변신을 시도했다. 대권을 향한 마지막 승부수였으나 민주 세력들은 그를 변절자·배신자로 몰아붙였다. 더구나 3당 합당으로 탄생한 민자당의 최대 주주는 민정계였다. 그래도 그는 특유의 배짱과 돌파력으로 3당 합당 당시의 내각제 합의를 사문화시키고 파행적인 경선 과정을 겪으며 대통령 후보 자리를 쟁취하는 저력을 보였다. 결국 대통령에 당선됨으로써 끊임없이 그를 괴롭혔던 변절 시비를 잠재우고 국민으로부터도 정치적 면죄부를 받을 수 있었다.

대통령으로서의 출발은 장밋빛이었다. 취임 초부터 문민 개혁의 상징으로 이른바 청교도식 금욕주의를 강조했고 부정부패 척결과 정치자금 근절을 선언했다. 청와대의 칼국수 메뉴와 공직자들의 골프 금지 등은 개혁의 금욕주의를 상징하는 김영삼의 브랜드였다. 한편으로는 과거 군사정치의 어두운 그림자를 지운다는 명분하에 두들겨 부수는 데 비상한 의욕과 능력을 보였다. 군 사조직 '하나회'를 해체했고 옛 조선총독부를 철거했으며 청와대 안가들을 허물어뜨렸다. '역사 바로 세우기'를 통해서는 군사정권의 흔적들을 지워나갔다.

공직자 재산 공개를 성공시키고 금융실명제를 단행한 것은 그가 아니었으면 결코 쉽지 않았을 김영삼의 업적이었다. 2002 한일월드컵을 유치하고 한때나마 국민소득 1만 달러를 달성한 것도 김영삼 재임 시에 있던 일이다. 그러나 6·25전쟁 후 최대 국난으로 불리는 1997년의 IMF 외환위기 앞에서 이런 성과는 한순간에 빛이 바랬다.

또한 대통령 혼자 청와대에서 칼국수를 먹고 있는 동안 측근 실세들은 밖에서 스테이크 대접을 받고 있었으니 그 혼자만의 금욕주의였고 방향성을 잃은 도덕주의였다. 결국 퇴임 무렵, 취임 때의 환호와 갈채는 온데간데없고 비난과 조롱만이 무성했다. '나라 망친 대통령'이란 오명도 고스란히 뒤집어써야 했다.

사태가 이 지경이 되기까지 무엇이 문제였을까? 과잉 의욕과 시스템의 비효율성도 원인이었지만 무엇보다 야당 시절의 구호 정치와 야당식의 인력 운용 구조의 틀을 크게 벗어나지 못한 것이 더 큰 이유였다. 차남 김현철과 몇몇 가신 그룹에 의존한 것도 국정 난맥을 자초했다. 이 때문에 "김영삼의 최대 업적은 헌정 사상 첫 여야 간 정권교체를 이루는 데 기여한 것"이라는 선에서 만족해야 했다.

한국·중국 수교
3분 남짓에 불과한 서명은 노태우 정부가 은밀히 추진해온 북방외교의 화룡점정이었다.

1992년 8월의 한·중 수교는 노태우 대통령의 북방정책과 중국 최고 실권자 등소평의 구상이 서로 맞아떨어진 결과였다. 진행 과정은 점진적이고 신중했다. 1983년 5월에 일어난 중국 민항기 납치 사건과 1985년 3월 한국 해군의 중국 어뢰정 나포 사건이라는 돌발 사건을 해결하는 과정에서 시작된 양국 정부 간의 비밀 접촉은 서울(1986)과 북경(1990)에서 열린 두 번의 아시안게임과 서울올림픽(1988)을 통해 접촉이 더욱 빈번해지면서 한중 수교로까지 이어졌다. 1990년대 초에 불어닥친 공산 종주국 소련의 몰락이라는 대격변의 시대적 조류도 중요한 역할을 했다.

등소평은 1985년 4월 "한중 관계의 발전이 필요하다"며 한중 수교에 시동을 걸었다. 그는 이후에도 여러 차례 중국과 한국의 관계에 대해 언급했다. 양국은 1983년 민항기 사건 이후 비밀 라인을 가동했으나 중국이 1989년 천안문 사태 후 국제사회의 정치·외교·경제적 제재에 직면하면서 일체의 대화 채널이 끊어졌다. 그런 국제정치 환경에서 등소평이 선택한 것은 대표적인 신흥공업국 한국과의 외교관계 수립이었다.

중국이 한국에 비밀 라인을 재가동하자고 제의한 것은 1990년 2월이었다. 양측의 비밀 라인은 한국의 이순석 선경(주) 사장과 중국의 인민해방군 대령 유아주였다. 이순석은 김종휘 청와대 외교안보좌관의 메신저였고 유아주는 중국의 국무원 부총리 전기운의 대리인이었다. 1990년 4월 중국의 전기침 외교부장이 노태우 대통령에게 전해 달라며 이순석 사장을 통해 '양국 간 상호 호혜 원칙하에 교류하자'는 메모를 전해왔다. 중국과의 관계를 다지는 과정에서 실무 책임자는 김종휘 외교안보좌관이었지만 이순석 사장 역시 이처럼 적지 않은 역할을 했다. 이순석은 1990년 4월부터 1991년 말까지 북경과 서울을 오가며 양국의 메시지를 전하는 중개인 역할을 했다.

노태우 대통령은 이미 헝가리(1989.2.1), 폴란드(1989.11.1), 유고 연방(1989.12.28), 체코(1990.3.22), 불가리아(1990.3.23), 루마니아(1990.3.30) 등 동구권과 수교를 성사시키고 소련과도 사실상 수교를 합의해 놓은 상태에서 1990년 9월의 북경 아시안게임 때 물적·기술적·정신적 지원을 아끼지 않으며 한중간 우호 분위기를 조성했다.

"물이 흐르면 도랑이 생긴다"

양국 간 수교의 결정적인 계기는 1991년 11월 12일 전기침 중국 외교부장이 APEC 각료회의 참석차 방한했을 때 노태우 대통령과 한중 수교를 구체적으로 논의하면서 마련되었다. 전기침은 1992년 4월 13일에도 유엔 아태경제사회이사회 참석차 한국의 외무장관으로는 사상 처음 중국을 방문한 이상옥 외무장관에게 한중 수교를 위한 비밀 교섭을 공식 제의했다. 중국의 이붕 총리는 이상옥 장관을 접견한 자리에서 '수도거성'(水到渠成·물이 흐르면 도랑이 생긴다)이라는 고사성어로 양국의 물밑 접촉을 지

이상옥 외무장관(왼쪽)과 전기침 중국 외교부장이 북경 조어대에서 '한중 수교 공동성명'에 각각 서명한 뒤 악수하고 있다 (1992.8.24).

원했다.

그러나 김일성과 항일운동을 같이한 중국의 군부와 정치국 일부 원로들이 '북한 혈맹론'을 앞세워 한중 수교에 강력히 반대하고 있었기 때문에 중국 지도부는 극도의 보안을 유지했다. 이상옥 장관 역시 한국 측 협상팀에 비밀 준수 엄명을 내렸다. 우리 측의 권병현 본부대사가 실무 대표로 참여한 협상팀은 북경에 갈 때도 세 팀으로 나눠 도쿄, 홍콩, 상해로 따로 움직였다.

5월과 6월 북경 조어대에서 회담을 거친 양측 실무 협상단은 6월 말 서울 워커힐 호텔에서 마지막 예비회담을 벌였다. 양측은 하루에 10~12시간씩, 한 번에 3~4일간 진행된 이 세 차례의 교섭을 통해 수교에 한발 한발 다가갔다. 7월 29일 북경에서 역시 비밀리에 열린 본회담에서는 노창희 외무차관과 서돈신 중국 외교부 부부장이 최종 문안에 합의하고 성명서에 가조인했다. 총 4차례의 예비회담과 본회담에서 주로 논의된 의제들은 ▲'하나의 중국'과 '두 개의 한국' 문제 ▲한반도의 비핵화 ▲중국의 6·25전쟁 참전 문제에 대한 입장 표명 ▲양국 대사관 부지 등이었다.

수교 교섭 과정에서 중국은 '하나의 중국' 원칙을 받아들일 것과 한국과 대만 간의 공식 외교관계는 단절하되 중국과 북한 간의 공식 외교관계는 유지하는 '두 개의 한국' 정책을 견지하는 것을 회담의 전제조건으로 제시했다. 분명 불공정한 조건이었는데도 한국 측은 '하나의 중국'과 '하나의 한국', 혹은 '두 개의 중국'과 '두 개의 한국'을 중국이 받아들이도록 하는 적절한 논리를 제시하지 못했다.

중국의 6·25전쟁 참전 문제에 대해서도 한국은 중국 측의 해명이 있어야 한다고 주장했으나 중국이 이를 받아들이지 않아 공동성명에 포함시키지 못했다. 수교 이후 서울과 북경에 설치할 양국 대사관 부지 문제에 대해서도 한국 대표들은 대등한 교섭을 하지 못했다. 서울 명동의 대만 대사관 부지와 건물은 '하나의 중국' 원칙에 따라 무상으로 중국에 넘겨주기로 했으면서도 북경의 한국 대사관 부지는 중국 측의 '호의적인 조건'으로 한국 측이 확보할 수 있도록 도와주는 선에서 합의가 이뤄졌다. 회담이 이렇게 중국 측에 일방적으로 유리하게 전개된 것은 노태우 정부가 임기 내에 북방정책을 마무리짓고 싶은 마음에 수교에 몸이 달았고 중국이 수교의 이니셔티브를 쥐고 있는 외교 현실이 반영된 결과였다.

양국 간의 적대 관계가 공식적으로 청산되는 순간

3차례의 예비회담과 1차례의 본회담 후 양국이 공동성명서에 서명한 것은 1992년 8월 24일 오전 9시였다. 한국에서는 이상옥 외무부 장관이 중국에서는 전기침 외교부장이 북경의 조어대에서 공동성명서에 서명했다. 3분 남짓 걸린 서명은 노태우 정부가 은밀히 추진해온 북방외교의 화룡점정이었다. 1949년 중화인민공화국 수립 이후 43년 동안 단절되고 1950년 6·25전쟁 후 지속되어온 양국 간의 적대 관계가 공식적으로 청산되는 순간이기도 했다. 6개 항으로 된 공동성명서에는 ▲한국은 중국 정부를 중국의 유일 합법 정부로 승인하고 ▲대만은 중국의 일부라는 중국 입장을 존중하며 ▲중국은 한반도가 한민족에 의해 평화적으로 통일되는 것을 지지한다는 등의 내용이 담겼다.

공식 수교에 앞서 중국은 북한에 수차례 수교 과정을 통보했다. 1992년 4월 13일 북한을 방문한 양상곤 주석이 한중 간의 수교 시기가 무르익었음을 처음 통보했을 때 당황한 김일성이 '북미 적대 관계'를 내세워 "2~3

년 미뤄 달라"고 요청했으나 받아들여지지 않았다. 전기침 외교부장도 7월 15일 북한을 방문해 긴일성에게 강택민 총서기의 메시지를 구두로 전달했다. 이미 대세가 기운 것을 알고 있는 김일성은 "북한은 어려움을 자주적으로 극복해 갈 것"이라고 애써 태연한 척했다.

8월 24일 한중 수교 서명식이 거행된 후, 주중 한국 무역대표부는 대사관으로 격상되어 현판식을 열었다. 대만은 수교 이틀 전인 8월 22일 한국과의 단교를 선언하고 8월 24일 오후 4시, 주한 대만 대사관에서 청천백일기의 마지막 하강식을 치렀다. 대한민국 정부 수립 이듬해인 1949년 1월 명동에 대사관을 개설한 지 43년 만에 청천백일기가 내려온 것이다. 6·25전쟁 후 수십 년 동안 적대 관계였던 중국과의 외교관계 수립을 위해, 상해 임정 시절 이후 계속 유지해 온 혈맹국가 대만과 단교했다는 점에서 국제관계의 비정함을 새삼 깨우쳐준 순간이었다.

수교 후 한중 양국 관계는 외교적인 면보다 경제적인 면에서 긴밀한 관계를 유지했다. 1992년 63억 달러 규모이던 양국의 무역 규모는 2013년 2,742억 달러로 급증했다. 한국의 대중 수출은 1,830억 달러, 수입은 911억 달러였다. 2013년 양국을 왕래한 연인원은 828만 명에 달했다. 이 중 우리나라를 찾은 중국인은 433만 명으로 전체 외국인 입국자 중 36.7%를 차지했다. 우리나라에 들어오는 외국인 3명 중 1명이 중국인인 셈이다. 중국인 수가 일본인 입국자를 앞지른 것은 사상 처음이었다. 중국을 방문한 한국인은 397만 명이다. 이처럼 대규모의 양국간 교류로 한국에는 한류(漢流)로 불리는 중국 붐이, 중국에는 한류(韓流)로 대표되는 한국 붐으로 이어지고 있다.

PC통신 천리안·하이텔 서비스 시작

PC통신은 1990년대 젊은이들의 낭만과 꿈과 사랑이 배어 있는 곳이다.

    인터넷이 모든 걸 지배하는 지금의 시각에서 보면 1990년대 10여 년간 활발했던 PC통신은 차라리 초라해 보인다. 그러나 PC통신은 1990년대 젊은이들의 낭만과 꿈과 사랑이 배어 있는 곳이다. 비록 화려했던 전성기는 10년도 채 지나지 않아 저물었으나 PC통신이야말로 아날로그 문명에서 디지털 문명으로 넘어가는 숨가쁜 과도기를 일반인이 거부감 없이 받아들이도록 한 완충지대였다.

  PC통신은 PC(혹은 단말기), 모뎀, 전화선(혹은 랜), 접속 프로그램(에뮬레이터)만 갖추면 누구나 가능했다. 또한 PC통신의 천리안과 하이텔에 접속만 하면 누구나 PC통신의 상징과도 같은 파란 화면에서 'GO' 명령어 하나만으로 채팅방, 토론방, 동호회 등 다양한 사이버 세계를 넘나들 수 있었다. 전자우편(이메일)이 가능했고 신문기사도 전날 저녁에 볼 수 있었으며 실시간으로 증권 시세도 확인할 수 있었다. 같은 취미를 가진 사람들이 자발적으로 만든 주제별 PC통신 동호회에는 각 분야의 고수들이 자신의 지식과 정보를 자랑했고, 그 지식과 정보를 얻기 위해 많은 사람이 모여들었다.

  그룹 '서태지와 아이들', 'H.O.T.' 등이 폭발적인 인기를 모았을 때는 소녀 팬들이 이곳에서 팬클럽 활동을 벌였으며 하이텔의 '메탈동(메탈음악동호회)'을 통해서는 수많은 인디밴드가 탄생했다. 국가대표 축구 응원전을 주도하는 '붉은 악마' 역시 PC통신에서 몸을 풀었다. 하이텔의 컴퓨터 동호회 '다솜'은 컴퓨터 용어 한글화에 적지 않은 역할을 했고, 하이텔 하드웨어 운영체제 동아리 'OSC'는 전자제품 평가와 '공동구매'라는 문화를 탄생시켰다. PC통신에서 만나 결혼한 커플도 있었다. 네트워크와 시티즌

PC통신 하이텔 화면

의 합성어 '네티즌'도 PC통신의 산물이었으며 '반갑습니다'와 '당연하다'의 줄임인 '방가'와 '당근'도 PC통신에서 사용하던 신조어였다.

신문명을 접하려면 돈이 필요했다. 정액제의 하이텔은 월 1만 원이면 족했으나 종량제의 천리안은 자칫 방심했다간 월 수십만 원이 청구되는 경우도 있어 조심해야 했다. 돈을 쓰는 사람이 있으면 돈을 버는 사람도 있는 법. 발 빠른 사업가는 '쥬라기공원' 게임으로 월 5,000만 원, 증시 정보로 월 3,500만 원을 벌어들였다.

뭐니뭐니해도 PC통신이 낳은 최고 스타는 소설 '퇴마록'을 하이텔에 연재한 이우혁이었다. 그는 1994년 1월 퇴마록 첫 권을 단행본으로 출간하기 시작해 2001년 7월 마지막 19권을 완간함으로써 1,000만 부나 팔려나가는 초대박 신화의 주인공이 되었다. 영화 '엽기적인 그녀'(2001)와 '동갑내기 과외하기'(2003) 역시 PC통신 '나우누리'에서 인기를 끌던 소설을 영화화해 각각 490만 명, 520만 명의 관객을 끌어모았다. 영화 '접속'은 PC통신의 채팅을 소재로 해 1997년 관객 동원 1위를 기록했다.

아날로그 문명에서 디지털 문명으로 넘어가는 완충 역할

PC통신의 원조는 1980년대 각기 다른 목적으로 출발한 전자게시판(BBS)과 비디오텍스였다. 이들의 기능이 하나로 합쳐지면서 PC통신이 탄생했다. 전자게시판은 PC를 이용해 가입자 간에 파일과 편지를 주고받거나 채팅을 통해 자유롭게 의견을 나누고 정보를 공유하도록 만들어졌다. 비디오텍스는 데이터베이스에 저장된 문자 정보나 영상 정보를 이용자가 단말기 화면을 통해 직접 보면서 필요한 정보를 검색하고 홈쇼핑과 홈뱅킹까지 할 수 있었던 정보통신의 총아였다.

일반인을 상대로 한 비디오텍스는 1986년 9월 2일 데이콤의 '천리안'이 개통되고 11월 1일 한국경제신문이 전자신문, 증권 정보, 기업 정보, 외환 정보 등을 서비스하는 '한경 프레스텔' 을 개통하면서 막을 열었다. '한경 프레스텔'은 1987년 4월 명칭을 '한경 케텔(KETEL)'로 바꿔 1988년 9월 10일 일반인을 상대로 서비스를 시작했다.

그 뒤를 이어 비디오텍스 사업에 뛰어든 한국통신은 1991년 5월 '하이텔'을 브랜드명으로 정하고 그해 12월 한경의 '케텔'을 인수해 한국PC통신을 설립했다. 한국PC통신은 1992년 3월 '케텔'을 '코텔'로 변경하고 5월 유료화를 시작했으며 7월 '코텔'을 '하이텔'로 통합해 '천리안'과 함께 PC통신의 대명사로 군림했다.

1986년 9월 천리안 비디오텍스 서비스를 시작한 데이콤은 1987년 4월 한글 사서함 유료 서비스를 시작하고 1988년 5월 문자 정보 서비스 '천리안2'를 개통해 영역을 넓혔다. 뒤이어 1990년 1월 PC통신 서비스 목적의 PC-Serve를 개통하고, 1992년 12월 천리안2와 PC-Serve를 통합해 '천리안'을 탄생시켰다. 이런 점에서 1992년은 비로소 PC통신이 꽃을 피우기 시작한 해였다.

두 회사의 치열한 경쟁 덕에 회원 수가 급증하자 1994년 나우콤의 '나우누리'가 상용 서비스를 시작하고 대기업도 호시탐탐 문어발을 뻗쳤다. 1996년 유니텔(삼성)과 아미넷(현대), 1997년 넷츠고(SK), 1998년 채널아이(LG)가 잇달아 PC통신업에 진출해 당시 5대 재벌 가운데 4대 그룹이 PC통신 시장에 뛰어드는 과열 현상을 보였다. 대기업은 막강한 자금력과 저렴한 이용료를 무기로 인터넷과 병행하는 서비스 전략을 구사했으나 PC통신도 인터넷 포털도 아닌 어정쩡한 스탠스를 취해 실적이 좋지는 않았다.

반면 천리안과 하이텔의 유료 회원 수는 1998년 각각 135만 명, 103만 명을 돌파하며 대기업을 멀찌감치 따돌리는 여유를 보였다. 1위 업체 천리안은 1998년 1,045억 원의 매출에 100억 원 규모의 흑자를 기록했다. PC통신의 정점은 전체 회원 가입자 수가 350만 명까지 늘어난 1998년이었다.

문제는 인터넷의 급속한 보급으로 세상이 빠르게 재편되는데도 PC통신업체들이 여전히 미래를 낙관했다는 점이었다. 그들은 유료 회원을 수익 기반으로 한 자신들과 달리 포털의 무료 서비스는 한계가 있을 것으로 내다보았다. 그러나 그들의 예상과 달리 포털이 빠르게 영역을 확대하자 술렁이는 빛이 역력했다. 그렇다고 포털로 전환하자니 마땅한 수익 모델이 없고 포털을 외면하자니 시대 흐름에 뒤처지는 진퇴양난의 상황에 빠진 것이다. 이미 포털 시장은 야후, 다음, 네이버 등이 선점하고 있었다.

결국 LG의 '채널아이'는 2000년 1월 LG가 데이콤을 인수하면서 자연스럽게 천리안에 흡수되고, SK텔레콤의 '넷츠고'는 '라이코스'와 합병해 문을 닫은 뒤 2002년 3월 '네이트'로 새롭게 진용을 짰다. 하이텔은 한미르(포털)와 합쳐 막을 내리고 2004년 7월 17일 파란닷컴으로 오픈했다. 천리안은 PC통신의 비중을 줄이고 '철닷컴'을 강화했으나 이미 실기한 뒤여서 비주류 포털로 전락했다. 한 시대를 풍미한 PC통신은 이렇게 역사 속으로 사라졌다. 선명하고 파랗던 PC통신 화면도 추억 속으로 사라졌다.

이우혁과
퇴마록
이우혁(1965~)이 PC통신 하이텔 '공포/SF' 게시판에 소설 형식의 '퇴마록' 한 편을 올린 것은 1993년 7월 20일이었다. 당시 그는 서울대 기계설계학과 학부와 대학원을 졸업하고 한 연구소에서 자동차 에어백을 개발 중이었다. 퇴마록은 이후 매주 2~3회씩 올려져 독자가 하루 평균 수천 명을 넘어설 정도로 인기
를 끌었다. 이우혁은 소설을 습작한 경험이 없었
다. 다만 어릴 적부터 책은 많이 읽었다. 12살 터
울의 형이 읽으려고 산 책을 초등학교 들어가기
전에 다 읽어버릴 정도였다. 읽는 속도도 빠르고
한 번 읽으면 대부분 기억했다. 그는 퇴마록을
연재하면서 "글을 처음 써보는 '공돌이'니까 흉내
내지 말자, 도움받지 말자"고 스스로 다짐했다.

이우혁(1965~)

낯선 소재, 극적 반전, 상식을 뒤엎는 사건 전개, 긴장감을 자아내는 추
리적 구조를 바탕으로 한 '퇴마록'은 PC통신 마니아를 강타했다. 1994년
1월과 3월에 각각 출간된 국내편 1,2권과 3권도 출간 즉시 베스트셀러가
되었다. 그런데도 이우혁은 작가로 나설 생각은 없었다. 그러나 대학원
지도교수가 "소설 써서 이름 팔린 사람이 무슨 공학을 하냐"며 박사과정
을 허용하지 않아 결국 학업을 중단하고 작가로 전업했다.

소설 속에서 퇴마사들이 악마를 물리치기 위해 사투를 벌였다면 이우
혁은 하루하루 소설과 전쟁을 치렀다. 퇴마록이 연재될수록 단행본 수도
늘어났다. 세계편 1권(1994.6), 혼세편 1권(1995.4), 말세편 1권(1999.6) 등
퇴마록 시리즈가 계속 쏟아졌다. 2001년 7월 말세편의 마지막인 6권을 출
판함으로써 7년 6개월에 걸친 퇴마록의 대장정도 끝이 났다. 그동안 발간
된 퇴마록은 국내편(3권), 세계편(4권), 혼세편(6권), 말세편(6권) 등 19권에
해설집 1권을 포함해 전 20권이나 되었다. 원고지 분량은 3만 장이 넘
었다.

퇴마록에서는 4명의 퇴마사들이 악한 마귀들을 격퇴하는 내용이 옴니
버스식으로 전개된다. 스타일로는 무협지의 활극적 요소, 추리 기법, 심
리 기법 등이 다각도로 활용되었다. 고대 종교, 밀교, 역사, 신화와 민담

등 방대한 역사 자료를 탁월한 상상력으로 꾸민 것이 돋보였다. 역사, 종교, 자연과학, 미술 등 다양한 인문학적 지식은 해설집을 따로 낼 정도로 깊이를 자랑했다. 문학성이 아닌 재미를 추구하면서도 흥미 위주의 기존 소설과는 달리 술과 섹스 장면이 나오지 않는 것도 특징이었다. 이후 퇴마록에는 "한국 판타지 소설의 효시", 이우혁에게는 "본격 대중문학의 개척자"라는 수식어가 따라다녔다.

이우혁은 퇴마록을 기반으로 삼아 전형적인 '원 소스 멀티 유스'를 추구했다. 먼저 손을 댄 건 게임이었다. 텍스트 게임인 '퇴마 요새'는 성공했으나 온라인 퇴마록은 서비스를 시작하기 한 달 전에 책임자가 잠적하면서 그에게 쓰라린 결과를 선사했다. 영화 '퇴마록'(1998) 역시 만족스러운 결과와는 거리가 멀었다. 안성기, 신현준 등 관록 있는 배우들이 출연하고도 서울 관객이 40만 명밖에 들지 않았기 때문이다.

이우혁은 "영화는 영화감독이 만든 '퇴마록'일 뿐 내가 쓴 '퇴마록'을 영화한 것은 아니다"라며 주인공 이름과 제목 말고는 같은 것이 없다고 영화를 혹평했다. 그는 퇴마록이 영화 덕을 보기는커녕 도리어 작품 이미지만 손상되었다며 새로운 '퇴마록' 영화를 구상했다. 새 영화제작은 2013년 한 영화사와 계약을 체결한 상태이고 이우혁은 시나리오를 쓰고 있다.

이우혁은 2003년 7월 판타지 소설 '치우천왕기' 첫 권을 발간하고 2011년 4월 전 6권 발간을 끝냄으로써 8년에 걸친 '치우천왕기' 대장정도 마감했다. 2014년 현재 '퇴마록'은 1,000만 부, '왜란 종결자'는 150만 부, '치우천왕기'는 40만 부가 팔렸다. 퇴마록의 판매량으로 따지면 국내 저자가 출판한 단행본 사상 이문열의 '삼국지' 다음 가는 대기록이다. 인세만도 100억 원이 넘는다.

이우혁은 시중에 유행하는 '종결자'라는 표현이 자신의 작품 '왜란 종결자' 이전에는 없었고 '퇴마사' 역시 그전에는 쓰이지 않던 용어라고 주장한다. 실제로 국어사전에는 '퇴마'라는 단어가 없다. 가톨릭에서는 '구마(驅魔)'라고 한다. 퇴마록은 2000년대 들어 고등학교 교과서에도 소개되었다. 이우혁은 퇴마록 영어판을 내고 싶으나 방대한 지식을 이해할 수 있는 마땅한 번역자를 찾지 못해 진척을 보지 못하고 있다.

서태지와 아이들 1집 음반 '난 알아요' 발표
일약 신세대 문화의 아이콘으로 부상하고 1990년대 대중문화의 상징으로 당대를 풍미했다.

반독재·민주화운동의 사회 분위기에 눌려 제대로 꽃을 피우지 못하고 있던 1980년대의 대중문화가 1990년대를 맞아 활짝 만개한 데는 서태지의 역할이 크다. 1992년 3월 23일 서태지와 아이들의 첫 음반 '난 알아요'가 발매되고 그 후 20일도 지나지 않아 한 방송 프로그램을 통해 '난 알아요'가 방송 전파를 탄 것은 기존 대중가요의 근간을 흔들어 놓을 전주곡이었다. 이후 서태지는 일약 신세대 문화의 아이콘으로 부상하고 1990년대 대중문화의 상징으로 당대를 풍미했다.

20살의 서태지(1972~), 20대 초반의 양현석(1969~)과 이주노(1967~)가 한 팀을 이룬 '서태지와 아이들'이 세상에 모습을 드러낸 것은 1992년 4월 11일 방송된 MBC TV의 '특종 TV연예'라는 프로그램이었다. 당시 '특종 TV연예'는 신인 가수들을 등장시켜 전문가의 평을 듣는 코너를 신설했는데 첫 방송에 가장 먼저 등장한 신인가수가 서태지와 아이들이었다.

그 날 출연한 전문 패널리스트들은 서태지와 아이들을 이렇게 평했다. 작곡가 하광훈은 "리듬은 좋으나 멜로디가 약하다"고 했고 작사가 양인자는 "노랫말도 새로웠으면 좋았을 텐데"라며 아쉬워했다. 진행자 이상벽은 "섬세한 노래가 격렬한 동작에 묻혔다"고 평했으며 가수 전영록은 "평가

왼쪽부터 이주노(1967~), 서태지(1972~), 양현석(1969~)

는 시청자의 몫"이라며 직접적인 평을 피했다. 평점은 10점 만점에 7.8점. 서태지와 아이들은 그렇게 데뷔했다.

전문 패널의 평가와 달리 반응은 즉각적으로 나타났다. 방송 후 10대와 20대 젊은이들은 빠른 랩, 격렬하면서 유연한 춤동작, 직설적인 가사에 열광하고 환호했다.

이후 1집에 수록된 '난 알아요', '환상 속의 그대'는 모든 방송 프로그램의 정상을 휩쓸었다. 앨범은 발매 3주 만에 30만 장, 두 달 새 100만 장이 팔려나갔다. 각종 가요차트에서도 17주 연속 정상을 석권해 대한민국 가요 사상 초유의 폭풍을 몰고 왔고 트로트와 발라드 위주이던 가요계의 질서를 마구 흔들어 놓았다.

본명이 정현철인 서태지는 중학교 2학년 때이던 1985년 말, 친구 4명과 록밴드 '하늘벽'을 결성했다. 서울 북공고 1학년이던 1987년에는 학교를 자퇴하고 언더 록그룹 '활화산'의 멤버로 활동했다. 1988년 라이브 카페 우드스탁 무대에 섰다가 그의 연주를 지켜본 신대철의 권유로 헤비메탈 밴드 '시나위'의 4기 멤버가 되고 1990년 양현석과 이주노를 만나 1991년 '서태지와 아이들'을 결성했다.

양현석은 가수 박남정의 백댄서 등으로, 이주노는 '인순이와 리듬터치'의 백댄서로 활동하던 전문 춤꾼이었다. 양현석은 당시를 이렇게 회고했다. "당시 시나위 활동을 마친 서태지가 솔로 앨범을 준비하다 춤을 배우고 싶다고 날 찾아왔다. 당시 난 힙합 문화, 흑인 문화에 심취해 있던 상황이라 긴 머리에 뿔테 안경을 끼고, 랩과는 전혀 안 어울릴 것 같은 외모의 서태지에게 약간의 괴리감이 들었다. 그러나 그의 음악적 재능을 보고 팀을 꾸려보자고 내가 먼저 제안했다. 이후 이주노를 영입했고 팀을 꾸린 지 5개월 만에 데뷔했다."(조선일보 2012.3.16)

기존 대중가요의 근간을 흔들어 놓을 전주곡

서태지와 아이들이 등장할 무렵의 젊은 세대는 식민지와 전쟁과 독재의 상처를 간직하지 않은 첫 세대로 자기 표현이 강하다는 특징이 있었다. 그들은 거대 담론에서 벗어나 탈이념적이고 개인주의적인 성향을 보이며 문화적으로 '새것'에 목말라했다. 경제적 풍요 덕에 사고는 자유로웠고 갓 피어난 디지털 문화의 시각적 자극에 익숙했다. 서태지와 아이들은 과거 어느 또래 집단보다 많은 용돈과 소비 성향을 가졌으나 탈출구를 찾지 못하던 이 거대한 10대들을 블랙홀처럼 빨아들여 수년 만에 문화 시장의 최대 소비자로 등장시켰다.

1집 '난 알아요'가 180만 장이나 팔리며 청소년들로부터 선풍적인 인기를 끌기는 했으나 1집만을 국한하면 '난 알아요'는 댄스노래였고 서태지와 아이들은 댄스가수였다. 랩이라는 새로운 스타일로 치장을 했다고는 해도 양현석과 이주노가 백댄서로 춤을 추고 서태지 역시 함께 춤을 추었기 때문에 누가 보아도 그들은 댄스가수였다. '시나위'에서 베이스를 연주하며 내공을 다진 로커 서태지가 댄스곡으로 데뷔한 이유에 대해서는 대중적 성공을 위해 로커로서의 모습을 감췄기 때문이라는 게 일반적인 분석이다.

데뷔 5개월 후인 1992년 8월 16일 올림픽공원 체조경기장에서 열린 서태지와 아이들의 첫 공연은 그들의 위상을 분명하게 확인시켜준 무대였다. 400여 명의 여학생이 입장권을 구하기 위해 공연장 주변에서 밤을 새운 이날의 공연에는 1만 2,000여 명의 10대 팬이 몰려들어 환호하고 열광했다.

서태지가 비로소 자신의 정체성을 드러낸 것은 2집(1993.6) '하여가'에서였다. 서태지는 전혀 어울릴 것 같지 않은 메탈과 힙합, 국악을 절묘하게 조화시킨 '하여가'로 다시 한 번 가요계를 평정했다. 서태지가 마침내로커의 모습을 만천하에 알린 것은 3집 앨범 '발해를 꿈꾸며'(1994.8) 때였다. 앨범에 수록된 '발해를 꿈꾸며', '교실 이데아'를 통해 그때까지 적당히 감춰온 록의 기질을 송두리째 드러낸 것이다.

헤비메탈과 강렬한 랩, 통일을 향한 열망과 획일적 교육에 대한 비판을 담은 가사, 탁월한 편곡으로 3집 노래 역시 방송 차트 1위를 점령했다. 3집의 성공은 이슈메이커로서의 본격적인 시발점이기도 했다. 4집 앨범 '컴 백 홈'(1995.10)에서는 미국에서도 논란이 된 '갱스터 랩'을 선보여 음악적 실험을 이어나갔다.

1집부터 4집까지 시류에 맞춰 민첩하게 변신하면서도 음악의 진보를 위한 시도를 멈추지 않은 덕에 4장의 음반은 모두 600만 장이나 팔려나갔다. 서태지가 새로운 음반을 발매할 때마다 들고나온 무기는 랩댄스(1집), 메탈과 국악(2집), 얼터너티브 록(3집), 갱스터 랩(4집) 등 언제나 지배적인 음악 형식에서 벗어나 있었다. 진보적인 문화평론가들로부터 '추상적'이라고 비판을 받기도 했지만 그의 음악에는 뚜렷한 사회적 인식도 담겨 있었다. 통일을 소재로 한 '발해를 꿈꾸며'(3집), 돈이 지배하는 세상을 비판한 '1996, 그들이 지구를 지배했을 때'(4집) 등이 대표적이다.

철저히 계산하고 포장할 줄 아는 '마케팅의 귀재'

서태지는 연예인 초상권 문제를 공론화하고 가수의 주체적인 활동을 보장하지 않는다며 매니지먼트사와 결별하기도 했다. 서태지가 1집 활동을 마친 뒤 2집 '하여가' 앨범이 나오기까지 6개월간 모습을 감춘 것 역시 기존의 가요계에서는 볼 수 없었던 새로운 실험이었다. 가수가 눈에서 사라지면 인기가 떨어지므로 끊임없이 매체에 모습을 드러내야 한다는 오랜 관념을 무시하고 가요계에 처음으로 이미지메이킹 차원의 '휴식기'라는 개념을 도입한 그의 실험은 이후 우리 가요계의 관행으로 자리 잡았다.

서태지 성공의 이면에는 기본적으로 새로운 음악을 추구한 서태지의 음악적 감성이 토대를 이루고 있지만 철저히 계산하고 포장할 줄 아는 '마케팅의 귀재' 서태지의 재능도 크게 작용했다. 서태지는 마케팅과 스타 시스템의 생리를 일찌감치 간파하고 표절 시비, 결혼설, 공연윤리위와의 충돌, 악마주의 논란 등 돌발적으로 일어난 여러 사건을 유효적절하게 이용하면서 대중의 관심을 자신에게 붙들어매는 데 능란했다.

그는 팬들이 식상할 때쯤 팬들의 시야에서 잠시 사라지는 영악함까지 보였다. 1996년 1월 31일 "새장에 갇힌 새는 똑같은 노래만 부른다"는 말을 남기고 전격적으로 팀 해체와 은퇴를 선언한 후 미국으로 잠적한 것이다. 1998년 7월 7일 발매된 컴백 앨범 '서태지'는 가수 서태지가 국내에 없는데도 출시 첫날 100만 장 이상이 팔려 여전히 건재함을 과시했다.

1997년 삼성경제연구소가 '한국의 역대 최고 히트 상품'을 발표하며 서태지의 음반을 당당히 1위에 올려 서태지의 음악적 성취를 인정해 주었으나 서태지의 성공은 역설적으로 우리 가요계에 짙은 그늘을 만들었다. 서태지의 등장 후 TV 방송은 댄스 없이 오직 음악만을 들려주고 싶어하는 전통적인 가수들을 퇴출시켜 음악의 다양성을 실종시켰고, '서태지 열풍'을 확인한 대형 기획사들은 아이돌 댄스그룹을 경쟁적으로 양산해 대중에게 음악의 편식을 강요했다.

2000년 8월 29일 은둔 4년 7개월 만에 김포공항으로 입국하는 그의 귀환을 3,000여 명의 팬들이 환호하며 맞자 이후 서태지는 신비화 전략을 통해 스스로를 고부가가치 상품으로 만들어 팬들의 환호에 화답했다. 이후 '서태지 컴퍼니'를 설립(2001.3)하고 7집 앨범 '이슈'(2004.1), 8집 앨범 '아토모스'(2009.7)를 발매한 뒤 한동안 휴식기를 보내다가 2014년 가을 9집 앨범을 발표했다.

양현석은 서태지와 아이들 해체 후 기획사를 설립해 가수 및 음반 기획자의 길을 걸어 지금은 국내 유수의 YG엔터테인먼트 CEO로 활동하고 있다. 2011년 10월에는 YG를 코스닥에 상장해 단숨에 1,000억 원대 주식 부자 대열에 합류했다. 이주노는 1996년 댄스그룹 '영턱스클럽'을 데뷔시켜 프로듀서로 가장 먼저 성공했지만 이후에는 활동이 뜸한 편이다.

한경직 목사 템플턴상 수상
예수의 가르침에 따라 평생을 선교하고 교육하고 봉사한 '아낌없이 주는 나무'였다.

한경직(1902~2000) 목사는 한국 교회 전반에 미친 영향과 선교적 공헌이 거의 전 분야에 걸쳐 있는 한국 기독교의 자존심이자 사표였다. 공적으로는 예수의 가르침에 따라 평생을 선교하고 교육하고 봉사한 '아낌없이 주는 나무'였으며 사적으로는 평생 집 한 채 없이 교회 사택에서 생활하고 본인 명의의 통장 하나 없는 무소유의 삶을 살았다.

"민중을 사랑과 자비의 정신으로 돌본 목자"(송월주 스님), "사랑과 용서의 사도, 한민족의 정신적 지주"(김수환 추기경), "한국 교회의 목자상, 아시아의 목자상, 세계의 목자상"(김용기 가나안 농군학교 설립자), "세계의 가장 위대한 크리스천 지도자 중 한 사람"(빌리 그레이엄 목사) 등 생전에 그에게는 각종 찬사가 끊이지 않았다. 한경직은 이런 찬사에 부끄럽지 않게 평생 청빈과 겸손과 관용과 화해의 삶을 살며 소외된 이들을 돌보았다.

한경직은 평남 평원에서 태어나 어려서부터 인근 교회를 다니며 기독교 분위기 속에서 성장했다. 1916년 평북 정주의 오산중학에 진학, 민족지도자 이승훈과 조만식에게 큰 영향을 받고 평생 두 사람을 인생의 큰 스승으로 삼았다. 평양 숭실전문 이과 3학년생이던 1924년 여름, 한경직은 황해도 구미포 해변에서 홀로 기도하던 중 "너는 온전히 나에게 몸을 바쳐서 복음을 위해 살아라"라는 하나님의 부르심을 받았다.

한경직(1902~2000)

이것이 계기가 되어 1925년 숭실전문을 졸업한 뒤, 과학도로 민족을 선진화하고 독립을 이루겠다는 꿈을 접고 기독교로 민족에 도움을 주겠다고 결심했다. 곧 방위량(블레어) 선교사의 도움과 윤치호의 재정 지원을 받아 미국으로 유학을 떠나 1년 만에 엠포리아대를 졸업하고 1929년 프린스턴 신학대학원을 마쳤다. 뒤이어 예일대 신학부 박사과정에 진학하려 했으나 폐병 진단을 받아 진학을 포기하고 요양과 기도로 지내다가 1932년 귀국하고 1933년 신의주 제2교회 목사로 부임했다. 400여 명이던 신도 수는 몇 년 만에 3,000여 명으로 늘어나고 고아원과 양로원이 부설 기관으로 세워졌다. 하지만 신사참배를 거부해 1941년 투옥되고 교회에서도 추방되었다. 이후 보육원을 설립해 직접 밭을 일구며 고아들을 보살피다 해방을 맞았다.

해방 공간에서는 신의주자치위원회를 결성하고 공산당에 맞서는 조직으로 기독교사회민주당을 세웠으나 북한 정권이 기독교 지도자들을 탄압하고 체포하자 1945년 10월 월남했다. 한 목사가 서울 영락동(현재는 저동) 일본 천리교 경성분소 자리에 베다니 전도교회를 설립해 북한에서 내려온 27명의 신도와 함께 첫 예배를 드린 것은 1945년 12월 2일이었다. 교회 이름은 1946년 동네 이름에서 딴 영락교회로 바뀌었다. 영락교회는 점차 '피난민 교회'로 알려졌고 곧 38선을 넘어 남하한 피난민들로 넘쳐났다. 신도 수는 창립 1년 만에 1,000여 명으로 늘어나고 1973년 한 목사가 은퇴할 무렵에는 단일 교회로는 세계 최대인 1만 5,000여 명을 헤아렸다.

"너는 온전히 나에게 몸을 바쳐서 복음을 위해 살아라"

한경직은 목회 활동으로 바쁜 중에도 고아원, 양로원, 모자원 등을 운영하며 어려운 이웃을 보살피고 학원 복음에 각별한 관심을 쏟았다. 6·25전쟁 중 거리에서 죽어가는 전쟁고아들을 돕기 위해 미국의 밥 피어스 목사와 함께 전문 구호기관인 '월드비전'도 창설했다. 월드비전은 수십 년에 걸쳐 전 세계의 어린이를 돕기 위해 아시아, 아프리카, 남미 등으로 활동 지역을 넓혀갔고, 현재는 전 세계에서 가장 큰 규모로 개발·구호 활동을 하는 기독교 국제구호개발기구로 성장했다.

학원 선교에도 힘을 쏟아 대광학원, 영락학원, 장신대, 숭실대, 아세아연합신학대 등을 설립하거나 이사장으로 관여하며 기독교 정신으로 학생들을 교육하고 지도했다. 1973년 1월, 만 27년 동안 봉직한 영락교회 당회장에서 은퇴하고 원로목사로 추대된 뒤에도 전국 복음화 운동을 주창하고 군 복음화 운동에 혼신을 다했다.

그를 세계적인 목회자 반열에 올려놓은 것은 1992년 4월 29일 수상한 제20회 템플턴상이었다. 템플턴상은 노벨상에 종교 분야가 없는 것을 아쉬워한 영국계 미국인 억만장자 존 템플턴이 1972년부터 종교 분야에서 인류를 위해 큰 공을 세운 사람 가운데 매년 1명을 선정·시상하는 최고 권위의 상이다.

1973년 첫 수상자 테레사 수녀를 비롯해 일본의 불교승 니코 니와노(1979), 미국의 빌리 그레이엄 목사(1982), 소련의 알렉산드르 솔제니친(1983), 파키스탄의 회교 지도자 이나물라 칸(1988) 등 종교와 교파를 초월

한 세계적 종교인들이 수상했다. 한경직은 상금으로 받은 102만 달러 모두 선교와 불우이웃돕기에 사용했다.

한경직은 그해 6월 18일 템플턴상 수상 기념 축하예배 인사말을 하다가 "저는 죄인입니다. 신사참배를 했습니다"라는 고백으로 많은 사람을 감동시켰다. 사실 그는 신사참배를 하지 않았다. 그런데도 이렇게 고백한 것은 당시 신사참배를 결정한 교단의 결정에 책임을 진다는 차원에서 신사참배를 했다고 회개한 것이다.

'로드니 킹 사건'과 LA 흑인 폭동
흑인들의 가세로 한인타운 주변은 집단광란의 상태로 빠져들었다.

야심한 시간에 4명의 백인 경찰이 한 흑인의 손에 수갑을 채운 뒤 사정없이 발길질하고 경찰봉으로 내리쳤다. 흑인은 머리뼈가 11군데나 금이 갔고 다리가 부러졌으며 뇌가 손상되고 콩팥이 터졌다. 사건이 일어난 것은 1991년 3월 3일 0시 30분쯤이었다.

바로 전, LA 근교 고속도로 상에서 현대승용차를 과속으로 몰던 흑인 청년에게 순찰차가 정지신호를 보냈지만 흑인은 시속 160km로 속도를 높여 달아났다. 흑인은 12km를 달아나다가 차를 세웠으나 차에서 내리라는 경찰의 요구를 한동안 거부하다 내렸다. 내릴 때도 자칫 무기를 소지한 것으로 오해하기 쉽게 뒷주머니에 손을 꽂은 채 나왔다. 운전자는 절도죄로 수감되었다가 가석방 중인 로드니 킹으로 밝혀졌다.

한밤중에 흑인 운전자를 추격하는 경찰 사이렌과 헬리콥터의 소음이 옆 건물에서 잠을 자고 있던 한 남자를 깨웠다. 남자는 킹이 체포되는 순간을 비디오에 담았다. 발코니에서 비디오가 돌아가기 시작한 3초 후, 백

LA폭동 현장

인 경찰들이 킹을 곤봉으로 사정없이 두들겨패기 시작했다. 81초 동안 촬영된 비디오에는 곤봉으로 56회나 가격하고 발로도 6번을 차는 모습이 고스란히 담겼다.

이 장면은 LA-TV 채널5로 넘겨져 미 전역에 방영되었다. 백인 경찰들은 3월 14일 기소되었다. 조지 부시 대통령도 "구역질나는 광경"이라고 표현할 만큼 린치 장면이 잔인했다. 따라서 누구도 경찰이 무죄방면되리라고는 예상하지 않았다.

재판은 LA 카운티 주지방재판소에서 시작되었다. 하지만 재판소 변경을 요구하는 변호인 측의 요청이 받아들여져 사건은 11월 말 LA 벤투라 카운티 지방재판소로 이관되었다. 미국의 배심제도는 주민 가운데서 배심원을 선정한다. 문제는 벤투라 카운티 주민 중 88%가 백인이고 흑인은 2%에 불과하다는 점이다. 변호인 측이 의도한 대로 배심원단은 백인 10명에 아시아와 중남미계가 각각 1명씩 12명으로 구성되었다. 흑인은 1명도 없었다.

배심원이 "전원 무죄. 한 명은 보류" 평결을 내린 것은 1992년 4월 29일이었다. 한국인의 미주 이민 100년사에서 가장 고통스러웠던 'LA 폭동'의 시작을 알리는 평결이었다. 사실 평결이 있기 1년 전부터 백인 경찰의 무자비한 폭력 장면이 TV로 자주 방영되었기 때문에 누구도 유죄 평결을 의심하지 않았다. 그런데도 전원 무죄 평결이 내려진 것이다. 법정 안에서 서로 얼싸안고 기뻐하는 경찰관의 함박웃음과 법정 밖에서 믿을 수 없다는 흑인들의 분노가 대비된 모습은 TV 전파를 타고 미 전역에 그대로 중계되었다.

결국 잠복되어 있던 흑인들의 불만과 분노가 한꺼번에 터져나왔다. 발화점은 LA 중심가에서 남쪽으로 10km 떨어진 흑인 거주 지역 센트럴 카운티였다. 그곳은 1965년 34명이 죽고 1,000여 명이 다친 '와츠 폭동'의 진원지였고 가난과 실업, 술과 마약, 총기가 지배하는 곳이었다. 흑인들 사이에는 극단의 소외감과 불만이 팽배했다. LA 폭동은 흑인을 구타한 백인 경찰들에 대한 무죄 평결이 도화선이 된 것은 분명하지만 이미 그 지역에는 '주류로부터의 소외감'이라는 시한폭탄이 째깍째깍 폭발의 순간을 향해 달려가고 있었다.

배심원의 평결 후, 센트럴 카운티 중심가에 "정의가 없으면 평화도 없다"고 적힌 종이를 든 몇 명의 흑인이 나타났다. 곧 흑인들이 주변으로 모여들었고 병과 돌멩이가 난무하는 혼란 상태로 빠져들었다. 해질녘 폭도로 돌변한 시위대가 곳곳에 불을 지르고 차량을 불태우며 상점을 약탈했다.

그런데 그들의 주요 표적은 백인이 아니라 주변의 한국인 상가였다. 이들의 약탈 장면이 TV로 방영될수록 더 많은 흑인이 몰려들었다. 한인들은 경찰의 도움이 없자 총을 들고 자체 방어에 나섰다. 4월 30일 아침부터 흑인들이 또다시 한인타운 상점가를 습격했다. 가진 자에 대한 분노에, 마치 즐거운 놀이라도 찾은 양 상점을 습격하는 흑인들의 가세로 한인타운 주변은 집단 광란의 상태로 빠져들었다.

무죄 평결 후 한국계 상점에 분노 터뜨려

5월 1일 비상사태 선포와 함께 6,000여 명의 주방위군과 1,000여 명의 연방군이 투입되고서야 사태는 진정국면으로 접어들었다. 3일 동안 계속된 폭동으로 LA는 쑥대밭이 되었고 한인타운은 유린되었다. 폭동은 55명이 죽고 2,300여 명이 부상하는 인적 피해와 7억 달러라는 물적 피해를 남겼다. 한국인은 1명이 죽고 40여 명이 부상했으며 1,600곳의 가게가 습격당했다. 피해액 7억 달러 중 4억 달러 가까운 손실이 한인타운에서 일어날 정도로 한인들의 피해가 컸다.

폭동의 본질은 백인 주류사회에 대해 흑인들이 내뿜은 증오의 폭발이었다. 그런데도 애꿎은 한인들에게 불똥이 튀었다. 미 언론이 폭동의 원인으로 한·흑 갈등을 부추기고, 경찰이 얼씬도 않는 가게를 지키려고 총격전을 불사하는 한인들을 클로즈업한 게 사태를 키우긴 했지만 이것이 근본적인 이유라고 하기에는 뭔가 부족했다.

1965년 와츠 폭동 후, 이곳에서 장사를 하던 유대인들이 모두 떠난 그 자리를 메운 것은 한인들이었다. 낯선 땅에 첫발을 내디딘 한인들은 경제적으로 정착이 용이한 흑인 밀집 지역의 상권을 파고들었다. 흑인상권 공략은 한인들에게 경제적인 토대를 마련해 주었다. 이 때문에 1980년대 들어 한 해 평균 5~6건 정도의 한·흑 간 시비가 일어났다. 상권을 빼앗기고 있다는 흑인들의 박탈감에서 비롯된 충돌이었다. 흑인들은 "한인들이 흑인 사회에서 돈을 벌면서 재투자는 물론 지역사회 발전에 기여하는 일이 없다"고 불만을 토로했다. 또 "흑인 종업원의 채용에 인색하고 아주 불친절하다"고도 했다.

이런 상황에서 불행히도 1991년 3월 로드니 킹 사건이 일어난 지 3개월 만에 한인이 쏜 총에 2명의 흑인이 숨지는 일이 벌어졌다. 3월 16일 한국계 식료품점에서 15세의 흑인 소녀가 물건을 훔쳤다는 의심을 받고 여주인이 쏜 총에 맞아 죽었다. 같은 해 6월 4일에도 한국계 술집에서 강도 행각을 벌이던 흑인 남자가 역시 한인 주인이 쏜 총에 사살되는 일이 있었다.

두 사건은 각각 집행유예와 정당방위로 마무리되었으나 흑인들은 속으로 분을 삭였다. 그리고 1년 후 백인 경찰에 대한 무죄평결이 있자 한국계 상점에 분노를 터뜨린 것이다. 눈부시게 성장한 그리고 눈앞에서 매일 목격하는 한인사회만큼 분풀이 상대로 좋은 것은 없었다. 한인들은 그렇게 당했다. 그러나 한인들은 역시 강하고 억척스러웠다. 쓰러진 그곳에서 오뚝이처럼 바로 일어섰다.

LA 폭동이 있고 1년이 지난 1993년 4월 17일 미 연방민권법원 배심원이 백인 경찰 4명 중 2명에게는 유죄를, 2명에게는 무죄를 평결했다. 흑인들은 반겼고 더 이상의 폭동은 일어나지 않았다.

로드니 킹은 폭행 경찰들을 고소해 380만 달러(약 50억 원)의 보상금을 받아냈다. 하지만 이후 삶은 평탄하지 못했다. 두통에 시달리고 다리를 저는 등 폭행 후유증으로 고생했다. 보상금도 변론 비용과 사업 실패로 대부분 탕진했다. 두 번의 결혼도 실패로 끝나 건설 현장에서 일용직으로 생계를 이어갔다. 가정 폭력, 음주 운전, 과속 운전 등으로도 11차례나 경찰에 체포되었다 풀려나기를 반복했으며 마약재활원을 전전했다. 결국 2012년 6월 자신의 집 수영장에서 익사체로 발견되었다.

리우 환경회의 개막
기본 원칙이 될 '환경파괴에 대한 리우 선언'과 구체적 실천 지침을 담은 '어젠다 21'을 채택했다.

1972년 스톡홀름 환경회의에서 "더 이상의 환경 파괴는 인류의 파멸을 초래할 것"이라는 경고가 쏟아졌으나 환경 파괴의 주범인 성장 신화는 좀처럼 멈추지 않고 있었다. 빈곤 탈피를 제1의 국가적 목표로 설정한 개발도상국들의 환경 파괴는 선진국보다 더 심각했다. 이런 상황에서 1988년, 50년 만의 극심한 가뭄이 미 전역을 휩쓸었다. 그러자 범세계적으로 지구온난화에 관한 과학적 논의가 필요하다는 주장이 제기되었다. 유엔환경계획 전문가들은 미국의 가뭄이 온실효과 때문이라고 분석했다. 이에 따라 유엔환경계획(UNEP)과 세계기상기구(WMO)에 '기후변화에 관한 정부 간 협의체'가 설치되었다.

유엔은 1989년부터 수차례의 대규모 국제회의를 열어 스톡홀름 환경회의 20주년을 기념하는 국제환경회의를 준비했다. 그 결과물이 1992년 6월 3일 브라질의 리우데자네이루에서 열린 '유엔환경개발회의(UNCED)'다. 훗날 '리우 환경회의'으로 불리게 될 이 회의는 기후변화 문제를 놓고 세계가 머리를 맞댄 사상 첫 자리였다.

회의는 각국 정부 대표들로 구성된 '지구정상회담'과 민간 환경단체들이 주체가 된 '지구포럼'으로 나뉘어 진행되었다. 지구정상회담에는 178개국 8,000여 명의 대표단이 참석했고 지구포럼에는 148개국에서 7,900여 개의 민간 환경단체가 참가했다. 여기에 7,000여 명의 취재진까지 몰려 회의 기간 내내 리우데자네이루에는 3만여 명이 북적거렸다. 우리나라도 국무총리와 환경처 장관 등 29명의 대표단과 60여 명의 민간 환경단체 대표가 참가했다.

각국의 대회 참가자들은 지구온난화, 삼림 보호, 동식물 보호, 개도국을 위한 환경기술 이전, 환경을 고려한 개발 등 7개 의제를 놓고 6월 14일까지 12일간 열띤 토론을 벌인 끝에 기본 원칙이 될 '환경파괴에 대한 리우 선언'과 구체적 실천지침을 담은 '어젠다 21'을 채택했다. 그전에도 국제환경협약은 '멸종 위기에 놓인 야생 동식물의 국제 교역에 관한 협약'(1973)을 비롯해 '오존층 보호를 위한 빈 협약'(1985), 이 협약의 이행을 위한 '몬트리올 의정서'(1987) 등 150여 건의 협약이 있었기 때문에 '어젠다 21'의 채택은 지구환경 국제법 체계를 사실상 완성했다는 의미를 갖는다.

리우 회의는 개발과 환경보호라는 양립하기 어려운 목표를 동시에 추구하기 위해 '환경적으로 지속가능한 개발'이라는 개념을 제시했다는 점에서도 환경 의식 전환에 새 지평을 연 역사적 전기로 평가받았다. '지속가능한 발전'이

리우 환경회의 모습

란 미래 세대를 위한 자원 능력을 잃지 않으면서 지금 세대의 필요를 충족하는 발전을 뜻한다. 하지만 리우 회의는 이런 외형적 성과에도 불구하고 선·후진국 간의 여전한 시각차로 실질적인 성과를 얻어내지 못했다는 점에서 실패했다는 지적도 있다.

기후변화 문제를 놓고 세계가 머리를 맞댄 사상 첫 자리

회의 기간 분야별 위원회는 선·후진국 그룹과 지역 그룹, 나아가 국가별로도 이해가 첨예하게 맞서 '총칼 없는 전쟁'을 연상케 했다. 각국 대표단이 가장 신경전을 벌인 의제는 '기후변화 방지협약'과 '생물다양성 보존협약'이었다. 기후변화 방지협약은 지구온난화의 주범인 온실가스 배출 허용량을 구체적으로 명시하는 사안을 놓고 자국 산업에 미칠 영향을 우려한 미국 측의 완강한 반대와 석유 판매 격감을 걱정한 산유국 그룹의 가세로 온실가스 배출 기준을 명시하는 데 어려움을 겪었다. 생물다양성 보존협약 역시 미국의 반대로 유명무실해지자 일부에서 '말의 성찬'이라는 지적이 제기되었다.

그럼에도 총체적으로는 기후변화 문제를 국제사회의 주요 이슈로 부각하고 환경보전에 새 이정표를 세운 환경회의로 평가받아 생물다양성 보존협약은 1993년 12월 29일, 기후변화 방지협약은 1994년 3월 21일 발효

되었다. 우리나라는 두 협약에 1993년 12월 14일(기후변화 방지협약), 1994
년 10월 3일(생물다양성 보존협약) 각각 가입했다.

기후변화 방지협약은 세계 각국이 지속가능한 성장을 위해 공동의 노
력을 기울여야 한다는 것을 전제로, 대기 중의 온실가스 농도를 안정화
시켜 지구의 환경 변화를 최소화하는 것을 목표로 했다. 하지만 온실가
스 감축량과 감축 시기 등을 뚜렷하게 명시하지 않아 강제 이행에는 한계
가 있었다. 따라서 기후변화 방지협약의 목표인 온실가스 감축을 달성하
려면 실질적인 실천 방법을 명시해야 했다. 이를 위해 1995년 3월 독일
베를린에서 기후변화 방지협약 제1차 당사국 총회를 열었다. 총회에서는
1997년 일본 교토에서 열릴 예정인 제3차 당사국 총회에서 2000년 이후
의 온실가스 감축 목표에 관한 의정서를 채택하기로 결정했다. 이에 따라
1997년 12월 일본 교토에서 제3회 당사국 총회가 열려 온실가스 감축 의
무를 명문화한 '교토 의정서'를 채택했다.

다베이 준코 여성 최초 7대륙 최고봉 등정
우리나라 허영호가 7대륙 최고봉 등정을 자랑하기 3년 6개월 전에 이뤄진 대기록이었다.

1969년 3월 일본의 대표적인 여성 산악인 몇 명이 모여 히
말라야 등정 계획을 세웠다. 그리고 1970년 5월 19일 안나푸르나 3봉
(7,577m)을 등정하는 데 성공했다. 자신감이 붙은 그들의 다음 목표는 에
드먼드 힐러리가 초등(1953)에 성공한 후 20년 가깝도록 전 세계에서 9팀
밖에 오르지 못한 에베레스트였다. 1975년 등정을 목표로 한 등반대장은
다베이 준코(1939~)가 맡고 대원은 15명으로 구성했다.

이후 다베이의 생활은 온통 에베레스트를 등정하는 데 바쳐졌다. 체력

을 강화하기 위해 아이가 잠들 때를 기다렸다가 밤 10시가 되면 집 밖으로 나가 달렸고, 하룻밤 4km로 시작된 달리기 거리는 19km로 늘어났다. 다베이는 1974년 12월 선발대로 도쿄를 떠나 1975년 3월 16일 5,300m 지점에 베이스캠프를 세웠

다베이 준코(1939~)

다. 이후 2개월 동안 4곳의 캠프를 더 세웠다. 그러던 중 5월 4일 새벽 32명이 모여 자는 캠프2에 눈사태가 덮치는 불상사가 일어났다. 다베이도 다쳤으나 다행히 사흘 후 걸을 수 있게 되자 다시 등정에 박차를 가했다. 7,986m 지점에는 캠프5를, 8,500m 지점에는 캠프6을 설치했다.

다베이와 셰르파가 정상 등정을 위해 캠프6을 떠난 것은 5월 16일 오전 5시 50분이었다. 수직 암벽 힐러리 스텝을 지나 끝인가 싶으면 또 다른 고봉이 그들을 기다렸다. 다베이가 한발 한발 전진하고 있던 12시 30분 갑자기 몇 발짝 앞서가던 셰르파가 멈춰 서더니 "다베이 씨, 다 왔어요"라며 그곳이 정상임을 알려주었다. 고상돈이 한국인으로는 최초로 에베레스트를 오르기 2년 2개월 전이었다. 두 사람은 정상에서 50분간 머문 뒤 하산을 서둘렀다.

훗날 누군가 "에베레스트에 오를 때 가장 중요한 도구가 뭐였느냐"고 물었을 때 다베이는 이렇게 대답했다. "기술과 능력만으로 정상에 오를 수 없다. 가장 중요한 것은 의지다. 그것은 돈으로 살 수도 없고 밖에서 주어지지 않는다. 오직 자신의 심장에서 우러나오는 그 의지만 있다면 불가능한 도전은 없다."

다베이 준코는 이렇게 여성 최초로 에베레스트에 오른 강골의 산악인으로 이름을 올렸으나 사실 그는 어려서 운동이라면 질색하던 약골이었

다. 몸집이 작아 체육 시간을 싫어하고 겁도 많았다. 키까지 작아 성인이 되어도 150cm밖에 되지 않았다.

이런 다베이가 산을 좋아하게 된 것은 초등학교 4학년이던 1949년 봄이었다. 선생님을 따라 올라간 2,000m 높이의 산을 통해 한 발짝씩 천천히 오르면 반드시 정상에 오를 수 있음을 몸소 체험한 뒤 자신감이 생긴 것이다. 이후 다베이는 주말마다 산에 가자고 가족을 졸라댔고 산은 가장 소중한 친구가 되었다.

"심장에서 우러나오는 의지만 있다면 불가능한 도전은 없다."

다베이는 쇼와여자대 영문학과에 입학한 뒤 더욱 열정적으로 도쿄 인근의 산을 하나하나 톺아갔다. 졸업 무렵에는 2,000개가 넘는 산의 정상을 밟았다. 다베이는 1962년 대학을 졸업하고 일본물리학회에서 학회지 편집에 종사하면서도 틈만 나면 산에 올랐다. 1968년 결혼한 남편도 일본에서 손꼽히는 암벽 등반가였다. 남편은 1969년 알프스 3대 북벽 연속 등정에 도전했다가 마지막 남은 아이거 북벽에 오르던 중 동상에 걸려 발가락 4개를 잃었다.

다베이는 1975년 에베레스트를 등정한 후에도 도전을 멈추지 않았다. 초인적인 정신력으로 아프리카의 킬리만자로(1981·5,895m), 남미의 아콩카과(1987·6,959m), 북미의 매킨리(1988·6,194m), 유럽의 엘브루즈(1989·5,642m) 등 각 대륙의 최고봉 등정에 성공했다. 에베레스트를 포함해 세계 7대륙 최고봉 가운데 그가 오르지 못한 곳은 두 곳뿐이었다.

이 가운데 지구상에서 가장 혹독한 추위와 자연환경으로 유명한 남극의 빈슨 매시프(4,892m)는 1991년 1월 19일 등정하는 데 성공했다. 20세기 최고 모험가 우에무라 나오미, 세기의 철인 라인홀트 메스너도 아직 오르지 못한 빈슨 매시프를 50세도 넘은 나이에 오른 것이다. 빈슨 매시프는 1966년 미국 등반대가 초등하고 우리나라는 1985년 처음 등정했다.

　다베이가 마침내 남태평양의 뉴기니섬에 위치한 오세아니아주 최고봉이자 적도선상의 만년설인 카르스텐츠 피라미드(4,999m)를 등정하는 데 성공한 것은 1992년 6월 28일이었다. 이로써 다베이는 여성 최초로 7대륙 최고봉을 등정하는 금자탑을 쌓았다. 우리나라 허영호가 7대륙 최고봉 등정을 자랑하기 3년 6개월 전에 이뤄진 대기록이었다. 다베이는 1991년부터 세계 산악계의 지도자들과 함께 벌이고 있는 '클린 마운틴(산악 환경보호) 운동'을 70살이 넘은 지금도 계속하고 있다.

1993년

금융실명제 전격 단행
이건희 회장 신경영 선언
김정일 세습정권 승계
임권택 감독 영화 '서편제' 개봉
강수진 슈투트가르트 발레단 입단 후 첫 주역
유홍준 '나의 문화유산 답사기' 제1권 출간
최열과 환경운동연합 창립
유명우 세계 복싱 챔피언 18차 방어 후 은퇴
현정화 세계탁구선수권대회 첫 그랜드슬램 달성
    _ 남북 단일팀
    _ 등야평
서봉수 응창기배 우승
한비야 세계 일주 여행 출발
백제금동대향로 발굴
마스트리흐트 조약 발효와 유럽연합(EU) 출범
빌 클린턴 미 대통령 취임
이스라엘·팔레스타인, 중동평화협정 조인
마크 앤드리슨 웹브라우저 '넷스케이프' 개발
체코슬로바키아 연방 분리 독립

금융실명제 전격 단행

국민들 사이에는 우려와 환영이 교차했다. 금융시장은 경악하며 요동을 쳤다.

"헌법 제76조 1항의 규정에 의거하여 금융실명거래 및 비밀 보장에 관한 대통령 긴급명령을 발포합니다.··· 이 시간 이후 모든 금융거래는 실명으로만 이루어집니다." 1993년 8월 12일 오후 7시 40분, 김영삼 대통령이 대국민 폭탄선언을 했다. 무려 11년 동안 '뜨거운 감자'로 남아 있던 금융실명제가 이날부로 전격 단행된 것이다. 국민들 사이에는 우려와 환영이 교차했다. 금융시장은 경악하며 요동을 쳤다.

금융실명제가 처음 검토된 것은 1982년에 터진 이철희·장영자 어음사기 사건 후였다. '예금과 주식거래를 1983년 7월 1일부터 실명으로 한다'는 이른바 '7·3 조치'가 발표된 것은 1982년 7월 3일이었다. 그러자 7·3 조치에 놀란 큰손들의 매물이 쏟아져 나와 종합주가지수가 폭락하고 명동 사채시장은 꽁꽁 얼어붙었다. 주가폭락이 계속되면서 340여 개 상장 기업의 주가가 액면가 이하로 떨어지고 부동산 투기가 재현되는 등 부작용이 확산되었다.

이처럼 시장이 크게 동요하자 경제 관료, 언론, 경제계가 일제히 우려를 나타냈다. 야당인 민주한국당은 "백면서생의 설익은 외국 이론"이라며 강력하게 반대했고 여당인 민주정의당도 뒤늦게 반대로 돌아섰다. 결국 재무부는 초안을 대폭적으로 완화한 '금융실명제에 관한 법'을 8월 말 만들어야 했다. 하지만 여야는 보완 법률마저 한목소리로 반대했다. 결국 민주정의당은 "1986년 1월 1일 이후 대통령령이 정하는 날로부터 시행한다"는 내용을 골자로 한 금융실명제거래법 수정안을 국회에 제출하고 국

회가 1982년 12월 14일 수정안을 통과시킴으로써 실명제는 사실상 무산되었다.

꺼진 불이나 다름없던 실명제 불씨는 1988년 7월 노태우 대통령이 '1991년까지 실명제를 도입한다'는 방침을 발표하고 1989년 4월 금융실명제 실시준비단을 발족함으로써 되

이경식(오른쪽) 부총리 겸 경제기획원장관과 홍재형 재무장관이 금융실명제에 관해 기자회견을 하고 있다(1993.8.13).

살아나는 듯했다. 하지만 실명제 준비작업이 본격화하자 반대 세력이 다시 모습을 드러냈다. 이들은 1989년 후반 경제지표가 하락세로 돌아선 것을 구실로 실명제에 대한 원론적 차원의 우려 표명에서 적극적인 반대로 입장을 바꾸었다.

전체 대상계좌의 96% 실명으로 전환

전경련을 앞세운 재계 역시 정권 출범 초기에는 분위기상 대놓고 반대하지 못하고 눈치만 살피다가 실물경제가 나빠지자 본격적으로 목소리를 높였다. 청와대, 정부, 민자당 등 집권세력 상층부의 변화는 실명제 추진의 결정적인 브레이크였다. 결국 노태우 대통령까지 실명제 반대론자들의 목소리에 귀를 기울이면서 결과는 1990년 3월 경제팀의 전격 경질로 나타났다. 새로 임명된 경제기획원 장관을 비롯한 12개 경제부처 장관이 1990년 4월 4일 실명제의 무기한 유보를 공식 발표함으로써 노태우 정권의 실명제 의욕도 1년 반에 걸친 국가적 논란만 남긴 채 좌초되었다.

1993년 2월 취임한 김영삼 대통령은 특유의 배짱과 돌파력의 소유자였다. 취임 후 실명제를 작심한 그는 주변에서 아무리 실명제의 부정적인

면을 부각해도 받아들이지 않았다. 그는 실명제를 경제 문제가 아닌 정치적 결단의 문제로 간주했다. 김영삼 대통령이 1993년 4월 18일 이경식 부총리 겸 경제기획원 장관에게 금융실명제 검토를 지시하며 주문한 것은 가급적 빨리 마무리할 것, 완벽하게 추진할 것, 절대 보안을 지킬 것 등 3가지였다.

부총리 자문관이던 양수길과 한국개발연구원(KDI)의 남상우·김준일 등 3인이 마련한 초안은 김 대통령을 거쳐 홍재형 재무장관에 전달되었다. 홍 장관은 7월 13일 김용진 재무부 세제실장을 팀장으로 하고 김진표, 임지순, 진동수, 백운찬, 최규연, 임동빈 등 모두 14명을 실무진으로 구성해 역사적인 작업에 착수했다. 실무팀은 경기도 과천(주공아파트 5단지 304호)과 서울 강남(휘문고 앞의 한 건물) 등지에서 극비리에 '거사'를 추진했다. 실무진 일부는 해외출장을 간다고 거짓말을 하고 합숙에 들어갔다. 강남 작업실에는 '국제투자연구소 사무국'이라는 위장간판이 내걸렸다.

김영삼 대통령은 8월 9일 이경식과 홍재형으로부터 실명제 전반을 보고받고 8월 12일 이를 공식 발표했다. 이로써 8월 12일 오후 8시 이후 은행, 증권, 보험, 단자, 농협, 우체국, 새마을금고 등의 모든 예·적금은 물론 주식, 자기앞수표, 양도성예금증서(CD), 채권의 발행 및 이자의 지급·상환도 반드시 실명으로 해야 했다. 가·차명의 기존 예금도 실명제 발표 이후 첫 거래 때 반드시 실명 확인 절차를 밟도록 했고, 비실명으로 거래한 기존의 예금·주식 등 금융자산 소유자는 2개월 이내에 실명으로 전환하도록 했다.

지하경제의 폐해 뿌리 뽑히는 계기 돼

실명 의무전환 마감일인 1993년 10월 12일의 최종 집계 결과 가·차명 계좌 가운데 실명으로 전환한 금액은 5조 6,726억 원에 달했고 전환율은 전체 대상계좌의 96%나 되었다. 검은 돈의 음성적 수수 관행이 뿌리내린 한국 경제구조에 미친 금융실명제의 영향은 긍정 일색이었다. 돈의 흐름이 투명해진 덕에 거래 질서가 정상화된 것은 물론 사회 혼란, 금융 대란, 자금의 해외 도피, 저축 감소와 과소비, 중소기업의 도산 사태 등을 우려한 반대론자들의 목소리도 과장이거나 판단착오였음이 드러났다. 1993년 3분기와 4분기 GNP 성장률은 실명제 실시 전인 2분기의 4.8%를 크게 웃돌아 6.8%와 6.4%를 넘어섰다. 증권시장도 상승세를 이어갔다.

반면 음성적인 정치자금과 불법 자금을 관리해온 일부 계층에게 금융실명제는 저승사자나 다름없었다. 1995년 10월 노태우 전 대통령의 비자금 5,000억 원이 드러난 것도, 1997년 한보사건 와중에서 김영삼 대통령의 차남 김현철이 1992년부터 관리해오던 대선 자금의 잔금이 밝혀진 것도 실명제가 아니었으면 쉽지 않은 일이었다. 2003년 김대중 전 대통령의 대북 송금 사건 역시 실명제에 따른 계좌 추적이 있었기에 가능했다.

실명제는 이처럼 지하경제를 근절하고 검은 돈을 추방하는 데 기여했으나 실명제의 부작용을 침소봉대한 반대론자들의 목소리가 여전한 탓에 주요 내용들에 점차 훼손이 가해졌다. 1993년 8월 말 실명전환예금이 일정 금액을 초과하는 경우라도 투기, 증여, 탈세 등의 혐의가 있을 때만 자금 출처를 제한적으로 조사하기로 했고 1994년에는 합의차명까지 허용했다.

1997년의 IMF 위기 때는 금융실명제가 경제 불황의 주범으로 지목되어 1997년 12월 긴급명령이 법제화될 때 금융실명제의 가장 중요한 요소인 금융종합과세가 무기한 연기되고 매입자금의 출처를 묻지 않는 장기채를 1년간 발행할 수 있도록 해 변칙적인 상속과 증여 등 검은 거래를 허용하도록 대체입법이 마련되었다. 이 때문에 '실명제(失名制)'로 전락했다는 비아냥거림을 들었다.

국세청, 법원, 검찰 등 정부기관이나 수사기관이 마구잡이로 개인의 금융정보를 빼내 편의적인 목적으로 사용하는 경우가 많아진 것도, 권력을 쥔 자가 반대자들의 흠을 들추거나 과거사 들추기에 악용되어 정치적인 갈등의 골이 깊어진 것도 실명제가 낳은 부작용이었다. 그러나 전체적으로는 기존의 불투명한 금융 관행을 바꿔 놓음으로써 지하경제의 폐해가 뿌리 뽑히는 계기가 되었다.

이건희 회장 신경영 선언

삼성의 성공은 단군 이래 우리 민족이 드물게 경험한 몇 가지 큰 성취 중 하나였다.

1987년 11월 19일 이병철 삼성 회장이 타계했다. 뒤를 이어 이 회장의 3남 이건희(1942~) 부회장이 새 회장으로 취임(12.1)했다. 이건희 회장은 잠시 숨을 고르더니 1988년 3월 '제2창업'을 선언해 변화와 개혁을 주문했다. '이건희 시대'의 개막이었다.

이건희는 대구에서 태어나 서울사대부고를 졸업했다. 일본 와세다대와 미국 조지워싱턴대 대학원 과정을 마치고 1968년 12월부터 동양방송·중앙일보 이사로 활동했다. 이건희 이사의 최대 업적은 1974년 12월 한국반도체 인수였다. 이건희는 이병철 회장을 설득해 자신의 재산 4억 원을 보태면서까지 한국반도체 인수에 적극적으로 나서 오늘날 세계적인 삼성전자가 있게 한 토대를 구축했다. 이병철 회장은 1976년 9월 위암 판정을 받자 이건희가 삼성그룹의 후계자라고 가족에게 공표했다. 1977년 8월에는 일본 신문과의 인터뷰를 통해 이건희가 후계자임을 세상에 알렸다. 이건희는 1978년 8월 그룹 부회장으로 승진했다.

이건희는 회장 취임 후 말이 필요치 않으면 며칠이고 입을 다문 채 살았다. 사무실에도 거의 출근하지 않고 자택에서 혼자 사색에 잠기곤 했

이건희 회장(1942~)이 독일 프랑크푸르트 캠핀스키 호텔에서 임직원들에게 품질경영의 중요성을 역설하고 있다 (1993.6.7).

다. 말이 없는 대신 무엇이든 한 가지 일에 깊게 파고들어 사물의 본질을 캐내는 작업을 즐겼다. 그는 유학 시절부터 오디오든 자동차든 직접 분해하고 조립하는 것을 좋아했다. 공학적인 지식도 해박했다. 아는 것이 많았고 취미도 다양했다. 고교 시절엔 레슬링을 하고 성인이 되어서는 경주용 자동차를 몰고 시속 200km의 스피드를 즐겼다. 일본 유학 시절에는 1,000편이 넘는 영화를 볼 정도로 영화광이었다. 회장 취임 후 형제 간의 재산상속을 둘러싼 분쟁이 외부로 거의 드러나지 않게 처리된 것은 그의 또 다른 능력이었다.

1988년 제2 창업 선언에도 불구하고 삼성 창업 이래 50년 동안 굳어진 체질은 좀처럼 바뀌지 않았다. 취임 5년째이던 1992년의 총매출액은 선친이 타계한 1987년보다 2배 이상 늘어나 사세가 크게 신장된 것처럼 보였으나 순이익에는 큰 변화가 없었다. 이건희는 삼성의 미래에 대한 걱정으로 불면의 밤을 보냈다. "이대로 가다간 삼성그룹도 10년 내 어떻게 될지 장담할 수 없다"는 두려움이었다.

이건희 회장은 1993년 신년벽두부터 이른바 '바꾸자' 경영에 대한 자신의 구상을 마구 쏟아냈다. 그가 진단한 계열사의 면면은 이랬다. 전자는 암 2기, 중공업은 영양실조, 건설은 영양실조에 당뇨병, 종합화학은 선천성 불구기형, 물산은 전자와 종합화학을 합쳐서 나눈 정도의 병에 걸려 있었다. 이 회장은 대외활동에도 적극적으로 나섰다. 평소에는 좀처럼 대중 앞에 얼굴을 드러내지 않았으나 라디오 출연, 외부 강연, 언론 인터뷰 등을 가리지 않았다. 마치 '신사고' 전도사 같았다.

"마누라와 자식을 빼고 모두 바꿔라"

1993년 2월, 이건희 회장은 전자 관련 경영진 23명을 대동하고 미국 LA 가전제품 매장을 둘러보았다. GE, 월풀, 필립스, 소니 등 세계 각국의 내로라하는 가전제품들이 앞자리를 차지하고 있던 반면 삼성전자 제품은 먼지를 뒤집어쓴 채 구석에서 천덕꾸러기 취급을 받고 있었다. 한 임원이 회의 도중 변명을 늘어놓다 이 회장한테 "당장 나가라"는 호통을 듣고 그 자리에서 물러날 정도로 LA 사장단 회의 분위기는 싸늘했다.

다음달 일본 도쿄에서도 40여 명의 사장단과 함께 아키하바라 전자 매장 등을 둘러보고 12시간 동안 토론을 강행했다. 6월 4일에는 일본에서 삼성전자 기술개발 대책회의를 주재했다. 삼성의 임원진과 후쿠다 삼성전자 디자인 고문 등이 참석한 회의에서 후쿠다는 삼성전자의 문제점을 적나라하게 쏟아냈다. 이 회장은 일본을 떠나 독일 프랑크푸르트로 향하는 비행기 안에서 후쿠다 보고서를 몇 번이고 정독하면서 말할 수 없는 분노를 느꼈다. 자신이 취임한 후 6년여 세월이 헛수고였다는 탄식이었다. 그러나 개혁에 대한 강한 의지를 갖게 된 순간이기도 했다.

이 회장은 삼성전자 핵심 임원 전부를 프랑크푸르트로 소집했고 그의 불호령에 200여 명의 임직원들이 프랑크푸르트로 모였다. 6월 7일 이 회장은 캠핀스키 호텔에 모인 임직원들에게 삼성의 사내방송인 SBC의 한 고발 프로그램을 보여주었다. 비디오에는 세탁기 뚜껑이 불량인데도 라인 작업자가 태연하게 부품을 칼로 깎아서 대충 조립하는 모습이 고스란히 담겨 있었다. 이 회장은 작심하고 호통을 쳤다. "양(量)이 아니라 질(質)로 향해 가라고 했는데도 아직까지 양을 외치고 있습니다."

뒤이어 그 유명한 폭탄선언을 했다. "마누라와 자식을 빼고 모두 바꿔라." 이 회장은 확신에 찬 어조로 강연과 회의를 통해 가슴 속의 위기감을 적나라하게 드러냈다. "우리는 2류다", "질을 위해서라면 회사가 1년 동안 문을 닫아도 좋다", "삼성은 1986년에 이미 망한 회사다." 이른바 '신경영 선언'이었다. 그것은 창업 이래 삼성을 지배해온 오랜 가치와 관행들을 철저히 부수고 세계 1위의 새로운 조직으로 탈바꿈하자는 탈각의 주문이자 몸부림이었다. 그의 호통 속에서 "국내 1등에 만족하는 안일한 적당주의, 이익보다 매출에 신경 쓰는 규모 제일주의 등을 고집하면 세계 1류 진입은커녕 낙오자가 될 수밖에 없다"는 절박감이 묻어나왔다.

그 후 해외 곳곳에서 '신경영 대장정'이라고 불리는 마라톤 회의가 잇따라 열렸다. 이 회장이 각종 회의에서 쏟아낸 말의 양만 A4용지 8,500쪽 분량에 달했다. 연설들은 녹음·녹화되어 사내방송을 통해 삼성 전 계열사의 사원들에게 전파되었다. 테이프만 모두 150시간 분량이었다. 연설과 회의 내용들이 국내에 알려지면서 이른바 '이건희 신드롬'이 일어났다.

"양과 질의 비중이 5대5, 3대7이 아니라 0대10으로 가자는 겁니다"

삼성은 곧 실천에 돌입했다. 가전제품 생산라인에는 불량품이 발생하면 즉시 라인을 세워 문제가 완전히 해결될 때까지 가동하지 않는다는 '라인 스톱제'가 도입되었다. 오전 7시 출근하고 오후 4시 퇴근하는 '7·4제'도 도입되었다. 7·4제가 추구한 변화의 첫 번째 목적은 임직원의 삶의 질 향상이었다. 결과적으로는 우리의 리듬에 맞지 않아 8년 후 원래대로 돌아왔지만 당시로서는 발상의 전환이었고 고정관념을 근본적으로 바꾸기 위한 고육지책이었다.

신경영의 핵심은 '질'이었다. "양과 질의 비중이 5대5나 3대7이 아니라 0대10으로 가자는 겁니다." 이 회장은 이렇게 자신의 뜻을 분명히 했다. 신경영은 곧바로 성과를 냈다. 1994년 1조 7,000억 원, 1995년 3조 원대의 순이익을 실현함으로써 초일류 기업으로 도약할 수 있는 가능성이 확인되었다.

그러나 수년 내 IMF 위기 상황이 한국을 덮쳤다. 삼성 역시 생존을 위해 비상조치를 강구했다. '바꾸자'에서 버릴 것은 버리고 합칠 것은 합치자는 '버리자' 경영으로 급선회했다. 조직의 30% 감축과 총비용 50% 절감을 목표로 삼았다. 삼성 60년 역사상 처음으로 기업을 매각했다. 59개 계열사가 45개로 축소되었고 16만 7,000명이던 직원 수는 32%가 감축되어 11만 3,000명으로 줄어들었다. 힘들게 진출한 자동차 사업도 포기하는 아픔을 겪었다. 다행히 1993년의 신경영에 이어 IMF 때의 구조조정은 삼성의 토대를 더욱 단단하게 하는 원동력이 되었다.

신경영과 구조조정 덕에 삼성은 1998년부터 다시 흑자 행진을 벌여 1999년 5조 원, 2000년 10조 원대의 이익을 실현했다. 반도체의 성공이 결정적이었으나 뒤이은 액정 사업의 공격적 경영, 애니콜 신화 등에 힘입어 단숨에 국내 정상에서 세계 정상급 기업으로 발돋움했다.

이 회장은 '신경영'에 머물러 있지 않았다. "중국은 쫓아오고 일본은 앞서가는 상황에서 우리나라는 샌드위치 신세가 되었다"는 2007년의 '샌드위치론', "1명의 천재가 1만 명을 먹여 살린다"는 '천재 경영' 등 그가 던진 화두는 경제계는 물론이고 한국 사회 전반에 변화와 혁신의 자극제가 되었다. 그가 재임하는 동안 삼성은 세계적인 기업으로 우뚝 섰다. 특히 삼성전자는 시가총액(2002)과 브랜드 가치(2005)에서 난공불락으로 여겨오던 소니를 앞질러 세계 최고 전자기업으로 성장했다.

이 과정에서 들어야 했던 부정적인 평가도 적지 않았다. 한국 경제에서 차지하는 비중이 너무 커지다 보니 '삼성공화국'이라는 비판이 지속적으로 제기되었다. 삼성에버랜드 전환사채 편법 배정을 통한 불법 경영권 승계, 총수 1인이 그룹 경영을 좌지우지한다는 '황제식 경영론' 등의 비판도 단골 메뉴였다.

그럼에도 불구하고 삼성의 성공이 단군 이래 우리 민족이 드물게 경험한 몇 가지 큰 성취 중 하나였다는 점에서 공과를 종합적이고 냉철하게 따져야 한다는 목소리에 힘이 실리고 있다.

김정일 세습정권 승계
후계자로 공표된 후 가장 먼저 한 일은 주체사상을 김일성주의로 정식 선포한 일이었다.

김정일(1942~2011)이 절대 신으로 군림하며 북한을 철권통치한 것은 1994년 7월 김일성이 사망한 후 17년간이었다. 그가 통치하는 동안 북한은 100만 명 이상이 굶어죽는 '고난의 행군'을 겪었다. 그런데도 핵무기와 장거리미사일 등 대량살상무기를 개발해 국제사회의 평화를 위협했다. 특히 3대 세습이라는 봉건적 통치구조를 완성해 전 세계의 비웃음을 샀다.

김정일은 1941년 구 소련 하바롭스크의 브야츠크에서 태어났다. 하지만 북한은 김정일이 김일성의 후계자로 공식 등장한 후인 1982년, "김정일이 1942년 백두산 밀영에서 태어났다"고 선전했다. 김일성의 출생연도(1912)와 30년 차이를 만들고 우상화를 위해 생년과 출생지를 조작한 것이다.

김정일은 7살 때이던 1948년 동생이 연못에 빠져 죽고 이듬해 어머니 김정숙이 해산 도중 과다 출혈로 숨져, 어린 마음에 큰 상처를 입었다. 사춘기 때 겪은 계모·이복동생과의 갈등까지 더해져 성격이 더욱 반항적이고 즉흥적으로 변했다. 1950년 6·25 때 중국 길림성으로 피신했다가 1953년 8월 평양으로 돌아왔을 무렵 김일성이 자신의 어머니 김정숙의 시중을 들던 김성애와 재혼하자 크게 반발하며 김성애를 어머니로 인정하지 않았다.

김정일이 당과 관련된 업무에 뛰어든 것은 김일성대 정치경제학부를 졸업한 1964년이었다. 그해 6월 노동당 핵심부서인 조직지도부의 지도원 신분으로 정치에 입문하고 1968년 2월 당의 사업을 총괄하는 선전선동부의 영화예술과장이 되었다. 이후 선전선동부 부부장을 거쳐 1973년 7월 선전선동부 부장에 임명되었다.

김정일(1942~2011)

김정일이 후계자로 확정되는 과정은 삼촌 김영주와의 치열한 권력투쟁과 계모 김성애와의 좋지 않은 관계로 순탄치 않았다. 하지만 김정일은 빨치산 원로들의 지원사격을 받아 '김일성주의'를 공포하는 등 김일성 우상화에 매진하고 이를 통해 당·정·군 조직 내에 김일성 유일지도체제를 확립하는 성과를 거둬 김일성의 신임을 얻었다. 아버지를 신격화하고 자신의 권력을 공고히 하는 작업을 통해 경쟁자인 삼촌 김영주, 계모 김성애 등과의 충성 경쟁에서 우위를 점했다.

김일성에서 김정일로 이어지는 세습 작업은 1973년 9월 노동당 최고 의사결정기구인 당 중앙위 제5기 7차회의에서 김정일이 노동당의 중책인 조직·선전 담당 비서에 임명되면서 본격적으로 발동이 걸렸다. 1974년 2월에 열린 당 중앙위 제5기 8차회의에서는 당 중앙위 정치위원으로 추대되고 곧 노동신문에 의해 '당 중앙'으로 호칭됨으로써 사실상 김일성의 후계자로 당내에 공표되었다.

김일성은 김정일과 경쟁을 벌여온 김영주를 모든 요직에서 해임하고 실권이 전혀 없는 정무원 부총리로 격하했다. 그것조차 껄끄럽게 생각해 자강도의 어느 산골로 보내 연금했다가 자신의 말년인 1993년 평양으로 불러들여 부주석에 앉혔다. 그러나 이는 형식상의 자리일 뿐 업무에서는 완전히 배제되고 사실상의 연금 상태는 계속되었다.

1974년 2월 후계자로 공표된 후 김정일이 가장 먼저 한 일은 2월 19일 주체사상을 김일성주의로 정식 선포한 일이었다. 4월 14일에는 김일성의 신격화를 규정한 '당의 유일사상 체계 확립의 10대 원칙'을 발표해 김일성의 절대성과 무조건성을 부각했다. 10대 원칙 중 '…대를 이어 끝까지 계승하여…'라는 마지막 조항은 김정일 자신만이 김일성의 유일한 후계자로서 혁명 위업을 이어간다는 의미를 담고 있었다.

김정일은 이렇게 세습 체제를 구축하는 한편 차세대 수령으로서의 이미지 관리에도 치중했다. 검열 강화로 세습 체제에 저항하는 세력은 숙청하고 조직관리는 철저히 했다. 김일성은 이런 김정일에게 "사람 관리는 나보다 한 수 위"라고 칭찬을 아끼지 않았다. 밖으로 공표되지 않고 있던 세습이 대외적으로 공식 천명된 것은 1980년 10월 10일부터 5일간 열린 노동당 제6차대회 때였다. 김정일은 대회 집행부 명단상으로는 김일성, 김일, 이종옥, 오진우에 이어 5번째였지만 대회 마지막 날인 10월 14일 당내에서 유일하게 당 중앙위 상무위원, 정치위원, 비서국 비서, 군사위원에 선출됨으로써 실질적으로 2인자가 되었다.

세습 체제가 사실상 완성된 그때부터 김정일은 '친애하는 지도자 동지'로 불렸다. 이름은 천리마체(고딕체)로 쓰여 김일성과 똑같은 예우를 받았다. 1982년부터는 각종 저작과 공식 전기가 출판되고 김정일의 출생지 백두산 밀영은 '혁명의 성지'로 포장되었다. 백두산의 장수봉은 '정일봉'으로 명명되어 바위에 '정일봉'이라는 이름이 새겨졌다.

김정일은 1982년 3월 주체사상의 원리를 전일적(全一的)으로 체계화하기 위해 '주체사상에 대하여'라는 논문을 발표하고, 1985년 방대한 분량의 '위대한 주체사상 총서'(총 10권)를 발간하면서 주체사상의 체계화와 이론화를 마무리했다. 이것은 김일성의 신격화가 완성되었다는 것을 의미했다.

1985년부터는 김일성이 대외 업무, 김정일이 대내 업무를 관장하는 것으로 사실상 역할 분담이 이뤄졌다. 김정일이 김일성보다 정치 전면에 더 많이 나서는 이른바 '김일성-김정일 공동정권'의 시대가 열린 것도 그 무렵이었다. 후계자론도 본격적으로 등장했다. 북한이 구체적으로 김정일에게 수령이라는 호칭을 사용한 것도 1985년 김정일의 43번째 생일 이후의 일이다.

김정일은 숱한 여성 편력으로도 유명했다. 김일성대 동기생인 홍일천과 1965년 연애결혼했다가 1969년 이혼하고 영화배우 출신 유부녀 성혜림과 동거해 1971년 아들 김정남을 낳았다. 1974년 김영숙과 재혼해 2명의 딸을 낳았고 1976년에는 무용수 출신 고영희와 결혼해 1981년 김정철, 1984년 김정은을 낳았다. 2004년 고영희가 사망한 후에는 김옥과 동거했다. 김정일은 세계 각국의 영화 1만 5,000여 편을 소장할 정도로 영화광이었다. 1973년 4월 발표한 '영화예술론'은 이후 북한 영화정책의 이론적 근거가 되었다. '피바다'(1971)와 '꽃 파는 처녀'(1972) 등 혁명가극들도 그의 지시로 만들어졌다.

3대 세습이라는 봉건적 통치구조를 완성해 전 세계의 비웃음 사

김정일은 1990년 5월 국방 최고지도기관으로 신설된 국방위원회 제1부위원장, 1991년 12월 조선인민군 최고사령관에 임명되었다. 1992년 4월에는 '조선민주주의인민공화국 원수' 칭호를 받았으며 1993년 4월 9일에는 '국가 주권의 최고지도기관'으로 격상된 국방위원회 위원장직을 김일성으로부터 물려받았다. 이는 당권 장악에 이어 군에 대한 지배권까지 확보한 것으로 권력 세습이 사실상 마무리되었음을 뜻했다. 김정일은 이때부터 공식적으로 '김정일 국방위원장'으로 불렸다.

1994년 7월 8일 김일성이 사망했을 때 김정일의 지위는 당 정치국 상무위원, 인민군 최고사령관, 국방위원장 등 요직을 두루 꿰차고 있었다. 김일성이 차지하고 있던 국가주석과 당 총비서를 제외한 최고위 자리를 모두 김정일이 차지했다는 점에서 권력 세습이 완벽하게 이뤄졌음을 보여주었다. 김정일은 김일성 사후 공석인 두 자리 중 당 총비서는 1997년 10월 8일 공식 승계하고 주석제는 1998년 9월 5일의 사회주의 헌법 개정을 통해 폐지함으로써 김일성을 영원한 주석으로 남겨 두었다.

김정일은 북한의 유일 최고지도자가 되자마자 극심한 흉년과 기아사태가 지속되는 '고난의 행군'과 맞닥뜨렸다. 1995년부터 1997년까지 3년 동안 주민 100만 명 이상이 굶어 죽었다. 이 고난 속에서도 김정일은 3년상을 거론하며 '유훈 통치' 기간을 설정하고 얼굴 없는 통치를 이어갔다. 또한 불안전한 기반을 만회하기 위해 군대에 의존하는 '선군정치'를 앞세워 위기를 넘겼다.

김정일은 2000년 6월 김대중 대통령과 첫 남북 정상회담을 성사시켰다. 이후 중국의 개방에도 관심을 가져 2002년 7월 성과급제 등 일부 시장경제를 도입한 7·1 경제개선 조치를 발표하고 개성공단과 금강산관광 개발 등에 속도를 냈다. 그러나 유화정책 뒷면에는 핵 개발과 대남 도발을 숨기고 있었다. 2002년 6월 한일 월드컵 열기가 최고조에 달했을 때 서해교전을 일으켜 우리 해군 6명의 목숨을 앗아갔다. 2007년 10월 노무현 대통령과 남북 정상회담을 다시 열어 대규모 경제협력 등에 합의하고도 2010년 3월 26일 우리 해군 장병 46명의 목숨을 앗아간 천안함 폭침과 연평도 포격을 도발했다.

김일성과 김정일로 이어지는 20세기사에서 유례를 찾아보기 힘든 권력 세습이 완벽하게 이뤄지자 김정일은 다시 3남 김정은에게 권력을 승계하는 3대 세습에 박차를 가했다. 2009년 1월 3남인 김정은을 후계자로 지명한 뒤 2010년 9월, 44년 만에 열린 노동당 대표자회의에서 김정은에게 인민군 대장 계급장을 달아주고 당 중앙군사위 부위원장에 앉혀 후계자로 공식화했다. 2011년 2월 10일에는 최고권력기구인 국방위원회 부위원장에 임명함으로써 봉건시대 이후 유례가 없는 '3대 권력 세습 체계'를 완비했다. 2011년 12월 17일 심근경색으로 급사함으로써 '3대 세습'을 마침내 완성했다.

임권택 감독 영화 '서편제' 개봉
2002년 '취화선'으로 칸 국제영화제 감독상을 수상, 명실상부하게 세계적인 거장의 반열에 올랐다.

임권택(1936~)은 해방 공간과 6·25를 빨치산의 장남으로 버텨냈다. 휴전 뒤에는 그 꼬리표를 떼지 못해 감시와 가난 속에서 살았다. 전남 장성에서 태어나 광주 숭일중학(6년제)을 다니다가 17살이던 3학년 때 중퇴하고 부산으로 가출한 것은 그런 뒤틀어진 현실에 대한 저항이자 먹고살기 위한 호구지책이었다.

부산은 임권택에게 '영화'라는 인연을 맺어주었다. 부산에서 임권택을 부렸던 군화 판매상들이 서울로 올라가 '장화홍련'이라는 영화를 제작할 때 1956년 임권택을 서울로 불러들였던 것이다. 영화 일이라고 해봐야 심부름이나 허드렛일에 불과했다. 이후 정창화 감독 밑에서 4년간 소품 담당과 조연출 생활을 하던 임권택에게 기회가 찾아온 것은 24살이던 1960년이었다. 영화 '두만강아 잘 있거라'가 그에게 맡겨진 첫 연출작이었다.

영화는 1960년 11월 크랭크인되어 1962년 2월 4일 서울 국도극장에서 개봉되었다. 영화는 흥행에 성공했고 임권택은 일약 충무로의 흥행 감독으로 떠올랐다. 첫 영화 성공 후 임권택은 액션과 전쟁영화, 시대극과 코미디 등 대중적인 장르를 종횡무진 넘나들며 1960년대 다작기를 보냈다.

임권택(1936~)

이렇게 찍은 영화가 1972년까지 50여 편이나 되었다. 1970년 한 해에만 8편을 찍었으니 영화 공장이 따로 없었다.

영화 제작 편수가 많아질수록 "언제까지 이런 영화를 찍어야 하느냐"는 임권택의 고민도 함께 깊어졌다. 그래서 내린 결론이 한국 사람만이 만들 수 있는 가장 한국적인 영화였다. 1973년 11월 21일 대한극장에서 개봉한 '잡초'는 첫 실천이었다. 임권택은 '잡초'를 찍으면서 "이제 거짓말 같은 영화는 졸업하겠다"고 다짐했다. 그러나 의식 있는 첫 영화로 자평하고 그 자신이 진정한 데뷔작으로 여기는 '잡초'는 흥행에 참패했다. 임권택은 심한 좌절감에 빠졌다.

이런 임권택에게 숨통을 틔워준 것은 1960년대 후반에 도입된 '우수 영화 추천제'였다. 이 제도는 정부의 '우수 영화' 추천을 받은 영화사에 외화 수입권을 주는 제도로, 당시 외화 수입권은 로또복권이나 다름없었다. 그러나 '우수 영화 추천제'로 인해 한국 영화는 외화 수입을 위한 도구로 전락했고 '추천용' 새마을영화와 반공영화가 범람했다. 아이러니컬하게도 임권택은 우수 영화 선정을 위해 새마을영화, 계몽영화, 문예영화, 반공영화 등을 찍으며 흥행에 연연하지 않는 감독으로 거듭날 수 있었다.

흥행 감독에서 우수 영화 감독으로 변신한 임권택이 제2의 변신을 시도한 것은 1980년을 전후한 시기였다. '족보'(1978), '깃발 없는 기수'(1979), '짝코'(1980), '만다라'(1981) 등을 통해 이데올로기와 분단 문제, 그리고 세속적 삶의 질곡으로부터 구원을 꿈꾸는 주제의식을 본격적으로 탐구하기 시작한 것이다. 오늘날 우리가 그의 대표작으로 기억하는 영화 대부분은 1980년대 이후 만들어진 작품이다.

영화 변방국이던 한국의 영화가 세계 주류 영화계에 알려지기 시작한 것도 그 시기에 만들어진 임권택의 영화를 통해서였다. '만다라'는 1981년 베를린 영화제 본선에 진출하고 '씨받이'(1986)는 1987년 임권택에게 아태 영화제 작품상과 감독상을 안겨주었다. 강수연은 '씨받이'에서 열연해 베니스 국제영화제 여우주연상을 거머쥐었다. '아다다'(1987)가 몬트리올 영화제, '아제아제 바라아제'(1989)가 모스크바 영화제의 초청을 받으면서 임권택은 한국의 대표적인 영화감독으로 입지를 굳혔다.

한국인의 한을 빼어나게 아름답고 절제된 영상 속에 담아내

'장군의 아들' 시리즈(1990~1992) 1~3편을 통해 예의 흥행 감독으로서의 능력을 새삼 확인시켜준 임권택이 마침내 한국 영화사에 굵직한 기록을 남긴 것은 1993년이었다. 이청준의 단편소설을 원작으로 한 '서편제'가 문제의 영화였다. 판소리는 촌스럽고 고리타분한 음악으로 인식되고 있던 당시 분위기에서, 남도 지방에서 떠돌다 사라진 소리꾼과 그의 양딸, 그리고 북재비의 한스러운 삶이 판소리에 용해된 소설을 영화로 만든다는 것은 누가 보아도 큰 모험이었다.

그러나 임권택과 촬영감독 정일성은 한국인의 근원적 정서인 한을 빼어나게 아름답고 절제된 영상 속에 담아내는 능력을 발휘해 돈이 안 될 거라는 충무로의 예측을 보기 좋게 빗나가게 했다. '서편제'는 1993년 4월 10일 서울 단성사에서 개봉되었다. 김대중 대통령의 청와대 시사회가 열린 후 입소문을 타면서 8월 9일 개봉 4개월 만에 '장군의 아들' 1편(1990)에서 임권택 자신이 세운 67만 8,946명이라는 한국 영화 최다 흥행기록을 깨고 10월 30일 마침내 우리 영화사상 처음으로 관객 100만 명(서울 단일 개봉관 기준)을 돌파하는 신기록을 수립했다. 단성사에서 간판을 내릴 때까지 총 109만 4,000명의 관객이 서편제를 찾은 것으로 집계되었다.

임권택은 '서편제'를 통해 한국을 대표하는, 가장 한국적인 영상 예술가라는 지위를 굳혔다. 임권택의 영화가 '한국적'이라는 것은 영화의 내용과 형식에만 국한된 것은 아니었다. 그는 영화를 만드는 방법에서도 한국적인 방식을 선택했다. 시나리오 정도만 갖고 있을 뿐 콘티 없이 촬영 현장에 나갔는데, 이것은 합리적이고 과학적인 사전 계획을 치밀하게 세우고 이 계획에 따라 찍어야 할 장면들을 마치 극화처럼 정교하게 그림을 그리는 할리우드 방식과는 완전히 달랐다. 임권택은 찍을 장면을 정해놓고 장소를 고르는 게 아니라, 길을 가다가 좋은 장소가 나오면 시나리오에 없던 장면도 찍었다. 이런 촬영 방식을 가장 많이 쓴 영화가 바로 '서편제'였다.

임권택은 '서편제'의 시나리오가 확정되기 한 달 전인 1992년 9월 촬영을 시작했다. 바람 부는 들길을 세 일가가 걸어가는 장면, 띠에 묶인 아이가 나오는 영화 첫머리의 '땡볕 내리쬐는 콩밭' 장면 등은 모두 시나리오가 나오기 전에 촬영된 것들이다.

'서편제'의 성공을 통해 임권택은 한국적 촬영 방식의 장점을 입증해 보였다. 자연스러움과 순리를 중시하는 임권택의 스타일은 촬영 현장에서의 리더십에서도 잘 나타났다. 감독이란 영상예술의 창조자이면서도 촬영 현장에서 수십 명의 배우와 스태프진을 일사불란하게 장악해야 하는 야전사령관이다. 그는 이런 역할을 큰소리를 내거나 야단치는 법 없이 흐트러지지 않는 몸가짐으로 현장을 장악했다.

'서편제'의 성공은 할리우드 영화와는 정반대로 정적인 카메라, 긴 호흡의 컷들이 우리에게 얼마나 큰 감동을 줄 수 있는가도 보여주었다. 이후에도 임권택은 '춘향뎐'(1999)을 한국 영화 최초로 칸 국제영화제 경쟁부문에 출품하고 2002년 '취화선'으로 마침내 칸 국제영화제 감독상을 수상, 명실상부하게 세계적인 거장의 반열에 올랐다.

강수진 슈투트가르트 발레단 입단 후 첫 주역

2016년 6월 공식 은퇴할 때까지 국립발레단에서 단장과 무용수를 겸할 예정이다.

　　　'풍부한 표현력', '화려하고도 섬세한 테크닉', '무대를 장악하는 카리스마'. 한국이 낳은 세계적인 발레리나 강수진(1967~)을 묘사할 때 흔히 쓰는 수식어들이다. '포기는 없다', '그래도 할 수 있다', '내 인생에 변명은 없다' 등은 강수진이 마음 속으로 외치는 인생의 구호이자 주문이기도 하다.

　강수진은 초등학생 때 리틀엔젤스에서 한국무용을 하다가 선화예중 1학년 때 발레를 시작했다. 발레를 늦게 시작한 탓에 180도로 벌어지지 않는 다리를 찢기 위해 잠들 때도 토슈즈를 신고 다리를 벌려 벽에 붙이고 잤다. 아침에 눈을 뜨면 혼자 힘으로 다리를 오므릴 수 없어 가족의 도움을 받아야 했다. 밤 12시에도 연습이 부족하다는 생각이 들면 다시 연습실로 향했다. 부족한 학업을 채우기 위해 잠도 하루 4시간 이상 자지 않았다.

　선화예고 1학년이던 1981년 3월 발레에 재능이 있는 보석들을 발굴하러 방한한 모나코 왕립발레학교 교장 마리카 베소브라소바의 눈에 띈 것은 이런 후천적인 노력에 타고난 재능이 더해진 결과였다. 마리카 교장은 1980년부터 1981년까지 모나코 왕립발레학교에서 문훈숙(현재 유니버설발레단 단장)을 가르친 경험이 있어 한국의 무용수에게 관심이 많았다. 마리카는 강수진의 아버지에게 "10만 명 중에 한 명 나올까 말까 한 발레리나"라고 치켜세우며 유학을 권유했다. 사실 당시의 강수진은 발레를 늦게 배워 테크닉이 뛰어나거나 기본기를 탄탄히 갖춘 상태가 아니었다. 그런데도 마리카 교장이 강수진을 눈여겨본 것은 감수성과 표현력 때문이었다.

　강수진에게는 예술가의 피가 흘렀다. 외할아버지는 '한국의 로트레크'라 불리며 1930~1940년대에 활약한 구본웅 화백이고 언니는 훗날 서울

강수진(1967~)

대 음대와 네덜란드 왕립음악원을 졸업하게 될 하피스트, 동생은 서울대 음대와 슈투트가르트 국립음대 석사를 거쳐 프랑크푸르트 국립음대에서 최고 연주가 과정을 마친 실력 있는 피아니스트였다. 강수진은 1년만 열심히 배우고 돌아오겠다는 생각으로 1982년 홀로 모나코로 건너가 왕립발레학교에 입학했다. 1975년 그레이스 켈리 모나코 왕비가 세운 학교에는 당시 전 세계 40여 개국에서 명성을 듣고 몰려든 150여 명의 학생이 수업을 받고 있었다. 8년간의 교육과정을 마쳐야 수료할 수 있는 학교에서 강수진은 모진 연습의 고통과 외로움을 이겨내고 오로지 발레에만 정진했다.

그런 노력의 결과 1985년 1월 미국 뉴욕에서 열린, 세계 최고 권위의 주니어대회인 로잔 국제발레콩쿠르에서 대상 없는 4명의 1등 입상자 중 한 명으로 뽑혀 실력을 인정받았다. 동양인의 1등 수상은 강수진이 처음이었다. 로잔 발레콩쿠르는 1972년 스위스 로잔에서 창설된 후 짧은 역사에도 불구하고 러시아의 모스크바 콩쿠르, 불가리아의 바르나 콩쿠르, 미국의 잭슨 콩쿠르와 함께 세계 4대 발레 콩쿠르로 각광을 받고 있는 세계적인 대회였다. 원래는 스위스에서 열리지만 그해에는 미국 뉴욕에서 대회를 치렀다. 문훈숙 역시 1981년 2월 이 콩쿠르에서 한국 발레 역사상 최초로 5위에 입상한 바 있다.

"아무도 완벽하지 않다. 하지만 누가 '아무도'이고 싶겠는가?"

강수진은 1985년 11월 세계 5대 발레단 가운데 하나인 독일 슈투트가르트 발레단의 공개 오디션에 합격해 1986년 9월 동양인으로서는 처음이자 최연소(19세)로 슈투트가르트 발레단에 입단했다. 세계 5대 발레단은 흔히 슈투트가르트 발레단을 비롯해 러시아의 키로프·볼쇼이 발레단, 영국의 로열 발레단, 미국의 뉴욕시티 발레단을 말한다.

강수진의 슈투트가르트 발레단 입단은 성공을 보장하는 것이 아니라 다시 밑바닥에서 시작한다는 것을 의미했다. 독일을 비롯한 유럽에서 동양인이 발레를 하는 것을 매우 냉정한 시선으로 바라보기 때문이다. 그들은 동양인이 아무리 춤을 잘 춘다고 하더라도 단지 자신들을 모방하는 것에 지나지 않는다고 생각한다. 실제로 서양의 무용수들은 강수진보다 더 몸이 아름답고 완벽한 조건을 갖췄다.

이런저런 이유로 강수진은 2년 동안 군무(群舞)에조차 끼지 못했다. 모나코 왕립발레학교를 우수한 성적으로 졸업하고 재학 중 세계적 권위의 로잔 국제발레콩쿠르에서 1등상을 수상한 강수진으로서는 이겨내기 힘든 현실이었다. 여기에 언어, 음식, 인간관계가 익숙지 않고 발목 부상도 잦아 우울증이 찾아왔다. 결국 강수진은 식탐으로 스트레스를 해소하느라 몸무게가 10㎏이나 불었다. 극장 옥상에 올라가 아래를 내려다보며 뛰어내리고 싶은 충동에 사로잡힌 때도 있었다.

그러나 강수진은 '연습 벌레'로 불릴 정도로 맹연습에 돌입했다. 너무 힘들어 발레를 포기하고 싶을 때는 "아무도 완벽하지 않다. 하지만 누가 '아무도'이고 싶겠는가?(Nobody is perfect but who wanna be Nobody?)"라는 문장을 가슴속으로 외치며 자신을 단련했다. 그 결과 1987년 '잠자는 숲속의 공주' 요정 역으로 데뷔했다. 그래도 군무 생활은 계속되었다.

강수진은 남들이 2~3주에 한 번 바꿔 신는 토슈즈를 하루에 네 켤레나 갈아 신은 때가 있을 정도로 매일 18시간의 피나는 연습에 몰입했다. 그러다 보니 극장의 토슈즈 물품 담당자가 "제발 토슈즈 좀 아껴 신으라"고 충고하기까지 했다. 막대 같은 토슈즈에 발톱이 짓눌려 빠져나가는 고통을 참으면 참을수록 실력은 조금씩 나아졌다. 더구나 강수진에게는 자신만의 독특한 매력을 발산할 수 있는 그 무언가가 있었다. 그것은 서양 문화와 결합된 동양의 신비였다.

'강수진 신드롬', '황색 돌풍' 일으키며 관객 사로잡아

무명 생활을 하던 강수진에게 마침내 기회가 찾아온 것은 군무로 활동하고 7년이 지나서였다. 1993년 1월 29일 슈투트가르트 발레단의 '로미오와 줄리엣' 공연에서 줄리엣 역을 맡아 마침내 주역 무용수의 반열에 오른 것이다. 강수진은 그날 공연에서 정교한 테크닉과 풍부한 연기력을 바탕으로 새처럼 무대 위를 날아다녔다. 1,400여 명의 관객은 줄리엣 역을 맡은 동양인 여성 무용수의 동작 하나하나에 숨을 죽였다. 공연이 끝나자 관객은 20회의 커튼콜과 기립박수로 세계 무대의 주역으로 등장한 강수진을 축하해 주었다.

강수진은 이후 부드러우면서도 강렬한 외모, 타고난 열정과 음악적 감수성을 바탕으로 '강수진 신드롬'과 '황색 돌풍'을 일으키며 관객을 사로잡았다. 1997년에는 수석 무용수로 승격하고 1999년 5월에는 '무용계의 아카데미상'으로 불리는 '브누아 드 라 당스' 최우수 여성무용가상을 수상했다. 이런 인기에 힘입어 한동안 슈투트가르트 시에서는 강수진의 이름을 딴 '수진 강' 난이 팔리고 슈투트가르트 시의 문화를 소개하는 전차 광고판에 강수진이 춤추는 모습이 실리기도 했다.

2002년에는 슈투트가르트 발레단의 종신단원이 되고 2007년에는 독일의 궁정무용수를 뜻하는 캄머탠처린 작위를 받았다. 이 작위를 갖고 있는 사람은 함부로 해고할 수 없고 독일 사회 안에서 거의 완벽한 보호를 받는다. 창립 이래 51년 동안 슈투트가르트 발레단을 거쳐 간 수많은 무용수 중에 단 3명만이 작위를 받았을 만큼 최고 권위를 인정받는다. 강수진은 동양인 최초로 그것도 10년 만에 탄생한 캄머탠처린으로 선정되어 한

동안 독일 언론에 오르내렸다.

강수진은 2002년 독일에서 툰치 소크맨과 결혼했다. 같은 발레단의 발레리노이던 툰치 역시 예술가의 피를 물려받았다. 어머니는 '터키의 국민가수'로 칭송을 받는 터키 앙카라 오페라단의 프리마 돈나였고 아버지 역시 '터키의 파바로티'로 불리는 유명 오페라 가수였다.

2007년 7월에는 슈투트가르트 발레단이 강수진의 입단 20년을 축하하기 위해 '로미오와 줄리엣'을 강수진에게 헌정했다. 세계 정상급 발레단이 현역 무용가에게 헌정 공연을 하는 것은 이례적인 일이다. 2013년에는 오스트리아 인스부르크 발레단의 예술감독이 오직 강수진만을 염두에 두고 세계 최초로 만든 발레곡 '나비부인'의 초연 무대에 출연, 14회 공연 전석이 매진될 정도로 뜨거운 호응을 받았다. 인스부르크 발레단의 '나비부인'은 2014년 7월 우리나라 예술의전당 무대에도 올려졌다.

강수진은 2014년 3월 우리나라 국립발레단의 단장으로 취임해 후배들을 지도하고 있다. 슈투트가르트 입단 30년이 되는 2016년 6월 공식 은퇴할 때까지 국립발레단에서 단장과 무용수를 겸한다. 은퇴할 때까지 예정된 공연은 2015년 10월 슈투트가르트 발레단의 '오네긴' 내한 공연, 2016년 7월 슈투트가르트 오페라 극장에서의 은퇴 공연뿐이다.

유홍준 '나의 문화유산 답사기' 제1권 출간
'탁월한 문화전도사', '살아 있는 국토박물관', '문화재급 역마살'이라는 수식어가 따라다녔다.

우리나라 인문 분야에서 자신이 쓴 책이 널리 읽히고 그래서 세상을 변화시킨 대표적인 사람을 꼽으라면 단연 유홍준(1949~)이다. 그가 쓴 '나의 문화유산 답사기'는 해박한 전문 지식과 생생한 현장, 그리고 사람 이야기를 버무려 새로운 글쓰기와 인문서의 틀을 선보이며 인문 대중서의 길을 열어젖힌 수작으로 평가받고 있다. 유홍준이 책에서 줄기 차게 주장한 "아는 만큼 보인다"는 화두는 1990년대 우리 사회 전반에 유행어가 되었다.

답사기의 뿌리는 1985년 9월로 거슬러 올라간다. 당시 유홍준은 30대의 젊은 미술평론가로 민중미술운동에 발을 담고 있었다. 그는 민중미술운동을 젊은 미술학도들에게 전파하고 싶었으나 일개 시간강사인 그에게 그런 자리가 주어지지 않았다. 유홍준이 어렵게 신촌의 '우리마당'에서 '젊은이를 위한 한국미술사' 공개강좌를 연 것은 1985년이었다. 그런데 뜻밖에도 많은 젊은이가 찾아왔다. 유홍준은 틈나는 대로 우리의 문화유산을 알리고 짬이 날 때는 수강생들을 인솔해 전국으로 답사를 떠났다.

그렇게 쌓인 경험은 1991년 5월부터 월간 사회평론에 '나의 문화유산 답사기'라는 제목으로 연재되었다. 당시 그는 자신이 세 번만 쓰고 그 후에는 다른 필자가 연재하기로 하고 매회 200자 원고지 80장 짜리 글을 썼으나 다른 사람들이 그런 식으로는 못 쓰겠다고 발을 빼는 바람에 유홍준이 계속 이어갔다. 유홍준이 답사기에서 말하고자 한 것은 우리 문화에 대한 관심과 사랑, 그리고 그것의 주체적 인식이었다.

16회 분의 원고를 묶어 만든 단행본 '나의 문화유산 답사기' 제1권이 창비사에서 출판된 것은 1993년 5월 20일이었다. '남도 답사 일번지'를 표제로 삼은 제1권에서는 강진·해남, 예산, 경주, 문경, 담양, 선운사, 낙산사 등의 지역에 산재한 문화재들이 다뤄졌다. 책이 처음 나왔을 때 그토록 엄청난 파장을 불러일으키고 전 국민의 필독서가 될 것이라고 예상한 사람은 없었다. 고색창연한 문화재 이야기를 현대적 감각에 맞게 풀어내는 유홍준의 재주가 아무리 뛰어나다고 한들 일반인에게 얼마나 감흥을 줄지 아무도 알 수 없었기 때문이다.

그러나 답사기는 1년 남짓한 기간에 40만
부 이상 팔려나갔다. 화제도 만발했다. 무엇보
다 우리 문화유산에 얽힌 이야기와 발굴 에피
소드 등을 생동감 있게 풀어놓은 답사기를 계
기로 전국적으로 문화유산 답사 열풍이 일어났
다. 답사기에 소개된 곳마다 책을 손에 들고 있
는 답사객들로 붐볐다. 책에 소개된 여관과 식

유홍준(1949~)

당은 밀려드는 손님들로 기쁜 비명을 질렀다. 제1권에 실린 '월출산과 남
도의 봄'은 1997년 봄 학기부터 중학교 3학년 국어 교과서에 실렸다. 생
존 작가의 작품이, 그것도 이처럼 빨리 교과서에 실린 것은 전례가 없는
'사건'이었다.

"아는 만큼 보인다"

제1권의 폭발적인 성공 후 유홍준에게는 '탁월한 문화전도사', '살아 있
는 국토박물관', '문화재급 역마살'이라는 수식어가 따라다녔다. "박경리
의 '토지'가 한국의 정신적 GNP를 올려놓았다면 유홍준은 우리나라의 면
적을 열 배는 넓혀놓았다"는 등 각종 찬사가 쏟아졌다.

전문가들은 책의 성공 요인으로 유홍준의 해박한 지식, 감칠맛 나고 맛
깔스러운 문장, 단순한 사실 전달을 넘어선 문화사적 해석과 비평을 꼽았
다. 1990년대에 불어닥친 '마이카'를 놀이문화에 어떻게 이용해야 할지 몰
랐던 중산층에게 해답을 제시했기 때문이라는 설명에서부터 그전까지는
대중이 읽을 만한 제대로 된 고급 인문서가 없었는데 답사기가 그 욕구를
채워주었다는 분석에 이르기까지 성공 요인이 다양했다.

1994년 7월에 출간된 제2권 '산은 강을 넘지 못하고'에는 지리산 동쪽
의 함양·산청, 영주·풍기, 평창·정선, 경주 토함산의 석굴암, 철원, 청

도 운문사, 부안·변산, 동학농민전쟁 유적지들이 수록되었다. 1997년 7월 출간한 제3권 '말하지 않는 것과의 대화'에는 경주 불국사와 안동 하회 등 경북 지역과 서울, 공주, 부여 일부가 담겼다. 북한 지역의 답사기는 1997~1998년 두 번에 걸친 북한 방문 여행을 토대로 1998~1999년 중앙일보에 연재되고 1998년과 2001년에 '나의 북한 문화유산 답사기' 상·하 두 권으로 각각 출판되었다.

이후 답사기는 유홍준이 노무현 정부에서 3년 6개월(2004.9~2008.2) 동안 문화재청장을 지내는 바쁜 일정 때문에 한동안 중단되었다. 그러다가 북한 답사기를 발간한 지 10년 만인 2011년 5월에 제6권 '인생도처유상수'가 출간되었다. 10년 전 펴낸 북한 답사기 상·하권은 다시 손질해 '나의 문화유산 답사기' 제4권과 제5권으로 통합해 제6권과 함께 펴냈다.

2012년 9월에는 제주도 지역을 다룬 제7권 '돌하르방 어디 감수광'이 출간되고 2013년 7월과 2014년 5월에는 일본편 3권이 발매되었다. 일본에 유학한 적도, 살아본 적도, 일본인 친구도 없는 유홍준이 일본편을 낼 수 있었던 것은 거의 해마다 도쿄, 규슈, 아스카, 나라, 교토 등을 답사하는 발품을 팔았기 때문이다. 일본편 세 권은 답사기 제8, 9권이 아니라 '나의 문화유산 답사기 일본편' 전3권으로 분리·출간되었다. 1권은 규슈 편, 2권은 아스카·나라 편, 3권은 교토 편이다.

창비출판사는 2012년 3월 답사기 시리즈 판매량이 제1권 126만 부, 제2권 75만 부, 제3권 42만 부, 제4·5권 37만 부, 제6권 20만 부 등 모두 합쳐 300만 부를 넘겼다고 공식적으로 밝혔다. 300만 부를 넘긴 책은 국내에서 간행된 인문서 중 답사기가 유일하다. 판매량은 계속 늘어나고 있다.

새로운 글쓰기로 인문 대중서의 길을 열어젖힌 수작

유홍준은 서울에서 태어나 중동고를 거쳐 서울대 미학과에 입학했다.

1969년 4월 3선 개헌 풍자극의 대본을 작성했다는 이유로 도피 생활을 하다가 그해 7월 무기정학을 받아 서둘러 군에 입대했다. 1972년 군 복무 중일 때 미술사 서적을 뒤적이다가 아예 미술사에 푹 빠져 휴가만 나오면 박물관을 찾아가 살았다. 평생의 반려자를 만난 것도 박물관에서였다. 제대 후 복학해 한국미술사 연구에 필생을 걸고 뜻을 세웠지만 1974년 민청학련 사건에 연루되어 징역 10월을 살다 나왔다. 결국 졸업장은 입학한 지 14년 반 만인 1980년 10월에 받았다.

졸업 후에는 1981년 동아일보 신춘문예 미술평론 부문에 당선되고 홍익대 대학원에서 미술사를 전공했다. 1984년 건국대 전임강사로 발령을 받았으나 미복권 상태임이 밝혀져 24시간 만에 취소당해 결국 시간강사로 떠돌아다녀야 했다. 그래서 시작한 것이 '젊은이를 위한 한국 미술사' 공개강좌였다.

유홍준은 '나의 문화 유산 답사기' 같은 대중서를 쓰면서도 자신의 전공 분야 서적을 발간하는 것도 게을리하지 않았다. 전문서적 역시 특유의 감각적 글솜씨 덕분에 대부분 베스트셀러의 반열에 올랐다. 미술사 저술로는 '조선시대 화론 연구', '화인열전'(전2권), '완당 평전'(전2권), '유홍준의 한국미술사 강의'(전3권) 등이 있다.

2010년 9월 한국미술사 통사를 소개한 '유홍준의 한국미술사 강의' 제1권(선사시대-발해) 발간에 이어 2012년 9월 2권(통일신라-고려)을 펴내고 곧 3권(조선시대)을 펴낼 예정이다. 문화유산 답사기 시리즈는 충청북도, 경기도, 서울 지역을 다룬 제8권과 중국 만주에 있는 고구려·발해 유적, 일본 속의 한국미술을 다룰 제9권이 예정되어 있다.

최열과 환경운동연합 창립
"환경은 생명이다"를 캐치프레이즈로 내걸고 현장성, 대중성, 전문성에 주안점을 두었다.

　　　　최열(1949~　)은 우리나라 환경운동의 개척자요 산증인이다.
대구에서 태어나 어린 시절을 그곳에서 보내다가 강원도 춘천으로 이사
해 춘천고를 졸업했다. 1968년 강원대 농대에 입학한 후에는 3선 개헌 반
대투쟁(1969), 강원대 교련 반대 데모(1971)를 주도했다가 1971년 위수령
사태 때 제적되어 군에 끌려갔다.

　최열이 환경운동에 몸을 바치기로 작심한 것은 감옥에서였다. 1975년 6
월 긴급조치 9호 위반으로 구속·수감되었을 때 교도소 내 동지들에게 "한
평생 공해 추방 운동을 하고 싶다"는 뜻을 피력했다. 이부영을 제외한 동
지들은 "한가로운 이야기를 한다"며 냉소적인 반응을 보였다. 유신 말기
의 엄혹한 시절이었으니 당연한 반응이었다. 최열은 아랑곳하지 않고 감
옥에서 일본어와 영어로 된 200~300권의 환경 관련 서적을 독파했다. 당
시 국내에는 관련 책이 없었다.

　최열은 1979년 5월 가석방된 후 환경운동을 본격적으로 준비했다. 동
지들은 또다시 "무슨 얼어 죽을 환경운동이냐, 그건 민주화를 이뤄놓고
해도 늦지 않다"며 만류했다. 최열은 결국 환경운동가의 꿈을 잠시 접고
학생운동 출신의 청년운동단체인 '민주청년협의회(민청협)' 부회장을 떠맡
았다가 1979년 11월 YWCA 위장결혼식 사건으로 또다시 구속되었다. 두
번째 감옥에서도 환경 공부는 계속되었다. 1981년 3월 출감했을 때도 환
경운동에는 뛰어들지 못했다. 감옥에서 폐인이 되어 나온 백기완을 살리
는 게 우선이라고 판단했기 때문이다.

　그렇게 6개월을 보내고 본격적으로 환경운동을 시작하려 했으나 이번
에는 조직과 자금 부족이 발목을 잡았다. 조직 구성이 답보 상태에 빠진

것은 여전히 운동권 내부에 팽배해 있는 환경운동에 대한 부정적 시각 때문이었다. 전두환 정권 타도에 모든 힘을 결집해야 하는 상황에서 환경 문제는 누가 보아도 사치스러운 관심사였다.

최열(1949~)

다행히 그에게는 후배 정문화가 있었다. 서울대 외교학과 70학번인 정문화는 1973년 10·2 데모를 주동하고 1974년 민청학련 사건의 주모자로 징역 20년을 선고받은 강골 운동권이었다. 그런데도 그는 민청협에서 만난 최열의 끈질긴 동참 요구를 받아들여 전혀 새로운 영역인 환경운동의 기틀을 잡고 도약의 발판을 구축하는 데 힘을 모았다. 최열의 또 다른 구세주는 자금을 제공한 권호경 목사였다. 이렇게 해서 한국 최초의 환경운동단체인 '한국공해문제연구소(공문연)'가 1982년 5월 3일 서울 혜화동의 6평 사무실에 문을 열었다. 함세웅 신부가 이사장을 맡고 권호경, 조화순, 이돈명, 한승헌, 홍성우 등이 이사로 이름을 올렸다.

공문연의 존재를 세상에 분명하게 각인시킨 사건은 1985년의 온산병 투쟁이었다. 비록 온산병의 직접적인 원인을 밝혀내지는 못했지만 그들이 제기한 온산병은 한국 환경운동사에서 선구적인 투쟁으로 기록되고 있다. 공문연에서 시작한 반공해운동은 이후 '공해반대시민운동협의회'(1986), '공해추방운동청년협의회'(1987) 등을 탄생시켰고 이들 단체는 1988년 9월 '공해추방운동연합'(공추련)으로 통합·발족했다.

금수강산의 파수꾼으로 전국의 환경 현장 누비고 다녀

공추련의 창립 후 울산, 마산·창원, 광주, 목포 등 전국에서 회사원, 주부, 학생, 전문가들이 참여하는 환경단체들이 하나둘 설립되었다. 이후 한국의 환경운동은 1991년 3월 일어난 낙동강 페놀 오염 사고와 1992년 6월 브라질 리우데자네이루에서 개최된 유엔환경개발회의를 계기로 한층 시야가 깊어지고 넓어졌다. 그 결과 피해자 중심의 반공해운동에서 시민으로 폭을 넓힌 환경운동으로, 지역에 국한된 활동에서 전국적 연대 나아가 지구환경 보전을 추구하기 위한 연합체 결성을 추진했다.

그 결과물이 1993년 4월 2일 공추련 등 전국의 8개 환경단체들이 통합·발족한 '환경운동연합'이다. 8개 단체는 서울 공해추방운동연합(1988), 목포 녹색연구회(1988), 부산 공해추방시민운동협의회(1989), 울산 공해추방운동연합(1989), 마산·창원 공해추방시민운동협의회(1991), 진주 남강을 지키는시민의모임(1991), 대구 공해추방운동협의회(1991), 광주 환경운동시민연합(1992) 등이다. 최열은 박경리(소설가), 장을병(성균관대 총장), 이세중(대한변호사협회장) 3인을 공동대표로 추대하고 자신은 실무자(사무총장)로 몸을 낮췄다.

'환경은 생명이다'를 캐치프레이즈로 내건 환경운동연합은 창립 후 현장성, 대중성, 전문성에 주안점을 두었다. 그 결과 2003년 무렵에는 회원 수가 8만 명이 넘는 아시아 최대의 환경단체로 발전했다. 환경운동연합이 길거리로 나가 회원을 모집하고 활동가들을 공개채용한 것은 폐쇄적인 틀 속에 갇혀 있던 운동단체가 불특정 다수를 상대로 문을 열고 일반시민의 참여를 끌어냈다는 데 그 의미가 크다.

환경운동연합의 활동은 거침이 없었다. 1994년 굴업도 핵폐기물 처리장 건설 반대운동, 1996년 7월 가야산 국립공원 해인골프장 건설 반대운동, 1998년 2월 동강댐 건설 백지화 운동을 비롯해 새만금 살리기, 서남해안 습지 보전, 비무장지대 보호, 팔당 상수원 보호, 낙동강 살리기 등 금수강산의 파수꾼으로 전국의 환경 현장을 누비고 다녔다.

2002년 6월에는 세계에서 가장 큰 '지구의 벗(FOE)' 회원단체로 가입해 이후 '지구의 벗 한국' 자격으로 국제사회에서도 중요한 역할을 하고 있다. 최열은 이런 공로를 인정받아 1995년 4월 세계적인 환경운동가에게 수여하는 '골드먼 환경상'을 수상하고 1999년 월드워치 매거진 선정 '세계 시민운동가 15인'으로 선정되었다. 2013년에는 세계적인 환경상인 치코 멘데스상을 수상했다.

그러나 최열이 환경운동가로서 외길만을 걸어간 것은 아니었다. 2000년 총선 때 '낙선 운동'을 주도하는가 하면 2007년 대선을 앞두고는 시민단체 세력을 규합해 신당 창당을 추진하기도 했다. 이 때문에 환경운동의 순수성을 잃어버렸다는 비난을 받았다. 시민단체가 출범의 뜻을 잃고 공직(公職)으로 건너가는 징검다리가 된 게 아니냐는 따가운 눈총도 받았다.

환경단체에 대한 비판은 또 있었다. 국책사업이건 민간사업이건 환경단체의 저지 운동에 부닥치면 공사를 제때에 시작·진행·완료할 수 없고 경우에 따라서 사업 자체가 불가능해진다는 비판이다. 수조 원을 들인 수도권과 영남을 연결하는 고속전철 공사가 한 환경운동가의 결사 저지에 부닥쳐 공사를 진행하지 못해 엄청난 국가 예산이 허공으로 날아간 사건도 있었다.

최열은 이렇게 강력해진 힘을 쓰다가 추락을 경험했다. 부동산 개발업체로부터 사업 추진을 도와 달라는 부탁과 함께 1억 3,000만 원을 받은 혐의가 인정되어 2013년 2월 대법원에서 징역 1년 실형에 추징금 1억 3,000만 원을 선고받고 수감되었다가 2014년 2월 만기 출소했다.

유명우 세계 복싱 챔피언 18차 방어 후 은퇴

기록이 말해 주듯 유명우의 기록은 세계적인 선수들과 비교해도 결코 손색이 없다.

세계 주니어플라이급 사상 최다 연속 방어(17차)와 최단시간 KO승(2분 46초), 국내 프로권투 사상 최다연승(36연승)과 최장기간 타이틀 보유(6년 9일), 국내 최다 세계타이틀전 출전(21회)과 세계 타이틀 리턴 매치에서 승리한 유일한 선수. 한국 복싱사에 찬란히 빛나는 이 기록들의 주인공은 유명우(1964~)다. 기록이 말해 주듯 유명우의 기록은 세계적인 선수들과 비교해도 결코 뒤지지 않는다.

유명우는 링 위의 모습과 링 밖의 모습이 확연이 달랐다. 164cm 남짓한 키와 곱상한 외모, 게다가 동안의 얼굴에는 항상 천진한 미소가 흐르고 말투는 조용했다. 하지만 링에서는 달랐다. 들소처럼 몰아붙이고 특유의 속사포 몰아치기로 상대를 고꾸라뜨리기 일쑤였다. 경기가 끝나면 다시 귀여운 얼굴로 돌아와 그에게 붙은 별명이 '귀여운 악마'였다.

서울에서 태어난 유명우가 처음 복싱체육관의 문을 노크한 것은 중학교 1학년 때인 1977년이었다. 초등학교 4학년 때 텔레비전으로 무하마드 알리와 조지 포먼의 헤비급 타이틀전을 보고 난 뒤 복서의 꿈을 키우다가 3년 뒤 복싱에 입문한 것이다.

아마추어 전적은 초라했다. 중학교 3학년 말에 치른 공식 데뷔전을 포함해 1승 3패에 그쳤다. 그러나 1981년 인천체육고 2학년 때 프로로 옷을 갈아입은 뒤에는 연전연승하며 펄펄 날았다. 1982년 3월 24일 프로 데뷔전에서 4회 판정승을 거둔 것을 시작으로 그해 6월 전국신인선수권대회 플라이급에서 우승해 비로소 빛을 발하기 시작했다.

1984년 12월 3회 KO승으로 동양 주니어플라이급 왕좌에 오른 유명우가 마침내 세계 최고봉에 우뚝 선 것은 1985년 12월 8일이었다. 자신보다

12cm가 더 큰 미국의 조이 올리보를 국내로 끌어들여 15라운드 2-1 판정승을 거두어 WBA(세계권투협회) 주니어플라이급 세계 챔피언을 차지한 것이다. 이로써 유명우는 한국 프로복싱 사상 13번째(IBF 제외) 세계 챔피언이 되고 그해 말 한국권투위원회가 신설한 '올해의 최우수 복서'로 선정되었다.

유명우는 챔피언이 된 후에도 승승장구했다. 링에만 오르면 힘이 난다는 유명우의 주특기는 피스톤을 연상케 하는 좌우 연타와 몸놀림, 정확한 펀치였다. 불같은 투혼과 전 라운드를 풀 가동할 수 있는 체력도 최대 강점이었다. 유명우는 도전자들을 국내로 불러들여 "권투란 이런 것"이라며 한 수 가르치고 돌려보냈다. 1986년부터 시작된 방어전은 1991년까지 17차례나 계속되었다.

'권투란 이런 것'이라며 한 수 가르치고 도전자들을 돌려보내

이런 대기록을 인정받아 1989년 세계 헤비급 통합 챔피언 마이크 타이슨과 함께 WBA 선정 '89 최고의 복서'로 선정되었다. 1991년 4월 28일 국내 최다이자 세계 주니어플라이급 사상 최다인 17차 방어에 성공하자 미국의 '링'지가 세계 3대 복싱기구(WBC, WBA, IBF)의 현역 챔피언 44명 중 체급에 관계없이 실력과 인기도를 기준으로 세계 5위에 랭크시켰다.

17차례 방어하는 동안 KO승을 10차례나 장식했으나 그때까지 홈경기만 치렀기 때문에 '안방 호랑이'라는 달갑잖은 꼬리표가 따라다녔다. 유명우는 18차 방어전 지역으로 일본을 선택했다. 첫 해외 나들이에 대한 부담이 없진 않았으나 그때까지의 전적이 36전승 14KO였으니 겁날 게 없었다. 하지만 1991년 12월 17일 이오카 히로키를 상대로 한 18차 방어전에서 석연치 않은 판정으로 1-2 판정패를 당했다.

이 패배는 20차까지 방어전을 치른 뒤 무패 상태에서 타이틀을 반납하

유명우(1964~)

고 명예롭게 은퇴하려던 유명우에게 큰 충격을 던져주었다. 유명우는 5개월을 방황하다가 지옥 훈련을 시작했다. 리턴매치는 1년 뒤 성사되었다. 다시 일본으로 건너간 유명우는 경기를 앞둔 기자회견에서 "이오카, 그동안 지지 않고 기다려줘 고맙다"며 전의를 불태웠다.

1992년 11월 18일 유명우는 '작은 들소'란 별명에 걸맞게 1라운드부터 챔피언을 몰아붙여 3-0 심판 전원일치 판정으로 챔피언 벨트를 다시 찾았다. 1993년 7월 25일에는 일본의 도전자를 상대로 한 1차 방어전을 승리로 이끈 뒤 평소 바람대로 1993년 9월 7일 챔피언 벨트를 반납하고 명예롭게 은퇴했다. 그때까지의 통산 전적은 39전 38승(14KO승) 1패였다. 유명우의 은퇴 후 한국의 복싱계는 침체기로 접어들었다. 유명우는 2013년 6월 국제복싱 명예의 전당에 헌액되었다. 아시아 출신으로는 4번째, 한국에서는 장정구에 이어 2번째 헌액자였다.

현정화 세계탁구선수권대회 첫 그랜드슬램 달성
국제탁구연맹 주관 '명예의 전당'에 대한민국 선수로는 처음 이름을 올렸다.

현정화(1969~)는 이에리사, 정현숙, 양영자의 계보를 잇는 한국 여자탁구의 간판 스타였다. 현역 시절 그의 이미지는 운동선수라기보다는 가녀린 문학소녀에 가까웠다. 어려서부터 병치레도 잦아 운동선수로는 불리한 요소가 많았다. 그러나 그에게는 상대를 주눅들게 하는 매서운 눈빛과 카랑카랑한 목소리가 있었다. 트레이드 마크가 된 특유의

"띵(파이팅)!" 소리는 상대와의 기 싸움에서 밀리지 않겠다는 각오이자 지지 않겠다는 자기 최면이었다.

현정화는 탁구에 관한 한 주무기가 없었다. 이에리사가 뛰어난 두뇌와 남성의 그것을 연상하게 하는 강력한 루프드라이브로, 정현숙이 멋들어진 커트 수비로, 양영자가 폭넓고 강력한 드라이브로 세계 정상의 문을 노크한 것에 비하면 현정화는 기술에 관한 한 내세울 게 없는 선수다. 그러나 그는 상대의 심리상태를 파악하는 뛰어난 순간 판단력과 끈질긴 승부 근성을 갖고 있는 강한 정신력의 소유자였다. 바로 이 점이 현정화를 세계 정상에 우뚝 서게 한 원동력이었다.

현정화는 부산에서 태어나 초등학교 3학년 때 학교 탁구부에 들어갔다. 바지 허리춤이 배배 돌아갈 만큼 마른 체구였지만 그녀에게는 '깡'이 있었다. 중3 때인 1984년 영국 주니어 오픈에 출전, 4관왕에 오르고 고1 때인 1985년 대표 선발전에서 1위를 차지해 국가대표가 되었다. 이후 현정화는 한국 여자탁구에서 빼놓아서는 안 될 존재가 되었다. 1986년 9월 서울 아시안게임에서 선배 양영자와 여자복식에서 동메달을 따낸 것을 시작으로 1987년 3월 인도 뉴델리의 세계탁구선수권대회, 1988년 10월의 서울 올림픽에서 양영자와 함께 여자복식에서 우승, 세계 최강임을 확인시켜 주었다. 사실 양영자가 없다면 현정화도 없었다. 양영자는 볼이 짝짝 깔리는 중진 드라이브형이고 현정화는 볼이 팽팽 회전하는 전진속공형이라 웬만한 남자선수들도 상대하기 어려운 환상의 복식조였다.

1989년 4월 독일 도르트문트 세계탁구선수권대회에서 유남규와 혼합 복식을 이뤄 금메달을 따내고 1991년 4월 일본 지바 세계탁구선수권대회에 남북 단일팀인 '코리아'의 주전으로 출전, 중국의 만리장성을 넘어 여자단체전 왕관을 거머쥐는 데 핵심 역할을 했다. 당시 현정화, 리분희, 홍차옥, 유순복으로 구성된 '코리아' 팀은 세계 최강 중국과 3시간 40분의 혈투 끝에 3-2로 이겨 금메달을 차지했다. 현정화는 여간해서 울지 않는 성미인데도, 그날만은 눈물 콧물을 짜내며 울었다. 그러나 1992년 바르셀로나 올림픽 단·복식에서 중국의 등야평(덩야핑)에게 모두 패해 동메달을 딴 후에는 극심한 슬럼프에 빠져 1992년 말 공식 무대에서 모습을 감췄다.

뛰어난 순간 판단력과 끈질긴 승부 근성의 소유자

1993년 탁구 최강전에 다시 출전했으나 운동선수라고는 도저히 믿기지 않는 몸 상태였다. 가는 다리에 창백한 얼굴, 랠리가 길어지면 호흡이 거칠어지는 모습에 코칭스태프는 물론 탁구 담당 기자들까지 "현정화의 시대가 갔다"고 진단했다. 그래도 우여곡절 끝에 1993년 5월 스웨덴 예테보리에서 열린 제42회 세계탁구선수권대회에 출전했다. 단체전에서 한국은 현정화의 선전에 힘입어 3위에 오르고 현정화와 유남규가 조를 이룬 혼합복식에서도 은메달을 따내는 등 나름대로 선전을 펼쳤다.

현정화가 여자단식에서 한국 여자선수로는 유일하게 8강에 이어 4강에 진출하자 모든 기대가 현정화에 모아졌다. 주변 상황도 현정화에게 유리하게 전개되고 있었다. 우승 후보 0순위였던 등야평이 중국에서 귀화한 싱가포르 선수에게 32강전에서 패해 탈락하는 이변이 일어난 것이다. 그 동안 등야평에게 개인전에서만 3전 전패를 당하는 등 한 번도 이기지 못한 현정화로서는 절호의 기회가 아닐 수 없었다.

현정화의 4강전 상대는 루마니아의 바데스쿠였다. 경기가 시작되자 둘의 경기는 스포츠 승부의 진수를 보여주는 한 편의 극적인 드라마가 되었다. 세트 스코어 2-2 상황에서 숨막히는 5세트 접전이 벌어졌다. 5-9, 10-9, 13-17의 역전과 재역전을 거듭하던 두 선수는 마침내 20-20의 동점을 이뤄 더 이상 물러설 곳이 없었다. 그 긴박한 상황에서 현정화는 전

광석화 같은 스매싱으로 내리 2
득점, 마침내 2시간 30분간의 대
드라마를 마감했다.

현정화의 결승 상대는 1988
년 서울올림픽 때 중국 국적으
로 금메달을 따낸, 현정화보다
한 수 위인 대만의 진정(첸징)이
었다. 그러나 기세가 오른 현정
화에게 진정은 적수가 되지 못

지바 세계탁구선수권대회에서 복식 경기를 펼치는
현정화(오른쪽)와 북한의 리분희

했다. 현정화는 진정을 가볍게 3-0으로 누르고 감격의 우승을 차지했다.
이로써 현정화는 세계탁구선수권대회의 여자복식(1987), 혼합복식(1989),
단체전(1991), 개인전(1993)을 모두 제패하는 세계 탁구사상 첫 '세계선수
권대회 그랜드슬램'을 달성했다. '녹색 테이블의 마녀'로 불리던 중국의
등야평조차 이루지 못한 위업이었다.

현정화는 1994년 은퇴했다. 2014년 현재 대한탁구협회 전무로 살림을
맡고 있고 국가대표 여자팀 감독으로 분초를 쪼개 뛰고 있다. 2011년 11
월에는 세계선수권대회와 올림픽에서 최소 5개의 금메달을 따야 자격이
주어지는, 국제탁구연맹 주관 '명예의 전당'에 대한민국 선수로는 처음으
로 이름을 올렸다.

남북 단일팀 1980년대 내내 험악하던 남북 관계에 해빙무드가 조성된
것은 1990년이었다. 돌파구는 1990년 북경 아시안게임
이 열어주었다. 대회 개막 전 남북은 단일팀을 시도했다. 하지만 흰색 바
탕에 파란색 한반도 지도가 새겨진 깃발만 합의한 채 단일팀을 구성하는
데는 실패했다. 단일팀 구성은 이듬해 다시 논의되었고 1991년 2월 12일,

제41회 세계탁구선수권대회(4월, 일본 지바)와 제6회 세계청소년축구선수권대회(6월, 포르투갈)에 단일팀을 구성해 참가하기로 합의했다.

남북 여자팀은 현정화·홍차옥(남측), 리분희·유순복(북측)으로 선수를 구성했다. 처음 만났을 때 현정화가 "분희 언니"하고 부르는데도 "정화 동무"라고 대꾸하는 등 모든 게 서먹했다. 북한 선수들은 말도 없이 연습만 하다가 훈련 시간이 끝나면 곧장 방으로 돌아갔다. 감시하는 사람도 있고 왠지 경계하는 눈치였다. 하지만 현정화의 적극적인 관심 표명에 리분희도 마음을 열었다.

1991년 4월 24일 프랑스와의 첫 경기가 열렸다. 단일팀의 첫 단추를 끼운 것은 리분희였다. 지난 세계탁구선수권대회 단식 준우승자답게 상대 선수를 2-0으로 가볍게 요리했다. 단일팀은 이후 연전연승하며 총 10전 전승으로 결승에 올랐다. 결승 진출까지는 남측의 현정화가 팀을 이끌었다. 특히 난적 헝가리와의 준결승에서 유순복의 부진 속에 현정화가 2단식 1복식을 따냈다.

4월 29일의 결승전 상대는 예상대로 중국이었다. 중국은 지난 세계탁구선수권대회까지 여자 단체전에서 내리 8번 우승하고 9연패를 노리는 세계 최강이었다. 우리 선수가 개인전에서는 간혹 중국을 꺾는 개가를 올린 적도 있었지만 단체전에서 중국을 꺾는다는 것은 사실상 하늘의 별을 따는 일이었다. 게다가 중국에는 '마녀'로 불리는 등야평이 버티고 있었다. 단일팀 코치진은 첫 단식에 유순복을 과감히 기용했다. 유순복은 등야평과의 첫 단식 초반부터 과감한 선제공격으로 등야평을 공략했다. 첫 세트를 21-7로 따내는 등 분전 끝에 세트스코어 2-1로 승리해 기선을 제압했다. 현정화도 질 수 없다는 듯 중국 국내 선발전에서 두각을 나타낸 신예 고군(가오준)을 두 번째 단식에서 가볍게 제쳤다.

게임 전적 2-0. 한 번만 더 이기면 우승이 눈앞에 있었지만 중국은 역시 명불허전이었다. 믿었던 현정화-리분희 조가 복식에서 어이없이 역전패하고 현정화마저 등야평에 덜미를 잡혔다. 이제 마지막 단식에 나선 유순복의 어깨에 코리아 우승의 사명이 주어졌다. 유순복은 가오준과의 첫 세트에서 종반 16-17로 끌려갔으나 과감한 백 드라이브를 구사하며 21-19로 따냈다. 이어 열린 2세트마저 13-17로 패색이 짙던 경기를 21-19로 극적으로 뒤집으며 승리해 코리아팀에 감격적인 우승을 안겨주었다.

시상식에서 단일기가 오르며 단일팀 단가인 아리랑이 연주되자 1,000여 명의 응원단은 감격의 눈물을 흘리며 스탠드 곳곳에서 흐느꼈다. 덩야평은 시상대에서 눈물을 펑펑 쏟았고 고군은 시상식 때 아예 고개도 들지 못하는 애처로운 모습을 보였다.

등야평 현정화는 현역 때 "누구에게나 자신감이 넘쳤지만 등야평 (1973~)에 대해서만 도저히 못이기겠다는 생각이 들었다"며 "등야평이 맞은편에서 노려보면 저절로 위축되었다"고 했다. 그래서였을까. 현정화는 등야평과 현역 시절 세 번 맞붙었지만 세 번 모두 패했다.

등야평은 13살에 전국대회에서 처음 우승하면서 비로소 국내에 이름을 알렸다. 15살 때인 1988년 중국 국가대표로 발탁되어 그해 11월 아시안컵 여자단식에서 우승, 국제무대에 등장했다. 1989년 세계탁구선수권대회 여자복식 우승에 이어 1990년 북경 아시안게임 여자 단·복식 2관왕, 1991년 지바 세계탁구선수권대회 단·복식 우승 후 '탁구계의 등소평', '작은 거인', '녹색 테이블의 마녀'로 불리며 세계 여자탁구계를 호령했다.

그가 1991년 세계탁구선수권대회 이후 부동의 세계 랭킹 1위 자리를 지킨 비결은 이질 러버에서 나오는 반 박자 빠른 변칙적인 전진속공이었다. 그는 150cm에 불과한 신체적 약점을 전광석화 같은 스피드, 지칠 줄 모

등야평(1973~)

르는 체력, 강력한 드라이브로 극복했다. 1995년 (중국 천진)과 1997년(영국 맨체스터) 세계탁구선수권대회에서도 단·복식을 모두 제패해 1960년대 이후 처음으로 세계선수권 단식 우승을 세 번 차지한 선수가 되었다. 세계선수권대회 4연속 단식 우승을 달성하지 못한 것은 현정화가 1993년의 여자단식 주인공이었기 때문이다.

등야평은 1992년 바르셀로나 올림픽과 1996년 애틀랜타 올림픽에서도 여자 단·복식에서 금메달을 거머쥐어 도대체 그를 상대할 선수가 없었다. 등야평이 이렇게 8년 동안 세계 랭킹 1위를 고수하며 올림픽, 세계탁구선수권대회, 탁구월드컵 등에서 따낸 금메달만 18개나 되었다.

등야평이 새롭게 인생을 설계한 것은 1996년 사마란치 당시 IOC 위원장의 추천으로 IOC 선수위원이 되고부터였다. 그는 당시 특별한 학벌이 필요없는 중국의 영웅이었지만 IOC 위원이 되고 나서 공부를 새로운 목표로 삼았다. 1996년 9월 무시험 특별장학생으로 입학한 중국의 명문 청화대 영문과에서 본격적으로 공부를 시작했다. 그동안 공부와 담을 쌓은 그였지만 선수 시절의 악바리 투혼을 발휘해 청화대를 6년 만에 졸업하더니 영국의 노팅엄대(2002)에서 석사학위를, 케임브리지대(2008)에서 경제학 박사학위를 취득했다. 2008년 8월 북경올림픽 때 선수촌 부주임 겸 대변인으로 사회 활동을 시작해 2009년 중국 공산당 산하 조직인 공산주의청년단(공청단)의 북경시위원회 부서기(부국장급), 2010년 9월 중국 공산당의 기관지인 인민일보의 부비서장(사무부국장)에 임명되었다. 등야평이 세계 스포츠계에서 활약할 날도 멀지 않아 보인다.

서봉수 응창기배 우승
서봉수의 매력은 항상 의외의 승부를 연출하는 데 있었다.

세계 최강 일본의 바둑계에서 무공을 쌓은 유학파들이 한국의 바둑계를 주름잡던 1970년대 초반, 스승도 없이 잡초처럼 이 땅에서 자란 한 자객이 홀연히 나타나 중원을 평정했다. 이름하여 '된장 바둑', '토종 바둑'의 대명사 서봉수(1953~)다.

그는 대전에서 태어나 서울에서 성장했다. 바둑을 처음 배운 곳은 중학교 2학년 때 아버지가 즐겨 찾는 영등포 시장통의 어느 기원이었다. 그에게 바둑을 가르쳐주는 선생은 없었으나 바둑은 그에게 신천지였다. 1년 만에 1급이 되자 아예 학교 수업은 제쳐놓고 바둑에만 빠져 살았다. 상대할 강자가 없으면 다른 기원을 찾아다니는 이른바 기원순례를 통해 실력을 연마했다. 현실과 경험을 중시하는 승부관은 그렇게 형성되었고, 실전은 유일한 스승이었다.

서봉수는 실전의 가혹함 속에서 본능적으로 생존을 배우고 자기 나름의 독특한 실전적 직관을 터득했다. 이런 그를 가리켜 훗날 바둑계는 '야생의 표범', '실전의 대가'라는 칭호를 거쳐 '야전사령관'으로 불렀다. 서봉수는 중3 때 입단대회에 출전했다가 허무하게 무너지면서 세상에 바둑 고수가 많다는 것을 새삼 알게 되었다.

1968년 동양공고에 입학했다가 곧 배문고로 스카우트되었다. 고교 1학년 때 하루 종일 바둑만 두었으나 입단대회에서 또다시 쓴잔을 마셨다. 고교 2학년 때 대만에서 열린 한·중·일 고교바둑대회에서 우승하고서야 비로소 세상에 이름이 알려졌다. 그러나 그해 입단대회에서도 또다시 고배를 마셔 처음으로 바둑에 입문한 것을 후회했다. 그렇다고 달리 할 것도 없어 바둑돌은 놓지 않았다.

서봉수가 마침내 프로 입단의 장벽을 뛰어넘은 것은 고교 3학년이던 1970년 9월이었다. 3번의 실패 후 이뤄낸 성취였지만 그래도 바둑을 처음 배워 프로에 입단하기까지 걸린 시간만 따진다면 당시 프로기사 중 누구보다 짧았다. 서봉수는 1971년 4월 한국일보가 주최하는 제4기 명인전에 출전했다. 예선에서 승승장구하고 본선에 진출하자 초단이 본선 멤버가 되었다며 놀랍다는 목소리가 여기저기서 들려왔다. 본선에서도 그는 불패의 사나이였다. 1971년 10월 2단으로 승단하고 얼마 후 치러진 명인 도전자 결정전에서 당시 전성기를 구가하던 김인 7단도 무너뜨렸다.

실전을 통해 본능적으로 생존 배우고 실전적 직관 터득해

서봉수를 기다리고 있는 명인은 바둑계의 거목 조남철 8단이었다. 그는 무려 20년간 호령해온 한국 바둑계의 절대 지존이었다. 비록 50세의 장년이 되었다고는 하나 갓 입단한 서봉수가 감히 넘볼 수 있는 존재가 아니었다. 하지만 서봉수는 1972년 5월 5일 제4국 176수 만에 불계승을 거둬 전체 전적 3 대 1로 명인 타이틀을 따냈다. 역대 최저단(2단), 최연소(19세), 입단 후 최단기간(1년 8개월)의 타이틀 획득이었다. 최연소 기록은 훗날 이창호에 의해 깨졌지만 나머지 2개의 기록은 지금도 깨지지 않고 있다.

일본 유학도 하지 않고 입단한 지 1년 8개월밖에 되지 않은 19세 무명 기사가 한국 바둑의 태산 조남철 8단을 꺾으며 우승한 것은 당시로서는 일대 사건이었다. 마지막 판에서 전세를 뒤집을 수 없다고 판단한 조남철 9단이 "없군!"이라고 던진 마지막 말은 유명하다. 조남철은 명인위를 빼앗긴 뒤 더 이상 타이틀을 획득하지 못했다.

그 무렵 일본에서 귀국(1972)한 조훈현이 비상의 날갯짓을 준비하고 있었다. 조훈현은 1974년 1월 생애 첫 타이틀인 최고위, 1976년 10월 국수

위를 따냈다. 그때부터 1980년대 후반까지의 시
기를 바둑팬들은 '조·서 시대' 혹은 '조훈현·서봉
수 100년 전쟁'이라고 부른다.

서봉수(1953~)

그러나 서봉수도 인정하듯 엄밀히 말하면 그
것은 조훈현의 시대였다. 조훈현이 전관왕을 달
성하면 서봉수가 일부 허물긴 했지만 15년 동안
서봉수는 조훈현의 맞수가 되지 못했다. 32.5%
에 불과한 조훈현에 대한 승률이 이를 말해준다.

서봉수와 조훈현은 1973년 1월 백남배라는 지금은 사라진 기전의 본선에
서 처음 만났다. 1973년 7월 조훈현이 명인전 도전자가 되면서 둘 사이의
첫 도전기가 열렸다. 이 대결에서는 서봉수가 3 대 1로 승리해 '서봉수=
명인'이라는 등식이 더욱 분명해졌다.

서봉수는 1976년까지 명인위를 5연패했다. 그래서 붙은 별명이 '서 명
인'이다. 두 사람은 2011년 11월의 맥심배까지 38년 동안 무려 366번 대
결하고 서봉수는 119승 247패를 거뒀다. 그것은 바둑 천재 조훈현과 동시
대를 살아야 하는 서봉수의 운명이었다. 하지만 서봉수는 조훈현이 있었
기에 행복했다. 조훈현은 그에게 끊임없는 자극제였다. 서봉수는 조훈현
에게 지면서 강해졌다. 대개의 경우 서봉수는 조훈현의 영광을 위해 희생
되곤 했으나 대승적으로 그들의 대결은 한국 프로바둑계의 질적 향상에
결정적 견인차가 되었다.

응창기배 우승은 '한국 실전류의 부흥'을 알리는 분수령

1980년대 후반 조훈현의 내제자인 이창호가 등장하면서 서봉수는 2인
자 자리마저 내줘야 하는 처지가 되었다. 그래도 서봉수는 좌절하지 않
고 뚜벅뚜벅 자기만의 길을 걸었다. 1993년의 제2회 응창기배 우승도 "한

물갔다"는 소리가 들려올 때 일궈낸 쾌거였다. 응창기배는 운도 따라주었다. 중국과 대만의 관계가 급랭하면서 중국이 응씨배를 보이콧한 덕분에 고수가 줄어들었기 때문이다. 조훈현은 물론 일본의 요다 노리모토와 임해봉도 탈락해 대진운도 좋았다. 서봉수가 가장 두려워하던 이창호 역시 여전사 예내위(루이나이웨이) 9단에게 져 탈락했다.

서봉수는 1992년 11월 준결승에서 조치훈을 물리치고 1993년 5월 싱가포르에서 치러진 결승에서 일본의 오다케 히데오 9단을 만났다. 4국까지의 전적이 2 대 2인 상황에서 서봉수는 1993년 5월 20일 제5국을 불계승으로 물리쳐 40만 달러의 상금과 함께 응창기배를 거머쥐었다. 이 결승전은 '한국 실전류의 부흥'과 '일본 미학의 퇴조'를 알리는 분수령이었다. 일본 바둑은 이 패배와 더불어 바다 깊숙이 침몰했고 다시 살아나지 못했다. 대신 한국 바둑이 세계를 지배했다.

하지만 서봉수 역시 응씨배 우승 이후 성적이 곤두박질쳤다. 신인들에게도 한없이 지고 무너졌다. 그런 와중에 1994년 11월 29일 국내 최초로 1,000승의 위업을 달성했다. 그때 조훈현은 949승에 그치고 있었다. 물론 조훈현의 승수에는 일본에서 활동한 기록이 빠져 있다.

서봉수의 매력은 항상 의외의 승부를 연출하는 데 있었다. 응창기배에서도 그랬듯 평소 전력으로 보면 다들 진다고 할 때 이겨 사람들을 놀라게 했다. 1997년 2월 북경에서 열린 국가대항전인 제5회 진로배(현 농심배) 세계바둑최강전 때도 그랬다. 한국 대표의 성적순에 따라 서봉수는 이창호, 조훈현, 유창혁에 이어 네 번째 실력으로 출전했다. 그런데도 일본과 중국의 장수 9명을 차례차례 베면서 전대미문의 9연승의 기적을 이뤄내 한국에 우승을 가져다주었다.

서봉수는 2008년 3월 전자랜드배 현무왕전에서 라이벌 조훈현 9단을 꺾고 우승한 것을 마지막으로 더 이상 우승의 기쁨을 맛보지 못하고 있다. 대신 시니어전에서는 펄펄 날고 있다. 한국기원의 통계에 따르면 2014년 7월 기준 서봉수의 통산 우승 횟수는 27회로 조훈현(159회), 이창호(140회), 이세돌(43회)에 이어 4번째다. 승수는 1,553승(승률 63%)으로 조훈현(1,916승), 이창호(1,676승)에 이어 3위를 달리고 있다.

한비야 세계 일주 여행 출발
4차례로 나눠 1998년 5월까지 5년간 돌아다닌 오지는 60여 개국이나 되었다.

한비야(1958~)는 청춘 때나 중년 때나 나이에 상관없이 늘 씩씩하고 당당하다. 긍정의 에너지가 넘쳐 흐르고 거침이 없다. 뜨겁고 발랄하고 수다스럽다. 일단 일에 몰두하면 한정된 시간과 에너지를 한곳에 쏟아붓고 능력의 최대치를 끌어내야 직성이 풀린다. 역마살도 타고나 어느 한곳에 정착하지 못하고 늘 이리저리 몸을 움직이거나 이곳저곳을 옮겨다녀야 한다. 수년간 여행과 유학을 하고 돌아오면 만사 제쳐두고 휴식을 취할 법도 한데 어떻게든 백두대간을 종주하거나 하다못해 북한산이라도 다녀와야 다음 일을 시작할 수 있는 이상 체질이다.

이런 한비야가 세계를 무대로 종횡무진한 것은 타고난 것이기도 하지만 아버지의 영향도 컸다. 신문기자였던 아버지는 어린 아이들 앞에 세계지도를 펼쳐 놓고 나라, 도시, 산, 바다 등의 이름 찾기 놀이를 하며 아이들의 관심을 세계로 넓혀주었다. 국제간 역학 관계나 분쟁 지역 이야기도 수없이 들려주었다. '김찬삼의 세계 여행기'와 쥘 베른의 '80일간의 세계 일주'도 한비야를 머나먼 미지의 세계로 안내했다.

한비야는 중학교 2학년 때 아버지를 여의었다. 이 때문에 학교 등록금을 제때 내지 못할 정도로 어려워졌다. 결국 1977년 대학 입학에 실패하

한비야(1958~)

자 진학을 포기하고 생활 전선으로 뛰어들었다. 생활비까지 벌어야 했기에 초등학생 과외, 임시 세무공무원, 음악실 DJ 등 온갖 일을 마다하지 않았다. 이렇게 5년을 보내다가 1982년 마침내 대학 4년 등록금 전액 면제에 생활비까지 지급하는 특별 장학생에 선발되어 홍익대 영문학과에 입학했다. 대학을 졸업한 후에는 1년간 영어회화 학원 강사를 하며 모은 돈으로 유학을 떠나 미국의 유타대 언론대학원에서 국제홍보학을 전공했다.

한비야의 미국 생활은 '유학(留學)'이 아니라 '유학(遊學)'이었다. 3년간 미국의 50개 주 중 39개 주를 돌아다닌 것은 물론 방학 때면 어김없이 배낭을 메고 유럽 각지를 돌아다녔다. 석사학위를 취득하고 1990년 귀국한 한비야가 처음 둥지를 튼 곳은 국제홍보회사 버슨 마스텔라의 한국 지사였다. 그러나 한비야는 3년 만에 사표를 썼다. 오래전부터 계획해온 세계일주 여행을 떠나야 했기 때문이다.

그동안 한비야는 세계일주여행 계획을 치밀하게 준비했다. 씀씀이를 줄여 여행비 2,500만 원을 모으고 체력관리를 열심히 했다. 여행 방식도 원칙을 정했다. 발로 뛰고 땀 냄새가 물씬 나고 사람들의 살 냄새를 찾아다니자고.

'몽땅 쓰고 가다'

한비야가 마침내 미지의 땅을 찾아 나선 것은 1993년 7월이었다. 그 후 4차례로 나눠 1998년 5월까지 5년간 돌아다닌 오지는 60여 개국이나 되었다. 발로 움직이는 여행이다 보니 위험하고 황당하고 어이없는 상황을 수없이 겪었다. 도로에서 강도를 만난 적도 있었고 치근거리는 남자를 피해 여관 방문에 의자 등으로 바리케이드를 친 적도 있었다. 5년 동안의 여행은 1996년 7월부터 1998년 12월까지 '바람의 딸 걸어서 지구 세 바퀴 반'(전4권)이란 제목의 책으로 발간되었다.

한비야는 귀국 후에도 국내 도보 여행을 준비했다. 티베트에서 겪은 얼굴 뜨거운 경험 때문이었다. 한비야는 티베트에서 만난 미국인 여행자에게 자신을 한국인이라고 소개했다. 그 미국인은 자신의 삼촌이 한국의 임실이라는 곳에서 평화봉사단으로 일을 했다며 반가워했다. 그런데 한비야는 임실이 어디에 있는지를 알지 못해 아무런 대꾸도 하지 못했다. 순간 오대양 육대주를 누비고 다니면서 정작 제 나라에는 무관심한 것을 알고 얼굴이 화끈거렸다. 그래서 시작한 국내 도보 여행은 1999년 3월 초부터 4월 말까지 전남 땅끝마을에서 강원도 통일전망대까지 이어졌다. 이 여행기는 '바람의 딸 우리 땅에 서다'(1999.11)로 발간되었다.

한비야는 2001년부터 2009년까지 9년간 월드비전 긴급구호팀장으로 활동했다. 아프가니스탄, 파키스탄, 짐바브웨 등 지구촌 분쟁 지역에서 벼랑으로 내몰린 사람들에게 사랑을 전하는 것이 임무였다. 그때의 경험은 한비야가 장차 무엇을 하며 살아야 할지를 가르쳐 주었다.

한비야의 책들은 발간 즉시 모두 베스트셀러가 되었다. 2014년 현재 '바람의 딸 걸어서 지구 세 바퀴 반'(4권)은 25만 세트, '바람의 딸 우리 땅에 서다'는 30만 권이 팔려나갔다. '중국 견문록'(2001.8)은 60만 권, '지도 밖으로 행군하라'(2005.9)는 100만 권, 자전 에세이 '그건 사랑이었네'(2009.7)는 70만 권을 돌파했다. 책을 통해 한비야의 씩씩함이 널리 알려지면서 2009년 전국의 대학생을 대상으로 한 '가장 존경하는 인물' 설문조사에서 1위에 오르고 2010년 여대생 여론조사에서 '닮고 싶은 인물' 1위로 선정되었다.

한비야는 2009년 미국 터프츠대 플레처스쿨로 유학을 떠나 2010년 9월 귀국했다. 귀국 후에도 가만히 있지 못해 백두대간 종주를 시작했다. 2011년 11월부터는 유엔 산하 중앙긴급대응기금 자문위원으로 활동하고 있다. 유엔 긴급기금이 효율적으로 배분되고 쓰이는지 평가하고 보고하는 것이 그의 임무다. 한비야는 장차 자신이 뭐가 될지 궁금해하고 있다. 그러면서 인생의 정점은 죽는 순간이 될 것이라며 묘비명에 '몽땅 쓰고 가다'로 적고 싶다고 한다. 신이 자신에게 준 재능과 체력과 에너지를 몽땅 쓰고 가고 싶다는 것이다.

백제금동대향로 발굴
나당 연합군은 절을 철저히 유린했다. 백제의 혼을 담은 대향로도 깊이 잠들었다.

충남 부여 능산리에는 일제강점기 때 모조리 도굴당한 백제의 왕과 왕족들의 무덤으로 추정되는 고분군(사적 14호)이 있다. 고분군을 찾는 관람객이 증가하자 충남 부여군이 주차장을 확장해 관람객의 편의를 돕고자 했다. 주차장은 능산리 고분군과 부여 나성(사적 58호) 사이 작은 계곡에 있는 계단식 논을 닦아 조성할 계획이었다.

그러려면 주차장 부지에 유구(遺構·옛 건축물의 자취)나 유물은 없는지 사전 시굴조사를 해야 한다. 부지가 계단식 논이고 이 때문에 항상 물이 질척거리다 보니 누구도 그곳에 유구나 유물이 있을 것이라고 생각하지 못했다. 이 때문에 1992년 12월의 시굴조사에서 건물 터와 불탄 흔적, 금속 유물 파편들이 발견되었어도 전문가들은 단지 금속 제품을 만드는 공방 건물 터 정도로 추정했다.

이 정도의 유물만으로는 주차장 공사 계획을 막을 수 없었다. 공사를

중단시키려면 더 결정적인 유구·유물들이 나와
야 하는데 그게 없었다. 결국 발굴 허가 기간이
다 지나가는데도 이렇다 할 발굴 성과가 없어 유
적지가 조만간 불도저에 밀려날 판이었다.

백제금동대향로

　1993년 12월 12일 발굴단은 마지막으로 한 번
만 더 파보기로 했다. 계속되는 겨울 추위와 흘
러내리는 물 때문에 발굴 현장은 여전히 최악의
상황이었다. 그래도 발굴단은 120cm가량의 타원
형 물구덩이를 파들어갔다. 그러던 중 오후 4시
30분 갑자기 뚜껑 같은 물체가 모습을 드러내 발굴단을 긴장시켰다. 발굴
단이 꽃삽으로 조심스럽게 물체를 노출시키는데 곧 날이 어두워졌다. 발
굴단은 도굴 등을 우려해 인부들을 모두 귀가 조치하고 남아 있는 조사원
이 달려들어 물구덩이 속을 손으로 더듬거리며 뻘 같은 흙을 파들어갔다.

　그렇게 4시간여가 지난 8시 30분쯤 누구랄 것도 없이 발굴단 입에서
"아!" 하는 탄성이 쏟아졌다. 20세기 백제 발굴사에 기념비적인 사건으로
기록될 백제금동대향로가 1,300년 만에 신비로운 자태를 드러낸 것이다.
물속에 오래 잠겨 있었던 덕분에 녹도 슬지 않았다.

　발굴단은 뚜껑과 몸통이 분리된 채로 수습된 금동대향로를 박물관으
로 가져가 면봉으로 향로에 묻은 이물질을 닦아냈다. 하나하나 자태를 드
러내는 향로의 참얼굴에 발굴단은 넋을 잃었다. 62.5cm의 늘씬한 몸매를
자랑하는 향로의 뚜껑 정상에는 봉황 모양의 새가 있었다. 뚜껑에는 각종
주악상, 인물상, 동물상들이 아로새겨져 있고 몸체에는 화려한 연꽃 등이
피어 있었다. 동아시아 최고의 금속공예품이라는 찬사가 괜한 말이 아니
었다.

　12월 22일 부여박물관에서 언론에 공개할 때 이름은 '백제금동용봉봉

래산향로'였다. 하지만 곧 전문가들 사이에 이름을 둘러싼 논쟁이 벌어졌다. 그 결과 1996년 5월 문화재위원회가 국보 제287호로 지정하고 명칭을 '백제금동대향로'로 공식 발표했다.

동아시아 최고 금속공예품이라는 찬사 쏟아내

타원형 물구덩이는 추가 발굴을 통해 공방에 필요한 물을 저장하던 목제 수조가 놓였던 곳이라는 사실이 밝혀졌다. 발굴을 주도한 부여박물관 측은 당시 상황을 이렇게 추정했다. 서기 600년 무렵 창졸간에 나당 연합군의 약탈 유린이 시작되었을 때 스님들은 임금의 분신과도 같은 향로를 감추었다. 조국이 멸망하리라고는 전혀 생각하지 않아 그저 며칠만 숨겨두면 괜찮을 것이라는 생각에 황급히 향로를 공방 터 물통 속에 은닉하고 도망쳤다. 그러나 예상과 달리 조국은 허망하게 멸망했다. 나당 연합군은 백제 임금들의 제사를 지낸 절을 철저히 유린했다. 절이 전소되고 공방 터 지붕도 무너졌다. 백제의 혼을 담은 대향로도 깊이 잠들었다.

그곳이 절터임을 최종적으로 확인해 준 것은 4차 발굴이 끝나가던 1995년 10월, 발굴단이 목탑의 기둥(心柱)이 넘어진 지점의 지하를 110cm쯤 파내려가다가 발견한 화강암으로 된 석조사리감이었다. 높이 74cm, 가로 세로 각각 50cm 크기의 사리감에는 '百濟昌王十三秊太歲在(백제창왕십삼년태세재) 丁亥妹兄公主供養舍利(정해매형공주공양사리)'라는 문장이 또렷이 새겨져 있었다. 해석하면 "백제 창왕 13년에 매형 공주가 사리를 공양했다"는 뜻이다.

창은 백제 27대 위덕왕의 이름이고 창왕 13년은 서기 567년이다. 위덕왕은 554년 관산성(지금의 충북 옥천) 싸움에서 신라군의 매복 작전에 걸려 패사한 백제 중흥의 영주 성왕의 아들이며 매형 공주는 성왕의 딸이다. 공주가 부왕의 위업을 기려 사리감을 공양한 것이다. 사리감도 목탑의 중심기둥을 받치는 심초석(心礎石)에서 발견되어 그때까지 공방으로 추정하던 건물 터가 사실은 백제 왕실의 명복을 비는 사찰 터였음이 밝혀졌다.

마스트리흐트 조약 발효와 유럽연합(EU) 출범
28개국 5억 300만 명을 거느리고 세계 총생산의 21%를 차지하는 세계 최대의 경제블록으로 성장했다.

유럽은 작은 땅에 여러 나라가 얽혀 있어 역사적으로 경쟁과 대립과 갈등이 끊이지 않았다. 이는 중세 때까지 중국과 이슬람 세력에 뒤져 있던 유럽이 세계 역사의 중심부를 차지하게 된 결정적인 동인이 되기도 했지만 한편으로는 크고 작은 전쟁으로 인적·재산 피해가 컸다. 이처럼 반복되는 참사를 피하고 점증하는 소련의 위협에 대처하기 위해 서유럽이 통합을 모색한 것은 2차대전 후인 1940년대 후반이었다.

1948년 6월부터 1년간 계속된 소련의 베를린 봉쇄는 서유럽에 소련의 침략이 임박했다는 위기의식을 불러일으켰다. 미국은 이에 대항하기 위해 북대서양조약기구(NATO) 발족을 구상했고 NATO의 힘을 강화하려면 패전국 독일을 재무장시켜 NATO에 참여시켜야 했다. 서독이 비록 2차대전으로 주요 시설이 파괴되고 동서독으로 국토가 분단되었지만 경제적 잠재력만은 무시할 수 없을 만큼 컸기 때문이다.

문제는 프랑스가 서독의 재무장을 결사적으로 반대한다는 점이었다. 1870년의 보불전쟁과 1914년의 1차대전, 1939년의 2차대전을 겪으면서 독일과 불구대천의 원수가 된 프랑스에 독일의 재무장은 소련의 위협보다 더 큰 위협이었다. 그래도 미국이 서독의 재무장을 계속 추진하자 프랑스는 독일의 호전적인 민족주의를 제어할 방법에 골몰했다. 그 결과가 전쟁의 필수 물자인 석탄·철강의 공동 생산·관리였다. 이 안은 '유럽 통합의 아버지'로 불리는 장 모네 프랑스 경제계획청장이 입안하고 로베르 쉬망 프랑스 외무장관이 발표했다.

쉬망은 1950년 5월 9일 발표한 이른바 '쉬망 선언'에서 지난 수백 년에 걸친 프랑스와 독일의 적대감이 해소되어야 한다며 프랑스와 독일에서 생산되는 모든 석탄과 철강에 대한 관리를 하나의 공동 기구에 두자고 제안했다. 석탄과 철강은 무기를 생산할 수 있는 중요한 자원으로 이 자원을 공동으로 관리하면 서독은 독자적인 무기 생산이 어렵게 되어 서독과 프랑스 사이의 전쟁을 막을 수 있다고 생각한 것이다. 또한 산업 생산을 가동하기 위해 필수불가결한 석탄과 철강을 안정적으로 확보한다는 점에서도 공동관리는 필요했다.

첫 결실은 1951년 4월 18일 '유럽 석탄 및 철강 공동체 설립'에 관한 조약'(파리조약)으로 나타났다. 조약에 따라 1952년 7월 25일 프랑스, 서독, 이탈리아, 벨기에, 네덜란드, 룩셈부르크 등 6개국이 참여한 '유럽석탄철강공동체(ECSC)'가 발족했다. 영국은 프랑스가 서독과 협력해 유럽 대륙에서 우위를 차지할 것을 우려해 참가하지 않았다. 1957년 3월 25일에는 6개국이 회원국 간 자본, 상품, 노동력, 서비스의 자유로운 이동을 목표로 한 '로마 조약'을 체결하고 1958년 1월 1일에는 '유럽경제공동체(EEC)'와 '유럽원자력공동체(EAEC)'를 출범시켰다. 오늘날 유럽연합은 이 '로마 조약'을 출발점으로 삼고 있다.

6개 회원국은 1967년 7월 유럽석탄철강공동체, 유럽경제공동체, 유럽원자력공동체를 '유럽공동체(EC)'로 통합하고 1968년 회원국 간 관세장벽을 철폐함으로써 유럽 통합의 기틀을 마련했다. 회원국도 늘어나 1973년 영국, 아일랜드, 덴마크가 가입했다.

그러나 1973년과 1979년 두 차례의 석유파동이 서유럽을 강타하면서 유럽의 경제통합은 위기를 맞았다. 유가 급등으로 수출 경쟁력이 하락하

스웨덴

핀란드

에스토니아

라트비아

덴마크

리투아니아

네덜란드

벨기에

아일랜드

영국

폴란드

룩셈부르크

독일

체코

슬로바키아

오스트리아 헝가리

프랑스

크로아티아

루마니아

슬로베니아

불가리아

흑해

포르투갈

스페인

이탈리아

몰타

그리스

키프로스

유럽연합 28개 국가

▶ 유럽연합(EU) 확장

가입 연도	국가명	총국가수
1952년	프랑스 서독 이탈리아 벨기에 네덜란드 룩셈부르크	6
1973년	영국 덴마크 아일랜드	9
1981년	그리스	10
1986년	스페인 포르투갈	12
1995년	오스트리아 핀란드 스웨덴	15
2005년	체코 슬로바키아 폴란드 헝가리 슬로베니아 라트비아 에스토니아 리투아니아 몰타 키프로스	25
2007년	불가리아 루마니아	27
2013년	크로아티아	28

고 실업자가 늘어나자 회원국들은 실업률 감소와 경제성장 회복을 범유럽 차원에서 공동으로 대처하기보다 개별 회원국 차원에서 해결했다. 이로 인해 유럽 통합의 움직임은 정체되고 더 높은 수준의 통합은 먼 얘기

가 되었다. 유럽 통합사에서 '유럽 동맥경화증'이라고 부르던 시기가 바로 이때다.

유로화는 유럽 통합의 상징이자 최대 성과 중 하나

그러나 이런 정체 시기에도 부분적으로는 성과가 있어 유럽정치협력과 유럽통화체제라는 협력체제가 구축되었다. 1979년 시작된 유럽통화체제는 회원국 경제력을 기준으로 통화 바스켓을 정하고 회원국 화폐가치의 안정을 위해 환율 변동 폭을 상하 2.25%로 규정했다. 당시 서독의 경제 규모가 가장 크고 서독 마르크화의 가치가 안정되어 있어 마르크화가 기축통화 역할을 하도록 했다.

1985년 유럽의회 의장인 자크 들로르가 "유럽 단일시장을 이룩하자"고 제안하자 '국경 없는 단일시장'에 공감한 회원 국가들이 1986년 2월 단일유럽의정서에 서명하고 1987년 비준했다. 그 사이 그리스(1981)와 스페인·포르투갈(1986)이 가입해 회원국은 12개로 늘어났다.

마침내 유럽 통합의 전기가 마련된 것은 1992년 2월 7일이었다. 12개 회원국이 유럽을 하나로 묶는 '마스트리흐트 조약'에 조인한 것이다. 1993년 11월 1일 마스트리흐트 조약의 발효와 함께 '유럽공동체(EC)'는 '유럽연합(EU)'으로 격상되었다. 1995년 오스트리아, 스웨덴, 핀란드가 EU에 가입해 회원국은 15개로 늘어났다.

1999년 1월 1일에는 EU 회원국 중 11개국 간의 새로운 공동통화인 '유로화'를 탄생시켜 2억 9,000만 명과 역내 총생산 5조 9,420억 달러 규모의 경제를 하나로 묶는 사상 초유의 실험을 단행했다. 2002년 1월 1일에는 회원국 중 12개국에서 현금 형태로 시중에 유로화가 유통되기 시작해 역사적인 유럽 단일통화 시대를 열었다. 이로써 유로화는 달러 중심의 1극 체제로 유지되어 온 세계경제와 금융시장을 달러·유로의 분극 체제로 나누는 등 세계경제에 큰 변화를 불렀다. 유로화는 유럽 통합의 상징이자 최대 성과 중 하나로 꼽히고 있다.

2005년 5월 헝가리·폴란드·체코·슬로바키아·에스토니아·라트비아·리투아니아·몰타·슬로베니아·키프로스 등 10개국, 2007년 루마니아·불가리아 등 2개국, 2013년 7월 크로아티아가 가입하면서 서유럽에 국한되었던 통합은 명실상부하게 유럽 대륙으로 확장되었다. 이로써 EU는 28개국 5억 300만 명을 거느리고 세계 총생산의 21%를 차지하는 세계 최대의 경제블록으로 성장했다. 국경이 없어지고 통합된 단일시장에서 모든 상품과 서비스가 치열한 경쟁을 펼치는 가운데 유로화는 세계 기축통화를 넘보고 있다.

빌 클린턴 미 대통령 취임
총명한 두뇌와 탁월한 친화력, 뛰어난 언변과 정교한 정치감각의 소유자였다.

빌 클린턴(1946~)은 미국 아칸소주의 오지에서 유복자로 태어났다. 경제적으로는 부족하지 않았으나 의붓아버지가 술주정뱅이인 탓에 성장 과정은 어두웠다. 클린턴은 가정불화를 잊기 위해 밖으로 돌았다. 다행히 중고교 시절 학업성적과 각종 서클 활동에서 두각을 나타냈다. 고교생이던 1963년, 우수 장학생으로 뽑혀 케네디 대통령과 악수를 나눴던 순간은 그에게 정치인의 꿈을 심어준 평생 잊을 수 없는 추억이었다.

조지 워싱턴대와 예일대를 다니며 꿈을 키운 끝에 1978년 32세라는 미 역사상 최연소의 나이로 아칸소주 주지사에 당선되었다. 2년 뒤 낙선의 고배를 마셨으나 다시 주지사 복귀에 성공해 10년 뒤 백악관까지 줄달음

쳤다.

1992년이 대통령 선거는 경제가 화두였던 경제 선거였다. 로널드 레이건과 조지 부시가 집권한 공화당 장기집권(12년)에 대한 정권 교체 심리까지 작용한 덕에 클린턴은 부시 대통령을 압도적인 표차로 물리치고 당선의 기쁨을 누렸다. 1992년 11월 3일에 치러진 선거 결과 클린턴은 32개 주에서 모두 370명의 선거인단을 확보해 18개 주에서 168명의 선거인단을 얻은 부시 대통령을 누르고 제42대 대통령에 당선되었다. 케네디 대통령 이후 최연소 당선이었다. 클린턴은 유효투표의 43%를 득표했다. 부시는 38%, 단 1명의 선거인단도 확보하지 못한 페로는 19%를 얻었다.

승리가 확정되었을 때 클린턴은 환호하는 지지자들을 향해 자신의 승리는 "미국이 냉전의 종식과 21세기의 시작이라는 도전에 맞서 싸우기 위한 진군의 나팔소리"라고 외쳤다. 1993년 1월 20일 남부의 시골뜨기에서 46세 나이로 백악관에 입성한 그를 가리켜 언론은 "아메리칸 드림의 표본"이라고 치켜세웠다. 클린턴은 구소련과 동유럽 사회주의권의 몰락으로 냉전이 종식된 후 취임한 첫 대통령이었고 2차대전 후 출생한 전후 세대 중 처음 백악관에 입성한 신세대 대통령이기도 했다.

취임 전인 1992년 12월 클린턴은 당선자 자격으로 앨런 그린스펀 연방준비제도이사회(FRB) 의장을 만나 경제 운용의 지혜를 구했다. 그린스펀은 당시 연 2,900억 달러에 달하는 사상 최대의 재정 적자를 해결하지 않고는 경제성장을 기대할 수 없을 것이라고 조언했다. 취임 후 클린턴은 국방 및 복지 예산 삭감을 내용으로 한 예산안을 의회에 제출했다. 소속이 같은 민주당 의원들 중에서도 이탈자가 있을 정도로 반발이 심해 간신히 1표 차이로 통과되었으나 시장은 주가가 상승곡선을 그리는 등 긍정적으로 반응했다. 클린턴은 1996년 11월 공화당의 밥 돌 후보를 누르고 재선에 성공했다. 민주당 후보로는 프랭클린 루스벨트 대통령 이후 첫 재선이었다.

클린턴은 총명한 두뇌, 탁월한 친화력, 뛰어난 언변, 정교한 정치감각, 지칠 줄 모르는 열정의 소유자였다. "미국의 마지막 영광", "클린턴의 전설"이라는 수사가 나올 정도로 그의 재위 8년(1993~2000)은 미국의 영광이 재현된 시대였다. 대외적으로는 세계 유일의 슈퍼 파워로 군림했고 팍스 아메리카나를 본궤도에 올려놓았다는 평가를 받았다.

'미국 정치의 밝은 태양이자 처량한 달'

특히 재임 중 일궈낸 경제 성적표는 화려하고 찬란했다. 107개월째 지속된 미 역사상 최장기 경제호황과 30년래 가장 가파른 실질임금 증가에 미국인들은 만족감을 표시했다. 1992년 2,900억 달러나 되던 재정 적자는 퇴임 무렵인 2000년 미 역사상 최고치인 2,370억 달러 흑자로 반전했다. 1992년 7.5%이던 실업률은 30년 만의 최저 수준인 4%로 하락했다. 범죄율은 25년 이래 최저였고 물가상승률은 40년래 최하인 연평균 2.5%를 기록했다.

클린턴은 사회적 약자에 대해서도 관심과 지원을 쏟아냈다. 흑인과 중남미계 출신들을 과거 어느 대통령보다 많이 정부 요직에 기용해 흑인 등 소수 인종들로부터 전폭적 지지를 받았다. 그러나 화이트워터(부동산개발 사기사건) 추문, 폴라 존스나 모니카 르윈스키 등과의 '섹스 스캔들', 르윈스키와의 성관계를 부인하기 위한 연방 대배심 위증 등으로 미 대통령의 권위를 땅에 떨어뜨린 대통령이기도 했다.

결국 1998년 12월 미 하원으로부

빌 클린턴(1946~)

터 탄핵을 당했다가 1999년 2월 상원의 거부로 탄핵을 면하긴 했으나 미 역사상 탄핵 절차를 밟은 두 번째 대통령으로 기록되는 불명예를 안았다. 이 때문에 그는 타블로이드판 황색신문의 단골 가십으로 등장했고 TV 심야쇼의 우스갯거리가 되었다.

클린턴이 위기를 벗어날 수 있었던 것에는 그 자신의 타고난 원상 복구력도 작용했지만 무엇보다 대통령이 성추문에 휘말린 것을 부끄럽게 여기면서도 사상 최고의 호황을 가져다준 클린턴의 해임에 반대하는 미국인들의 지지가 버팀목이 되었다. 경제 호황 덕에 20세기 대통령 가운데 레이건 전 대통령을 제외하고 유일하게 퇴임 때 지지율이 취임 때보다 높은 대통령으로 기록되었다. 뉴욕타임스는 '미국 정치의 밝은 태양이자 처량한 달'이라는 제목으로 클린턴의 공과를 평가했다.

이스라엘·팔레스타인, 중동평화협정 조인

얼마나 더 많은 사람이 피를 흘려야 중동에 평화가 찾아올지는 아무도 예측할 수 없는 상황이다.

1993년 9월 13일 시몬 페레스 이스라엘 외무장관과 마무드 아바스 PLO(팔레스타인해방기구) 중앙위원이 미국의 백악관 뜰에서 가자지구와 요르단강 서안 지역에 대한 자치를 규정한 평화협정에 서명했다. 이로써 반세기 동안의 적대관계가 청산되고 항구적인 중동 평화로 이어질 역사적 발판이 마련되었다. 서명은 빌 클린턴 미 대통령, 이츠하크 라빈 이스라엘 총리, 야세르 아라파트 PLO 의장이 지켜보는 가운데 진행되었다. 미국의 국무장관과 러시아의 외무장관도 참관인 자격으로 협정에 서명했다.

평화협정의 주요 내용은 이랬다. ▲선거를 통해 구성될 팔레스타인 평의회가 이스라엘의 점령 지역인 가자 지구 및 요르단강 서안 예리코시를 1993년 12월부터 5년간 통치하며, 팔레스타인 자치 기간 내에 점령지의 항구적 지위를 규정할 협정을 확정한다. ▲이스라엘은 1994년 4월까지 가자 지구와 예리코시의 팔레스타인 거주 지역으로부터 이스라엘군을 철수시킨다. ▲팔레스타인은 1994년 7월까지 팔레스타인 평의회 구성을 위한 선거를 치른다.

평화협정 결과, 이스라엘은 1967년 '6일 전쟁' 때부터 점령해온 가자 지구와 요르단강 서안 지역 일부를 팔레스타인에 넘겨주었다. PLO는 이스라엘의 존재 권리를 인정하고 모든 폭력 투쟁을 포기했다. 이는 양측이 오랫동안 논의해온 '땅과 평화의 교환'이라는 원칙을 명문화한 것이고 팔레스타인의 땅을 기필코 되찾겠다는 팔레스타인 사람들의 실지 회복 염원을 포기한다는 것을 의미했다. 이런 사실을 알면서도 PLO가 평화협정을 받아들인 것은 달리 선택의 여지가 없는데다 끝없이 계속되는 유랑 생활과 피의 악순환을 더 이상 감내하기 힘들었기 때문이다.

평화협정을 가능케 한 청신호는 1980년대 후반에 찾아왔다. 국제사회의 압력에 부담을 느낀 아라파트가 1988년 11월 유엔총회에서 이스라엘의 생존권 인정과 테러 포기를 선언함으로써 평화의 물꼬를 튼 것이 평화 논의의 시작이었다. 1990년대 들어 든든한 후원자이던 소련마저 붕괴되어 PLO를 비롯해 시리아·이라크 등 강경 아랍국들의 입지가 축소되고, 걸프전에서 이라크를 지원한 아라파트의 자충수로 부유한 아랍 국가들로부터 해마다 받아오던 1억 달러의 지원금이 끊겨 심각한 재정난을 겪게 된 것도 아라파트를 압박한 요인으로 작용했다.

이스라엘로서도 인플레와 실업률이 급등하는 심각한 경제 상황을 탈피하려면 주변 아랍국가들과의 평화가 절실했다. 게다가 1992년 선거에서 이츠하크 라빈의 노동당이 강경 리쿠드당에 승리해 화해 분위기도 무르

이츠하크 라빈 이스라엘 총리(왼쪽)와 야세르 아라파트 PLO 의장(오른쪽)이 빌 클린턴 미 대통령의 중재로 중동평화협정에 합의했다(1993.9.13).

익었다. 그렇다고 양측 대표가 공개적으로 만나기에는 그동안 쌓인 불신과 원한의 골이 너무 깊었다. 이런 양측의 부담과 고민을 덜어준 것이 1993년의 '오슬로 채널'이었다.

오슬로 채널은 1992년 12월 이스라엘의 역사학자와 PLO의 경제 관료가 런던에서 만난 자리에서 확인된 PLO의 협상 의사가 이스라엘 정부에 전달되고 양국 정부가 당시 요르단강 서안과 가자 지구 등지에서 학술조사 활동을 펼치고 있는 노르웨이 학자에게 도움을 요청하면서 가동되었다.

평화의 길 멀고도 험해

이스라엘-팔레스타인 협상팀은 1993년 1월 노르웨이 오슬로로 날아가 8개월 동안 14차례나 만나 의견을 조율했다. 협상팀의 행적은 노르웨이 정부의 지원 아래 철저히 베일에 가려졌다. 협상 과정도 철저하게 비밀에 부쳐져 양측에서 이 내용을 아는 사람은 극소수에 불과했다. 오랜 비밀 협상을 끝낸 뒤 1993년 8월 20일 마침내 양측 실무자가 '오슬로 협정'에 서명하고 8월 27일 그간의 협상 과정을 미국에 설명함으로써 쉬쉬해 오던 비밀이 세상에 공개되었다.

평화 구축을 위한 양측의 초반 의지는 확고했다. 1994년 7월 아라파트가 27년간의 망명 생활을 청산한 뒤 조국으로 돌아왔고, 그해 말 평화협정의 공로로 아라파트와 라빈이 노벨평화상을 공동 수상했다. 평화협정에 따라 1996년 1월 팔레스타인 자치정부 구성을 위한 총선거가 반대파의 불참 속에 치러져 아라파트가 초대 대통령으로 선출되었다.

그러나 역시 평화의 길은 멀고도 험했다. 무엇보다 양측 강경파의 반발이 문제였다. 1995년 11월 라빈 총리가 이스라엘 극우 세력에게 피살되고, 점령지에 정착 중인 이스라엘인들도 협정에 극렬 반발했다. 하마스 등 팔레스타인 과격 단체들도 툭하면 폭탄 테러를 벌여 평화 분위기에 찬물을 끼얹었다.

이런 일련의 사태는 1996년 5월의 이

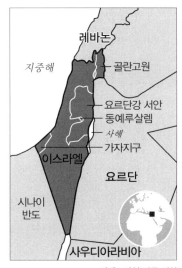

팔레스타인 거주 지역

스라엘 총선에서 평화협정에 부정적이던 우익 리쿠드당의 네타냐후 당수가 총리로 선출되는 데 영향을 미쳤다. 이 때문에 평화협정 이행이 19개월 동안 정지되었으나 1998년 10월 '와이리버 협정'을 체결해 이스라엘이 90일 이내에 요르단강 서안의 13% 지역에서 3단계로 철군하고, 팔레스타인 자치정부는 팔레스타인 민족헌장에서 이스라엘 파괴 조항을 폐기하는 것은 물론 불법 무기를 회수하도록 함으로써 영토 분쟁을 종식할 수 있는 계기를 만들었다.

1998년 12월까지 이스라엘의 1단계 철수가 완료되었으나 이스라엘에 대한 팔레스타인 강경파의 적대 행위와 폭력 사태가 계속되자 이스라엘은 철군을 중단하고 추이를 살폈다. 그러던 중 1999년 5월 새 총리로 선출된 노동당의 바라크가 팔레스타인과의 평화협상을 재개해 이스라엘의 일부 영토를 팔레스타인에 추가 이양하는 데 합의했다. 그러나 2000년 9월 팔레스타인의 2차 인티파다(봉기)가 시작되고 2001년 2월에 당선된 극우파 성향의 샤론 이스라엘 총리가 팔레스타인에 대해 초강경책을 취하면서 중동 평화의 꿈이 또다시 멀어져갔다. 게다가 이스라엘을 상대로 한 하마스의 무차별적 테러가 계속되자 이스라엘이 테러 용의자를 색출한다며 팔레스타인 영토에 수차례 침입하고 2001년 12월 샤론 총리가 아라파트에게 "집무실에서 나오면 포격을 하겠다"고 위협하면서 양측의 긴장이 고조되었다.

연금 상태로 하릴없이 지내던 아라파트가 2004년 11월 눈을 감으면서 팔레스타인 사태는 새로운 국면을 맞았다. 하마스가 2006년 1월 총선에서 승리한 후, 아라파트의 파타당과 충돌이 격화되어 내전 양상으로까지 번졌기 때문이다. 더 심각한 문제는 가자지구의 하마스 정권이 살아남지 못하도록 이스라엘이 2007년부터 육·해상 국경을 봉쇄하고 고사작전을 펼친 것이다.

이후 가자지구 경제는 파탄에 빠졌고 150만 주민은 만성적인 물자·전기·수도 부족에 시달렸다. 결국 이스라엘과 하마스는 사사건건 충돌했고 이 과정에서 2012년과 2014년 이스라엘의 공습으로 1,000명 이상 팔레스타인 민간인들이 죽어갔다. 앞으로 얼마나 더 많은 사람이 피를 흘려야 팔레스타인에 평화가 찾아올지는 아무도 예측할 수 없는 상황이다.

마크 앤드리슨 웹브라우저 '넷스케이프' 개발
MS와 넷스케이프 간의 웹브라우저 전쟁은 시대의 패러다임을 누가 잡을 것이냐는 힘겨루기였다.

1969년 미 국방부의 'ARPANET' 구축과 1990년 팀 버너스리의 '월드와이드웹(WWW)' 개발로 점화된 인터넷 혁명이 마침내 본궤도에 진입한 것은 1993년 4월이었다. 주인공은 일리노이주립대에서 컴퓨터 공학을 전공하며 대학 내 슈퍼컴퓨팅 응용센터(NCSA)에서 아르바이트로

소프트웨어를 개발하고 있던 마크 앤드리슨(1971~)이었다.

그가 "누구나 쉽게 인터넷을 돌아다닐 수 있는 배를 만들자"며 단짝인 에릭 비나와 함께 웹브라우저 개발에 착수한 것은 1992년 12월이었다. 당시는 팀 버너스 리가 WWW을 개발한 상태이긴 하지만 사이버 세상을 항해할 배(사이트)가 택도 없이 부족해 인터넷은 여전히 폐쇄적이었다. 이를 해결해 줄 것으로 기대되는 비올라, 미다스, 삼바 등 웹브라우저가 있긴 했어도 이용법이 까다로워 주목을 끌지는 못했다.

앤드리슨은 3개월 만에 웹브라우저를 개발한 뒤 '모자이크'라는 이름을 붙여 1993년 4월 22일 인터넷에서 공짜로 내려받아 쓸 수 있도록 했다. 모자이크는 NCSA 컴퓨터의 운영체제가 유닉스였기 때문에 한동안 유닉스에서만 돌아갔다. 그러다가 1993년 11월에 발표된 'NCSA 모자이크'를 계기로 애플의 매킨토시 OS(운영체제)와 마이크로소프트의 윈도에서도 활용할 수 있게 되었다.

이처럼 다양한 컴퓨터 환경에서 기초적인 컴퓨터 지식만 있으면 복잡한 명령어를 몰라도 쉽게 WWW을 이용할 수 있게 해 준 모자이크의 출현은 충격이었다. 버튼을 눌러 웹페이지를 앞뒤로 자유롭게 넘나들었고 HTTP나 HTML에 대한 전문 지식도 필요하지 않았다. 기존의 웹브라우저들은 하이퍼링크로 연결된 다른 정보로 갈 때 이용자가 그 번호를 입력해야 했지만 모자이크는 마우스로 링크를 누르기만 하면 바로 연결되었다. 바야흐로 인터넷이 일반인에게도 문을 연 것이다.

그런데도 개발자인 앤드리슨의 입지는 되레 약해졌다. NCSA 측이 모자이크의 모든 권리를 독차지하기 위해 앤드리슨을 추가 개발 작업에서 제외했기 때문이다. 앤드리슨은 더 이상 모자이크 개발에 관여할 수 없게 되자 1993년 12월 대학 졸업식에도 참석하지 않고 기회의 땅 실리콘밸리로 향했다.

마크 앤드리슨(1971~)

그곳에는 스탠퍼드대 컴퓨터공학과 교수로 재직하며 1981년 그래픽 전문회사 '실리콘그래픽'을 설립해 큰돈을 번 짐 클라크가 있었다. 두 사람의 만남은 1990년대 후반 실리콘밸리를 강타한 닷컴 붐의 대표적인 모델이었다. 한쪽에는 아이디어와 기술이 있고 다른 한쪽에는 여유자금이 있었으니 환상의 조합이었다.

클라크와 앤드리슨은 1994년 4월 '모자이크 커뮤니케이션'을 설립했다. 그러자 NCSA가 모자이크 이름을 사용하지 못하도록 했다. 두 사람은 '넷스케이프 내비게이터'로 이름을 바꿔 1994년 12월 15일 1.0 버전을 발표했다. 곧 "모자이크 제작자와 실리콘밸리 최고 투자자가 뭉친 작품"이라는 소문이 퍼져 사용자가 순식간에 200만 명을 돌파하면서 넷스케이프는 초기 인터넷 혁명의 진원지가 되었다.

넷스케이프는 이후 전 세계 웹브라우저 시장의 80% 이상을 점유하며 승승장구했다. 1995년 8월 8일 주식시장에도 상장해 클라크는 단번에 5억 4,400만 달러를, 앤드리슨은 5,800만 달러의 거액을 챙겼다. 주가는 계속 상한가를 쳤다. 실리콘밸리 역사상 이처럼 빨리 몸집을 불린 회사는 없었다. 앤드리슨은 맨발의 모습으로 1996년 2월 '타임'지 표지를 장식하는 영광도 누렸다.

인터넷 혁명이 본궤도에 진입한 것은 '모자이크' 등장 후

1995년 마이크로소프트가 '윈도 95'를 발표하면서 자체 개발한 웹브라우저 '익스플로러'를 시중에 내놓았을 때도 브라우저 시장의 절대 강자는 넷스케이프였다. 당시 마이크로소프트와 넷스케이프 간의 웹브라우저 전쟁은 시대의 패러다임을 누가 잡을 것이냐는 힘겨루기였다. 1996년 10월 마이크로소프트가 윈도 95에 익스플로러를 끼워 팔면서 요동치기 시작한 힘겨루기 양상은 익스플로러를 아예 운영체제에 통합한 윈도 98 버전을 계기로 확연히 갈렸다.

넷스케이프는 윈도 98이 출시되기 전인 1998년 3월 넷스케이프 5.0의 소스 코드를 일반에 무료 공개하는 것으로 거대 공룡 마이크로소프트에 대항했다. 그러나 1998년 6월 윈도 98이 출시된 후 그해 여름 익스플로러 점유율이 44%까지 올라가고 넷스케이프 내비게이터는 42%에 머물면서 싸움의 결말은 분명해졌다.

넷스케이프의 패배는 마이크로소프트와 빌 게이츠에게 폭군의 이미지를 심어주었다. 이때부터 빌 게이츠는 '공공의 적'으로 인식되었다. 마이크로소프트는 1997년 10월 미 법무부의 조사를 받았다. 윈도 95 라이선스 계약 조건으로 익스플로러를 PC에 설치하도록 강제한 것이 반독점 행위에 해당한다는 것이다.

1998년 10월에 시작된 재판은 2000년 6월 연방법원이 마이크로소프트를 분할하라는 판결을 내림으로써 종결되었다. 그러나 마이크로소프트는 법무부를 비롯해 20개 주와 차례로 법정 밖에서 화해하는 방식으로 반독점 소송 자체를 무력화하며 위기를 모면했다. 마이크로소프트는 윈도에 익스플로러를 끼워 판매하는 전략 덕에 2002년에는 웹브라우저 시장의 95% 이상을 차지했다.

사세가 기운 넷스케이프는 재판이 시작된 1998년 11월 AOL에 매각되었다. 앤드리슨은 한동안 AOL의 최고기술책임자로 일하다가 1999년 9월 AOL을 떠났다. AOL은 넷스케이프의 전성기를 재현하기 위해 넷스케이프 6.0, 7.0, 8.0 버전을 잇따라 내놓았으나 이미 철옹성이 된 익스플로러의 벽을 넘지 못해 2008년 2월 1일 넷스케이프에 대한 운영과 서비스를 모두 중단했다. 이로써 넷스케이프는 출시 14년만에 쓸쓸히 무대에서 퇴장했다.

　그러나 넷스케이프의 혈통은 지금도 면면히 이어지고 있다. 넷스케이프의 소스 코드를 오픈 소스 진영에서 다듬어 개발한 모질라 재단의 '파이어폭스'가 2004년 11월 공개된 후 지금도 세계적으로 20% 정도의 점유율을 유지하며 호시탐탐 익스플로러를 위협하고 있기 때문이다. 파이어폭스는 개발부터 유지·보수까지가 모두 개방되어 있어 전 세계 누구나 이 과정에 참여할 수 있다. 뛰어난 호환성과 다양한 부가 기능을 무기로 2004년 출시 첫해에 7.4%의 점유율을 기록하고 곧 세계에서 두 번째로 많이 쓰이는 웹브라우저 자리에 등극했다. 하지만 안드로이드 OS(운영체제)를 등에 업은 신흥 강자 구글의 등장으로 현재는 3위로 밀려나 있는 상태다.

　구글의 웹브라우저인 '크롬'은 개발 초기부터 인터넷 사용 속도를 높이는 데 초점을 두었다. 크롬은 2008년 말에 출시된 이래 빠른 성장을 거듭해 2011년 11월 파이어폭스를 제치고 2012년 4월 마침내 익스플로러를 넘어서 1인자로 등극했다.

　시장조사기관 스탯카운터 발표에 따르면 2013년 10월 세계 웹브라우저 시장 점유율은 크롬이 44.44%로 1위를 지키고 있고 익스플로러는 28.96%, 파이어폭스는 18.17%를 기록하고 있다. 이들 외에도 1996년에 출시된 후 꾸준히 마니아들로부터 사랑받고 있는 '오페라', 아이폰을 무기로 입지를 굳히고 있는 애플의 '사파리' 등 다양한 웹브라우저들이 3강 구도에 도전하고 있다.

체코슬로바키아 연방 분리 독립

전혀 다른 민족인데도 1차대전 후 유럽이 재편되는 과정에서 얼떨결에 합쳐진 것이다.

체코와 슬로바키아는 역사적으로 민족, 언어, 문화가 서로 다른 별개의 국가였다. 체코계 주민들은 독일·오스트리아와 지리·문화·혈연적으로 가까운 반면 슬로바키아는 비잔틴의 동방교회 문화에 뿌리를 두고 헝가리·우크라이나와 밀접한 관계를 맺어온 슬라브족이다. 다만 두 국가 모두 유럽의 한복판에 위치한 지정학적·전략적 요충지였기 때문에 유럽 역사의 부침 속에 나타난 강대국의 침략을 받았다.

체코는 15세기 초 얀 후스가 종교개혁의 횃불을 든 후 100여 년간 동란에 휩싸였다가 1620년 오스트리아 합스부르크가(家) 제국의 침략을 받아 나라를 잃었고 슬로바키아는 헝가리의 지배를 받았다. 이후 헝가리가 오스트리아의 지배를 받으면서 슬로바키아도 합스부르크가가 지배하는 오스트리아·헝가리 제국의 일원으로 편입되었다.

체코와 슬로바키아는 300년 동안 오스트리아·헝가리 제국의 지배를 받으면서도 고유의 언어를 잃지 않을 정도로 문화적 자부심이 대단했다. 1차대전 패전과 이로 인한 오스트리아·헝가리 제국의 해체는 체코와 슬로바키아에도 큰 변화를 불러왔다. 두 나라는 1차대전 종전 후인 1918년 10월 마침내 오스트리아·헝가리의 지배로부터 벗어났으나 전승국들의 인위적 세력 구도 재편에 따라 체코슬로바키아 연방으로 통합되어 10월 28일 독립했다. 전혀 다른 남남의 피를 갖고 있는데도 합스부르크가 몰락 이후 유럽이 재편되는 과정에서 얼떨결에 합쳐진 것이다. 결국 두 민족은 이질적 요소를 봉합한 채 한동안 같은 국민으로 지내야 했다.

2차대전 종전 후에는 한동안 좌우합작 정부가 정권을 담당했다가 1948년 2월 공산 계열의 쿠데타로 공산정권이 들어선 후 40여 년 동안 소련의

체코와 슬로바키아 경계

영향권하에 있는 공산국가로 탈바꿈했다. 체크와 슬로바키아로 구성된 연방은 1989년 11월 이른바 '벨벳 혁명'으로 공산정권이 무너진 후에도 한동안 유지되었다. 하지만 슬로바키아는 내심 불만이 많았다. 민주화 혁명 이후 체코가 일방적으로 주도해온 시장경제정책이 상대적으로 낙후한 슬로바키아 경제에 큰 타격을 주고 있다고 생각했기 때문이다. 당시 슬로바키아는 탈냉전으로 사양화된 군수산업을 기반으로 하는 중화학공업 위주의 경제구조인 데 비해, 체코는 경공업과 3차산업 위주로 자본주의 체제 적응에 유리한 경제구조를 갖고 있었다. 이런 이유로 슬로바키아의 실업률은 체코의 4배(12%)나 되었다.

이런 상황에서 슬로바키아계 지도자인 블라디미르 메치아르는 경제 회생을 위해 연방정부의 적극 개입을 요구한 반면 체코계 지도자 바츨라프 클라우스는 정부의 불간섭을 원했다. 슬로바키아의 메치아르는 체코의 클라우스에게 개혁 속도를 늦추든가 아니면 슬로바키아에 더 많은 자치권을 달라고 요구했다. 그러나 클라우스는 "체코 주도 아래의 더 강력한 연방과 분리 독립 중 한 가지를 선택하라"며 메치아르의 요구를 무시했다. 결국 두 민족의 '이혼' 의사는 1992년 6월 초 실시된 체코슬로바키아 총선에서 구체적으로 나타났다.

'체코 2, 슬로바키아 1' 대원칙 아래 원만히 해결

선거 결과를 반영해 체코의 바츨라프 클라우스와 슬로바키아의 블라디미르 메치아르는 서로 다른 피를 가진 민족이라는 내면적 이유와 상이한 경제구조라는 외연적 이유를 근거로 1992년 6월 20일 74년간의 연방을 종식시키는 협정에 서명했다. 슬로바키아 의회는 연방으로부터 분리·독립하기 위한 1차적 조치로 1992년 7월 17일 주권선언을 채택했다. 바츨라프 하벨 연방 대통령은 대통령직을 더 이상 수행할 수 없다며 연방 대통령직을 사임했다.

문제는 분리 독립을 국민투표에 부쳐 결정하느냐 아니면 정치적 협상으로 결론 내리느냐 하는 부분이었다. 분리 독립에 부정적이던 체코 국민들은 분리 여부를 국민투표에 부쳐야 한다는 입장이었다. 그러나 분리 독립을 적극적으로 주장한 슬로바키아 민족주의자들은 연방 전체 인구 1,500만 명 가운데 슬라브계 인구가 체코계 인구의 반밖에 안 되는 500만 명에 불과하다며 국민투표를 거부했다. 이런 상황에서 중재자로 나선 사람이 하벨이었다.

체코와 슬로바키아 양쪽 모두에서 절대적으로 신뢰를 받고 있는 하벨은 두 진영이 만족할 수 있는 협상을 유도해 '예술의 정치인'으로서의 권위와 능력을 유감없이 발휘했다. 당시 두 진영 간 의견 대립은 자칫 체코슬로바키아 연방 전체를 유고슬라비아 연방의 내전처럼 피로 물들게 하는 위기 상황으로 몰아갈 수도 있었다. 하벨은 분리 독립에 따른 국가 자산 분배, 통화 문제 등 구체적 실무 작업을 해나가는 동안에도 상호 존중과 타협 정신을 잃지 않도록 보이지 않는 권위를 행사했다.

체코와 슬로바키아는 국경선 문제처럼 미묘한 문제도 하벨의 중재로 인구 비례에 따라 '체코 2, 슬로바키아 1'이란 대원칙 아래 원만히 해결했다. 그 결과 체코슬로바키아 연방공화국은 1993년 1월 1일 체코와 슬로바키아로 분리되었다. 클라우스와 메치아르는 각각 양국의 총리가 되고 하벨은 1993년 1월 26일 분리된 체코의 초대 대통령에 선출되었다.

1994년

김일성 사망
삼성전자의 애니콜과 갤럭시S
주사파의 커밍아웃과 연세대의 한총련 사태
박경리 장편소설 '토지' 25년 만에 탈고
김민기 연출 뮤지컬 '지하철 1호선' 초연
장한나 로스트로포비치 콩쿠르 우승
참여연대 창립
이영희 한국인 최초로 파리에 개인 부티크 오픈
우루과이 라운드 타결과 WTO 체제 출범
  _ 도하 개발 어젠다(DDA)
남아공 첫 흑인 참여 총선과 넬슨 만델라 대통령 취임
에릭 홉스봄 4부작 '시대' 시리즈 완간
영·불 해저터널 개통
앤드루 와일스 '페르마의 마지막 정리' 증명
러시아, 체첸 침공
실비오 베를루스코니 이탈리아 총리 취임
  _ 마니 폴리테와 안토니오 디 피에트로
르완다 동족 대학살

김일성 사망

살아 생전 북한 주민에게 전인적인 만능의 존재로서 최상의 존경과 경외의 대상이었다.

　　　　　1994년 7월 9일 낮 12시. 정오를 알리는 시보가 울렸는데도 북한의 조선중앙방송이 이례적으로 5~6초간 침묵했다. 곧 검은 옷을 입은 아나운서가 "전체 당원들과 인민들에게 고함"이라며 비통한 어조로 입을 열었다. "조선민주주의인민공화국 주석이신 위대한 수령 김일성 동지께서 1994년 7월 8일 2시에 급병으로 서거하셨다."

　1945년부터 49년 동안 북한을 죽음과 고통의 땅으로 몰아넣고 그것으로도 모자라 아들에게 동토의 땅을 물려준 20세기사에 유례가 없는 절대 권력자가 82세로 눈을 감은 것이다. 김일성(1912~1994)은 죽기 하루 전 묘향산의 여름 별장에서 저녁식사 후 심근경색을 일으켜 죽음을 맞았다.

　김일성과 그의 후계자 김정일을 찬양하는 혁명곡과 장송곡이 방송을 통해 흘러나오는 동안 북한 주민들은 집단 히스테리에 빠져들었다. 평양 시민들은 너 나 할 것 없이 만수대 김일성 동상 앞으로 달려가 전지전능했던 신의 죽음에 땅을 치며 통곡했다. 김일성의 갑작스러운 죽음은 불과 보름 뒤인 7월 25일에 있을 예정이던 김영삼 대통령과의 남북 정상회담까지 무산시켰다.

　김일성은 살아 생전 북한 주민에게 전인적인 만능의 존재로서 최상의 존경과 경외의 대상이었다. 반면 대한민국에서는 6·25전쟁의 주범이자 북한을 공산 독재체제로 만든 장본인이었다. 김일성에 대한 해외 평가 역시 천차만별이었다. 독일의 여류작가 루이제 린저는 김일성을 만나고 느낀 소감을 괴테가 나폴레옹을 두고 했다는 "저기 한 인간이 있도다"라는

김일성(1912~1994)

말로 대신했다. 반면 구 동독의 마지막 북한 주재 대사 한스 마레츠키는 그를 "전제 왕조의 제왕"으로 묘사했다.

김일성은 젊은 시절 공산주의 항일운동가로 발자취를 남겼다. 1932년 만주에서 항일 무장투쟁에 뛰어든 이래 해방이 될 때까지 대일 투쟁을 멈추지 않았다.

한때 남한에서는 북한의 김일성이 '항일 무장투쟁을 벌인 김일성'의 이름을 딴 '가짜'라는 설이 널리 퍼져 있었지만 지금은 대체적으로 김일성의 항일 무장투쟁을 인정하는 분위기다.

그렇더라도 해방 후부터 죽는 그날까지 그가 우리 민족에 끼친 해악은 이루 말할 수 없다. 그가 민족에 저지른 최대 죄악은 6·25전쟁이었다. 통일이라는 이름으로 민족의 가슴에 충격을 가한 6·25전쟁은 민족 분단을 불치의 것으로 만들었다. 그는 전쟁을 일으켜 남북의 수백만 명을 죽음으로 몰아넣고 한반도를 세계 최악·최장의 냉전 이데올로기가 판을 치는 세상으로 만들었다. 특히 절대 권력을 향유하면서 북한 주민을 굶어 죽게했다는 점에서 그는 용서받을 수 없는 죄인이었다.

먹을 것이 없어 하루 두 끼 먹기 운동을 벌이면서도 주민들이 지상낙원에 살고 있는 것처럼 착각하도록 만들었고 김일성 자신을 무오류의 절대적인 존재로 세뇌시킨 덕에 죽어서까지 호사를 누렸다. 권력을 장악하고 유지하는 그의 통치술은 도적적 판단을 유보하고 기술적 판단의 척도로만 본다면 스탈린, 모택동, 프랑코, 히틀러, 카스트로보다 몇 수 위였다.

무늬만 사회주의 국가일 뿐 1인 우상 독재국가

김일성은 사회주의 국가라는 팻말을 걸고 북한을 통치했으나 무늬만 사회주의 국가일 뿐 그 자신을 '위대한 수령', '민족의 태양'으로 신격화해 1인 우상 독재국가로 만들었다. 그는 모든 종교를 추방하고 대신 자신을 신의 위치에 올려놓았다. 그는 기적을 행하고 불가능한 것이 없는 존재로 주민들에게 인식시켰다.

북한 동포들은 그의 통치를 받으면서 정신과 물질 모두 철저히 파괴당했다. 자유로운 인간 정신은 그의 신격화 정책에 짓밟혔고 최소한의 인간다운 삶은 절대 빈곤 속에 상실되었다. 우상화는 대대적이면서 치밀했다. 전국 방방곡곡에는 동상이 세워지고 가가호호에는 초상이 걸렸으며 가슴에는 배지가 붙었다. 생일은 민족 최대의 명절이 되었고 생가 등은 민족의 성지가 되었다.

가족사에서부터 한반도 역사에 이르기까지 모든 역사가 김일성의 통치 강화를 위해 윤색되거나 미화되었다. 그는 가족국가 북한의 호주였고 절대성, 무오류성, 무조건성을 지닌 교주였다. 그는 현대 세계에 반문명적인 중세 국가를 만들었다. 미제를 내몰고 남조선을 해방시켜야 한다며 북한을 철저하게 군사 병영국가로 만들었다.

1945년 10월 14일 갓 33세 나이로 평양 시민들에게 '민족의 위대한 영웅'으로 소개된 후 소련의 후원을 받으며 북조선임시인민위원회 위원장(1946.2), 조선민주주의 인민공화국 초대 수상(1948.9), 조선노동당 위원장(1949.6) 등 요직을 두루 차지하면서 명실상부한 북한의 제1인자가 되었다.

연안파, 소련파, 국내파는 물론 자신과 함께 항일 무장투쟁을 벌였던 빨치산파에 이르기까지 반대 세력들을 모두 제거한 1967년 무렵부터는 주체사상을 내세워 정신 개조를 시작했으며 1972년 12월에는 막강한 권한의 국가주석제를 신설한 사회주의 헌법을 제정해 김일성 유일 지배체제를 법적·제도적으로 완성했다. 이후 국가주석에 당 총비서, 국방위원장까지 겸임함으로써 당·정·군을 장악한 미증유의 절대 권력을 행사했다.

게다가 1974년 2월 김정일을 정치위원으로 앉히는 방식으로 후계구도를 본격화해 봉건 세습체계를 완성하는 불가사의한 통치술을 보였다. 1980년대에는 '대를 이어 충성하자'는 구호 아래 김정일에 대한 권력 세습을 공식화했고 말년에는 핵무기 개발로 민족의 생존을 위협하는 도박을 감행했다.

삼성전자의 애니콜과 갤럭시S

화형식은 이건희 회장의 '신경영' 방침에 어긋나면 제품의 말로가 어떤지를 보여주는 극약 처방이었다.

1995년 3월 9일 삼성전자 구미사업장 운동장. '품질 확보'라고 쓰인 머리띠를 두른 2,000여 명의 직원 얼굴에 비장함이 배어 있었다. 직원들 앞에는 품질의 중요성을 강조하는 현수막이 걸려 있었고 운동장 한복판에는 수만 대의 휴대폰이 쌓여 있었다. 이윽고 10여 명 직원들의 해머질로 제품들이 산산조각 부서졌고 망가진 제품 위로 불길이 치솟았다. 이른바 '불량제품 화형식'이었다. 화형식은 1993년 질(質) 경영을 강조하며 의식 개혁과 변화를 주문한 이건희 회장의 '신경영' 방침에 어긋나면 제품의 말로가 어떤지를 보여주는 극약 처방이었다.

휴대폰 2,000여 대가량을 설 선물로 임직원에게 나눠준 게 발단이었다. "통화가 제대로 이뤄지지 않는다"는 임직원의 불만이 쏟아져 나왔고, 급기야 이 사실이 이건희 회장의 귀에까지 들어갔다. 곧 500억 원어치나 되는 제품들에 리콜 조치가 내려져 당시 삼성전자 총이익(9,500억 원)의 5.3%나 되는 비용이 한 줌의 재가 되어 사라졌다. 불길은 구습과의 단절을 상징하는 퍼포먼스였다.

삼성전자가 아날로그 휴대폰 'SH-100'을 내놓으며 휴대폰 시장에 뛰어든 것은 1988년 9월이었다. 하지만 그해 7월 휴대폰 서비스를 시작한 국내시장은 모토로라 등 외국 업체 세상이었다. 삼성전자는 국내업체 중에서도 후발주자였다. 첫해 시장점유율은 10%의 저조한 실적에 그쳤다.

애니콜(SH-770)

삼성은 모토로라를 국내시장에서 퇴출할 야심작으로 1993년 10월 'SH-700'을 출시했다. 국산 제품으로는 첫 100g대의 휴대폰이었다. 산이 많은 한국 지형에 적합하다는 것을 부각하기 위해 직원들은 배낭에 휴대폰을 가득 담아 산으로 올라갔다. 그리고 등산객들이 제품을 체험할 수 있도록 소위 '체험 마케팅'을 시작했다. 이런 노력 덕에 시장점유율은 높아졌다. 하지만 여전히 삼성 브랜드로는 모토로라를 따라잡을 수 없다는 결론에 도달했다. 삼성은 새로운 브랜드 전략을 구사했다. 그래서 나온 것이 1994년 10월에 출시된 '애니콜'(SH-770)이다.

SH-770은 통화 품질을 끌어올리고 소형 경량화에 성공해 폭발적인 인기를 끌었다. '한국 지형에 강하다'는 구호를 내건 마케팅도 주효했다. 당시 삼성의 시장점유율은 52.5%의 모토로라에 비해 25.8%에 불과했다. 그러나 애니콜은 빠른 성장세를 보이며 1994년 말 점유율을 30%까지 끌어올렸다. 1995년 8월에는 마침내 51.5%를 기록, 42.1%의 모토로라를 누르고 국내 정상에 올라섰다. 이로써 모토로라의 10년 아성은 무너졌다. 불량제품 화형식은 이처럼 승승장구하던 시기에 있었던 방심하지 말라는 경고성 이벤트였다.

세계에서 가장 비싸고 세계인이 가장 갖고 싶어하는 애니콜

애니콜은 1996년 4월 1일 본격적으로 서비스를 시작한 디지털 휴대폰

시장에서도 175g의 초경량, 초슬림형 단말기 'SCH-100'을 출시해 국내 정상의 자리를 지켰다. 우리나라 수출 역사상 새로운 획을 그은 '애니콜 신화'가 시작된 것도 1996년이었다. 그해 9월, CDMA 방식의 PCS 단말기 170만 대(6억 달러 규모)를 3년간 미국에 수출하기로 미 스프린트 스펙트럼사와 계약을 체결한 것이다. OEM 방식이 아닌 엄연히 '스프린트·삼성'이라는 브랜드 수출이었다.

삼성전자는 1997년 한 해 동안 미국에서 50만 대를 팔아 미국 시장점유율 4위를 차지했다. 1999년에는 세계 CDMA 휴대폰 시장에서 40%의 점유율을 기록해 세계를 놀라게 했다. 삼성이 미국형 CDMA 방식보다 시장 규모가 훨씬 큰 유럽형 GSM 방식의 단말기 시장을 공략하는 데 사용한 무기는 1997년 2월에 출시한 'SGH-200'이었다. 후속 모델인 'SGH-600'은 9개월 만에 200만 대 수출, 전체 판매 대수 960만 대라는 놀라운 기록을 세웠다.

삼성은 고급 브랜드 전략에서도 성공했다. 저가 정책을 최대 무기로 삼아온 한국 제품이 고가전략으로 정면 승부를 걸어 성공했다는 것은 한국의 수출사에서 기념비적인 일이다. 삼성제품은 성능과 디자인에서도 뛰어났다. 휴대폰에 각종 기능을 합친 것도 삼성전자가 처음이었다. 1999년 8월 세계 최초로 MP3 플레이어 기능이 들어간 휴대폰을 출시하고 2000년 7월 역시 세계 최초로 카메라폰을 선보였다. 이후에도 멀티미디어 기능을 휴대폰에 접목한 '컨버전스' 제품으로 전 세계 소비자들을 사로잡으며 '메이드 인 코리아'의 위상을 높여나갔다.

세계에서 가장 비싸고 세계인이 가장 갖고 싶어하는 휴대폰도 애니콜이었고 세계에서 가장 빨리 성장한 브랜드도 애니콜이었다. 삼성은 2006년 판매 대수 1억 1,800만 대, 매출액 150억 달러로 세계 3위에 랭크되었다. 2007년에는 세계시장에서 미국의 모토로라를 제치고 핀란드의 노키아에 이어 2위를 질주했다. 모토로라는 2009년 LG전자에도 뒤처져 4위로 밀려났다. 이후 북미 시장 부동의 1위와 2위는 삼성전자와 LG전자가 차지했다.

2012년 1분기부터 세계 휴대폰 시장에서 부동의 1위

2007년 6월 애플의 아이폰이 등장했다. 이후 휴대폰은 소형 컴퓨터 기능을 갖춘 스마트폰과 전화·문자 메시지 정도만 가능한 일반 휴대폰(피처폰)으로 나뉘었다. 스마트폰 시장에서 절대 강자는 애플의 아이폰이었다. 삼성은 스마트폰 대응에 실패해 한동안 고전했으나 갤럭시S 시리즈가 자리를 잡으면서 2011년 10월 마침내 애플을 제치고 스마트폰에서도 1위 자리에 올라섰다. 2012년 1분기에는 1998년부터 세계 휴대폰 시장에서 부동의 1위를 차지하고 있는 노키아마저 피처폰을 포함한 전체 순위에서 2위로 밀어냈다.

삼성전자가 스마트폰 시장에서 세계 정상에 서기까지의 과정은 애플의 아이폰과 사활을 건 싸움의 연속이었다. 삼성전자는 피처폰 위주의 휴대폰 시장에 지각변동을 일으킨 아이폰과 혈투를 벌이며 규모를 키우고 품질을 높여나갔다.

애플의 스티브 잡스가 아이폰을 세상에 내놓은 것은 2007년 6월 29일이었다. 아이폰은 이전까지 노키아와 삼성전자, 그리고 LG전자 등이 나눠 먹던 전 세계 휴대폰 시장을 송두리째 흔들어 놓았다. 특히 애니콜 신화로 세계 2위를 달리고 있던 삼성전자에는 큰 충격이었다.

스마트폰이 세상에 처음 등장한 것은 1999년이었다. 캐나다의 통신기기 제조업체 '리서치인모션(RIM)'이 개발한 '블랙베리'였다. PDA 기술에 음성통화 기능을 갖춘 블랙베리는 미국과 캐나다 등 주로 북미에서 비즈니스맨들에게 큰 인기를 끌었다. 블랙베리는 프로그램 설치와 삭제가 가능하고 무선네트워크 환경을 통해 이메일까지 주고받을 수 있어 오늘날의 스마트폰 정의에 부합하는 제품이었다. 하지만 블랙베리는 머지않아 찻잔 속의 태풍으로 전락했다. 아이디어는 멋졌으나 다소 복잡한 인터페이스와 느린 속도 때문이었다. IT업계의 공룡 마이크로소프트(MS)도 스마트폰에 뛰어들었다. MS는 PDA용 운영체제인 윈도 모바일을 다듬어서 스마트폰용으로 특화했다.

삼성도 손을 놓고 있진 않았다. 삼성전자는 아직 스마트폰 개념이 생소하던 2002년 9월 국내시장에 처음으로 스마트폰 M330을 선보였다. 이 제품은 팜(Palm), 운영체제(OS), CPU가 탑재된 바(Bar) 타입의 모델이었다. 이후에도 매년 1~2개의 스마트폰 기종을 내놓으며 미래에 대비했다. 2006년 말에는 OS 윈도 모바일 5.0을 탑재한 '블랙잭'을 미국 시장에 출시해 블랙베리의 아성에 도전장을 내밀었다. 인터넷 검색과 이메일 송수신 등이 가능하고 문자 배열이 PC 키보드와 같은 자판이 탑재되었다.

갤럭시S 시리즈, 전세 뒤집은 카운터펀치

애플의 아이폰이 나온 것은 바로 그 무렵이었다. 스티브 잡스는 2007년 6월 29일 아이폰을 출시하며 "전화기를 재창조했다"고 자화자찬했다. 구매 열기는 미 전역에서 뜨겁게 달아올랐다. 결과는 전문가들은 물론 애플 자체도 믿지 못할 만큼 대성공이었다. 아이폰 덕분에 애플은 MS와 IBM을 뛰어넘는 세계 최대 IT기업으로 등극했다.

삼성전자는 아이폰의 기세에 눌려 한동안 무기력증에 빠져 있다가 2008년 11월 '옴니아'를 대항마로 내놓았다. 이후에도 윈도 모바일 OS를 채택한 옴니아2와 옴니아7을 2009년 11월과 2010년 10월 각각 출시했다. 2010년 5월에는 결국 실패로 확인된 윈도 모바일 OS를 포기하고 삼성전자가 독자 개발한 OS '바다'를 탑재한 '웨이브'를 출시했다. 이번에도 결

과는 참담했다. 옴니아와 웨이브는 하드웨어는 우수
했으나 아이폰의 소프트웨어 파워를 이겨내지 못했
다. 옴니아가 시장에서 소비자들의 선택을 받지 못하
자 시장에서는 "삼성 휴대폰도 끝났다"는 종말론이
오르내렸다. 삼성 내부에서도 제2의 소니가 되는 것
아니냐는 위기감이 팽배했다.

갤럭시S

하지만 삼성은 소니와 달랐다. 반전의 계기는 아이
폰4 출시에 맞춰 2010년 6월 25일 내놓은 '갤럭시S'였
다. 갤럭시S는 초고속 중앙처리장치, 4인치 슈퍼아몰레드 터치스크린, 다
원화된 앱스토어 등으로 무장했다. 무엇보다 옴니아에서 지적받았던 OS
와 애플리케이션 부분의 단점을 보완하기 위해 구글의 안드로이드 OS를
탑재했다.

기대반 우려반이던 갤럭시S는 출시 4개월 만에 500만 대 이상 팔리고 7
개월 만에 1,000만 대 판매를 기록했다. 갤럭시 열풍은 곧바로 시장점유
율에 반영되었다. 2011년 1분기만 해도 삼성전자의 세계 스마트폰 시장
점유율은 4%였다. 하지만 갤럭시S가 나온 직후인 3분기에는 9.3%로 늘
어났다.

갤럭시S가 아이폰 추격의 발판을 놓았다면 갤럭시S2(2011.4 출시), 갤럭
시S3(2012.7), 갤럭시S4(2013.4), 갤럭시S5(2014.3)는 전세를 완전히 뒤집
는 카운터펀치였다. 점차 시간이 지나면서 안드로이드폰 운영체제를 쓰
는 스마트폰의 애플리케이션이 기하급수적으로 늘어나자 삼성전자의 스
마트폰은 하드웨어라는 기존의 장점에 성능이 뛰어난 소프트웨어까지 갖
추게 되었다.

이렇게 잘 나가는 삼성전자에도 고민은 있다. 구글이 안드로이드, 애플
이 iOS, 마이크로소프트가 윈도폰이라는 자체 스마트폰 OS를 갖고 있는

것과 달리 세계 1위 스마트폰 생산업체인데도 자체 OS를 갖고 있지 못하다는 고민이다. 이것은 구글에 대한 의존도가 높아져 언제가는 구글에 휘둘릴 수 있다는 것을 의미하고 장기적으로는 삼성의 성장과 생존에 직결되는 중차대한 문제다. 2014년 1분기 기준 세계 스마트폰 OS 점유율은 안드로이드가 80.9%, iOS가 15.3%, 윈도폰이 3.1%이다.

삼성전자는 이 고민을 해결하기 위해 2012년 1월 인텔, NTT도코모 등 세계적인 기업 12개사와 함께 '타이젠'이라는 OS를 개발하겠다고 발표했다. 그러나 현실은 녹록지 않았다. 구글의 간접적인 압력도 무시할 수 없는 이유였지만 무엇보다 타이젠 제품이 잘 팔리지 않을 것이라는 시장 예측이 발목을 잡았기 때문이다. 결국 2014년 8월 현재 삼성전자는 물론 다른 기업들도 타이젠을 탑재한 스마트폰을 출시하지 못하고 있다. 사정이 어떻든 삼성전자의 장기적인 성장을 담보하기 위해 자체 OS 개발은 피할 수 없는 과제다.

주사파의 커밍아웃과 연세대의 한총련 사태

국민은 학생들이 시대착오적인 북한의 주체사상 수용을 불가사의하게 생각했다.

주사파의 탄생은 1985년으로 거슬러 올라간다. 때는 군사독재의 연장선에 있었던 전두환 정권기였다. 운동권 학생들은 1985년 10월부터 북한 '구국의 소리 방송'이 전파하는 주체사상 강좌나 정치철학 강좌 등을 청취하며 북한의 대남혁명론인 '민족해방 인민민주주의 혁명론'(NLPDR)으로 무장했다. 1986년 3월 지하조직 '구국학생연맹'을 결성하고 1986년 4월 공개적으로 '자민투(반미 자주화 반파쇼 민주화투쟁위)'를 각 대학에 발족시켜 미제 타도와 민족해방혁명 기치를 내세웠다.

구국학생연맹은 1986년 7월에 적발되었다. 이로써 주사파의 존재가 처음 세상에 드러났으나 당시만 해도 반독재투쟁에 가려 주사파가 미칠 파급력에 대해서는 사회적으로 둔감했다. 구국학생연맹은 서울 법대 82학번인 김영환이 조직했다. 그는 자생적인 주체사상 연구를 통해 북한의 NLPDR을 전파하며 주사파를 학생운동의 주류로 키웠다. 대학 시절 김영환은 '강철'이란 필명으로 이름을 날렸다. 대학가 운동권의 사실상 지침서가 된 팸플릿 '강철 서신'의 저자였기 때문이다.

강철 시리즈는 1986년 4월 무렵에 등장했다. 첫 회는 '한 노동운동가가 청년 학생들에게 보내는 편지'라는 제목의 글이었다. 강철은 편지에서 "지금 청년 학생들에게 부과된 가장 크고도 중요한 임무는 주체사상을 학습하고 이해하여 주체사상을 중심으로 굳게 뭉치는 일"이라고 주장했다. 계속해서 대학가에 유포된 강철 시리즈는 솔직하고 소박하고 겸손하고 성실하고 용감한 품성을 가진 사람이 운동의 핵이 되어야 한다는 논리를 폈다. 그러면서도 일관된 주제는 반미투쟁 고취와 주체사상 찬양이었다.

인간의 품성을 강조하는 강철 시리즈는 마르크스·레닌 원전을 달달 외워야 대접해주던 운동권 지도부에 충격을 주었다. 반면 과격시위와 권위적인 지도부의 관념적 이론투쟁에 염증을 느끼고 있던 운동권 일반 학생들에게는 명확하고 쉬운 논리가 매력적이었다. 그들은 평소 마르크스·레닌 사상만으로는 분단이라는 특수상황에 대처하기 어렵다고 보아온 터라 계급보다는 민족 모순을 강조하며 반미와 통일을 투쟁 목표로 내세우는 주사파의 이념과 노선에 곧바로 동조했다.

이처럼 386 운동권 세대에 불어닥친 주체사상과 주사파의 출현은 강렬하고 신선했다. 5공 군사정권에 적개심을 품고 있던 386 운동권은 새로운 학생운동의 방향 제시에 환호하며 '위수김동'(위대한 수령 김일성 동지), '친지김동'(친애하는 지도자 김정일 동지)을 입에 달고 다녔다.

이렇게 '주사파의 대부'가 된 김영환은 1991년 잠수정을 타고 북한에 잠입해 노동당에 가입하고 김일성을 면담하는 등 극진한 대접을 받고 돌아왔다. 그러나 그는 곧 주체사상이 허구임을 깨닫고 주사파와 거리를 두기 시작했다. 1995년부터는 북한 체제를 강도 높게 비판하는 자칭 '북한 해방 혁명가'로 변신, 그들의 실상을 알리는 데 주력했다.

김일성의 분향소 설치해 주사파임을 분명히 드러내

노출을 꺼려온 주사파가 공개적으로 커밍아웃을 시도한 것은 1993년 4월 결성된 한총련(한국대학총학생회연합)을 통해서였다. 1987년에 결성되어 1993년 3월 공식 해체된 전대협(전국대학생대표자협의회) 역시 주사파가 장악하고 있었으나 그동안은 자신들이 주사파임을 인정하지 않는 전술을 취했다.

한총련은 제1기 의장단을 구성한 뒤 5월 28일 5만 명이 모인 고려대에서 공식 출범을 선포했다. 출범 당시 한총련은 주사파가 장악하고 있으면서도 "정권 타도 투쟁을 벌이지 않겠다"며 '생활·학문·투쟁의 공동체'라는 대중적 학생운동의 기치를 내걸었다. 그들이 생활과 학문을 표방한 것은 그럴 수밖에 없는 속사정이 있었다. 1987년의 6·29선언 이후 '민주 대 반민주'라는 대결 구도가 깨지고 1989년 이후 소련 등 동구권이 몰락하면서 학생운동은 줄곧 내리막길을 걸었다. 따라서 생활과 학문을 부각한 것은 멀어져가는 학생들을 다시 운동권으로 끌어들이기 위한 전술적 고육지책이었다.

한총련은 총학생회 연합체이기 때문에 무엇보다 각 대학의 총학생회 장악이 선결 과제였다. 이미 다수 대학에서 민족해방을 부르짖는 NL계가 우위를 점하고 있는 터라 다수 대학의 총학생회는 손쉽게 NL계 차지가 되었고 한총련 역시 NL계가 주도하는 조직이 되었다. 그들은 남한 문

제의 해결을 몰락한 공산주의에서 찾기보
다는 북한 김일성의 주체사상에서 찾았
다. 그들의 눈에 분단의 책임은 미국과 파
쇼 정부에 있었고 통일의 전제 조건은 주
한미군 철수, 평화협정 체결, 한반도 비핵
지대화였다.

경찰이 헬기를 이용해 한총련 소속 대학생들이
점거하고 있는 연세대 건물 위로 최루가스를
살포하고 있다(1996.8.18).

한총련은 1994년 5월 2기 출범식에서
주체사상을 정식 지도 이념으로 수용하고
북한의 연방제 통일 방안을 강령으로 채
택했다. 1994년 7월 8일 김일성이 사망했
을 때는 전국 50개 대학에 김일성을 애도하는 대자보를 일제히 게시하고
전남대에는 분향소를 설치해 자신들이 주사파임을 분명히 했다.

1994년 7월 18일 김영삼 대통령과 전국 14개 대학 총장들이 청와대에
서 오찬을 했다. 그 자리에 있던 박홍 서강대 총장이 "제한된 숫자이기는
하나 주사파가 대학에 깊이 침투해 있으며 주사파 뒤에는 사노맹이 있고
사노맹 뒤에는 사로청, 사로청 뒤에는 김정일이 있다"는 발언을 했다. 이
내용이 알려지자 진짜 주사파는 물론 순수한 열정으로 운동권에 몸담고
있는 비주사파 학생들까지 "한국판 마녀사냥", "신공안정국 신매카시즘"
이라며 박 총장을 향해 비난을 퍼부었다.

박 총장은 자신의 발언을 뒷받침할 수 있는 뚜렷한 근거를 대지 못했
다. 그러나 박 총장의 발언이 있기까지 한국 사회에서 주사파의 존재는
공공연한 비밀이었다. 순수 학생운동권과 섞여 있어 섣불리 드러내놓고
말하지 못했을 뿐 그것은 엄연한 사실이었다. 결국 박 총장은 주사파·비
주사파 가릴 것 없이 모두의 공적이 되었다.

박 총장은 3년 전인 1991년 5월 전민련 사회부장 김기설이 분신자살했

을 때도 "죽음을 선동하는 '어둠의 세력'이 있다"고 주장해 파문을 일으켰다. 다수 지식인들이 주사파 등 좌경 세력의 실상을 알고도 침묵하는 상황에서 박 총장의 주사파 발언은 주사파들에게 위기감을 불러일으켰다.

연세대는 8,000여 명 학생의 농성장이자 철 지난 해방구

1996년에도 다수 대학의 총학생회 선거에서 NL계가 승리함으로써 제4기 한총련 지도부 역시 NL계가 장악했다. 전국 4년제 169개 대학 가운데 운동권이 총학생회를 장악한 곳은 117개였다. 이 가운데 김일성 주체사상을 사상적 토대로 삼고 있는 NL계가 당선된 곳은 연세대, 부산대, 전남대 등 94개나 되었다. 이 같은 세력 판도보다 더 중요한 것은 NL계 중에서도 자주 계열의 과격파가 한총련의 주도권을 잡았다는 점이다.

한총련은 북측의 청년 학생들을 초청해 1996년 8월 13일부터 15일까지 연세대에서 '범청학련 통일대축전'을 열 예정이었다. 하지만 경찰은 남북 및 해외동포 학생들로 구성된 범청학련의 이적성을 문제 삼아 행사를 원천봉쇄했다. 한총련은 공권력과의 정면 대결을 선택했다. 선두에는 사수대라는 이름의 전투 그룹이 포진했다. 각 학교에서 100~500명씩 선발된 사수대는 손수건으로 얼굴을 가리고 시위대 맨 앞에서 쇠파이프와 화염병을 들고 경찰과 싸웠다.

8월 12일 이미 연세대에 들어가 있던 한총련 소속 500여 명의 학생이 연세대 정문 앞에서 경찰을 향해 돌과 화염병을 던지며 격렬한 시위를 벌이는 것을 신호탄으로 연세대를 폐허로 만든 이른바 '한총련 사태'가 시작되었다. 연세대는 곧 8,000여 명의 학생에게 점거된 농성장이자 철 지난 해방구가 되었다. 경찰과의 대치는 8월 20일 새벽 경찰의 독수리 작전에 의해 강제 진압되기까지 9일간 계속되었다.

시위는 조직적이었다. 지도부가 연세대 밖에서 휴대폰, 무전기, PC통신 등으로 원격조종하는가 하면 경찰의 교신 내용을 감청해 시위에 이용했다. 특히 각종 화공약품 등 위험 물질이 산재한 이과대 건물을 아지트로 삼아 치고 빠지는 게릴라전을 펼쳐 경찰의 진압을 무력화했다. 경찰은 헬기까지 동원해 공중과 지상에서 입체작전을 펼쳤으나 학생들은 바리케이드에 불을 지르며 저항했다. 시위는 역대 어느 시위보다 격렬했다. 5,899명의 연행자 수는 사상 최대였고 구속자 수는 1986년의 '건국대 사태' 이후 가장 많은 438명이었다. 경찰과 전·의경은 1명이 숨지고 860여 명이 다쳤으며 학생은 1,000여 명이 부상했다.

상아탑은 격렬한 전투를 치르고 난 듯 폐허로 변했다. 건물 곳곳이 불에 탔고 창문은 온전한 것이 없었다. 교정에는 돌멩이와 최루탄 탄피, 쓰레기들이 나뒹굴었다. 1996년 여름을 뜨겁게 달구었던 한총련 사태는 이렇게 끝이 났다. 국민은 학생운동이 겉으로는 통일운동을 내세우면서도 실상은 북한의 노선을 그대로 추종하거나 맹종하고 있다는 사실을 알고 충격에 빠졌다. 자유사회 그것도 풍요한 사회에서 자라난 학생들이 어떻게 시대착오적인 북한의 주체사상을 수용할 수 있는지를 불가사의하게 생각했다.

그로부터 3년이 지난 1999년 학생운동사에서 중요한 사건이 학생운동의 메카라 할 서울대에서 일어났다. 이른바 '비운동권' 총학생회장이 당선된 것이다. 그 후 '비운동권'은 일종의 트렌드처럼 전국 대학으로 번져 갔고 학생운동은 서서히 힘을 잃고 소멸했다.

박경리 장편소설 '토지' 25년 만에 탈고

'토지'는 1897년부터 1945년까지 한국 사회의 반세기에 걸친 기나긴 격동기가 대상이다.

박경리(1926~2008)의 대하 장편소설 '토지'에 쏟아진 찬사는 "광복 이후 한국문학이 거둔 최대의 수확", "한국 소설이 거둔 문학적 승리의 한 전형", "박경리 문학의 정점이자 한국 현대문학의 우뚝한 봉우리", "현대소설사의 거대한 산맥", "생명의 축제이며 폭발하는 모국어의 잔치" 등 이루 다 열거할 수 없을 정도로 화려하다.

박경리가 경남 통영에서 태어났을 때 이름은 박금이였다. 성장기 때 아버지가 조강지처 어머니를 버리고 새 여자와 딴살림을 차리면서 아버지와 불화를 겪었다. 18세부터는 아예 아버지와 연락을 끊고 살았다. 아버지가 작고했다는 소식을 듣고도 마지막 가는 길을 배웅하지 않았다. 박경리는 어머니에 대한 연민과 경멸, 아버지에 대한 증오, 그런 극단적 감정 속에서 고독한 성장기를 보냈다. 진주여고 시절은 "마치 동굴 천장에 매달린 박쥐처럼" 외롭게 지냈다. 책으로 도피한 소녀에게 독서는 위안이었고 시는 메마른 학교생활을 지탱해준 구원의 손길이었다.

박경리는 1945년 진주여고를 졸업하고 이듬해 고향에서 결혼했다. 남편을 따라 간 인천에서 책방을 운영하고 1950년 황해도 연안여중 교사로 6개월 동안 근무하다가 6·25전쟁 발발 후 서울의 집으로 돌아왔으나 남편은 집에 없었다. 남편은 부역 혐의로 서대문형무소에 갇혀 있다가 감옥에서 죽었다. 결국 결혼 생활은 4년 만에 끝이 났다. 1956년에는 세 살짜리 아들까지 잃어 딸 하나만 피붙이로 남았다. 그 고통 속에서도 그를 견디게 한 것은 문학을 향한 꿈이었다.

박경리에게 소설을 권한 이는 친구의 소개로 알게 된 김동리였다. 박경리는 학창 시절에 썼던 단편 '불안시대'를 김동리의 지도를 받아 몇 차례

고쳐 썼다. 그런데 이 작품은 박경리도 모르는
사이에 박경리라는 필명과 '계산'이라는 제목으
로 1955년 8월 '현대문학'에 게재되었다. 김동리
가 추천한 것이다. 1956년 8월에는 '흑흑백백'으
로 두 번째 추천을 받아 비로소 작가가 되었다.
1957년 아들의 죽음을 소재로 한 단편소설 '불안
시대'로 제3회 현대문학 신인문학상을 받았으며,
1958년 첫 장편소설 '애가'가 민주신보에 연재된

박경리(1926~2008)

것을 계기로 장편소설 창작에 몰입했다. 박경리는 그 무렵 한 문학의 밤
행사에서 "삶이 평탄했더라면 나는 문학을 하지 않았을 것입니다. 삶이
불행하고 온전치 못했기 때문에 나는 글을 썼던 것입니다."라고 말했다.

박경리의 출세작은 장편 '김약국의 딸들'(1962)이다. 소설은 그가 나고
자란 경남 통영을 배경으로 1860~1920년 급변하는 사회에 내던져진 한
약방 집 다섯 딸의 운명을 그렸다. 소설은 곧바로 독자들로부터 열렬한
환영을 받았고 박경리는 당시로선 드물게 전업 작가의 위치를 굳힐 수 있
었다. 1964년 12월 민족의 아픔인 6·25전쟁을 그린 장편소설 '시장과 전
장'을 출간하고 이 소설로 1965년 8월 제2회 한국 여류문학상을 수상하면
서 박경리는 중진 여류작가 대열에 합류했다.

"삶이 불행하고 온전치 못했기 때문에 글을 썼다"

박경리의 작가 인생은 '토지'와 함께 꽃을 피웠다. 1969년 박경리는 당
시 대학원생이던 딸 김영주의 탱화 자료 수집 여행에 따라나섰다가 경남
하동군을 돌아보고 나서 평사리 일대를 작품의 공간적 무대로 설정했다.
'토지'는 1969년 '현대문학' 9월호 지면을 통해서 대장정의 첫발을 내디뎠
다. '토지' 1부를 연재하던 중 유방암에 걸려 1971년 8월 오른쪽 가슴을

절제하는 대수술을 받았는데도 보름 만에 퇴원해 가슴에 붕대를 감은 채 토지를 써 내려갔다.

1972년 9월 제1부 연재를 마친 박경리는 '문학사상' 창간호(1972.10)에서 다시 2부 집필을 시작해 1975년 10월 마쳤다. 2부 연재 때는 1973년 딸과 결혼한 사위 김지하의 구속으로 고통을 겪었다. 2부를 연재하던 '문학사상'에서 1부가 단행본으로 발간되자 "문단의 괄목할 만한 수확"(김동리), "문학사 희유의 대작"(백철), "뼛속에 스미는 아픔"(황순원), "한국 최초의 본격적인 대하소설"(이어령) 같은 평가가 나왔다. '토지' 3부는 1977년 1월부터 순수 문예지를 떠나 성격이 전혀 다른 '독서생활'과 '주부생활'에서 한국문학사상 처음으로 동시 연재되다가 6월부터는 '한국문학'으로 옮겨 1979년 11월까지 연재되었다.

한동안 휴식을 취하던 박경리는 1980년 가을, 김지하가 옥에 갇히고 혼자 마음고생을 하고 있는 딸에게 의지가 될까 싶어 강원도 원주로 이사를 가 그곳에서 텃밭을 일구며 '토지' 제4부를 준비했다. 1981년 9월부터 '마당'지를 통해 연재가 시작된 제4부는 1982년 7월 연재가 중단되었다가 1983년 6월부터 그해 12월까지 '경향신문'(일간)과 '정경문화'(월간)에 동시 연재되었다. 또다시 한동안 중단되었다가 1987년 8월부터 1988년 5월까지 '월간경향'에 연재되었다. 제5부는 1992년 9월 1일부터 1994년 8월까지 문화일보에 연재되었다.

그가 '토지'를 완전히 탈고한, 25년 대장정에 마침표를 찍은 순간은 광복절인 1994년 8월 15일 새벽 2시였다. 의도한 것이 아닌데도 대단원의 막을 내린 8월 15일은 광복의 현장을 맞는 소설의 대미와 겹쳤다. 이로써 원고지 장수로는 3만 1,200여 장, 단행본으로는 16권이나 되는 한국 문학사상 전례가 없는 대하 장편소설이 출간되었다. 박경리는 "내가 '토지'를 쓰는 것이 아니라 '토지'가 나를 몰고 갔다"고 지난날을 회고했다.

영화·TV·드라마로도 제작되어 전 국민의 사랑받아

'토지'는 1897년부터 1945년까지 한국 사회의 반세기에 걸친 기나긴 격동기가 대상이다. 등장인물이 800명에 달하는데도 박경리는 인물 개개인에 대해 메모하지 않았다. 작가의 상상력이 화석화될 것을 경계해서인데 이 때문에 박경리는 어느 작가보다도 많은 시간을 구상에 투입해야 했다.

경남 하동 평사리의 몰락한 최참판 댁의 손녀로 쓰러진 가문을 일으켜 세우는 서희, 이 집안의 머슴 출신으로 서희와 결혼하고 독립운동에 투신하는 길상, 소작인 용이와 무당의 딸 월선이, 서희와의 사랑을 이루지 못한 후 방황을 거듭하는 상현을 비롯해 수많은 인물이 소설에 등장하고 사라졌다. 또한 실존 인물을 소재로 삼은 다른 역사소설과 달리 오로지 작가의 상상력만으로 민족의 역사를 형상화했다는 점에서 "소설로 쓴 한국 근대사", "역사보다 더 역사적인 소설"이라는 평가를 받았다.

'토지'는 총 5부로 구성되었다. 1부는 조선 말 사회 전환기에 대한 증언이다. 평사리의 전통적 지주 최참판과 그 소작인들을 중심으로 그려나간다. 2부는 경술국치 이후 1910년 무렵의 간도 한인 사회에 대한 묘사다. 3부의 줄거리는 원한과 사랑 등 개인적인 에피소드의 전개이지만, 그들의 일상을 따라가다 보면 일제에 의해 진행된 자본주의화 과정을 자연스럽게 파악할 수 있다. 4부는 일본 군국주의의 식민지 지배가 더욱 노골화되지만, 역시 그에 상응해 항일 독립운동이 조직적으로 활기를 띠어가던 1930년부터 1938년까지를 배경으로 한다. 서울·도쿄·만주가 국제적 공간 축이 되고, 국내에서는 하동·진주·지리산을 잇는다. 마지막 5부는 마침내 1945년 광복을 맞이하기까지다.

'토지'는 독특한 어휘(2,515건)·속담(438건)·방언·풍속·제도 등을 담은, 특정 소설을 대상으로 한 국내 최초의 '토지 사전'(1997)이 발간될 만큼 민족문화의 보고로 꼽히기도 한다. 한국을 대표하는 작품 답게 일본·프랑스 등 수개국 언어로 출판되었고 1974년 김지미 주연의 영화로도 만들어졌다. 1979~1980, 1987~1989, 2004~2005년 세 번이나 KBS TV 드라마로 제작되어 전 국민적 사랑을 받았다.

2008년 5월 5일 "모진 세월 가고/아아 편안하다 늙어서 이리 편안한 것을/버리고 갈 것만 남아서 홀가분하다"(현대문학 4월호, '옛날의 그 집')라는 시 한 편을 남긴 채 세상을 떠났다.

김민기 연출 뮤지컬 '지하철 1호선' 초연

그의 대학로행은 전설로만 존재하던 김민기의 세상 나들이였고 새로운 여정의 시작이었다.

김민기(1951~)는 시집 없는 시인, 그림 없는 화가, 노래하지 않는 가수다. 1970년대 내내 줄곧 소문과 전설로만 회자되던 그가 지상의 현실 세계에 안착한 것은 1983년이었다. 경기도 전곡에서 농사를 짓고 있던 그해 겨울, 집 전체가 불에 타 사라지는데도 불을 끌 생각은 하지 않고 밤새 술을 마시던 그는 결국 농사를 포기하고 대학로 좁은 사무실에 틀어박혀 연극과 뮤지컬에 매달렸다. 그것은 부활의 몸짓이었다.

김민기는 전북 익산에서 10남매 중 유복자 막내로 태어났다. 의사이던 부친이 6·25 때 그가 태어나기도 전에 인민군에게 피살되었기 때문이다. 명민했던 그는 초등학교 때 서울로 올라와 경기중·고를 졸업하고 1969년 서울대 미대 회화과에 입학했다. 명색이 미술학도였는데도 그림보다는 음악에 심취해 경기고 동기 김영세와 도깨비 두 마리라는 뜻의 포크 듀엣 '도비두'를 결성했다.

노래 무대는 주로 명동의 YWCA '청개구리홀'이었다. 노래 잘하는 재수생 양희은을 알게 된 것도 청개구리홀이었다. 1971년 서강대생이 된 양

희은이 불쑥 찾아와 김민기가 작곡·작사한 '아침
이슬'을 음반으로 취입하고 싶다며 허락을 구했
을 때 김민기는 기꺼이 기타 반주까지 해주었다.
'아침 이슬'은 1971년 9월 발매된 양희은의 제1집
에 수록되었다. 김민기도 한 달 뒤인 1971년 10
월 '아침 이슬'을 비롯해 '친구', '아하 누가 그렇
게', '저 부는 바람', '꽃피우는 아이', '그날' 등을
수록한 1집 앨범을 냈다.

김민기(1951~)

1972년 봄, 김민기는 서울 문리대 신입생 환영회에 초대되어 '우리 승
리하리라', '해방가', '꽃피우는 아이' 세 곡을 불렀다. 그런데 이것이 문제
가 되어 이튿날 새벽 동대문경찰서(현 혜화경찰서)에 연행되었고 시중에
남아 있던 그의 1집 음반은 모두 압수·폐기되었다. 1970년대 내내 수도
없이 되풀이될 '연행' 행로의 시작이었다.

김민기는 노래 부르는 게 죄가 되는 세상에서 노래가 아닌 다른 일을
찾았다. 야학을 하고 가톨릭 문화운동과 국악 대중운동, 마당극 등에 관
여했다. 1973년 김지하의 희곡 '금관의 예수'를 작곡, 전국 순회공연에 참
여하고 1974년 최초의 마당극으로 평가되는 소리굿 '아구'의 대본을 썼다.

그 무렵 어디를 가나 경찰의 감시를 받는 게 싫어 1974년 10월 사병으
로 입대했다. 최전방에서 군 생활을 하던 김민기는 1975년 12월 '아침 이
슬'이 송창식의 '왜불러', '고래 사냥' 등과 함께 방송 금지곡으로 묶인 사
실을 군에서 알았다. 이해할 수 없는 것은 김민기의 노래 중 '아침 이슬'
한 곡만 방송 금지곡으로 묶였는데도 김민기의 다른 노래들까지 방송에
서 자취를 감춘 것이다. 김민기는 군 복무 중에도 노래를 만들었다. 제대
를 얼마 안 남겨 두었을 때는 부대 선임하사의 요청으로 '늙은 군인의 노
래'를 작사·작곡했다.

20세기 말 한국 사회의 모습을 풍자와 해학으로 담아내

김민기는 1977년 5월 제대하자마자 경기도 부평의 봉제공장으로 갔다. 흔히 말하는 대학생들의 위장취업이 아니라 순전히 먹고살기 위해서라고 김민기는 말한다. 그때 함께 생활하던 노동자들의 합동결혼식을 위해 작곡한 노래가 '저들에 푸르른 솔잎을 보라'로 시작하는 '상록수'다. 노래극 '공장의 불빛' 앨범 역시 그때의 공장 경험을 토대로 1978년 만들었다. 이 앨범은, 사전 검열을 거부하고 처음부터 카세트테이프에 녹음해 독자적으로 배급했다는 점과 포크 스타일을 비롯해 구전가요, 찬송가, 국악, 블루스, 로큰롤 등 다양한 형식을 한데 실험한 혁신성을 갖췄다는 점에서 파격적이었다. 그러나 '공장의 불빛'으로 김민기는 또다시 경찰에 연행되는 고초를 겪어야 했다.

김민기가 군대 시절 작곡한 '늙은 군인의 노래', '상록수', '천리길', '밤 뱃놀이' 등은 1978년 양희은의 음반으로 발매되었다. 김민기를 작곡자로 올렸다가는 당시 공연윤리위원회의 심의를 통과하지 못할 것이 뻔해 작곡자는 남의 이름을 빌려 썼다. 그런데도 그 음반마저 판매 금지되었다. 김민기는 이후에도 몇 차례 공연과 관련해 연행, 조사, 석방 등을 되풀이하다가 전북 익산으로 낙향했다. 경찰의 감시망은 그곳에도 뻗쳐 있었다. 이후 탄광에서 일하고 1981년부터는 경기 전곡과 연천에서 소작을 시작했다. 1983년 겨울, 화재로 전곡의 시골집을 몽땅 잃고 나서야 뮤지컬을 만들자는 한 친구의 제안을 받아들였다.

그의 대학로행은 전설로만 존재하던 김민기의 세상 나들이였고 새로운 여정의 시작이었다. 1983년 말 연극 '멈춰 선 저 상여는 상주도 없다더냐'를 연출하고 1987년 탄광 시절의 경험을 토대로 어린이 뮤지컬 '아빠 얼굴 예쁘네요'의 대본을 쓰고 음악을 작곡했으나 여전히 돈하고는 인연이 없었다.

그가 제2의 인생의 터전이 된 소극장 '학전'을 개관한 것은 1991년 3월이었다. 길은 멀고 험했다. 그토록 앨범을 내지 않던 김민기가 1993년 4장의 앨범을 한꺼번에 낸 것도 순전히 빚을 갚을 요량이었다. 학전이 언론의 주목을 끌기 시작한 것은 1994년이었다. 김민기가 번안하고 연출한 록 뮤지컬 '지하철 1호선'이 1994년 5월 14일 처음 무대에 올려지고부터였다.

독일의 폴커 루트비히의 'Linie 1'을 원작으로 한 '지하철 1호선'을 무대에 올리면서 김민기는 다짐했다. "이번에 망하면 여길 뜨겠다"고. 그런데 2주일이 지나면서 관객이 미어터졌다. 공연은 연장에 연장을 거듭했다. 1986년 초연된 독일 베를린에서는 15년 만인 2001년에야 1,000회를 돌파했지만 서자인 서울의 '지하철 1호선'은 6년 만인 2000년에 1,000회를 넘겼다.

연변 처녀의 눈을 통해 바라보는 1980~1990년대 서울 사람들의 모습을 그리고 있는 이 작품은 실직 가장, 가출 소녀, 자해 공갈범, 잡상인, 사이비 전도사 등 주변에서 만날 수 있는 다양한 사람들의 모습을 통해 20세기 말 한국 사회의 모습을 풍자와 해학으로 담아냈다. '지하철 1호선'은 초연 후 매년 수정·보완되었다. 그러다가 2000년부터는 배경을 '1998년 11월의 서울'로 고정해 공연했다. 2008년 12월 31일 폐막했을 때, 지난 15년 동안 다녀간 관객은 70만 명이 넘는 것으로 집계되었다. 한 작품이 전용극장에서 이렇게 장기간 공연된 것은 한국 연극사상 처음 있는 일이었다.

장한나 로스트로포비치 콩쿠르 우승

장한나(1982~)의 웃음은 천진하고 해맑다. 상황에 따라 "호호호", "히히히", "헤헤헤" 등 각기 다르게 들리는 장한나의 웃음을 접한 사람들은 일순간 마음이 편안해지고 자신도 모르게 무장해제되고 만다. 이런 웃음은 장한나의 성격이 여유가 있고 낙천적이라는 것을 보여준다. 극도로 예민할 수밖에 없는 연주자들에게는 쉽게 찾아볼 수 없는 모습이다.

장한나는 경기 수원에서 외동딸로 태어났다. 3살부터 피아노를 배우다 5살 때 생일 선물로 받은 첼로에 매료되었다. 어느 날 부모는 어린 한나가 바흐의 무반주 첼로 조곡에 대해 "이렇게 아름다운 음악이 있다는 게 참 행복하다"고 말하는 것을 들었다. 순간 부모는 한나의 음악적 재능을 확신했다.

장한나는 일취월장했다. 9살 때인 1991년 '월간음악' 콩쿠르에서 우승하고 서울시향을 비롯해 서울 필하모닉 오케스트라 등과 협연했다. 부모는 몸이 달았다. 결국 장한나가 초등학교 4학년을 마칠 무렵인 1993년 1월 장한나의 재능 하나만을 믿고 미국행 비행기에 몸을 실었다. 아버지가 유학생 비자 신분으로 도미했기 때문에 직장을 구하기가 쉽지 않은 상황에서 장한나의 학업비와 값비싼 악기 구입 등 해결해야 할 일이 한두 가지가 아니었다. 그래도 그들은 믿는 구석이 있었다. 그것은 장한나의 천재적 재능과 부모의 열성이었다. 줄리아드 예비학교에서도 장한나의 연주 테이프만을 듣고 전액 장학생으로 입학을 허락했다. 줄리아드 음악원에서는 로스트로포비치 콩쿠르에 출전하는 장한나에게 8분의 7 사이즈의 첼로를 빌려주었다.

장한나는 1994년 10월 프랑스 파리에서 열린 세계 3대 첼로 콩쿠르 가운데 하나인 로스트로포비치 첼로 콩쿠르에 출전했다. 100명이 넘는 유망주가 대거 출전한 콩쿠르에서 장한나는 10월 15일 심사위원 만장일치로 최연소 대상과 현대음악상을 수상했다. 콩쿠르 주최자인 로스트로포비치는 "한나가 잘못되면 내가 죄를 짓는 것"이라며 장한나의 후견인을 자처했다.

장한나(1982~)

세계적인 첼리스트 미샤 마이스키와 지휘계의 거장 주세페 시노폴리도 그녀의 천재적인 음악성에 반해 후원을 약속했다. 지휘자 로린 마젤은 "장한나만큼 완벽한 연주를 하는 첼리스트는 내 생애에 처음"이라며 극찬했고 미샤 마이스키는 "한나의 연주를 듣고 나서 환생을 믿게 되었다. 누구도 그 아이를 함부로 가르쳐선 안 된다"며 장한나의 천재성에 경외심을 표했다.

문제는 장한나의 재능을 뒷받침해 줄 값비싼 첼로였다. 장한나 부모는 우리나라 문화체육부 장관 앞으로 "좋은 악기를 구입해서 한나에게 임대해줄 수 없느냐"고 호소 편지를 보냈다. 이 소식을 들은 한국기업메세나협의회와 장한나 후원회가 나서 7억 원을 호가하는 1757년산 명기 과다니니를 구입해 1995년 4월 30일 장한나에게 기증했다. 장한나는 그날 이 악기로 서울 예술의전당에서 코리안심포니오케스트라와 협연했다.

"한나의 연주를 듣고 나서 환생을 믿게 되었다"

장한나는 커티스 음악원에 첼로 부문 최연소로 합격했다. 하지만 "음악에만 치우치면 보편적인 사고를 갖추기 힘들 것"이라는 부모의 판단에 따라 일반 사립학교로 보내졌다. 이번에도 수업료는 전액 장학생 대우를 받아 면제받았고 장한나는 전교 1등을 놓치지 않았다. 장한나는 연주 여행을 떠날 때는 교과서를 들고 가 틈틈이 공부하고 담임교사의 배려로 이메일 강의를 듣는 것으로 교과 과정을 따라갔다. 이런 노력 덕에 2002년 하버드대 철학과에 입학했다.

장한나는 1995년 11월 로스트로포비치가 지휘하고 런던심포니가 연주한 데뷔 앨범을 EMI에서 냈다. 첼리스트로서는 역대 최연소였다. 음반은 장한나에게 '에코 음반상'과 '올해의 영아티스트상'을 안겨주었다. 이후에도 장한나는 '그라모폰 협주곡 부문 올해의 음반상'(2003)을 수상하고 영국의 '그라모폰'지가 뽑은 '내일의 클래식 슈퍼스타 20인'(2006)으로 선정되는 등 각종 상을 휩쓸었다.

장한나는 2007년 5월 27일 성남아트센터에서 열린 '성남 국제청소년 관현악 페스티벌'에서 지휘자로 데뷔했다. 세계적 음반사 EMI를 통해 이미 6장의 독집을 발표한 정상급 첼로 연주자인데도 생소한 지휘 무대에 선 데는 나름대로 이유가 있었다.

첼로는 바이올린과 달리 레퍼토리가 적다. 바흐, 베토벤, 하이든, 드보르자크 등 50여 곡이 주요 레퍼토리의 전부다. 그래서 첼리스트들은 음악적 한계를 넘기 위해 지휘 공부를 한다. 첼리스트 출신인 토스카니니와 로스트로포비치 등이 세계적인 지휘자가 된 것도 이와 무관하지 않다. 당시 장한나는 지휘를 시작한 것에 대해 이렇게 말했다. "앞으로 50년 더 첼로를 한다고 했을 때 알면 알수록 점점 현미경으로 디테일을 보는 일밖에 안 남아요. 시야가 좁아지는 위험이 있죠. 또 음악은 스스로 새로운 열정을 갖지 않으면 매너리즘에 빠져요."

거장 지휘자 가운데 여성이 없는 음악계 현실에서 장한나가 지휘자로 세계에 알려진 것은 2012년 12월이었다. 카타르 국립교향악단인 '카타르 필하모니 오케스트라'가 장한나를 음악감독으로 영입한 것이다. 카타르 필하모니 오케스트라는 카타르의 왕비가 세계적인 오케스트라로 육성한다는 생각을 갖고 2007년 거금을 투자해 창단한 악단이다. 단원은 인종과 국적을 망라했고 평균 연봉은 신설 오케스트라치고는 파격적으로 뉴욕 필하모닉 수준에 맞췄다. 카타르라는 꼬리표만 뗀다면 세계 여느 교향악단 못지않은 다국적 오케스트라인 셈이다.

장한나가 음악감독을 맡게 된 과정도 전격적이었다. 2012년 6월 카타르 도하에서 이 악단을 처음 지휘했을 때 단원 투표를 거쳐 악단이 음악감독직을 공식 제안한 것이다. 장한나는 2013년 9월, 2년 임기의 음악감독으로 정식 취임했다. 장차 세계적인 여성 지휘자로 이름을 떨칠 장한나의 미래가 자못 궁금하다.

참여연대 창립
2000년 낙선 운동 후 조금씩 대안보다는 이념이 지배하는 모습을 보였다.

1980년대 전두환 대통령 시절, 대중은 재야 세력의 이념적 경향에는 선뜻 동의하진 않았지만 군사독재와 권위주의 체제를 무너뜨릴 때는 함께 보조를 맞췄다. 그 성과물이 1987년의 6월 항쟁이다. 재야 세력은 민주주의를 성취한 후에도 예전처럼 급진적인 운동을 전개하며 정권 타도에 목소리를 높였으나 대중은 그들의 길을 따르지 않았다.

그러자 일부 재야 세력은 중산층을 개혁의 대열로 끌어들이기 위한 새로운 운동 개념이 필요하다는 인식하에 민중 중심이 아닌 시민 중심의 운동으로 방향 전환을 시도했다. 기존의 노동·농민운동으로는 급격히 확대되는 시민사회 속에 교두보를 마련할 수 없다고 보고 전략적으로 시민운동이라는 새 활동 방향을 설정한 것이다. 대표적인 결과물이 '참여연대'의 창립이었다.

참여연대의 초기 이름인 '참여 민주사회와 인권을 위한 시민연대'
(1999.2. 참여연대로 개칭)가 공식 출범한 것은 1994년 9월 10일이었다. 사
회 개혁에 대한 의지로 충만한 교수, 변호사, 화가, 목사, 스님, 의사, 약
사 등이 주로 참여한 참여연대의 대표에는 김중배(언론인), 홍성우(변호
사), 오재식(크리스찬아카데미 원장) 등 3인이 이름을 올렸다. 참여연대가
막강한 영향력을 행사하기 시작한 것은 1996년 5월 박원순(1956~)이 사
무처장이 되고부터였다.

박원순은 경남 창녕에서 태어나 경기고를 졸업하고 1975년 서울대 사
회계열에 입학했다가 대학 1학년 때 긴급조치 9호 위반으로 제적되었다.
1980년 사법시험에 합격하고 1982년 단국대 사학과를 졸업했으며 1980
년대의 각종 시국사건의 변론을 맡아 인권 변호사로 활동했다. 참여연대
사무총장이 되고부터는 2002년 2월까지 6년간 참여연대의 실질적인 살림
을 맡아 기틀을 다졌다.

참여연대는 발족 당시에는 200여 명의 회원과 의정감시센터, 사법감시
센터, 공익소송센터, 내부고발자지원센터, 인권센터, 사회복지특별위원
회 등으로 활동을 시작해 곧 국민최저생계비용의 필요성 등을 주장하며
대중적 지지 기반을 넓혀나갔다. 입법 청원이라는 기발한 방법으로 법제
화한 국민기초생활보장법은 외환 위기 이후 우리 사회의 붕괴를 막는 사
회 안전망 구실을 했다. 김대중 정부 출범 후엔 사회개혁에 대한 국민적
열망이 높아지면서 회원 수가 1만 명을 넘어서는 등 우리나라의 대표적
시민단체로 부상했다.

노무현 정부 시절 참여연대 파워 절정에 달해

각종 이슈가 나올 때마다 참여연대는 다양한 증거와 급진적 제안을 내

세우며 언론의 주목을 끌었다. 1997년 참여연대 산하단체로 출범한 경제민주화위원회(현 경제개혁센터)는 소액 다수 투자자의 피해구제를 손쉽게 하기 위한 주주 집단소송제 도입, 기관투자자의 의결권 행사 활성화, 독립적인 사외이사 선임을 위한 집중투표제 의무화 등 법과 제도 개혁 추진의 선봉장 역할을 했다. 특히 1997년 3월 7일 제일은행 주주총회에 참석해 한보그룹 부실 여신을 따지며 시작된 소액주주운동은 대기업에 위협이 되었다. 1998년 3월 27일에는 삼성전자 주주총회에 참석, 주총 최장시간 13시간 30분 동안 삼성전자 경영진을 물고 늘어져 진땀을 흘리게 했다.

참여연대가 대중적인 인지도를 얻은 건 2000년부터였다. 2000년 총선 전, 400여 개의 다른 진보 진영 단체들과 함께 '2000 총선시민연대'를 발족, 보수적인 성향의 후보들에 대한 낙선운동을 펼쳤다. 대략 그 시기부터 참여연대는 조금씩 대안보다는 이념이 지배하는 모습을 보였다. 2002년 박원순 사무처장이 물러나고 1980년대 학생운동을 주도하던 인물들이 주요 자리를 차지하고부터는 정치적인 색깔이 더욱 뚜렷해졌다. 국가보안법 폐지, 이라크 파병 반대, 한미 FTA 반대, 노무현 대통령 탄핵 반대, 평택 미군기지 확장 반대 등을 주도했으며 2008년에는 미국산 쇠고기 수입 반대 촛불시위를 주도했다.

참여연대는 조직의 방대함과 활동의 다양성에서 한국의 대표적인 시민단체로 성장했다. 그 자체로 권력이 되었고 진보정권의 인재 풀이자 싱크탱크 역할을 했다. '참여정부'를 자칭하던 노무현 정부 시절 참여연대의 파워는 절정에 달했다. 노무현 정권 기간 참여연대 임원들이 모두 158개 공직에 진출, 청와대 직속기관부터 행정부처 산하기관까지 핵심 요직에 포함되었다. 그러자 "참여정부가 아니라 참여연대 정부", "제4의 권력"이라는 말까지 들려왔다. 서울 종로구 통인동에 땅값만 25억 원을 들인 버젓한 사옥을 마련한 것도 노무현 정권 때인 2007년 8월이었다.

참여연대는 김대중·노무현 정권 때는 주로 기업을 표적으로 삼았으나 2008년 이명박 정부 출범 후부터는 다른 진보·좌파 단체들과 함께 반 이명박 운동을 앞장서 전개했다. 이것을 두고 보수·우파 단체들은 "김대중·노무현 정권 때는 반(半) 정부단체로 존재하다가 이명박 정부 들어서는 반(反) 정부단체로 변신했다", "건설적인 대안을 내기보다는 문제점만을 들춰냄으로써 오히려 문제를 증폭시키고 있다"고 비판했다. 2010년 천안함 침몰 사건 때는 천안함 문제를 다루는 유엔 안보리 이사국 대표들에게 "한국 정부의 천안함 사건 조사는 의혹투성이여서 추가 조사가 필요하다"는 내용의 서한을 보내 거센 후폭풍에 시달렸다.

이영희 한국인 최초로 파리에 개인 부티크 오픈

그동안 세계 복식업계에서 '코리안 기모노'로 불리던 한복의 영문 표기는 'Han Bok'으로 통일되었다.

한복 디자이너 이영희(1936~)에게 최고의 스승은 한복을 손수 지어 가족에게 입히던 어머니였다. 이영희는 어려서부터 어깨너머로 어머니의 바느질 솜씨와 눈썰미를 배우고 또 어머니가 지어준 옷을 입으며 한복을 느끼고 체험했다. 이렇게 체득한 그의 재능이 발현된 것은 늦어도 한참 늦은 40살이었다.

이영희는 위로 다섯 아이를 모두 잃은 집안의 여섯 번째이자 외동딸로 태어났다. 집은 대구에서 손꼽히는 부잣집이었으나 그가 13살 때 작고한 아버지 대신 어머니가 운영하던 공장에 불이 나면서 대학 입학에 차질이 생겼다. 당시 이영희는 경북여고 3학년이어서 대학 입학을 준비했으나 실의에 빠진 어머니만 대구에 남겨두고 홀로 서울로 유학할 수 없어 입학을 한 해 미뤘다. 그런데 재수를 하고 있을 때 소개받은 대위 계급장의 잘생

긴 남자와 만난 지 5개월 만에 결혼, 대학 진학
은 또다시 물거품이 되고 말았다.

이영희(1936~)

전업주부로 십수년을 지내던 1970년대 초, 대
구에서 사업을 하는 사촌 올케언니의 권유로 명
주솜과 뉴똥(명주실로 짠 옷감) 이불 장사를 하게
되었다. 가게 없이 그냥 집에서 팔았는데도 물건
은 날개 돋친 듯 팔려나갔다. 이영희가 이불을
만든 후 남는 뉴똥이 아까워 옷감으로 치마저고
리를 만들었을 때도 사람들은 솜씨가 좋다며 한복을 만들어 달라고 요청
했다.

이영희는 자신감이 생겨 1977년 10월 10일 서울 서교동에 한복 전문점
인 '이영희 한국의상'을 개업했다. 평범한 가정주부 이영희가 패션 디자이
너의 세계로 뛰어든 것이다. 의상실은 금세 인기를 끌었다. 언론에도 이
름이 오르내렸다. 이후 이영희는 어떻게 하면 새롭고 독창적인 한복을 지
을 수 있을까 고민했다. 국립중앙박물관의 박물관대학을 수강하고 전통
복식에 관한 책도 찾아 읽었다. 문제는 색상이었다. 당시 한복 소재는 강
렬한 원색이 대부분이었다. 색이 튀고 귀티가 나지 않았다.

한창 고민하고 있던 어느 날 석주선박물관의 기녀복이 눈에 들어왔다.
짙은 빛바랜 초록색 저고리에 먹자주색 고름 깃을 달고 홍화색 치마를 입
은 기녀 모습이 그녀 앞에 딱 서 있는데 그가 찾아 헤매던 바로 그 빛깔이
었다. 이영희는 1980년 10월 한복 합동패션쇼에서 경험을 쌓아 1981년 4
월 첫 개인 한복패션쇼를 신라호텔에서 꾸몄다. 자신을 드러내는 첫 무대
가 성황리에 끝난 것에 고무된 이영희는 이후 틈만 나면 패션쇼를 열었다.

국제 무대 데뷔에 해당하는 1983년 7월 백악관 초청 미국 독립 축하쇼
참가를 계기로 해외에서도 해마다 패션쇼를 열었다. 1984년 LA 올림픽과

1985년 일본 쓰쿠바 박람회에 패션쇼 무대를 꾸미고 1986년 한·불 수교 100주년을 기념하는 파리 의상전 등도 열어 "아름답다, 색깔이 좋다, 선이 예쁘다"는 평을 들었다. 그는 패션쇼를 너무 좋아해 한때 "쇼 중독자"라는 소리까지 들었다. 하지만 그는 패션쇼를 열지 않으면 자신이 죽은 목숨이라는 생각이 들어 패션쇼를 멈추지 않았다.

'이영희'라는 상표를 브랜드화하는 데 성공

1987년부터는 실용주의에 바탕을 둔 개량 한복에 치중했다. 이후 '개량 한복의 선구자'로 불리며 틈나는 대로 파리, 밀라노, 도쿄의 패션쇼를 찾아다녔다. 매년 두 번 열리는 '파리 프레타 포르테'(고급 여성 기성복 컬렉션)는 그가 꼭 참가하고 싶은 패션쇼였다. 당시 프레타 포르테에는 한국 디자이너는 전혀 없었고 동양인으로는 일본의 디자이너 고시노 준코만이 회원으로 활동 중이었다.

이영희는 파리 프레타 포르테 추동복 행사에 패션 디자이너 이신우와 함께 초대받아 1993년 3월 11일 자신의 이름을 단 작품을 선보였다. 고민 끝에 한복이 아닌 양장을 출품했지만 한복의 색과 선과 정신이 그대로 살아 있었다. 이영희의 패션쇼는 그날 밤 프랑스 국영TV에 소개되었고 이튿날 르피가로지에도 크게 실렸다.

이영희는 1994년 10월 17일 한국인 최초로 파리에 자신의 부티크를 열었다. 르몽드지는 개장에 즈음한 9월 24일자 '조용한 아침의 나라의 모드'라는 제목의 기사를 통해 이영희가 한복 디자이너가 된 과정과 작품의 모티브 등을 기사화하면서 "한복은 중국·일본 옷과는 전혀 다르며, 깊이 있는 아름다움이 있다"고 소개했다. 이영희가 프랑스 언론에 자주 소개된 덕에 그동안 세계 복식업계에서 '코리안 기모노'로 불리던 한복의 영문 표기는 'Han Bok'으로 통일되었다.

1996년 10월 '한복-바람의 옷'이라는 주제로 파리 오랑주리 미술관에서 열린 이영희의 소장품전도 대호평을 받았다. 그러나 우리나라에선 "국적이 없는 옷"이라며 좋지 않은 소리가 많았다. 어깨가 없는 서양의 드레스에서 착안해 한복에서 저고리를 벗기고 맨발로 한복을 소개했기 때문이다. 하지만 그의 스승 석주선이 "옷은 시대에 맞아야 한다"며 "한복이라고 언제까지 가슴 꽁꽁 싸매고 있으면 되겠느냐"고 격려해준 덕에 용기를 낼 수 있었고 이후 본인이 하고 싶은 대로 했다.

이영희는 2000년 6월 30일 뉴욕 카네기홀에서 '역사의 바람-이영희 한복 패션쇼'를 열었다. 2,800석이 꽉 찬 것에 고무되어 2003년 9월 파리 매장을 닫고 활동 중심을 뉴욕으로 옮겼다. 2004년 9월 21일에는 그동안 수집한 조선시대의 의복과 소품 1,000여 점을 비롯해 한복을 응용한 이브닝드레스 등을 전시한 복식박물관 '이영희 코리아 뮤지엄'을 뉴욕 맨해튼에 열었다. 적자가 예상되는데도 무리를 한 것은 그동안 '이영희'라는 이름 석 자만으로 세계 무대에 나가 좋은 평을 받았지만 한국 문화를 알리지 않고서는 아무 소용이 없다는 것을 절감했기 때문이다.

이영희라는 상표를 브랜드화하는 첫 단계로 2006년 4월 뉴욕에 한복 숍을 열고 2007년 뉴욕 스미스소니언 자연사박물관에 '한복 박물관'을 개설했다. 이영희의 한복이 전 세계에 소개된 것은 2006년 11월 부산에서 열린 'APEC(아시아 태평양 경제협력체) 정상회의' 때였다. 20여 개국 정상이 이영희가 디자인한 두루마기를 입고 단체 사진을 찍은 덕에 이영희의 한복이 전 세계에 소개된 것이다.

오늘날 이영희의 국내 숍은 미우치아 프라다, 조르조 아르마니 등 세계적인 유명 디자이너들이 한국을 찾을 때마다 방문하는 필수 코스다. 이영희의 마지막 꿈은 크리스티앙 디오르, 가브리엘 샤넬, 루이 뷔통이 그랬던 것처럼 '이영희'라는 상표를 남기는 것이다. 다만 뉴욕 맨해튼 한인타운을 10년 동안 지켜온 '이영희 코리아 뮤지엄'은 누적되는 적자를 견디지 못해 2014년 2월 폐관되었다. 2012년에는 자신의 외손자가 영화배우 전지현과 결혼해 또다시 화제에 올랐다.

우루과이 라운드 타결과 WTO 체제 출범
전후 50년간 세계경제질서를 지탱해온 GATT 체제는 종언을 고했다.

2차대전 후 미국을 위시한 주요 자본주의 국가들은 자유무역을 확대해야 한다는 데 의견을 같이했다. 1930년대의 대공황과 각국의 보호주의가 2차대전의 주요한 원인이었다는 진단에 따른 의견 일치였다. 그 결과 대표적인 보호주의 수단으로 이용되고 있는 관세와 수출입 규제 등을 철폐해 자유무역을 신장할 목적으로 GATT 즉 '관세 및 무역에 관한 일반협정'이 만들어졌다.

1947년 10월 30일 조인하고 1948년 1월 1일 공식 출범한 GATT는 협상의 큰 골격을 만들 때마다 인명이나 지명 뒤에 라운드를 붙여 명칭을 구분했다. 1947년의 첫 제네바 라운드를 시작으로 1973년 9월부터 74개월 동안 계속된 도쿄 라운드까지 총 7차례의 라운드가 있었다.

그런 가운데 1980년대 초반 무렵 세계적인 저성장과 고실업, 선진국 간의 무역 불균형 확대를 배경으로 나타난 미국의 슈퍼 301조와 반덤핑 규정 등의 남용으로 신보호주의가 기승을 부렸다. 그러자 세계무역이 자유무역 방향으로 진전되지 못한다면 보호무역주의의 확산으로 GATT 체제가 붕괴할지 모른다는 우려가 팽배했다. GATT의 한 축인 무차별 적용 원칙이 현실적으로 지켜지지 않는다면 현실에 맞게 수정해야 한다는 주장도 제기되었다. 기존의 GATT 체제로는 규제할 수 없는 지적재산권과 서비스 교역 등 새로운 무역 분야가 확대되면서 무역 환경도 두드러지게 변하고 있었다. 여기에 미국과 일본 간, 그리고 선진국과 개도국 간 만성적 무역수지 불균형을 해소하기 위해 돌파구를 열어야 한다는 절박한 현실 인식까지 더해졌다.

피터 서덜랜드 가트 사무총장이 우루과이 라운드 타결 선언 후 의사봉을 두드리고 있다(1993.12.7).

결국 국가 간 무역 불균형 해소가 세계경제의 지속적 성장을 위해 중요한 선결 과제라는 데 많은 나라가 인식을 같이함으로써 새로운 라운드 출범을 위한 분위기가 조성되었다. 그래서 출범한 것이 1986년 9월 20일 우루과이의 휴양지 푼타델에스테에서 개막된 제8차 우루과이 라운드(UR)다.

총회에서 120여 개국 각료가 채택한 '푼타델에스테 각료 선언'에 따라 우루과이 라운드를 총체적으로 관장할 무역협상위원회(TNC)가 발족되고 산하에 상품 협상그룹(GNG)과 서비스 협상그룹(GNS)이 각각 설치되었다. 협상 주제는 GNG 14개 의제에 서비스 분야를 더해 15개 협상 부문으로 구분했으며 분야별 협상은 GATT 본부가 있는 스위스 제네바에서 진행했다.

WTO의 등장은 적자생존 시대의 개막

1987년 1월 첫 회의부터 각국은 시장 개방 확대, GATT 체제 강화, 서비스와 지적재산권 확대 등 새로운 분야에 대한 국제 규범을 마련하는 한편 자국의 이익 관철을 위해 동분서주했다. 예상대로 협상은 순탄치 않았다. 반덤핑관세 등도 난제였지만 그동안 GATT 체제 밖에 있었던 농산물, 서비스, 지적재산권 등에 대한 협상이 간단치 않았기 때문이다. 특히 농업보조금을 둘러싼 미국과 유럽공동체 간의 충돌이 가장 첨예했다.

결국 1990년 12월 벨기에 브뤼셀의 TNC 회의가 농업보조금을 둘러싼 의견 대립으로 결렬되면서 우루과이 라운드는 최종 타결에 실패했다. 그러다가 1993년 7월 도쿄 G7 정상회담에서 주요 공산품 관세 감축이 합의되고 그해 8월 타결 시한을 12월 15일로 연장하면서 세계는 막판 샅바싸움에 분주했다.

결국 농업보조금 문제는 미국 측이 당초 협상 목표에서 후퇴해 보조금의 장기간에 걸친 점진적 삭감 원칙을 수용해 타결되었다. 지적재산권 보호 문제는 개도국이 물질특허 수용과 반도체 칩 및 컴퓨터 소프트웨어 보호 등의 부담 때문에 한동안 다자간 규범 제정에 반대하다가 결국 선진국안을 받아들이는 것으로 결론을 보았다.

이런 과정을 거쳐 1993년 12월 15일 제네바에 모인 116개국의 무역협상 대표가 UR 협정문서에 서명함으로써 7년 3개월에 걸친 UR 협상을 공식 마무리 지었다. 그런데 UR의 총 협정서 22개를 GATT가 관장하기에는 GATT의 그릇이 작고, 그렇다고 GATT의 권한을 강화하자니 한계가 있다는 것에 참가국들이 인식을 같이하면서 GATT를 대체할 새로운 WTO(세계무역기구)를 설립하자는 주장이 제기되었다.

1994년 4월 15일 모로코의 마라케시에서 열린 GATT 특별각료회의에서 125개국이 UR의 종결과 WTO의 출범을 알리는 UR 최종의정서에 서명함으로써 전후 50년간 세계경제 질서를 지탱해온 GATT 체제는 종언을 고하고 다자간 무역기구 WTO 시대가 막을 열었다. WTO는 1994년 말까지 참가국들의 국내 비준을 거쳐 1995년 1월 1일 공식 출범했다.

WTO가 GATT와 다른 점은 지적재산권, 서비스 및 무역 관련 투자 등 그동안 GATT 체제 내에서 규율하지 못한 분야를 광범위하게 취급하게 되었다는 점과 분쟁 해결 절차상 사법적 권한을 강화해 다자간 협력의 틀을 다질 수 있게 되었다는 점 등이다. 이로써 개별 국가의 법적 강제 조치는 WTO의 판결 앞에서는 무력화되었다. WTO의 등장은 보호무역주의 시대로부터 국경 없는 자유경쟁 시대로의 전환이기도 했지만 처절한 경쟁에서 강한 자만이 살아남는 적자생존 시대의 개막이기도 했다. 지구촌이 무한경쟁의 문턱에 들어선 것이다.

우리 정부 한동안 강 건너 불구경하듯 해

전 세계가 우루과이 라운드(UR) 타결이라는 지구촌 공동의 목표이자 자국의 이익 추구를 위해 총력전을 벌이고 있을 때, 한국은 '쌀'이라는 덫에 걸려 오도 가도 못하고 있었다. UR 논의에 동참하려면 쌀을 개방해야 했는데 "쌀 개방은 매국"이라는 인식이 팽배하던 때라 누구도 그 뜨거운 감자를 피하려고만 했다. 쌀에 대한 전통적인 감정도 무시할 수 없는 요소였지만 무엇보다 당시 쌀의 국제가격이 국내가격의 4분의 1에 불과해 경쟁이 되지 않았다.

UR 논의가 시작되고 수년이 지난 1990년대 들어서도 우리 정부는 강 건너 불구경하듯 했다. 정부는 타결 가능성을 반신반의하며 'UR 협상 타결 실패'라는 요행수에 기대를 걸었다. 대통령이나 대통령 후보나 사정은 마찬가지였다. 그러다가 14대 대통령 선거운동이 한창이던 1992년 11월 충북 충주의 유세장에서 김영삼 민자당 대통령 후보가 뜻밖의 선거공약을 내걸었다. "제가 당선되면 대통령직을 걸고 쌀시장을 개방하지 않을 것입니다." 그러나 이 '직을 걸고'라는 수사는 결국 김영삼 후보가 대통령에 당선된 뒤 쌀 문제를 풀어나가는 데 결정적인 족쇄로 작용했다.

1993년 2월에 취임한 김영삼 대통령은 UR 협상 타결이 막바지로 치닫던 1993년 후반까지도 쌀에 대해 거의 언급하지 않았다. 당시 정부 안에서 쌀 문제를 언급하는 것은 금기 중 하나였다. "전두환 대통령 시절부터

7년이나 끌어온 UR 협상이 하필이면 내 임기 때 타결되려 하는지 모르겠다"는 식이었다. 김 대통령은 어떻게든 자신의 임기 중에 쌀이 수입되지 않도록 하는 데 집착했다.

쌀 개방 반대 시위는 전국을 뜨겁게 달구고 있었고 정치권도 누구 하나 책임지는 자세를 보이지 않았다. UR 협상이 종착점을 향해 달려가고 있는 순간에 우리는 이렇게 그해 봄과 여름을 거의 허송세월했다. 그러던 중 결국 일이 터졌다. 1993년 10월 14일 AP, AFP 등 세계 주요 통신사들이 "10월초 미국과 일본이 비밀협상에서 관세화 유예 6년, 최소시장 접근 4~8%에 합의했다"고 타전한 것이다. 쌀 수입을 6년간 유예하되 그동안 물량을 정해 일본 내 쌀 소비량의 4~8%를 수입한다는 합의였다. 쌀개방과 관련해 우리의 방파제 역할을 하던 일본의 둑이 터진 것이다.

무한경쟁은 어떻게 대처하느냐에 따라 우리에게 위기이자 기회

이런 상황에서 결국 우리나라도 원칙적으로는 쌀을 개방하되 한동안은 수입을 유예하다가 그 기간이 지나면 관세를 붙여 수입을 허용하는 일본 식의 관세화 방식을 받아들여야 했다. 일본보다 상대적으로 조건이 좋은 '관세화 유예 10년, 최소시장 접근 1~4%'에 합의한 것이 다행이라면 다행이었다.

김영삼 대통령은 1993년 12월 9일 "쌀 시장을 개방하게 되었다"며 국민에게 용서를 빌었다. 뒤이어 정부는 UR 협상 타결(12.15)과 UR 최종협정서(1994. 4.15)에 서명했다. WTO 출범 보름을 앞둔 1994년 12월 16일 국회가 WTO 가입 비준동의안과 이행특별법안을 의결함으로써 우리나라도 WTO 체제의 일원이 되었다.

WTO의 출범은 우리 경제에 긍정적인 효과와 부정적인 영향을 줄 것으로 전망되었다. 수출 여건이 좋아지는 것은 긍정적이었지만 농산물과 서비스 등 공산품에 비해 국제 경쟁력이 떨어지는 분야는 적지 않은 타격을 입을 것으로 전망되었다. 쌀을 포함한 농산물의 수입 개방에 농민들이 분노한 것은 당연한 반응이었으나 수출을 경제 활력의 기반으로 삼고 있는 국가 전체 입장에서 볼 때 WTO의 출범은 환영받을 일이었다. 물건을 팔아야 하는 우리에게 대외 경쟁은 피할 수 없는 숙명이었다.

UR 타결 후 우리나라는 2014년까지 20년간 쌀에 대해 두 차례 관세화 유예조치를 받았다. 이것은 20년 동안 쌀 시장을 개방하지 않는 대신 최소시장 접근 방식에 따라 쌀의 의무 수입량을 매년 늘려 수입했다는 뜻이다. 실제로 개방을 미룬 사이 의무적으로 수입한 물량이 해마다 2만t씩 늘어 2014년엔 국내 쌀 소비량의 9%인 40만 9,000t이나 되었다. 그 사이 일본은 1999년, 대만은 2003년 각각 쌀 시장을 열었다.

정부는 2014년 세 번째 관세화 유예 요청을 앞두고 어느 쪽이 우리에게 더 유리한지를 두고 심각한 고민에 빠졌다. 결론은 쌀 시장의 개방이었다. 추가로 관세 유예조치를 받아 쌀 시장을 개방하지 않을 경우 의무적으로 수입해야 하는 쌀의 양이 2014년 40만 9,000t에서 최소 두 배 이상 늘어나 오히려 국내 쌀 산업이 심각한 타격을 입는다고 판단한 것이다. 그래서 내린 결론이 쌀을 개방하되 고율 관세를 적용한 국내 쌀 농가 보호였다. 우리나라는 2015년 1월 1일 국내 쌀 시장이 전면 개방될 예정이다. 수입 쌀에 붙게 되는 관세율을 어느 수준으로 결정하느냐가 관건이다.

도하 개발 어젠다 (DDA) 1995년 1월 WTO가 출범했으나 회원국들은 농산물과 서비스 분야의 시장개방 내용이 미진하고 공산품 분야에서도 상당한 무역 장벽이 남아 있다는 데 의견을 같이했다. 회원국들은 이를 보완할 새로운 다자간 무역협상을 추진했다. 그 결과 1998년 5월 스위스 제네바에서 열린 WTO 2차 각료회의에서 무역 자유화를 위한

'뉴라운드'를 출범시키는 데 합의하고 1999년 12월 미국 시애틀 3차 각료 회의에서 뉴라운드의 출범 선언문을 채택할 예정이었다. 그러나 각국의 이해관계가 좀처럼 좁혀지지 않아 뉴라운드는 출범하지 못했다.

다행히 2001년 11월 14일 카타르 수도 도하에서 열린 WTO 4번째 각료 회의에서 새로운 무역협상 체제를 출범시키기로 합의하는 데 성공, '우루 과이 라운드(UR)'에 이어 9번째 다자 무역협상인 '도하 개발 어젠다'(DDA) 가 출범했다. 각국이 원탁에 둘러앉아 협상을 벌인다는 의미의 '라운드' 명칭은 권투경기와 싸움 등을 연상시킨다는 이유로 의제를 뜻하는 '어젠 다'로 바뀌었다. DDA 협상은 2002년 1월 시작해 2005년 1월 1일까지 일 괄 타결 방식으로 종결짓기로 했다. 그러나 2003년 9월 멕시코 칸쿤에서 열린 5차 각료회의에서 우리나라 농민이 자결하는 등 세계화 반대 시위가 격렬해지고 강대국 간에도 이견이 좁혀지지 않아 난항을 거듭했다.

DDA 협상 안건은 회원국들이 관심을 갖고 있는 모든 분야를 망라하 기로 했으나 크게는 농업보조금 감축, 농산물 관세 인하, 공산품 관세 감 축 등 세 가지로 집중되었다. 예상대로 미국, EU, 그리고 브라질·인도가 중심을 이루고 있는 농수산물 수출 개도국 모임인 G20 등 협상의 '빅3'가 각 부분에서 첨예하게 부딪쳤다. EU와 G20은 미국의 농업보조금 축소에 는 한목소리를 냈지만 농산물 관세 인하에서는 대립했다. 공산품 관세 인 하는 미국과 EU가 찬성했지만 G20이 강하게 저항했다.

세부적인 문제에서도 '빅3'는 다른 목소리를 냈다. 여기에 한국, 일본, 대만 등 농수산물 수입국인 G10의 이해관계까지 얽히면서 문제 해결이 간단치 않았다. 이처럼 농산물 수출국인 브라질과 인도 등 G20이 선진국 의 농업보조금 삭감을 주장하고 선진국은 개도국에 공산품 및 서비스 시 장 개방을 요구하는 등 이해관계가 팽팽히 맞서면서 협상 시한을 넘기고 말았다.

협상 시한을 연장하기 위해 2005년 12월 제6차 각료회의가 홍콩에서 열렸으나 각료 선언문만 채택했을 뿐 세부 원칙과 이행 계획이 마련되지 않아 DDA의 앞날을 누구도 예상할 수 없었다. 게다가 2006년 7월 미국, EU, 브라질, 인도 등 6개국이 참석한 G6 각료회의가 결렬되고 뒤이어 WTO 사무총장이 DDA 협상의 공식 중단을 선언하면서 장기간의 표류가 불가피해졌다. 2007년 1월 다보스 포럼에 참석한 각국의 통상 대표들이 DDA 협상의 재개에 합의하면서 협상의 끈은 완전히 끊어지지 않았으나 각국 간 이해관계가 워낙 첨예해 향후 전망은 불투명한 상태다.

2014년 현재 DDA 협상은 여전히 실마리를 풀지 못하고 있어 전문가들은 DDA의 좌초를 예상하고 있다. DDA의 장기 표류에 따라 무역협상의 무게중심은 다자 협상에서 국가 간 무역협정(FTA)이나 지역 간 무역협정(RTA)으로 급격히 옮겨가고 있는 추세다.

남아공 첫 흑인 참여 총선과 넬슨 만델라 대통령 취임
342년간에 걸친 소수 백인 통치의 종식이었고 46년간 흑인들을 짓눌러온 인종차별의 철폐였다.

넬슨 만델라(1918~2013)의 삶은 '20세기 문명사의 마지막 수치'와 '반인간적인 인종차별의 두터운 벽'을 허무는 기나긴 여정이었다. 자유와 평등을 위한 불굴의 투쟁사였으며 감동적인 인간 승리의 기록이었다.

만델라는 남아공 이스턴 케이프주 트란스케이에서 족장의 아들로 태어났다. 1937년 대학에 입학했으나 첫해가 끝나갈 무렵 학교 측의 인종 분리 정책에 반대하는 동맹휴학에 가담했다가 퇴학당했다. 1943년 다시 대학에 들어가 법학을 공부하고 남아공 최초의 흑인 변호사가 되었다. 1944

넬슨 만델라(1918~2013)

년 아프리카민족회의(ANC)에 가입할 때만 해도 만델라는 간디의 무저항주의의 영향을 받아 흑백의 구분이 없는 평등·평화의 민주주의를 꿈꿨다.

네덜란드계 백인 목사 다니엘 말란이 이끄는 극우 야당 '국민당'이 1948년 총선에서 다수당이 되고 뒤이어 국민당이 '아파르트헤이트(인종차별정책)'를 시작할 때도 한동안은 비폭력 투쟁을 우선했다. 1950년 ANC 내에 청년동맹을 설립하고 1952년 흑인 최초로 변호사 사무실을 개업해 흑인을 위한 법률구조 활동을 펼쳤다. 국민당 정권이 만들어낸 '인종 간 혼인금지법', '인종등록법', '집단거주지법' 등 기상천외한 악법들을 의도적으로 무시하는 '악법 무시 운동'도 대대적으로 펼쳐 백인 정부를 압박했다.

1956년에는 인종차별 철폐 투쟁의 이념적 기반인 '자유헌장'을 발표하며 인종차별 이데올로기에 맞섰다가 반역죄 혐의로 체포되었다. 흑인들의 저항운동은 1960년 3월 통행증법에 항의하며 시위를 벌이다 69명의 흑인이 무차별로 학살된 '샤프빌 학살사건' 후 비폭력 불복종 투쟁에서 무장 폭력 투쟁으로 전환했다.

만델라도 무력 투쟁을 전개했다. 백인 정부가 ANC를 불법화했을 때는 1961년 11월 지하 무장조직 '민족의 창'을 결성해 초대 사령관에 오르고 파업과 게릴라 활동을 펼치며 백인 정부에 맞섰다. 만델라가 본격적인 혁명가의 길로 들어선 것도 그 무렵이었다. 만델라는 1962년 8월 거주지 이탈 및 파업 선동 혐의로 체포되어 5년형을 선고받고 감옥에 갇혔다. 1963년 ANC 지도부가 대거 체포된 후에는 다시 재판을 받아 1964년 6월 국가전복 기도죄로 종신형을 선고받았다.

만델라의 투쟁 의지는 감옥에서도 꺾이지 않았다. 바위 절벽으로 둘러싸인 로벤섬의 교도소에서 흑인 청년들에게 정치 학습을 실시하며 로벤섬을 '만델라대학'으로 탈바꿈시켰다. 점차 그의 죄수번호인 '46664'(1964년에 수감된 466번째 죄수라는 의미)까지 저항운동의 상징으로 떠올랐다. 옥중에서도 자와할랄 네루상(1979), 유네스코의 시몬 볼리바르 국제상(1983) 등을 받아 세계 인권운동의 아이콘으로 부각되었다.

불굴의 투쟁사이자 감동적인 인간 승리의 기록

1980년대 들어 만델라의 석방이 세계적인 관심사로 부각되고 세계 각국의 석방 압력이 더욱 거세지면서 백인 정부는 변화를 모색해야 했다. 풍부한 인적·물적 자원에도 불구하고 계속되고 있는 마이너스 성장과 높은 외채, 고실업률의 경제 난국도 변화를 요구했다. 이런 상황에서 1989년 9월 데클레르크가 대통령에 취임했다. 그의 취임은 흑백 차별로 얼룩진 남아공에 일대 변화를 불러일으키는 전주곡이었다.

데클레르크 대통령을 기다리고 있는 것은 끊임없는 인종차별 정책에 대한 유혈 투쟁과 유엔의 경제제재 조치로 비롯된 국제적 고립 등이었다. 데클레르크는 취임 즉시 과거 보타 대통령 시대의 유물인 강압적인 철권 통치를 완화하는 등 개혁 조치를 단행했다. 목표는 흑백 화합이었다. 먼저 그동안 불법단체로 규정해온 ANC 등 30여 개 흑인 반체제 단체들을 1990년 2월 합법화했다. 2월 11일에는 27년간이나 복역하고 있는 만델라를 석방했다. 1991년에는 아파르트헤이트를 법적으로 뒷받침해온 각종 악법들을 폐기했다.

이 같은 변화는 기본적으로 데클레르크의 품성에 기인한 바 크지만 무엇보다 야만적인 흑백 차별을 철폐해야 한다는 시대적 요청과 23년간 지속되고 있는 국제적 고립으로부터의 탈피가 급선무라는 현실 인식에서 비롯되었다. 데클레르크는 1992년 3월 백인 권력 독점체제의 종식을 포함한 획기적인 개혁안을 묻는 국민투표를 실시했다. 백인들은 68.7%의 압도적인 찬성으로 데클레르크의 개혁에 힘을 실어주었다.

데클레르크는 만델라와 수차례 협상을 벌여 임시정부 헌법안을 기초했다. 둘은 이런 공로를 인정받아 1993년 12월 노벨평화상을 공동 수상했다. 새 헌법안은 1993년 12월 백인의회의 압도적인 지지를 받아 통과되었다. 문제는 사상 처음 흑백 모두가 참여하는 총선이었다. 총선을 앞두고 외형적으로는 흑백 간의 화합이 이뤄진 것처럼 보였으나 흑백 통합에 따른 백인 보수파의 반발과 경제적 불평등에 대한 흑인들의 불만이 간단치 않았다.

흑·흑 간에도 갈등이 심각했다. ANC가 주도권을 쥐고 있는 것에 불만을 품은 남아공 최대 흑인 종족인 줄루족이 '잉카타 자유당'을 결성, 분리 독립을 주장하면서 흑인들의 피가 흑백 공존을 위한 제물로 뿌려졌다. 잉카타 자유당은 1994년 4월 총선 때까지 1만 4,500여 명이 흑흑 갈등과 정치 폭력으로 희생되고서야 총선 참여를 결정했다.

다인종·다민족이 공존하는 '무지개 나라' 역설

총선은 만델라의 ANC와 데클레르크의 국민당 등 27개 정당이 참여한 가운데 1994년 4월 26일부터 4일간 남아공 전역에서 치러졌다. 흑백을 막론하고 총 2,300만 명의 유권자가 남아공 최초의 민주투표에 참여했다. 총선 결과 ANC는 252석을 얻어 최다 의석을 확보하고 집권 국민당은 82석, 잉카타 자유당은 43석을 차지했다.

다수당이 된 ANC의 넬슨 만델라는 새 헌법에 따라 5월 10일 사상 첫 흑인 대통령으로 취임했다. 만델라는 취임 연설에서 다인종·다민족이 공존하는 '무지개 나라'를 역설했다. 또한 "오늘의 승리는 흑인만의 승리가 아닌 남아공 전체의 승리"라면서 화합의 정치를 강조했다. 그의 외침은

342년간에 걸친 소수 백인 통치의 종식이었고 46년간 흑인들을 짓눌러온 인종차별의 철폐였다. 헌법에 규정된 대로 제1당인 국민당의 데클레르크 대통령은 부통령으로, 선거 과정에서 ANC에 반대하여 유혈 투쟁을 벌였던 잉카타 자유당의 망고수투 부텔레지 당수는 내무장관에 임명되었다. 내각에도 국민당 인사들이 다수 참여했다.

만델라 대통령 앞에 놓인 강과 산은 깊고 험난했다. 보복을 두려워하며 불안에 떨고 있는 백인을 달래야 했고 오랜 박탈감으로 성급한 기대감에 들떠 있는 흑인을 다독거려야 했다. 만델라는 과감히 시장경제를 채택하고 대규모 민영화를 단행했다. 투자 유치를 위해 미국, 인도, 한국 등을 돌며 세일즈 외교에 나섰다. 이 같은 노력 덕에 취임 첫해 2.4%, 이듬해 3%의 경제성장률을 기록해 마이너스 성장의 굴레를 벗어나는 데 성공하고 국제적인 고립 상태에서도 벗어났다.

1996년 5월 발족한 '진실과 화해위원회'는 반성의 문을 통과하는 자에게 용서를 베풀었다. '진실과 화해위'는 백인 정권이 저지른 잔혹 행위를 밝혀내는 과정에서 비록 살인을 저질렀어도 과거의 범죄를 고백만 하면 처벌 없이 사면해 주었다. 만델라가 목적한 것은 용서였지 처벌이 아니었다. 우여곡절 끝에 다시 제정된 민주헌법도 1997년 1월 발효됨으로써 악명 높은 아파르트헤이트도 법적으로는 완전히 종말을 고하고 진정한 자유민주주의 체제가 탄생했다.

5년 임기가 끝난 1999년 6월 만델라는 단지 평범한 할아버지가 되기만을 소망하며 대통령 관저를 떠났다. 이후 평화의 메신저로 활동하고 남아공의 가장 큰 골칫거리인 에이즈 문제와 싸우는 '에이즈 퇴치기금 재단'을 설립했다. 2013년 12월 5일 그의 죽음은 한 정치인의 사망을 넘어 '한 시대의 종말'을 상징했다.

에릭 홉스봄 4부작 '시대' 시리즈 완간

역사가로서 관심이 집중된 것은 자본주의의 형성 과정과 그 속에서 살아온 인간들의 다양한 모습이었다.

에릭 홉스봄(1917~2012)은 자신의 삶이 바로 20세기 역사의 일부였던 역사학자다. 그는 영국이 지배하고 있던 이집트 알렉산드리아에서 태어났다. 아버지는 영국 국적의 유대인이었다. 1차대전 후 어머니의 고향인 오스트리아·헝가리 제국의 빈으로 이주했으나 1929년 아버지가 죽고 2년 뒤 어머니마저 유명을 달리해 베를린의 친척 집에 맡겨졌다.

당시 10대의 그를 분노하게 한 것은 히틀러의 등장이었다. 파시즘의 전횡을 목도한 그는 1931년 사회주의 학생동맹에 가입하고 공산당 선전물을 뿌리며 공산주의자로 자신을 담금질했다. 1933년 1월 히틀러가 집권하자 영국 런던으로 건너가 케임브리지대 킹스 칼리지에서 역사학을 공부하고 1936년 영국 공산당에 입당했다. 케임브리지대에서는 '모르는 게 없는 사람'이라는 평을 들으며 케인스 등이 속했던 엘리트 동아리 '사도들'에 초청되었다.

킹스 칼리지를 졸업한 1939년 2차대전이 발발했을 때는 영국군으로 복무하면서 1942년 석사학위를 취득했다. 1946년 '공산당 역사가들의 모임'에 가입하고 1952년 노동사 연구의 기반이 된 학술지 '과거와 현재'를 동료들과 함께 창간했다. 그는 2002년 펴낸 자서전 '미완의 시대'에서 공산주의에 매료된 첫 번째 이유로 대중적 시위의 집단 황홀경과 유물변증법의 미학적 매료를 들었다. 피억압자에 대한 연민, 속물 근성에 대한 참을 수 없는 지적 혐오감도 그를 공산주의자로 만든 이유 가운데 하나였다.

1947년 런던대 버크벡 칼리지의 역사학 시간강사로 교단에 선 뒤에도 상아탑에 안주하지 않고 역사 현장에 깊숙이 발을 들여놓았다. 영국 런던의 트래펄가 광장에서 버트런드 러셀과 함께 핵무기 확산 반대 시위를 벌

이고 쿠바 아바나에서 체 게바라를 위해 통역을
했다. 유대인이면서도 이스라엘의 건국과 유대인
의 선민의식을 비판해 동족의 반발을 자초했다.

1956년 소련의 헝가리 침공에 환멸을 느낀 많
은 공산주의자가 영국 공산당을 떠날 때도 그는
탈당하지 않았다. 그렇다고 방관자는 아니었다.
그는 헝가리 사태를 "관료주의와 사이비 공산주

에릭 홉스봄(1917~2012)

의 정치체제에 대한 노동자와 지식인들의 봉기"라며 소련 정부에 항의 서
한을 보냈다. 평등을 추구하는 이념에는 동의하지만 정부의 범죄와 권력
남용은 받아들일 수 없다는 의사 표현이었다. 이처럼 그는 골수 공산주의
자였으나 공산주의를 맹신하지는 않았다. 공산주의의 경직성에 대해서도
가차 없이 비판을 가하고 역사 연구를 할 때도 이념을 먼저 내세우지 않
았다. 경제적 결정론과 같은 도식을 거부했고 인간의 의식과 문화를 경제
적 조건 못지않게 중시했다.

'무조건 파업'만을 외치는 영국 노동당 강경 좌파를 향해서도 쓴소리
를 서슴지 않았다. 이런 이유로 그는 최고의 마르크스주의 역사학자였는
데도 소련에서 저서가 판매 금지되고 비마르크스주의 학자들이 가장 많
이 읽는 마르크스주의 저술가로 꼽혔다. 그러나 그는 공개된 공산주의자
였기 때문에 활동 반경에 일부 제약이 가해졌고 학계의 지위 상승이 막혔
다. 시간강사에서 전임강사로 승진하는 데 12년, 다시 교수로 승진하는
데 11년이 걸렸다.

골수 공산주의자였으나 공산주의를 맹신하지는 않아

역사가로서 그의 관심이 집중된 것은 자본주의의 형성 과정과 그 속에
서 살아온 인간들의 다양한 모습이었다. '노동의 전환점'(1948), '원초적

반란자'(1959), '산업과 제국'(1969), '의적의 사회사'(1969) 등 30권 이상의 저서를 썼다. 그중에서도 필생의 역작은 이른바 4부작 '시대' 시리즈다. 4부작은 '혁명의 시대(1789~1848)', '자본의 시대(1848~1875)', '제국의 시대(1875~1914)', '극단의 시대(1914~1991)'로 나뉜다. 이 4부작은 민주주의와 자본주의라는 두 개의 축을 둘러싸고 일어난 유럽의 격변과 그 역동성이 전 세계로 퍼져 나간 과정을 보여준다. 나아가 엘리트가 아니라 평범한 사람들을 조명한 '밑으로부터의 역사'를 개척함으로써 역사학의 방향을 크게 바꿔놓았다.

그는 19세기가 1789년 프랑스혁명으로 시작해 1914년 제1차 세계대전의 발발과 함께 끝났다고 주장하며 '긴 19세기'라는 용어를 만들었다. '긴 19세기'를 다룬 첫 명저 '혁명의 시대'(1962)는 프랑스혁명이 발발한 1789년부터 유럽 전역이 혁명의 열기에 휩싸인 1848년까지의 시기를 중점적으로 다뤘다. '자본의 시대'(1975)에서는 1848년부터 첫 대공황기인 1875년까지의 시기를 다뤘다. 홉스봄은 정치혁명이 퇴조하고 산업혁명이 전면에 나선 '자본의 시대'에 대해 산업혁명이 가져온 물질문명의 진보를 충분히 긍정하면서도 "인류가 살아온 세계 가운데 가장 추악한 세계를 낳은 시대"라고 냉혹하게 평가했다. '제국의 시대'(1987)는 1875년부터 1차대전이 터진 1914년까지다. 그 기간은 승리감에 도취한 부르주아 계급이 안으로는 부의 축적에 따라 청교도적 도덕의 붕괴를 맛보고 밖으로는 급성장한 반자본주의적 노동운동의 도전에 직면한 시기다.

1994년에 출간된 마지막 4부 '극단의 시대'는 다시 '파국시대(1914~1945)', '황금시대(1946~1973)', '붕괴시대(1974~1991)'의 세 시기로 나뉜다. 1914년 사라예보의 총성으로 시작된 1부 '파국시대'는 인류 역사상 유례없는 세계대전이 발발해 군인보다 민간인이 더 많이 죽은 학살의 시기다. 17세기 이후 서양 문명을 받쳐온 이성과 진보, 합리주의, 역사에 대한 낙관주의 등이 결정적 타격을 입은 것도 '파국시대'다. 2부 '황금시대'는 2차 대전 후 자본주의가 유례없는 호황기를 맞은 시기로, 제3세계를 포함한 인류 대다수가 근대화와 선진화의 단맛을 보았던 시기다. 하지만 1973년 말 시작된 오일쇼크는 황금시대 때 사라졌던 실업, 가난, 경제불안정 등을 다시 불러들여 제3부 '붕괴시대'를 낳았다.

그가 공산당 당적을 내려놓은 것은 1989년 베를린 장벽이 무너지고 동유럽 공산주의 국가들이 붕괴할 즈음이었다. 공산주의도 1991년 소련의 몰락으로 종언을 고했다. 홉스봄은 공산당만 탈당했을 뿐 공산주의자를 후회하기는커녕 포기하지 않았다. 자서전은 그 이유를 자존심으로 설명하고 있다. 자유와 정의라는 이상을 위해 생명을 바친 사람들을 잊을 수 없었기 때문이라는 것이다. 자서전 마지막 문단에는 이렇게 씌어 있다. "시대가 아무리 마음에 안 들더라도 아직은 무기를 놓지 말자. 여전히 규탄하고 맞서 싸워야 하기 때문이다. 세상은 저절로 좋아지지 않는다."

영·불 해저터널 개통
영국인들은 대륙과 이어지는 것을 생래적으로 싫어했다.

섬나라 영국과 유럽 대륙을 잇고자 하는 야심 찬 계획은 영국 정복을 꿈꿔온 나폴레옹 시대로 거슬러 올라간다. 나폴레옹은 남으로는 알프스를 넘어 이탈리아에 이르고 북으로는 볼가강을 건너 러시아의 상트페테르부르크까지 진격했으나 도버해협(프랑스어로는 칼레해협)만은 건너지 못해 영국을 지척에 두고 꿈을 접어야 했다.

이런 나폴레옹의 의중을 헤아린 프랑스의 한 광산기술자가 1802년 도버해협에 해저터널을 뚫어 마차길을 만들자고 제안했다. 등불로 터널을

프랑스 쪽에서 파고 들어간 노동자(오른쪽)와 영국 쪽 노동자가 마침내 하나로 뚫린 해저 터널에서 서로의 국기를 교환하고 있다(1990.12.1).

밝히고 중간에 인공섬을 조성하고 바다 위로 굴뚝을 내 환기를 하자는 제안이었으나 결국 유야무야되어 나폴레옹은 영국 땅을 밟지 못하고 세상을 떠났다.

그 후 68년이 지난 1870년 양국의 뜻이 맞아 도버해협터널회사를 설립함으로써 해저터널 공사는 급물살을 탔다. 1872년 양쪽에서 공사를 시작해 각기 2㎞쯤 파 들어갔으나 영국의 반대로 공사가 중단되었다. 역사적으로 견원지간이던 프랑스가 해저터널을 타고 침략해올 것이라는 군사적 불안과 프랑스에 대한 뿌리 깊은 국민감정이 다시 도졌기 때문이다. 영국인들은 2차대전 때 유일하게 나치 독일로부터 국토를 보전할 수 있었던 것도 도버해협 덕이라고 생각할 만큼 대륙과 이어지는 것을 생래적으로 싫어했다.

그러다가 1964년 양국 정부가 터널 건설을 위한 조사를 진행할 것을 결정하고 1973년 11월 양국이 협정에 조인, 100년 만에 공사를 재개했다. 이번에는 영국 경제가 발목을 잡았다. 추정 건설비가 치솟고 경제 형편마저 어려워지자 영국의 노동당 정부가 터널 계획을 취소해 1975년 1월 또다시 무산된 것이다.

중단된 공사는 1986년 1월 프랑수아 미테랑 프랑스 대통령과 마거릿 대처 영국 총리가 해저터널 건설에 합의하고 다음 달 양국의 실무 대표가 협정문에 서명함으로써 재개되었다. 1987년 12월 해저 양쪽에서 공사를 시작한 프랑스와 영국의 작업자들이 영국 기점 30km 지점의 해저에서 만나 극적으로 악수를 나눈 것은 1990년 12월 1일이었다. 이로써 빙하시대 이후 떨어져 있던 영국과 유럽 대륙이 마침내 하나로 이어졌다. 두 작업자는 도버 해협 밑을 걸어서 횡단한 최초의 인간으로 기록되었다.

빙하시대부터 떨어져 있던 영국과 유럽 대륙 마침내 하나로 이어져

공사는 계속되어 1994년 5월 6일 마침내 영국의 포크스턴과 프랑스의 칼레를 잇는 50.4km(해저구간 37.9km) 길이의 해저터널 전체가 개통되었다. 터널은 모두 3개였다. 직경 7.6m인 큰 터널 두 개는 관광객 및 화물용 왕복열차 '르 셔틀'과 파리~런던을 달리는 초고속열차 '유로스타'가 지나가는 주터널이고 작은 터널은 비상시 승객 대피와 환기 등을 목적으로 한 보조 터널이었다.

개통식은 영국 런던과 프랑스 파리에서 각각 별도의 기념행사를 연 엘리자베스 2세 영국 여왕과 미테랑 프랑스 대통령이 각각 런던과 파리를 출발한 TGV 유로스타를 타고 해저터널의 프랑스 쪽 출발지인 칼레 근처 코켈 터미널에서 만나 거행되었다.

양국 정상의 해저터널 통과는 오후 3시경 시작되었다. 엘리자베스 여왕과 미테랑 대통령을 태운 롤스로이스 승용차가 775m나 되는 '르 셔틀' 열차 속으로 미끄러져 들어가고 곧 이 거대한 열차가 30분 만에 영국의 포크스턴에 모습을 드러냄으로써 배를 이용하면 7시간 걸리던 런던~파리 구간을 3시간 만에 주파하는 고속의 시대가 열렸다. 도버해협만을 건넌다면 배로 최소 2시간 걸리던 것도 35분으로 단축되었다. 5월 19일 화물용 '르 셔틀'이 첫 상업 운행을 시작하고 11월 14일 승객을 태운 유로스타가 프랑스 가르 뒤노르(파리 북역)를 떠나 영국으로 향함으로써 대장정이 시작되었다.

현재 세계에서 두 번째로 긴 해저터널은 1988년 개통된 일본의 세이칸 해저터널이다. 혼슈의 아오모리와 홋카이도 하코다테 사이의 쓰가루

해협 아래를 가로지르는 전체 터널의 길이는 53.9km로 세계 최장이지만 물밑 구간만 따지면 영불 해저터널보다 짧은 23km이다. 우리나라의 최장 해저터널은 거가대로 해저터널로 해저구간은 가덕도~대죽도 사이 3.7km다. 거대한 콘크리트 구조물을 가라앉혀 묻는 방식을 썼다고 해서 침매(沈埋) 터널로 불린다. 구조물은 길이 180m, 너비 26.5m, 높이 9.75m로 무게만 4만 5,000t에 이른다. 이런 구조물 18개를 해저 48m에 연결해 왕복 4차선 도로를 만들었다.

앤드루 와일스 '페르마의 마지막 정리' 증명
페르마의 정리는 해결되었으나 의문은 여전했다.

피에르 드 페르마(1601~1665)가 법관으로 활동하던 17세기의 프랑스에서는 법관이 일반인과 자유롭게 만나는 것이 금기 사항이었다. 법관의 판단에 영향을 줄 수 있다는 게 이유였다. 법관들은 무료하고 답답했다. 페르마도 마찬가지였다. 다행히 페르마는 수학에 탁월한 재능이 있어 자신의 열정을 수학 연구에 쏟아부을 수 있었다.

페르마는 당대의 유명한 수학자들과 정기적인 교류가 없었다. 그런데도 수학자들보다 더 많은 업적을 남겼다. 그래서 붙은 별칭이 '아마추어 수학의 왕자'다. 흔히 미분법은 뉴턴, 적분법은 라이프니츠가 창시했다고 알려져 있지만 사실은 페르마가 이들보다 먼저 미적분의 중요한 개념을 고안하고 응용했다. 확률론은 파스칼과 편지를 주고받으며 함께 탄생시키고 해석기하학은 데카르트와 독립적으로 발전시켰다.

무엇보다 페르마를 유명하게 만든 것은 '페르마의 마지막 정리'였다. 당시 그는 3세기경 디오판토스라는 사람이 쓴 '아리스메티카(산술학)'의 라

틴어 번역본을 읽으면서 뭔가 떠오르면 책 여백
에 메모나 주석을 달았다. 이 중 단 하나를 제외
하고 나머지는 페르마 사후 모두 증명되었다. 증
명되지 않은 단 하나의 메모에는 "나는 놀라운
방법으로 이 정리를 증명했으나 책의 여백이 부
족해 여기 옮기지는 않겠다"고 적혀 있었다. 이
른바 '페르마의 마지막 정리'다.

앤드루 와일스(1953~)

메모에서 말하는 이 정리란 'n을 3 이상의 정수
라고 한다면, $X^n+Y^n=Z^n$을 만족시키는 정수해 X, Y, Z는 존재하지 않는
다. 단 X, Y, Z 중 하나가 0이거나 모두 0인 경우는 제외한다'는 내용이
다. '페르마의 정리'는 이처럼 피타고라스의 정리에서 파생된 극히 간단한
명제인데도 이후 350여 년 동안 전 세계의 수많은 천재적 수학자를 곤혹
스럽게 했다. 도무지 증명의 실마리를 찾을 수 없었기 때문이다. 심지어
페르마의 정리가 거짓이라는 주장까지 제기되었다. 정의 자체가 정말 맞
느냐고 의심하는 수학자들도 있었다. 1908년 독일의 볼프스켈이 페르마
의 정리를 푼 사람에게 10만 마르크의 상금을 주라고 유언을 남겼는데도
여전히 오리무중이었다.

1963년 앤드루 와일스(1953~)라는 10살 소년이 도서관에서 우연히 '마
지막 문제'라는 책을 보았다. 소년은 자신이 반드시 그 문제를 풀겠다고
다짐했다. 와일스는 옥스퍼드대 머튼 칼리지에서 수학을 전공하고 케임
브리지대에서 1979년 수학박사 학위를 취득한 후 미국의 프린스턴대 교
수로 부임했다. 당시 수학계에서는 페르마의 정리를 풀려는 시도가 시들
해진 상태였다. 와일스 역시 다른 분야에 몰두하느라 잊고 살았다.

1986년 여름 어느 날 한 친구에게서 "다니야마-시무라의 추론이 옳다
고 밝혀지면 페르마의 정리도 증명되는 것"이라는 얘기를 들었다. 다니야

마-시무라 추론은 일본의 수학자 다니야마 유타카가 1955년 처음 제기하고 동료 수학자 시무라 고로가 이후 10여 년 동안 검토해온 타원곡선과 모듈 형식에 관한 추론이었다. 이 추론을 의심하는 수학자는 없었다. 그런데도 아무도 증명하지 못했다.

"이제 끝내도 좋다고 생각합니다"라고 말하고는 강연장 떠나

와일스는 잊고 지냈던 어린 시절의 꿈이 되살아났다. 다행인 것은 다니야마-시무라 추론이 당시 와일스가 정통했던 타원곡선론 분야라는 점이었다. 와일스는 추론에 몰두했다. 주변 사람에게는 철저하게 비밀에 부쳤다. 논문을 발표하지도, 학회나 심포지엄에도 나가지 않았다. 그러다가 7년째가 되었을 무렵 추론을 증명할 수 있다는 자신감이 생겼다.

그리고 1993년 6월 23일부터 3일 동안 케임브리지대의 뉴턴연구소에서 추론과 관련된 강의를 했다. 첫날과 이튿날 발표가 끝났을 무렵 참석자들 사이에 페르마의 마지막 정리가 증명될지도 모른다는 소문이 퍼졌다. 그러자 마지막 날은 강연회장이 빈틈없이 채워졌다. 와일스는 3일 동안의 강연을 마치고 "이제 끝내도 좋다고 생각합니다"라고 말하고는 강연장을 떠났다. 곧 그를 향해 박수갈채가 쏟아졌다.

와일스의 발표는 이메일과 팩스를 통해 전 세계 수학계로 퍼졌다. 하지만 수학자들은 시큰둥한 반응을 보였다. 그동안 무수한 수학자가 페르마의 정리를 해결했다고 주장했지만 모두 사실이 아닌 것으로 판명되었기 때문이다. 와일스는 200쪽이 넘는 논문을 전문 학술지 '수학연보'에 보냈다. 그런데 심사위원들이 논문을 심사하는 과정에서 부분적인 오류가 발견되었다. 와일스의 증명은 한꺼번에 무효가 될 처지에 놓였다. 와일스는 좌절감과 굴욕감을 느꼈다. 하지만 오류를 수정하기 위해 다시 팔을 걷어붙였다. 자신이 없는 분야는 자신의 제자인 케임브리지대의 젊은 수학 강사 리처드 테일러에게 문의했다. 1994년 1월부터는 테일러도 공동 작업에 참여했다. 그래도 생각처럼 진전되지 않았다.

그러던 1994년 9월 19일 갑자기 믿을 수 없는 생각이 섬광처럼 와일스의 머릿속을 스쳐 지나갔다. 순간 눈물이 솟구치고 감정이 복받쳤다. 와일스는 논문을 뚫어지게 응시했다. 너무 단순하고 우아했다. 다음날 와일스는 전날의 아이디어를 다시 한 번 정밀하게 확인한 후 전화로 테일러에게 자신의 아이디어를 알렸다. 테일러는 그것을 기초로 엄밀한 증명을 완성했다.

1994년 10월 2편의 논문이 수학자들에게 전달되었다. 하나는 '모듈 타원곡선과 페르마의 최종 정리'(앤드루 와일스 저)이고 다른 하나는 '어떤 종류의 헤케 고리의 이론적 성질'(리처드 테일러-앤드루 와일스 공저)이었다. 전자는 페르마 정리 자체를 증명하는 본체였고 후자는 그 중 한 단계의 증명을 서술한 것이다. 학자들이 검토해 보니 이번에는 오류가 발견되지 않았다.

와일스는 최종적으로 '수학연보'에 논문을 보냈다. 심사는 몇 달 동안 계속되었다. 이번에는 어떤 오류도 발견되지 않았다. '수학연보' 1995년 5월호는 와일스-테일러의 새로운 논문을 수록했다. 이로써 페르마의 마지막 정리도 안식을 취하게 되었다. 와일스는 1908년 제정된 볼프스켈상을 수상했다.

페르마의 정리는 해결되었으나 의문은 여전했다. 페르마가 주석을 쓸 당시인 17세기에는 와일스가 증명하는 데 사용한 수학 논리가 전혀 알려져 있지 않았고 또 책 여백에 쓴 메모로 미루어 지극히 간명하면서도 영감으로 가득찬 뭔가 새로운 증명 방식이 있을 것으로 추정되기 때문이다. 수학계는 페르마가 창안했을 천재적인 증명방식에 여전히 미련을 버리지 못하고 있다.

러시아, 체첸 침공

체첸은 민족과 종교가 다르고 사회주의에 대한 반감까지 겹쳐 소련을 불구대천의 원수로 여겼다.

카스피해와 흑해 사이에 위치한 캅카스 지역은 사방에 캅카스 산맥이 병풍처럼 펼쳐져 있어 험하긴 하나 아름다운 곳이다. 18세기부터 팽창정책을 펼쳐온 제정 러시아가 이 지역에 눈독을 들인 것은 1800년대 초였다. 당시 캅카스 지역에는 여러 민족이 살고 있었는데 이 중 가장 끈질기게 러시아에 저항한 민족이 나흐족이다.

러시아군은 강한 전력에도 불구하고 나흐족의 거센 저항에 밀려 고전을 면치 못했다. 특히 일찌감치 손을 든 서쪽의 나흐족과 달리 동쪽의 나흐족은 결사항전으로 맞섰다. 이때부터 러시아는 동쪽 나흐족을 체첸인으로, 서쪽 나흐족을 인구시인으로 구분해 불렀다. 체첸과 러시아의 길고 질긴 인연이 시작된 것이다.

러시아가 체첸의 수도를 러시아어로 '무서운 곳'이라는 뜻의 그로즈니로 부른 것만 보더라도 체첸의 저항이 얼마나 격렬했는지를 알 수 있다. 캅카스 지역의 다른 산악 민족들도 체첸인이라면 고개를 절레절레 흔들 정도로 거칠고 사나운 민족으로 통했다. 아무리 그렇다 하더라도 신식 무기로 무장한 러시아군을 당해낼 수는 없었다. 결국 50여 년간의 저항 끝에 1859년 제정 러시아에 정복되었다. 그러나 그것은 끝이 아니라 시작이었다.

체첸은 러시아의 정정이 불안할 때마다 독립을 꾀했다. 1917년의 볼셰비키 혁명으로 제정 러시아가 무너지고 적군과 백군 사이에 내전이 벌어졌을 때는 이웃의 다게스탄 지역과 손을 잡고 '체첸·다게스탄 이슬람공화국'을 세웠다. 그러나 내전을 끝내고 전열을 재정비한 소련이 1921년 다시 체첸을 점령해 체첸의 꿈을 물거품으로 만들었다. 1936년엔 소련 내

체첸·인구시 자치공화국으로 강제 편입되고 스탈린의 대숙청 때는 많은 지식인과 민족 지도자들이 처형되거나 다른 지역으로 강제 추방되었다.

체첸과 주변 자치공화국

체첸은 민족과 종교가 다르고 사회주의에 대한 반감까지 겹쳐 소련을 불구대천의 원수로 여겼다. 2차대전 때 독일이 캅카스 지역을 일시 점령했을 때는 독일군에 붙어 다시 소련군에 저항했으나 전쟁 후의 대가는 엄청났다. 1944년 스탈린이 47만 명의 체첸인을 중앙아시아로 강제 이주시키고 공화국을 해체한 것이다. 20만 명이나 희생된 강제 이주 후 체첸인은 더 이상 소련에 맞서 싸우기를 포기했다. 물론 가슴 속 분노는 그대로였다. 1957년 흐루시초프에 의해 복권된 체첸인들이 고향으로 돌아와 자치공화국을 구성했으나 살아서 귀향한 체첸인은 3분의 1에 불과했다.

러시아 정정이 불안할 때마다 독립 꾀해

동토의 땅에서 숨죽이며 살던 체첸인들이 다시 독립을 시도한 것은 1991년 구 소련이 해체되기 전의 혼란기였다. 소비에트 연방이 하나둘 해체되는 과정에서 캅카스 지역의 아제르바이잔, 아르메니아, 그루지야(조지아)가 독립을 선언하는 분위기에 편승해 체첸 역시 인구시 공화국과 함께 1991년 11월 1일 독립을 선언했다.

하지만 캅카스 지역의 다른 자치공화국과 달리 독립에는 성공하지 못했다. 질 좋은 유전이 널려 있고 카스피해 유전과 유럽을 잇는 송유관이 지나고 있다는 경제적 이유에다 자칫 인근 공화국으로까지 독립 움직임이 확산할 것을 우려한 러시아의 반대 때문이었다. 그러나 러시아는 구소련 해체 직후의 혼란 때문에 체첸에 관심을 쏟지 못했다. 체첸은 그 틈을 이용해 사실상 독립국 행세를 했다.

그러나 그것도 잠시뿐, 한숨을 돌린 러시아가 1994년 12월 1일 체첸을 침공하면서 다시 러시아와 혈전을 벌여야 했다. 캅카스의 험준한 산악 지역으로 거점을 옮긴 체첸 반군은 게릴라 작전을 펼치며 러시아에 막대한 손실을 입혔다. 결국 옐친 대통령은 반전 여론과 탈영병 속출 등을 견디지 못해 1997년 5월 체첸과 평화협정을 맺고 러시아군을 체첸에서 철수했다.

체첸은 독자적인 대통령과 군대, 행정조직 등을 갖춘 독립국가 성격의 자치정부가 되었으나 이는 해결을 잠시 유보한 것에 지나지 않았다. 1999년 8월 강경파인 샤밀 바사예프가 이끄는 체첸군이 '체첸·다게스탄 이슬람공화국' 창설을 명분으로 인근의 다게스탄을 침공하면서 2차 체첸전이 일어났다. 이 체첸전을 승리로 이끌어 급부상한 인물이 러시아의 푸틴 대통령이다.

1999년 8월 옐친 대통령에 의해 총리 겸 차기 대통령 후보로 전격 임명되었을 때까지만 해도 푸틴은 무명의 정치 신인에 불과했다. 그러나 푸틴의 진두지휘로 러시아군이 1999년 9월 30일 체첸을 침공하고 2000년 2월 융단폭격과 로켓포 공격을 퍼부으며 체첸의 수도 그로즈니를 점령한 뒤로는 차세대 지도자로 강한 인상을 남겼다.

2000년 3월 대통령에 당선된 푸틴이 더욱 고삐를 죄자 체첸 반군은 산악 지대로 물러나 있으면서 체첸인들의 장기인 인질극과 자살 테러로 러시아를 괴롭혔다. 푸틴 역시 협상하지 않고 정면 돌파를 시도하는 인물이다 보니 민간인들만 죽어나갔다. 2002년 10월 모스크바 극장에서 129명이 죽고, 2004년 8월 모스크바를 이륙하던 러시아 여객기 폭파로 89명이 숨진 것도 물불을 가리지 않는 체첸의 테러와 협상을 모르는 푸틴의 스타일이 충돌해 빚은 참사였다. 특히 2004년 9월 북오세티야 공화국의 한 초등학교를 점거해 340여 명의 초등학생을 죽게 한 체첸 반군의 테러는 세계적인 공분을 샀다. 현재는 소강상태이지만 러시아의 정정이 조금이라도 불안할 때면 언제든 다시 일어나는 게 체첸이라는 점에서 체첸은 언제든 폭발할 수 있는 화약고이다.

실비오 베를루스코니 이탈리아 총리 취임
그의 일생은 건설로 자본을 마련해 언론을 지배하고 다시 정치권력을 장악하는 과정으로 요약된다

실비오 베를루스코니(1936~)는 세 번에 걸쳐 총 9년 이상을 총리로 재임한 이탈리아의 정치 실력자였다. 그의 일생은 건설로 자본을 마련해 언론을 지배하고 그 힘으로 다시 정치권력을 장악하는 과정으로 요약된다. 출발은 평범했다. 밀라노에서 은행원의 아들로 태어나 젊은 시절에는 청소기를 팔거나 유람선에서 가수 생활을 하며 학비를 마련했다. 이런 그가 사업가로 두각을 나타낸 것은 1961년 밀라노대를 졸업하고 밀라노 북부 외곽 지역에 1만 5,000가구의 아파트 단지를 건설하면서였다.

1973년 케이블TV '텔레밀라노'를 세워 미디어 사업에 뛰어들고 미디어 그룹 '피닌베스트'(1978)와 방송국 '카날레 5'(1980)를 설립했다. 1982년에는 민영방송국 '이탈리아 1'과 '레테 4'를 사들여 이탈리아 민영TV 채널 4개 중 3개를 보유한 '미디어셋'이라는 민영방송 체제를 완성했다. 이후 신문, 잡지, 출판, 광고대행, 영화제작에도 뛰어들어 1990년대 초에는 독일 베르텔스만에 이어 유럽 2위의 미디어 재벌로 성장했다. 1992년에는 세

계적인 프로축구 구단 AC밀란도 사들였다.

이처럼 승승장구하던 그에게도 몸을 사려야 하는 위기의 순간이 있었다. 검찰이 1992년 가동한 '마니 폴리테'(깨끗한 손) 수사가 전방위로 뻗치면서 그의 정치적 후원자인 베티노 크락시 전 총리 등 다수 정치인들이 체포되거나 도주해 정경 유착의 단물을 더 이상 기대할 수 없었던 것이다. 자신에게도 검찰의 사정 수사가 다가오자 자기 소유의 TV 네트워크와 막강한 권력을 총동원해 방어에 나섰다.

'마니 폴리테'가 수그러들 즈음에는 직접 정치판에 뛰어들었다. 이탈리아 국민이 축구 국가대표팀을 응원할 때 쓰는 구호 '포르차 이탈리아'(전진 이탈리아)와 같은 이름의 정당을 1994년 1월 창당하고, 무솔리니의 이념을 계승한 국민동맹, 남북 분리를 주장하는 북부동맹과 함께 우파 연합인 '자유동맹'을 결성해 1994년 3월 총선을 지휘했다.

선거전에서 베를루스코니가 활용한 것은 언론이었다. 자기 소유의 TV 방송, 신문, 잡지 등을 통해 경제적인 피폐와 부패 스캔들로 얼룩진 이탈리아를 구해낼 구원자의 이미지를 각인시켰다. 부패한 우파와 무능한 좌파에 지친 대중은 건설업으로 자수성가한 그를 개혁의 기수로 받아들였다. 선거 결과 우파 연합은 좌파 진보동맹을 압도적인 표차로 누르고 승리했다. 베를루스코니 자신도 로마의 한 선거구에서 47.9%의 득표율로 당선되었다.

베를루스코니는 1994년 5월 11일 우파 연립정부의 총리로 취임했다. 조각 과정에서 무솔리니의 후예를 자처하는 국민동맹 인사들을 내각에 포함해 안팎으로 우려 섞인 비판을 받았다. 2차대전 후 서유럽에서 파시스트 정당 인사가 각료가 된 것은 이탈리아가 처음이었다. 무엇보다 그를 불안하게 한 것은 총선에 나설 때부터 검찰의 수사 대상에 오른 뇌물 제공 혐의였다. 결국 1994년 12월 검찰 조사를 받고 1995년 1월 사임해 255

일의 짧은 첫 총리 생활을 마감했다.

그러나 와신상담 끝에 맞은 2001년 5월 총선에서 승리를 거둬 또다시 총리 자리를 차지했다. 선거전에서 그는 경제 불황에 찌든 유권자들에게 "당신들도 나처럼 부자가 될 수 있다"는 환상을 불어넣고 '강력한 이탈리아 건설'을 내세운 선거 전략을 구사했다. 유권자들은 중도좌파가 집권한 5년 동안 연평균 성장률이 유럽 전체의 평

실비오 베를루스코니(1936~)

균을 훨씬 밑돈 것에 실망해 베를루스코니의 부패 의혹에도 불구하고 그의 사업 수완이 이탈리아를 경기 침체에서 구해줄 것으로 기대하며 표를 던졌다.

TV를 통해 구원자 이미지 각인시켜

베를루스코니는 취임 후 1994년과 같은 일을 되풀이하지 않기 위해 2002년 2월 측근을 이사로 채워 국영방송국을 실질적으로 장악했다. 자신이 소유하고 있는 민영방송 3개를 합치면 이탈리아 시청자의 90% 이상이 베를루스코니가 소유하거나 장악한 TV를 시청하게 되었다.

법안도 자신에게 유리하게 제정했다. 공직자라도 경영에 참여하지만 않는다면 기업을 소유하거나 주식을 보유할 수 있는 '이익상충법'(2002.3), 총리는 물론 대통령, 상원의장, 하원의장, 헌법재판소장 등 5대 고위 공직자의 임기 중 면책특권을 보장하는 법안(2003.6) 등을 밀어붙여 통과시켰다.

방송은 사실상 그의 홍보 수단으로 전락하고 선정적인 내용으로 채워졌다. 그 자신도 모델, 배우, 앵커, 쇼걸 등 다양한 배경의 여성들과 염문을 뿌려 각종 스캔들이 그를 따라다녔다. 스트립 댄서 출신을 양성평등

기획부 장관에 임명하는 등 미모의 여성을 내각에 발탁하고 여성 앵커 등 유명 여성들을 자신의 섹스 파티에 초대했다.

경제는 추락을 거듭했다. 정부 부채는 급증하고 실업률은 급등했다. 물가는 뛰어오르고 빈곤층의 상대적 박탈감은 심화되었다. 결국 2006년 4월 총선에서 로마노 프로디가 이끄는 중도좌파 연합에 근소한 차로 패배해 총리 자리에서 물러나야 했다. 그러나 프로디 총리가 자신의 신임을 묻는 상원 표결에서 패배해 20개월 만에 낙마하고 2008년 4월 총선에서 우파 연합이 승리해 베를루스코니는 3번째 총리 자리에 오르는 행운의 주인공이 되었다.

세 번째 취임 후에도 각종 성 추문과 비리 의혹은 여전했다. '스캔들의 제왕'이라는 별명도 계속 따라붙었다. 2010년 봄에는 로마에서 행세깨나 한다는 거물들을 모아 비밀 파티를 벌였다. 파티에서 25살 지방의회 여성 의원은 수녀 복장을 하고 스트립쇼를 펼쳤다. 그들의 난잡한 섹스를 사람들은 '붕가붕가 파티'라고 불렀다. 베를루스코니는 17세의 모로코 출신 댄서에게 돈을 주고 성관계를 맺었다. 결국 이런 사실이 알려지고 경제 불황까지 엄습해 2011년 11월 총리 자리에서 물러났다.

집권 기간 중 부정부패 정치인도 그를 따라다닌 꼬리표였다. 그가 받은 기소장만 100장이 넘고 54차례나 불신임투표에 부쳐졌다. 그런데도 그는 9년 이상 총리로 재임하는 놀라운 신통력을 보였다. 어떻게 이런 일이 가능했을까. 해답은 연금이었다.

베를루스코니는 정치 생명이 간당간당할 때마다 복지 제도를 크게 키웠다. "기금이 바닥났다"는 지적이 있건 말건 노령연금을 올렸다. 재정이 말라붙었다는 아우성이 들려도 세금을 깎아줬다. 유권자들은 환호했고, '피고인 베를루스코니'가 법정에 설 때마다 선거라는 동아줄을 내려보내 그를 다시 총리직에 불러 앉혔다. 돌아온 총리는 또다시 연금 인상으로 보답했다. 그 사이 나라 살림은 형편없이 쪼그라들었다. 베를루스코니가 총리직에서 물러난 2011년 나랏빚은 1조 9,000억 달러나 되었다.

권력이 사라진 베를루스코니를 기다린 것은 각종 재판이었다. 2013년 6월 미성년자 성매매, 뇌물 등 권력 남용의 혐의로 1심에서 징역 7년을 선고받고 공직 진출이 평생 금지되었다. 2013년 8월에는 미디어셋의 세금 횡령을 주도한 혐의로 대법원에서 징역 4년에 2년간의 공직 생활을 금지한다는 판결을 받았다. 그러나 총리 재임 중 자신이 제정한 사면법에 따라 징역 4년은 1년으로 감형되고 그것조차 고령이라는 이유로 1년간 가택 연금 상태에서 사회봉사만 하면 되었다.

2013년 11월에는 동료 의원들에 의해 상원의원직을 박탈당하는 수모를 겪었다. 그동안 30여 차례나 각종 범죄 혐의로 기소되고도 불체포특권을 앞세워 사법부의 단죄를 피해왔던 그의 뻔뻔함에 결국 의회가 나서서 결단을 내린 것이다. 앞으로 6년간 총선에도 출마할 수 없게 되어 나이(2014년 현재 78세)를 감안하면 사실상 정계 퇴출이라는 분석이 지배적이지만 그래도 워낙 능수능란한 인물이라 누구도 미래를 장담할 수 없다.

마니 폴리테와 안토니오 디 피에트로 2차대전 후 이탈리아 우파 정당들은 공산당의 집권을 막으려는 미·영 등 서방국가와 로마 교황청의 지원을 받아 전후 이탈리아 정계를 자신들의 독무대로 만들었다. 이들 우파 정당은 연립정부를 구성한 뒤 냉전적 정치구도 하에서 국영기업과 대기업은 물론 마피아 등 폭력조직과 유착관계를 맺어 기득권 확대에 열을 올렸다.

밀월 기간이 자그마치 40년이 넘다 보니 정치적으로는 부정부패가 고착화되고 경제적으로는 지하경제가 GNP의 30%에 이를 만큼 왜곡되었다. 그런데도 경제 규모가 영국을 앞지르고 세계 5위권을 유지해 국민들은 고위층이 막후에서 벌이는 검은 유착의 심각성을 깨닫지 못했다. 그러나 1990년대 들어 검은 거래의 명분을 제공해온 냉전이 사라지고 전후 최대의 실업난과 함께 국가 경제가 하향 곡선을 그리면서 국민들 생각에도 변화가 일어났다. 부패라는 종기를 방치했다가는 나라가 엉망이 될지도 모른다는 국민적 공감대가 형성되기 시작한 것이다.

1992년 2월 어느 날, 밀라노의 한 공무원이 수천 달러의 뇌물을 받는 현장이 검찰에 포착되었다. 당시 이 정도는 관행이었다. 그러나 밀라노의 안토니오 디 피에트로 검사에게 그것은 뇌물이었고 범죄였다. 피에트로 검사는 그 공무원의 스위스 은행계좌를 추적하다가 정계 거물들이 얽혀 있는 사실을 알게 되었다. 수년 동안 이탈리아 사회 전체를 벌집을 들쑤셔놓은 것처럼 만든 '마니 폴리테'(깨끗한 손)가 작동하는 순간이었다.

수사는 각 지방검찰별로 이뤄졌지만 주로 선봉에 선 것은 피에트로를 포함한 소수의 밀라노 검사와 몇몇 용기 있는 신문사였다. 검사가 수사 상황을 건네주면 언론사는 보충 취재 후 기사화했다. 그러면 검찰은 정치인, 고위 공직자, 기업인, 조직폭력배의 부패 구조에 성역 없는 사정 칼날을 들이댔다. 1993년 12월까지 계속된 수사로 국회의원 177명을 포함해 3,100여 명의 유력 정치인과 기업인이 수사를 받아 이 가운데 1,400여 명이 기소되었다.

전직 총리도, 정당 당수도 예외가 아니었다. "더럽지 않은 손은 없다"던 사회당의 베티노 크락시 당수는 거액의 불법 정치자금을 조성한 혐의를 받고 피에트로 검사의 신문을 받았다. 크락시는 법원이 징역형을 선고하자 튀니지로 망명했다가 결국 귀국하지 못하고 2000년 1월 그곳에서 숨을 거뒀다. 1972년부터 1992년까지 총리를 7차례나 역임한 줄리오 안드레오티도 검찰의 수사망을 벗어나지 못했다. 이탈리아 최대 석유 그룹 ENI사 회장과 페루자 그룹 회장은 정치자금 제공을 자백한 후 스스로 목숨을 끊었다.

주세페 가리발디 이후 최고 영웅 칭송 자자해

피에트로는 국민적 영웅이 되었다. 이탈리아 통일의 기틀을 다진 주세페 가리발디 이후 최고 영웅이라는 칭송이 자자했다. 젊은이들은 그의 얼굴이 새겨진 티셔츠를 입고 그의 얼굴이 그려진 맥주잔에 술을 마셨다. 그러나 그에 대한 국민의 기대가 커질수록 정치권의 견제와 탄압도 강도를 높여나갔다. "붉은 테러리스트", "이탈리아 민주주의를 타도하려고 음모를 꾸미는 놈"이라는 흑색선전이 난무하고 가족에게는 협박이 가해졌다. 수사 검사가 살해당하는 일까지 벌어졌다. 다행히 정치권력이 수사기관에 역공을 가할 때마다 국민과 언론이 대규모 항의 시위나 기사로 방어막을 쳐주었다.

'마니 폴리테' 결과, 선거제도가 소선구제로 바뀌고 비례대표제가 폐지되면서 정치권에도 큰 변화가 생겼다. 비례대표제 우산 아래서 40년간 장기 집권한 기민당은 해산되고 사회당과 자유당은 군소 정당으로 몰락하는 등 정치권의 세대교체가 이뤄졌다. 국회의원들에게 과도하게 부패 관행을 허용했던 법률은 합리적으로 개선되고, 국영기업 등 대기업들은 부패 관행을 끊고 기업 구조를 투명화했다.

그러나 국민 의식과 시스템이 철저하게 뒤를 받쳐주지 않는 한 아무리 좋은 개혁이라도 한계에 봉착할 수밖에 없었다. 부패 혐의로 검찰에 불려간 정치인 중 상당수가 무혐의로 풀려나고 부정부패도 기대했던 것만큼 근절되지 않았다. 그러자 피에트로에게 "정치적인 의도가 있었던 게 아니냐"는 비판이 가해졌고 피에트로는 1994년 12월 검사직을 그만두었다. 그것은 혼자만의 퇴장이 아니었다. '마니 폴리테' 역시 역사의 뒤안길로 사라질 운명에 놓인 것이다.

피에트로에게 고통을 받았던 사방의 적들은 호기를 만난 듯 손에서 칼을 내려놓은 피에트로를 향해 맹공을 가했다. 무혐의 판정을 받긴 했으나 검사 재직 시의 직권남용 및 금품 수수 혐의로 1995년 12월 동료 검사에 의해 기소되고, 1996년에는 검사 재직 시 청탁을 받았다는 주장이 제기되어 공공사업부 장관이 된 지 5개월 만에 중도 하차했다.

"중상모략과 표적 수사"라는 해석도 많았지만 피에트로 스스로 부정 비리에서 100% 자유롭지 못했다는 점에서 '마니 폴리테'의 순수성도 상처를 입었다. 국민은 실망하고 탄식했다. 그래도 피에트로는 1997년 상원의원에 당선되고 1998년 '이탈리아 정신당'을 창당해 한동안 대권을 꿈꿨으나 2001년 하원 선거에서 낙마한 뒤 잊힌 존재가 되었다.

르완다 동족 대학살
강에는 석 달 밤낮으로 사람들의 머리와 수족이 둥둥 떠다니는 지옥 현장이 연출되었다.

르완다는 중앙아프리카 동쪽에 자리잡은 조그만 나라다. 1993년 현재 면적은 남한의 27%, 인구는 750만 명에 불과하다. 이 나라가 동족 대학살의 참극에 휘말린 것은 독일과 벨기에의 식민정책에 기인한 바 크다. 르완다는 1962년 독립할 때까지 독일과 벨기에의 식민통치를 받았다. 1885년 독일의 식민지로 편입되었다가 1차대전 후에는 베르사유 조약에 따라 1918년 벨기에의 위임통치령이 되었다.

르완다를 구성하는 종족은 크게 후투족(85%)과 투치족(14%)으로 나뉜다. 하지만 두 종족이 근본적으로 다르다는 뚜렷한 근거는 없다. 언어, 음식, 문화도 같다. 굳이 차이가 있다면 소수 종족인 투치족은 주로 목축에 종사하고 후투족은 농경 일을 하다 보니 투치족이 후투족보다 재산이 더

많다는 정도다. 그런데도 독일과
벨기에가 두 종족에 차별을 두어
통치하는 바람에 20세기 후반의
비극적인 참사로 이어졌다.

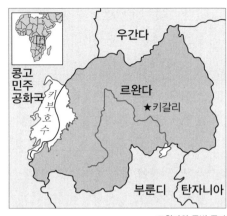

르완다와 주변 국가

독일은 손쉬운 통치를 위해 소
수 종족인 투치족을 '검은 아리
안'으로 부르며 유럽인들과 큰
차이가 없는 것으로 치켜세웠
다. 야만족이나 다름없는 일반
흑인들과는 다르다고 정신교육도 했다. 벨기에는 투치족을 국왕으로 내
세우고 투치족을 우대했다. 이 과정에서 인구 대부분을 차지하는 후투족
은 피지배계급으로 전락했다. 벨기에는 한술 더 떠 투치족과 후투족을 구
분하는 카드 제도를 실시해 모든 르완다인은 이름과 출신 종족을 명기한
신분증을 지참해야 했다. 강제로 국민을 갈라놓은 이 신분증은 훗날 대학
살에 이용당하게 된다.

아프리카에 독립의 바람이 불고 벨기에의 통치가 느슨해질 무렵인
1959년 투치족 왕이 사망하자 후투족이 일제히 반란을 일으켰다. 이때 투
치족 수십만 명이 살해되고 수십만 명은 피란길에 올랐다. 그런데도 벨기
에 식민정부는 팔짱만 끼고 사태를 지켜보기만 했다. 당시 목숨을 건진
투치족은 이웃 우간다로 피신했다. 하지만 우간다군까지 자신들을 유린
하자 다시 르완다로 돌아갈 날을 꿈꾸며 우간다 반군 게릴라 부대에 몸을
담았다.

르완다는 1962년 7월 르완다와 부룬디로 분리되어 독립했으나 정권을
잡은 후투족의 투치족 학살은 멈추지 않았다. 혼란이 계속되는 가운데 쥐
베날 하비아리마나 육군 참모총장이 1973년 쿠데타를 일으켜 정권을 잡

았다. 그는 20여 년간 장기 독재자로 군림했다. 한편 투치족이 속해 있는 우간다 반군은 1986년 내전에서 승리해 우간다의 정권을 잡는 데 성공했다. 당시 반군 지도자 대부분은 르완다 출신이었다. 이들은 우간다에서 '르완다 애국전선(RPF)'을 결성, 르완다로 돌아갈 날을 꿈꾸다가 1990년 10월 르완다로 쳐들어갔다. 르완다는 내전에 돌입했다.

1993년 8월 유엔과 아프리카단결기구(OAU) 등의 중재로 르완다 정부와 반군 간에 내전 종식과 RPF 반군을 참여시키는 거국내각 구성을 골자로 한 '아루샤 평화협정'이 체결되었다. 이에 대해 후투 과격파들이 불만을 표출하자 하비아리마나 대통령은 1994년 1월 당초 협정과 달리 RPF 반군을 배제했다. 이로써 아루샤 평화협정은 휴지 조각이 되었다.

후투족 과격파들은 라디오 방송으로 공공연하게 투치족은 믿을 수 없는 자들이라고 선전했다. 과거 투치족의 혹독한 통치를 기억하고 있던 후투족 농민들은 정부의 반 투치족 선전을 그대로 믿었다. 라디오는 투치족이 다시 정권을 잡을 경우 옛날 그대로 잔혹한 통치를 재현할 것이라는 과격파 후투족의 주장을 여과 없이 쏟아내며 투치족에 대한 적개심을 고취했다.

동족 대학살의 참극에 휘말린 것은 독일과 벨기에의 식민정책 때문

그러던 중 1994년 4월 6일 하비아리마나 대통령과 부룬디 대통령이 함께 탑승한 비행기가 착륙 직전 정체불명의 로켓 공격을 받고 추락해 두 대통령 모두 사망하는 일이 일어났다. 원인은 밝혀지지 않았으나 후투족 정권은 이 사건을 RPF 반군의 소행으로 여기고 투치족을 상대로 인간 사냥에 나섰다. 전 세계의 악마가 르완다에 모두 모였다고 할 만큼 끔찍한 동족 대학살이 벌어졌다.

대학살은 1994년 4월 7일부터 100일간 벌어졌다. 후투족 정부군, 민병대, 용병들은 수도 키갈리 전역에 도로 차단물을 설치하고 투치족을 찾아 다녔다. 라디오에선 각 동네에 거주하는 투치족의 이름을 거명하며 살해를 부추겼다. 남편은 투치족인 아내를, 교사는 학생을, 신부는 성당으로 숨어든 투치족 도주자들을 살해했다. 5,000여 명이 피신한 가톨릭 성당도 후투족 폭도가 불도저로 부수고 들어가 모두 살해하는 사건도 벌어졌다. 학살은 차마 인간이 한 일이라고 믿기 힘들 정도로 극악무도했다. 강에는 석 달 밤낮으로 사람들의 머리와 수족이 둥둥 떠다니는 지옥 같은 현장이 연출되었다. 국제사회는 최소 80만 명이 학살된 것으로 추정했다.

살육은 투치족 출신 폴 카가메가 이끄는 RPF가 1994년 7월 4일 수도 키갈리에 입성하면서 멈췄다. 7월 23일 정권을 잡은 카가메는 온건파 후투족을 대통령으로 내세우고 자신은 부통령과 국방장관을 겸임하며 실권을 장악했다. 후투족 200만 명은 신변에 위협을 느껴 인근의 부룬디, 우간다, 콩고민주공화국, 탄자니아 등으로 피신했다. 카가메는 몇 년간의 과도기를 거쳐 2000년 후투족 대통령을 해임하고 스스로 대통령에 취임했다.

카가메가 택한 길은 피의 보복이 아니라 화해와 용서, 국가 재건 사업이었다. 대통령 취임 후 대학살에 깊이 가담한 후투족 13만 명을 투옥하긴 했지만 전통 마을 법정 '가차차'를 통해 잘못을 인정하고 용서를 빈 가해자는 사면하는 방식으로 통합을 이뤄나갔다. 2001년 전국 1만 2,000개 마을에 가차차가 설치되어 가해자가 가해 사실을 인정하고 용서를 빌면 대체로 낮은 징역형이나 공익형 노역을 선고했다. 가차차 법정은 약 65%의 유죄 선고를 내리고 2013년 6월 공식적으로 막을 내렸다.

2003년 8월에는 독립 이후 처음으로 민주적 절차에 따라 대통령 선거를 실시해 카가메가 95%의 압도적인 지지를 얻어 당선되었다. 그는 정부를 구성하면서 종족을 가리지 않고 탕평 인사를 단행해 장관 중 절반은 후투

족 출신으로 채웠다. 국제기구, 르완다 시민단체, 주민 대표들의 의견을
모아 세계에서 가장 진보적인 헌법도 만들었다. 헌법은 제노사이드(집단
살육)에 대한 반성, 화해와 통합 의지로 가득했다. 여성들에게 국회 의석
과 공무원의 30%를 할당하는 의무할당제도 신설했다.

이에 따라 2014년 4월 현재 대법관 14명 중 절반이 여성이다. 2013년 9
월 총선에서는 여성 의무비율(24석) 이외에도 26명의 여성 후보가 더 당선
되어 전체 하원의원 가운데 여성 비율이 64%에 이르고 있다. 여성 국회
의원 비율이 절반이 넘는 나라는 세계에서 르완다가 유일하다.

카가메는 또한 자원도 산업 기반도 없는 르완다의 활로를 IT산업 육성
에서 찾았다. 전국에 광케이블을 설치하고 휴대전화를 보급했다. 관광 수
입과 농업 생산성까지 높아지면서 르완다 경제는 2014년 현재 10년째 연
평균 8% 이상 성장하고 있다. 환경오염을 줄이려 비닐봉지 사용을 전면
금지한 것은 르완다가 세계 최초이다. 카가메는 2010년 재선에 성공했다.
임기가 끝나는 2017년이 정국의 분수령이 될 전망이다.

1995년

삼풍백화점 붕괴
__ 성수대교 붕괴
중앙일보 인터넷신문 창간과 독립형 인터넷신문
케이블TV 개국과 TV홈쇼핑
허영호 7대륙 최고봉 완등과 3극점 도달
시오노 나나미 '로마인 이야기' 한국어판 출판
김광석 소극장 1,000회 공연과 '노찾사'
장사익 1집 음반 '하늘 가는 길' 발매
윈도 95 첫 출시
'토이 스토리' 개봉과 픽사

삼풍백화점 붕괴

정말 용서할 수 없는 것은 백화점 소유주의 탐욕이었다.

서울 서초동에 위치한 삼풍백화점은 붕괴되기 수개월 전부터 조짐이 있었다. 1995년 4월 중순부터 건물이 약간 흔들리는 등 이상 증세를 보이더니 2개월 후에는 벽면에 금이 생겼다. 1995년 6월 29일 오전 9시쯤에는 백화점 A동 5층 식당가 일부 음식점의 천장과 바닥에서 금이 발견되었다. 심지어 한 식당의 천장은 금이 간 채로 내려앉아 기둥과 천장이 분리되었다.

급기야 오전 11시 50분쯤 5층의 식당 부근에서 "쾅"하는 소리와 함께 백화점 건물이 흔들리는 것이 감지되었다. 건축사무소 책임자는 현장을 확인하고 에어컨과 냉각탑의 가동을 정지시켰다. 오후 2시 이준 회장과 이한상 사장 등 백화점 최고 경영자들이 참석한 임원회의에서 건물의 균열 현상이 보고되었다. 그런데도 "괜히 호들갑을 떨다 소문만 나면 창피하니 좀 더 지켜보자"는 쪽으로 회의가 진행되었다. 결국 살인 회의가 되고 만 대책회의는 이렇게 아무런 결론을 내지 못하고 40분 만에 끝이 났다. 오후 3시쯤 건축 전문가들의 안전진단 결과, 옥상을 떠받치는 기둥 사이에 위치한 바닥 부분 4곳이 내려앉은 사실이 확인되었다.

오후 4시 두 번째 긴급 대책회의가 소집되었으나 이번 회의 역시 "설마 무너지기야 하겠느냐"는 안전 불감증에 따라 붕괴 가능성에 초점을 맞추기보다는 보수공사의 시기와 방법이 집중 논의되었다. 결국 회의에서는 "5층에 일단 출입 제한 조치를 내리고 영업을 마감한 뒤 보강공사를 벌이자"는 쪽으로 결론이 내려졌다. 생명을 구할 수 있는 충분한 시간이 있었

삼풍백화점 붕괴 현장

는데도 실종된 기업윤리로 인해 두 차례의 대책회의가 결국 살인 회의로 둔갑하고 만 것이다.

오후 5시 30분, 건물의 균열이 급박하게 진전되고 건물 전체에 매캐한 가스 냄새가 번지는 등 붕괴 조짐이 뚜렷해졌다. 곧 일부 직원과 고객들이 하나둘 빠져나가는 모습이 목격되었다. 그러나 저녁 피크 타임에 맞춰 장을 보러온 주부 등 고객들은 이런 사실도 모른 채 지하 슈퍼마켓을 비롯한 매장으로 쏟아져 들어왔다. 학교 수업을 막 마친 학생들의 모습도 곳곳에서 눈에 띄었다. 오후 5시 40분, "붕괴가 시작된 것 같다"는 급보가 회의장에 전해졌고, 회의장에는 일대 소란이 벌어졌다. 회의 참석자들은 고객들을 내팽개쳐 둔 채 부랴부랴 백화점을 빠져나왔다. 비상벨은 오후 5시 50분에야 울렸다. 백화점 곳곳은 빠져나가려는 사람들로 아수라장이 되었다.

오후 5시 57분쯤 결국 A동 5층 건물이 굉음과 함께 무너져 내렸다. 순식간에 연쇄 붕괴가 일어나면서 A동 전부와 B동과의 연결부가 폭삭 주저앉았다. 백화점 건물이 모두 무너져 내리는 데는 20초밖에 걸리지 않았다. 앙상한 골조 하나 남기지 않고 모래성처럼 무너져내린 이 어처구없는 참사에 온 국민은 충격과 경악을 금치 못했다.

우리 사회의 총체적 양심 불량이 그대로 까발려진 참사

조사 결과 돈벌이에 급급한 기업주가 준공 전에 무리하게 설계를 변경하고 준공 후에도 공무원의 협조로 수차례에 걸쳐 불법으로 구조를 변경하는 등 총체적으로 부실하게 '공사한 것으로 드러나 온 국민을 분노하게 했다. 설계도상 32인치여야 할 건물 기둥은 실제 23인치밖에 되지 않았고 4층으로 설계된 건물 위에는 5층 증축을 강행했다. 무리하게 올린 5층에는 본래 계획이던 롤러스케이트장 대신 무거운 온돌을 깐 음식점들을 열었다. 뒷돈을 받은 공무원들은 이를 눈감아주고 공사가 40% 진행된 상황에서 영업 허가를 내줬다.

정말 용서할 수 없는 것은 백화점 소유주의 탐욕이었다. 사고 당일 오전 건물에 균열이 생기고 기둥이 옥상을 뚫고 나오는 상황에서 긴급 안전진단을 실시한 설계감리회사가 '붕괴 우려' 진단을 내렸는데도 정상 영업을 감행해 500여 명의 인명을 한순간에 앗아가는 천인공노할 범죄를 저지른 것이다. 결국 건물은 무너졌고, 붕괴와 함께 총체적 부패 구조, 부실 시공과 불법 설계 변경, 공무원의 뇌물 수수, 인명 경시 풍조, 배금주의, 임의 용도 변경 등 우리 사회의 총체적 양심 불량이 그대로 까발려졌다.

붕괴 사고로 실종자 30명을 포함해 502명이 숨지고 937명이 부상했다. 그 과정에서 건물 속에 매몰되어 생사의 갈림길에 놓였던 최명석, 유지환, 박승현 등 3명의 20대 남녀가 각각 11일, 13일, 16일 만에 구조된 '생환 드라마'로 온 국민은 잠시나마 인간 승리의 환희와 감동에 젖기도 했다. 붕괴 사고로 1,852억 원의 재산 피해가 발생하고 사망자 유족들의 보상금과 부상자들의 치료비로 각각 1,905억 원, 1,004억 원이 지급되었다. 백화점 대표와 관계 공무원 등 30여 명이 부실공사와 뇌물 수수 혐의로 사법처리되었다.

외신은 "테러도 아니고 건물이 스스로 무너져 내린 것은 건축공학사의 충격"이라며 "선진국이 200년 동안에 달성한 것을 20년 만에 축약해 달성하려는 과정에서 발생한 사건"이라고 규정했다. 일본 언론은 "성수대교를 잊었다"며 망각을 이번 사건의 가장 중요한 원인으로 지목했다. 그토록

충격적인 성수대교 붕괴를 불과 8개월 전 겪고도 달라진 게 없다는 뼈아
픈 비판이었다.

성수대교 붕괴 출근과 등굣길 차량들로 붐비던 1994년 10월 21일 아
침 7시 40분쯤, 갑자기 "꽝"하는 소리와 함께 한강다리
한가운데가 강물 위로 내려앉았다. "국내 최초의 철강제 트러스 교량",
"한강의 가장 아름다운 다리"라는 찬사를 들으며 1979년 10월 16일 준공
된 성수대교가 준공 15년 만에 북단 5번째와 6번째 교각 사이 상판 50여
m가 떨어져 나간 것이다.

그 순간 사고 지점을 지나가던 버스 1대, 승합차 1대, 승용차 4대 등 6
대가 상판과 함께 강물로 곤두박질쳤다. 사고 현장은 휴지처럼 구겨진 추
락 차량과 피투성이가 된 희생자들로 뒤범벅이 되었고 찌그러진 버스 안
에는 학생들의 책가방, 안경, 도시락이 널브러져 있었다. 이날 사고로 무
학여중고생 9명을 비롯해 모두 32명이 사망하고 17명이 부상했다.

불행히도 김영삼 정권 5년(1993~1997) 동안 대한민국은 '사고 공화국'이
었다. 대형사고와 사건이 꼬리에 꼬리를 물었다. 혹자는 한국의 개발 일
변도 정책에 빨간불이 켜진 것이라고 했다. 김영삼 대통령 취임 첫해 하
늘에선 아시아나 여객기가 추락(1993.7)해 66명이 사망하고 바다에선 서
해 훼리호가 침몰(1993.10)해 292명의 목숨을 앗아갔다. 대형 사고와 사건
이 꼬리에 꼬리를 물자 국민들 사이에는 "다음은 육상 차례"라는 스산한
우스갯소리가 돌았다. 농담은 진담이 되었다. 1994년부터 육상에서 대형
사고가 연이어 터져나온 것이다. 성수대교 붕괴는 연이어 터질 대형 사고
의 서막이었다.

정부는 사고를 개발 만능 시대에 가해진 통렬한 경고음으로 받아들여
전국 교량에 대한 안전점검을 실시하고 재발 방지를 다짐하는 등 부산

을 떨었다. 하지만 사흘
후 충주호에서 29명이 사
망·실종하는 화재 사건이
일어나고 두 달도 안 되
어 서울 북아현동 도심에
서 지하 도시가스가 폭발
(1994.12)하는 등 사고가
끊이지 않았다. 이듬해에

성수대교 붕괴 모습

는 대구 지하철공사장 LP가스 폭발(1995.4)로 100여 명이 숨지고 200여
명이 부상했으며 삼풍백화점(1995.6)까지 무너졌다.

성수대교 붕괴로 무너져 내린 것은 한강 다리만이 아니었다. 온 국민의
가슴도 대한민국의 체면도 무너져 내렸고 '한강의 기적' 신화도 함께 수장
되었다. 평균수명이 100년이라는 콘크리트 다리가 고작 15년 만에 무너
진 것에 외신들은 "서울에서 나돌아 다니기가 무섭다"고 보도했다. 해외
건설 시장에서 주가를 올리던 '건설 한국'의 체면도 하루아침에 구겨졌다.
국민들은 자괴에 빠져 '우리는 정녕 가망이 없는 민족인가'라고 독백했다.

조사 결과, 시공 과정에서 동아건설 측이 설계도와 시방서를 무시한 채
부실하게 용접한 것이 직접적인 원인으로 드러났다. 교량 가설 당시인
1977년 서울시내 차량이 12만여 대였던 데 비해 1994년에는 200만 대에
가까워 피로가 누적되었는데도 사후 안전 관리를 소홀히 한 것도 주요 원
인으로 지적되었다. 성수대교는 1997년 7월 3일 안전하고 튼튼한 다리로
새롭게 태어났다. 이후 또 한 번의 개량 공사를 거쳐 2004년 9월 재개통
되었다. 폭 19.4m, 길이 1,160m의 4차로이던 다리는 8차로로 확장되었다.

중앙일보 인터넷신문 창간과 독립형 인터넷신문

종이신문의 위기론이 팽배하던 때라 다른 일간지들도 속속 인터넷신문을 창간했다.

초기 인터넷신문은 종이신문에 실린 기사를 그대로 옮겨놓은 '신문사 인터넷신문'과, 인터넷이라는 새로운 네트워크를 활용한 '독립형 인터넷신문'으로 나뉜다. 이 두 가지 형태를 통틀어 한국 최초의 인터넷신문은 중앙일보의 인터넷신문이다. PC통신에서 기사를 읽을 수 있는 전자신문과 구별하기 위해 당시는 '인터넷 전자신문'으로 불렸다.

PC통신망을 이용한 문자 위주의 전자신문은 '한경 KETEL'(1986.11.1 개통)을 통해 자사 기사를 서비스한 한국경제신문의 전자신문이 국내 최초로 기록되고 있다. 1988년 11월 매일경제의 '매경 MEET', 1989년 12월 중앙일보의 '조인스' 등도 PC통신망을 이용한 전자신문이었다. 조선일보는 1990년 8월 전자신문 서비스를 시작했다.

국내 최초로 첫선을 보인 중앙일보 인터넷신문은 1995년 3월 2일 개통했다. 그날 하루 동안 1,500여 명의 방문자가 모두 2만 7,000여 건의 기사를 접속한 것으로 집계되었다. 한 달 뒤인 4월 2일에는 100만 건의 접속 건수를 기록했다. 당시는 종이신문의 위기론이 팽배하던 때라 인터넷이라는 신기술을 활용하지 못하면 영원히 낙오할 것 같은 심정으로 다른 일간지들도 속속 인터넷신문을 창간했다.

조선일보(1995.11.6), 서울신문(1995.11.22), 한국일보(1996.1.16), 한겨레신문(1996.4.27), 경향신문(1996.5.1), 동아일보(1996.6.18), 문화일보(1997.5.29), 세계일보(1997.12), 국민일보(1998.5.28) 등의 순서로 인터넷신문이 창간되었으나 당시 인터넷신문은 종이신문의 기사를 그대로 인터넷에 옮겨놓은 '종이신문의 인터넷판'에 불과했다.

신문사 인터넷신문이 자리를 잡아나갈 무렵 웹진 형태의 패러디신문

'딴지일보'가 창간되어 네티즌의 주목을 끌었다. 자칭 총수 김어준이 장난삼아 만든 딴지일보는 1998년 7월 4일 창간 후 폭발적인 인기를 끌어 2개월 만에 접속횟수 140만 건, 1년 만에 1,000만 건을 돌파했다. 딴지일보는 독립형 인터넷신문의 원형을 이루고 신랄한 독설로 기득권 세상을 마구 조롱하는 지적 배출구였다는 점에서 나름대로 의미가 컸다. 하지만 사이버 훌리건들이 사이트 곳곳에서 난동을 부리고 욕설을 퍼부어도 이를 통제하지 않아 방문자들로부터 서서히 외면을 받다가 유명무실한 존재로 전락했다. 하지만 게시판 기능을 활성화하고 독자가 생산한 콘텐츠를 부각함으로써 인터넷이 가진 '참여'와 '상호작용성'이라는 장점을 극대화하려 했던 시도는 나름의 업적으로 평가받고 있다.

당시 인터넷신문은 '종이신문의 인터넷판'

1999년은 독립형 인터넷신문의 활동이 가장 활발한 해였다. 대자보, 세이월드, 넷피니언 등 독립형 인터넷신문들이 대거 등장했기 때문이다. 이들은 신문사 인터넷신문이 쌍방향성 등 인터넷의 특장점을 제대로 살리지 못한 틈새를 공략했다. 이 중 '대자보'(1999.1.23 창간)는 진보와 개혁을 앞세운 대표적인 대안언론으로 평가를 받았다. 대자보는 나우누리, 하이텔 등 PC통신에서 개혁적인 목소리를 내던 논객들이 모여 만든 칼럼형 뉴스 사이트로 정치·사회·언론 개혁 등을 주장한 대표적인 대안언론 사이트로 각광을 받았다. 대자보는 이후 '서프라이즈', '브레이크 뉴스' 등 인터넷 논객 사이트의 원조가 되었다. 하지만 기사의 업데이트 주기가 주간 단위로 이루어지고 자본이 영세해 언론매체로 성장하는 데는 한계가 있었다.

그 무렵 진보와 좌파 사이버 논객들의 치열한 담론의 장으로 각광을 받은 곳이 안티조선 사이트 '우리모두'였다. 2000년 1월 9일부터 방문자 수를 집계한 우리모두는 안티조선이라는 특정의 목적을 위해 오픈한 일종의 사이버 돌격대였다. 당시 안티조선을 둘러싼 찬반 논쟁은 우리 사회의 화두였다.

우리모두는 1개월 후 창간한 '오마이뉴스'와 더불어 조선일보에 글을 기고하거나 인터뷰에 응한 우리 사회 다수의 지식인들과 문화인들을 한동안 침묵시킬 정도로 기세가 하늘을 찔렀다. 그러나 이들의 집요한 공격에도 조선일보가 꿋꿋하게 버티자 결국 우리모두는 동력을 잃고 쇠락의 길로 접어들었다. 우리모두에서 맹활약을 펼친 열혈 전사들은 2002년의 대선 바람을 타고 각자의 정치노선에 따라 갈라졌다. 민노당 지지자들은 '진보누리'로, 훗날 '노빠'로 불리는 세력들은 '서프라이즈'라는 정치 웹진으로 헤쳐 모이는 행보를 보였다.

2000년은 전문 인터넷신문이 발화한 해였다. 분야별로 전문성을 담보하고 있는 주요 인터넷신문이 속속 창간되었다. 증권금융 온라인신문 '머니투데이'(2000.1.1), 뉴스 게릴라들의 뉴스연대와 시민기자를 표방한 '오마이뉴스'(2000.2.22), IT 전문 사이트 '아이뉴스24'(2000.3.20), 경제 정보 멀티미디어를 표방한 '이데일리'(2000.3.28) 등이 이 해에 창간되었다. 특히 오마이뉴스는 미군 장갑차에 치여 숨진 효순·미선양의 사고를 반미운동으로 점화하고 꺼져가던 '노풍'을 재점화해 노무현을 대통령으로 만드는 데 성공, 독립형 인터넷신문의 위력을 실감케 했다.

진보와 개혁 앞세운 대표적인 대안언론은 '대자보'

진보 쪽이 인터넷 권력을 장악하고 있던 그 시기에 유일하게 우파의 입장을 대변하는 인터넷신문은 2002년 7월에 창간된 '독립신문'이었다. 그러나 영향력은 어젠다 설정 등 이슈 제기와 구성원 측면에서 진보·좌파 신문과는 비교가 되지 않을 정도로 열세였다. 주로 침묵하는 삶을 사는 우파들에게 속보성의 왁자지껄한 인터넷이 아직은 생경한 미디어였기 때문이다.

　이후에도 노무현 대통령의 실정에 대한 반사작용으로 중도나 보수 사이트가 다수 생겨나긴 했으나 진보 측 인터넷신문에 비하면 영향력은 미미했다. 진보 쪽 인터넷을 상대한 것은 '조선닷컴'을 위시로 한 보수 종이신문 인터넷이었다. 방문자 수에서나 영향력 측면에서 보수신문 인터넷은 진보신문 쪽 인터넷신문을 압도했다.

　독립형 인터넷신문에서 보듯 영향력이 커진 것에 반해 이에 대한 책임을 물을 규제 장치가 없다는 비판이 제기됨에 따라 2005년 개정 신문법에 인터넷신문에 대한 규제의 틀이 마련되었다. 인터넷신문의 정의를 2인 이상의 취재 인력을 포함한 3인 이상의 편집 인력, 30% 이상의 자체 생산 기사 비율, 지속적 발행 등의 조건으로 규정한 개정 신문법에 따라 문화관광부에 등록한 인터넷신문은 286개(2005), 626개(2006), 2,577개(2011)를 거쳐 2013년 5월 현재 4,212개다.

　이처럼 모든 신문사가 인터넷신문을 갖추고 독립형 인터넷신문도 우후죽순격으로 생겨남에 따라 인터넷이 창출한 새로운 가치와 이익이 이들에게 돌아가야 했으나 현실은 그렇지 않았다. 뉴스 콘텐츠를 생산하지 않으면서도 뉴스들을 한곳에 모아 서비스하는 기능만으로 포털 사이트가 인터넷신문의 최대 수혜자가 된 것이다. 재주는 곰이 부리고 돈은 되놈이 버는 격이다. 물론 인터넷신문 중에서도 기업 오너 일가나 제품에 관해 뚜렷한 근거도 없는 악성 기사를 써놓고는 기업을 협박해 광고·협찬을 받아가는 행태를 보이는 사이비 매체도 많다. 그런데도 포털은 방문자를 늘리기 위해 이런 엉터리 기사를 그대로 방치하고 있다는 비판을 받고 있다.

케이블TV 개국과 TV홈쇼핑

언제가 될지는 알 수 없지만 케이블TV 업계에 대대적인 재편의 태풍이 몰아칠 전망이다.

　　　　1995년 3월 1일 케이블TV 본방송이 시작되었다. 이로써 우리나라에도 다매체·다채널시대가 개막되었다. 케이블TV는 전국 48개 종합유선방송(SO)을 통해 첫 방송을 시작했다. 다만 전송망 설치 작업이 차질을 빚어 첫날에는 당초 예상했던 30만~50만 가구에 훨씬 못 미치는 9만여 가구만이 방송을 시청했다.

　　오전 6시 20분 '마이TV'가 첫 방송을 시작했다. 뒤이어 음악, 영화, 스포츠 등 12개 분야에서 다양한 화면들이 안방으로 쏟아져 나오면서 시청자들은 비로소 케이블TV 시대를 실감했다. 음악전문채널 m-net은 김건모와 박미경 등 인기 가수들의 뮤직비디오를 내보냈다. 뉴스 전문방송 YTN은 낮 12시 3·1절 기념 보신각 타종 실황중계를 시작으로 24시간 종일방송 체제에 돌입했다. 그러나 '뉴미디어의 총아'로 불리고 '황금알을 낳는 거위'로 예상되던 케이블TV는 개국 첫해에 '황금알을 까먹는 공룡'으로 전락했다. 가입률 저조와 광고 유치 부진 등으로 개국 첫해에만 3,000억 원대의 적자를 낸 것이다.

　　1996년 말 제일방송이 홈쇼핑 채널인 39쇼핑으로 넘어간 것은 채널사업자(PP)에 대한 구조조정의 신호탄이었다. 1년 뒤 불어닥친 IMF 금융위기 때는 부도 위기에 내몰린 PP들이 속출했다. 결국 자본력이 약한 PP들은 막대한 적자를 견디지 못해 판을 접어야 했다.

　　대자본을 무기로 케이블TV 사업에 뛰어든 삼성, 현대, 대우, 동아그룹 등 대기업들도 수지타산이 맞지 않아 사업을 포기했다. YTN도 외환위기의 직격탄을 맞았다. YTN은 1997년 12월 최대주주가 연합통신에서 한국전력 자회사인 한전정보네트워크로 바뀌었다. 1998년에는 29개 PP 가운데 G-TV, 다솜방송, 동아TV 등이 부도를 냈다. 2009년 말 PP 분야에서 OCN 등 강력한 채널을 보유한 1위 사업자 온미디어가 CJ 계열에 매각된 것은 국내 PP 업계의 부침을 상징적으로 보여준 사건이었다. PP는 2014년 4월 현재 270여 개에 달한다.

SO 업계의 재편도 가속화되었다. 이를 촉진한 것은 겸영 및 주식 소유 제한 비율을 대폭 완화한 1999년 12월의 통합방송법 제정이었다. 법 제정 후 인수합병이 계속 이뤄져 국내 SO 시장은 2014년 1월 현재 티브로드, C&M, CJ헬로비전, 현대HCN, CMB 등 5개 대형 MSO(복수종합유선방송사업자)가 92개 SO 중 81개를 소유하고 있다. 이런 변화 속에서 가입자 수는 계속 늘어났다. 2003년 1,000만 가구, 2008년 1,500만 가구를 돌파했다.

개국 초기 지상파와는 비교가 되지 않던 시청률도 높아져 점차 지상파 방송을 위협하는 수준으로까지 성장했다. 케이블TV가 먼저 지상파방송의 아성을 공략한 곳은 스포츠였다. 지상파의 텃밭인 드라마에서도 선전하면서 추격의 발판을 마련했다. '프렌즈', '위기의 주부들', 'C.S.I' 등 외국의 걸작 드라마에 맛을 들인 시청자가 늘어나면서 드라마 시장의 판도에 변화가 생겼다. 수십억을 들여 드라마를 자체 제작한 케이블TV도 있었다.

홈쇼핑, 소비자들의 쇼핑 패턴과 인식 완전히 바꿔놓아

무엇보다 케이블TV의 최대 수혜자는 1995년 8월 첫 방송을 시작한 홈쇼핑이었다. 홈쇼핑의 선두 주자는 1994년 12월에 설립된 홈쇼핑TV와 한국홈쇼핑이다. 홈쇼핑TV는 'HSTV', 한국홈쇼핑은 '하이쇼핑'이라는 이름으로 1995년 8월 1일 동시에 개국했다. 하이쇼핑은 이후 LG홈쇼핑과 GS홈쇼핑을 거쳐 현재의 GS샵으로 이름이 바뀌고 HSTV는 39쇼핑, CJ

홈쇼핑을 거쳐 지금의 CJ오쇼핑으로 정착했다.

개국 첫날 하이쇼핑의 주인공은 TV와 CD플레이어 등 여러 가전기기를 모두 제어할 수 있다는 '만능 리모컨'이었다. 정가 4만 1,600원을 15% 할인해 준다는 문구가 방송 화면을 가득 채웠다. 기대는 높았지만 첫 방송의 주문량은 10개 내외에 불과했다. 홈쇼핑TV의 주인공은 7만 8,000원짜리 뻐꾸기시계였다. 역시 7개만 판매되었다. 판매량이 이처럼 저조한 것은 백화점이나 동네 슈퍼마켓에서 물건을 직접 만져보고 요모조모 따져본 후 사는 것에 익숙한 소비자들이 "어떻게 TV로 쇼핑을 하느냐"며 고개를 갸웃거렸기 때문이다.

개국 첫 해, 합계 34억 원에 불과했던 두 회사 매출액에 성장의 가속도가 붙은 것은 공교롭게도 1997년 12월 IMF 외환위기 후였다. 저가 제품을 찾는 소비자, 외환위기로 새로운 판로를 물색하는 중소기업, 경쟁력을 갖춘 상품을 기다리던 홈쇼핑 업체의 상황이 맞아떨어졌기 때문이다. 장볼 시간이 여의치 않던 맞벌이 부부가 홈쇼핑을 눈여겨본 것도 홈쇼핑의 발전을 견인했다. 3년간(1998~2000) 연평균 성장률은 87%에 달했다.

하지만 2001년 홈쇼핑 업계는 지각변동을 겪었다. 신규 진입 사업자로 선정된 업체 중 농수산TV(현재의 NS홈쇼핑)가 2001년 9월, 우리홈쇼핑(현재의 롯데홈쇼핑)이 10월, 현대홈쇼핑이 11월 각각 방송을 시작했기 때문이다. 2012년 1월에도 중소기업 중심의 홈쇼핑 채널인 홈앤쇼핑이 출범해 지금의 6개 업체 체제가 갖춰졌다.

홈쇼핑은 우리나라 소비자들의 쇼핑 패턴과 인식을 완전히 바꿔놓았다. 과거 주로 백화점이나 마트, 재래시장 중심으로 이뤄지던 소비생활은 안방에 앉아서 전화나 인터넷으로 원하는 시간과 장소에 구애받지 않고 상품을 구매할 수 있게 되었다. 이전에는 일정 수준 이상의 브랜드 파워와 유통망을 갖춘 기업만이 시장에 들어올 수 있었으나 홈쇼핑의 등장 후 상대적으로 브랜드 파워가 약한 중소기업도 참신한 아이디어와 제품만으로 판매 채널을 가질 수 있게 되었다.

합리적인 가격과 쇼핑 편의성 등을 무기로 홈쇼핑은 백화점, 대형마트와 함께 주요 유통 채널의 하나로 발전했다. 2013년 기준으로 국내 TV홈쇼핑 시장 규모는 10조 원대를 훌쩍 뛰어넘었다. 홈쇼핑은 이렇게 급성장했으나 풍요 뒤에는 어두운 그늘도 자리잡고 있다. 가장 큰 문제점이 과소비를 조장한다는 지적이다. 쇼핑 중독 탓에 정신과 치료를 받는 사람들도 늘어나고 있다.

케이블TV는 전반적으로 외형적 성장에도 불구하고 내실면에서는 부실했다. 차별화된 프로그램이 부족하다는 지적과 함께 선정적이고 폭력적인 내용들을 마구 쏟아내 비난을 샀다. 새로운 매체의 등장도 케이블TV를 위협했다.

개국 당시 정부는 구역별로 1개 사업자만 SO 사업권을 갖도록 해 독점을 보장했다. 1999년 구역별 복수 SO를 허용했지만 독과점 체제는 유지되었다. 하지만 2002년 3월 위성방송이 출범하고 2008년 말 IPTV에 문호를 개방하면서 독과점이 약해졌다. 2013년 1월 현재 IPTV와 위성방송은 각각 655만, 379만 가구를 넘어 케이블TV 대체재로 부상했다. 이 여파로 케이블TV는 2009년 9월 1,536만 가구로 정점을 찍은 뒤 내리막길을 걷기 시작해 2014년 1월 현재 1,483만 가구로 줄어들었다.

케이블TV의 미래를 불투명하게 만드는 적은 또 있다. 2012년 12월 1일 첫 방송을 시작한 종합편성채널의 등장이다. 이로 인해 언제가 될지는 알 수 없지만 케이블TV를 포함한 방송 업계 전반에 대대적인 재편의 태풍이 몰아칠 전망이다.

허영호 7대륙 최고봉 완등과 3극점 도달

이렇게 산악계의 영웅이 되었지만 불행히도 국내 산악계와는 거리를 두고 살았다.

허영호(1954~)가 우리나라 두 번째로 에베레스트에 오른 것은 고상돈의 에베레스트 초등(1977) 후 10년이 지난 1987년 12월 22일 이었다. 세계 등반사상 세 번째로 기록된 이 겨울철 에베레스트 등정으로 허영호는 세계적인 산악인 반열에 올랐다. 그러나 그것은 끝이 아니라 시작이었다. 그의 가슴속에는 좀처럼 식지 않는 뜨거운 용암이 끓고 있었다. 세계 7대륙의 최고봉을 완등하고 에베레스트, 남극, 북극의 3극지를 밟는 이른바 '어드벤처 그랜드슬램' 달성으로 명실상부한 세계 최고의 산악가이자 탐험가로 우뚝 서겠다는 꿈이었다. 그것은 전 세계 누구도 달성하지 못한 꿈의 기록이었다.

허영호는 충북 제천에서 태어나 1973년 제천고를 졸업한 후 제천의 향토 산악인 박용근에게서 산행의 기초를 배웠다. 지방 산악인으로는 드물게 1982년 5월 마칼루(8,481m) 원정대에 참여할 수 있었던 것도 박용근의 도움이 컸다. 마칼루 원정대가 장도에 오를 때 허영호는 그저 짐이나 나르며 뒷바라지나 하겠거니 생각하며 별 기대를 걸지 않았다. 그러나 막상 산행이 막바지에 이르렀을 때 다른 산악인들이 하나둘 고소증으로 나가떨어진 것과 달리 술과 담배를 일절 하지 않고 매일 10km 이상 달리기를 해온 허영호는 멀쩡했다. 그 덕에 등정조로 지목되어 5월 20일 2명의 셰르파와 함께 등정에 성공했다.

이때의 성공 덕에 1972년 4월 한국의 산악인 4명과 셰르파 10명 등 15명의 목숨을 앗아간 '악마의 이빨' 마나슬루(8,156m) 원정대에도 발탁되어 1983년 10월 22일 무산소 단독 등정에 성공했다. 그리고 1987년 12월 에베레스트 등정에도 성공했다. 1993년 4월 13일에는 중국령 에베레스트인

북동릉을 타고 올라가 네팔령 남동릉으로 하산
함으로써 한국인 최초로 세계 최고봉 횡단 등정
에 성공했다.

에베레스트 초등 후 허영호는 7대륙 최고봉 완
등과 3극점 도달이라는 두 마리 토끼 잡이를 병
행했다. 1990년부터 2년 연속 북극점에 도전했
으나 잇따라 실패하자 북극점 도전은 뒤로 미루
고 남극점에 먼저 도전장을 냈다. 허영호 원정대

허영호(1954~)

가 남극대륙 패트리엇힐을 출발한 것은 1993년 11월 28일이었다. 남극점
까지의 거리는 1,100km. 매일 오르막길을 오르고 가끔씩 시야가 불분명
해지는 화이트아웃 현상이 일어났지만 하루 12시간씩 강행군하며 걷고
또 걸어 44일 만인 1994년 1월 10일 마침내 남극점에 도달했다. 이로써
우리나라는 1911년 아문센이 인류 최초로 남극점을 밟은 이래 도보 탐험
에 성공한 4번째 국가가 되었다.

누구도 달성하지 못한 꿈의 기록

다음 목표는 남극점보다 더 힘들다는 북극점 도보 횡단이었다. 허영
호 원정대가 북극점 횡단을 위해 러시아의 콤소몰레츠섬을 출발한 것은
1995년 3월 12일이었다. 북극점을 지나 목적지인 캐나다의 엘즈미어섬까
지 가려면 도상거리 1,800km, 실거리 2,200km를 걸어야 하는 멀고도 힘
든 여정이었다. 기온은 영하 50~60도의 살을 에는 추위였고 얼음은 예고
도 없이 갈라져 대원들을 수시로 이산가족으로 만들었다. 대원들이 올라
타고 있는 유빙이 하룻밤 사이에 4~5km씩 이동해 어떤 날에는 하루 종
일 12시간이나 걸었는데도 아침에 떠났던 위치와 똑같은 좌표에 멈춰 있
던 때도 있었다.

그래도 걷고 또 걸어 1995년 5월 7일 북극점을 통과하고 6월 19일 2,200km에 이르는 북극 횡단에 성공했다. 이로써 완성된 3극점 도달은 당시 기준으로는 세계 3번째 기록이었다. 3극점 도달과 병행해온 7대륙 최고봉 완등도 그 무렵 점점 윤곽을 드러내고 있었다. 북극 횡단에 성공한 1995년까지, 아시아의 에베레스트를 시작으로 1992년 남미의 아콩카과(6,959m·아르헨티나), 북미 매킨리(6,194m·미국), 아프리카 킬리만자로(5,895m·탄자니아), 1994년 오세아니아 카르스텐츠(4,884m·인도네시아) 등 5대륙 최고봉을 완등함으로써 이제 그가 밟아야 할 곳은 두 대륙의 최고봉뿐이었다.

1995년 9월 유럽 캅카스 엘부르즈(5,601m·러시아)를 완등한 허영호는 마지막 남은 남극대륙 최고봉 빈슨 매시프(4,897m)에 도전장을 냈다. 그리고 1995년 12월 11일 마침내 마지막 남은 이 최고봉까지 등정하는 데 성공함으로써 허영호는 세계 최초로 3극점 7대륙 최고봉을 등정하는 '어드벤처 그랜드슬램'을 달성하는 감격을 누렸다. 허영호는 2010년 5월 17일 아들 허재석과 함께 생애 네 번째 에베레스트 정상에 올랐다. 부자가 에베레스트에 오른 것은 국내에선 처음이고 세계에선 두 번째다.

이렇게 그는 산악계의 영웅이 되었지만 불행히도 국내 산악계와는 거리를 두고 살았다. 사실이든 오해든 대한산악연맹과 불화하게 된 시작은 돈 문제였다. 허영호는 1999년 8월 원정대장을 맡아 에베레스트의 동벽 루트로 갔다가 고난도 벽 앞에서 실패하고 되돌아왔다. 그런데 결산 과정에서 허영호가 원정 비용의 일부를 빼돌렸다는 소문이 돌았다. 진상은 밝혀지지 않았지만 분명한 것은 이로 인해 허영호의 존재가 산악계에서 사라졌다는 것이다. 결국 2년 동안의 시비 끝에 허영호는 2001년 6월 한국산악회에서 제명되었다. 이런 일련의 불미스러운 관계들이 계속되면서 허영호는 한동안 산악계에 모습을 드러내지 않아 '산악계 외톨이'가 되었다.

허영호는 극지를 가기 위해 언론을 이용할 줄 아는 영리한 산악인이었다. 이런 그를 가리켜 일부에서는 "산악 흥행사", "순수한 등반 행위를 비즈니스로 훼손한다"라고 말하지만 그는 "기왕이면 다홍치마"라는 생각으로 화제를 끌 만한 산행을 선호했다. 산악인도 먹고살아야 한다며 돈도 중요하게 여겼다. 또한 히말라야 고봉 등정이 툭하면 진위에 대한 시비가 생겨 사진 기록만이 이 시비를 막는 유일한 증명 방법이라는 것을 누구보다 잘 알고 있어 일찌감치 좋은 사진기와 값비싼 필름을 썼다. 이렇게 쌓은 그의 등반·탐험 자료들은 오늘날 한국 등반사의 주요 기록으로 남아 있다.

시오노 나나미 '로마인 이야기' 한국어판 출판
재미와 흥미를 불어넣으면서도 '역사의 오락성'에 치우치지 않으려고 다양한 노력을 기울였다.

시오노 나나미(1937~)는 일본 도쿄에서 태어나 귀족들이 다니는 가쿠슈인대 철학과에서 서양철학을 전공했다. 대학 시절 좌파 학생운동에 가담하고 데모에도 참여했으나 1963년 대학을 졸업한 후에는 좌파 운동에 좌절하고 현실에서 도피하고픈 심정으로 1964년 무작정 이탈리아로 건너갔다. 머릿속에는 고등학교 시절 '일리아드'를 통해 매료되었던 지중해의 분위기가 어른거렸다. 시오노는 유럽, 북아프리카, 소아시아를 여행하며 서양문명에 빠져들고 독학으로 서양 문명의 모태인 고대 로마와 르네상스 역사를 파고들었다.

그 첫 성과물이 1968년 일본에서 출판된 '르네상스의 여인들'이다. 1970년 첫 장편으로 출판된 '체사레 보르자 혹은 우아한 냉혹'은 마이니치 출판문화상 수상작으로 선정되어 시오노 나나미에게 명성을 안겨주었다.

시오노 나나미(1937~)

시오노는 1970년 다시 이탈리아로 건너가 이탈리아 의사와 결혼하고 아들을 낳았다. 이탈리아 역사도 계속 공부해 여러 저서를 쏟아냈다. 1982년 '바다의 도시 이야기'로 산토리 학예상을 받았고 1987년 '나의 친구 마키아벨리'를 펴냈다. 마키아벨리는 시오노의 책 제목대로 시대를 뛰어넘는 그의 오랜 친구였다. 시오노가 좌파를 멀리하고 사상적 대전환을 감행하도록 계기를 마련해 준 것도 마키아벨리였다. "역사와 상황의 변화에 따라 자기를 변화시키고 그것에 적응할 수 있어야 한다"는 마키아벨리의 논리는 세상을 바라보는 안목을 길러주었다.

시오노 나나미는 '나의 친구 마키아벨리' 발간 후 고대 로마 시대에 천착했다. 포용하고 관용적이고 개방적인 로마인은 매력적이었다. 민족도 종교도 취향도 생김새도 다른 사람들이 로마 세계 안에 같이 모여 인류의 찬란한 문명을 꽃피우는 과정은 그를 로마 시대로 빠져들게 했다. 1992년 7월 7일 일본어로 발행된 '로마인 이야기' 제1권 '로마는 하루아침에 이루어지지 않았다'는 오랜 천착의 첫 결과였다.

시오노는 첫 권을 내면서 2006년까지 해마다 한 권씩 전 15권을 출판하겠다고 공언했다. 스스로 퇴로를 차단한 모험이었으나 1993년 제2권 '한니발 전쟁', 1994년 제3권 '승자의 혼미'를 연이어 발표해 독자와의 약속을 지켜나갔다. 한국어 번역본(1·2권)은 1995년 9월 30일 한길사에서 출판되었다.

작가의 논평과 생각 집어넣어 자유분방한 역사 서술의 전범 보여줘

시오노는 스스로를 정통 역사학자가 아닌 '역사 애호가'라고 칭했다. 그

런데도 전문학자 못지않게 이탈리아어와 라틴어를 완벽하게 익혀 원사료를 꼼꼼히 읽고 후세의 연구서를 폭넓게 참조했다. '로마인 이야기'는 역사소설이라고 하기에는 자료가 너무나 풍부하고, 역사서라고 하기에는 작가의 상상력이 흘러넘쳤다. 독자들은 "역사서도 재미있을 수 있구나" 하는 생각을 하면서 '로마인 이야기'에 탐닉했다. 역사서의 품격을 잃지 않으면서도 독자들이 흥미진진하게 2000년 전의 로마 역사에 빠져들 수 있게 만든 힘은 '로마인 이야기'의 큰 장점이었다.

시오노는 '로마인 이야기'에 재미와 흥미를 불어넣으면서도 '역사의 오락성'에 치우치지 않으려고 다양한 노력을 기울였다. 오히려 그 어느 역사서보다 풍부한 사료와 날카로운 해석, 그리고 현대에 던지는 교훈을 가득 채워넣었다. 통사식 서술을 따르면서도 작가의 논평과 생각을 집어넣어 자유분방한 역사 서술의 전범을 보여준 것도 독자들을 매료시켰다. 다만 한국에서는 "지나친 상상력으로 역사적 사실을 왜곡한 소설", "치밀한 구성으로 독자를 사로잡은 아마추어의 역사서"라는 비판이 없지는 않았다. 그럼에도 '로마인 이야기'는 일본보다 한국에서 더 빨리 더 크게 선풍을 일으켰다.

'로마인 이야기'가 한국에서 성공한 데는 15권 모두를 번역한, 탁월하고 성실한 번역자 김석희의 공로를 빼놓을 수 없다. '로마인 이야기'의 첫 독자였던 김석희 역시 시오노의 문체에서 남성적인 활달함, 로마의 도로처럼 거침없이 뻗어가는 힘, 그리고 독특한 흡입력에 빠져 즐거운 마음으로 번역에 임했다.

기원전 753년 전설의 로물루스가 로마를 세운 때부터 서기 476년 서로마제국 멸망에 이르는 시기를 1~5권 융성기, 6~10권 안정기, 11~15권 쇠퇴에서 멸망의 세 단계로 구성한 '로마인 이야기'는 2006년 12월 15일 마지막 15권이 일본에서 출간됨으로써 대단원의 막을 내렸다. 한국어판은 2007년 2월 5일 출판되었다. 200자 원고지로 2만 1,000장에 달하는 한국어판은 2014년 현재 200만 부, 일본에서는 540만 부(문고본 포함) 이상 팔려나갔다.

김광석 소극장 1,000회 공연과 '노찾사'
삶의 특정한 순간에 떠올라 애잔한 마음을 불러일으키는 것도 김광석의 노래다.

김광석(1964~1996)의 노래는 유행이나 시대를 초월해 누구나 공감하는 감성을 담고 있다. 삶의 특정한 순간에 떠올라 애잔한 마음을 불러일으키는 것도 김광석의 노래다. 20대 초반 입대를 앞두고 스산한 마음일 때면 '이등병의 편지'를 불러 위로를 삼는다. 서른이 가까워져 20대의 청춘을 떠나보내야 할 때면 '서른 즈음에'를 부르고, 서툰 사랑이 속상할 때면 '외사랑'으로 울음을 삼킨다. 아내를 떠나보내며 지난날을 회상하는 '어느 60대 노부부 이야기' 역시 세대를 초월해 사람들의 마음을 적신다.

김광석의 삶은 특별하지도 빼어나지도 않았다. 노래를 좋아하고 잘해 어쩌다 보니 가수가 되었다. 누군가 성공 비결을 물었을 때 그는 그저 서류 가방을 들고 출근하는 회사원처럼 기타를 들고 매일 공연장으로 출근했을 뿐이라고 답했다. 그에게 가수는 직업이고 공연장은 직장이었다.

대구에서 태어난 김광석이 부모를 따라 서울로 이사한 것은 5살 때였다. 경희중과 대광고에서 현악반과 합창단 활동을 하며 음악의 기초를 닦았을 뿐 그의 말대로 잘난 것 하나 없는 학창 시절을 보냈다. 명지대 경영학과에 입학한 1982년 어느 날 김광석은 친구에게서 2권의 노래집을 받았다. 서울대 노래패인 '메아리'와 한국기독청년협의회에서 펴낸 이른바

운동권 노래집이었다. 김광석은 노래책에 실린 악보를 기타로 퉁기며 한 소절씩 부르다가 대학 연합 노래패인 '연합메아리'에 가입했다. 취미에 불과했던 기타 연주와 노래는 어느덧 특기가 되었다.

김광석(1964~1996)

1984년 김민기가 동요 뮤지컬 '개똥벌레 이야기' 음반을 기획하면서 연합메아리 멤버들을 소집했다. 김광석도 참여했다. 그러나 '개똥벌레 이야기'는 녹음까지 다 해놓고도 세상에 나오지 못했다. 김민기의 작품이라는 이유로 동요극인데도 심의에서 탈락한 것이다. 김민기는 연합메아리에 새로운 음반 기획을 제안했다. 그래서 나온 음반이 1984년 12월에 발매된 '노래를 찾는 사람들(노찾사)' 1집이다. 김광석의 역할은 합창곡 '그루터기'에 남자 코러스로 참여하는 데 그쳤다. 1집은 대중적으로는 성공하지 못했다.

노찾사 노래가 꽃을 피운 것은 1987년 6월 항쟁 후였다. 민주주의를 만끽하던 그 시절 노찾사는 어디든 달려갔다. 1987년 10월 13일에는 한국교회100주년기념관에서 첫 정기 공연을 열었다. 집회나 시위 현장에서 불리던 저항의 노래가 마침내 공개 무대 위에서 공연되는 역사적인 순간이었다.

대중이 각광한 것은 '다시 부르기' 1집과 2집 발매 후

공연은 6월 항쟁 이전만 해도 공식적인 자리에서 부를 수 없었던 노래들로 채워졌다. 4·19 때 죽어간 넋들을 위한 '진달래', 김민기의 '친구', 민족시인 이상화의 시에 곡을 붙인 '빼앗긴 들에도 봄은 오는가', 김지하의 시에 처절한 가락을 붙인 '녹두꽃' 등이 무대를 장식했다. 김광석은 '녹두꽃'을 유려한 미성으로 불러 관객을 사로잡았다. 공연 후 집회가 있는 곳이면 김광석도 어김없이 모습을 드러냈다. 핍박받는 약자의 슬픔을 진중한 노랫말에 담아낸 노찾사의 노래 역시 노동자와 대학생에게 사랑을 받았다.

노찾사는 1989년 10월 2집을 발표했다. 2집에는 대중에게 널리 알려진 불후의 명곡들이 즐비했다. '솔아 솔아 푸르른 솔아', '광야에서', '그날이 오면', '마른 잎 다시 살아나' 등에 힘입어 100만 장 이상이 팔려나갔다. 그러나 노찾사는 1990년대 이후 시들해진 민중운동과 더불어 쇠퇴했다. 좀 더 상업성을 갖춘 노래로 전환하지도, 굳이 전환하려 들지도 않았기 때문이다.

멤버들의 각기 다른 지향점도 해체에 영향을 미쳤다. 당시 노찾사에는 현장 활동을 중시하는 그룹, 전문 역량으로 음악운동을 지향하는 그룹, 아마추어적인 활동 영역을 추구하는 그룹 등 다양한 그룹이 혼재되어 있었다. 그래도 3집(1991), 4집(1994) 등 6집까지 꾸준히 내다가 1997년 해체되었다. 그동안 노찾사를 거쳐간 단원들은 150명이나 되었다. 이 가운데 가수로 활동하게 될 안치환, 김광석, 권진원, 신지아 등을 빼고는 대부분 일상으로 돌아갔다. 오늘날 노찾사는 민중가요나 운동권 가요로 불리던 한국의 저항적 노래운동사에서 공식적인 첫 전문 창작집단으로 기록되고 있다.

김광석은 노찾사 활동을 하고 있던 1987년 여름, 음악을 좋아하는 친구들과 30곡의 노래를 녹음해 테이프에 담았다. 김광석을 비롯해 김창기, 박경찬, 박기영, 유준열, 이성우, 최형규 등 7명이 녹음에 참여했다. 어느날 산울림의 김창완이 노래를 듣고 그들을 소집했다. 그래서 1988년 1월 발표된 음반이 동물원 1집(거리에서/변해가네)이다.

소박하고 기교가 없는 동물원의 노래는 신선했다. 뛰어난 작사 작곡 능력을 갖춘 멤버들의 재능에 김광석이라는 보컬의 역할이 어우러져 1집은 빅히트를 기록하며 폭발적인 반응을 얻어냈다. 수록곡 중 특히 상실감이 짙게 배어 있는 '거리에서'는 사실상 무명에 가깝던 김광석을 대중에게 새롭게 인식시켰다. 1집 음반은 100만 장 이상 팔리는 상업적 성공을 거두며 동물원을 일약 스타로 만들었다.

김광석은 동물원 2집(흐린 가을 하늘에 편지를 써)에도 참여해 타이틀곡의 보컬로 음반에 힘을 실어주었다. 하지만 김광석은 멤버들과는 음악적인 지향점이 달랐다. 멤버들 대부분은 음악을 업으로 삼으려는 의지가 약했다. 김광석은 가수가 되려 했지만 그들은 여전히 아마추어이기를 원했다. 김광석은 1989년 5월 공연을 끝으로 동물원과 결별했다.

진실을 밝혀줄 아무런 단서도 없는 황망한 죽음

김광석은 1989년 9월 '너에게'를 타이틀곡으로 하고 자신의 자작곡 6곡을 수록한 첫 솔로 앨범을 발표함으로써 마침내 직업 가수로 데뷔했다. 10월 7일부터 3일간 계몽문화센터에서 첫 개인 콘서트를 열었다. 첫 공연은 실패했지만 이후 공연 무대가 자신의 직장이라고 생각하며 큰 무대든 작은 무대든 가리지 않았다.

김광석은 1991년 3월 2집을 발표했다. 2집 역시 1집과 마찬가지로 대중적인 인기를 얻지는 못했다. 다만 2집에 수록된 '사랑했지만'이 가요 순위에서 1, 2위를 다툰 덕에 대중에게 제법 알려지고 방송에 출연하는 기회가 많아졌다. 그래도 그는 소극장 공연을 자신의 천직으로 여겼다. 1991년 7월 1일부터 31일까지는 마당세실극장에서 하루도 거르지 않고 하루 2회 공연을 강행했다. 누가 봐도 무모한 시도였지만 연일 대만원을 이뤘다.

김광석이 뮤지션으로 정체성을 찾은 것은 '나의 노래'가 담긴 3집 (1992.3)부터였다. 3집은 그의 음악적 특성이라 할 수 있는 '삶으로서의 노래'가 전면에 드러나기 시작해 그의 음악 세계를 결정짓는 중요한 음반이었다.

김광석이 새롭게 각광을 받은 것은 '다시 부르기' 1집과 2집 발매 후였다. '다시 부르기 1'(1993.3)은 동물원과 자신의 앨범에서 뽑아낸 노래들과, 한때 그와 함께 활동했던 민중음악 진영에서 김현성·한동헌·문대현의 노래들로 구성된 자전적 베스트 앨범이었다. '다시 부르기 1'에는 '이등병의 편지', '그루터기', '광야에서', '거리에서' 등 애창곡이 수록되었다.

이후 '서른 즈음에', '일어나'가 수록된 4집 앨범(1994.6)을 발매하고 '다시 부르기 2'(1995.4) 앨범을 냈다. '다시 부르기 2'는 1970년 포크 1세대로부터 이어져오는 흐름과 계보를 하나의 음반으로 정리하기 위해 낸 '한국 모던포크의 대표곡 모음집'이었다. 김광석은 '다시 부르기' 시리즈를 통해 묻히고 잊힌 노래들을 발굴하고 특정 계층에만 회자되던 노래들을 대중에게 선물했다.

1990년대의 소극장 공연은 퇴조기였다. 가수도 라이브 공연에 연연하지 않고 관객도 찾지 않았다. 그런데도 김광석은 라이브 공연을 고집했다. 김광석이 마침내 소극장 라이브 공연 1,000회라는 사상 초유의 기록을 세운 것은 1995년 8월 11일이었다.

이처럼 활발하게 활동하던 김광석이 1996년 1월 6일 새벽 한마디 말도, 변명 거리 글 한 장도 남기지 않고 팬들의 곁을 떠나갔다. 유언장이 없는 자살, 죽음의 진실을 밝혀줄 아무런 단서도 없는 황망한 죽음이었다. 무수한 의혹과 억측만을 남긴 채 그렇게 지상에서 모습을 지웠다.

장사익 1집 음반 '하늘 가는 길' 발매

'가수'로 불리기보다는 우리 시대의 '소리꾼'이나 '가객'으로 불리기를 원한다.

　　　　장사익(1949~)의 소리는 절규하는 가창력과 흐느끼듯 사람의 마음을 파고드는 애절함이 특징이다. 온 힘을 다해 남은 한 방울의 진액까지 다 소진해버릴 듯 열창하는 그의 소리는 전율을 동반하고 소름을 돋게 한다. 혼이 실린 그의 노래를 듣는 순간 누구나 단숨에 매료되고 가슴이 뻥 뚫리듯 후련해진다. 이런 그의 소리는 국악이나 가요로 분류되지 않고 그냥 우리 노래, 우리 가락으로 통칭된다. 그 역시 '가수'로 불리기보다는 우리 시대의 '소리꾼'이나 '가객'으로 불리기를 원한다.

　그는 작곡할 때도 '장사익 작곡'이라고 하지 않고 그저 '장사익 엮음'이라고 한다. 새 곡조를 창안한 것이 아니라 이 세상 어딘가를 휘휘 떠돌던 가락이 좋은 시를 만나고 알아주는 풍류객을 만나 소리 되어 나오는 거라고 생각하기 때문이다. 그는 노래를 엮을 때도 악보를 적지 않는다. 그냥 속에서 나오는 대로 흥얼거리다 이만하면 됐다 싶을 때 연주자들 앞에서 몇 번 불러본 뒤 노래를 완성한다. 신곡도 먼저 무대 공연을 통해 선보인 다음 음반으로 만든다. 그의 음반에 수록된 노래의 상당 부분은 이렇게 만들어졌다.

　그의 또 다른 장기는 앨범마다 수록된 '님은 먼 곳에', '동백 아가씨', '봄비' 등 다른 가수의 노래를 자기것으로 소화하는 것이다. 어떤 노래를 불러도 장사익이 부르면 '장사익류'가 되고 그의 목소리를 통과하는 순간 토착의 서정으로 변모하는 것도 그만의 매력이다.

　장사익은 충남 홍성군 광천읍에서 태어났다. 부친이 소문난 장구잡이였기 때문에 소리의 기질을 자연스럽게 이어받았다. 하지만 먹고사는 일이 우선이다 보니 소리를 업으로 삼지는 못했다. 다만 가락이 좋아 틈틈

장사익(1949~)

이 노래 연습을 하고 국악기를 배웠다. 1967년 선린상고 3학년 때 입사한 생명보험회사에 다닐 때도 낙원동 음악학원에 다니며 틈틈이 노래를 연습했다. 1972년 제대 후에는 무역회사 직원, 전자회사 영업사원, 가구점 총무 등을 전전하면서 거의 독학으로 태평소, 대금, 정악 피리, 단소 등을 익혔다.

이런 그가 제2의 인생에 도전하기로 작심한 것은 43살이던 1992년 12월 말이었다. 독서실 운영을 거쳐 카센터 사무장 일을 몇 년째 하던 중 불현듯 "이게 아닌데" 하는 생각이 들어 "앞으로 딱 3년만 내 뜻대로 살아보자"고 결심한 것이다. 그가 죽기 살기로 불어보자고 선택한 악기는 태평소였다.

절규하는 가창력과 마음을 파고드는 애절함이 특징

장사익은 1993년 새해가 되자마자 이광수 사물놀이패에 들어가 혼신을 다해 태평소를 불었다. 태평소는 사물놀이에 있어도 되고 없어도 되는 악기였지만 얼마 안 가 그의 태평소는 화룡점정격 악기가 되었다. 1993년 '서태지와 아이들' 전국 투어에서는 '하여가'의 태평소를 맡았다. 1993년과 1994년의 전주대사습놀이에서도 그가 태평소를 분 공주농악단과 금산농악단이 장원을 차지하는 등 그는 점차 태평소의 명인 소리를 들었다.

그런데 묘하게도 그의 진가는 각종 공연 끝에 벌어지는 뒤풀이에서 빛을 발했다. 그가 노래를 부르면 사람들이 다시 그의 노래를 청하는 과정에서 농악판 최고의 뒤풀이 가수가 되었다. 1994년 여름 평소 그를 눈여겨보던 피아니스트 임동창이 공연을 제안했다. 장사익은 1994년 11월 7일과 8일 서울 홍대 앞의 예극장에서 임동창과 함께 공연을 했다. 소리로는 첫 무대인 장사익의 공연은 100석 규모의 극장에 300여 명이 몰려들어 대성황을 이뤘다. 그날 공연에서 장사익은 가슴속에 묻혀 있던 소리를 저 밑바닥에서부터 끄집어냈다. 그것은 부르는 것이 아니고 토해내는 것이었다. 이렇게 장사익은 인생살이의 산전수전을 다 겪고 나서 40대 중반에 소리꾼으로 데뷔했다.

곧 음반 제의가 들어왔다. 자작곡 '찔레꽃' 등 창작곡 5곡과 '님은 먼 곳에', '봄비' 등 리바이벌곡 5곡이 수록된 1집 앨범은 1995년 3월 '하늘 가는 길'이라는 제목으로 발매되었다. 정식 소리꾼으로 데뷔한 것이다. 1996년 6월 7일 서울대 문화관에서 열린 '자유 콘서트'는 그가 처음으로 대규모 군중 앞에 선 공연이었다. 젊은 관객들은 두루마기 차림의 중년 사내가 내뿜는 생전 처음 경험하는 가슴 절절한 노래에 우레와 같은 박수와 환호로 화답했다. 장사익은 이렇게 무대 가수로도 데뷔했다.

1집의 성공을 함께 이끌었던 임동창과 음악적으로 결별한 뒤 만든 2집 '기침'(1999)은 1집만큼 큰 반향을 얻지 못했으나 3집 '허허바다'(2000)는 또다시 장사익의 진면목을 보여주었다. 이후 장사익은 4집 '꿈꾸는 세상'(2003), 5집 '사람이 그리워서'(2006), 6집 '꽃구경'(2008)을 발매했다. 이 과정에서 공연 때마다 세종문화회관의 전석이 매진되고 국내외에서 초청이 쇄도하는 스타가 되었다.

윈도 95 첫 출시
홀로 '세계의 창'이 되고자 했던 MS의 꿈을 실현시켜 주었다.

　　　　　빌 게이츠의 마이크로소프트(MS)는 1981년 8월에 출시된 IBM PC를 계기로 세계 PC 운영체제(OS) 시장을 평정했다. 다음 목표는

윈도 95 초기 화면

IBM PC에 장착된 MS-DOS보다 사용이 훨씬 편리한 '그래픽 기반 인터페이스'(GUI)였다. 그러나 GUI를 먼저 선보인 것은 스티브 잡스의 애플 컴퓨터였다. 애플은 1983년 1월 GUI를 기반으로 한 '리사'를 발표했다. 그러나 하드웨어가 안정성이 떨어지고 가격이 1만 달러나 되는 고가여서 시장의 호응을 얻지는 못했다. MS도 1983년 11월 GUI를 갖춘 윈도 환경을 발표했으나 그것은 제품 설계상의 발표였을 뿐 구체적인 결과물이 아니었기 때문에 주목을 끌지는 못했다.

애플은 1984년 1월 MS-DOS 신봉자들을 비웃기라도 하듯 'WIMP' (Windows, Icons, Mouse, Pointers) 기능을 갖추고 가격까지 낮춘 야심작 '매킨토시'를 내놓았다. 일부 기능은 11년 후에 나올 '윈도 95'에서나 구현되는 당시로서는 최첨단 기술이었다. 그러나 매킨토시 역시 애플사의 고가 정책 때문에 기대만큼의 성공을 거두지는 못했다. 매킨토시는 결국 MS-DOS를 탑재한 IBM 진영과의 표준 경쟁에서 밀려나 세계 PC 시장 대부분을 IBM 호환 기종에 내주어야 했다. 다만 새로운 흐름을 선도했다는 점에서 매킨토시는 세계 PC사(史)에서 중요한 위치를 차지하고 있다.

IBM은 애플의 매킨토시를 무력화한 뒤 MS가 독식하고 있는 운영체제(MS-DOS) 시장을 빼앗기 위해 새로운 운영체제 'OS/2' 개발에 들어갔다. 빌 게이츠는 IBM의 눈 밖에 날 것을 우려해 IBM이 주도하는 OS/2 개발에 참여하면서도 MS-DOS의 후속작인 윈도를 독자적으로 개발했다. 1987년 4월에 발표된 OS/2 1.0 버전은 두 회사의 합작품이었으나 1988년 10월에 발표된 OS/2 1.1 버전은 사실상 IBM 혼자의 작품이었다. 빌 게이츠의 윈도 개발에 아이디어를 준 것은 비지코프사의 운영체제

'비지온'과 애플의 매킨토시 초기 버전이었다. 프로그램 창이 여럿 뜨고 마우스로 창과 창을 오가는 매킨토시도 큰 도움이 되었지만 PC용 운영체제 중에서 가장 먼저 GUI를 사용한 비지온은 신선한 충격이었다.

MS는 윈도 1.0과 윈도 2.0을 1985년 11월과 1987년 12월 각각 발표했다. 윈도 1.0은 한 번에 여러 가지 작업을 한 화면에서 할 수 있도록 한 멀티태스킹 기능의 효시가 되었다. 여기에 메모장, 계산기, 시계 등의 기능이 추가되었다. 하지만 그다지 관심을 끌지 못해 윈도의 시작 버전이자 가능성을 보여 줬다는 선에서 만족해야 했다. 윈도 1.0과 윈도 2.0은 한국 시장에는 도입되지 않았다.

이후 출시된 윈도 버전의 기본 틀

MS가 PC 업계 황제 자리를 예약한 것은 1990년 5월 22일 윈도 3.0을 발표하고부터였다. 윈도 3.0은 모두 200만 카피가 팔렸으나 윈도 시대를 본격적으로 개막시킨 것은 1992년 4월 6일 발매된 윈도 3.1이었다. 게이츠는 윈도 3.1을 출시한 1992년 세계 제1의 거부로 '포브스' 등에 소개되기 시작했다.

윈도 3.1은 MS-DOS의 텍스트 기반 운영체제에 길든 사용자에게 충격을 주었다. 윈도를 기반으로 한 소프트웨어 개발 붐이 분 것도 윈도 3.1 발표 후였다. 윈도 3.1은 MS가 중원을 평정하게 한 신무기로 군림했다. 안정성은 아직 미흡했지만 한동안 PC 제작사들의 번들로 제공되면서 빠른 속도로 시장을 넓혀나갔다.

프로세서의 처리 능력이 18개월마다 배로 늘어나는 반면 가격은 절반으로 떨어진다는 소위 '무어의 법칙'이 위력을 발휘하면서 윈도 3.1은 PC 판매에도 큰 도움을 주었다. 윈도 3.1은 급속도로 확산된 386 PC 보급에 힘입어 운영체제 시장을 장악했다. IBM은 1992년 OS/2 2.0을 내놓았지만 대세를 뒤집기에는 역부족이었다. 이후 IBM OS는 사양길로 접어들었다.

MS는 1995년 8월 윈도 시대를 본격적으로 열게 한 '윈도 95'를 발매했다. 윈도 95는 도스를 설치할 필요가 없는 최초의 윈도였다. GUI 기능을 대폭 향상해 초보자들도 컴퓨터를 쉽게 사용할 수 있게 했다. 윈도 95는 홀로 '세계의 창'이 되고자 했던 MS의 꿈을 실현시켜 주었다. PC 하나로 시간과 공간을 뛰어넘어 모든 정보를 손끝에서 얻어낼 수 있는 미래 사회 실현이라는 평소 빌 게이츠의 꿈도 실현되었다. 윈도 95에 처음 도입된 바탕화면과 시작 버튼, 작업표시줄 등은 이후 출시된 윈도 버전의 기본 틀로 자리 잡았다.

전 세계에서 윈도 95를 가장 먼저 판매한 곳은 1995년 8월 24일 뉴질랜드였다. 전날 밤부터 사람들이 상점으로 몰려들어 하루 예상 판매량이 1시간 만에 동이 났다. 시간적으로는 뉴질랜드보다 늦었지만 같은 날 미국의 컴퓨터 상점들도 철야 영업을 했다. 세계 주요 도시의 PC 상점도 문전성시를 이룬 가운데 한글판 윈도 95는 1995년 11월 28일 시판에 들어갔다. 윈도 95 역시 부정적인 평가를 피하지는 못했지만 초보자가 쓰기에 너무 편리해 단숨에 운영체제 시장을 평정했다. 출시 4개월 만에 세계시장에서 29.2%의 경이적인 점유율을 기록했고 발매 1년 동안 4,000만 개가 팔리며 대폭발했다.

이후 윈도 시리즈는 윈도 98(1998.6) → 윈도 2000(2000.2) → 윈도 Me(2000.9) → 윈도 XP(2001.10) → 윈도 비스타(2007.1) → 윈도 7(2009.10) 등으로 진화하며 MS의 신화를 이어가고 있다. 윈도 98은 '인터넷 익스플로러 4.0'을 기본으로 탑재해 프로그램이 무거워졌지만, 웹 서핑을 자유롭게 한 최초의 윈도 버전이라는 장점을 살려 세계적인 히트작이 되었다.

'토이 스토리' 개봉과 픽사

컴퓨터그래픽의 완벽한 영화적 적용으로 찬사를 받았다.

　　　'토이 스토리'는 세계 최초로 개봉한 컴퓨터그래픽(CG) 장편 애니메이션이다. 영화가 개봉하기까지에는 세 주역의 활약이 컸다. 계속된 적자에도 불구하고 10년 동안 5,000만 달러를 쏟아부은 스티브 잡스(1955~2011), 영화제작사인 '픽사'의 사장 에드윈 캣멀(1945~), 영화 연출가 존 래스터(1957~)가 그 주역이다.

　에드윈 캣멀이 CG 애니메이션의 꿈을 꾼 것은 1970년대 초반으로 거슬러 올라간다. 캣멀은 유타대에서 컴퓨터공학과 물리학을 전공했다. 당시 유타대는 컴퓨터그래픽 혁명의 최전선에 있었다. 캣멀은 대학원생이던 1972년 세계 최초로 1분짜리 흑백 영상물을 컴퓨터그래픽으로 완성했다. '에드의 왼손'이라는 제목의 영상물은 손이 회전을 하고 주먹을 쥐고 손바닥을 펼쳐 보였다.

　캣멀은 1974년 11월 뉴욕공과대 컴퓨터그래픽스 연구소장으로 부임하자 컴퓨터그래픽을 이용해 애니메이션을 만들겠다는, 당시로서는 몽상에 가까운 꿈을 꾸었다. 1975년 앨비 레이 스미스가 제록스사의 팰로앨토 연구소에서 컴퓨터그래픽 연구원으로 활동하다가 해고되어 연구소에 합류했다. 스미스는 스탠퍼드대에서 전기공학을 전공하고 1968년 박사학위를 받은 엔지니어였다.

　캣멀과 스미스는 CG 애니메이션 프로그램을 개발했다. 컴퓨터가 집채 크기의 괴물 정도로 인식되고 CG 애니메이션이라는 개념조차 없던 시절이었다. 당시엔 누구도 영화와 애니메이션에 컴퓨터그래픽이 사용되리라고 상상하지 못했다. 그러나 두 사람은 컴퓨터그래픽의 예술적 가능성을 믿었고 실력을 인정받아 1979년 7월 루카스 필름에 스카우트되었다. 루카스 필름은 영화 '스타 워즈'(1977)를 연출한 조지 루카스가 설립한 회사로, 영화에 사용될 최신식의 컴퓨터그래픽 기술을 개발하기 위해 두 사람을 끌어들였다.

1983년 어느 날 또 한 사람의 괴짜가 루카스 필름의 문을 두드렸다. 디즈니사에서 해고된 존 래스터였다. 그는 월트 디즈니가 설립한 캘리포니아 예술학교(칼아츠)를 졸업하고 1979년 디즈니에 입사했다. 전통적인 2차원 애니메이션을 컴퓨터그래픽으로 만든 3차원 배경과 결합하려는 것이 그의 목표였으나 당시 디즈니는 극도의 침체기를 겪고 있었다. 디즈니 특유의 도제 시스템도 창의적인 작업을 가로막았다.

래스터는 결국 1983년 12월 디즈니를 떠나 루카스 필름에 입사했다. 그의 입사는 디즈니가 수십 년 동안 쌓아온 캐릭터 애니메이팅 기술을 가지고 온 것이기 때문에 애니메이션에 대한 전문적 지식이 없던 캣멀과 스미스에게 래스터는 구세주와도 같은 존재였다. 래스터에게도 그들은 인생의 은인이었다.

래스터가 루카스 필름에서 만든 첫 혁신적인 3차원 디지털 애니메이션은 '앙드레와 윌리 비의 모험'(1984)이었다. 하지만 조지 루카스는 심드렁했다. 그가 그들에게 원했던 건 컴퓨터그래픽에 기반한 애니메이션이 아니라 특수효과 기술이었기 때문이다. 루카스는 점점 40여 명으로 늘어난 컴퓨터사업부를 돈을 빨아먹는 스펀지로 취급했다. 더구나 당시 루카스는 이혼소송으로 거액의 위자료를 물어줘야 할 상황이었다. 루카스는 3,000만 달러에 컴퓨터사업부를 시장에 내놓았다.

"꼭 봐야 할 영화, 꼭 이야기해야 할 영화, 꼭 다시 찾을 영화"

이 소식이 잡스의 귀에 들어왔을 당시 잡스는 자신이 설립한 애플에서 쫓겨나 절치부심하며 넥스트를 세워 컴퓨터를 만드는 데 전념하고 있었다. 잡스는 루카스 필름의 컴퓨터사업부에 컴퓨터그래픽 고수들이 즐비하다는 사실을 알고 있었다. 선명한 사진과 그때까지 본 적이 없는 그래픽 영상이 있다는 것도 알고 있었다. 그러나 잡스는 매물을 덥석 물지 않고 때를 기다렸다. 그러다가 1986년 1월 30일 1,000만 달러에 매입하는 것으로 인수서에 서명했다.

잡스는 회사 이름을 '픽사 주식회사'로 정하고 캣멀을 사장에 앉혔다. 픽사(Pixar)는 컴퓨터의 'Pixel(화소)'과 'art(예술)'의 합성어다. 그때까지 픽사는 그래픽 디자인 전문 컴퓨터를 생산 판매하는 하드웨어 회사였다. 하지만 래스터가 회사 홍보를 위해 제작한 1분 30초짜리 CG 애니메이션 '럭소 주니어'가 1986년 11월 LA에서 개봉되고 이듬해 베를린 영화제에서 최우수 단편영화에 선정되면서 회사의 위상이 컴퓨터 애니메이션 스튜디오로 바뀌었다. 래스터가 후속작으로 제작한 단편 애니메이션 '틴 토이'는 1988년 아카데미상 단편 애니메이션 부문 최우수상에 뽑혔다.

픽사는 자신감이 생기자 TV 광고에 뛰어들었다. 1989년 수선화들이 춤을 추는 15초짜리 애니메이션 광고를 만들고 오렌지 주스를 광고하는 애니메이션도 완성했다. 무생물을 사실적으로 재현하면서 표정이 풍부한 캐릭터를 만들어내는 픽사의 능력은 TV 시청자들에게 신선한 충격이었다. 픽사의 광고 제작 목록은 빠르게 늘어났다. 1990년에만 15편의 광고를 제작하고 130만 달러를 벌어들였다.

그러나 이 정도 수입만으로는 회사 운영이 어려워 회사는 매년 수백만 달러 이상의 적자를 냈다. 다행히 애니메이션 제작 기술은 좋아져 월트 디즈니가 관심을 보였다. 디즈니의 애니메이션 사업부를 총괄하는 제프리 캐천버그가 3편의 장편 애니메이션을 공동 제작하자고 픽사에 제안한 것은 1991년이었다. 양사는 1991년 5월 3일 최종 합의서에 서명했다. 디즈니가 픽사의 극장용 장편 애니메이션 제작에 자금을 대고 픽사가 애니메이션을 만들면 디즈니가 배급하는 방식이었다.

계약 내용은 디즈니에 유리했다. 디즈니는 영화에 대한 100% 소유권을 갖는 것은 물론 속편, 리메이크, TV 프로그램을 자기 재량에 따라서 제작할 수 있는 권리와 비디오 판권을 가져갔다. 양사의 첫 작품은 래스터 감독의 '토이 스토리'였다. 잡스는 픽사 인수 후 '토이 스토리'를 완성할 때까지 근 10년간 개인 재산 5,000만 달러를 쏟아부었다.

디즈니의 배급력과 픽사의 아이디어가 합쳐진 환상의 콤비

'토이 스토리'가 마침내 개봉한 것은 1995년 11월 22일이었다. 반응은 폭발적이었다. 워싱턴포스트는 "꼭 봐야 할 영화, 꼭 이야기해야 할 영화, 꼭 다시 찾을 영화"라며 찬사를 표했다. 부정적인 언급이나 비평은 거의 찾아볼 수 없었다. 잡스는 개봉 1주일 후인 11월 29일 픽사를 상장해 하루 만에 6,200만 달러를 벌어들였다. 픽사도 1억 3,970만 달러를 끌어들여 잡스에게 엄청난 부를 안겨주었다. 그러자 10여 년 전 잡스를 내쫓았던 애플이 손짓을 했다. 잡스는 1997년 9월 오매불망하던 애플의 최고경영자로 복귀했다.

'토이 스토리'는 미국에서만 1억 9,200만 달러, 전 세계적으로 3억 5,700만 달러의 흥행을 기록했다. 비디오 판권으로도 1억 달러를 벌어들였다. 래스터는 1996년 아카데미상 특별공로상을 수상했다. '토이 스토리'는 컴퓨터그래픽의 완벽한 영화적 적용으로 찬사를 받았지만 더 큰 의미는 어린 시절 주위에 널려 있던 단순한 인형들에 아름다운 영혼과 매력적 성격을 부여한 성실한 관찰과 진정한 상상력에 있었다. 카우보이 인형 우디, 우주전사 버즈, 강아지 슬링키, 감자 인형 미스터 포테이토, 돼지저금통 햄 그리고 공룡 렉스에 이르기까지 '토이 스토리'의 인형들은 모두 살아 움직였다. 래스터는 이후에도 '벅스 라이프', '토이 스토리2', '카' 등을 연출했다.

'토이 스토리'가 성공하자 '인어공주', '미녀 와 야수', '알라딘', '라이언 킹' 등으로 부흥기 를 누리던 월트 디즈니의 전성기가 갑자기 막 을 내렸다. '토이 스토리' 이후 선보인 '노틀담 의 곱추', '헤라클레스', '뮬란' 등도 크게 떨어 지는 흥행을 거두었다. 픽사는 1997년 2월 24 일 디즈니와 10년 동안 영화 5편을 제작하기 로 계약을 갱신했다. 제작비는 디즈니와 픽사 가 절반씩 부담하고 수입도 절반씩 나누기로

토이 스토리 포스터

했다. 이후 픽사-디즈니 콤비는 승승장구했다. 1998년 11월 픽사가 개봉 한 두 번째 애니메이션 '벅스 라이프'는 토이 스토리의 흥행 기록을 넘어 서며 1998년 최고 애니메이션 흥행작이 되었다.

'토이 스토리2'(1999.11)는 전 세계적으로 4억 8,000만 달러의 흥행을 기 록하며 애니메이션 영화사상 전편의 흥행을 넘어서는 최초의 속편이 되 었다. 또한 제작 과정이 모두 디지털로 이뤄진 최초의 영화로 영화사에 기록되었다. '몬스터 주식회사'(2001.11)는 개봉한 지 9일 만에 미국 내에 서만 1억 달러를 돌파하는 박스오피스 기록을 세우고 전 세계적으로 5 억 6,281만 달러의 흥행 수입을 기록했다. '니모를 찾아서'(2003.5)는 9억 2,174만 달러의 수입을 올려 이전 기록을 껑충 뛰어넘고 '토이 스토리3' (2010.6)는 10억 631만 달러의 최고기록을 세웠다.

이런 과정을 거치면서 전체 극장용 장편 애니메이션의 패권은 픽사로 넘어갔다. 콧대가 높아진 픽사는 디즈니와 계약이 만료되는 2005년을 앞 두고 "배급료는 지불하되 흥행 수입은 픽사가 단독으로 차지하겠다"는 자 사에 유리한 새로운 수익 배분 방식을 내놓았다. 그 무렵 두 회사의 위치

는 완전히 역전되어 디즈니로서는 이를 거부할 처지가 아니었다. 디즈니는 자체 영화를 제작하는 데 들어가는 운영비의 45%를 픽사가 제작한 영화를 배급해서 나오는 수익금으로 충당하고 있었다.

결국 디즈니는 황금알을 낳는 거위를 포기할 수 없어 계약이라는 불안정한 방식보다는 아예 인수하는 것으로 전략을 수정했다. 그리고 2006년 1월 무려 74억 달러에 픽사 애니메이션 스튜디오를 인수하는 형식으로 합병했다. 이로써 디즈니의 막강한 배급력과 픽사의 창의적인 아이디어가 합쳐진 환상의 콤비가 탄생했다.

1996년

디지털 이동통신 CDMA 방식 세계 최초 상용화
  _ 세계 최초 휴대폰
박찬호 미 프로야구 메이저리그 첫 승
2002 한·일 월드컵 공동 개최 유치
  _ 4강 신화
  _ 거스 히딩크
부산국제영화제 개막과 김동호
이수만과 아이돌 그룹 'HOT' 데뷔
  _ 양현석과 박진영
로버트 김 미 FBI에 체포
영국의 광우병 파동과 인간광우병(vCJD)
이언 윌머트와 복제양 '돌리'
새뮤얼 헌팅턴 '문명의 충돌' 출간
알렉산드르 카렐린 올림픽 레슬링 3연패

디지털 이동통신 CDMA 방식 세계 최초 상용화

1996년 1월 1일 자정. 한국이동통신의 CDMA 서비스가 세계 최초로 인천과 경기 부천에서 시작되었다.

　　　　　　　1980년대 말까지만 해도 우리나라는 이동통신의 후진국이었다. 1984년 4월 서비스를 시작한 카폰과 1988년 서울올림픽을 계기로 6월에 시작한 개인용 휴대전화기의 장비와 기술은 수입품이었고 이용자는 소수 특권층에 국한되었다. 1980년대 후반 무렵 우리나라에서 사용하고 있는 이동전화 방식은 'AMPS'로 불리는 아날로그 방식이었다. 당시는 미국과 유럽도 같은 방식이었다. 하지만 이동전화 가입자가 크게 증가하면서 아날로그 방식으로는 더 이상 가입자를 수용할 수 없게 되었다. 폭주하는 가입자를 수용하려면 디지털화가 불가피했다. 그래서 나온 디지털 방식이 미국의 TDMA(시간분할다중접속) 방식과 유럽의 GSM 방식이었다.

　우리 정부가 디지털 이동통신 시스템의 개발 계획을 수립한 것은 1990년 1월이었다. 계획 단계에서 우리나라는 GSM이나 TDMA 방식으로 개발할 생각이었다. 그러나 이 두 가지 기술을 기반으로 생산한 이동통신 완제품을 팔겠다는 회사는 있어도 기술을 제공하겠다는 회사가 없어 우리를 당혹스럽게 했다.

　그때 퀄컴이라는 미국의 벤처기업이 새로운 디지털 이동전화 방식인 CDMA(코드분할다중접속)를 개발했다는 소식이 전해졌다. CDMA는 GSM·TDMA에 비해 가입자 수용 용량이 크고 음질이 뛰어나고 보안성이 좋았다. 문제는 상용화된 제품을 내놓은 적이 없어 이론상으로만 가능한 방식이라는 점이었다. 상용화가 절실하고 돈이 필요했던 퀄컴은 기꺼

이수성 국무총리가 CDMA 이동전화 시험통화를 하고 있다(1996.4.1).

이 기술을 내주겠다며 한국과 제휴를 원했다.

이동통신 시스템 개발을 담당한 전자통신연구소(ETRI)는 조심스럽게 CDMA 시스템을 정부에 제안했다. GSM·TDMA 기술을 주겠다는 나라가 없는 데다 ETRI 단독으로는 디지털 이동통신 시스템을 개발할 기술력이 없기 때문에 불가피한 선택이었다. 정부는 1991년 5월 퀄컴과 공동개발 협약을 체결했다. ETRI와 퀄컴 간의 연구 결과를 봐가면서 1991년 말쯤 이동통신 방식 문제를 최종 확정지을 계획이었다.

그러나 각종 걸림돌이 앞을 가로막았다. CDMA가 과연 우리가 개발할 수 있는 기술이냐는 것과 퀄컴에 지급하는 기술료가 너무 비싸다는 것이었다. CDMA의 원천기술을 도입하는 대가로 퀄컴에 지급해야 할 기술료는 단말기의 경우 내수용이 5.25%, 수출용이 5.75%였다. 시스템의 경우 더욱 비싸 내수용이 6%, 수출용이 6.5%나 되었다. 그래도 기술 자립을 위해서는 선택의 여지가 없었다. 1992년 8월 CDMA 방식으로 개발에 착수하고 1992년 12월 CDMA 시스템의 공동개발업체로 LG정보통신, 삼성전자, 현대전자 3개 회사를 선정했다. 그렇다고 문제가 모두 해결된 건 아니었다. 개발업체와 연구소 간에 협조 체제가 전혀 이뤄지지 않았기 때문이다.

CDMA 시스템 개발은 개발 자체에 의미가 있는 게 아니었다. 기술을 개발하면 바로 생산업체로 이전해야 하고 업체에서 개발한 제품을 수요자인 이동통신회사가 써줘야 하는데 연구소와 개발업체가 개발에 소극적이고 협조 체제가 잘 이뤄지지 않았던 것이다.

이런 상황에서 1993년 2월 김영삼 정부 첫 조각 때 윤동윤 체신부 차관이 장관으로 발탁되었다. 취임 후 그는 초고속정보통신망 구축과 CDMA 시스템 개발을 역점 사업으로 삼았다. 윤 장관은 먼저 개발업체와 한국이동통신 간의 소극적 협조 체제에 손을 댔다. 1993년 8월 한국이동통신 안에 이동통신 기술개발 사업관리단을 설치해 서정욱 전 과기처 차관을 단장으로 앉혔다. 1980년대 TDX(시분할방식 교환기)를 개발할 때 서정욱이 TDX 사업단장을 맡아 주도적인 역할을 했던 것처럼 이동통신에서도 동상이몽에 빠져 있는 개발업체와 연구소를 하나로 묶어 강력한 추진력을 발휘해 주기를 바랐던 것이다.

본격적인 디지털 이동전화 시대 개막

서정욱은 역시 달랐다. 그가 단장을 맡은 이후 연구소와 개발업체 간의 협조 체제가 긴밀해졌다. 개발도 가시적인 성과를 보이기 시작했다. 서정욱은 1995년 3월 한국이동통신 사장으로 부임할 때까지 2년 반동안 CDMA 개발을 지휘했다. 그 결과 1996년 1월 1일 자정, 한국이동통신의 CDMA 서비스가 세계 최초로 인천과 경기 부천에서 시작되었다. 이동 중 통화가 끊기거나 혼선되는 현상은 없었다. 한국의 CDMA 신화가 완성된 것이다. 4월 1일 서울과 수도권 지역에서도 상용화에 성공함으로써 본격적인 디지털 이동전화 시대가 개막했다. 1984년 카폰이 등장한 지 12년 만에 이룬 개가였다.

1997년 10월 1일에는 차세대 이동전화로 불리는 'PCS(개인휴대통신) 시대'도 열렸다. 셀룰러폰을 사용하던 SK통신(011)과 신세기통신(017)에 이어 한국통신프리텔, 한솔PCS, LG텔레콤 등 PCS 3사가 016, 018, 019의 식별번호로 일제히 전국 상용 서비스를 시작한 것이다. 이후 이동통신 가입자가 급증했다. 1998년 1,000만 명, 1999년 2,000만 명을 넘어서고 2002년 3,000만 명, 2006년 11월 4,000만 명을 돌파했다.

삼성·LG 등 국내 업체들은 CDMA를 상용화하는 과정에서 신기술을 확보했다. CDMA는 한국에서 우수성을 입증받아 유럽식 이동통신 기술인 GSM과 경쟁 구도를 형성했다. 미국·브라질·호주·러시아 등 여러 국가가 잇달아 CDMA를 채택함으로써 2004년 CDMA 시장은 세계 휴대폰 시장의 20%에 이를 정도로 급성장했다. 물론 시장을 선도한 것은 삼성전자·LG전자 등 국내 휴대폰 제조사들이었다. GSM을 기반으로 휴대폰 제조업체 세계 1위에 오른 노키아도 CDMA 시장에서는 한국 업체의 적수가 되지 못했다.

1996년부터 10년간 우리나라 휴대전화의 세계시장 점유율은 1%에서 20%로 높아져 반도체, 자동차와 더불어 우리나라의 3대 수출 품목으로 급성장했다. 휴대폰은 또 "한국산 제품이 더 이상 싸구려가 아니다"라는 메시지를 세계시장에 전하는 첨병 역할도 했다. 삼성전자와 LG전자는 CDMA 시장에서의 성공을 기반으로 GSM 시장으로도 영역을 넓혀 세계적인 제조업체로 급부상했다.

CDMA가 급성장하자 위기감을 느낀 GSM 진영은 비퀄컴 방식의 차세대 이동통신 기술(WCDMA)을 재빨리 표준화했다. 이 때문에 2004년 세계 휴대폰 시장의 20%에 달했던 CDMA 방식은 2006년 17%로 떨어지고 이후에도 계속 하락세에서 벗어나지 못했다. 결국 CDMA는 1990년대 신흥 시장에서는 돌풍을 일으켰지만 20%의 벽을 넘지 못하고 사라질 운명으로 내몰렸다. 반면 경쟁 상대인 GSM 방식 휴대전화는 급속히 세계시장을 장악해 들어갔다.

CDMA 시장이 줄어든 이유는 중국·인도·브라질 등 신흥시장이 이동통신 방식을 기존 아날로그에서 디지털로 전환하면서 CDMA가 아니라

GSM 방식을 선택하고, 2010년부터 사용자가 급속히 늘어난 아이폰·갤럭시S 같은 스마트폰들이 유럽식 3세대 이동통신 방식을 채택했기 때문이다. 결국 CDMA의 성장이 한계에 달했다는 진단이 내려지자 국내 업체들은 GSM 공략으로 무게 중심을 이동했고 또 성공을 거뒀다. 특히 삼성전자는 2007년 애플의 아이폰 출시를 계기로 몰아친 스마트폰 대응에 실패해 한동안 고전하긴 했으나 특유의 뚝심과 순발력을 발휘해 2014년 현재 피처폰(일반 휴대폰)은 물론 스마트폰에서도 세계 1위를 질주하고 있다.

세계 최초 휴대폰　　1971년 미국의 AT&T와 모토로라가 미 연방통신에 개인 휴대폰 개발 계획을 제출했을 때 같은 휴대폰이면서도 두 회사가 추구하는 방향은 달랐다. AT&T는 1946년 세계 최초로 선보인 차량용 전화기 '카폰'을 기반으로 개발에 착수하고 모토로라는 개인용 포터블 휴대폰을 구상했다. 당시 두 회사의 선택은 반도체 회사로 유명했던 모토로라를 세계 최대 휴대폰 업체로 부상케 하고 통신업계의 강자 AT&T는 21세기 통신의 총아인 휴대폰과 거리가 멀어지게 하는 갈림길이 되었다.

두 회사가 휴대폰 개발에 본격적으로 뛰어들기 전에도 다양한 모델들이 2차대전 초기부터 개발되고 사용되었으나 크고 무거운 데다 통신거리가 짧아 효용성이 떨어졌다. 이런 상황에서 사람들이 궁극적으로 원하는 건 손에 쥘 수 있는 적당한 크기와 무게의 휴대폰이었다. 이것을 현실화하기 위해 통신업계의 두 거인이 출사표를 던진 것이다.

휴대폰의 새 역사가 쓰인 건 모토로라의 연구원 마틴 쿠퍼가 뉴욕 맨해튼의 거리에서 벽돌만 한 상자에 달린 버튼을 눌러 누군가와 통화한 1973년 4월 3일이었다. 곧 전파 신호가 인근 50층 건물의 기지국으로 날아갔고 전파는 이동추적 장비와 일반 유선전화망을 거쳐 뉴저지 AT&T 소속

세계 최초 휴대폰 '다이나택'을 들고 있는 개발자
마틴 쿠퍼

벨연구소 휴대폰 연구원 조엘 엥겔의 책상 위 유선전화기로 전달되었다.

엥겔이 수화기를 들자 "조엘, 나 마틴이야, 지금 셀룰러폰으로 전화하고 있다네"라는 마틴 쿠퍼의 목소리가 전화기에서 흘러 나왔다. 작동원리와 모양이 요즘과 같은 현대식 휴대폰이 마침내 세계 최초로 가동한 것이다.

쿠퍼 개인적으로는 '휴대폰의 아버지'로 등극하는 순간이기도 했다. 쿠퍼는 첫 통화가 성공하자 최초의 휴대폰인 '다이나택'에 '라디오 텔레폰 시스템'이라는 이름을 붙여 10월 17일 특허를 받았다.

다이나택은 무게 850g, 길이 22.8㎝, 폭 4.5cm에 두께가 12.7cm나 되어 '벽돌폰'으로 불렸다. 생긴 모습이 신발 같다고 해서 '신발폰'으로도 불렸다. 그러나 이것보다 더 큰 문제는 배터리였다. 10시간을 충전해도 통화할 수 있는 시간은 30분에 불과했다. 3,995달러나 되는 가격도 부담스러웠다.

그런데도 이 신문명에 대한 사람들의 관심이 폭주해 1년 뒤에는 미 전역에서 휴대폰 가입자가 30만 명으로 늘어나고 3년 후에는 150만 명에 이르렀다. 휴대폰은 점점 작아지고 가벼워졌다. 가격도 대폭 인하되었다. 그러나 다이나택 휴대폰이 상용화되기까지는 10년이라는 세월이 필요했다. 1983년 10월 13일 미 연방통신위원회가 무게를 450g으로 줄인 모토로라 '다이나택8000X'의 시판을 허용하고 그날 시카고에서 세계 최초로 상용 서비스가 시작되었기 때문이다.

우리나라 이동통신 역사는 카폰 서비스가 시작된 1984년이 원년이다. 당시 카폰 서비스를 시작한 회사는 한국모토로라, 한진전자, 금성통신 3

개사였다. 한국모토로라는 미국 모토로라와 기술제휴를 하고 금성통신과 한진전자는 각각 일본 NEC와 영국 테크노폰사와 기술제휴해 단말기를 도입했다. 삼성전자는 서울올림픽이 개막한 1988년 9월 아날로그 휴대폰 'SH-100'을 출시하며 이동통신 시장에 뛰어들었다. 1988년 첫 서비스 당시 기본료는 월 2만 7,000원에 설치비는 카폰과 같은 65만 원이었다.

모토로라의 휴대폰 '다이나택 8000SL'이 1988년 7월 1일 011 번호로 우리나라에서 처음 서비스될 때 무게는 770g, 통화 시간은 2시간, 소비자 가격은 240만 원이었다. 이후 휴대폰은 매년 70% 이상 판매 증가세를 보이며 급성장했다. 1991년 9월에는 7만 대가 팔려 이동전화의 대명사로 통하던 카폰 수요를 능가했다. 모토로라는 1990년 기존의 불필요한 기능을 모두 없앤 세계 최초의 포켓용 휴대폰 '마이크로택 950'을 출시했다. 1991년 플립형 단말기인 마이크로택 2, 1993년 마이크로택 2800도 잇달아 출시해 세계 휴대폰 시장을 선도했다.

박찬호 미 프로야구 메이저리그 첫 승
메이저리그를 떠날 때까지 17시즌 동안 476경기에 출전해 124승 98패, 평균자책점 4.36을 기록했다.

1991년 여름, 한·미·일 간의 청소년 굿윌 야구대회가 미국의 LA에서 열렸다. 충남 공주고 3년생 박찬호(1973~)도 조성민·임선동 등 초고교급 투수들 틈에 끼어 미국행 비행기에 몸을 실었다. 박찬호는 시속 150km대에 이르는 강속구를 갖고 있어 주위의 기대가 높긴 했으나 조성민·임선동에 비하면 미완의 무명 선수나 다름없었다.

그런데 두 선수가 대회에서 이름만큼의 역할을 못한 것과 달리 박찬호는 인상적인 투구를 선보였다. 이 모습은 미 메이저리그 LA 다저스 스카우터에게 강렬한 인상을 남겼다. 2년 뒤인 1993년, 한양대 2년생인 박찬호는 미국 버펄로 유니버시아드대회에 출전해 최고 시속 156km를 기록하며 또다시 메이저리그 스카우터들을 매료시켰다.

박찬호는 1994년 1월, 계약금 120만 달러(당시 환율로 약 10억 원), 연봉 10만 9,000달러(마이너리그 연봉 1만 7,000달러)에 6년 계약을 맺고 LA 다저스에 입단했다. 1994년 4월에는 마이너리그를 거치지 않고 바로 메이저리그로 직행하는 겹경사를 누렸다. 하지만 기쁨도 잠시뿐, 2경기에서 4이닝 5실점(평균자책 11.25점)을 기록하는 바람에 17일 만에 마이너리그로 내려갔다. 이후 2년 동안 외롭고 낯선 객지 생활을 하면서도 언젠가 빅리그 마운드에 설 날을 꿈꾸며 땀을 쏟았다. 박찬호 자신의 말처럼 "고통은 비타민"이었다.

마이너리그에서 담금질을 하고 있던 박찬호에게 다시 메이저리그 무대에 오를 기회가 주어진 것은 1996년 3월 31일이었다. 메이저리그의 벽은 여전히 높았다. 4월 3일 8회 1사 3루에서 처음 구원 등판했으나 3타자를 상대로 단 하나의 아웃카운트도 잡지 못한 채 2안타에 고의 볼넷 1개를 내주고 강판되었다. 그러나 4월 6일 시카고 컵스와의 원정 경기에서는 선발투수의 갑작스러운 부상으로 2회 구원등판해 시카고 타선을 4이닝 동안 7탈삼진, 무실점으로 틀어막아 미국 땅에 발을 내디딘 지 2년여 만에 소중한 첫 승을 건져냈다. '코리안 특급' 박찬호의 메이저리그 정복사가 시작된 것이다.

1996년 5승 5패(평균자책 3.64점)를 기록한 박찬호는 1997년 제5선발 자리를 꿰차고 당당히 풀타임 메이저리거로 마운드에 섰다. 컨트롤의 기복이 심한 게 약점이었지만 시속 150km대 후반의 빠른 공과 낙차 큰 커브는 기라성 같은 메이저리거들에게도 구질이 통할 수 있다는 사실을 알려주었다. 1997년 14승 8패, 평균자책점 3.38의 수준급 선발로 부상하고

1998년 특급 투수의 잣대인 15승(9패) 고지에 도달해 2년 연속 팀내 최다승 투수가 되었다.

박찬호(1973~)

어느덧 박찬호는 단순한 야구 선수가 아니었다. 낯선 메이저리그 무대에 도전한 국내 첫 개척자였고 야구 선수뿐 아니라 많은 청소년의 롤모델이었다. 국내에 생중계된 박찬호의 역투 모습은 그 무렵 우리나라를 강타한 IMF 외환위기로 자신감과 활력을 잃은 한국인들에게 우리도 하면 될 수 있다는 자신감을 심어주기에 충분했다.

1999년에는 13승(11패)을 기록하고 2000년에는 18승(10패)에 방어율 3.27, 탈삼진 217개(리그 2위)의 눈부신 피칭으로 내셔널리그 사이영상 후보에 올라 특급투수 대우를 받았다. 18승은 대만 출신의 왕젠민이 2006년 시즌에 19승(6패)을 올릴 때까지 역대 아시아 선수가 기록한 한 시즌 최다승이었다. 그해 8월 30일 밀워키 브루어스전에서는 무려 14개의 삼진을 빼앗기도 했다.

IMF 외환위기로 자신감과 활력을 잃은 한국인들에게 자신감 심어줘

성적과 더불어 연봉도 급상승했다. 230만 달러(1999), 385만 달러(2000)의 잭팟을 터뜨렸고 2001년에는 990만 달러를 받아 당시 5년차 투수 최고 연봉을 기록했다. 자유계약선수(FA)를 앞둔 2001년에도 거침없는 강속구로 5년 연속 두 자리 승수를 챙긴 덕에 5년간 총연봉 6,500만 달러(650억 원)를 받는 메가톤급 대박을 터뜨리며 2002년 텍사스 레인저스로 이적했다. 당시 한국 프로야구 모든 선수의 연봉을 합친 것보다 많은 거액을 챙김으로써 박찬호는 대한민국 최초의 '스포츠 재벌'이 되었다.

그러나 LA가 '영광의 무대'였다면 텍사스는 '시련의 땅'이었다. 2002 시즌 개막 전부터 오른쪽 햄스트링 부상에 시달렸기 때문이다. 그래도 그해 9승 8패로 선방했다. 하지만 2003년 또다시 허리 부상으로 고작 1승(3패)만을 거둔 채 시즌을 포기하고 2004년에는 4승(7패)에 그쳤다. LA 다저스 시절 몸을 혹사한 탓에 허리에 무리가 온 것이다. 언론과 팬들로부터 'FA 먹튀'(돈만 먹고 튄다는 뜻)라는 비아냥거림과 눈총이 쏟아졌다. 그러나 2005년 박찬호는 온갖 비난을 잠재우고 완벽한 재기에 성공했다.

2005년 6월 5일 100승을 달성하고 상반기에만 8승(5패)을 거둬 텍사스 레인저스에서의 성적은 총 22승 23패가 되었다. 그러나 이미 박찬호에 대한 기대를 포기한 텍사스 레인저스는 시즌 도중인 2005년 7월 박찬호를 샌디에이고 파드리스로 방출했다. 박찬호는 샌디에이고 파드리스에서 후반기에만 4승(3패)을 추가, 2005년 한 해 동안 총 12승으로 재기의 가능성을 보였다. 박찬호의 100승은 당시 100승 이상 투수가 100년이 넘는 메이저리그 역사상 7%에 불과할 정도로 대단한 기록이었다. 미국 메이저리그에서 통산 542번째 100승 투수였고 동양인으로는 노모 히데오에 이어 두 번째였다.

그러나 2006년 또다시 힘든 시절이 찾아왔다. 2006년 7승(7패)을 기록했으나 장 파열로 시즌을 마감해야 했기 때문이다. 이후 박찬호는 1년마다 팀을 옮기며 악전고투했다. 2007년 뉴욕 메츠 1패, 2008년 LA 다저스 4승 4패, 2009년 필라델피아 필리스 3승 3패, 2010년 뉴욕 양키스 2승 1패와 피츠버그 파이리츠 2승 2패 등 좀처럼 5승 벽을 넘지 못했다. 그런 중에도 박찬호는 피츠버그에 속해 있던 2010년 10월 2일 대망의 124승을 달성해 일본의 노모 히데오가 보유하고 있던 메이저리그 아시아 투수 역대 최다승(123승) 기록을 갈아치웠다. 그때까지 박찬호는 17시즌 동안 7개 팀에서 476경기에 출전해 124승 98패, 평균자책점 4.36을 기록했다.

그러나 성적이 계속 부진하고 대망의 목표까지 달성하자 2010년 12월

메이저리그 생활을 정리하고 일본 프로야구 오릭스 버펄로스로 이적했다. 17년에 걸친 메이저리그 생활은 이렇게 끝이 났지만 그동안 한국 선수들에게 금단의 땅처럼 비쳐진 메이저리그의 빗장을 최초로 열고 그의 뒤를 이어 여러 후배가 메이저리그에 쏟아져 들어갔다는 점에서 박찬호는 한국인 메이저리거들의 영원한 맏형으로 기록되고 있다. 국민에게는 불굴의 도전기를 작성한 영원한 '코리안 특급'으로 기억되고 있다.

투수로는 적지 않은 나이 탓에 박찬호는 일본에서도 부진한 성적을 거뒀다. 2011년 한 시즌 동안 7경기에 나가 1승 5패 평균자책점 4.29를 기록했다. 어느덧 38살의 박찬호는 마지막 야구 인생을 조국에서 불태우기 위해 2011년 12월 국내 프로야구 한화 이글스에 둥지를 틀었다. 하지만 국내 프로야구도 호락호락하지 않았다. 결국 첫해에 5승 10패(자책점 5.06)를 기록하고 2012년 11월 29일 은퇴를 선언했다.

2002 한·일 월드컵 공동 개최 유치
"내 편으로 만들 수 없다면 철저하게 맞붙자"고 결론을 내렸다.

1993년 1월 대한축구협회장으로 선출된 정몽준 회장의 취임 일성은 '월드컵 유치' 선언이었다. 하지만 정부는 특별한 반응을 보이지 않았다. 그러다가 1993년 10월 한국이 일본을 제치고 3회 연속 월드컵 출전권을 따내 월드컵 유치에 대한 국민의 관심이 높아지자 11월 김영삼 대통령이 정부의 뒷받침을 약속하면서 월드컵 유치가 구체화되었다.

12월 이홍구 전 통일원 장관을 월드컵유치위원장으로 임명하고 1994년 3월 월드컵유치위원회를 발족시켜 본격적으로 올림픽 유치전에 뛰어들었으나 이미 일본은 저만치 앞서가고 있었다. 1987년 세계축구연맹(FIFA)과 아시아축구연맹(AFC)이 2002년 월드컵을 아시아 지역에서 열기로 합의한 후, 일본은 1991년 6월 월드컵유치위를 발족하고 1993년 1월 15개 개최 도시까지 발표해 놓은 상태였다.

정 회장은 월드컵 유치를 위한 첫 수순으로 AFC에 할당된 세계축구연맹 부회장 선거를 겨냥했다. 그리고 1994년 5월 11대 10의 극적인 표차로 당선되었다. 이는 월드컵 개최지 선정 투표에서 1표를 행사할 수 있고 세계 축구계의 주요 인사들을 수시로 만나 유치 활동을 펼칠 수 있다는 점에서 큰 수확이었다.

그러나 상황은 여전히 일본에 유리하게 전개되고 있었다. 일찌감치 유치 의사를 밝힌 데다 노회한 아벨란제 FIFA 회장이 노골적으로 일본을 지원했기 때문이다. 아벨란제는 1974년 서독 월드컵 이후 20여 년간 권좌를 지켜온 FIFA의 실세 중의 실세였다. 이런 아벨란제가 일본을 공공연히 지지하고 있어 누가 보아도 일본의 유치 가능성이 높아 보였다.

그러나 한국이 맹렬히 따라붙을 기세를 보이자 막판 역전의 가능성을 우려한 아벨란제는 1995년 7월 FIFA 집행위에서 불안한 속내를 드러냈다. "유치 경쟁이 과열되고 있으니 개최지를 앞당겨 결정하자"는 의견을 제시한 것이다. 공동 개최설까지 모락모락 피어오르고 있어 일본이 조금이라도 유리할 때 일본의 승리를 확정짓자는 속셈이었다.

후발주자의 열세를 극복한 극적인 승리

그러나 한국에는 젊은 패기의 정몽준 회장이 있었다. "90분 경기를 왜 마음대로 60분 만에 끝내려 하느냐. 당신이 회장이라고 마음대로 할 수 없다"는 정 회장의 반발에 아벨란제의 얼굴이 시뻘겋게 달아올랐다. 그동안 아벨란제의 전횡을 참고 지내던 집행위원들은 정 회장의 당돌한 행동에 내심 박수를 쳤다.

아벨란제와 정 회장의 사이는 더욱 벌어졌으나 기실 이 상황은 정 회장이 바라던 바였다. 그동안 정 회장은 아벨란제와 일본을 떼어 놓기 위해 아벨란제에게 누차 접근했으나 그럴수록 아벨란제는 더 멀리 달아났다. 결국 정 회장은 "내 편으로 만들 수 없다면 철저하게 맞붙자"고 결론을 내리고 아벨란제의 조기 결정안을 정면에서 반박했다. 이는 의식적으로 아벨란제와의 대결 국면을 조성하기 위한 포석이었다.

한편 한일 양국은 비공식적으로 공동 개최안을 논의하긴 했으나 양국 국민의 단독 개최 요구가 워낙 높아 합의를 보지 못하고 유야무야되었다. 일본과 한국은 1995년 9월 28일과 29일 각각 월드컵 유치 공식 신청서를 제출했다. 그러나 아벨란제와 등을 지고 있는 요한손 부회장(스웨덴)이 8명의 유럽축구연맹 위원들과 함께 공동 개최를 제안하면서 상황이 급변했다. 당시 세계 축구계는 아벨란제와, 요한손 부회장을 대표로 하는 반대파의 파워 게임 속에서 보이지 않는 전쟁을 치르고 있었다. 따라서 월드컵 유치전은 아벨란제에 대한 평가의 성격이 짙었다.

한국은 내심 공동 개최안도 수용할 수 있다는 유연한 입장을 취하면서 아벨란제가 공동 개최안을 부결할 경우 표 대결에 승산이 있다는 계산을 했다. 반면 일본은 여전히 자국이 우위에 있다고 판단하고 공동 개최안을 일축했다. 그러다가 투표일이 가까워질 무렵 아프리카의 3표가 유럽 측 의견에 동조하고 있다는 사실이 알려지면서 일본도 마냥 단독 개최만을 고집할 수 없었다. 투표 이틀 전 아벨란제 측 인사인 블라터 FIFA 사무총장이 공동 개최를 수용하도록 일본 측에 종용했을 때 일본은 그제서야 사태가 심상치 않게 돌아간다는 것을 간파하고 공동개최를 수락했다.

한국은 막판 뒤집기에 성공할 가능성이 높긴 했지만 이를 장담할 수 없는 상황에서 공동 개최를 거부하는 위험 부담을 안고 투표를 고집할 수는 없었다. 결국 개최지 결정을 하루 앞둔 1996년 5월 31일 스위스 취리히에 모인 집행위원들은 유럽축구연맹이 발의한 공동 개최안을 만장일치로 결정했다. 한일 양국도 이를 수락함으로써 1930년 제1회 대회 이후 72년만에 첫 공동개최가 결정되었다. 일본으로서는 막판 스퍼트에서 뒷심 부족으로 당한 날벼락이었고 한국으로서는 아쉽긴 하지만 후발 주자의 열세를 극복한 기쁨의 승리였다.

4강 신화 아시아 첫 개최이자 월드컵 사상 첫 공동 개최였던 한일월드컵은 2002년 5월 31일 서울 상암경기장에서 프랑스-세네갈전을 시작으로 한 달간의 열전에 돌입했다. 전 세계 32개국이 출전한 한일 월드컵은 개막경기에서부터 이변을 연출했다. FIFA 랭킹 42위이자 첫 출전국 세네갈이 98년 대회 우승국 프랑스를 1-0으로 격침한 것이다.

한 달간 지구촌을 뜨겁게 달군 한일 월드컵의 최종 승자는 '축구 왕국' 브라질이었다. 브라질은 6월 30일 일본 요코하마경기장에서 열린 독일과의 결승에서 '신 축구 황제' 호나우두가 2골을 터뜨리는 활약에 힘입어 2-0으로 승리, 한일 월드컵의 대미를 화려하게 장식하며 첫 월드컵 통산 5회 우승이라는 금자탑을 쌓았다. 호나우두는 대회 총 8골로 득점왕(골든 슈)을 차지하며 세계 축구계의 황제에 등극했다.

한일 월드컵은 이변과 충격, 파란의 연속이었다. '월드컵 동네북' 한국과 '유럽 변방' 터키가 4강까지 눈부시게 약진했고 전 대회 우승팀 프랑스와 우승 후보 0순위 아르헨티나가 조별리그에서 탈락해 짐을 꾸렸다. 일본은 16강에 진출했고 미국 역시 8강까지 올라 '축구 불모지'라는 오명을 벗어던졌다. 전통의 강호 포르투갈이 1라운드에서 낙오했는가 하면 세네갈이 8강까지 진출, 아프리카 강세를 이어갔다. 최우수선수상인 골든볼은 독일의 골키퍼 올리버 칸에게 돌아갔고 브라질의 호나우두는 실버볼, 한국의 홍명보는 브론즈볼을 수상했다.

대회의 가장 큰 고민은 압박축구가 몰고 온 골의 감소였다. 결승전까지 64경기에서 나온 총 골 수는 161골. 경기 평균 2.51골로 1998년 프랑스 대회의 2.67골, 1994년 미국 대회의 2.71골보다 더욱 적어졌다. 1990년대부터 본격화한 압박축구가 완성 단계에 이르면서 골 가뭄이 빚어졌다는 분석이다.

세계 언론들은 "역사상 가장 훌륭한 월드컵", "축구계의 판도를 재편하고 아시아의 축구를 세계에 과시한 대회"라며 높은 평점을 주었다. 또 "월드컵의 최대 승리자는 한국과

신문사에 설치된 전광판을 보며 대한민국 팀을 응원하기 위해 광화문 사거리에 운집한 시민들

한국민들"이라며 열광적이지만 절도 있는 응원 문화와 한국 축구의 돌풍에 찬사를 보냈다.

군이 외국 언론의 평을 들먹이지 않아도 월드컵의 진정한 승자는 세계를 놀라게 한 한국인의 열정과 뜨거운 응원이었다. 월드컵 내내 대한민국은 온통 붉은 물결이었다. 손에 태극기를 쥐지 않은 사람이 없었고 남녀노소를 막론하고 "Be The Reds"라고 쓰인 붉은 티셔츠를 입지 않은 사람이 없었다. 응원을 주도한 '붉은 악마' 회원은 14만 명이었지만 거리응원에 나선 붉은 악마들은 무려 2,200만 명에 달했다. 그들은 질서정연한 모습으로 아스팔트 위에 앉아 목이 터져라 "대~한민국"을 연호했다.

TV를 통해 이 모습을 본 세계인은 놀라움을 감추지 못했다. 뉴욕타임스는 FIFA의 부정부패와 지나친 상업주의, 스타급 선수들의 피로 누적으

로 인한 경기 질 저하, 입장권 판매 부진 등을 아쉬운 점으로 지적하면서도 "축구 쿠데타를 연상시키는 한국 붉은 악마들의 열광적인 응원은 이러한 문제점을 보상하기에 충분했다"고 전했다. 정말 아쉬웠던 점은 월드컵 폐막식을 하루 앞둔 6월 29일 북한이 서해교전을 일으켜 월드컵 축제 분위기에 찬물을 끼얹은 것이었다. 오랫동안 쌓아온 공들을 하루아침에 물거품으로 만드는 그들의 반민족적인 행위에 우리 국민들은 다시 한 번 치를 떨었다.

거리마다 태극기 물결로 넘쳐났고 "대~한민국" 외침이 메아리쳐

2002년 6월 4일 오후 8시 30분, 폴란드와 첫 경기가 열린 부산월드컵경기장에는 5만여 관중이 들어찼다. 온통 붉은색 물결이었다. 황선홍이 첫 골을 터뜨리고 뒤이어 유상철이 한 골을 보태 2-0으로 첫 승을 기록했다. 월드컵 출전 사상 첫 승이었고 1954년 스위스 월드컵에 처음 출전한 뒤 48년 만에 거둔 감격의 1승이었다. 한국은 그동안 총 5차례나 월드컵 본선에 진출했지만 단 1승도 거두지 못하고 4무 10패의 초라한 성적에 머물러 있었다.

두 번째 열린 미국전(6.10)에서는 안정환이 월드컵 최초의 헤딩슛을 성공시키며 1-1 무승부를 기록, 16강 진출을 위한 발판을 마련했다. 3차전(6.14)에서 만난 포르투갈은 D조 최강이었지만 할 수 있다는 자신감에 불타 있는 한국팀에게 더 이상 두려운 상대는 아니었다. 박지성이 천금 같은 펠레슛을 성공시켜 1-0으로 승리, 사상 최초로 16강 진출이 확정되었다. 그것도 2승 1무, 조 1위로 16강에 오른 것이다.

16강 진출만으로도 천지가 개벽할 일이었다. 여기서 멈춘다 해도 여한이 없었으나 히딩크 감독은 "나는 아직 배가 고프다"며 승리에 목말라했다. 한국 축구사에서 가장 극적인 경기는 이탈리아와의 16강전(6.18)이었다. 전반 4분, 한국은 절호의 기회 페널티킥을 얻어냈으나 안정환이 실축하는 바람에 불길한 기운에 휩싸였다. 게다가 이탈리아에 1골을 허용, 8강의 문턱에서 좌절하는 듯했다. 그러나 후반 43분 설기현이 동점골을 터뜨리면서 기적이 일어났다. 한반도의 밤은 광란에 빠졌다. 승부는 연장전으로 돌입했다. 후반 12분 마침내 안정환이 연장 골든골을 성공시켜 역적에서 영웅이 되었다. 한반도의 거리마다 태극기 물결로 넘쳐났고 "대~한민국"의 외침이 메아리쳤다.

8강전(6.22) 상대는 스페인이었다. 경기 내내 일진일퇴 공방전을 펼쳤으나 혈투는 득점 없이 끝났다. 승부차기에서 한국은 4-3으로 승리, 마침내 4강 신화를 달성했다. 축제는 밤이 새도록 끝없이 펼쳐졌다. 정부는 병역 혜택을, 대한축구협회는 1인당 3억 원의 특별 보너스를 결정했다. 준결승(6.25)에서는 독일에 0-1로 패했으나 온 국민은 태극전사들에게 아낌없는 박수갈채를 보냈다. 터키와의 3-4위전(6.29)에서도 2-3으로 분패, 4위로 월드컵을 마무리하며 2002년 그 여름밤의 신화도 서서히 저물어갔다.

총 7번의 경기에서 한국은 3승 2무 2패를 기록했다. 폴란드, 포르투갈, 이탈리아를 꺾었고 독일과 터키에는 패했다. 승부차기는 무승부로 처리한다는 FIFA 규정에 따라 미국, 스페인과는 비긴 것으로 기록되었다. 모두 8골을 뽑았고 6골을 허용했다.

거스 히딩크　　거스 히딩크(1946~)가 대한민국 축구 대표팀 감독의 사령탑을 맡은 것은 2001년 1월이다. 히딩크는 네덜란드의 PSV 에인트호번팀을 1986년부터 3년 연속 우승시키고 1988년에는 톱클래스 선수 1명 없이 유럽챔피언스리그까지 올려놓은 명장이었다. 1998년 프랑스 월드컵 때는 네덜란드를 4강으로 이끌어 세계 축구계에 자신의 존재감을 확실하게 각인시켰다. 프랑스 월드컵에서 우리에게 치욕의 0-5

거스 히딩크(1946~)

패배를 안긴 것도 히딩크였다.

한국의 대표팀 감독으로 히딩크의 출발은 불안했다. 그해, 프랑스와 체코에 연달아 0-5로 패해 '오대영'이라는 별명이 붙었다. 그러나 그는 자신감을 잃지 않고 자신의 스타일대로 한국팀을 개조했다. 학연·지연 등이 알게 모르게 작용하고 있던 한국 축구계의 구습을 끊어 실력 위주로 대표팀을 꾸렸다. 무명이나 다름없던 박지성 선수가 훗날 세계적인 선수로 성장한 것도 히딩크의 이런 능력 위주의 선발 원칙이 있어 가능한 일이었다. 그는 선수들을 사로잡는 카리스마가 있었다. 선수 개개인에 대한 공개적인 평가나 비난을 삼가해 선수들로부터 신뢰를 쌓았다.

그는 '토털 축구'를 추구했다. 선수들에게는 서너 가지 포지션을 동시에 소화해 내는 '멀티 플레이어'를 요구했다. 그러려면 체력이 관건이었다. 힘 좋은 유럽 축구와 현란한 발재간을 자랑하는 남미의 기술축구를 맞상대하려면 체력을 바탕으로 한 우리만의 축구가 필요했다. 월드컵이 임박한 2002년 3월까지도 파워 프로그램으로 선수들과 직접 몸싸움을 하며 훈련을 계속해 나갔다. 베스트 11은 고사하고 뚜렷한 전술 훈련도 없이 매일 체력만 다졌다. 치열한 주전 경쟁을 시켜 경기력을 극대화하는 전략이었다. 월드컵이 열리는 2002년이 되었어도 성적이 나아지지 않자 "언제까지 테스트만 하다 말 것인가", "베스트 11을 조기 확정해 포지션을 전문화해야 한다"는 비판의 목소리가 들끓었다.

히딩크는 아랑곳하지 않았다. "베스트 11은 없다. 베스트 23이 있을 뿐이다"라며 자기 길을 갔다. 대한축구협회도 묵묵히 히딩크를 믿고 밀어주었다. 그래도 원성이 끊이지 않았다. 일부 언론은 "한국 축구가 필요로 하는 것은 '언어의 마술사'가 아니라 '능력 있는 축구 지도자'"라며 몰아세우기까지 했다.

사실 히딩크는 '언어의 마술사'였다. 말이 안 통하는 한국 선수들과 어떻게 의사소통을 하느냐는 질문엔 "땀으로 그들과 대화했습니다"라며 순발력 있게 대답하는가 하면, 체코에 0−5로 패했을 때는 "많이 맞아봐야 겁이 없어지고 배짱도 생긴다"고 응수했다. 비등한 비난에는 "달리는 말에 채찍질도 좋지만 상처를 입혀서는 안 된다"고 일침을 가했고, "약팀과의 승수 쌓기는 나 자신을 속이는 것이라고 생각하기에 어려운 길을 택했다"며 중심을 잃지 않았다.

한국 근현대사에서 그만큼 우리 국민을 하나로 묶어준 인물은 없어

히딩크호가 달라진 모습을 보인 것은 2002년 4월이었다. 코스타리카를 2−0으로 물리친 후 상승세를 타기 시작한 것이다. 개막 한 달을 앞둔 4월 30일 마침내 최종 엔트리 23명이 발표되었다. 월드컵을 코앞에 두고는 잉글랜드와 프랑스 등 유럽의 강호들과 차례로 평가전을 치러 국민들에게 기대를 불러일으켰다. 감독 취임 초기 "월드컵 16강 진출은 어렵지만 1승은 가능하다"며 조심스러운 태도를 보이던 히딩크는 개막 1개월을 앞두고서는 "세계를 깜짝 놀라게 하겠다"며 목표를 상향 수정했다. 그의 훈련 방식은 경기를 치를수록 진가를 발휘했다. 우리와 경기를 치른 폴란드의 한 선수가 "한국 선수들은 위치가 너무 자주 바뀌어서 누굴 막아야 할지 모르겠다"고 할 정도로 멀티 플레이어 훈련이 적중했음을 입증해 보였다.

그의 승부사 기질은 이탈리아와 16강전에서 0−1로 지고 있을 때 그대로 드러났다. 수비수를 빼고 세 사람의 공격수를 교체 투입한 것은 패배할 가능성이 더 높은 결정이었는데도 그는 그렇게 했고 결과적으로 승리를 끌어냈다. 한국은 마침내 월드컵 4강 신화를 이뤄냈다. 18개월의 짧은 기간 한국 축구는 세계의 변방에서 중심으로 진입했다.

'언어의 마술사'는 경기 내내 말의 성찬을 이어갔다. "우리도 반란의 주인공이길 바란다"(개막전에서 세네갈이 프랑스를 꺾자), "와인 한 잔 마시고 이 밤은 쉬고 싶다"(포르투갈을 꺾고 16강 진출을 확정짓자), "나는 아직도 승리에 굶주려 있다"(이탈리아와의 16강전을 앞두고), "한국은 폭주 기관차다. 나조차 우리 팀을 막을 수 없다"(스페인과의 8강전을 앞두고).

외신들은 히딩크를 월드컵 최고 지도자로 선정했다. 우리 국민은 그 정도로 만족할 수 없어 그를 '영웅'으로 불렀다. 한국 근현대사에서 히딩크만큼 우리 국민들을 하나로 묶어주고 자신감을 불어넣어준 인물은 없었다. 대한민국 명예국민 제1호가 되었고 서울과 부산의 명예시민이 되었으며 한국 축구 명예의 전당에 이름을 올렸다. 그의 열정적인 '어퍼컷 세리머니'는 한국인에게 영원히 기억될 것이다.

부산국제영화제 개막과 김동호
일약 아시아 영화산업의 중심으로 각광을 받고 아시아 영화 문화를 대표하는 축제의 장으로 부상했다.

서울을 중심으로 한 국제영화제 논의가 탁상공론에 그치고 있던 1990년대 초, 부산에서도 국제영화제가 필요하다고 의기투합한 세 영화인이 있었다. 부산 경성대 이용관 교수, 부산예술문화대 김지석 교수, 영화평론가 전양준이 그들이었다. 이들은 1992년 이탈리아 페사로 영화제의 '한국영화 특별전'을 둘러본 뒤 그곳의 소박한 영화제 분위기에 감동받아 부산에서도 영화제를 개최해 보자며 뜻을 모았다.

그리고 1995년 8월 18일 서울 플라자호텔에서 전 영화진흥공사 사장

김동호(1937~)를 만나 부산국제영화제의 선장격인 집행위원장을 맡아줄 것을 요청했다. 김동호도 평소 국제영화제가 필요하다고 생각하고 있던 터라 기꺼이 수락했다. 결국 이 '플라자 회동'은 부산국제영화제 탄생의 시발점이자 김동호 인생의 행로를 바꾼 전환점이 되었다.

김동호(1937~)

김동호는 강원도 홍천에서 태어나 경기고와 서울대 법학과를 졸업하고 1961년 문화공보부 주사보로 공직에 입문해 요직을 두루 거쳤다. 1988년 4월, 27년간의 공무원 생활을 마감하고 영화진흥공사 사장으로 발령을 받았을 때 영화와는 무관한 그의 등장에 영화계가 낙하산 인사라며 노골적으로 반발한 것은 당연한 반응이었다.

김동호는 취임 후 영화인들을 만나고 또 만나 친분을 쌓았다. 그러다 보니 영화인들도 그의 진정성과 열정을 인정하기 시작했다. 김동호는 영화인들의 오랜 숙원이던 종합촬영소를 1991년 4월 경기 남양주에 착공토록 한 후 1992년 2월 예술의전당 초대 사장으로 떠났다. 그 후 문화부 차관과 공연윤리위원장을 거쳐 1995년 3월 모든 공직에서 물러났다. 부산영화제의 3인방이 만남을 요청한 것은 바로 그 무렵이었다.

부산은 영화 개최도시로 손색이 없었다. 세계적인 영화제 대부분이 항구도시에서 개최되듯 부산 역시 우리나라 최대의 항도이고 관광도시였다. 역사적으로도 영화와 인연이 깊었다. 한국 최초로 영화사가 설립되고 초창기 한국영화를 이끈 나운규, 윤백남의 첫 활동 무대도 부산이었다.

김동호 위원장이 우선 해야 할 일은 영화제에 들어가는 비용을 구하는 일이었다. 김동호는 기업들에 도움을 청하고 영화인을 상대로 모금 행사를 벌였다. 지인들의 후원과 입장료 예상 수입 4억 원을 보탠 총 22억 원으로 첫 영화제를 준비했다. 전 세계 400여 개 영화제에 하나 더 추가된 영화제였으니 외국의 영화감독과 제작자들이 관심을 두지 않는 것은 예상된 결과였다. 그러나 '영화의 도시' 부산에는 부산 시민이 있었다. 그들은 영화제 예매가 시작되자 예상을 뒤엎고 영화 관람권을 5만 장이나 구매하는 것으로 영화제를 환영했다.

부산 시민은 영화제의 진정한 주인공이자 연출자

제1회 부산국제영화제는 1996년 9월 13일 저녁 6시 50분 부산 수영만 요트경기장 야외 특설무대에서 6,000여 명의 영화 관계자와 시민이 참석한 가운데 개막되었다. 개막 선언 후 6층 높이의 대형 화면에서는 칸에서 황금종려상을 수상한 미국 마이크 리 감독의 '비밀과 거짓말'이 상영되었다. 단하에서는 김지미, 신성일, 안성기, 장미희, 강수연, 심은하 등 국내외 스타들이 자리를 빛내주었다. 9월 21일까지 9일간 계속된 영화제에서는 31개국 169편의 영화가 상영되었다.

부산영화제가 추구한 것은 비경쟁영화제였다. 당시 아시아를 대표하던 도쿄영화제는 경쟁영화제였다. 경쟁영화제는 화려해 보였으나 베를린·칸 영화제와 경쟁이 안 되어 경쟁부문 초청작을 모으는 데 한계가 있었다. 세계적인 감독이나 제작자들은 도쿄보다는 베를린이나 칸을 우선했고 이 때문에 도쿄 영화제는 차츰 활기를 잃었다. 부산영화제는 이런 점을 반면교사로 삼았다. 부산영화제 기간 전국에서 몰려온 영화 관객들은 영화 축제에 한껏 도취했다. 18만 4,000여 명의 관객은 부산 거리를 환하게 밝힌 영화제의 진정한 주인공이었고 연출자였다. 첫 영화제는 이런 관객들이 기대 이상의 호응을 보여 대성공을 거뒀다.

부산영화제는 아시아의 신인 감독과 좋은 영화를 발굴해 세계에 소개하는 것과 아시아 영화제작을 실질적으로 지원하는 것 두 가지를 목표로 삼았다. 1997년 제2회 영화제에서는 부산을 찾은 월드스타나 거장 감독의 이름을 부산영화제 광장에 새겨놓기 위해 '핸드 프린팅'을 마련했다.

1998년 제3회 영화제에서는 PPP(부산프로모션플랜) 프로젝트를 채택했다. PPP는 제작비를 구하기 어려운 아시아의 역량 있는 감독들이 제작 기획안을 제출하고 이곳에서 투자자를 만나 영화를 만드는 것으로, 16편의 영화가 소개된 첫 프로젝트에는 세계 각지의 투자·배급 관계자 290명이 참가해 대성황을 이뤘다. 이렇게 제작된 영화들이 베니스 영화제와 베를린 영화제 등 해외 유수 영화제에서 대상과 감독상을 받는 등 좋은 성과를 거두면서 PPP는 부산영화제의 대표상품이 되었고 아시아 감독이나 제작자들로부터 선망의 대상이 되었다.

1999년 제4회 영화제 때 설립이 발표된 부산영상위원회가 2000년 본격 활동을 시작하면서 부산은 '영화 촬영도시'로 바뀌었다. 영화 '리베라메'가 부산영상위원회의 첫 지원을 받게 되자 부산시청 앞 광장은 이 영화를 크랭크인하는 행사장으로 꾸며졌다. 소방관, 소방차는 물론 소방헬기까지 무상으로 제공되었다. 이런 사실들이 알려지면서 서울의 촬영팀들이 부산으로 몰려오기 시작했고 부산은 촬영하기 좋은 도시가 되었다.

김동호 위원장의 헌신과 리더십이 영화제 성공 요소

부산영화제는 점차 세계적인 영화제로 발돋움했다. 2001년 12월 베를린에서 세계 9개 영화제 집행위원장이 모여 영화제 정상회담을 열었을 때는 중남미, 아시아, 아프리카를 통틀어 우리나라만 유일하게 참가할 정도로 위상이 높아졌다. 2002년 제7회 영화제 때는 칸, 베니스, 베를린 등 세계 3대 영화제의 신임 집행위원장들이 모두 참석해 부산영화제의 위상을 확인시켜 주었다.

부산영화제는 도쿄 영화제와 홍콩 영화제보다 출발은 늦었지만 이들을 압도하고 아시아의 대표 영화제로 자리 잡았다. 2005년 미국 '타임'지가 '아시아를 대표하는 영화제'로 부산영화제를 꼽을 정도로 부산은 일약 아시아 영화산업의 중심으로 각광을 받았고 부산영화제는 아시아 영화 문화를 대표하는 축제의 장으로 부상했다.

2005년 부산영화제는 아시아 각국에 영화 지망생은 많아도 전문 교육기관이 적다는 데 착안해 아시아영화아카데미(AFA)를 설립하고 2006년에는 영화를 사고파는 시장인 아시아필름마켓을 창설했다. 특정 영화를 세계 최초로 상영할 때 쓰는 '월드 프리미어'도 개막 초기에는 별로 찾아보기 어려웠으나 73개국 307편이나 소개된 2005년 제10회 영화제 행사에는 월드 프리미어만 61편, 자국 외 첫 공개인 '인터내셔널 프리미어'도 28편이나 되었다.

전문가들은 부산영화제의 첫 번째 성공 요인으로 개최 지역이 부산이라는 점을 꼽는다. 부산시와 부산시민의 적극적 지원과 동참이 없었다면 부산영화제가 소규모 '지방영화제'로 전락했을 것이라는 게 중론이다. 두 번째는 부산영화제가 제1회 때부터 계속 견지해온 정치적 중립이다. 부산영화제에서는 조직위원장인 부산시장의 개막 선언 외에 어떤 정치인도 인사말을 하지 못하는 게 전통이다. 이곳에서는 대통령선거 후보도, 문화부 장관도 그냥 게스트일 뿐이다. 세 번째는 매년 새롭게 발표되는 새로운 프로젝트와 질 높은 프로그램 선정이다. 마지막으로 빼놓을 수 없는 게 '부산영화제의 마당발', '아시아 영화계의 대부'로 불리던 김동호 위원장의 헌신과 리더십이다.

김동호는 첫 회부터 한국 영화 중흥의 산파역을 하다가 2010년 제15회 영화제를 마지막으로 집행위원장에서 물러났다. 김동호가 떠나면서 남긴 마지막 선물은 2008년 10월 착공한 부산영화제 전용관이었다. 부산국제영화제(BIFF) 전용 상영관 '영화의 전당'은 2011년 9월 29일 부산 해운대구 센텀시티에서 개관했다. 축구장보다 큰 거대한 물결 모양 지붕이 아이스크림 콘 형태의 작은 기둥 하나에 의지해 구름처럼 떠 있는 이 예술적 건물 하나로 '영화의 도시' 부산은 '건축의 도시' 타이틀에도 도전장을 내밀 수 있게 되었다.

이수만과 아이돌 그룹 'HOT' 데뷔
서태지를 보면서 예전보다 비중이 훌쩍 커진 문화 소비주체로서 10대의 위력을 간파했다.

이수만(1952~)은 시대마다 각기 다른 이미지로 기억된다. 1970년대는 인기 가수, 1980년대는 유명 MC로 이름을 날리고, 1990년대부터 지금까지는 음반기획자 혹은 기획사 사장으로 활동하기 때문이다. 특히 기획사 사장이 되고부터는 "미다스의 손", "대중문화의 첨병", "스타 제조기"로 불리며 우리 가요계를 쥐락펴락하고 그 영향력을 아시아 전반으로 확대해 "한류 열풍의 개척자"로 맹활약하고 있다.

무엇보다 그가 우리 가요사에 남긴 가장 중요한 흔적은 '기획 가수'라는 새로운 영역의 개척이었다. 그전 가요계의 흐름을 짚어보면 1970년대는 몇 사람의 대형 가수를 전속으로 하고 있는 레코드사가 대중음악계를 좌지우지했다. 1980년대는 가수들을 관리·보조하는 매니지먼트 전문가들이 레코드 회사를 설립해 영향력을 행사했다. 그러던 것이 1990년대에 이수만이 등장하면서 프로듀서, 매니지먼트, 자본의 힘이 결합된 새로운 형태의 기획사들이 가수를 배출해 가요계를 장악하는 형태로 바뀌었다.

이수만은 부모가 서울에서 피란한 부산에서 태어났다. 음악적인 분위기가 충만한 집안의 영향을 받아 경복고 시절에는 고교 밴드를 결성하고 1971년 입학한 서울대 농과대에서는 교내 그룹사운드 '샌드 페블즈' 2기

이수만(1952~)

로 활동했다. 1971년 5월 백순진과 함께 결성한 그룹 '4월과 5월'의 멤버로 활동하고 1972년 10월 첫 솔로 앨범을 취입하면서 본격적으로 가수의 길을 걸었다.

1976년 MBC 신인가수상에 뽑히고 그해 MBC 라디오의 '청춘은 즐거워' DJ를 맡아 재치 넘치는 언변과 입심을 자랑했다. 1977년에는 자작곡 '행복'으로 MBC 10대 가수로 선정되고 그해 시작된 제1회 MBC '대학가요제' MC로 발탁되어 재능을 발휘했다. 이처럼 잘나가던 이수만이 돌연 미국으로 유학을 떠난 것은 1981년 2월이었다.

이수만이 캘리포니아주립대(노스리지 캠퍼스) 대학원에서 컴퓨터엔지니어링 석사과정을 밟으며 주목한 것은 음반 사업이었다. 1981년 8월 막 출범한 미국 MTV의 역동적인 모습을 보면서 MTV식의 음악이 머지않아 한국에서도 활짝 꽃피울 것이라고 굳게 믿었다. 스타 발굴을 위해 바닥까지 샅샅이 뒤지는 기획자(프로덕션)와 대형 음반사의 분업화·전문화된 미국의 시스템도 눈길을 사로잡았다.

이수만은 석사학위를 마치고 1985년 6월 귀국해서도 한동안은 가수와 MC로 대중을 만났다. 그러면서도 새로운 엔터테인먼트 사업 구상을 구체화했다. 그 결과가 자신의 이니셜에서 이름을 따 1989년 2월 설립한 SM기획이다. 유영진, 한동준, 김광진 등의 가수들을 데뷔시켜 실력 있는 제작자로 입지를 굳히긴 했으나 성공하지는 못했다.

'기획 가수'라는 새 영역 개척한 "한류 열풍의 개척자"

이수만이 눈독을 들인 것은 현진영이었다. 당시 춤은 청소년들의 또 다른 문화 언어였다. 이것을 간파하고 현진영을 기획 가수 1호로 발굴해 훈련을 시킨 뒤 1990년 8월 앨범 '뉴 댄스 1'을 발매했다. 그리고 곧바로 열정적인 흑인음악과 현란한 토끼춤을 장착한 '현진영과 와와'를 TV 화면에 등장시켰다.

그전까지 노래를 잘하는 가수는 많았으나 비주얼이 강하고 춤을 잘 추는 가수가 없었다는 점에서 현진영은 파격이었다. 2집 앨범 '뉴 댄스 2' (1992)에 수록된 "현진영 Go 진영 Go"가 TV 화면에 등장했을 때는 10대들이 입을 다물지 못했다. 그동안 한국의 대중문화에서는 볼 수 없었던 '힙합'이라는 문화를 들고 혜성처럼 등장한 현진영의 춤과 노래에 10대들은 울고 웃었다. 큼지막한 농구화, 엉덩이에 걸쳐진 헐렁한 바지, 가마니처럼 생긴 화려한 색상의 후드 티, 가슴에 커다란 X자 마크를 단 패션은 충격이었다.

문제는 현진영의 무분별한 생활 태도였다. 한 차례 마약 사범으로 걸려 고비를 넘기고도 1993년 10월 3집 앨범을 낸 후 또다시 마약 사범으로 잡혀 들어간 것이다. 이수만이 현진영을 통해 알게 된 것은 인성에 관한 통찰이 부족했다는 뼈저린 자각이었다. 이수만은 현진영 이후 뚜렷한 히트작품을 내놓지 못했다. 그가 움츠려 있는 동안 '서태지와 아이들'이 청소년들의 혼을 빼놓으며 한국의 음악 시장을 완전히 새롭게 재편하는 문화적 충격을 몰고 왔다.

이수만은 서태지를 보면서 예전보다 비중이 훌쩍 커진 문화 소비주체로서 10대의 위력을 간파했다. 10대들을 상대로 면밀히 조사해 보니 10대에게는 노래보다 댄스와 외모가 더 중요한 요소였다. 설문조사 결과 고교생 그룹 + 춤 + 노래 + 새로운 변화라는 공식을 도출했다.

이수만은 1995년 2월 14일 'SM엔터테인먼트'를 설립하면서 회심의 프로젝트 '하이 파이브 오브 틴에이저(HOT)'를 가동했다. 외모와 춤은 기본이고 개성까지 갖춘 10대 춤꾼 5명을 물색하기 위해 직원들을 중고생이 많이 모이는 주요 길목에 급파했다. 미국을 포함, 전국에서 픽업한 15~16명의 연습생을 집중적으로 지도한 뒤 5명의 고교생을 최종적으로 선발했다. 문희준, 강타, 이재원, 장우혁, 토니안 등으로 구성된 5인조 아이돌 그룹 'HOT'가 탄생한 것이다. 데뷔를 준비하고 있던 1996년 1월 다행히 서태지가 은퇴 선언을 해 10대를 대상으로 한 가요 시장은 무주공산이나 다름없게 되었다.

HOT는 1996년 9월 7일 MBC TV '토요일 토요일은 즐거워'를 통해 데뷔했다. 같은 달 'We hate all kinds of violence'라는 타이틀의 데뷔 앨범을 발매했다. HOT는 '10대의 대변자'라는 이미지를 내세워 학원폭력을 고발한 갱스터랩 '전사의 후예'를 타이틀곡으로 내세웠다. 격렬한 춤과 랩, 그리고 R&B 창법을 소화하는 잘생긴 10대 소년들은 국내에서 단 한 번도 보지 못했던 세련된 느낌을 주었다.

하지만 '전사의 후예'는 표절 시비에 휘말렸다. 그러자 '전사의 후예'를 바로 접고 발랄하고 명랑한 소프트팝 '캔디'를 두 번째 타이틀곡으로 내세우는 순발력을 발휘해 인기를 이어갔다. 첫 앨범은 100만 장 이상의 판매고를 올리는 대히트를 쳤다. 이로써 재능 있는 가수가 먼저 있고 그 후 기획이 필요했던 기존의 가요계 흐름에 역행하는, 먼저 기획이 있고 그 후 아이돌 그룹이 만들어지는 새로운 이정표가 세워졌다. 1997년 7월 발매된 2집 음반 '늑대와 양' 역시 순식간에 100만 장을 돌파했다.

고교생 그룹 + 춤 + 노래 + 새로운 변화라는 공식 도출해

이후 SM엔터테인먼트와 같은 성격의 기획사가 속속 세워지고 그들의 기획으로 새로운 아이돌 그룹이 연이어 탄생함으로써 한국 가요계에는 지각변동이 일어났다. HOT의 존재에 대해 막연히 10대들의 우상 정도로 생각해오던 기성세대들을 깜짝 놀라게 하는 사건이 벌어진 것은 1999년

9월 18일 잠실주경기장에서 열린 콘서트였다. 공연 도중 문희준이 빗물에 미끄러져 수 미터 아래 바닥에 넘어지자 200명의 여중고생들이 함께 쓰러져 실신하는 소동이 벌어진 것이다.

문희준, 강타, 이재원, 장우혁, 토니안(왼쪽부터)

어른들로서는 도무지 이해하기 어려운 이 소동은 청소년들이 독점적이고 맹목적으로 대중 스타와 교감을 하고 그들끼리 코드를 나누고 있음을 세상에 알려준 계기가 되었다. 이튿날에는 HOT의 콘서트를 관람한 것으로 알려진 10대 여고생이 HOT에 대한 애정을 담은 유서를 남기고 스스로 목숨을 끊는 일이 벌어졌다. 일련의 소동으로 HOT는 기성세대의 눈총과 주목을 동시에 끌었다.

HOT는 이렇게 국내를 평정하고 2000년 2월 중국의 첫 콘서트에서 대박을 터뜨려 제2의 전성기를 구가했다. 하지만 재계약 과정에서 계약금 문제로 회사와 멤버 간에 불화를 빚어 2001년 5월 장우혁, 이재원, 토니안 3명이 탈퇴를 선언함으로써 사실상 해체되고 강타와 문희준 2명만이 SM에 남게 되었다.

SM엔터테인먼트는 HOT 말고도 여고생 그룹 'SES'(1997)를 비롯해 '신화'(1998) 등 스타급 아이돌 가수를 대거 발굴해 국내 아이돌 그룹 시장을 석권했다. 하지만 이수만은 1등에 만족하지 않았다. 인기 절정의 아이돌 그룹이 벌어들인 수익을 일본 시장 개척에 쏟아부었다. 그가 일본 시장 개척을 목표로 회사 운명을 걸고 투자한 연습생은 12세 초등학생 보아였다.

보아는 14살이던 2000년 8월 1집 앨범 'ID: Peace B'를 내고 일본 시장에 진출했다. 초창기에는 일본이라는 높은 벽에 가로막혀 좌절과 시련의 나날을 보냈다. 그러나 보아는 일본 시장의 밑바닥부터 시작해 성장의 발판을 차근차근 밟아 나갔다. 그 결과 SM발 한류를 도쿄 거리에 퍼뜨리는 문화 외교관 역할을 했다. SM은 보아에 이어 2003년에 데뷔한 '동방신기'를 일본 시장에 투입했다. 동방신기는 일본은 물론 아시아에서도 한류 전사로 활동했다. SM은 이후에도 슈퍼주니어(2005), 소녀시대(2007), 샤이니(2008), f(x)(2009), EXO(2012) 등을 연이어 히트시켜 명성을 이어갔다. 현재 이수만이 겨냥하는 시장은 중국이다. 곧 중국에 할리우드를 능가하는 엄청난 엔터테인먼트 시장이 형성될 것이라고 믿기 때문이다.

양현석과 박진영 탁월한 안목, 시기적절한 전략, 어린 가수들을 이끄는 리더십으로 K팝 열풍을 만든 세 주역은 SM의 이수만, YG엔터테인먼트의 양현석, JYP의 박진영이다. 양현석과 박진영은 처음에는 이수만의 방식을 따라 했으나 곧 자기 방식의 영역을 구축해 지금은 엎치락뒤치락하며 이수만과 선두 싸움을 벌이고 있다. 세 사람의 특징은 소속사 색깔이나 소속 가수들의 개성에서 드러난다. SM 소속 가수들은 일사불란한 안무와 복장, 비밀에 부쳐진 사생활. 무대 위에서나 뒤에서나 흐트러짐 없는 행동 등이 특징이다. 이들은 '인큐베이팅 시스템'으로 불리는 SM 특유의 시스템 안에서 아이돌로 길러진다. 실력 있는 연습생을 선발해 막대한 투자를 해서 키워낸 뒤 투자 원금을 회수하는 것이 시스템의 기본 구조다.

양현석의 YG엔터테인먼트는 흔히 YG 패밀리로 불리고 양현석과 영원히 함께 가는 것을 원칙으로 삼는다. SM이 초대형 연예기획사를 지향한다면 YG는 규모면에서는 상대적으로 크지 않으나 가족적인 분위기 아래에서 강력한 인적 유대를 특징으로 한다. JYP의 박진영은 직접 발로 뛰는 현장형이다. 박진영 자신이 최고 인기를 구가하는 가수이기 때문에 직접 곡도 쓰고 안무도 짠다. 그는 가수들과 스킨십도 잦아 가수들의 마음도 잘 읽는다.

양현석(1969~ 왼쪽)과 박진영(1972~)

양현석(1969~)은 경기도의 한 공
고에 다닐 때 춤의 매력에 빠져 이태
원의 클럽을 드나들었다. 고교 졸업
후 잠깐 평범한 직장인으로 생활했으
나 함께 춤추던 동료들이 하나둘씩
방송에 출연하는 것을 보고 춤에 대
한 열정이 되살아나 다시 이태원으로 발길을 돌렸다. 이주노와 함께 가수
박남정의 백댄서로 활동하며 차츰 두각을 나타냈다.

그러던 어느 날 서태지가 양현석을 찾아왔다. 양현석은 힙합 문화, 흑
인 문화에 심취해 있던 상황이라 긴 머리에 뿔테 안경을 끼고, 랩과는 전
혀 어울릴 것 같지 않은 외모의 서태지에게 약간의 괴리감을 느꼈다. 그
러나 그의 음악적 재능을 보고 팀을 결성하는 데 동의했다. 이후 이주노
를 영입해 팀을 꾸리고 1992년 4월 방송에 데뷔했다. '서태지와 아이들'은
3년 9개월간 활동하다가 서태지의 일방적인 결정으로 1996년 1월 전격
해체되었다.

양현석은 1996년 3월 현기획을 설립했다. 1997년 1월 힙합 그룹 지누
션을 탄생시키면서 흑인음악 전문 기획사로 발돋움했다. 1998년 3월 양
군기획을 설립하고 2001년 4월 법인명을 YG엔터테인먼트로 변경했다.
양현석은 외모보다는 끼와 실력을 중시했다. 성격이 엉망이어도 무대 위
에서 자기 소질을 마음껏 발휘하는 사람을 우선했다. 이렇게 해서 원타
임, 휘성, 거미, 세븐, 빅마마, 빅뱅, 2NE1 등을 배출했다. 양현석은 이
들 전부를 독특한 느낌과 색채의 가수들로 키워냈다. YG의 최대 히트작
은 2012년 '강남 스타일'로 전 세계적으로 열풍을 일으킨 싸이다.

'강남 스타일'은 2012년 7월 국내에서만 발매되었을 뿐 미국에서는 음

반과 음원이 발매되지도 않았는데도 9월 22일 빌보드 차트 'Hot 100'의 64위로 데뷔하더니 10월 6일 마침내 빌보드 2위로 치고 올라가 7주 연속 2위라는 경이적인 기록을 세웠다. 유튜브(한 달 기준 조회 수)와 아이튠스(다운로드 횟수)에서는 1위에 오르고 전 세계적으로 20억 명이 유튜브에서 '강남 스타일'을 보고 즐겼다.

양현석·박진영, 자기 방식의 영역 구축해 이수만과 선두 싸움 벌여

박진영(1972~)은 초등학교 1학년 때 아버지가 해외 근무 발령을 받아 미국으로 건너가 그곳에서 3년간 살았다. 그때 마이클 잭슨의 음악을 접하고 흑인음악에 심취했다. 원어민 수준의 유창한 영어 실력도 그때 쌓았다. 전교 학생회장으로 활동한 배명고를 거쳐 연세대 지질학과에 입학해서는 나이트클럽만 줄기차게 다니며 춤을 췄다. 디스코텍에서 김건모의 매니저를 만난 것이 인연이 되어 구준엽, 강원래, 김송 등과 함께 김건모의 백댄서로 무대를 달구며 가수를 꿈꿨다. 그러나 음반사에서는 못생겼다며 가수로 데뷔시켜 주지 않았다. 이수만 SM엔터테인먼트 대표에게도 퇴짜를 맞았다.

박진영은 실력이 중요하다는 것을 깨닫고 작곡가 김형석의 집에 2년 동안 기거하다시피 하면서 작곡법과 편곡 기술을 배워 점차 뛰어난 작곡 솜씨를 발휘했다. 1994년 '날 떠나지마'를 타이틀로 한 1집 음반 'Blue City'는 독특한 외모에 명문대생이라는 프리미엄이 붙어 30만 장이 넘게 팔렸다. 박진영은 춤 잘 추고 노래 잘하는 연대생 가수에서 작·편곡이 뛰어난 뮤지션으로 자신을 차별화했다.

박진영은 1997년 5월 1인 기획사 '태흥기획'을 설립하고 사업 전선에 뛰어들었다. 회사명은 1997년 11월 JYPE로 바뀌었다가 2001년 4월 JYP엔터테인먼트로 다시 변경되었다. 박진영은 가수로 활약하면서 음반기획자로도 잠재력 있는 재목들을 발굴하고 키워내는 데 탁월한 안목을 보여주며 승승장구했다.

가수 박진영이 내세운 무기는 '섹시 코드'였다. 1994년 데뷔했을 때 그가 무대에 입고 올라갔던 의상은 몸이 훤히 드러나는 비닐 재질이었다. 노래 '엘리베이터'(1995.9)에서는 모델 이소라와 정사를 연상시키는 안무를 선보이고 여고생 가수 박지윤은 '성인식'의 섹시 가수로 변신시켜 큰 성공을 거뒀다. 그가 만든 음악도 종종 보수 기독교계의 공격을 받았다. 6집 앨범 '게임'(2001.6) 발매를 앞두었을 때는 개신교 계열의 사회단체들이 성관계를 선동하는 가사로 가득 차 있다며 행정 당국에 판매중지 처분을 요구했다. 박진영은 "섹스는 게임이다"라는 도발적 발언으로 맞받아쳤다.

박진영이 2003년 8월 22일 청와대에서 개최된 '차세대 성장동력 보고서'에 참가했을 때 빚어진 해프닝도 유명한 일화다. 박진영이 속이 훤히 비치는 투명한 망사 셔츠를 입고 행사장에 나타나자 참석자들은 기겁했다. 노무현 대통령도 어이없다는 웃음을 지었다. 이런 분위기에도 아랑곳하지 않고 지적재산권이 지켜지지 않고 있는 우리 사회 현실에 당당히 문제를 제기하며 대책을 조속히 강구해줄 것을 정부에 주문했다.

그의 손을 거쳐 음악 시장에 나온 가수로는 진주, god, 박지윤, 비, 별, 원더걸스, 2AM, 2PM, 미쓰에이 등이 있다. 2007년 데뷔해 '텔 미(Tell Me)' 노래로 선풍적인 인기를 끈 원더걸스가 2008년 '노바디(Nobody)'와 '소 핫(So Hot)'을 잇달아 히트시키자 박진영은 2009년 3월 돌연 미국 진출을 선언했다. 그러나 미국의 대중음악 시장은 호락호락하지 않았다. 2009년 10월 빌보드 'Hot 100'의 76위에 오르긴 했으나 그 이상은 올라가지 못했다. 원더걸스는 미국에서 2년 동안 활동하다가 더 이상의 성적을 거두지 못하고 돌아왔다. 박진영은 후회는 없다고 했지만 원더걸스는 박진영의 꿈 때문에 국내에서 더 잘나갈 수 있는 기회를 놓쳐버렸다는 점에서 박진영의 꿈을 실현시키려다가 희생된 면이 없지는 않다.

로버트 김 미 FBI에 체포
"한국의 대북 첩보 여건이 그렇게 열악하냐"고 반문한 뒤 "도와주겠다"고 약속했다.

"나는 대한민국의 스파이였습니까, 아니었습니까." 1999년 10월 12일 미 펜실베이니아 앨런우드 연방교도에서 4년째 수감 생활을 하고 있는 로버트 김(김채곤·1940~)이 대한민국 외교통상부 장관과 국방부 장관에게 공개적으로 물었다. 미 연방대법원이 상고를 기각해 징역 9년에 보호관찰 3년형이 확정되고 8일이 지난 뒤였다.

그는 지쳐 있었다. 그의 공개질의에 우리 정부는 "정부가 직접 대응하거나 나설 사안이 아니다"라는 입장을 견지했다. 우리 정부가 이렇게 대답한 것은 자칫 정부가 나서면 로버트 김의 스파이활동에 한국 정부가 정말로 개입했다는 오해를 낳을 수도 있다는 우려 때문이었다.

로버트 김이 그걸 이해 못하는 바는 아니었다. 하지만 그가 체포되고 한 달쯤 지났을 때 김영삼 대통령이 워싱턴포스트와의 회견에서 "이 사건은 개인의 문제다. 분명히 우리와는 전혀 관계도 없고 관심도 없다"고 말한 것이 그를 분노케 했다. 그는 우리 정부에 요청했다. "스파이라면 고통받고 있는 가족에게 보상을 해주고 아니라면 감옥에서 나갈 수 있도록 도와 달라." 우리 정부는 곧 "김 선생님의 행동이 주미 한국대사관 소속 백동일 대령과의 개인적 관계에서 비롯된 것이므로 대한민국 정부와 관계된 간첩 행위가 아니다"라는 답신을 보내면서도 곤혹스러워했다.

로버트 김은 8·9대 국회의원을 지낸 김상영 전 의원의 4남 1녀 중 장남으로 부산에서 태어났다. 집안의 뿌리는 전남 여
수다. 경기고와 한양대를 졸업하고 미국으로 건너
가 퍼듀 대학원을 졸업했다. 1970년 미 항공우주국
(NASA)에 입사하고 1974년 미국 시민권을 얻었으
며 1978년부터 미 해군정보국(ONI)에서 군사기밀
을 다루는 정보분석관으로 근무했다. 그는 해군정
보국 1,200여 명 중 미국에서 태어나지 않은 유일

로버트 김(김채곤 · 1940~)

한 동양계였다. 200만 달러 이상이 소요되는 대형 프로젝트를 관리할 정
도로 능력도 인정받았다. 승진과 수상 경력도 많아 미국에서의 생활은 전
반적으로 순탄했다.

그가 격랑에 휩싸인 것은 1995년 11월 28일 하와이에서 열린 한미 해군
정보교류회의에서 주미 한국대사관 무관인 백동일 대령을 만나면서였다.
백동일은 국군정보사 여단장을 거친 대북 정보통이었다. 주미 한국대사
관 무관 시절에는 군 관련 첩보만 1,300여 건을 입수할 정도로 활약이 대
단했다. 미국의 FBI와 미군보안사령부(NSC) 관계자들은 이런 그를 가리
켜 '꼬치꼬치 캐묻는 장교'라고 불렀다. 백동일은 해군정보교류회의 미군
측 통역사로 그 자리에 참석한 로버트 김에게 "북한군의 동향을 잘 알지
못해 어려움이 많으니 기밀이 아니면 좀 알려 달라"고 부탁했다. 로버트
김은 "한국의 대북 첩보 여건이 그렇게 열악하냐"고 반문한 뒤 "도와주겠
다"고 약속했다.

"나는 대한민국의 스파이였습니까, 아니었습니까"
두 사람은 처음에는 기밀이 아닌 정보를 우편으로 주고받았다. 로버트
김이 주로 제공한 것은 휴전선 배치 실태, 북한의 무기 수출입 현황, 북
한 주민들의 소요 가능성, 북에 유입된 식량의 인민군 전용 등 대북 군사

사항에 관한 정보였다. 체포되기 며칠 전에도 강릉으로 침투 도중 좌초한 북한 잠수함의 이동경로를 알려주고, 미 해군이 한국군에 수출하려던 해상 지휘통제 장비에 대해서는 "한국 실정에 잘 맞지 않으니 심사숙고하라"고 조언했다. 로버트 김은 이렇게 우편이나 전화로, 때로는 만나서 50여 건의 정보를 제공했다. 이 중 39건은 한국 정부에도 보고되었다.

그렇게 10개월이 지난 1996년 9월 24일 워싱턴DC 포트마이어 미 육군 장교클럽에서 주미 한국대사관이 주최한 '한국 국군의 날' 행사가 열렸다. 로버트 김과 백동일도 그 모임에 참석했다. 그런데 리셉션이 한창이던 저녁 8시 15분 미 연방수사국(FBI) 요원들이 로버트 김에게 다가오더니 미국의 군사기밀 수십 건을 백동일 대령에게 넘겨줬다며 로버트 김을 간첩죄로 체포했다. 미 연방검찰은 1997년 3월 로버트 김을 간첩죄로 기소하고 연방법원은 도주 및 증거인멸 우려가 있다며 보석을 불허했다.

로버트 김은 억울했다. 자신이 전달한 K파일은 아시아 주변국의 정황이나 북한 경제에 관한 자료들로, 특별히 미국의 안보를 위협할 만한 자료가 아닐 뿐더러 호주나 다른 우방국은 이미 알고 있는 정보였다. 게다가 자신은 어떠한 물질적인 대가도 받지 않았다. 그래서 항변했으나 미 법원은 받아들이지 않았다. FBI는 법정에서 로버트 김이 간첩이란 증거로 "난 한국인입니다. 나는 한국을 돕고 싶습니다. 염려 마세요. 내 지위를 이용해서 한국을 도울 겁니다"라는 백동일과의 대화 도청 내용을 공개했다.

로버트 김은 혐의 사실을 인정하는 조건으로 검찰과 타협했다. 그 결과 간첩 혐의보다 경미한 기밀 유출 혐의로 기소되어 1997년 7월 미 연방법원으로부터 국방기밀 취득 공모죄 혐의로 징역 9년형에 보호관찰 3년형을 선고받았다. 2004년 7월 27일의 만기 출소를 앞두고 6월 1일 가석방되어 7년 8개월 만에 집으로 돌아왔다. 그 후에도 보호감찰을 거쳐 2005년

10월 5일에야 완전한 자유인이 되었다.

면책특권을 가진 외교관 신분 덕에 체포를 면한 백동일은 이 사건이 외교 문제로 비화할 것을 우려한 우리 정부의 소환으로 급거 귀국했다. 하지만 로버트 김을 곤경에 빠뜨리고 혼자만 빠져나왔다는 죄책감에 시달리고 미국으로부터 기피인물로 지목되어 지방을 전전하다 제독의 꿈을 접고 2001년 1월 대령으로 예편했다.

영국의 광우병 파동과 인간광우병(vCJD)
vCJD 즉 인간광우병이 인류사에 새로운 질병으로 등장한 것이다.

1986년 5월, 영국의 소들이 침을 흘리고 비틀거리며 잘 걷지 못하고 미친 듯이 난폭해지는 증상을 보이더니 곧 부들부들 떨다가 죽어갔다. 하루 평균 90마리씩 죽어 나간 소의 뇌에는 스펀지처럼 무수히 많은 구멍이 숭숭 뚫려 있었다. '미친소병' 즉 광우병으로 불린 이 병의 의학적 공식 명칭은 '우해면양뇌증(BSE)'으로 명명되었다.

1988년 영국 정부가 "양의 내장이 소의 사료에 섞여 들어갔기 때문"이라는 잠정 결론을 내렸으나 정확한 이유는 밝혀지지 않았다. 당시 영국에는 18세기에 나타난 '스크래피'라는 병으로 양들이 죽는 경우가 종종 있었다. 양들이 몸을 담장에 대고 긁어대는가 하면 비틀거리며 걷다가 결국 발작적인 증세를 보인 후 죽어 '문지르다'는 뜻의 '스크래피'로 명명된 이병은 20세기 들어서도 사라지지 않고 양들의 생명을 앗아갔다.

유럽의 낙농업자들은 1970년대부터 죽은 양의 시체를 분쇄한 육골분 사료를 만들어 소에게 먹여왔다. 그 중에는 '스크래피'로 죽은 양들도 있었다. 영국 정부는 바로 이 육골분 사료가 광우병의 원인이 된 것으로 잠정 결론을 내린 뒤 모든 반추동물(되새김동물)의 가축 사료에 동물의 단백질을 첨가하는 것을 금지했다. 1988년 8월부터는 광우병 증세를 보이는 가축의 강제도살법령을 선포해 병든 쇠고기가 식탁 위로 올라가는 것을 차단했다. 이미 수십만 마리의 병든 쇠고기가 소비자 입에 들어간 뒤였다. 영국 정부가 병들지 않은 쇠고기는 먹어도 안전하다는 캠페인을 벌이는 가운데 광우병은 계속 맹위를 떨쳤다.

마침내 우려하던 일이 터진 것은 1996년 3월 20일이었다. 영국 정부가 "광우병과 인간의 뇌질환 '크로이츠펠트 야코프병(CJD)' 사이에 의학적 연관이 있음을 시사하는 새로운 증거가 나타났다"고 발표했는데 이것은 인간도 광우병에 걸릴 가능성이 있음을 시사한 것이다. 크로이츠펠트 야코프병은 1920년대에 발견된 괴질환으로 이 병에 걸린 사람들은 인지 기능이 저하되고 손발을 제대로 움직이지 못하는 등의 증세를 보이다가 혼수상태에 빠져 사망했다. 희소병이라는 사실만 알려졌을 뿐 발병 원인은 밝혀지지 않고 있었다.

영국 정부의 발표 후, 그동안 정부 말만을 믿고 쇠고기를 먹어온 영국인들은 물론 영국의 소를 대량 수입하던 유럽연합도 패닉 상태에 빠졌다. 유럽연합은 즉각 영국 소에 대해 수입불가 결정을 내리고 영국 소를 도살하라고 압력을 가했다. 영국은 1996년 4월, 30개월 이상 된 450만 마리의 영국 소를 향후 5~6년 안에 도살하겠다고 발표했다.

광우병 소와 CJD 환자의 프리온이 동질성을 갖고 있다는 것은 충격

그해 4월에 발간된 두 편의 연구 논문도 사람들을 공포로 몰아넣었다. 옥스퍼드대의 한 연구팀이 '네이처'지에 기고한 연구논문에서 "광우병 소와 CJD 환자의 '프리온'을 조사해 보니 상당한 유전학적 동질성이 있다"고 발표한 것이다.

프리온은 1982년 미국 캘리포니아주립대 스탠리 프루지너(1942~) 교수가 밝혀낸 단백질로, 프루지너는 양의 광우병으로 일컬어지는 '스크래피'에 감염된 실험동물의 뇌 조직에서 핵산(DNA나 RNA)이 없는 단백질 즉 프리온이 병을 전염시킨다는 사실을 알아냈다. 프루지너에 따르면 프리온은 인간을 비롯해 소, 양, 쥐, 고양이 등 포유동물의 뇌, 척수, 비장 등의 내장 속에 존재하는 정상 단백질이지만 자연적, 유전적, 환경적 요인에 의해 형태변이를 일으키면 변종 프리온으로 바뀌어 기하급수적으로 늘어나는 특성이 있다.

그런데 의학적 상식으로 볼 때 단백질(프리온)이 병을 일으킨다는 것은 한마디로 난센스였다. 모든 전염병은 유전정보인 핵산을 가진 생명체만이 일으키는 것으로 알려져 왔기 때문이다. 따라서 생명체도 아닌 단백질이 자가증식해 병을 일으킨다는 프루지너의 주장은 학계로부터 인정을 받지 못했다. 그러나 프루지너는 프리온 단백질이 자가증식하며 병을 전염시키고 또 유전까지 된다는 사실을 증명해냄으로써 단백질에 대한 기존의 통설을 여지없이 무너뜨렸다. 이런 상황에서 광우병 소와 CJD 환자의 프리온이 유전학적 동질성을 가지고 있다는 사실은 영국과 유럽 전역에 충격을 던져주었다. 광우병으로 인한 죽음의 그림자가 마침내 인간에게까지 드리워진 것이다.

영국의 윌 박사팀은 1996년 4월 의학전문지 '란셋'에 쓴 기고문에서 이전까지 없었던 유형의 환자 10명의 증상을 보고하며 그들 모두 광우병 소로부터 감염되었을 가능성을 시사했다. 10명 중 8명은 이미 사망한 상태였다. 연구에 따르면 이들의 죽음은 오래전부터 발병해온 CJD 환자와는 다르게 주로 10대에서 30대의 젊은 나이에 발병하고, 처음에는 우울증이나 망상 같은 정신장애로 시작해 손발의 감각 이상, 보행 불능, 근육 경련, 치매로 빠르게 악화했다는 것이다. 이것은 CJD와는 또 다른 질병일 수 있다는 것을 뜻했다.

CJD는 우리나라에서도 매년 20명 가까이 발생하고 전 세계적으로도 100만 명에 1~2명꼴로 발병하는 자연발생적인 질병이다. 그러나 CJD는 전염은 되지 않는 것으로 알려졌다. 그런데도 이 CJD와 증상이나 뇌조직 소견이 유사한 병이 새롭게 나타난 것이다. 차이가 있다면 CJD가 주로 50대 이상의 그룹에서 발견되는 것과 달리 이 변형 CJD는 대부분 30대 이하의 젊은 층에서 나타났다는 점이다. 무엇보다 CJD에서는 발견되지 않던 변종 프리온이 '유사 CJD' 환자의 뇌에서 발견된 것이 충격적이었다.

프리온은 체내에서 스스로 바뀌지 않는 것으로 알려져 있는데 변종 프리온이 체내에 존재한다는 것은 외부에서 변종 프리온이 유입되었다는 것을 의미했다. 즉 변종 프리온이 몸 밖에서 몸 안으로 들어와 '유사 CJD'를 발병시킨 것이다. 학자들은 이 새로운 '유사 CJD'가 이전과는 다른 특징을 보인다고 해서 '변종 크로이츠펠트 야코프병(vCJD)'으로 분류했다. 'vCJD' 즉 인간광우병이 인류사에 새로운 질병으로 등장한 것이다.

잘못된 동물 단백질의 재활용 순환 정책이 가져온 국가적 비극

영국 정부는 1996년 8월, 20세 남자가 어릴 때 먹었던 쇠고기 햄버거 때문에 인간광우병에 감염되어 숨졌다고 판정했다. 2000년 10월 영국 왕립학회는 광우병에 대한 4,000쪽짜리 종합 보고서를 발표했다. 보고서에 따르면 광우병은 잘못된 동물 단백질의 재활용 순환 정책이 가져온 국가적 비극이었다.

원인은 인간의 탐욕에 있었다. 축산업자들이 고기 생산을 늘리기 위해 반추동물의 사료에 동물의 단백질을 분쇄해 혼입하는 행위를 수년 동안 되풀이해온 것이 재앙의 불씨였다. 업자들은 죽은 고기와 뼈를 갈아서 사료를 만들 때 고열 처리와 화학 처리만 하면 세균의 감염을 피할 수 있을 것으로 생각했다. 하지만 그것은 잘못된 가정이었다. 돌연변이로 생기는 변종 프리온은 웬만한 고열이나 화학 처리로도 죽지 않았던 것이다.

국제수역 사무국에 따르면 전 세계에서 광우병이 발병한 사례는 1989년부터 2008년까지 모두 19만 건이고 이 가운데 18만 4,000여 건이 영국에서 발생했다. 그 다음으로는 아일랜드, 포르투갈, 프랑스 등 유럽 국가에서 주로 발생하고 이밖에 일본, 캐나다, 미국에서도 발병 사례가 보고되었다. 2006년 유럽연합은 광우병 위기가 공식 종료되었다고 선언하고 뼈에 붙어 있는 살코기와 부산물 섭취 금지 조치를 해제했다. 이후 감염자는 잠복기를 거쳐 드러난 사례다.

인간광우병(vCJD)은 2014년 현재 280건의 감염 사례가 보고되었다. 이 가운데 200명 이상이 사망한 것으로 집계되었다. 영국이 160여 명으로 가장 많고 이스라엘, 프랑스, 아일랜드, 미국, 스페인 등에서도 사망자가 나왔다. 아시아에선 홍콩, 일본, 대만에서 각각 1명이 사망한 것으로 보고되고 있다. 우리나라에선 소 광우병이든 인간광우병이든 발병 사례가 보고되지 않고 있다.

광우병 쇠고기를 먹은 사람이 인간광우병에 걸린다는 확실한 증거는 아직 없다. 이것을 확인하려면 광우병 소를 먹게 해 vCJD가 발병하는지 여부를 의학적으로 입증해야 하는데 실제로 그 같은 시험을 할 수 없기 때문이다. 여전히 대부분의 vCJD 환자는 감염경로가 분명치 않은 상태다. 그런데도 변종 프리온에 오염된 쇠고기가 원인이 된다는 사실을 부정하기 힘든 것은 쇠고기를 즐기는 사람이 그렇지 않은 사람에 비해서 인간광우병에 걸릴 가능성이 3.5배나 높다는 조사 결과 때문이다. 현재로서는 스크래피에 걸린 양을 소가 먹어 광우병에 걸리고 이 소를 다시 인간이 먹어 인간광우병으로까지 발전했다는 가설이 가장 설득력이 있다.

이언 윌머트와 복제양 '돌리'

"신이 정한 생명 탄생의 규범을 뒤흔드는 바벨탑과 같은 오만한 시도"라는 비난도 맹렬했다.

1996년 7월 5일 오후 4시, 영국 에든버러대 로즐린연구소에서 6.6kg의 새끼 양이 태어났다. 7개월 뒤 전 세계를 깜짝 놀라게 할 세계 최초 복제동물 '돌리'였다. 돌리는 어른 암양의 유선(젖통) 세포에서 복제되었다는 것을 강조하기 위해 젖가슴이 큰 것으로 유명한 미국의 여가수 돌리 파튼에서 이름을 땄다. 돌리의 탄생은 이언 윌머트(1944~)를 제1저자, 키스 캠벨을 공동연구자로 내세운 연구논문이 1997년 2월 23일자 네이처지에 공개 발표됨으로써 세상에 알려졌다.

윌머트는 영국 워릭에서 태어나 노팅엄대에서 유전학적인 방법으로 축산 생산량을 늘리는 연구에 열정을 쏟았다. 1973년 케임브리지대 다윈연구소에서 발생학으로 박사학위를 취득하고 스코틀랜드 애든버러대의 로즐린연구소에서 가축의 우량종을 연구하면서 성체 동물 복제에 도전했다.

당시 복제동물이 없지는 않았다. 1952년에는 미국의 로버트 브리그스가 개구리의 수정란 세포를 떼내 다른 개구리의 난자에 이식한 뒤 올챙이까지 키우는 데 성공했다. 1979년에는 스위스 제네바대의 카를 일멘제가 생쥐의 배아 세포핵을 이식해서 세 마리를 복제해 사상 최초로 포유류 복제에 성공했다. 1986년에는 덴마크 출신의 영국 과학자 스틴 윌라드센이 8-16세포기의 수정란 세포를 다른 양의 난자에 이식해 복제하는 데 성공했다. 윌라드센은 몇 년 뒤 소의 배아 복제에도 성공했다. 다음 단계는 수정란 복제가 아닌 성체세포 핵 이식이었으나 과학자들은 체세포를 이용한 포유류 복제는 과학적으로 불가능하다고 보았다.

그러나 윌머트는 성숙한 6년생 암양의 젖가슴 체세포인 유선 세포를 떼어내고 그 세포에서 다시 핵을 분리해, 난자에서 유전자가 들어 있는 세포핵을 제거한 자리에 집어넣는 '핵치환'을 한 뒤 전기 자극을 주는 방법으로 돌리를 복제했다. 돌리는 핀란드 양에서 세포핵을 얻고 폴란드 양에서 얻은 난자의 핵과 치환하고 이것을 스코틀랜드 양의 자궁에 착상시키는 과정을 거쳐 5개월 만에 탄생했다. 연구소는 돌리를 복제한 방법이 외부로 새 나가지 않도록 보안을 강화하고 특허 절차를 밟았다. 그리고 1997년 2월 '네이처'지를 통해 이 사실을 발표했다.

복제양 돌리

그러면 수정란이 아닌 체세포를 이식한 복제가 왜 중요한 것일까. 수정란 같은 발생과정 시기의 세포들은 아직 몸의 어떤 조직이나 기관이 될지 정해지지 않은 상태다. 그냥 둘로 쪼개기만 해도 쌍둥이로 자랄 정도로 무한한 가능성을 갖고 있다. 그래서 발생과정의 세포를 단순하게 난자에 이식하는 것만으로도 비교적 쉽게 복제할 수 있는 것이다.

이론상으로 난자와 자궁만 있으면 번식 가능해

그러나 체세포 복제는 수정란 복제와는 차원이 다르다. 가장 큰 문제는 체세포에서 유전자를 추출해 핵을 제거한 난자에 넣는 과정에서 일어나는 유전자 추출이다. 체세포는 세포분열을 끊임없이 해 정지 상태의 유전자를 빼내는 것이 쉽지 않기 때문이다. 윌머트 팀은 체세포의 영양을 조절해 빈영양화하면 세포분열 속도가 늦어지거나 멈추는 것을 알아냈다. 즉 분화가 진행된 세포라도 세포주기를 세포분할 전 단계인 G0이나 그 다음 단계인 G1에 맞추면 초기 상태 재프로그램화가 가능하다는 사실을 발견한 것이다. 이는 세포주기를 적절히 맞추면 분화된 세포를 이용해 포유류의 복제가 가능하다는 사실을 입증한 획기적인 연구 성과였다.

사실 이 연구 성과에는 우리나라 강원대 정희태 교수가 큰 역할을 했다. 그는 1993년 발표한 박사 논문에서 생쥐 수정란 복제를 위해선 세포주기를 G1 상태로 맞춰 재프로그램화하는 것이 필요하다는 사실을 밝혀냈다. 윌머트 연구팀의 캠벨은 이 논문을 참고해 세포주기를 되돌리는 데 성공하고 논문 인용 사실을 돌리 논문에서도 명백히 밝혔다.

돌리의 성공 후 이론상으로 인류는 남성과 정자 없이도 난자와 자궁만 있으면 번식이 가능한 존재가 되었다. 암수 유전자가 합쳐져 새 생명체가 탄생한다는 자연의 섭리를 무너뜨린 것이다. 이에 따라 인체의 신비 해명과 생명공학의 미래에 대한 찬란한 전망이 쏟아졌다. 과학계도 경악해 왓슨과 크릭이 1953년 DNA 분자구조를 밝혀낸 업적에 버금가는 또 다른 생물학의 혁명으로 평가했다. 반면 "신이 정한 생명 탄생의 규범을 뒤흔드는 바벨탑과 같은 오만한 시도"라는 비난도 맹렬했다. 로마 교황청은 "신의 창조론에 배치될 뿐 아니라 인간의 존엄성과 결혼의 숭고함을 파괴하는 죄악"이라고 성토했다.

돌리 이후 세계 곳곳에서 복제 실험이 유행처럼 번졌다. 1998년 송아지와 쥐, 2000년 돼지가 복제되었다. 우리나라의 황우석 교수도 1999년 2월 세계 4번째로 복제소 '영롱이'를 탄생시켜 한동안 우리 국민에게 자부심을 안겨주었다. 하지만 2004년과 2005년 '사이언스'지에 게재한 논문이 조작된 것으로 밝혀지면서 '영롱이'의 복제 사실까지 불신을 받고 있다. 2002년 미국 A&M대 연구팀이 고양이를 복제했을 때는 우리나라의 신태영 박사가 논문의 제1저자로 참여했다. 2005년에는 황우석 연구팀이 복제개 '스너피'를 탄생시키는 데 성공했다. '스너피'는 '영롱이'와 달리 복제가 사실인 것으로 인정받고 있다.

현재는 복제소의 체세포를 다시 이용한 2차 복제소가 나오는가 하면 돌리처럼 2세를 낳는 복제동물이 생겨나는 등 복제 기술은 해를 거듭할수록 발전하고 있다. 하지만 크고 작은 결함이 있고 수명도 짧아 여전히 생명공학계의 과제로 남아 있다. 돌리 역시 태어난 지 3년도 지나지 않아 각종 질병에 시달렸다. 특히 나이 든 양에서 나타나는 관절염 등의 질병도 앓았다. 결국 노환에 따른 폐질환 증세를 보여 2003년 2월 14일 보통 양의 정상 수명의 절반에 불과한 6살에 안락사되었다. 돌리의 사체는 박제로 만들어져 지금 에든버러의 왕립박물관에 보관되어 있다.

복제동물의 각종 질병과 짧은 수명은 생명공학계의 과제

돌리의 성공으로 월머트는 세계 언론과 과학계의 찬사를 받으며 복제기술의 대부로 부상했다. 그러던 그가 2006년 3월 "공동연구자인 키스 캠벨 박사가 돌리 탄생에 3분의 2 정도로 중요한 역할을 하고 나는 전체 연구를 감독하는 역할만 했다"는 폭탄 발언을 했다.

관련 학계에 따르면 돌리의 탄생이 있기 전 월머트는 캠벨과 공동연구를 진행했다. 둘은 논문을 발표할 때 제1저자를 한 번씩 돌아가며 하기로 했다. 저자 문제로 시비를 벌이지 않고 공동연구를 지속할 수 있도록 미리 정해둔 것이다. 이들의 약속은 발표 논문 수준이 비슷비슷한 초기에는 별 문제가 없었다. 그러나 하필이면 돌리 탄생 때 제1저자가 월머트 차례여서 문제가 발생했다. 양의 난자에 체세포 핵을 이식하고 자궁에 집어넣어 출산시킨 연구자는 캠벨이었는데도 약속에 따라 월머트가 제1저자를 맡고 캠벨은 공동저자로 이름을 올린 것이다.

초기에는 돌리 연구가 월머트와 캠벨의 공동 작품으로 소개되었다. 그러나 시간이 흐르면서 월머트에게만 언론의 스포트라이트가 쏟아지고 월머트도 홀로 언론의 조명을 받는 데 익숙해지면서 둘의 사이가 틀어져 캠벨은 월머트와 결별했다. 게다가 로즐린 연구소에서 월머트와 함께 연구하던 인도 출신 프림 싱이 "인도 출신이라는 이유로 해고당하고 내 아이디어를 도용당했다"고 2005년 11월 월머트를 상대로 손해배상을 제기하자 결국 이 모든 사실을 실투해야 했던 것이다.

새뮤얼 헌팅턴 '문명의 충돌' 출간
각자 처한 입장과 철학에 따라 공감하거나 분개하거나 위기감을 느끼거나 당혹스러워했다.

1980년대 말에 시작된 공산주의 붕괴와 탈냉전 시대의 도래는 전 세계를 혼란에 빠뜨렸다. 지난 수십 년 동안 이데올로기로 갈려 있던 세계 질서가 향후 어떤 양상을 띠게 될지 궁금했기 때문이다. 바로 그런 무렵에 '문명'을 화두로 내건 책이 출간되어 큰 충격파를 던졌다. 주인공은 하버드대 교수 새뮤얼 헌팅턴(1927~2008)이었다.

그는 미국 뉴욕에서 태어나 예일대를 졸업하고 시카고대와 하버드대에서 석·박사 학위를 취득했다. 1950년부터 하버드대에서 학생들을 가르치다가 잠시 컬럼비아대(1959~1962)로 옮긴 것 말고는 줄곧 하버드대에만 머물며 단독 혹은 공동으로 17권의 저서를 집필하고 90여 편의 논문을 써 미국은 물론 전 세계에 큰 영향을 미쳤다.

그중 가장 큰 논란을 일으킨 것은 1993년 여름 '포린 어페어스'지에 게재한 '문명의 충돌?'이라는 제목의 논문이었다. 사람들은 "새롭게 태동하는 세계 정치 구도에서 핵심적이고 가장 위험한 변수는 상이한 문명을 가진 집단들 사이의 갈등이 될 것"이라는 그의 주장에 다양하게 반응했다. 각자 처한 입장과 철학에 따라 공감하거나 분개하거나 위기감을 느끼거나 당혹스러워했다. 다면 분명한 사실 하나는 논문이 모든 문명권 사람들의 예민한 부분을 건드렸다는 점이었다.

헌팅턴은 논문 제목에 물음표를 달았지만 사람들은 물음표를 무시하고 단정적인 결과로 이해했다. 논문은 더욱 심층적으로 보완되어 1996년 11월 19일 '문명의 충돌'이란 제목의 단행본으로 발간되었다. 헌팅턴은 냉전 종식 후에는 이데올로기가 차지하던 자리를 문명이 대신하며, 문명에 기반을 둔 세계 질서가 태동한다고 단언했다. 따라서 냉전 이후의 무력 충돌은 국가 간 이데올로기적 마찰이 아니라 세계 주요 문명 간 갈등에서 비롯된다고 주장했다.

새뮤얼 헌팅턴(1927~2008)

책에 따르면 한때 인류는 민주주의와 개인의 권리 보호, 종교와 정치의 분리 등을 핵심으로 하는 서구 문명을 모든 인류가 좇아야 할 이상적이고 보편적인 문명으로 인식했다. 그러나 헌팅턴은 서구 문명은 서구의 자만심에 지나지 않으며 서구화가 근대화가 아니라고 경고했다.

헌팅턴은 문명권을 8개로 나누었다. 미국과 유럽을 포함한 서구, 라틴아메리카, 이슬람, 아프리카, 러시아를 핵심으로 한 그리스정교, 힌두, 일본, 중국·한국·베트남 등을 포함한 중화 문명권이 그것이다. 그는 서로 다른 문명에 속하는 국가들과 집단들의 관계는 우호적이지 않고 대립적인 경향을 띨 것이며 문명의 갈등이 두 가지 형태로 나타날 것이라고 예측했다.

첫 번째가 국지적이고 미시적 차원에서 일어나는 '단층선 분쟁'이다. 각각 다른 문명에 속한 인접국들 사이에서, 또는 한 국가 내에서 다른 문명에 속한 집단들끼리 분쟁이 일어난다는 것이다. 그 다음은 세계적이고 거시적인 차원에서 서로 다른 문명에 속한 주요 국가들 사이에 '핵심국 분쟁'이 발생할 것이라고 예측했다. 대표적인 거시적 분쟁으로 서구 대 반서구의 분쟁을 꼽은 그는 이슬람과 아시아, 이슬람과 서구 사이에서도 격렬한 대립이 일어날 것으로 예상했다.

탈냉전 후 새로운 지평을 연 것으로 평가받아

'문명의 충돌'은 도발적인 내용에 힘입어 전 세계 수십 개국에서 번역·출간되었다. 이라크전쟁을 벌인 조지 부시 정부의 외교정책을 정당화하는 논리로도 사용되자 '오리엔탈리즘'의 저자 에드워드 사이드는 헌팅턴의 이론이 '서구 대 반서구'의 대립을 영속화하고 세상을 너무 단선적으로 규정한다고 비판했다. 이런 비판과 적잖은 논란에도 불구하고 '문명의 충돌'은 탈냉전 후 새로운 지평을 연 것으로 평가받고 있다.

서방·비서방 가리지 않고 왜 많은 나라의 정치인들과 지성인들이 '문명의 충돌'을 찬사하거나 비판하는 것일까? 일차적으로는 헌팅턴의 문제 제기가 과거의 문제가 아니라 현재 혹은 미래의 문제일 가능성이 높아 보였기 때문이다. 헌팅턴은 2004년 출판한 '새뮤얼 헌팅턴의 미국'에서도 또다시 논란을 일으켰다. 그는 하나의 언어, 종교, 신조 위에 세워진 미국의 정체성이 흔들리고 있다며 1970년대부터 쏟아져 들어온 이민자들을 그 원인으로 꼽았다. 그중에서도 히스패닉을 미국의 정체성을 가장 위협하는 세력으로 지목했다.

그는 미국은 잡다한 이민들이 만든 나라가 아니라 식민지 시대의 북아메리카에 정착한 영국인이 세운 나라인데 훗날 여타 백인종과 유색인이 미국인이 된 것은 이들이 미국의 도덕주의적 정치전통과 언어(영어)에 저항 없이 동화되었기 때문이라고 설명했다. 그러면서 백인 다음으로 인구가 많고 지리적으로 가까워 상대적으로 심리적·단절감을 느끼지 않는 히스패닉이 미국과 별도의 세력을 형성해 미국의 정체성을 위협하고 있다고 주장했다.

헌팅턴은 미국에 좀처럼 동화되지 않고 자신들의 문화와 언어(스페인어)를 고수하는 이들 때문에 '미국적인 것'의 순도가 떨어지고 있으며 그래서 전통의 앵글로와 히스패닉 간 문명 충돌이 일어날 것으로 보았다.

하지만 비판론자들은 "가톨릭과 스페인 문화의 유입을 두려워하는 유럽 본토주의의 우려이며 사실이 뒷받침되지 않는 인종차별"이라고 일침을 가하고 '단층선 전쟁' 등 설명 틀도 지나치게 단선적이라고 비판했다. 하나의 작은 사실로 더 큰 다른 사실들을 왜곡하는 '서구 외눈박이'의 전형적 시각이라는 것이다.

알렉산드르 카렐린 올림픽 레슬링 3연패
올림픽 3연패, 세계선수권대회 9회, 유럽선수권대회 12회 우승이라는 불멸의 기록을 남겼다.

알렉산드르 카렐린(1967~)은 '시베리아 불곰'으로 불리며 올림픽 3연패, 세계선수권대회 9회 우승, 유럽선수권대회 12회 우승이라는 불멸의 기록을 남긴 '레슬링계의 전설'이다. 또한 130kg 이상이 출전하는 레슬링 그레코로만형 슈퍼헤비급에서 1987년부터 2000년까지 14년간 패배를 모르고 살아온 무적이었다.

그의 필살기는 상대 선수를 무 뽑아 올리듯이 들어 올려 바닥에 메치는 이른바 '카렐린 리프트'다. 강력한 양팔로 상대 선수의 허리를 껴안아 그대로 들어 올린 뒤 매트 위에 내다 꽂는 이 기술은 단번에 레슬링에서 얻을 수 있는 가장 높은 점수인 5점을 따낼 수 있는 고난도의 호쾌한 기술이다. 하지만 이 기술을 구사하려면 엄청난 힘이 필요해 보통 선수들은 감히 엄두를 내지 못했다.

또한 카렐린 기술에 걸리면 상대가 누구든 빠져나오지 못한다. 최악의 경우 뼈가 부러지거나 얼굴이 부서져 리프트 기술에 희생되기보다는 그냥 짓눌려 꼼짝 못하는 쪽을 택하는 선수도 많다. 카렐린은 이 기술을 즐겨 사용했지만 힘이 아무리 좋다고 해도 무리가 따를 수밖에 없어 올림픽

알렉산드르 카렐린(1967~)

을 3연패할 때까지 9번이나 수술을 받았다.

카렐린은 일반 신생아보다 몸집이 훨씬 큰 6.8kg으로 태어나 192cm·130kg의 거구로 성장했다. 그러나 그가 상대 선수에게 포인트를 거의 내주지 않고 매트를 지배할 수 있었던 것은 덩치가 아니라 다른 선수들이 갖고 있지 못한 엄청난 괴력과 월등한 기량이었다.

그는 두 다리를 일직선으로 벌려 바닥에 앉고 뒤로 공중제비를 할 수 있을 정도로 유연하고 민첩했다. 훈련도 미련하다는 소리를 들을 만큼 억척스럽게 했다. 허리까지 쌓인 시베리아 눈 속을 양팔에 통나무 하나씩 매달고 달리거나 연말 분위기에 들떠 있는 12월 31일과 새해 첫날에도 훈련을 멈추지 않은 것은 유명한 일화다. 게다가 그는 시체 같은 얼굴과 얼음 같은 눈빛을 가져 매트에 오르는 순간부터 상대 선수를 압도했다.

그러나 이런 외모와 달리 감성은 여리고 풍부했다. 수줍음을 너무 타 가족과 몇몇 친구 외에 어울리는 사람이 없었고 시간이 나면 고전음악을 들었다. 시를 읽고 직접 시를 쓰기도 했으며 유연성을 기르기 위해 발레 연습도 하고 지르박도 즐겼다.

패배를 모르고 살아온 '레슬링계의 전설'

카렐린은 14살 때 레슬링에 입문하고 18살이던 1985년 세계선수권대회에서 우승을 차지하면서 세계 무대에 처음으로 얼굴을 내밀었다. 20살이던 1987년 러시아선수권대회에서 당시 세계대회를 2연패하고 있던 세계챔피언이자 선배인 이고르 로스토로츠키에게 생애 유일의 패배(0-1)를 당했을 뿐 이후 14년 동안 단 한 차례도 패한 적이 없는 천하무적이었다.

올림픽도 1988년 서울 올림픽, 1992년 바르셀로나 올림픽, 1996년 애틀랜타 올림픽에서 잇따라 정상에 올라 레슬링 사상 첫 한 체급 올림픽 3연패 신화를 창조했다. 서울 올림픽과 애틀랜타 올림픽에서는 러시아 선수단의 개막식 기수로도 활약했다. 1993년 세계선수권대회에서는 경기 도중 갈비뼈가 부러졌는데도 포기하지 않고 우승하는 초인적인 정신력을 과시했다.

카렐린이 얼마나 대단한 선수인가는 그와 경기를 해본 선수들의 말을 통해 알 수 있다. 카렐린과 한 번이라도 경기를 해본 선수들은 이구동성으로 "그 앞에 서면 오금이 저린다"는 말로 두려움을 나타낸다. 평소 "카렐린과 치른 경기는 마치 고릴라와 싸우는 것 같다"고 말하곤 했던 미국의 맷 가파리는 1996년 애틀랜타 올림픽 결승전에서 카렐린에 패한 직후 "그와 8분 동안이나 시합한 선수는 나밖에 없다"며 자부심을 표시했을 정도다. 1996년 올림픽을 3연패한 공로로 러시아군 대령에서 중장으로 수직 상승함으로써 러시아 현역 장성 최연소 기록을 세웠다.

카렐린은 2000년 9월의 시드니 올림픽 때도 결승까지 진출, 올림픽 역사상 처음으로 단일종목 4연속 금메달을 목에 거는 듯했다. 결승 상대가 미국의 무명 선수 룰런 가드너였기 때문에 더욱 그랬다. 결승전에서 카렐린은 3차례나 파테르 공격 기회를 가졌고 그때마다 특기인 '카렐린 리프트'를 시도했다. 하지만 예전과 달리 상대를 들어 올리는 데 실패해 세월의 무게를 느껴야 했다. 결국 가드너에게 연장 접전 끝에 0-1로 패해 올림픽 4연패의 신화적 기록을 세우려던 야심 찬 도전은 수포로 돌아갔다.

시상대에 오른 카렐린은 "2위 자리가 어색하다"며 "이제는 조국 러시아의 어린이들을 위해 살겠다"고 말했다. 이후 러시아 하원의원으로 활동하며 매트 밖에서도 최고의 인생을 보냈다.

1997년

한보철강·기아자동차 부도
IMF 환란
_ 금 모으기
김대중 제15대 대통령 당선
대법원 '성공한 쿠데타' 유죄 판결
윤호진 연출 뮤지컬 '명성황후' 뉴욕 브로드웨이 공연
래리 페이지·세르게이 브린, 구글 도메인 등록
조앤 롤링 '해리포터와 마법사의 돌' 출간
타이거 우즈 프로 데뷔 후 첫 우승
가리 카스파로프, 컴퓨터와의 체스 대결에서 패배
유엔 기후변화협약 총회 '교토의정서' 채택

한보철강·기아자동차 부도

남들보다 '0'자 하나가 더 붙은 자금을 무차별로 살포한다는 '쾌척의 지론'이 위력을 발휘했다.

1997년 1월 22일 오후, 제일·산업·조흥·외환은행으로 구성된 4개 채권은행단 은행장이 회동했다. 잠시 후 정태수 한보그룹 회장 일가의 주식 360만 주를 담보로 삼아 이들 주식의 임의처분 동의각서를 받아낸다는 한보철강의 은행관리가 결정되었다. 그러나 이튿날인 1월 23일 오후 한보 측이 "주식은 내놓겠지만 임의처분은 안 된다"며 채권단의 결정을 정면으로 거부해 제 무덤을 파는 우행을 저질렀다.

그러자 곧바로 4개 은행장 대책회의가 다시 열렸고 그날 저녁 한보의 부도 처리가 최종 결정되었다. 뒤늦게 사태의 심각성을 깨달은 정태수 회장이 그날 밤 주식 임의처분 동의서에 서명했으나 이미 부도 공시가 나간 뒤였다. 거함 한보철강이 5조 원의 금융 부채를 감당하지 못하고 마침내 깊은 바닷속으로 침몰하는 순간이었다.

정태수가 23년 동안 세무공무원 생활을 하다가 한보상사를 창업한 것은 1974년이었다. 정태수가 자신과 회사의 이름을 세상에 널리 알리게 된 것은 1978년 당시 최대 규모인 서울 대치동 은마아파트 4,424가구를 단기간에 분양하는 데 성공하면서였다. 강남 재건축 아파트의 상징이자 이후 강남 집값의 바로미터로 불리는 은마아파트의 분양 성공으로 정태수는 하루아침에 상상도 못한 거금을 벌어들였다.

정태수가 철강 사업에 발을 들여놓은 것은 1984년 부산 사상구 해안가에 위치한 10만 평 규모의 금호산업(철강업체)을 인수한 것이 계기가 되었다. 당시 정태수는 철강사업보다는 그 자리에 아파트를 지어 분양할 계획이었다. 그러나 금호산업을 인수하자마자 바닥세를 면치 못하던 철강 경기가 아파트 건설 붐을 타고 꿈틀대며 단기간에 큰 수익을 올리자 회사 이름을 한보철강으로 바꿔 본격적으로 철강 산업에 뛰어들었다.

충남 당진군 앞바다 76만 평을 매립해 세계 5위 규모의 초대형 제철소를 건설한다는 야심 찬 프로젝트였으나 누가 보아도 준비가 소홀해 보였다. 그런데 전에는 부적합하다는 이유로 정부의 공유수면 매립 기본계획에 포함되지 않았던 당진 땅이 한보 측의 매립 요청이 있은 후 공유수면 매립지로 전격 고시(1989.6)되고, 인근 바다를 매립하겠다는 다른 회사의 신청이 기각된 것과 달리 한보철강만은 정식 매립 면허를 취득(1989.12)하는 등 예상치 못한 결과가 나타났다. 자금조달 계획도 허점투성이였으나 한보는 거뜬히 자금을 조달하는 신통술을 보였다. 훗날 밝혀지지만 이 모든 것은 부정과 편법을 동원한 정태수의 로비와 당대 실력자들의 조직적인 뒤 봐주기가 어우러진 결과였다.

5조 원대에 달하는 한보철강 당진제철소의 신기루는 이렇게 무계획과 불법의 소지를 안고 피어올랐다. 그러나 1991년 2월 정태수가 수서택지 특혜분양 사건으로 구속되면서 물거품이 되는 듯했다. 하지만 집행유예로 수개월 만에 풀려나고 1992년 12월 김영삼 대통령이 당선된 후 부활의 몸짓에 성공했다. 산업은행을 필두로 일반 시중은행들이 합세해 일제히 한보 지원에 팔을 걷어붙이고 나선 것이다.

부정·편법을 동원한 로비와 당대 실력자들의 뒤 봐주기 결과

한보그룹에 대한 금융권 대출의 시발점은 1992년 말 사실상 특혜성 자금인 산업은행의 외화 대출이었다. 산업은행이 특혜성 자금 대출로 총대를 짊어지고 제일, 조흥, 외환은행 등 시중은행들이 합세하면서 한보그룹의 여신 규모는 눈덩이처럼 불어났다. 그 덕에 한보그룹은 엄청난 자금

동원력을 과시할 수 있었다. 또한 1993~1996년 기간 한보정보통신, 상아제약, 삼화상호신용금고, 유원건설 등 18개 계열사를 인수하거나 신설하는 등 문어발식 확장으로도 세상을 놀라게 했다.

1996년 현재 한보그룹은 매출액 5조 4,000억 원으로 재계 랭킹 14위였으나 겉모습과는 달리 속으로는 곪고 있었다. 1993년까지만 해도 3,889억 원에 불과하던 한보철강의 은행권 여신이 1994년 들어 1조 4,294억원, 1996년 3조 208억 원, 부도가 나던 1997년 1월 말엔 3조 2,648억 원으로 급격히 늘어난 것이다. 여기에 제2금융권 대출과 회사채 등 사채 발행분까지 포함할 경우 금융기관으로부터 빌린 자금은 5조 5,000여억 원에 달했다. 이처럼 정태수가 금융기관 자금을 마치 자기 돈처럼 갖다 쓸 수 있었던 것은 정태수 특유의 로비력과 남들보다 '0'자 하나가 더 붙은 자금을 무차별로 살포하는 '쾌척의 지론'이 정계와 관계를 무시로 넘나들면서 위력을 발휘했기 때문이다.

하지만 한보철강은 결국 부채 5조 원의 무게를 이기지 못하고 1996년 6월부터 삐걱거렸다. 당진제철소 건설에 당초 예상보다 2조 원 가까이 더 많은 자금이 투입된 데다 철강 경기마저 고꾸라지면서 자금난과 재고 누적이라는 이중고에 시달리기 시작한 것이다. 한보 부도설이 나돌기 시작하자 금융기관들 사이에 난리가 났고 사채시장이 요동을 쳤다. 결국 금융권은 깨진 독에 물 붓기를 더 이상 지속할 수 없다는 판단을 내렸고 1997년 1월 20일 제일은행이 250억 원 상당의 물품 대금을 갚아준 것을 끝으로 한보철강에 대한 모든 금융 지원을 중단했다. 결국 한보철강은 1월 23일 최종 부도 처리되었다.

한보·기아의 부도는 개발경제 시대에 조종을 울린 것

한보철강의 부도는 한국 경제가 몰락하는 신호탄이었다. 삼미, 진로,

대농, 한신공영 등 대기업들의 부도가 줄을 이었고 마침내 7월 15일 재계 서열 8위인 기아그룹의 사실상 부도로 이어졌다. 기아그룹의 부도가 한국 경제에 미친 충격과 파장은 컸다. 기아 사태는 IMF 경제위기의 원인을 분석할 때 항상 한보 사태와 함께 거론되는 대형 사건으로 기록되었다.

부도가 나기 전 기아그룹은 국내에만 계열사가 28개가 있고 해외에도 10여 개의 현지법인을 거느리고 있었다. 다른 재벌과는 달리 소유와 경영이 분리되어 김선홍 회장을 중심으로 하는 전문 경영인들이 마치 오너처럼 지배하는 그룹이었다. 주식도 비교적 광범위하게 분산되어 있어 '국민기업'으로 불렸고 노동조합이 경영에 막강한 영향력을 행사했다. 그러나 성장의 이면에는 부실도 확대재생산되고 있었다.

기아차는 대우차에 밀려 1997년 업계 3위로 처졌고 계열사인 아시아차의 적자도 증가했다. 계열사인 건설회사 기산은 건설 경기 퇴조로 1조 원 이상의 자금이 묶이고 기아특수강은 적자를 기록했다. 이렇게 주력사들이 비틀거리는 상황에서 연초부터 한보 등 유수 재벌들의 부도가 잇따라 자금시장이 경색되자 기아도 자금 압박에 시달렸다.

정부는 기아의 부도 처리를 한동안 고민하다가 7월 15일 부도를 유예해주었으나 결국 10월 22일 법정관리로 처리했다. 1998년 12월 기아자동차에 대한 금융감독원의 특별감리 결과는 또다시 온 국민을 경악시켰다. 1944년 설립 이후 단 1년만 흑자를 냈는데도 장부상으로는 매년 흑자인 것처럼 분식회계 처리했던 것이다.

대기업의 연쇄 부도는 금융기관의 과다한 외화 차입과 맞물리면서 시장에 부도 공포감을 확산시켰다. 국가 신용도까지 급격히 하락해 외국인 투자가들의 자금이 일시에 빠져나가면서 사상 초유의 IMF 환란이 이 나라를 덮쳤다. 정태수는 물론 한보로부터 돈을 받은 정치인과 10여 명의 전직 은행장이 쇠고랑을 찼고, 소통령으로 불리던 김영삼 대통령의 차남 김현철도 구속되었다.

과도한 차입, 로비를 통한 유착, 총수의 독단, 엉성한 내부관리, 도덕적 타락, 전근대적 경영 등으로 요약되는 한보그룹은 한국 재벌의 문제를 총체적으로 드러낸 축소판이었으며, 한보그룹의 부도는 정부의 산업정책이 종래 정부 주도 일변도에서 시장경제체제로의 전환을 예고하고 IMF 관리체제로 편입되는 신호탄이었다. 이른바 개발경제 시대의 종언을 고하는 조종이었다.

IMF 환란
정경 유착, 차입 경영, 금융 부실, 부패 관행, 족벌 경영 등의 병폐들도 국가 부도의 주요 원인이었다.

1997년 신년 벽두부터 한보철강이 5조 원대의 부도를 내더니 3~6월 사이에 삼미, 진로, 대농, 한신공영 등 대기업들의 부도가 연쇄적으로 이어졌다. 급기야 7월 15일 재계 순위 8위이던 기아자동차가 사실상의 부도를 내면서 한국 경제에 음산한 그림자가 드리우기 시작했다. 대외 여건도 악재투성이었다. 해외 투기자본(헤지펀드)의 바트화 대량 매각을 50여 일 동안 방어하던 태국 정부가 외환 보유고 고갈로 더 이상 버티지 못하고 마침내 항복을 선언한 이른바 7월 2일의 '바트화 포기 선언'도 한국 경제를 수렁 속으로 빠져들게 하는 데 결정적으로 영향을 미쳤다.

아시아 금융위기가 본격적으로 시작된 것인데도 우리 정부는 "우리 경제의 펀더멘틀(기초경제여건)이 여전히 좋다"며 낙관론을 폈다. 경상수지 적자가 40억 달러(1994), 86억 달러(1995), 231억 달러(1996)로 급증하는데도 자본시장 개방과 제2금융권의 달러 조달 급증에 따른 자본수지의 대규모 흑자로 착시현상에 빠져 있었던 것이다.

금융기관의 달러 조달은 7월의 기아 부도 사태 이후 사실상 중단되었다. 결국 은행과 종합금융사들은 8월 12일 만기가 도래한 달러 상환분에 대해 "도저히 갚지 못하겠다"며 이른바 '외화 부도'를 선언했다. 그날 밤 한국은행이 10억 달러를 풀어 부도를 막아주긴 했으나 또 언제 무슨 일이 터질지 몰라 전전긍긍했다. 금융가에 나돌던 '9월 금융 대란설'을 무사히 넘겨 한숨 돌리는가 싶던 10월 23일 홍콩 항생지수가 10.4%나 폭락하고 우리나라를 포함해 전 세계 주가가 동반 하락하면서 마침내 올 것이 오고 말았다는 자포자기 분위기가 팽배했다. 스탠더드앤드푸어스(S&P)도 AA+(우수)이던 한국의 국가 신용등급을 A+(양호)로 한 단계 떨어뜨려 위기감을 고조시켰다.

그런데도 정부는 여전히 사태의 심각성을 깨닫지 못했다. 재정경제원이 실상을 꼭꼭 숨기며 혼자 고심한 탓에 정부와 언론이 위기의식을 공유하지 못한 것이 주요 원인이었다. 김영삼 대통령은 외형상으로 드러난 주가 하락만 걱정했고 정치권은 2개월도 남지 않은 대통령 선거에만 관심을 쏟았다.

외국자본의 한국 탈출 러시가 계속되는 와중에 10월 28일 미국의 모건 스탠리 투자은행이 작성한 한 통의 보고서가 전 세계 투자자들에게 전달되었다. "긴급, 아시아물(物) 즉각 팔아치울 것." 보고서 내용이 알려지자 10월 28일의 종합주가지수는 전날보다 35.19포인트(6.63%)나 하락해 5년 2개월 만에 500선이 붕괴되었다. 하루 낙폭과 하락률로는 사상 최고치였다. 여기에 11월 5일자 블룸버그 통신의 "한국의 외환 보유고, 20억 달러에 불과하다"는 보도까지 알려지면서 한국 경제는 막다른 골목으로 내몰렸다. 뒤이어 미국의 월스트리트저널도 "연말까지 만기 도래하는 한국의 외채가 800억 달러에 달한다"는 근거 없는 내용을 보도해 사태를 걷잡을 수 없이 악화시켰다.

재정경제원은 "보도가 사실이 아니다"라며 해당 언론사에 반박 서한을 보내는 등 부산을 떨었지만 누구보다 위기 상황을 잘 알고 있었을 재경원이 그랬다는 점에서 그것은 대국민 사기극이나 다름없었다. 물론 일부 내용은 사실과 달랐다. 그러나 그 정도의 오보 때

임창열 경제부총리가 IMF에 구제금융을 요청했다고 발표하고 있다(1997.11.21).

문에 침몰하지 않을 수도 있었던 한국호가 침몰한 것은 아니었다.

6·25전쟁 후 밀려온 최대 위기

11월 5일 홍콩 페레그린증권이 '지금 당장 한국에서 빠져나오라(Get out of Korea. Right Now!)'는 보고서로 한국 경제에 치명타를 날리는 등 경고 사이렌이 잇따라 울려대는데도 강경식 부총리를 수장으로 한 경제팀은 대책을 마련하지 못했다. 결국 김영삼 대통령은 11월 10일 비공식 채널을 통해 사태의 심각성을 전해 듣고 그날 밤 이경식 한은 총재와 통화한 후 IMF행을 결심했다. 그리고 11월 14일 강 부총리에게 IMF행을 지시함으로써 마침내 IMF 환란이라는 쓰나미가 우리 경제를 덮치기 시작했다.

11월 16일 미셸 캉드쉬 IMF 총재가 극비리에 방한, 강경식 부총리를 비롯해 이경식 한은 총재와 극비 회담했다. 양측은 ▲11월 19일 한국 정부가 구제금융 지원을 신청하고 ▲IMF는 구제금융 신청 이튿날인 20일 실사단을 한국에 파견하며 ▲300억 달러 중 1차분은 연내에 지원이 이뤄지도록 최대한 노력한다는 데 합의했다.

11월 19일 결국 강경식 부총리가 물러나고 임창열 통상부 장관이 새 부

총리에 임명되었으나 그날 한국 정부는 캉드쉬에게 11월 19일 IMF행 발표를 약속해 놓고도 발표를 하지 않는 어처구니없는 실수를 저질렀다. 국가 부도 상황인데도 강 부총리가 후임자에게 아무런 내용도 알리지 않은 채 그냥 사무실을 떠나고 김 대통령 역시 특별한 지침을 내리지 않아 임창열 신임 부총리가 IMF행 발표 합의 사실을 몰랐던 것이다. IMF 측으로부터 "정말 종잡을 수 없는 정부"라는 비난을 듣게 된 이 실책 하나만 보더라도 당시 우리 정부의 위기관리 시스템이 어떠했는지를 짐작할 수 있다.

임 부총리는 11월 21일 저녁, 김영삼 대통령과 김대중·이회창 대통령 후보가 만난 청와대 회동에서 IMF행에 대한 동의를 구한 뒤 그날 밤 10시 50분쯤 'IMF 지원 요청 계획'을 발표했다. 11월 29일 새벽에는 IMF 협상단이 우리 정부 협상단에 자금 지원 조건을 제시했다. '대기성 차관의 정책이행 조건'이란 명칭의 문건, 이른바 합의서 초안이었다. '한국 정부는 앞으로 3년간 IMF와 합의한 대기성 차관협정을 수용하는 조건으로 IMF로부터 재정 지원을 받는다'로 시작하는 합의서 초안에는 3년간의 경제조정 프로그램 내용이 조목조목 적혀 있었다.

협상 조건을 꼼꼼히 읽어보던 한국 협상단의 얼굴은 점점 어두워졌다. IMF가 제시한 조건을 그대로 수용하기에는 한국 경제와 국민들이 겪어야 할 고통이 너무 컸기 때문이다. 이후 양측 협상단은 5일 동안 10차례 이상 합의서 초안을 수정하고 또 수정했다.

12월 3일 오전 7시 35분 캉드쉬 IMF 총재가 또다시 입국했다. 마지막으로 한국 정부를 굴복시키기 위해 방한한 것이다. 캉드쉬는 임창열 부총리와 회의 도중 갑자기 3당 대통령 후보의 각서를 요청했다. 결국 재경원 간부들이 총출동해 한나라당 이회창 총재, 국민신당 이인제 후보, 국민회의 김대중 후보로부터 우여곡절 끝에 각서를 받아냈다.

그리고 12월 3일 오후 7시 40분 임창열 부총리와 이경식 한은 총재가 캉드쉬 IMF 총재가 지켜보는 가운데 IMF 구제금융을 위한 정책이행 각서에 서명하고 이틀 후 IMF 1차 지원금 56억 달러가 국내에 입금됨으로써 한국 사회를 뿌리째 흔들어 놓은 IMF 관리체제가 시작되었다. 1950년 6·25전쟁 후 찾아온 최대 위기였다. 과도하게 싼 외채 의존 → 원화절상 방관 → 수출 둔화 → 경상적자 누적 → 순외채 증가의 악순환이 반복되는 과정에서 지불능력에 위기가 발생한 것이 IMF 환란의 1차적인 원인이었지만 30년의 고속성장 과정에서 누적된 정경 유착, 차입 경영, 금융 부실, 부패 관행, 족벌 경영, 불투명성 등의 병폐들 역시 국가 부도의 주요 원인이었다.

부익부 빈익빈의 양극화 심화되고 무한경쟁의 각박한 현실 일상화돼

IMF 구제금융 신청 후, 한국 경제는 격변의 소용돌이로 빠져들었다. 고통은 컸고 후유증은 심각했다. IMF 구제금융 신청을 전후로, 1997년 당시 30대 그룹의 절반가량이 간판을 내리는 등 부실기업들이 줄줄이 퇴출되었다. 대기업은 무너지지 않는다는 대마불사의 신화도 일순간에 무너졌다. 30%가 넘는 고금리에 중소기업들은 주저앉았고 영세상인들은 가게문을 닫고 길거리로 내몰렸다. 살아남은 기업들도 줄일 것은 줄이고 버릴 것은 버리며 생존하는 데 급급했다.

기업 입장에서 가장 손쉬운 방법은 정리해고였다. 구조조정이라는 미명하에 마치 장마철 오·폐수를 강물에 흘려보내듯 너나없이 직원들을 강물로 흘려보냈다. 누구도 항변 한 번 못하고 쓸려가는 분위기였다. 구조조정은 가정의 붕괴로 이어져 자살자와 노숙자가 넘쳐났다. 남아 있는 직장인들은 비정규직으로 전환을 강요받거나 감봉을 받아들여야 했다. 평생직장과 종신 고용의 개념은 옛이야기로 묻혀버렸다.

직장인들 사이에 '사오정'(45세 정년퇴직), '오륙도'(56세까지 남아있으면 두둑놈)라는 말이 유행했고, 시중에는 IMF를 변형해 "I am fired(나 해고됐어)", "I am F(나는 F 학점)", "I am a fly(나는 파리목숨)" 등의 유행어가 술안주로 올랐다. 주부들은 '아나바다'(아껴 쓰고 나눠 쓰고 바꿔 쓰고 다시 쓰자)를 곱씹으며 허리띠를 졸라맸고 젊은이들은 일자리가 없어 고통의 터널을 지나야 했다.

IMF의 위기 상황이 한풀 꺾이면서 모든 기업과 직장인은 원하든 원하지 않든 IMF가 제기한 '노동시장 유연성' 정책에 따라 '경쟁과 효율'을 핵심으로 하는 국제표준(글로벌 스탠더드)의 러닝머신에 올라타야 했다. 혹자는 이를 두고 "재앙의 옷을 입고 찾아온 축복이 IMF"라고 했다. 일본이 10년간 하지 못해 장기 불황을 초래했던 금융 노동시장 개혁을 비록 타의에 의한 것이지만 우리가 한순간에 해냈다는 것이다. 변화는 거침없이 진행되었다. 정리해고가 법제화되고 미국식 구조조정이 '글로벌 스탠더드'로 인식되면서 "강한 자가 승자가 아니라 승자가 강한 자"라는 인식이 자리 잡았다.

다행히 경제는 서서히 살아났다. IMF 진입 만 2년 만인 1999년 11월 19일 김대중 대통령이 "외환위기를 완전히 이겨냈다"고 선언하고 2001년 8월 23일 마지막 남은 1억 4,000만 달러 차관을 모두 갚아 IMF 관리체제를 3년 8개월 만에 졸업, 한때 국제사회로부터 'IMF 모범생'이라는 칭찬을 들었다.

부실을 털어내고 경쟁력을 높인 기업들은 국제 무대에서 통하는 글로벌 기업들로 속속 탈바꿈했다. BIS(국제결제은행) 기준 자기자본비율이 높아지고 자기자본도 늘어났다. 기업들은 덩치보다 수익 위주로, 대기업들은 경영 목표의 핵심을 매출에서 수익으로 바꾸었다. 빚은 최대한 줄이고 사업은 핵심 역량 위주로 재편했다. 현금 흐름과 수익성을 중시하면서

1997년 말 396%까지 치솟았던 제조업 평균 부채 비율은 2006년 6월 현재 80%까지 떨어졌다. 건전성 지표인 BIS(국제결제은행) 자기자본 비율도 1997년 말 7.04%에서 2006년 6월 말 13.7%까지 상승하는 등 건전성이 대폭 강화되었다. 1997년 말 204억 달러에 불과하던 외환 보유고는 2006년 11월 2,342억 달러로 늘어났다. 2014년 5월 현재 외환 보유고는 3,609억 달러다.

이처럼 외형상의 화려한 실적에도 불구하고 경제는 10년이 지나도록 불황의 터널을 벗어나지 못했다. 유동성 위기라는 측면에서, IMF 경제위기를 극복했다는 김대중 정부의 말은 맞았으나 이 때문에 국민들이 너무 빨리 안심하는 결과를 초래했고 정부 개혁의 고삐도 늦춰졌다. 성급한 낙관론 때문에 구조조정 노력이 실종되었고 결과적으로 우리 경제가 만성적인 침체의 늪에서 벗어나지 못하는 악순환의 늪에 빠진 것이다.

1999년 9.5%까지 치솟던 성장률은 벤처 거품이 꺼지기 시작하면서 2001년 들어 다시 3%대로 추락했다. 다급해진 정부가 급하게 꺼내든 카드가 바로 내수 부양이었다. 2002년 수면 위로 떠오르기 시작한 카드 대란의 전주곡이었다. 가계 부채는 눈덩이처럼 불어났다. 함께 밀려온 신자유주의 문화도 우리 사회를 송두리째 바꿔놓았다. 부익부 빈익빈의 양극화는 더욱 심화되었고 무한경쟁의 각박한 현실은 일상화되었다.

금 모으기　　1997년 11월 말, 우리나라가 IMF로부터 구제금융을 받게 되었다는 소식이 전해졌다. 서울지검 소속 20여 명의 검사도 고통을 분담하자며 회의를 열었다. 당시 사회 각계에서 활발히 논의되고 있는 '달러 모으기'에 동참하자는 쪽으로 의견이 모아지고 있을 때 이종왕 형사1부장이 새로운 의견을 제시했다. "해외여행도 가지 않는 검찰 직원들이 무슨 달러가 있겠느냐"며 "금을 모으자"고 제안했다.

송월주(왼쪽) 조계종 총무원장과 김수환 천주교 추기경(왼쪽에서 두 번째)이 '외채상환 금모으기 범국민운동 발대식'에 참석해 금붙이를 내놓고 있다(1998.1.12).

생뚱맞다는 표정을 짓고 있는 검사들을 향해 이 검사는 "우리나라는 주요 금 수입국으로 한 해 60억 달러를 수입한다"며 "전국 각 가정의 장롱 속에 사장되어 있는 금붙이를 모으면 엄청난 양의 금 수입을 억제해 외화 유출을 줄일 수 있을 것"이라고 목소리에 힘을 주어 말했다. 세계를 놀라게 한 '금 모으기'가 첫걸음을 떼는 순간이었다. 서울지검 검사와 직원들은 12월 1일부터 시작한 '장롱 속 금반지 모으기 운동' 하루 만에 금붙이 200돈쭝을 모으더니 연말까지 2.4kg(2,492만 원)이나 되는 금을 모았다. 이 검사는 이때의 공로를 인정받아 홍조근정훈장을 받았다.

금 모으기라는 기발한 아이디어가 알려지자 전국 곳곳에서 금 모으기 운동이 전개되었다. 은행들은 금 위탁·헌납 고객에게 우대금리를 주는 저축상품을 판매해 운동을 독려했고 남녀노소를 막론해 전 국민은 신국채보상운동에 기꺼이 동참했다. 개인적으로 6,000만 원어치의 금(3.57kg)을 선뜻 내놓은 사람이 있는가 하면 야구선수 이종범은 황금방망이, 골든글러브, 황금야구공 등 1,200만 원 상당의 금 240돈쭝을 내놓아 화제가 되었다.

애들 돌반지는 기본이고 장기근속 기념품인 메달이나 황금열쇠 같은 것들도 무더기로 쌓였다. 위안부 피해 할머니들도 금반지를 내놓았고 재외동포들까지도 팔을 걷었다. 다만 부유층의 장롱 속에 있을 '골드바'는 가뭄의 콩이었다. 정부가 부유층의 참여를 독려하기 위해 "출처를 묻지도 않고 탈세 여부를 추궁하지도 않겠다"라고 공언까지 했지만 호응은 미미했다. 금 모으기가 전국적으로 확산되면서 저울 품귀 현상이 빚어지기도 하고 귀금속 유통이 얼어붙어 전국의 금은방이 개점휴업 상태를 겪기도 했다. 금 모으기는 이처럼 한국인들의 애국심으로 발전해 그야말로 쓰나미처럼 전국을 휩쓸었다.

하지만 금 모으기에 고개를 갸웃거리는 사람도 많았다. "환율 폭등으로 가뜩이나 금 들여오기가 어려운데 들어온 금마저 내다 팔면 어떡하느냐"는 것이다. 일부 경제 전문가들은 "전시도 아닌데 마지막 지불수단을 소진하는 것이 옳은가"라고 물으며 "장차 금 부족 현상으로 금 파동이 올 수 있다"고 경고하기도 했다.

외국인들은 운동을 지켜보면서 두 번 놀라는 모습이었다. 국민의 단결력과 애국심에 한 번 놀라고 엄청나게 쏟아지는 금의 양을 보고 또 한 번 놀랐다. 당시 한국의 금 보유량은 1995년 말 기준으로 2,700t 이상이었다. 국제가격으로는 270억~300억 달러로 추산되었다. 밀수한 금을 포함하면 실제 금 보유량은 훨씬 많은 것으로 추정되었다. 이런 상황에서 금 모으기 운동의 여파로 1개월 만에 국제 금값이 18년 만에 최저 수준으로 떨어지고 아시아 각국까지 동참한 뒤로는 폭락하기까지 했다.

이 과정에서 눈살을 찌푸리게 하는 일도 있었다. 금 수집 및 판매업체가 가짜 세금계산서를 발급하는 수법으로 912억 원의 세금을 포탈하는가 하면 일부 백화점은 금을 받고 현금 대신 자사의 상품권을 주다가 거센 항의를 받기도 했다. 일부 초중고에서는 금을 냈다는 증서 사본을 제출하도록 해 학부모의 빈축을 샀는가 하면 부잣집 대문에 "금괴 내놓으라"는 문구를 붙이고 다니는 시민들도 있었다.

행정자치부가 6개 금융기관 주도로 펼쳐온 금 모으기 운동을 1998년 3월 14일자로 마감한 결과 349만 명이 운동에 참가해 225t(21억 7,000만 달러 상당)의 금이 모인 것으로 집계되었다. 이 중 196.3t(18억 2,000만 달러)은 수출하고 3.04t은 한국은행이 매입했다. 또 참여 인원 가운데 2만 1,000명은 금 187kg을 대가를 받지 않고 기탁했으며 1,735명은 국채를 사는 형식으로 131kg을 위탁했다.

기간별 수집량을 보면 금 모으기 운동이 시작된 1월에 가장 많은 166t 이 모였고 2월에 54t, 3월에 5t이 각각 수집되었다. 이렇게 모인 금은 1월 과 2월 각각 5억 8,000만 달러, 10억 5,000만 달러 어치가 수출되어 무역 수지 흑자 폭을 끌어올리는 데 크게 기여했다.

김대중 제15대 대통령 당선
그에게는 늘 환호와 비난이라는 양 극단의 반응이 따라다녔다.

'인동초'라고 했다. 혹독한 추위를 견뎌내고 초여름에 꽃을 피우는 이 덩굴식물만큼 그의 85년 인생을 적절히 표현하는 말도 찾기 어렵다. 인동초 김대중(1924~2009)의 정치 역정은 영욕과 부침, 환희와 좌절, 은퇴와 재기가 교차한 한 편의 드라마였다. 그에게는 늘 환호와 비난이라는 양 극단의 반응이 따라다녔다. 지지자들로부터는 "선생님", 비판자들로부터는 "거짓말쟁이"로 불렸던 것도 이런 반응의 연장선이었다. 비난은 그 자신이 뿌린 씨앗의 결과이기도 하지만 군사정권이 씌운 올가미의 짙은 그림자이기도 했다.

김대중은 정치적으로는 야당, 지역적으로는 호남, 학력으로는 상고 출신의 마이너리티였다. 이 때문에 늘 권력과 기득권층의 견제와 감시와 탄압을 받으며 가시밭길을 걸었다. 그러나 그러면 그럴수록 호남 사람들이 보내는 무한의 신뢰와 야당 지지자들의 절대적인 호응을 얻어 질긴 생명력의 인동초가 될 수 있었다.

그의 집권은 정부 수립 이후 50년 만의 여
야 간 첫 정권 교체이자 1961년 5·16 군사
쿠데타 이후 36년 만의 '비영남 집권세력'의
등장이라는 점에서 정치사적 의미가 크다.
소수와 다수, 주변부와 중심부가 바뀐 것으
로 의미를 확장하면 그의 당선은 사회·문화
적인 하나의 '사건'이었다.

김대중(1924~2009)

1997년 12월 18일 치러진 대통령 선거 결과, 국민회의 소속 김대중은
총 유효투표의 40.3%인 1,032만 6,000여 표를 얻어 제15대 대통령에 당
선되었다. 한나라당의 이회창은 39만여 표 뒤진 993만 5,000여 표(38.7%),
국민신당의 이인제는 492만 5,000여 표(19.2%)를 얻는 데 그쳤다. '만년 2
인자' 김대중이 이회창을 누르고 박빙의 승리를 거둘 수 있었던 데는 정
권 교체에 대한 갈망, IMF 경제난을 부른 집권당에 대한 책임 추궁 등 여
러 이유가 있었다. 하지만 무엇보다 통상 여권 우세 지역으로 분류되어온
충청권이 5년 전보다 훨씬 많은 표를 몰아준 것이 결정적으로 작용했다.

김대중은 목포 앞바다 하의도에서 태어나 목포상고를 졸업하고 해운회
사에 취직했다. 해방 후에는 해운회사의 관리인으로 사업 수완을 발휘해
청년 실업가로 성장했다. 6·25전쟁이 한창이던 1950년 9월 공산군에 붙
잡혔다가 목포형무소에서 탈출하는 데 성공해 생애 4번의 죽을 고비 중
첫 번째 고비를 극적으로 넘겼다.

정치 입문 과정은 멀고도 험난했다. 1954년 목포에서 3대 민의원에 출
마·낙선한 것을 비롯해 1959년 강원 인제 보궐선거, 1960년 5대 민의원
선거까지 잇따라 고배를 마셨다. 이 때문에 재산이 바닥나고 1959년 첫
부인과 사별하는 등 고통의 나날을 보냈다. 1961년 5월 13일 천신만고 끝

에 강원 인제 보궐선거에서 민의원으로 당선되어 생애 첫 금배지를 달았으나 사흘 후 터진 5·16 군사쿠데타로 의원 선서조차 못하고 다시 꿈을 접어야 했다. 박정희와의 첫 악연이었다.

1962년 이희호와 재혼, 가정적으로 안정을 되찾고 1963년 목포에서 당선된 것을 시작으로 이후 10년 동안은 화려한 정치인의 길을 걸었다. 국회 개원 초기 6개월 동안 본회의에서 13차례나 발언하고 김준연 의원의 구속동의안 처리를 둘러싸고 여야가 대치 중이던 1964년 4월 20일에는 무려 5시간 19분 동안 필리버스터(의사진행 지연 작전)를 진행해 강한 인상을 심어주었다. 그때의 발언은 지금까지도 깨지지 않는 원내 최장시간 발언으로 의정사에 기록되어 있다.

영욕과 부침, 환희와 좌절, 은퇴와 재기가 교차한 한 편의 드라마

평생의 라이벌이자 정치적 동지인 김영삼과 질긴 인연을 시작한 것은 1968년 6월이었다. 당시 김대중은 유진오 총재에 의해 신민당의 원내총무로 지명을 받았는데도 김영삼의 견제로 총무 인준을 받는 데 실패해 분루를 삼켜야 했다.

그러나 김영삼과의 두 번째 대결인 1970년 대선 후보 지명 경선에서는 '40대 기수론'의 선두 주자이던 김영삼에게 대역전극을 펼쳐 통쾌한 승리를 거뒀다. 1971년 신민당 후보로 출마한 대통령선거에서는 공화당 박정희 후보에게 95만 표라는 근소한 표차로 석패했다. 이 선거를 계기로 김대중은 정치 거물로 성장했으나 그를 정적으로 지목한 박정희 정권에 의해 이후 혹독한 시련을 겪어야 했다.

1971년 5월에는 테러로 의심되는 자동차 사고로 생애 두 번째 죽을 고비를 넘겨 평생 다리를 절었고, 1973년 8월에는 1972년 10월 유신 선포 후 머물고 있던 일본 도쿄에서 납치되어 세 번째 죽을 고비를 넘겼다.

1976년 '3·1 민주 구국선언'을 주도, 2년간 복역한 뒤 가택연금되었다가 1980년 '서울의 봄' 때 사면 복권되어 자유를 누렸다. 하지만 그것도 잠시뿐 전두환 신군부의 등장과 함께 다시 투옥되어 1981년 1월 '김대중 내란 음모 사건'으로 대법원에서 사형 선고를 받았다.

국제 여론 덕분에 목숨을 건진 그는 1982년 12월 미국으로 망명길에 올랐다가 1985년 2월 2·12 총선을 앞두고 귀국, 신민당 총선 승리의 견인차가 되었다. 1987년 노태우의 6·29선언으로 대통령 직선제를 쟁취했지만 이때부터 야권은 또다시 분열을 거듭했다. 그는 김영삼과 후보를 단일화하라는 국민적 기대를 저버리고 평민당을 급조해 대선 출마를 강행했다가 노태우, 김영삼에 이어 3위에 그치면서 군부 통치 종식이라는 국민적 기대를 저버렸다는 비난을 뒤집어썼다. 김대중은 후일 이를 두고 "씻을 수 없는 천추의 한"으로 표현했지만 당시 단일화 실패에 대한 책임의 절반 이상은 분명 김대중에게 있었다.

1988년 총선 때 황색 돌풍과 함께 재기에 성공하고 1992년 다시 대선에 도전했으나 김영삼에게 쓴잔을 마시고는 정계 은퇴를 선언한 뒤 영국으로 떠났다. 그러다가 1993년 7월 귀국 후 아태평화재단을 통한 우회 방식으로 정계 복귀를 시도했다. 1995년 7월 "대통령병 환자"라는 비난을 무릅쓰고 정계 복귀를 선언한 후 호남을 기반으로 새정치국민회의를 창당함으로써 정계에 복귀했으나 1996년 4·11총선에서는 자신의 오랜 지지 기반이던 서울에서도 패배, 위기를 맞는 듯했다. 하지만 그는 대통령선거 출마를 강행했다.

그의 당선은 사회·문화적인 '사건'

1997년 7월 중순, 신한국당의 이회창 대표가 대선 후보로 선출되었을 때 김대중의 지지율은 'DJ 불가론'에 밀려 좀처럼 회복하지 못했다. 당시 여론조사 지지도는 25% 정도에 불과해 40% 안팎으로 앞서가던 이회창 후보의 경쟁 상대가 되지 못했다. 그러나 7월 말 이회창의 두 아들이 병역 시비에 휘말리면서 상황이 급변하기 시작했다. 훗날 병역기피는 날조된 것으로 밝혀졌지만 이로 인해 이회창의 지지도는 곤두박질쳤다. 반면 김대중은 꾸준히 상승세를 타며 이때 이후 한 번도 1위 자리를 내놓지 않았다.

9월 중순 이인제 당시 경기지사의 대통령 출마 선언은 김대중에겐 기대하지도 않았던 또 하나의 낭보였다. 김대중은 야권 단일후보인 자신과 이회창·이인제의 여권 분열이라는 3자 구도 유지를 선거 전략의 기본으로 삼았다. 특히 11월 3일 DJP(김대중·김종필) 연대 발표는 승부에 쐐기를 박은 결정타였다. 당시 김종필은 충청 지역의 맹주였다. 선거 직전에 터진 IMF 상황도 '준비된 대통령'을 슬로건으로 내건 김대중의 입지를 강화해주었다. 대통령 당선 후 김대중은 승리의 감격을 누릴 여유도 없이 당선 이튿날부터 IMF 외환위기 극복을 위해 힘든 나날을 보냈다. 한국은 2001년 8월 IMF에서 빌린 돈을 모두 갚아 조기 졸업에 성공했다.

김대중의 트레이드 마크는 햇볕정책이었다. 취임 첫해인 1998년 11월 분단 이후 처음으로 금강산 관광길을 열었던 그는 재임 중 북한 잠수정 침투, 금강산 관광객 억류, 제1연평해전 등으로 여러 난관에 봉착하면서도 대북 포용정책 기조만은 포기하지 않았다.

2000년 6월 마침내 북한 김정일과의 남북 정상회담을 성사시키고 대규모 이산가족 상봉이라는 인도적인 성과도 이뤄냈다. 남북한 경제 협력모델인 개성공단도 그의 작품이었다. 일련의 이런 햇볕정책은 반세기 동안 남북을 굳게 가로막고 있던 분단의 벽을 허물어 남북 화해와 통일의 기반을 구축했다는 긍정적인 평가를 받았다. 그 덕에 김대중은 2000년 노벨평화상을 수상했다.

하지만 이런 긍정적 평가와 달리 남북 정상회담을 성사시키는 과정에서 현대 측이 5억 달러를 북에 제공한 사실이 퇴임 후 알려지고 햇볕정책을 통해 북에 전달된 각종 현금 지원이 북의 핵 개발 자금으로 이용되었다는 의혹이 제기되면서 비난의 목소리가 높아졌다. 공과를 둘러싼 보수·진보 진영 간의 격렬한 논란은 남남 갈등이라는 상처를 남겼다.

그의 유화적인 대북 화해 협력 정책에도 불구하고 북한이 2006년, 2009년, 2013년 3차에 걸쳐 핵실험을 강행함으로써 햇볕정책과 통일론은 빛이 바랬다. 퇴임 후 국민들은 IMF 관리체제의 외환위기 극복과 월드컵 성공 개최 등에 대해서는 상대적으로 후한 점수를 주었으나 두 아들과 최측근인 권노갑이 비리 사건에 연루되어 구속되는 등 권력 핵심의 부정부패와 일방적인 대북지원 등에 대해서는 부정적으로 평가했다.

대법원 '성공한 쿠데타' 유죄 판결
짧게는 1년 4개월, 길게는 17년 동안 끊이지 않던 5공 정권에 대한 합법성 논란이 마침표를 찍었다.

"폭력에 의하여 헌법기관의 권능 행사를 불가능하게 하거나 정권을 장악하는 행위는 어떠한 경우에도 용인될 수 없다." 국내외의 지대한 관심을 끌며 '세기의 재판'이 내린 이 판결문 하나로 "힘이 곧 정의"이고 "성공한 쿠데타는 처벌할 수 없다"는 우리 사회의 오랜 관행이 근본부터 부정되면서 대한민국 현대사는 다시 쓰이게 되었다.

1997년 4월 17일, 대법원이 '12·12와 5·18 사건 및 전두환·노태우 전 대통령 비자금 사건'에 대한 상고를 기각함으로써 짧게는 1년 4개월, 길게는 17년 동안 끊이지 않던 5공 정권 출범에 대한 합법성 논란이 마침표를 찍었다. 대법원의 상고 기각에 따라 전두환·노태우 두 전직 대통령의

법정에 선 전두환(오른쪽)과 노태우(1996.12.16)

최종 형량은 항소심 재판부가 선고한 무기징역(전두환)과 징역 17년(노태우)으로 확정되었다. 함께 재판에 회부된 다른 신군부 세력들도 징역 8년에서 3년 6개월로 확정되었다. 황영시·허화평·이학봉은 8년, 정호용·주영복은 7년, 허삼수·유학성 등은 징역 6년 등을 선고받았다. 대통령에게 뇌물을 제공한 혐의로 기소된 기업인들은 집행유예 처분을 받았다.

대법원이 "성공한 쿠데타라고 해도 군사 반란 및 내란 행위로 규정하는 것이 불가피하다"고 판결함으로써 12·12 사건은 군사 쿠데타로, 5·18 사건은 내란 목적 살인 행위로 역사에 남게 되었다. 이는 굴절되고 왜곡된 역사에 대해 분명한 청산 과정 없이 넘어가기만 했던 우리 현대사의 어두운 부분 하나가 공식적으로 청산되었음을 의미했다.

대법원은 또한 6·29 선언일인 1987년 6월 29일을 내란 종료 시점으로 삼은 항소심 결정과 달리 비상계엄 해제일인 1981년 1월 24일을 종료 시점으로 삼아 문제가 더 이상 확대되는 것을 경계했다. 대법원의 이 같은 결정은, 6·29 선언일을 내란 종료 시점으로 규정할 경우 5공 정권 자체가 불법 정권이 되어 당시 이뤄진 모든 법률적·행정적 행위가 무효화되고 이 때문에 집권 기간 7년 동안의 모든 통치 행위마저 부정되어 파장이 일파만파로 커지는 것을 우려했기 때문인 것으로 알려졌다. 광주 학살 책임자를 규명하지 못한 점과 신군부의 집권 기간 내내 가장 핵심적인 위치에 있던 최규하 전 대통령의 증언을 끝내 듣지 못한 점 등은 아쉬운 대목으로 지적되었다.

대법원의 확정판결 후 전두환·노태우 두 전직 대통령은 8개월을 더 감옥에서 지내다 1997년 12월 22일 김영삼 대통령의 특별사면으로 수감 생활 2년 만에 석방됨으로써 1979년 12월 12일 시작된 한국 현대사 최대 드라마는 18년 만에 대단원의 막을 내렸다.

굴절된 역사가 제자리를 잡기까지는 우여곡절의 연속이었다. 1987년의 6·29선언 쟁취에도 불구하고 김영삼·김대중의 후보 단일화 실패로 노태우에게 정권이 넘어가면서 12·12와 5·18 주도 세력에 대한 단죄는 기약할 수 없었다. 그러나 현명한 국민은 양김(兩金)의 행태에 실망하면서도 1988년 여소야대 국회를 만들어 12·12와 5·18에 대해 법적으로 추궁할 수 있는 단초를 제공했다.

"성공한 쿠데타는 처벌할 수 없다"는 관행 부정돼

1988년 6공 정권의 출범과 함께 속속 드러나기 시작한 전두환의 친인척 비리는 국민의 분노에 불을 질렀다. 결국 전두환은 1988년 11월 23일 대국민 담화를 발표한 뒤 서둘러 백담사로 떠나야 했다. 전두환의 백담사행으로 12·12와 5·18 사건은 면죄부를 받아 모두 역사의 뒤안길로 사라지는 듯했다. 그러나 김영삼 대통령이 1993년 5월 13일, 12·12 사건을 '하극상에 의한 쿠데타적 사건'으로 규정하고 과거 청산 의지를 밝히면서 다시 현안으로 떠올랐다.

12·12 사건 때 부하들로부터 치욕을 당했던 정승화 전 육군참모총장 등 22명이 1993년 7월 19일 전두환·노태우 등 38명을 반란 및 항명 등으로 검찰에 고소·고발하면서 12·12와 5·18 사건이 사법부의 심판대에 오르는 듯했다. 그러나 검찰은 전두환을 '반란 수괴'로 규정하면서도 "성공한 쿠데타는 처벌할 수 없다"는 논리를 내세워 1994년 10월, 불기소 처분

을 내렸다.

정승화는 서울고검과 대검에 항고와 재항고를 했지만 모두 기각되어 다시 헌법재판소에 헌법소원을 냈다. 헌법재판소 역시 1995년 1월 20일 "검찰의 기소유예는 정당하다"고 결정, 법적 추궁이 무산되는 듯했다. 이렇게 역사 속에 묻혀버릴 뻔했던 사건은 10개월 뒤 갑작스럽게 수면 위로 떠올랐다. 1995년 10월 19일 민주당 박계동 의원이 신한은행 서소문 지점에 예치된 정체불명의 300억 원 예금계좌를 제시하며 "노태우 씨의 4,000억 원 비자금 중 일부"라고 폭로한 것이 계기가 되었다. 어쩔 수 없이 다시 비자금 수사에 착수한 검찰은 1995년 11월 16일 사상 처음으로 전직 대통령인 노태우를 비자금 조성 혐의로 구속했다.

뒤이어 11월 24일 김영삼 대통령이 '역사 바로 세우기'를 선언하고 '5·18 특별법' 제정을 공식화하자 검찰은 그제야 '12·12 및 5·18 사건 특별수사본부'를 설치하고 '성공한 쿠데타'와 대통령 재임 시절 조성한 비자금에 대한 전면 재수사에 나섰다. 문민정부의 이 같은 방침에 반발, 전두환은 12월 2일 이른바 '골목 성명'을 발표한 뒤 고향인 경남 합천으로 낙향했으나 하루 만에 서울로 압송되어 구속 수감되었다. 노태우 비자금 사건에 대한 수사도 상당히 진척되어 재벌 그룹 회장들이 노태우에게 뇌물 및 정치자금을 준 혐의로 줄줄이 검찰에 소환되어 조사를 받았다.

12·12 관련자 35명과 5·18 관련자 47명에 대해 재조사를 시작한 검찰은 1995년 12월 21일 국회가 공소시효를 연장하는 '5·18 특별법'을 공포하자 군형법상의 반란 수괴 및 내란 등의 혐의를 적용해 전두환·노태우를 추가 기소했다. 그러나 내란죄 및 군사반란의 공소시효가 15년이므로 특별법이 소급입법에 해당한다는 위헌 논란이 있자 1996년 2월 16일 헌법재판소가 "5·18 특별법은 헌법에 위반되지 않는다"는 합헌 결정을 내림으로써 검찰의 기소에 정당성을 부여해 주었다.

검찰은 1996년 2월 28일 전·노를 비롯한 피고인 16명을 내란 및 군사반란 혐의 등으로 최종 기소함으로써 수사를 마무리 지었다. 공을 넘겨받은 1심 재판부는 1996년 8월 26일 전두환 사형, 노태우 22년 6개월을 각각 선고했다. 항소심의 최대 관심사는 1심에서 이뤄지지 못한 최규하 전 대통령의 증언이었다. 최 전 대통령은 여론의 압력에도 불구하고 두 차례나 법원의 소환 요구에 불응하다 강제 구인되는 수모를 당했다. 그래도 끝내 입을 굳게 닫아 "역사에 무책임한 행동"이라는 비판을 들었다.

1996년 12월 16일의 2심 판결에서 전두환은 무기징역, 노태우는 징역 17년으로 감형되었다. 항소심 재판 후 전·노는 "이 사건에 대해 시시비비를 가리는 것은 국익을 위해 바람직하지 않다"며 상고를 포기했으나 2심 판결에 불만을 품은 검찰의 상고로 '세기의 재판'이 마지막 결론을 내릴 수 있었다.

윤호진 연출 뮤지컬 '명성황후' 뉴욕 브로드웨이 공연

좋은 작품에는 문화 장벽 없이 관객이 몰린다는 당연하고도 평범한 진리가 확인된 것이다.

한국의 광복절이던 1997년 8월 15일 저녁. 유엔 외교사절과 교포 2,500명이 뉴욕 브로드웨이 64번가 링컨센터 뉴욕 스테이트 극장으로 모여들었다. 그들을 맞은 것은 뮤지컬 '명성황후'였다. 히로시마 원폭 투하 영상으로 시작된 공연이 명성황후 시해사건 재판이 열린 히로시마 법정으로 이어지는 순간 객석이 조용해졌다. 일본의 낭인들이 명성황후를 시해하는 장면에서는 숨소리 하나 들리지 않았다.

명성황후 역의 김원정은 시종 당당한 목소리로 분위기를 압도했다. 시해당한 명성황후가 흰 비단 옷차림으로 앞서고, 쓰러졌던 조선 백성들이

윤호진(1948~)

일어서 걸어나오는 대합창의 피날레 '백성이여 일어나라'가 끝나고 막이 내렸을 때 관객들은 일제히 자리를 박차고 일어나 8분 동안 기립박수를 쳤다. 마침내 우리가 만든 우리말 뮤지컬이 사상 처음 브로드웨이 무대에서 성황리에 공연을 마친 것이다.

8월 15일부터 24일까지 계속된 12회 공연에서 객석을 채운 관객은 2만 5,000명이었다. 그 가운데 40%는 교포가 아닌 미국인이었다. 공연 성공의 분수령은 까다롭기로 유명한 8월 21일자 뉴욕타임스 리뷰였다. "정말 볼 만한 뮤지컬", "하늘에서 내려오는 황금빛 같은 조명과 무대 세트, 화려한 의상으로 관객들 매료"라는 찬사가 실린 그날부터 2,800석 전석이 매진되어 공연팀을 흥분시켰다. 비디오 아티스트 백남준은 "하늘이 놀랄 일이고 용감한 도전"이었다며 "내 박수 소리가 제일 작았다"고 했다.

이처럼 호평을 받으며 68만 달러(5억 4,000만 원)의 티켓 매출을 기록했으나 170만 달러의 제작비에는 한참 미치지 못해 수지는 적자였다. 공연 기간이 9일밖에 안 되었기 때문에 예상한 결과였다. 그러나 뉴욕 공연은 "우리도 할 수 있다"는 자신감을 심어준 우리 연극사에 한 획을 그은 역사적인 사건이었다.

'명성황후'를 연출한 윤호진(1948~)이 브로드웨이 입성을 꿈꾼 것은 30대 후반에 시작한 미국 유학 때였다. 그는 연극 '신의 아그네스'로 최고의 전성기를 구가하던 1984년 미국 유학을 결심했다. 뉴욕 브루클린 슬럼가에 좌판을 차려놓고 시계 행상으로 돈을 벌어 학비에 보탠 얘기는 유명한 일화다.

1987년 윤호진은 4년간의 뉴욕대 대학원 생활을 끝내고 귀국길에 오르며 "내 손으로 만든 뮤지컬을 들고 브로드웨이에 돌아오겠다"고 다짐했다. 1991년 한국 최초의 뮤지컬 전문극단 '에이콤'을 창단하고 1994년 뮤지컬 '아가씨와 건달들'을 무대에 올려 한국 뮤지컬의 가능성을 선보였다. '아가씨와 건달들'은 뮤지컬이 상업적으로 성공할 수 있다는 자신감을 불어넣어준 우리나라 뮤지컬 시대의 신호탄이었으며 윤호진에게는 '명성황후'를 제작할 수 있는 종잣돈(5억 원) 역할을 했다.

윤호진은 명성황후 시해 100주년이 되는 1995년에 맞춰 뮤지컬을 준비했다. 대본은 이미 소설 '사람의 아들'의 연극화로 신뢰를 쌓은 원작자 이문열에게 의뢰했다. 작곡은 '레 미제라블', '미스 사이공'의 작곡가 클로드 미셸 쉰베르에게, 의상은 한국계 윌라 김에게 의뢰하는 등 국제적인 프로젝트를 구상했다. 하지만 출연할 배우도 12억 원의 총제작비도 부족했다. 결국 쉰베르와 윌라 김은 포기해야 했으나 결과적으로는 잘된 일이었다. 이문열이 쓴 '여우사냥'을 원작으로 연출가 김광림이 각색하고 김희갑·양인자 부부가 작곡·작사를 맡는 등 순 우리 손으로 제작했으니 순수 국산품이 된 것이다. 다만 세계적인 음악의 흐름을 타야 했기에 편곡만은 호주의 피터 케이시에게 맡겼다.

출연진과 스태프 역시 당대 연극계와 뮤지컬계의 1인자들이었다. 명성황후 역은 최고 연극배우 윤석화가 맡았다. 서병구(안무), 김현숙(의상), 박동우(무대), 최형오(조명) 등 각 분야 전문가들이 무대 뒤에서 최고 수준을 뽐냈다. 문제는 역시 돈이었다. 결국 오프닝으로 잡은 1995년 10월 8일을 넘겨 12월 30일에야 막을 올렸다. '명성황후'는 첫 공연부터 관객을 매료시켰다. 4년간의 기획과 2년간의 준비 과정이 결코 헛되지 않았음을 확인하는 순간이었다.

윤석화는 역시 최고였다. 정확한 가사 전달과 노래 솜씨가 일품이었다. 1996년 1월 9일까지 열흘간 3만 5,000여 명의 관객이 몰려들어 1월 11일부터 14일까지 10회 연장 공연을 하고 4월 16일~24일 재공연을 했다. 관객의 호응 덕에 윤호진은 제작비 12억 원을 모두 뽑았다. 그러나 그는 여기서 만족하지 않고 10년 이상 꿈꿔온 브로드웨이에 도전장을 내밀었다. 한국 창작 뮤지컬 사상 첫 시도였다. 제작비가 여전히 부족했으나 윤호진은 "뗏목을 타고라도 가겠다"며 의지를 불태웠다. 공연 한 달 전까지도 계약금을 지불하지 못했으나 김영환 에이콤 후원회장이 윤호진만을 믿고 집을 담보로 잡혀 제작비를 지원해주었다.

돈 문제 말고도 어려움은 또 있었다. 뉴욕 공연에 맞춰 새 명성황후 역을 물색하면서 윤석화와 갈등이 빚어진 것이다. 윤석화는 "캐스팅 변경은 서로 합의해 결정하고 브로드웨이 공연도 함께 사전 협의해 추진한다"고 1996년 1월에 작성한 '합의 각서'를 내밀었다. 1997년 5월엔 "나와 상의하지 않은 캐스팅 변경과 브로드웨이 공연은 계약위반"이라며 윤호진을 고소했다. 그러나 두 사람은 과거 '신의 아그네스' 때 주연과 연출가로 만난 이래 '아가씨와 건달들', '명성황후'까지 화제작을 엮어낸 환상의 콤비였다. 결국 윤호진이 "상처를 줘 미안하다"고 사과하고, 윤석화가 사과를 받아들이면서 사태는 봉합되었다.

뉴욕 공연에는 줄리아드 음악학교 출신의 김원정과 이태원이 더블 캐스팅되었다. 이후에도 국내 공연에 출연한 3명의 배우까지 포함하면 총 6명이 명성황후 역을 맡았지만 지존은 단연 재미교포 이태원이었다. 이태원은 1996년 뉴욕 브로드웨이에서 뮤지컬 '왕과 나'로 데뷔해 왕비 역을 2년 동안 맡았던 실력파 배우였다. 어느 날 '명성황후' 제작사인 에이콤이 미국 현지에서 '먹힐' 배우를 찾고 있다는 소식을 듣고 당장 에이콤에 전화를 걸어 "나를 한번 써보라"고 저돌적인 제의를 하면서 명성황후와 인연이 맺어졌다. 이태원은 이후 14년 동안 '명성황후'에 출연, '명성황후의 대명사이자 아이콘'으로 불리다가 2010년 9월 19일 무대를 마지막으로 명성황후에서 완전히 은퇴했다.

'명성황후'는 2002년 영국 웨스트엔드 무대에 도전할 때 영어 버전을 시도했다. 한국 뮤지컬이 웨스트엔드에 진출한 것도 처음이었고 영어로 공연한 것도 처음이었다. 런던 외곽의 해머스미스 아폴로 극장에서 개막된 2월 1일의 첫날 공연에 3,000여 객석의 절반 정도가 비고, 영국인들의 편견이 섞인 평론으로 스태프들의 힘이 빠지긴 했으나 현지 주요 언론과 공연 전문가들은 한국 뮤지컬의 연출력과 장대한 무대, 그리고 이태원을 비롯한 전 배우들의 가창력에 놀라움을 표시했다.

공연은 2월 16일 성황리에 마쳤다. 런던의 19회 공연에서 얻은 7억 원의 판매 수익 대부분이 1만 5,000여 명의 영국인이라는 점에서는 성공적이긴 했으나 역시 적자는 면치 못했다. 브로드웨이와 웨스트엔드에서 단련된 '명성황후'는 자신감을 갖고 세계 무대 공략에 나섰다. 2004년 캐나다 공연에서는 "이태원은 생명과 바꿀 만한 목소리와 강렬한 연기로 가슴을 미어지게 한다"는 현지 언론의 호평을 받으며 3억 5,000만 원 정도의 이익을 남겼다.

'명성황후'는 2007년 3월 1일 국내 뮤지컬 사상 첫 100만 명 돌파를 기록했다. 그동안 전 세계 28개 도시의 공연까지 합쳐 600억 원의 매출을 올렸다. 좋은 작품에는 문화 장벽 없이 관객이 몰린다는 당연하고도 평범한 진리가 확인된 것이다. '명성황후'는 또한 2009년 10월 8일 일본 구마모토현 가쿠엔대 공연장에서 역사적인 특별공연을 펼쳤다. 이날은 114년 전 명성황후가 일본 낭인들에게 시해된 날로, 구마모토현은 명성황후 시해에 가담한 일본인 48명 중 21명의 고향이었다.

래리 페이지·세르게이 브린, 구글 도메인 등록

"누군가 차고에서 전혀 새로운 무언가를 개발하고 있지 않을까 그것이 두렵다."

마이크로소프트(MS)사의 빌 게이츠가 최고의 전성기를 구가하고 있던 1998년 어느 날, '뉴요커'지의 한 칼럼니스트가 "가장 두려운 장애물이 뭐냐?"고 빌 게이츠에게 물었을 때 그의 대답은 이랬다. "누군가 차고에서 전혀 새로운 무언가를 개발하고 있지 않을까 그것이 두렵다." 빌 게이츠의 우려대로 그 무렵 20대 중반의 두 청년이 차고에서 화려한 비상을 준비하고 있었다. 두 청년의 이름은 래리 페이지(1973~)와 세르게이 브린(1973~)으로 동갑내기에 유대인이고 아버지는 교수, 어머니는 컴퓨터 업종에 종사하는 등 공통점이 많았다.

세르게이 브린은 러시아 모스크바에서 유대인으로 태어나 6살 때인 1979년 부모를 따라 미국으로 이주했다. 어려서부터 '수학 신동' 소리를 들으며 또래들보다 이른 1993년 메릴랜드대를 졸업하고 스탠퍼드대 대학원에 입학했다. 래리 페이지는 수 세대 전 미국에 정착한 유대인의 후손으로 미시간주에서 태어나 미시간대에서 컴퓨터공학을 전공하고 1995년 스탠퍼드대 대학원에 입학했다.

두 사람을 이어준 것은 1995년 봄 스탠퍼드대 대학원 신입생 오리엔테이션이었다. 2년 선배인 브린이 신입생인 페이지의 캠퍼스 안내를 맡으면서 첫 만남이 이뤄졌다. 강한 자아와 엘리트 의식을 지닌 두 청년은 첫 대면부터 논쟁을 벌였다. 하지만 서로가 지적으로 경쟁 상대인 것을 알게 되면서 가까운 사이로 발전했다.

두 사람의 운명을 바꿔놓은 것은 논문이었다. 지도교수가 수많은 데이터 중에서 의미 있는 정보를 찾아내는 방법에 대해 논문을 써보라고 한 조언이 두 사람의 인생을 송두리째 바꿔놓은 것이다. 두 사람은 우수한 논문일수록 다른 논문에 많이 인용되는 것처럼 링크가 많이 걸린 웹사이트가 그렇지 못한 웹사이트보다 더 중요할 것이라는 판단에 따라 1996년 랭킹 시스템을 구상했다.

세르게이 브린(1973~ · 왼쪽)과 래리 페이지(1973~)

결과물은 중요한 순서대로 웹페이지의 검색 결과를 제공하는 기술이었다. 가령 사용자가 검색창에서 찾고자 하는 검색어를 치면 사용자의 검색어와 가장 관련성이 높고 신뢰할 만한 결과를 먼저 제시하는 것이다. 이는 당시 최고의 검색엔진으로 통하던 알타비스타나 야후의 검색 수준을 넘어섰다. 두 사람은 이 기술을 발전시켜 1997년 검색엔진 '백럽'을 개발하고 이를 구현할 사이트의 이름을 '구골(googol)'로 하자는 데 의견이 일치했다. 구골은 10의 100승을 뜻하는 거대한 수를 말하는데 이렇게 큰 수만큼 인터넷으로 광범위한 정보를 담겠다는 의지의 표명이었다. 그러나 누군가 구골을 이미 도메인으로 선점한 것을 알고 비슷한 이름의 '구글'을 1997년 9월 15일 도메인으로 등록했다.

'구글닷컴'의 인기는 스탠퍼드대를 거쳐 입소문을 통해 급속히 퍼졌다. 두 사람은 자신들이 개발한 검색엔진을 구매할 포털 사이트를 찾았으나 어떤 포털업체도 관심을 보이지 않았다. 결국 고민 끝에 벤처 투자자들로부터 자금 지원을 받아 직접 검색엔진 회사를 차리는 쪽으로 결론을 냈다. 이를 기반으로 구글 법인이 탄생한 것은 1998년 9월 4일이었다.

두 사람은 대학 연구실에서 벗어나 스탠퍼드대 근처에 있는 한 차고에 사무실을 마련했다. 직원이라곤 달랑 3명이었지만 출발은 순조로웠다. 회사를 등록하고 구글 검색엔진 테스트를 시작하자마자 'USA투데이' 등 세계 유수 언론들이 주목했다. 'PC 매거진' 1998년 12월호는 구글을 100대 웹사이트와 검색엔진으로 선정했다.

인터넷 사용 방식을 근본적으로 뒤집은 혁명적인 사건

당시 다른 검색엔진은 어떤 검색어가 포함되어 있는가만 조사했기 때문에 쓸모없는 웹사이트들이 나열되어 시간만 낭비하는 경우가 많았다. 반면 구글에서는 링크 빈도 순위에 따라 웹페이지가 나열되었다. 이런 점에서 구글의 등장은 인터넷 사용 방식을 근본적으로 뒤집은 혁명적인 사건이었다. 당시 두 사람이 내건 기치는 '세상의 모든 정보를 가장 손쉽게 찾아낸다'였다. "최종 사용자에게 봉사하는 것이 우리 일의 핵심이자 최우선 과제"라는 의지도 세상에 공표했다.

이후 인터넷 사용자들이 더욱 구글에 열광하고 구글은 세계 최고의 검색 사이트로 자리매김했다. 그런데도 경영 실적은 1998년 창업 후 줄곧 적자를 면치 못했다. 결국 기업 경영에서 한계를 느낀 두 사람은 기술 개발에만 전념하기로 하고 경영은 전문 경영인에게 맡기기로 했다. 그래서 2001년 3월 최고 경영자로 영입한 인물이 컴퓨터 네트워크·소프트웨어 업체인 '노벨'사의 CEO로 활동하고 있는 에릭 슈밋이다.

슈밋은 구글의 CEO로 취임하자마자 효율적인 경영 시스템을 만들고 수익 구조를 정교화하는 데 박차를 가했다. 전문 경영인이자 최고 기술 개발자로 쌓은 20여 년의 풍부한 경험을 구글에 아낌없이 쏟아부었다. 이런 노력의 결과, 구글은 슈밋이 경영에 합류한 후 첫 분기 만에 흑자를 기록했다.

구글은 2001년 10월 특정 검색어와 연계된 광고를 파는 '애드워즈' 시스템을 선보였다. 그러나 이 검색광고 기법은 인터넷 광고업체 '오버추어'가 선점한 아이디어였다. 오버추어는 구글에 대해 특허권 침해 소송을 제기했다. 분쟁은 몇 년간 계속되다 오버추어를 인수한 야후가 구글로부터 30억 달러 상당의 주식을 받는 조건으로 마무리되었다. 구글은 2003년 광고 수익을 구글이 독점하지 않고 누리꾼과 함께 나눌 수 있도록 하는 '애드센스'도 선보였다.

전 세계 IT를 지배하는 '팍스 구글리카' 시대가 꿈

애드워즈와 애드센스는 '악하지 않은 비즈니스 모델'로 각광을 받았다. 그때까지 인터넷 검색 사업자들은 광고비를 더 많이 지급하는 광고를 더 먼저, 더 좋은 위치에 자극적으로 노출했다. 반면 애드워즈는 사용자가 원하는 검색어에 가장 근접한 문자광고를 노출하되 광고는 우측에 배치했다. 광고하는 웹사이트의 품질까지 자동 알고리즘으로 평가해 평판이 나쁜 광고는 아예 노출되지 못하게 했다. 그래도 광고 신청이 쏟아져 엄청난 광고 수익을 올렸다. 그 덕에 2004년 9월 나스닥 상장이 성황리에 이뤄지고 두 사람은 떼돈을 벌어들였다.

두 창업자는 엄청난 광고 수익을 바탕으로 거침없이 사업영역을 확장했다. 2004년 4월에는 1기가바이트의 대용량을 무료로 제공하는 'G메일'을 선보여 MS의 '핫메일'을 따라잡았고, 2005년 6월에는 위성 영상 지도 서비스인 '구글 어스' 서비스를 시작했다. 2006년 10월에는 세계 최고의 동영상 공유 서비스인 '유튜브'를 인수했으며 2008년에는 스마트폰용 플랫폼인 안드로이드를 개발·공개해 아이폰의 폐쇄적인 정책을 고집하는 애플에 도전장을 내밀었다. 이런 확장 결과 오늘날 구글은 전 세계 인터넷 검색 시장의 70%를 장악하고 있다. 스마트폰 10대 중 7대에는 구글이 만든 안드로이드 운영체제(OS)가 탑재되어 있다.

구글은 이 안드로이드를 기반으로 각종 하드웨어와 결합한 종합 서비스까지 영역을 확대하고 있다. 구체적인 청사진은 '문샷 싱킹'(달나라로 사람을 보내는 방법 같은 혁신적인 생각)으로 무장한 프로젝트 X팀이 그리고 있다. 이 팀의 목표는 다양한 기기를 인터넷에 연결해 통제하는 이른바 '사물 인터넷(IoT:Internet of Things)' 시대를 앞당기는 것이다. 궁극적으로는 어디를 가도 안드로이드를 만나게 함으로써 구글이 전 세계 IT를 지배하는 이른바 '팍스 구글리카' 시대가 그들의 전략이요 꿈이다.

브린이 직접 지휘하는 이 팀은 현재 사람이 운전하지 않아도 음성만 듣고 저절로 가는 무인자동차, 눈앞에 정보를 띄워주는 스마트 안경 '구글 글라스', 대형풍선으로 어디서나 무선 인터넷을 쓸 수 있도록 하는 '프로젝트 룬', 스마트폰에 말만 하면 영화를 찾아서 스마트폰과 연동된 화면에 보여주는 TV 등 안드로이드를 각종 기기와 프로젝트의 기본으로 삼겠다는 야심 찬 계획을 추진 중이다.

구글은 사물 인터넷 외에 로봇, 신재생에너지, 빅데이터, 의료, 건강, 무인비행기 등 다양한 사업도 추진 중이다. 그 중에는 아이디어 차원에서 검토했다가 현재 기술로는 실현 가능성이 낮아 잠정 중단한 것도 있다. 하늘을 날 수 있는 제트 배낭과 스케이트 보드, 인공위성을 이용한 우주엘리베이터 등이 그것이다. 하지만 지금의 기술 속도를 감안하면 안드로이드 천하를 이루겠다는 구글의 꿈이 실현될 날도 멀지 않아 보인다.

조앤 롤링 '해리 포터와 마법사의 돌' 출간

캐릭터와 영화에 부대사업의 이익까지 합하면 파급효과가 300조 원에 이를 것으로 추산되고 있다.

조앤 롤링(1965~)의 '해리 포터' 시리즈는 문학사상 셰익스피어 이후 최대 유명 상표로 꼽힌다. "판타지 문학의 역사를 해리 포터 이전과 이후로 나눠야 한다"는 찬사가 있을 만큼 판타지 문학계에 큰 족적을 남겼다. 여파는 세계 영화산업에까지 미쳤다.

롤링은 영국의 소도시 예이트에서 태어났다. 어려서부터 몽상을 즐기고 자신이 지어낸 이야기를 주변 사람들에게 들려주길 좋아했다. 6살 때는 토끼를 주인공으로 한 동화를 썼다. 엑서터대 불문학과를 졸업한 그녀가 '해리 포터'를 처음 구상한 것은 집이 있는 런던과 직장이 있는 맨체스터를 오가던 1990년 어느 날이었다. 런던으로 돌아오던 기차가 갑작스러운 고장으로 4시간 동안 멈춰섰을 때 초원에서 풀을 뜯는 소 몇 마리를 멍하니 바라보다가 갑자기 '해리 포터'에 관한 아이디어가 번뜩 떠올랐다.

롤링은 1991년 11월부터 포르투갈의 작은 도시에서 영어 강사를 하고 그곳에서 만난 포르투갈 TV 방송국 기자와 1992년 10월 결혼했다. 당시 롤링은 시간이 날 때마다 마법사 소년과 그를 둘러싼 여러 가지 모험에 대해 닥치는 대로 메모했다. 1993년 11월 남편과 별거하게 되자 영국으로 돌아와 동생이 사는 스코틀랜드 에든버러에 정착했다. 생후 4개월 된 딸과 3장까지 완성한 '해리 포터와 철학자의 돌' 원고 뭉치가 그가 가진 전부였다.

롤링은 일자리가 없어 정부 보조금으로 생활하면서 해리 포터 이야기를 썼다. 집에는 글을 쓸 마땅한 공간이 없어 잠든 아이를 유모차에 태워 집 근처의 카페에서 해리 포터를 썼다. 당시 그녀에게 글쓰기는 암담한 현실로부터의 유일한 도피처였고 펜과 원고지는 도피의 유일한 도구였다.

롤링은 1995년 첫 권을 완성했으나 8만 단어나 되는 방대한 원고를 복사할 비용이 없어서 구식 타자기로 손수 두 번 타이핑해 문학 에이전시 두 곳으로 원고를 보냈다. 그중 한 에이전시가 관심을 갖고 12군데 출판사에 출간을 타진했지만 블룸즈버리 출판사만 관심을 보였을 뿐 어느 곳도 받아주지 않았다. 선인세는 2,000파운드(360만 원), 발간 권수는 500부에 불과했으나 롤링 입장에서는 이것저것을 따질 계제가 아니었다.

조앤 롤링(1965~)

제1권 '해리 포터와 철학자의 돌'이 블룸즈버리 출판사에서 출간된 것은 1997년 6월 30일이었다. 그러나 행운의 여신은 영국이 아닌 미국에서 손짓을 했다. 이탈리아 볼로냐 국제 아동도서전에 출품된 책을 보고 미국의 아동출판사 스콜라스틱이 아동도서로는 드물게 선인세 10만 달러(약 1억 원)를 조건으로 미국판 계약을 요청한 것이다. 스콜라스틱 출판사는 영국판 제목 '철학자의 돌'이 무겁다고 판단해 '마법사의 돌'로 바꿔 초판 5만 부를 1998년 9월 출판했다. 이후 '해리 포터'는 각종 아동문학상을 휩쓸고 입소문에 힘입어 빠른 속도로 팔려나갔다.

"판타지 문학의 역사를 해리 포터 이전과 이후로 나눠야 한다"

한국에서 '해리 포터와 마법사의 돌' 상하권이 출판된 것은 1999년 11월이었다. 이후 '해리 포터' 영어판 중 2권 '비밀의 방'(1998.7), 3권 '아즈카반의 죄수'(1999.7), 4권 '불의 잔'(2000.7), 5권 '불사조 기사단'(2003.6), 6권 '혼혈왕자'(2005.7), 7권 '죽음의 성물'(2007.7) 등이 연이어 출간됨으로써 전 세계에 해리 포터 신드롬을 일으켰다. '해리 포터'는 후속편이 나올 때마다 논쟁을 일으켰다. 주요 등장인물이 죽고 마술과 주문, 아이들이 동물로 변하는 모습 등은 기독교 교리에 어긋난다는 비판을 받기도 했다. 논란은 화제로 이어졌고 그것은 판매부수로 연결되었다.

완벽한 마케팅도 '해리 포터'의 인기몰이에 큰 몫을 했다. 다음 편 내용을 철저히 비밀에 부친다든가, "누군가 한 명 죽는다"는 식으로 슬쩍 주요 내용을 흘리는 기법은 전 세계 매스컴을 통해 해리 포터 신드롬에 불을 지폈다. 그래도 '해리 포터'의 가장 결정적인 경쟁력은 스토리 자체에 기반하고 있다. 어린 영웅의 성장기와 선악의 대립을 다룬 친숙한 소재, 롤링 특유의 유머 감각도 빼놓을 수 없는 요소다.

1편 '마법사의 돌'은 영화로 제작되어 2001년 12월 14일 영국과 미국에서 개봉되었다. 영화도 원작에 힘입어 대히트를 쳤다. 영화는 매번 감독을 바꾸면서 할리우드 첨단 기술이 빚어낼 수 있는 최고의 환상을 현실화했다. '해리 포터' 영화의 8편이자 완결편인 '해리 포터와 죽음의 성물 2부'는 2011년 7월 개봉되어 신드롬의 피날레를 장식했다.

'해리 포터' 소설 원작은 두꺼운 분량의 7권이지만 우리말 번역본은 분권되어 총 23권으로 출판되었다. 소설은 총 67개 언어로 번역되고 세계 200개국에서 출간되어 총 4억 5,000만 부가 팔린 것으로 추산되고 있다. 한국 누적 판매 부수도 1,500만 부나 되어 이문열의 '삼국지' 다음으로 최고기록을 보유하고 있다. 영화 시리즈도 전 세계적으로 74억 달러(약 8조 원)의 흥행 수익을 거둔 것으로 알려졌다.

'해리 포터'는 원작을 제외하더라도 캐릭터와 영화 등 2차 저작권과 부대사업의 이익까지 합하면 파급효과가 300조 원에 이를 것으로 추산되고 있다. 한때 끼니를 걱정해야 했던 롤링은 '해리 포터' 발간 후 세계 최고 여성 갑부의 반열에 올랐다. '해리 포터' 시리즈에 찬사만 있는 것은 아니다. 마케팅의 승리일 뿐 문학작품으로는 가치가 없다는 혹평이 그것이다.

타이거 우즈 프로 데뷔 후 첫 우승
골프 역사상 가장 화려한 주니어 선수로 10대를 보냈다.

타이거 우즈(1975~)가 태어난 지 1년도 채 안 된 어느 날, 우즈의 아버지는 자신이 잠깐 한눈을 파는 사이 우즈가 조그만 퍼터로 볼을 치는 모습을 우연히 보게 되었다. 그 후 2주일도 안 되어 우즈가 그립을 잡는 법까지 익히는 것을 본 아버지는 주저 없이 우즈를 골프 선수로 키울 결심을 했다. 아버지는 그린베레 군대에서 받은 특수훈련 방법을 우즈에게 응용했다.

우즈의 아버지는 흑인 1/2, 인디언 1/4, 중국인 1/4의 혼혈이고 어머니는 태국인 1/2, 중국인 1/4, 백인 1/4의 혈통을 갖고 태어났기 때문에 타이거는 사실상 흑인도 백인도 황인도 아닌데도 언론은 얼굴이 다소 검다는 이유로 우즈를 흑인으로 분류했다. 타이거는 이런 혈통을 물려받은 자신을 훗날 '아프리칸 아메리칸' 혹은 '아시안 아메리칸'이라고 지칭했다. '타이거 우즈'라는 이름은 아버지가 베트남전 참전 당시 자신의 목숨을 수차례 구해준 베트남군 파트너의 이름 '타이거'에서 따온 것이다.

우즈는 아버지의 예상대로 골프 천재였다. 3살 때 코미디언 밥 호프의 TV쇼에 출연, 퍼팅 시범을 선보이고 4살 때는 정규 코스 9홀에서 48타를 쳤다. 8살 때는 처음 출전한 국제 주니어골프대회에서 우승, 백인 우월주의의 마지막 보루인 골프에서 천재로 자리매김했다.

우즈는 골프 역사상 가장 화려한 주니어 선수로 10대를 보냈다. 1991년부터 US주니어선수권을 3연패하고 1994년 사상 최연소이자 최초의 흑인으로 US아마오픈 우승을 거머쥐더니 1996년까지 내리 3연패했다. 이처럼 아마추어 골프계를 평정한 우즈는 다니던 스탠퍼드대를 중도에 포기하고 1996년 프로로 데뷔했다.

1996년 8월 28일 프로가 되는 순간 아직 필드의 잔디를 밟지 않았는데도 우즈는 이미 돈방석에 앉아 있었다. 나이키가 5년간 4,000만 달러에 750만 달러의 보너스를 지급하기로 계약하고 타이틀리스트도 2,000만 달러에 계약하는 등 이런저런 계약을 합치면 연평균 1,200만 달러의 수입이 보장되었다.

데뷔 첫해 우즈는 단 2개월만 뛰고도 신인왕
에 올랐다. 사상 최단기간인 9개 대회 만에 상금
100만 달러를 돌파함으로써 골프 천재로서의 면
모를 과시했다. 우즈에게 프로 데뷔 후 첫 우승
을 안겨준 것은 4대 메이저 골프대회 중 하나인
마스터스 대회였다. 참가 선수는 100명 이내로
적고 초청장을 받아야 출전할 수 있기 때문에 프

타이거 우즈(1975~)

로 골퍼들에게는 꿈의 무대로 불리는 마스터스의 정상을 밟은 것은 1997
년 4월 13일이었다.

그는 우승과 더불어 각종 기록을 경신했다. 대회 최저타수(270타) 우승,
2위와의 최다타수 차(12타) 우승, 사상 최연소(21세 3개월 14일)이자 흑인
첫 메이저대회 우승이 그가 남긴 새로운 기록들이었다. 우즈는 이후에도
각종 기록을 갈아치웠다. 최단기간 투어 우승, 최단기간 상금 100만 달러
돌파 등 일찍이 그 누구도 걷지 못한 길을 걸었다. 1998년 초에는 그레그
노먼이 331주 동안 지켜 온 세계 1위 자리도 빼앗았다.

2000년 US오픈을 시작으로 브리티시오픈과 PGA챔피언십에서 우승한
뒤 2001년 마스터스까지 4연속 메이저 챔피언에 올라 '커리어 그랜드슬
램'을 달성한 최연소 선수이자 역대 5번째 선수로도 골프사에 이름을 올
렸다. 2년에 걸쳤기 때문에 1년에 4차례 메이저 대회를 모두 제패하는 진
정한 그랜드슬램은 아니었지만 4번 연속 메이저 우승이라는 점에서 '타이
거슬램'이라는 신조어를 만들어냈다.

우즈는 골프 천재이면서도 연습 벌레인 것으로 정평이 나 있다. 세계
최정상인데도 만족하지 않고 또 다른 '최고'를 향해 정진했기 때문에 골
프 역사를 새로 쓸 수 있었다. 2009년 말까지 4개 메이저 골프대회 중 마

스터스(2001·2002·2005), PGA챔피언십(1999·2000·2006·2007), US오픈 (2000·2002·2008), 브리티시오픈(2000·2005·2006) 우승 등 주요 대회를 석 권하며 골프 역사를 새로 써나갔다. '골프 황제'로 불리며 2009년까지 기 록한 우승만 해도 미 PGA투어 71승(PGA 메이저 대회 14승 포함), 유러피 언 투어 38승 등 프로 통산 128승이나 되었다.

그렇게 승승장구하던 우즈였으나 2009년 말 바로 자신에 의해 발목이 잡히고 말았다. 2009년 11월 우즈와 성관계를 맺었다는 여성들이 꼬리를 물고 나타나면서 결혼 생활은 흔들렸고 순항하던 골프 기록에 급제동이 걸렸다. 2010년 2월 외도 사실을 공식적으로 인정하고 2010년 8월 이혼 하는 과정에서 2010년에는 단 한 차례의 우승도 건지지 못했다. 이후 우 즈는 깊은 슬럼프에 빠지고 좀처럼 우승의 기쁨을 맛보지 못했다.

우즈가 비로소 잠에서 깨어난 것은 2011년 12월 5일 끝난 셰브론 월드 챌린지 골프대회였다. 2009년 11월 호주 마스터스 우승 이후 749일 만에 27번째 출전한 대회에서 다시 트로피를 들어 올린 것이다. 우즈는 지금도 골프사를 한 줄 한 줄 써가고 있다.

가리 카스파로프, 컴퓨터와의 체스 대결에서 패배
전문가들은 컴퓨터가 바둑에서도 승리할 날이 머지않을 것으로 내다보고 있다.

인간에게 처음 체스 도전장을 내민 컴퓨터는 1989년 IBM의 '딥 소트(Deep Thought)'다. 그전에도 체스 게임용 컴퓨터와 인간이 시합 을 벌이긴 했지만 아마추어 수준에 불과하고 대표성도 없어 공식적인 경 기로는 인정받지 못했다. 딥 소트는 중국계 미국인 쉬펑슝(허봉웅)이 카네 기멜런대 박사과정에 재학 중이던 1985년 개발한 체스 게임용 컴퓨터 '딥 테스트'의 개량종이다. 딥 소트가 1988년 북미 컴퓨터 체스 대회에서 우승하자 IBM 왓슨연구소가 쉬펑슝과 딥 소트를 스카우트해 당시 세계 체스 챔피언 가리 카스파로프(1963~)에게 도전장을 내밀었다.

카스파로프는 구 소련령 아제르바이잔에서 태어나 체스 신동 소리를 들으며 자랐다. 12살 때 구 소련의 역대 최연소 주니어 체스 챔피언에 오르고 15살 때 구 소련의 역대 최연소 체스 챔피언이 되어 두각을 나타냈다. 22살 때인 1985년에는 세계 챔피언 아나톨리 카르포프를 상대로 재대국까지 가는 접전을 벌인 끝에 세계 최연소 체스 챔피언에 올라 "1500년 체스 역사상 최고의 선수"라는 찬사를 들었다. 이후 16년 동안 세계 챔피언 자리를 굳건히 지키며 직관적인 수 싸움과 통찰력으로 팬들의 사랑을 받았다.

카스파로프는 1989년 10월 딥 소트와 벌인 경기에서 두 번 모두 이겼다. 언론은 컴퓨터가 임기응변에 능한 인간을 넘어서기엔 아직 역부족이라고 보도했다. IBM과 쉬펑슝은 딥 소트를 다시 업그레이드해 '딥 블루(Deep Blue)'를 내놓았다. 딥 블루는 높이 2m에 무게 1.4t짜리 슈퍼컴퓨터로 초당 1억 번의 수를 계산했다. 전 미국 체스 챔피언 조엘 벤저민도 딥 블루가 체스의 다양한 수를 프로그래밍화하는 데 도움을 주었다.

카스파로프와 딥 블루 간의 경기는 1996년 2월 10일부터 총 6국으로 미국 필라델피아에서 진행되었다. 경기는 수많은 기보를 탑재하고 계산 능력이 뛰어난 슈퍼컴퓨터를 과연 인간이 이길 수 있을 것인지에 대한 관심으로 전 세계 체스인들의 주목을 받았다. 딥 블루는 첫 경기를 승리로 장식해 세계 체스계를 놀라게 했다. 그러나 카스파로프는 나머지 5국에서 3승 2무를 기록, 종합전적 3승 2무 1패로 딥 블루를 물리쳐 역시 인간이 한 수 위라는 것을 입증해 보였다. 카스파로프는 "실리콘 두뇌는 인간의 두뇌를 당할 수 없다"며 큰소리를 쳤다.

IBM은 딥 블루를 다시 업그레이드했다. 초당 2억 번의 수를 계산하고 최고 20수 이상을 내다보게 했다. 체스 고수들의 과거 주요 대국 대부분도 프로그램에 저장하고 조엘 벤저민도 조언을 아끼지 않았다. 이렇게 개량된 컴퓨터의 공식적인 명칭은 여전히 딥 블루이지만 내부에서는 더 개량되었다는 의미로 '디퍼 블루'로 불렀다.

카스파로프 '세계에서 가장 머리 좋은 10인'에 뽑혀

카스파로프와 딥 블루 간의 재대결은 1997년 5월 3일부터 미국 뉴욕에서 열렸다. 카스파로프는 대국에 앞서 "언젠가는 사람이 컴퓨터에 지겠지만 그 시간을 가능한 한 뒤로 미루겠다"며 의지를 다졌다. 카스파로프와 딥 블루는 5국까지 각각 1승 3무 1패를 기록했다. 따라서 6국의 결과에 따라 승패가 갈리는 상황이었다. 1997년 5월 11일 제6국에서 카스파로프는 1시간 2분 만인 19번째 수에서 돌을 던졌다. 딥 블루는 종합전적 2승 3무 1패로 카스파로프를 물리쳤다. 덩치만 컸지 숫자라고는 0과 1밖에 모르는 8살배기 컴퓨터가 1985년부터 불패의 위업을 달성해온 카스파로프를 누른 것이다.

카스파로프는 패배 후 "딥 블루는 5명의 연구진과 전 챔피언 등 6사람이 달라붙었으니 결국 7 대 1의 싸움 아니냐"고 변명했다. 카스파로프의 볼멘소리는 일견 타당한 측면이 있다. 세계 체스 챔피언급 고수가 직접 프로그램 제작에 참여하고 최고수의 대국 자료를 모두 데이터베이스로 만들어 카스파로프의 체력과 정신력에 대한 대응 능력을 한껏 높였기 때문이다. 엄밀히 말하면 이 경기는 인간과 컴퓨터의 시합이 아니라 카스파로프와 프로그램 창안자 그룹 간의 게임이라고 하는 편이 옳다.

이유가 무엇이든 체스 대결에서 승리한 딥 블루는 더 이상 평범한 컴퓨터가 아니었다. 속도로는 세계 슈퍼컴퓨터 랭킹 259위에 불과했지만 세

계에서 가장 유명한 슈퍼컴퓨
터가 되었다. 쇠락하고 있던
IBM은 활기를 되찾았고 주가
는 10년 만에 최고치를 경신했
다. 딥 블루는 다른 용도로 활
용되기 위해 1997년 9월 23일
체스계를 떠났다가 2002년 10
월 24일 스미스소니언 박물관
으로 옮겨졌다.

IBM 슈퍼컴퓨터 딥 블루 / 가리 카스파로프(1963~)

　카스파로프는 2000년 러시아 출신의 블라디미르 크람니크에게 세계 체
스 챔피언 자리를 내주었다. 하지만 2005년 은퇴할 때까지 세계 랭킹 1위
는 계속 고수했다. 카스파로프는 2003년 2월 '딥 주니어'와 대결했다. 딥
주니어는 이스라엘에서 개발한 컴퓨터로, 수를 읽는 속도가 '딥 블루'보다
한참 느린데도 카스파로프는 종합전적 1승 4무 1패로 승부를 가리지 못
했다. 2003년 11월에는 독일의 체스 컴퓨터 프로그램 'X3D 프리츠'와 대
결, 또다시 1승 2무 1패로 무승부를 기록했다.

　카스파로프는 체스계에서 더 이상 이룰 것이 없다며 2005년 3월 은퇴
를 선언했다. 그리고 정치인으로 변신해 푸틴 대통령의 권위주의 체제를
신랄하게 비판하며 반정부 활동을 주도했다. 2008년의 러시아 대통령선
거에 야권 대표로 출마할 뜻을 비쳤다가 2007년 포기했다. 2007년 타임
지 선정 '세계에서 가장 영향력 있는 100인'으로 꼽히고, 2012년 비영리단
체 '슈퍼스칼라'가 선정한 '세계에서 가장 머리 좋은 10인'에 스티븐 호킹
(물리학자), 김웅용(한국), 앤드루 와일스(천재 수학자) 등과 함께 이름을 올
렸다.

　2000년 카스파로프를 물리치고 세계 체스 챔피언 자리를 꿰찬 블라디

미르 크람니크는 2002년 10월 독일의 체스 프로그램인 '딥 프리츠'와의 대결에서 2승 4무 2패로 승부를 가리지 못했다. 딥 블루가 '항공모함급' 컴퓨터인 반면 딥 프리츠는 일반 상업용 체스 프로그램을 내장한 '보트'에 불과한데도 세계 체스 챔피언과 무승부를 기록, 바야흐로 컴퓨터 챔피언 시대의 도래를 예고했다. 크람니크는 2006년 12월 독일의 컴퓨터 체스 프로그램인 딥 프리츠와 총 6회 대국에서 2승 4패로 무릎을 꿇어 무게추가 완전히 컴퓨터로 넘어갔음을 확인시켜 주었다.

인간, 퀴즈대회에서도 기계에 무릎 꿇어

슈퍼컴퓨터가 체스계를 석권한 후 새롭게 도전장을 내민 곳은 미국 ABC 방송의 유명한 퀴즈대회 '제퍼디 쇼'였다. 퀴즈대회는 체스 경기보다 복잡하고 어려운 종목이다. 체스는 정해진 규칙이 있어 예측이 가능한 반면 퀴즈대회는 복잡한 문장 구조, 섬세한 뉘앙스의 차이, 농담과 말장난과 수수께끼를 인간처럼 추론해서 정답을 찾아야 하기 때문이다. '제퍼디 쇼' 역시 속어는 물론 문맥을 틀어서 질문하는 경우가 많아 다방면의 지식을 두루 갖추지 않거나 정확한 요점을 찾지 못하면 헷갈리기 십상이다.

'제퍼디 쇼' 도전자는 인공지능 기술을 탑재한 IBM의 슈퍼컴퓨터 '왓슨'이었다. 개발팀은 책, 논문, 백과사전, 소설, 성경 등 인간이 접할 수 있는 모든 종류의 문서를 입력한 지식 데이터베이스를 구축한 뒤 4단계 연산과정을 거쳐 인공지능 기술로 찾은 답이 일정한 수준의 신뢰도를 넘어서면 부저를 누르고 답을 말하도록 설계했다. 다만 음성 인식은 할 수 없어 질문을 텍스트로 바꿔 입력하면 이를 인식하는 형태로 인간과 퀴즈 대결을 펼쳤다.

인간 대표 역시 내로라하는 퀴즈의 달인이었다. 한 명은 '제퍼디 쇼'에서 무려 74회를 연속 우승한 대기록의 보유자이고 또 한 명은 역대 최다 누적 상금(325만 달러)의 주인공이었다. 하지만 왓슨은 2011년 2월 14일부터 사흘간 벌어진 '제퍼디 쇼'에서 두 경쟁자를 따돌리고 상금 7만 7,140달러를 거머쥐었다. 이로써 인간은 고도의 사고를 요하는 퀴즈대회에서도 기계에 무릎을 꿇는 수모를 당했다.

그러면 최고의 두뇌 스포츠로 불리는 바둑과 컴퓨터가 대결하면 어떤 결과가 벌어질까. 바둑은 장기나 체스에 비해 수가 많고 형세 판단 등이 어려워 컴퓨터가 사람을 넘어서기 어렵다는 것이 그동안의 정설이다. 이런 이유로 프로 바둑기사와 슈퍼컴퓨터 간의 본격적인 대결은 펼쳐지지 않았다. 하지만 미래의 결과를 짐작하게 해주는 대결은 있었다. 2012년 3월 일본의 바둑 소프트웨어 'Zen'이 프로기사 9단을 꺾어 일본 바둑계를 놀라게 한 것이다.

그러나 이 승부는 '진정한 한판'은 아니었다. 흔히 말하는 접바둑이었기 때문에 인간 대 인간으로 치면 아마추어 고수가 프로 기사에게 도전한 셈이기 때문이다. 그렇더라도 컴퓨터가 프로바둑 9단을 두 번 모두 물리친 것은 예상 밖이었다. 전문가들은 컴퓨터가 바둑에서도 승리할 날이 머지 않을 것으로 내다보고 있다.

유엔 기후변화협약 총회 '교토의정서' 채택
온실가스란 대기를 구성하는 여러 가지 기체들 가운데 온실효과를 일으키는 기체를 말한다.

'유엔환경개발회의(일명 리우 회의)'가 1992년 6월 브라질의 리우데자네이루에서 개막했다. 이 회의에서 채택되고 1994년 3월 발효된 기후변화협약은 세계 각국이 지속가능한 성장을 위해 공동의 노력을 기울여야 한다는 것을 전제로, 대기 중의 온실가스 농도를 안정화시켜 지구의 환경 변화를 최소화하는 것을 목표로 했다. 하지만 기후변화협약은 온실가스 감축량과 감축 시기 등을 뚜렷하게 명시하지 않아 강제 이행에는 한계가 있었다. 따라서 온실가스를 감축하기 위한 실질적인 실천 방법이 필요했다.

실천을 위한 첫 관문은 1995년 3월 독일 베를린에서 열린 기후변화협약 제1차 당사국 총회였다. 총회는 온실가스 감축 목표에 관한 의정서를 1997년 일본의 교토에서 열릴 예정인 제3차 당사국 총회에서 채택하기로 했다. 이에 따라 구속력 있는 온실가스 감축 의무를 명문화하기 위한 회의가 1997년 12월 1일 교토에서 열렸다. 리우 회의에서 채택한 기후변화협약이 지구온난화에 따른 지구의 기후 변화를 막기 위해 전 세계가 동참 의지를 표명한 자리였다면, 교토 총회는 온실가스 감축 의무 국가를 명시하고 감축량과 감축 방법을 제시하는 등 실질적으로 기후변화를 막기 위한 사항들을 논의하는 자리였다.

교토 당사국 총회는 12월 11일 기후변화협약의 실질적 이행을 위한 '교토 의정서'를 채택하고 폐회했다. 교토 의정서는 이산화탄소, 메탄, 아산화질소, 수소불화탄소, 불화탄소, 불화유황 6종류의 온실가스를 1990년의 배출량과 비교해 EU(유럽연합)는 8%, 미국은 7%, 일본은 6% 감축하는 등 평균 5.2% 감축하도록 의무화했다. 한국과 중국을 비롯한 개도국은 감축 의무에서 제외했다.

온실가스란 대기를 구성하는 여러 가지 기체들 가운데 온실효과를 일으키는 기체를 말한다. 온실효과란 태양으로부터 지구로 유입되었다가 다시 우주로 보내지는 열의 일부를 대기 중의 수증기나 이산화탄소와 같은 온실가스가 흡수해 지구를 마치 온실의 유리처럼 보온해주는 효과를 말한다. 온실가스 중 온실효과에 가장 크게 영향을 미치는 물질은 이산화탄소로 전체 온실가스 중 80%를 차지한다. 전문가들은 인류가 온실가스를 줄이는 데 노력을 기울이지 않으면 대기 중의 온실가스 농도가 당시 기준 395ppm에서 2100년 무렵 1,370ppm으로 상승한다고 예측했다. 이 경우 한반도의 기온은 지금보다 4.91℃ 올라가고, 주변 해수면 높이는

교토의정서를 채택한 제3차 기후변화협약 당사국 총회 모습
(1997.12)

1.36m 상승할 것으로 예상되었다.

교토 의정서는 '공동의 차별화된 책임과 능력에 입각한 저감 의무 부담'을 원칙으로 삼았다. 이 원칙에 근거해 협약 당사국은 차별화된 의무 부담을 규정했다. 협약 가입국의 의무 사항은 개도국과 선진국을 불문하고 모든 협약 가입국에게 공통적으로 적용되는 일반 의무 사항과 선진국만을 대상으로 하는 특별 의무 사항으로 구분했다. 일반 의무 사항에 따라 각국은 이산화탄소를 비롯한 온실가스 배출량과 흡수량을 조사·보고해야 한다.

'공동의 차별화된 책임과 능력에 입각한 저감 의무 부담'이 원칙

교토 의정서 이후 세계 온실가스 배출량의 55%를 차지하는 141개 국가가 비준하고 한국도 2002년 비준했다. 하지만 세계 3대 배출국인 미국·중국·인도가 비준하지 않아 한동안 결렬 위기까지 몰렸다가 러시아가 극적으로 비준해 2005년 2월 16일 가까스로 발효되었다. 이로써 온실가스의 실질적인 감축을 위해 과거 산업혁명 이후부터 온실가스 배출의 역사적 책임이 있는 선진국 38개국(미국은 빠져 37개국)을 대상으로 제1차 공약 기간인 2008년부터 2012년까지 1990년 배출량 대비 평균 5.2% 감축이 확

정되었다.

교토 의정서 발효 후 청정 개발 체제, 온난화 가스 감축 공동 이행, 배출권 거래제도 등이 정식으로 가동되면서 청정 에너지 및 환경 시장이라는 새로운 시장이 등장했다. 배출권 거래제도란 예를 들어 독일의 A발전소가 이산화탄소 배출량을 100만t 줄여야 하는데, 80만t밖에 줄이질 못했다면 이 기업은 20만에 해당하는 배출권을 시장에서 사 와야 한다. 아니면 중국이나 인도 등 개발도상국에서 풍력 발전 등 이산화탄소 삭감 사업을 벌여 그 사업 성과를 배출권 형태로 인정받아야 한다.

문제는 교통의정서 채택 때 온실가스를 줄이기로 약속한 국가들 가운데 일부 국가가 실제 약속한 수준까지 감축하지 않았다는 데 있었다. 발효 이듬해인 2006년 유엔 보고서에 따르면 38개국 가운데 미국을 제외한 감축대상국 37개국 중 영국, 프랑스, 러시아 등 16개국만이 감축목표를 달성했을 뿐 독일, 일본, 캐나다 등 21개국은 감축목표에 접근하지 못했다. 더 큰 문제는 약속을 지키지 않아도 이를 제재할 수단이 마땅치 않다는 점이었다.

교토 의정서는 2011년 말이 되기 전 '포스트 교토 체제' 즉 '교토 이후 체제'를 논의하도록 규정했기 때문에 2005년 발효 후 포스트 체제가 논의되었다. '포스트 교토 의정서'는 그동안 감축 의무국이 아니었던 미국, 중국, 인도, 한국 등을 포함하는 것을 목표로 삼았다. 그러나 개도국들은 포스트 교토 의정서 체제에 참여하려면 선진국들이 개도국을 위해 많은 재정 및 기술지원을 해야 하고 온실가스를 추가 감축해야 한다며 버텼다. 결국 부담이 늘어나는 것을 꺼린 선진국과 조금이라도 더 많은 지원을 원하는 개도국 사이의 힘겨루기가 계속되었다.

크게 보면 EU·일본 연합군과 미국·중국 연합군이 일전을 겨루는 양상이었다. EU·일본은 강제적인 감축 의무 부과에 찬성한 반면 미국과 중국은 이에 반대했다. 미국과 중국은 각각 세계 온실가스 총배출량의 18%, 19%를 차지하고 있기 때문에 이산화탄소 배출을 의무화할 경우 부담이 커지는 것을 우려했다. 특히 미국은 중국 등 개발도상국에도 온실가스 감축 규제를 적용해야만 교토 의정서 연장을 받아들일 수 있다는 물귀신 작전을 폈다. 여기에 EU와 함께 교토 의정서를 주도한 일본에서 2011년 지진과 해일로 인한 원전 사고가 일어나 일본조차 감축 반대로 돌아섰다.

약속을 지키지 않아도 제재 수단이 없다는 게 문제

이런 상황에서 세계 195개국이 참가한 제18차 유엔기후변화협약 당사국 총회가 2012년 11월 27일 카타르 도하에서 개막했다. 총회는 격론 끝에 2013~2020년 제2기 교토 의정서를 이행하기로 합의했다.

그러나 제1기 교토 의정서(2008~2012) 체제에 참여했던 일본, 캐나다, 러시아, 뉴질랜드 등 4개국이 "2기에는 법적인 감축 의무를 지지 않겠다"며 교토 의정서 대열에서 이탈하고 미국이 여전히 온실가스 감축 의무 이행을 거부해 앞날을 어둡게 했다. 우리나라는 온실가스 배출량 1위와 3위인 중국, 인도 등과 함께 개도국으로 분류되어 2020년부터 감축 의무를 지는 것으로 결정되었다. 이렇게 차를 빼고 포를 빼다 보니 전 세계 배출량의 15%만 규제할 수 있게 되어 사실상 유명무실해졌다.

더구나 1기 교토 의정서는 각국 의회의 비준동의까지 이뤄진 반면 2기 체제는 정부 차원의 약속만으로 출범해 구속력이 없다는 것도 문제였다. 그러자 환경단체들이 "교토 의정서의 수명만 연장했을 뿐 전 세계의 기후 변화 대응 체제는 속 빈 강정이 되었다"며 분통을 터뜨렸다. 국제사회에서는 2015년까지 선진국과 개도국 모두 온실가스 감축에 참여하는 새로운 기후변화체제를 만들어 2020년 이후 발효시킬 예정이다.

2014년 현재 각국의 온실가스 감축은 어떻게 진행되고 있을까. 2009

년 우리 정부는 2020년까지 배출전망치(BAU, 감축 노력이 없었을 때) 대비 30%를 감축해 연간 배출량을 5억 6,900만t으로 낮추겠다고 발표했다. 그러나 2010년의 배출량이 이미 6억 6,900만t이나 되어 공수표가 될 가능성이 높다.

미국은 경기 침체의 여파와 함께 풍력·태양광 등 신재생에너지 확대, 에너지 효율 증대 등으로 온실가스 배출량이 크게 줄고 있다. 특히 2008년부터 5년 동안 배출량이 13%나 줄면서 2012년 미국의 온실가스 배출량은 1994년 이래 가장 낮았다. 버락 오바바 미 대통령은 2020년까지 2005년 대비 17%를 줄이겠다고 약속했는데, 2012년 배출량이 2005년 대비 10.7%나 적어 실현 가능성이 높아 보인다.

반면 온실가스 감축의 우등생으로 알려진 독일은 2012년 배출량이 전년 대비 오히려 1.6% 늘었다. 전력 생산을 위해 석탄 소비가 늘고, 한파 등으로 인해 가정에서 난방용 가스 소비 역시 증가했기 때문이다. 그래도 신재생에너지 보급 확대 덕분에 1990년과 비교하면 온실가스 배출량은 25.5%나 줄었다. EU 27개국 전체로 보면 2010년 배출량은 1990년 수준에 비해 15.4%나 낮은 편이다. 선진국과는 달리 중국·인도 등 개발도상국의 온실가스 배출량은 빠르게 늘고 있다.

1998년

정주영의 소떼 방북과 금강산 관광
북한 장거리 미사일 '대포동 1호' 발사
박세리 미 LPGA 첫 우승
박근혜 국회의원 첫 당선
정몽구 현대자동차 회장 취임
스타크래프트 게임과 e스포츠 열풍
온라인게임 '리니지' 출시
　_ 김정주, 김택진, 송재경
소극적 안락사 유죄 선고한 보라매병원 사건
　_ 김 할머니 존엄사 논쟁
잭 키보키언의 안락사 논란
비아그라 시판
미 하원, '섹스 스캔들' 클린턴 대통령 탄핵안 가결
북아일랜드 평화협정
우고 차베스 베네수엘라 대통령 당선

정주영의 소떼 방북과 금강산 관광

남한의 일반인이 관광 목적으로 북한 지역에 들어간 것은 분단 후 처음이었다.

1998년 11월 18일, 금강산 관광 1호선인 '현대금강호'가 분단 53년 만에 처음으로 금강산 관광을 위한 역사적인 출항에 나섰다. 현대금강호에는 정주영 현대그룹 명예회장과 889명의 관광객 등 총 1,365명이 승선해 역사적인 순간을 함께 자축했다.

오전 5시 43분 동해항을 출항한 금강호는 11월 19일 오전 2시 25분 군사분계선을 통과하고 7시 30분 북한 장전항에 접안했다. 남한의 일반인이 관광 목적으로 북한 지역에 들어간 것은 분단 후 처음이었다. 관광객은 사흘간 금강산의 절경을 두루 구경한 뒤 11월 22일 오전 동해항으로 귀환했다. 두 번째 관광선 '현대봉래호'는 관광객 등 990명을 태우고 11월 20일 오후 금강산으로 향했다. 이처럼 금강산행이 순탄해 보이는 듯했어도 이날이 있기까지에는 길고 긴 산고가 있었다.

정주영 명예회장이 북한과 금강산 공동개발 의정서를 맺은 것은 1989년 1월이었다. 그러나 1차 북핵 위기 등으로 남북 관계가 꽁꽁 얼어붙어 관광은 바로 성사되지 못했다. 남북 관계는 1998년 2월 취임한 김대중 대통령의 햇볕정책에 따라 급속하게 해빙 무드로 전환되었다. 정주영 회장이 1998년 6월 16일 소 500마리를 끌고 북한을 방문하는 기상천외한 이벤트를 벌인 것도 그 무렵이었다.

정 회장은 17살이던 1932년 아버지가 소를 판 돈을 훔쳐 집을 뛰쳐나왔는데 이것을 되돌려준다는 명목으로 소떼 방북을 감행했다. 소들은 트럭 50대에 실려 충남 서산농장을 출발해 16일 오전 9시 5분부터 차례로 군사분계선을 지나 북한 측에 인도되었다. 소떼 방북은 남북의 긴장 완화와 남북 경협의 물꼬를 텄다는 평가를 받았다. 프랑스의 문명비평가 기 소르망은 "아름답고 충격적인 전위예술 작품"이라고 논평했다.

　그런데 북한으로 보내진 500마리 중 70마리가 폐사하는 예기치 않은 일이 벌어졌다. 북한은 소의 내장에서 다량의 삼밧줄과 비닐 등이 발견되었다며 남한 측이 고의로 이물질을 먹여 폐사토록 한 것이라고 생떼를 부렸다. 현대 측은 장기간 수송에 따른 수송열이 직접적인 사인이었을 가능성이 높다고 분석했다. 현대 측의 부주의가 주요 사인이긴 했지만 경제난에 빠진 동포들을 돕겠다는 인도적인 지원마저도 의심하는 북한의 예측 불가능한 태도에 국민은 또 한 번 경악했다. 정 회장은 오해를 불식하고 금강산 관광 사업에 박차를 가하기 위해 10월 27일 또다시 소떼 501마리를 끌고 북한을 방문했다. 소떼는 2000년 8월 500마리, 2003년 10월 100마리가 또 전달되어 총 1,601마리가 북한으로 보내졌다.

　정 회장은 소 500마리 이벤트를 벌인 뒤 그해 10월 김정일 국방위원장을 만나 6년간 북한에 9억 4,200만 달러를 지불하는 조건으로 금강산 일대 8개 지구에 대한 장기 독점 개발권을 확보했다. 금강산 관광은 그로부터 1개월도 채 지나지 않아 이뤄졌다.

소 500마리를 끌고 북한을 방북하는 기상천외한 이벤트 벌여

　그러나 현대금강호 앞을 가로막은 풍파는 쉬이 가라앉지 않았다. 1차 위기는 운행 개시 74일 만에 일어났다. 1999년 1월 말 박지원 당시 청와대 공보수석이 승선한 금강호를 북한이 11시간 동안이나 남북 군사분계선상에서 오도 가도 못하게 한 것이다. 북한은 현대 측이 1월분 2,500만 달러(330억 원)를 입금하지 않아 입북을 거부한 것이라고 했으나 북측이 1월 말까지 독점 기간을 명시한 문건을 현대 측에 보내주기로 한 약속을 먼저 위반해 입금이 늦어졌다는 점에서 북측의 주장은 억지에 가까웠다. 이것은 북한이 언제라도 관광선과 관광객을 '볼모'로 삼아 금강산 사업을 중단시킬 수 있다는 점을 단적으로 보여준 사건이었다.

소떼를 실은 트럭이 통일대교를 건너가고 있다(1998.6.16).

실제로 그렇게 진행된 사례가 몇 건 더 있었다. 1999년 5월 14일 처음 출항한 세 번째 관광선 '풍악호'의 입북을 거부해 관광객을 13시간이나 해상에 묶어두었는가 하면 1999년 6월 말에는 한 주부 관광객을 억류해 45일간 관광을 중단시킨 적도 있었다. 그래도 정부와 현대는 북한 달래기에 급급했다. 야당은 1999년 6월 급기야 연평해전이 터지자 "통일소가 1년 만에 포탄이 되어 돌아왔다"고 햇볕정책을 비판했다.

정 회장은 금강산 사업을 포함해 대북 사업 전반을 전담할 회사로 1999년 3월 현대아산을 설립했다. 이후 현대아산은 사업 대가로 약속한 9억 4,200만 달러와 2000년에 합의한 '남북 경협 7대 사업' 대가 5억 달러 등 1조 5,000억 원 이상을 북측에 지급했다. 그러나 관광객 예측을 잘못하는 바람에 한 해 50만 명으로 예상했던 관광객이 운항 1년 동안 14만 명에 그쳐 현대아산은 적자에 허덕였다.

현대아산은 결국 적자를 견디지 못해 2001년 초, 정부에 지원을 요청했다. 정부는 한국관광공사를 내세워 현대아산에 총 900여 억 원을 지급했으나 사정이 어렵기는 마찬가지였다. 현대아산의 대주주이던 현대상선도 동반 부실에 빠져 알짜배기 사업인 자동차 운반 사업을 해외에 팔아야 했다. 금강호와 봉래호도 관광객 감소로 2001년 6월 퇴역했다. 그 뒤를 이어 설봉호가 남북을 오가다가 2003년 2월 육로 관광이 본격화하면서 2004년 1월 현역에서 퇴장했다.

북한이 언제 또 생떼를 쓸지 몰라 금강산 관광 미래 불투명해

2003년 2월 노무현 정권 출범 후 대북 송금 특검이 시작되었을 때 이를 견디지 못한 정몽헌 현대아산 회장이 2003년 8월 자살하는 일까지 벌어져 현대아산과 금강산 사업은 최대 위기를 맞았다. 퍼주기 논란, 관광 대가의 핵 개발 전용 의혹도 금강산 관광의 발목을 잡았으나 정부의 유·무형 지원 덕에 금강산 관광은 명맥을 유지했다. 1999년과 2002년 연평해전과 제2연평해전이 일어나 우리의 젊은이들이 전사했을 때도 정부는 금강산 뱃길을 막지 않았다.

육로 관광의 활성화로 2005년에는 사상 최대인 30여만 명이 금강산을 다녀오고 그해 6월 누계 100만 명 관광객 시대를 맞아 금강산 관광이 자리를 잡는 듯했다. 그러나 이 역시 2006년에 터진 북한 핵실험으로 더 이상 북한을 신뢰할 수 없게 되고 북한이 언제 또 생떼를 쓸지 몰라 금강산 사업의 미래는 불투명해졌다. 이런 가운데 금강산 육로 관광은 2003년 2월 시작된 후 2008년 7월까지 150만 8,900명이 동해선 남북출입사무소를 통해 금강산을 다녀왔다.

그러나 금강산 관광은 우려했던 대로 2008년 7월 11일 남측 관광객 박왕자 씨가 해변을 산책하다가 북측 초병의 총격에 의해 사망한 직후 결국 중단되었다. 우리 정부는 북측에 진상규명, 재발 방지, 신변 안전보장 등 3대 선결 과제를 요구했으나, 북한이 이에 불응하고 오히려 "불필요한 남측 인원을 추방하겠다"고 으름장을 놓아 우리 정부는 관광객의 신변 안전을 위해 8월 11일 금강산 내 한국관광공사와 면회소 인원을 모두 철수시켰다. 이로써 금강산 관광은 중단되었고 현대아산은 2011년 말까지 5,000억 원이 넘는 매출 손실을 보았다. 2014년 현재 투자금 7,770억 원도 회수할 수 있을지 미지수다.

금강산 관광에 대한 시각은 크게 두 가지로 나뉜다. 찬성 측은 분단과 대결로 얼룩진 군사분계선을 화해와 협력의 연결점으로 만든 최초의 시도라는 점에서 긍정적으로 보고 있다. 긴장 완화에 꼭 필요하다는 주장이다. 반면 비판하는 측은 금강산 관광이 북한의 달러벌이에 이용되어 북한의 군사력을 강화하거나 북한의 핵 개발에 전용될 가능성을 우려하고 있다. 우리가 제공한 달러가 핵무기와 미사일로 바뀌어 언제든 우리를 표적으로 삼고 있다는 것이다. 평가는 역사가 내릴 것이다.

북한 장거리 미사일 '대포동 1호' 발사
가장 긴장해야 할 김대중 정부는 상대적으로 느긋한 태도를 취해 한가하다는 비판이 제기되었다.

북한이 미사일 개발에 본격적으로 뛰어든 것은 1981년인 것으로 알려졌다. 이후 북한은 소련제 스커드B 미사일을 이집트에서 도입해 이를 분해하고 조립하는 과정에서 사거리 300km의 스커드B 미사일을 1985년에 개발했다. 1990년에는 탄두 무게를 500kg으로 줄이고 사거리를 550km까지 늘린 스커드C 미사일을 시험 발사하는 데 성공했다.

이후에도 스커드B 미사일의 엔진 4개를 모아 사거리와 추진력을 획기적으로 늘리는 방안을 연구해 사거리 1,000km, 탄두 무게 1,000kg의 '노동 1호'를 개발하고 1993년 5월 29일 첫 시험 발사에 성공했다. 이를 발판으로 스커드와 노동 1호 기술을 파키스탄과 이란에 판매하는 미사일 수출 국가가 되었다.

미 정보 당국은 1998년 4월 파키스탄의 '가우리 2호'와 1998년 7월 이란의 '샤하브 3호' 미사일의 시험 발사가 있기까지 북한의 역할이 결정적인 것으로 분석하고 있다. 파키스탄은 북한에서 미사일 기술을 도입하는 대가로 우라늄 농축 핵 프로그램을 제공한 것으로 알려지고 있다. 파키스탄과 이란의 미사일 발사 성공은 두 나라와 적대적인 인도와 이스라엘을 충격에 빠뜨렸다.

북한이 '대포동 1호' 미사일을 발사해 한·미·일 3국을 경악케 한 것은 1998년 8월 31일이었다. 대포동 1호는 1단계 로켓은 '노동'으로 하고, 2단계는 '스커드'를 활용한 2단식 액체연료 추진방식으로 목표 사거리는 1,500km였다. 미국의 정밀 추적 결과 1단계 로켓은 연료가 소진되면서 대포동 발사장에서 370km 떨어진 동해상에 떨어졌고 2단계 로켓은 750km 지점에 떨어진 것으로 확인되었다. 탄두는 관성에 따라 포물선 궤도를 그리며 마하 10~20의 초고속으로 일본 열도를 지나 1,380~1,550km 떨어진 태평양 공해상에 떨어졌다.

한·미·일 3국이 사태를 면밀히 분석하고 있던 9월 4일 갑자기 북한이 "우리가 발사한 것은 미사일이 아니고 '광명성 1호'라는 인공위성"이라고 발표했다. 한국과 일본은 믿을 수 없다는 반응을 보였고 미국은 반신반의하는 신중한 태도를 취했다.

북한은 중앙방송을 통해 "운반 로켓은 8월 31일 12시 7분에 함북 화대군 무수단리의 발사장에서 86도 방향으로 발사되어 4분 53초 만인 12시 11분 53초에 위성을 자기 궤도에 정확히 진입시켰다"며 "3단계로 구성된 운반 로켓 중 1단계는 발사 후 95초 만에 발사장으로부터 253km 거리에 있는 동해 공해상에 떨어졌고 2단계는 144초 후 1,646km 거리에 있는 태평양 공해상에 떨어졌다"고 주장했다. 또한 "위성에서는 김일성 장군과 김정일 장군의 노래, 주체 조선이라는 모르스 전신부호가 27㎒로 지구상에 전송되고 있으며 위성 주기는 165분 6초"라고 발표했다.

그러나 미국의 조사 결과, 북한이 주장하는 궤도상에서 어떤 위성체도 발견되지 않고 27㎒의 무선 송신도 탐지되지 않은 것으로 밝혀져 미국은 북한의 인공위성 주장을 일축했다. 그래도 일부에서 인공위성일 수 있다는 주장이 제기되자 세계 최고 정보력을 갖고 있는 미국이 인공위성과 미사일 발사도 구분하지 못한다는 비판이 쏟아졌다.

북한은 2006년 광명성 1호 모형을 공개했다. 각이 진 구형으로 4개의 안테나가 부착되어 있고 크기는 농구공 정도의 초경량이었다. 미국 하버드대 우주물리학센터는 1998년 한 해 동안 전 세계적으로 발사한 82개의 인공위성 중 광명성 1호는 실패한 6개의 인공위성 가운데 하나라고 발표해 주목을 끌었다. 결국 미사일과 인공위성 중 정확히 어느 것인지는 지금까지도 의견이 분분하다.

대포동 2호는 미국, 노동 1호는 일본, 스커드 미사일은 남한 겨냥해

미국은 미사일이라는 전제하에, 대포동 1호의 사거리가 길긴 하지만 명중률이 크게 떨어진다는 점에서 대포동 1호가 당장 군사적 위협이 될 것으로 보지는 않았다. 그러나 일본은 미사일이 자신들의 머리 위를 지나갔다는 사실에 큰 충격을 받아 거의 패닉 상태에 빠졌다. 그런데도 가장 긴장해야 할 김대중 정부는 상대적으로 느긋한 태도를 취해 한가하다는 비판이 제기되었다.

한동안 잠잠하던 북한이 다시 미사일 발사로 세계를 놀라게 한 것은 2006년이었다. 전격적으로 이뤄진 1998년과 달리 2006년에는 중국과 러시아 등 전통적인 우방국에 미리 발사 가능성을 공개했다는 점에서 이례적이었다. 중국이 발사하지 말라는 경고 신호를 보냈으나 북한은 2006년 7월 5일 '대포동 2호'로 추정되는 미사일 발사를 강행했다.

오전 3시 32분께부터 강원도 안변군 깃대령 소재 발사장에서 스커드 미사일을 발사한 것을 시작으로 오전 4시 4분에는 같은 시험장에서 사거리가 1,300km인 중거리 미사일 '노동 1호'를 발사하고 오전 5시 전후로는 함북 무수단리에서 '대포동 2호'로 추정되는 장거리 미사일을 발사했다. 오전 7시 12분부터 30분 동안 스커드나 노동 1호로 추정되는 3발의 미사일을 다시 발사하고 오후 5시 22분에도 1발의 스커드 미사일을 쏘는 등 이날 하루 동안 모두 7발의 미사일을 쏘아 올려 한·미·일 3국을 충격과 혼란에 빠뜨리고 중국에는 배신감을 안겨주었다.

사거리를 감안할 때 대포동 2호는 미국을, 노동 1호는 일본을, 스커드 미사일은 남한을 겨냥해 자신들의 위협 능력을 과시하려 한 것으로 분석되고 있다. 그러나 가장 큰 관심을 끌었던 대포동 2호는 발사에 실패한 것으로 밝혀졌다. 발사 42초 만에 엔진에 이상이 생겨 1단계 로켓을 분리하지 못하고 6분여를 더 비행하다 발사장으로부터 499km 떨어진 동해상에 떨어진 것이다. 언제고 북한의 미사일이 우리 땅에 떨어질 수 있는 긴박한 상황인데도 노무현 정부는 발사 전부터 "북한의 정치적 시위", "1998년처럼 인공위성일 가능성이 높다"는 낙관론을 펼치며 안보 불감증을 드러냈다.

북한이 마침내 장거리 미사일 발사에 성공한 것은 2012년 12월 12일이다. 북한은 인공위성 '광명성 3호'를 궤도에 올리기 위해 장거리 로켓 '은하 3호'를 발사했다고 주장했다. 하지만 국제사회는 북한이 핵탄두 탑재가 가능한 대륙간 탄도미사일(ICBM) 개발의 일환으로 로켓을 발사했다고 보고 있다. 위성을 운반한 은하 3호는 1·2·3단 로켓이 정상적으로 분리되어 1단 로켓은 변산반도 서쪽 해상에, 2단 로켓은 평북 동창리 발사대에서 2,600여㎞ 떨어진 필리핀 근해에 떨어졌다. 전문가들은 북한이 이번 성공으로 미국 본토에 도달할 수 있는 1만㎞ 이상 사거리 미사일을 확보한 것으로 평가하고 있다.

앞으로 미사일에 실어 멀리 보낼 수 있도록 핵무기를 소형화하고 미사일이 대기권 밖으로 나갔다가 다시 대기권으로 진입하는 순간 고열을 지탱할 수 있는 기술만 확보하면 미국을 미사일로 직접 타격할 수 있다는 얘기가 된다.

박세리 미 LPGA 첫 우승
'타고난 승부사' 세리의 전설은 여전히 진행 중이다.

중학교 1학년 때 허들과 투포환 선수로 활약하던 박세리 (1977~)를 골프 세계로 인도한 것은 아버지였다. 박세리는 대전의 아파트 15층 계단을 매일 다섯 차례씩 오르내리는 강훈련을 받은 것은 물론 한밤중 공동묘지에서 집까지 혼자 걸어오는 담력 훈련도 쌓았다. 아버지의 스파르타식 훈련은 박세리가 흔들리지 않고 배포 있는 플레이를 펼치는 데 원동력으로 작용했다.

박세리는 육상으로 다져진 튼튼한 하체, 외국 선수들과 비교해도 뒤지지 않는 170cm, 67㎏의 다부진 체구, 여기에 골프에 대한 천부적인 재능과 열정까지 더해져 고교 3학년 때는 프로대회 4개를 포함해 국내 7개 골프대회를 석권하며 국내 1인자로 우뚝 섰다. 중3 때부터 아마 무대에서 들어올린 트로피는 이미 30개나 되었다. 고교를 졸업한 1996년 프로에 데뷔해서도 1년 동안 4승을 올리게 되자 국내에 안주하지 않고 세계 최고들이 겨룬다는 미 LPGA를 노크했다.

1997년 1월 박세리가 미국으로 건너갈 때만 해도 시기상조라는 의견이 많았다. 하지만 박세리는 이를 비웃기라도 하듯 1997년 10월 미 LPGA

박세리(1977~)

프로 테스트를 1위로 통과해 대망의 LPGA 투어에 화려하게 입성했다. 1998년 1월에 열린 투어 첫 대회에서 공동 13위를 기록해 데뷔전은 그런대로 무난했다. 하지만 5월 초까지 참가한 9개 대회에서 공동 11위가 최고일 뿐 30~40위권을 맴돌자 팬들의 기대는 실망으로 바뀌었다.

낙담하지 않고 꿋꿋하게 버티던 박세리에게 기회를 제공한 것은 맥도날드 챔피언십이었다. 1998년 5월 18일 박세리는 대회 최종 라운드 결과 11언더파 273타를 기록, 미 LPGA 첫 우승컵을 안았다. 만 20세 7개월 20일 만이었기 때문에 여자 선수로는 역대 최연소 우승이었다. 1년 전 골프 황제 타이거 우즈가 마스터스에서 세운 최연소 메이저대회 우승 기록(20세 8개월 23일)까지 갈아치웠다. 첫 라운드부터 마지막 라운드까지 선두를 달리며 우승한 것도 1955년 대회 창설 이래 처음이었다. 세계 주요 통신사는 '세리 팩(Se Ri Pak)'의 우승 소식을 일제히 타전했다. 미국의 CBS 방송은 "동양에서 온 별", "여자 타이거 우즈", 뉴욕타임스는 "한국이 수출한 최고의 상품"이라고 격찬했다.

박세리는 그로부터 7주 뒤 세계 최고의 권위를 자랑하는 US여자오픈 연장 마지막 승부에서 또다시 낭보를 보내왔다. 1998년 7월 7일 장장 5시간에 걸친 대하드라마를 마감하는 5.5m짜리 버디 퍼팅이 그대로 홀컵에 빨려 들어가는 순간 박세리는 두 손을 불끈 추켜올렸다. 두 번째 우승이었다.

외환위기로 어깨가 처진 국민들에게 자신감 심어줘

우승에 앞서 박세리는 7월 6일의 최종 라운드에서 태국의 제니 추아시리폰과 나란히 6오버파 290타로 공동 선두를 기록해 7월 7일 연장 승부에 들어갔다. 연장 18홀마저 비긴 뒤 치른 서든데스 연장 2번째 홀에서 박세리는 버디를 잡아 파에 그친 추아시리폰을 극적으로 누르고 메이저 대회 2연속 우승의 금자탑을 쌓았다. 무려 92홀 만에 우열을 가린 이 대회는 그때까지 치러진 미 LPGA 투어 사상 가장 긴 승부이자 '최고의 명승부'로 기록되었다.

특히 연장 18홀에서 공이 해저드 경사면 러프에 걸렸을 때 양말을 벗고 연못 속으로 들어가 샷을 하는 모습은 외환위기로 어깨가 처진 국민들에게 자신감을 심어주었다. '맨발 투혼 샷' 이후에도 박세리는 2승을 추가해 1998년에만 4승을 거두며 국민적 영웅이 되었다. 박세리는 단숨에 세계 랭킹 2위로 올라섰고 1998년 LPGA 신인상을 수상했다.

이후에도 그녀는 승승장구했다. 11번이나 톱10에 진입했으나 우승과는 인연이 없던 2000년을 제외하고 1999년 4승, 2001년 5승, 2002년 5승, 2003년 3승을 기록하며 전성기를 구가했다. 2001년에는 162만 달러(21억 원)의 상금을 벌어들여 LPGA 투어 상금 랭킹 2위에 올랐다. 한국의 골프 꿈나무들은 박세리를 보며 꿈을 키웠다. 그들의 꿈은 현실이 되어 오늘날 미 LPGA에서 맹활약을 펼치고 있다.

박세리는 2004년 5월 미켈럽 울트라오픈에서 통산 22번째로 우승을 차지해 골프선수로서 꿈꿔온 '명예의 전당'에 헌액될 수 있는 자격을 얻었다. 너무 빨리 목표를 달성해서였을까. 명예의 전당 헌액 포인트를 채운 뒤 급격한 경기력 저하에 시달렸다. 목표 상실에서 오는 공허함 때문이었다. 경기는 뜻대로 풀리지 않았고 대회 때마다 중위권에 그치기 일쑤였으며 컷오프되는 횟수도 점점 많아졌다.

2005년에는 12개 대회에 나가 10위 진입은커녕 컷오프 3회, 기권 4회로 추락에 추락을 거듭했다. 2005년 5월 대회에서는 14오버파 85타를 쳐

'주말 골퍼'라는 비아냥거림까지 들었다. 박세리는 훗날 "애완견과 놀면서 눈물이 나왔다. 할 수 있는 것이 이것밖에 없는 것이 너무 슬펐다"고 당시를 회고했다.

2006년 박세리는 재기에 성공했다. 박세리에게 첫 우승을 안겨주었던 맥도날드 챔피언십에서 오랜만에 우승(6.13), 2년여의 부진을 한방에 털어버렸다. 2007년에도 제이미파 오언스코닝 클래식에서 24승째를 거두며 11월 LPGA 투어 명예의 전당에 동양인으로는 처음으로 헌액되는 영광을 안았다.

다시 세 번째 슬럼프가 박세리를 괴롭혔다. 신지애, 김인경, 최나연 등 20대 초반의 '세리 키즈'들에 밀려나 설 곳조차 없었다. 그러나 박세리는 서두르지 않았다. 15년 골프 인생 최고 스승인 '인내심'도 터득한 터였다. 2010년 5월 17일 2년 10개월 만에 통산 25승을 거두며 '세리의 부활'을 알렸다. '타고난 승부사' 세리의 전설은 여전히 진행 중이다.

박근혜 국회의원 첫 당선
세종시 수정안에 반대한 후 그에게는 약속의 정치인이라는 브랜드가 굳어졌다.

2012년 12월 20일 중앙선관위가 제18대 대통령 선거 개표 결과를 발표했다. 박근혜(1952~) 후보는 총 투표수 3,072만 2,912표 중 51.6%인 1,577만 3,128표를 획득했다. 1987년 대통령 직선제 개헌 이후 첫 과반 득표였다. 문재인 후보는 1,469만 2,632표(48.0%)를 득표했다. 1·2위 간 표차는 108만 496표로 집계되고 득표율 격차는 3.6% 포인트였다. 이로써 박근혜는 대한민국 사상 첫 여성 대통령이자 부녀 대통령으로 기록되었다.

박근혜는 6·25전쟁이 채 끝나지 않은 1952년 대구에서 태어났다. 당시 박정희는 대구 소재 육군본부 작전교육국 작전차장(대령)이었다. 박근혜는 전쟁이 끝난 후 서울로 올라와 1958년부터 신당동에서 살았다. 1961년 박정희가 5·16쿠데타를 일으키고 1963년 제5대 대통령에 당선되었지만 자식들이 특권 의식을 갖게 될까 봐 염려한 어머니 육영수의 결정으로 한동안 청와대에 들

박근혜(1952~)

어가지 못하고 신당동 집에서 외할머니와 함께 살았다.

박근혜는 훗날 국회의원이 될 정몽준과 한화그룹의 회장이 될 김승연과 함께 1964년 장충초등학교를 졸업했다. 성심여중을 거쳐 성심여고를 졸업할 무렵 어머니는 딸이 역사학과에 가기를 희망했지만 박근혜는 "산업 역군이 되어 나라에 기여하고 싶다"며 1970년 서강대 전자공학과에 입학했다. 1974년 대학을 졸업하고 프랑스 그르노블대에서 유학을 하고 있던 8월 15일 어머니가 암살되었다는 전갈을 받고 급거 귀국했다. 훗날 박근혜는 "날카로운 칼이 심장 깊숙이 꽂힌 듯한 통증이 몰려왔다"고 당시 심경을 표현했다.

어머니 사후 22살의 박근혜에게 퍼스트레이디 역할이 주어졌다. 박근혜는 아버지가 기업체를 방문하거나 국토 시찰을 나설 때 수행했다. 아버지와 아침 식사를 할 때는 시국에 관해 의견을 교환했다. 1979년 10월 27일 새벽 1시 30분쯤 김계원 청와대 비서실장에게서 "각하께서 돌아가셨습니다"라는 전화가 걸려왔다. 경황이 없는 중에도 박근혜가 "전방에는 이상이 없습니까"라고 물은 것은 유명한 일화다.

박근혜는 1979년 11월 21일 근령·지만 두 동생을 데리고 신당동 사저로 돌아갔다. 전두환이 집권한 5공 시절에는 영남대재단 이사, 육영재단

이사장으로, 5공이 끝난 뒤에는 한국문화재단 이사장, 정수장학회 이사장으로 활동했다. 그러던 중 새로 득세한 전두환 대통령의 신군부가 과거 자신들의 발판이던 박정희 정권과의 차별화를 위해 등을 돌리는 것을 보고 권력의 쓴맛을 곱씹었다. 1979년부터 1997년 12월 정치에 입문할 때까지 18년은 '외롭고 긴 항해' 기간이었다.

박근혜는 1997년 12월 외환위기로 경제가 무너지는 것을 보면서 15대 대선을 앞둔 1997년 12월 10일 당시 한나라당 이회창 후보 지지를 선언하며 정치에 뛰어들었다. 1998년 4월 2일에는 대구 달성 국회의원 보궐선거에서 62.5%를 득표해 국회에 입성했다. 이후 달성에서만 내리 4선을 했다.

박근혜는 정치 개혁의 방안으로 집단지도체제, 당권·대권 분리, 국민참여 경선 실시 등을 요구하며 당 총재이던 이회창과 마찰을 빚어 2002년 2월 한나라당을 탈당하고 한국미래연합 창당을 준비했다. 그 사이 북한을 방문해 2002년 5월 13일 김정일 국방위원장과 단독 회동했다. 대통령 선거를 한 달 앞둔 2002년 11월 다시 입당해 이회창 후보를 도왔으나 이회창은 2002년 12월 김대업의 흑색선전에 휘말려 대선에서 패배했다.

'아름다운 승복'은 소중한 정치적 자산

이후 한나라당은 차떼기 사건 수사와 노무현 대통령의 탄핵 역풍이 겹쳐 난파선 같은 신세가 되었다. 박근혜는 2004년 4월 총선을 앞둔 3월 23일 당 대표로 뽑혀 구원투수로 나섰다. 이튿날 국회 앞 번드르르한 당사를 버리고 여의도 중소기업전시장 부지에 천막을 치고 당사로 삼아 쇄신 작업에 앞장섰다. 전국을 누비며 "진심으로 뉘우치고 반성하겠다", "여당을 견제할 수 있는 의석만 달라"고 호소해 4·15 총선에서 121석을 확보해 침몰 직전의 당을 구했다. 천막당사는 한나라당 상징물로 기억되었고 박근혜는 차기 대권 주자로 부상했다.

2006년 5·31 지방선거를 앞두고 당 대표로 동분서주하던 5월 20일 서울 신촌로터리에서 유세 도중 갑자기 나타난 괴한이 휘두른 커터칼에 오른쪽 뺨이 11cm나 찢기는 테러를 당했다. 벌어진 속살이 들여다보일 정도로 상처는 깊었다. 박근혜는 긴급 이송된 병원에서 60바늘을 꿰매고 안정을 취하던 중 여론조사 결과를 보고받다가 대뜸 "대전은요?"라고 선거 판세를 물어 화제를 뿌렸다.

박근혜는 2006년 6월 대표직에서 물러날 때까지 2년 3개월 동안 각종 재보선, 지자체 선거 등을 승리로 이끌어 자타 공인 '선거의 여왕'이라는 별명을 얻었다. 2007년 대선을 앞두고 당내 경선에 나섰다가 1.5% 포인트 차이로 석패했지만 담담하게 패배 후보 연설을 읽고 이명박 후보의 당선을 축하했다. 한국 정치사에서 보기 드물었던 '아름다운 승복'은 소중한 정치적 자산이 되었다.

박근혜와 이명박 대통령 두 사람은 2008년 총선을 앞두고 정면충돌했다. 2008년 4월 총선 공천 때 김무성, 서청원 등 박근혜의 측근들이 공천에서 대거 낙천하자 정당 사상 유례가 없는, 개인의 이름을 사용한 정당 '친박연대'가 등장했다. 박근혜는 "나도 속고 국민도 속았다", "살아서 돌아오라"며 친박연대를 간접 후원했다. 친박연대는 총선에서 14석을 얻어 무소속 돌풍을 일으켰다. 2010년 6월 29일에는 국회 본회의에 상정된 세종시 수정안의 반대 토론자로 직접 나서 "정치가 미래로 가려면 약속은 반드시 지킨다는 신뢰가 있어야 한다. 그것이 깨진다면 끝없는 뒤집기와 분열이 반복될 것"이라고 강조하며 수정안에 반대했다. 이후 그에게는 '신뢰와 약속의 정치인'이라는 브랜드가 굳어졌다.

2011년 10·26 서울시장 보선 패배로 당이 또다시 흔들리자 12월 비상대책위원장으로 구원 등판해 당명을 새누리당으로 바꾸고 이미지 변신을 단행해 2012년 4·11 총선에서 과반 152석을 얻는 데 성공했다. 2012년 8월 새누리당 대선 후보 경선에서 84%라는 압도적인 지지를 받아 대선 후보로 선출되었고 여세를 몰아 2013년 2월 청와대에 입성했다.

정몽구 현대자동차 회장 취임

정주영이 현대자동차의 산파라면 정몽구는 현대자동차를 세계적인 기업으로 일군 일등 공신이다.

현대·기아자동차는 판매 대수 기준으로 2010년 처음 세계 자동차 업계 빅5에 올랐다. 1990년대 말까지 국내에서만 선두 주자였을 뿐 글로벌 시장에서는 존재감이 없던 현대자동차가 첫 고유 모델 '포니'를 출고한 지 40년도 안 되어 글로벌 빅5에까지 오른 것이다. 빅5를 굳건히 지키며 빅4를 넘보고 있는 현대자동차의 오늘을 있게 한 주인공은 단연 정주영(1915~2001)이지만 정주영의 동생 정세영(1928~2005)과 차남 정몽구(1938~)도 그에 못지않게 중요한 역할을 했다는 것에는 누구도 이의를 제기하지 않는다.

정주영이 현대자동차의 산파라면 정세영은 현대자동차를 안정화시킨 창업 공신이고, 정몽구는 현대자동차를 세계적인 기업으로 일군 일등 공신이다. 정세영은 1967년 현대자동차 초대 사장으로 발탁되어 1999년 3월 현대자동차 회장에서 물러날 때까지 32년 동안 현대자동차를 세계 13위의 자동차 전문 기업으로 키운 주역이었다. 정몽구는 60세가 다 되도록 정주영 회장의 그늘에 가려 제대로 된 평가를 받지 못했다. 하지만 정몽구는 재벌 2세답지 않게 근면과 절약이 몸에 배고 과감한 결단력과 뚝심, 강한 추진력을 갖춘 전형적인 기업가형이었다.

정몽구는 아버지의 고향인 강원도 통천에서 8남 1녀의 차남으로 태어나 경복고와 한양대 공업경영학과를 졸업했다.
1969년 현대건설 평사원으로 현대그룹에 발을
들여놓았고 1970년 현대자동차 서울사업소 소장
으로 근무하며 자동차 업무를 익혔다. 1974년 설
립된 현대자동차써비스 사장으로 발령받아 전국
적인 서비스망을 갖추고 1977년 현대정공 초대
사장으로 부임해 세계 컨테이너 시장의 38%를
점유하는 세계적인 기업으로 키웠다. 정주영가

정몽구(1938~)

의 장남인 정몽필이 1982년 자동차 사고로 타계한 뒤에는 장남의 역할까
지 수행했으나 여전히 아버지에 가려 두각을 나타내지는 못했다.

1987년부터 현대강관과 현대중장비 회장을 겸임하고 있던 그가 현대그
룹 회장에 취임한 것은 1996년 1월이었다. 정주영 회장이 정치 활동을 위
해 1993년 명예회장으로 물러나면서 동생인 정세영 회장에게 물려준 그
룹 회장 자리를 장자격인 정몽구에게 맡긴 것이다. 그러나 1998년 1월 동
생 정몽헌이 아버지의 후광을 받아 현대그룹 공동회장이란 직책을 맡으
면서 자존심에 큰 상처를 입었다. 구겨진 자존심이 회복된 것은 1998년
12월 3일 연간 매출 20조 원 규모의 현대·기아자동차의 경영권을 물려받
고부터였다.

정세영 회장은 자신의 분신이나 다름없는 현대자동차를 조카에게 넘겨
주면서 불편한 심기를 '공수래 공수거'로 표현했다. 현대자동차는 정몽구
회장에게 경영권이 넘어가기 이틀 전인 12월 1일 잇단 분규와 경영 부실
로 국제입찰에 넘어갔던 기아자동차를 인수함으로써 자동차산업에 꼭 필
요한 '규모의 경제'를 실현했다. 하지만 정몽구는 아버지의 완전한 신임
을 얻지 못해 여전히 불안한 상태에 놓여 있었다. 결국 2000년 3월 동생
정몽헌과 계열사 지분을 놓고 정면으로 부딪친 '왕자의 난'을 겪어야 했고

아버지의 뜻에 따라 그룹회장을 동생에게 넘겨주어야 했다.

정몽구 리더십의 요체는 품질 경영과 현장 경영

정몽구 회장은 눈물을 머금고 현대그룹에서 현대자동차의 독립을 시도했다. 공정거래위원회가 2000년 9월 1일자로 현대자동차 소그룹(10개사)의 계열 분리를 승인하고서야 현대그룹에서 완전히 독립했다. 10개 계열사를 거느린 현대자동차는 자산 규모가 34조 원으로 자산 규모로 보면 SK 다음인 재계 서열 5위의 위치에 있었다. 현대자동차가 빠져나간 현대그룹도 자산 규모가 54조 원으로 줄어들어 1위 자리를 삼성에 넘겨주었다. 분리 독립 후 현대자동차의 순이익은 가파르게 상승했다. 2001년에는 순이익 1조 원 시대를 열었다.

정몽구 회장의 리더십은 품질 경영과 현장 경영 두 가지로 요약된다. 그는 취임하자마자 품질 경영을 경영 철학의 전면에 내세웠다. 취임 직후 서울 본사에 품질상황실을 만들어 24시간 고객 민원을 받게 하고 품질회의실, 품질확보실, 글로벌 품질상황실 등을 설치해 품질 혁신의 사령탑 역할을 하도록 했다. 품질 경영은 곧 품질 향상으로 이어졌다. 미국 자동차 조사회사인 JD파워의 신차 품질 조사에서 현대차는 2004년 사상 처음으로 도요타를 제치고 7위로 수직 상승했다. 2006년에는 벤츠·BMW까지 제치고 3위로 뛰어올랐으며 2009년에는 일반 브랜드 부문 1위에 올랐다.

현장 경영은 정몽구 회장의 리더십을 뒷받침하는 또 다른 축이었다. 그는 남양기술연구소, 미국 현지 공장 등의 현장을 수시로 찾아가 직원들의 목소리를 듣고 회사의 향후 방향을 구상했다. 재벌 2세 중 진정한 현장 경영을 하는 재벌 총수는 정 회장이 거의 유일했다.

미국 진출의 발판이 된 것은 2005년 5월 준공한 미국 앨라배마 현지 공장이었다. 국내 자동차 업체가 미국에 현지 공장을 설립한 것은 한국 자동차 업계 사상 최초였다. 이미 터키, 인도, 중국 등지에 공장을 준공하고 미국과 유럽에 연구소나 주행시험장을 설립한 현대자동차는 앨라배마 공장 준공 이후 체코와 러시아 등에도 공장을 세웠다.

2005년 초 정 회장은 현대·기아차 브랜드를 세계적인 톱 브랜드로 육성하기 위한 액션 플랜을 구체화하며 2005년을 브랜드 경영의 원년으로 선포했다. 2005년 35억 달러의 브랜드 가치로 84위를 기록한 이후 꾸준히 브랜드 가치를 상승시켜 2010년에는 50억 달러(65위)로 그 가치를 높였다. 분리 독립 당시 재계 순위 5위이던 현대차는 2007년 그룹 매출 100조 원을 돌파하며 재계 2위로 올라섰고 지금은 삼성전자의 1위 자리를 뒤쫓고 있다. 현대·기아차는 2011년 6월 미국 시장 점유율 '마의 10%대'를 돌파했다.

정몽구 회장의 취임 후 현대·기아자동차의 성장 속도는 눈이 부셨다. 1998년 143만 대(글로벌 12위), 1999년 210만, 2005년 377만, 2009년 464만 대에 이어 2010년 575만 대로 마침내 도요타·GM·폭스바겐·르노-닛산에 이어 글로벌 빅5에 진입했다. 2013년에는 756만 대를 기록하고 4월에는 창사 이래 처음으로 해외 누적 판매 대수가 5,000만 대를 돌파하는 경이적인 성과를 달성했다.

스타크래프트 게임과 e스포츠 열풍
스타크래프트의 경기를 지켜보면서 젊은이들은 때로는 환성을, 때로는 절망의 탄식을 내뱉었다.

가상의 세계(문명)에 높은 지능을 가진 '프로토스' 종족과 정체불명의 괴물 '저그' 종족이 창조되고, 지구에서 추방된 인간의 후예들까지 이 가상의 세계에 '테란'이라는 나라를 세우면서 전쟁이 시작된다. 게

스타크래프트 초기 화면

이머들은 인터넷으로 연결된 게임에서 테란, 저그, 프로토스 중 하나를 선택해 다른 게이머들과 전투를 벌인다.

이런 내용의 PC용 게임 '스타크래프트'를 미국의 블리자드사(社)가 처음 출시한 것은 1998년 3월이었다. 1개월 뒤 한국에 상륙할 때만 해도 스타크래프트가 한국의 게임 업계에 지각변동을 일으킬 것이라고 예상한 사람은 거의 없었다. 그러나 스타크래프트는 발매 1년 반 만에 100만 장, 3년이 채 지나지 않아 200만 장을 돌파하며 한국 PC게임의 '절대 지존'으로 자리 잡았다. 2012년 말까지 680만 장이 팔려나가는 고공 행진을 했는데, 이는 전 세계 판매량 1,100만 장의 절반 이상이어서 한국은 자타가 공인하는 스타크래프트의 메카가 되었다. 한때는 PC방 이용자의 70~80%가 "스타크래프트를 한다"는 말이 나올 정도로 인기가 폭발적이었다.

스타크래프트가 유독 한국에서 인기를 끈 이유는 무엇일까? 게임 전문가들은 그 이유를 절묘한 발매 타이밍과 한국인의 민족성에서 찾는다. 스타크래프트 발매 당시 한국에서는 IMF 외환위기 후 저자본 창업이 붐을 이루고 있었다. PC방은 그 중 대표적인 아이템이었다. 청소년들은 집의 PC보다 성능이 월등하게 좋은 PC방을 선호했다. 그 덕에 1998년 초 전국적으로 100여 개에 불과하던 PC방은 2년 만에 1만 5,000개로 급증했다. 이처럼 높은 사양을 갖춘 PC방이 스타크래프트의 보급을 촉진했다면 스타크래프트의 인기는 PC방의 보급을 확산시켰다.

여기에 '하는 게임'에서 '보는 게임'으로 전환시켜 인기를 확대 재생산한 게임 전문 케이블TV, PC 성능과 정보고속도로 인프라를 몇 단계 업그레이드한 IT 산업의 급속한 성장 역시 스타크래프트 보급의 또 다른 공신이었다. 당구장은 스타크래프트를 앞세운 PC방에 밀려 주변에서 서서히 사라졌고 스타크래프트와 경제학을 결합한 '스타크노믹스'라는 신조어가 등장했다.

무엇보다 스타크래프트의 최고 인기 비결은 컴퓨터게임을 사람과 기계 간의 싸움에서 사람과 사람 간의 싸움으로 바꾼 배틀넷이다. 인터넷이 연결된 컴퓨터에서 특별한 도구도 없이 그저 클릭만 하면 세계 유저들은 배틀넷으로 모여들 수 있었다. 다른 게임보다 진행이 빠르고 금방 결판이 나는 배틀넷의 특성도 한국인의 성격에 그대로 들어맞았다.

스타크래프트의 배틀넷이 인기를 끌자 'e스포츠 산업'이라는 신조어가 한국에서 처음 만들어져 세계로 퍼져 나갔고 한국은 세계 e스포츠 시장의 70%를 차지하는 최강국으로 부상했다. 스타크래프트를 탄생시킨 블리자드의 마이크 모하임 대표는 "한국은 e스포츠의 수도"라며 한국이 e스포츠의 종주국임을 인정했다.

한동안 스타(크래프트) 세대와 비스타 세대로 양분돼

e스포츠를 주도한 것은 1998년 세계 최초로 우리나라에 생긴 프로게이머였다. 이 새로운 직종은 게임도 스포츠가 될 수 있다는 인식을 심어주었다. 특히 '테란의 황제' 임요환은 뛰어난 실력에 수려한 외모까지 겸비해 순식간에 e스포츠의 스타 플레이어로 명성을 떨치며 청소년들의 우상이 되었다. 2006년 초등학생을 대상으로 한 설문조사에서 프로게이머는 장래 희망 직업 1위였다.

2004년 7월 17일 '2004 SKY 프로리그' 1라운드 결승전이 벌어진 부산 광안리 해수욕장에는 그때까지 전 세계를 통틀어 사상 최다인 10만 명의 젊은 관중이 모여 기성세대를 놀라게 했다. 젊은이들은 때로는 환성을, 때로는 절망의 탄식을 내뱉었다. 프로게이머의 키보드나 마우스 조작 하나하나에 관중은 최면에 걸린 것처럼 끌려다녔다. 10대와 20대 사이에 불던 '스타크 광풍'을 눈으로 확인할 수 있었던 이날의 승부를 후세 게이머들은 '제1차 광안리 대첩'으로 불렀다. 대한민국은 점차 스타(크래프트) 세대와 비스타 세대로 양분되었다.

블리자드는 2010년 7월 수년간의 개발 기간을 거친 '스타크래프트2'를 발매했다. 테란, 저그, 프로토스 등 세 종족이 영역 싸움을 벌이는 내용에는 변함이 없었지만 그래픽은 3차원으로 한층 정교해졌고 게임 속 동영상은 한 편의 영화를 보는 것처럼 화려해졌다.

블리자드의 게임 중에는 스타크래프트 말고도 '디아블로'라는 신무기가 있다. 1996년 처음 발매되어 세계적으로 2,000만 장이라는 경이적인 판매 기록을 세운 디아블로는 화려한 그래픽과 음향효과, 다양한 동작 등 멀티플레이를 지원하는 '롤플레잉게임'으로 사용자가 게임 속의 가상 인물들을 조종하며 특정한 역할(Role)을 수행(Play)하는 게임이다. 디아블로2는 2000년 6월 출시 하루 만에 10만 장, 11개월 만에 100만 장을 돌파했다. 2012년 5월 출시한 디아블로3은 출시 첫날 350만 장, 7개월 만에 1,200만 장 넘게 팔렸다.

스타크래프트와 디아블로가 블리자드의 이름을 세계에 알렸다면 블리자드가 글로벌 기업으로 성장할 수 있는 토대를 마련해 준 것은 '월드 오브 워크래프트(WOW)'이다. WOW는 다중접속 역할수행게임(MMORPG·여러 사용자가 한 게임에 접속해 각자 맡은 역할을 하며 협업·경쟁하는 게임)으로 2004년 11월 발표되었다. 이후 WOW는 국내 MMORPG 시장에서 엔씨소프트의 '아이온'과 함께 쌍두마차를 형성했다. 2011년 1월 NHN 한게임이 MMORPG인 '테라'를 내놓은 뒤에는 3강 구도 체제를 형성했다. 2013년 3월 현재 WOW는 유료 정액회원이 전 세계적으로 1,100만 명이나 되고 전 세계에서 팔린 블리자드 게임(21개)은 1억 장이 넘는 것으로 집계되고 있다.

블리자드가 게임 산업의 '트렌드 메이커'로 부상한 데는 기획자이면서 공동창업자인 마이크 모하임을 빼놓을 수 없다. 그가 블리자드를 공동으로 창업한 1991년은 비디오게임의 중흥기이면서 PC 보급이 일반화한 시점이었다. 그와 공동 창업자들은 앞으로 컴퓨터 게임이 크게 성공할 것이라고 믿었다. 닌텐도가 만든 비디오게임기가 미국의 거의 모든 가정에 구비된 것처럼 컴퓨터도 모든 가정에 보급될 것으로 예상했다. 처음에는 많은 어려움을 겪었다. 게임 개발 시까지 돈은 벌지 못하고 빚만 지며 일했다. 하지만 1994년 '워크래프트'를 출시하면서 상황이 바뀌었다. 워크래프트는 지금까지 2,000만 장 이상 팔렸다. "우리는 돈 잘 버는 게임보다 가장 재미있는 게임을 최고로 여긴다." 모하임의 게임 경영 철학이다.

지금은 '리그 오브 레전드' 게임이 대세

2010년대 들어 스타크래프트와 e스포츠의 국내 인기가 추락하는 예상치 못한 현상이 벌어졌다. 경기불황으로 전국의 PC방 수가 크게 줄어들고, 스타2를 즐기려면 6만 9,000원이라는 비싼 돈을 주고 패키지를 사야 하는 부담, 여기에 LAN 플레이가 가능한 스타1과 달리 온라인(배틀넷)으로만 플레이를 해야 하는 시스템이 추락의 주 원인이었다.

시들해진 e스포츠를 다시 살린 것은 '리그 오브 레전드(Lol·롤)' 게임이었다. 롤 게임 제작사는 2006년 미국 캘리포니아주 샌타모니카에 설립된 '라이엇 게임즈'다. 2011년 중국 최대 게임 회사인 '텐센트'가 인수했다. 롤 게임은 2009년 10월 처음 북미 지역에서 발매되고 한국에서는 2011년 12월 출시되어 3개월 만에 PC방 점유율 1위를 기록할 정도로 승승장구했다.

롤은 각각 5명으로 이뤄진 '레드', '블루' 두 팀이 상대방의 진지를 부수는 게임이다. 각 게이머는 게임에서 자신의 아바타(분신)를 정한 후 숲 속

괴물을 사냥하고, 적의 방어진을 부수고, 상대의 아바타를 제압한다. 팀워 5명의 협업이 게임에서 승리하는 데 핵심적인 요소다. 롤은 축구와 비슷한 면이 있다. 축구에 포지션별로 포워드, 미드필더, 수비수, 골키퍼 등이 있듯 롤에서도 팀원들은 탑, 미드, 정글, 원거리 딜러, 서포트 같은 포지션에 따라 움직인다.

2014년 6월 현재 롤의 국내 PC방 게임 점유율은 35~40%에 달하고 2013년 7월 25일 이후 100주째 1위 자리를 굳건히 지키고 있다. 전 세계에서는 하루 2,700만 명이 즐기고 있다. 덕분에 롤은 한동안 침체되어 있던 국내 게임업계를 부흥시키고 e스포츠에 제2의 전성기를 불러왔다. 롤 관중이 늘어나자 기업들도 발빠르게 프로게임단을 창단했다. 2014년 6월 8일 서울 고려대에서 열린 '롤 마스터스' 결승전은 수천여 명의 게임팬이 모여들어 응원전을 펼쳤다. 인터넷 생중계에는 국내외 최고 동시접속자 수가 60만 명, 순방문자는 200만 명을 기록했다.

라이엇 게임즈는 1년에 한 번 지역 대표 대항전을 개최한다. 전 세계에서 예선을 거쳐 올라온 대륙별 대표들이 세계 최강팀을 가리는 행사다. 이 과정이 월드컵과 비슷해 게이머들 사이에서는 '롤드컵'이란 별칭으로 불린다. 2013년 미국 LA에서 열린 롤드컵의 시청자는 3,200만 명에 달했다. 결승전의 최고 순간 시청자수는 850만 명이었다. 한국에서 유독 인기였던 스타크래프트와 달리 롤은 전 세계에서 인기다. 2013년 롤드컵에서는 한국 프로게임단인 SK텔레콤이 우승을 차지했다. 우승 상금은 58만 5,000달러에 달해 웬만한 미 여자프로골프(LPGA) 상금보다 많다. 2014년 롤드컵은 한국에서 가을에 열릴 예정이다.

온라인게임 '리니지' 출시

리니지가 한국 온라인게임 산업의 부흥을 이끈 산파역이라는 점만은 누구도 부정하지 못한다.

미국에 '스타크래프트'가 있다면 한국에는 엔씨소프트의 '리니지'가 있다. 신일숙의 판타지 만화를 원작으로 만들어진 '리니지'가 처음 상용 서비스를 시작한 것은 1998년 9월이다. 리니지는 당시 게임들이 텍스트 중심이거나 PC통신 혹은 소규모 네트워킹에 기반을 둔 것과는 달리 인터넷에서 다수가 동시에 참여하는 '온라인게임'이라는 점에서 반향이 컸다. 리니지처럼 여럿이서 온라인을 통해 접속한 뒤 각자의 역할을 수행하며 팀플레이를 하는 게임을 '다중접속 역할수행게임(MMORPG)'이라고 한다.

리니지는 출시 초기에 동시 접속자 수가 1,000여 명에 불과할 정도로 출발이 미미했다. 그러나 곧 1만 명, 10만 명을 돌파하고 15개월 만에 온라인게임 최초로 100만 명 회원 시대를 열었다. 2000년 8월부터는 미국, 대만, 중국, 일본 등지에서도 서비스될 만큼 세계적으로도 인기를 끌었다.

엔씨소프트는 게이머들이 리니지에 식상할 무렵인 2003년 10월 120명의 개발자와 100억 원을 들여 완성한 '리니지2'를 선보였다. 당시로선 볼 수 없던 화려한 그래픽은 유저들로부터 열띤 환영을 받았다. 리니지는 거침없이 새로운 흥행 기록을 이어가며 한국이 온라인게임 강국이란 인식을 전 세계에 심어주었다. 회원들끼리 결혼을 하고 자선 활동도 하는 등 하나의 문화 현상으로도 자리를 잡았다.

리니지1의 누적 매출은 2007년 단일 종목 첫 1조 원을 돌파하고 2013년 9월 2조 원을 넘어섰다. 리니지의 누적 매출은 게임을 포함해 영화, 만화 등 국내 문화 콘텐츠 상품을 통틀어 미증유의 기록이다. 리니지가 이처럼 꾸준히 성장할 수 있었던 데는 끊임없는 변화 추구에 있었다. 유저들이 보내온 의견을 6개월 주기로 진행되는 대규모 업데이트에 지속적으로 반영해 사용자의 이탈을 막았다. 게임 구조 자체가 마치 '스타 워즈' 시리즈처럼 확장이 가능하다는 점도 리니지의 장점 가운데 하나였다.

리니지의 성공은 더 많은 개발자와 투자 비용이 집중된 다중접속 역할수행게임의 대작화 경향을 불러왔다. 이후 전국의 PC방과 유저들은 원활한 리니지2 플레이를 원했고 이에 맞는 고사양 PC와 그래픽 카드 수요가 생겨났다. 덕분에 서버 기술력과 게임 작동을 위한 엔진 등 국내 IT 기술력도 동반 상승했다.

리니지가 걸어간 길은 그 자체로 한국 게임의 역사

리니지에는 부정적인 평가도 적지 않다. 특히 리니지로 인한 게임 중독 문제, 아이템을 사고팔 수 있는 불법 거래 등이 가장 큰 문제로 지적되었다. 2006년에는 엄청난 규모의 명의 도용 가입 사례가 발생해 사상 최대의 개인정보 유출 사건으로 번졌다.

하지만 리니지가 한국 온라인게임 산업의 부흥을 이끈 산파역이라는 점만은 누구도 부정하지 못한다. 이후 리니지가 걸어간 길은 그 자체로 한국 게임의 역사가 되었다. 게임학의 세계적인 석학 에스펜 아세스는 2004년 자신의 저서 '퍼스트 퍼슨'에서 "리니지는 게임의 미래일 뿐 아니라 미래의 인간 커뮤니케이션 형식을 만들어낼 거대한 사회적 실험이다"라고 극찬했다.

그러나 엔씨소프트에도 성장통이 찾아왔다. 2005년 연매출 3,388억 원을 기록한 이후 수년 동안 매출이 소폭 하락하거나 제자리걸음을 한 것이다. 멈출 줄 모르던 엔씨소프트의 성장 엔진에 브레이크가 걸린 것 아니냐는 우려 섞인 관측이 나왔다. 그러나 엔씨소프트 사장 김택진은 4년간의 개발 기간, 130명의 개발팀, 300억 원이 넘는 개발비가 투입된 새로운 대작 '아이온'을 2008년 11월 출시해 이런 우려를 불식했다.

73인조 런던 심포니 오케스트라와 함께 작업한 아이온의 영화음악은 단순한 게임 배경음악을 넘어 독립된 음악으로 가치를 인정받았다. 스토리 개발 등에 활용된 참고문헌은 동서양 신화와 설화를 비롯해 총 500여 권, 게임 속 이야기를 체험할 수 있는 각종 퀘스트(임무 수행)는 1,500여 개에 달했다. 아이온은 출시 1년 만에 누적 매출 1,889억 원을 기록하며 승승장구했다. 중국, 일본, 대만, 미국, 유럽, 러시아 등지에서도 서비스를 시작했다.

엔씨소프트는 2013년 연간 실적 결산 결과, 매출 7,567억 원, 영업이익 2,052억 원, 당기순이익 1,586억 원을 달성했다. 제품별로는 리니지1이 2,879억 원. 리니지2가 571억 원을 기록하며 효자 게임임을 입증했고, 길드워2가 1,233억 원으로 그 뒤를 이었다. 아이온은 958억 원, 블레이드&소울은 688억 원의 매출고를 올렸다. 지역별로는 한국 4,892억 원, 북미 854억 원, 유럽 506억 원, 일본 548억 원 그리고 로열티 659억 원을 달성했다.

김정주, 김택진, 송재경　서울대 컴퓨터공학과를 졸업하고 카이스트 전산학 석사학위를 취득한 김정주(1968~)가 송재경(1967~)과 함께 '넥슨'을 설립한 것은 1994년 12월이었다. 송재경 역시 서울대 컴퓨터공학과와 카이스트 전산학 석사과정을 마치고 우리나라 최초의 머드게임 '쥬라기 공원'(1994)을 개발, 한국 온라인게임의 토대를 구축한 실력파였다. 쥬라기 공원은 분당 30원이라는 당시로서는 저렴하지 않은 이용 요금에도 불구하고 천리안, 하이텔 등의 PC통신을 통해 빠르게 전파되었다.

송재경은 넥슨에서 첫 프로젝트로 만화 '바람의 나라'를 1995년 게임화했다. '쥬라기 공원'이 국내 최초의 상용 머드게임이었다면 '바람

김정주(1968~)

의 나라'는 국내 최초의 다중접속 역할수행게임(MMORPG)이었다. 1996년 4월 상용화(유료화)를 시작한 '바람의 나라'는 이후 IMF 외환위기를 거치면서 인터넷과 PC방 붐을 타고 폭발적으로 성장했다.

송재경은 '바람의 나라'가 대히트를 치기 전에, 넥슨에서 아이네트로 옮겨 신일숙의 원작 만화 '리니지'의 게임화에 착수했다. 하지만 1997년 말에 시작된 IMF는 아이네트의 재정을 악화시켰다. 자본 사정은 급격히 나빠졌고, 신규 게임 개발을 장담할 수 없는 상황으로까지 몰렸다. 그때 엔씨소프트의 창업자 김택진(1967~)이 송재경에게 손을 내밀었다.

김택진은 1985년 서울대 전자공학과에 입학한 후 서울대 동아리 '컴퓨터연구회'에서 이찬진의 '아래아한글' 개발을 돕다가 '아래아한글'이 1989년 4월 세상에 나올 무렵 독립해 '한메소프트'를 설립하고 한글타자 연습 프로그램인 '한메타자'를 개발한 강호의 고수였다. 김택진은 서울대 전자공학 석사학위를 취득한 후 1991년 현대전자에 입사해 국내 최초의 인터넷 온라인 서비스 '아미넷' 개발에 참여하며 실전 경력을 쌓은 뒤 1997년 3월 'New Company'의 머리글자를 딴 벤처기업 '엔씨(NC)소프트'를 창업했다.

창립 초기 순수 소프트웨어 업체였던 엔씨소프트에 일대 전기를 마련해 준 것은 IMF 후 전국적으로 불어닥친 초고속인터넷 보급 붐이었다. 김택진은 초고속인터넷 인프라를 활용한 대중적 게임을 구상하며 송재경을 끌어들였다. 송재경의 가세 후 엔씨소프트는 1998년 9월 리니지의 상용화 서비스를 시작했다.

상용화를 시작하기 전인 1998년 7월의 동시 접속자 수가 300명에 불과해 누구도 리니지의 성공을 예상하지 못했다. 그러나 리니지는 서비스가 시작되자마자 유저들의 열렬한 환영을 받으며 전 세계로 퍼져나갔고, 김택진은 온라인게임을 통해 '해가 지지 않는 제국'을 건설했다.

김택진(1967~)

'포브스'지 발표 '억만장자 순위'에 이름 올려

엔씨소프트가 다중접속 역할수행게임 (MMORPG)인 리니지로 새로운 전설을 쓰기 시작하고 있을 때 넥슨의 김정주는 '크레이지 아케이드', '퀴즈퀴즈', '카트라이더' 등 한국 게임사에 길이 남을 명작을 지속적으로 선보이며 다중접속 역할수행게임, 웹보드 게임과 더불어 캐주얼게임이라는 장르를 안착시켰다. '카트라이더'는 문화 신드롬을 일으키고 '크레이지 아케이드'는 당시 국내 최대 동시 접속자 수 기록을 잇따라 경신하며 캐주얼게임 대중화의 선봉장이 되었다.

김정주는 공격적인 인수 합병으로 회사를 키우는 데도 일가견이 있었다. 2004년 '메이플 스토리'의 개발사인 위젯을 인수한 것을 시작으로 2005년 넥슨모바일, 2006년 두빅엔터테인먼트, 2008년 '던전앤파이터'의 개발사인 네오플을 인수했다. 특히 네오플은 3,800억 원이라는 거액으로 인수해 '승자의 저주'에 빠질 거라는 우려의 목소리가 높았으나 김정주는 이런 우려를 말끔히 불식했다. 김택진과 김정주는 이렇듯 국내 온라인게임 역사의 산증인이자 영원한 맞수로 앞서거니 뒤서거니 하면서 한국은 물론 세계의 게임 산업을 이끌었다.

김정주는 은둔형 기업가로 유명하다. 언론은 물론 회사 내부 행사에도 좀처럼 모습을 드러내지 않는다. 자신은 전략 기획만 맡고 회사 경영, 게임 개발 등 실무는 전문가에게 맡기기 때문에 사실상 출근도 하지 않는다. 넥슨은 2013년 1조 6,386억 원의 매출을 기록했다.

2011년, 미국 경제전문지 '포브스'가 '2010년 억만장자 순위'를 발표했을 때 김정주는 20억 달러(약 2조 2,470억 원)로 595위, 김택진은 10억 달러(약 1조 1,235억 원)로 1,140위에 랭크되었다. 김정주의 재산은 그해 말 더욱 급격하게 늘어났다. 2011년 12월 14일 일본 법인인 '넥슨재팬'을 한국 기업 사상 최초로 도쿄증권거래소에 상장했기 때문이다. 넥슨재팬은 한국넥슨의 주식 100%를 소유하고 있고 지주회사인 NXC가 넥슨재팬을 지배하는 구조로 되어 있다.

상장 당시 넥슨재팬의 시가총액은 8조 1,700억 원으로 집계되었고 김정주와 부인이 보유한 주식의 평가액은 3조 원이나 되었다. 보유주식 평가액만으로 보면 이건희 삼성 회장과 정몽구 현대차그룹 회장에 이어 국내 3위다. 2013년 7월 재벌닷컴이 개인 보유 주식(상장 및 비상장)과 배당금, 자택 등 부동산과 기타 등기재산 가치를 평가한 결과, 김정주는 1조 9,020억 원으로 이건희, 정몽구, 이재용, 정의선에 이어 5위를 차지했다. 김정주는 상속받지 않고 스스로 기업을 일궈 부를 쌓은 이른바 '자수성가형' 부자로는 1위였다.

1조 120억 원으로 14위를 차지한 김택진은 2011년 초 제9 야구단 'NC 다이노스'를 창단하더니 2012년 6월 깜짝 발표를 했다. 자신의 엔씨소프트 주식 지분 14.7%를 김정주의 넥슨재팬에 8,045억 원에 넘긴다는 발표였다. 이로써 넥슨은 엔씨소프트의 최대 주주가 되었고 김택진은 8,000억 원의 현금을 쥔 대신 2대 주주로 물러나 앉았다.

소극적 안락사 유죄 선고한 보라매병원 사건

보라매병원 사건은 존엄사 논란으로까지 확대되었다.

1997년 12월 4일 뇌를 다친 58세의 남성이 서울 보라매병원 응급실로 실려왔다. 의사는 수술 동의서를 받기 위해 환자 가족을 찾았으나 찾지 못하자 동의서 없이 응급수술을 시작했다. 수술 중 환자 부인이 도착했고 의사는 응급수술 경위와 수술 진행 상태를 설명했다. 그런데 수술 후 환자의 의식이 회복되지 않자 환자 부인이 이튿날 경제적인 이유로 더 이상 치료를 할 수 없다며 퇴원을 요구했다. 의사는 환자의 상황을 들어 퇴원을 만류했다. 하지만 부인은 "동의도 없이 수술해 놓고 퇴원도 마음대로 못하게 한다"면서 막무가내로 퇴원을 요구했다.

결국 의사는 퇴원 시 사망 가능성이 있다는 환자 상태를 부인에게 다시 한 번 주지시킨 다음 "환자가 사망하더라도 법적으로 이의를 제기하지 않겠다"는 서약서를 받고 12월 6일 수술 이틀 만에 환자를 퇴원시켰다. 환자는 수련의가 병원 구급차를 이용해 환자를 집으로 옮긴 뒤 인공호흡 장치를 제거하자 수 분 만에 호흡곤란으로 사망했다.

그러자 검찰은 1998년 1월 "중환자를 보호자의 퇴원 요구만으로 내보내 죽게 한 것은 살인 행위"라며 사법사상 처음으로 의사에게 살인죄를 적용, 불구속 기소했다. 이후 치료를 계속했을 경우 환자가 회복할 가능성이 있었는지, 회복 가능성이 있는 환자를 퇴원시켰다면 의사의 행위가 살인죄에 해당하는지 여부를 놓고 7년 동안 치열한 법정 공방이 벌어졌다. 이른바 '보라매병원 사건'의 시작이었다.

1심 법원은 1998년 5월 15일 "의료 행위 중지가 환자의 사망이라는 중대한 결과를 초래하는 경우 의사로서 환자의 생명을 보호할 의무가 우선한다"며 살인죄를 적용해 징역 2년 6월에 집행유예 3년을 선고했다. 이 판결 후 전국 각 병원에선 의사들이 '살인죄 기소'를 면하기 위해 관례적으로 퇴원시켜 온 회생 가능성 없는 환자의 퇴원을 거부했다.

보라매병원 사건은 존엄사 논란으로 확대되었다. 존엄사 반대론자들은 "인간의 생명권은 최고의 가치로서 현행 헌법과 형법 역시 인간의 생명 존중과 보호를 최우선 가치로 여기고 있다"고 주장한 반면 존엄사 찬성론자들은 "인간의 자율권을 존중해야 하고 삶의 질이 우선되어야 한다"는 점을 강조했다. 환자 본인이 치료 여부를 선택할 권리가 있으며 의사는 환자가 자율적 결정을 할 수 있도록 협력자로서 설명할 의무만 지고 있다는 것이다.

'존엄사 허용해야 하나' 질문에 70% 찬성

서울고법은 2002년 2월 '환자 아내의 살인 행위를 용이하게 한 방조 행위에 해당된다'며 살인방조죄를 적용, 징역 1년 6월에 집행유예 2년을 선고했다. 그러면서 "불치 상태의 환자 스스로 진지하게 치료 중지를 요구하고 병원윤리위 등 검증 절차를 거쳐 더 이상의 치료가 무의미하다고 판단될 경우 소극적 안락사 등 치료 중지를 제한적으로 허용할 수 있다"는 입장을 밝혔다.

대법원도 2004년 6월 29일 의사에게 살인방조죄를 적용, 유죄를 인정한 원심을 확정했다. 대법원은 판결문에서 "의사가 환자를 퇴원시키면 보호자가 보호 의무를 저버려 피해자를 사망케 할 수 있다는 미필적 인식은 있었고, 환자를 집으로 후송하고 호흡 보조장치를 제거하는 등 살인 행위를 도운 점이 인정되므로 살인방조범으로 본 원심은 타당하다"고 밝혔다. 한편 환자의 아내는 항소심에서 살인죄가 적용되어 징역 3년, 집행유예 4년을 선고받고 상고를 포기했다.

이 판결은 보호자나 환자가 원한다고 해서 회복 가능한 중환자의 퇴원을 허락했다가 사망할 경우 보호자는 물론 퇴원을 허용한 의사까지 그 책임을 져야 한다는 점을 명확히 했다는 점에서 주목을 끌었다. 의사협회는 성명을 통해 '의료계 현실을 도외시한 판결'이라고 강력 반발했으나 이후에도 존엄사는 법정에서 인정을 받지 못했다. 보라매병원 사건의 대법원 판결이 있기 전인 2003년 '정신질환자 자살미수 사건'에서도 법원은 "자살 시도 가능성이 있는데도 의료진이 환자의 외출을 허락한 것은 잘못"이라고 판결, 생명권 우선 원칙을 유지했다. 또 다른 법원은 2008년 1월 근이영양증을 앓아 20여 년간 간호해 온 아들의 인공호흡기를 떼내 숨지게 한 혐의(살인)로 기소된 어머니에게도 징역 3년, 집행유예 4년을 선고했다.

법원의 이런 판결에도 불구하고 '소극적 존엄사'에 대한 우리 국민들의 공감지수는 상당히 높은 편이다. 2006년 국정홍보처에서 실시한 '한국인의 의식 가치관' 설문조사에서 '존엄사는 허용되어야 하는가'라는 질문에 응답자 중 22%가 '매우 그렇다', 48%가 '대체로 그렇다'고 답해 찬성 의견이 70%에 이르는 것으로 나타났다.

**김 할머니
존엄사 논쟁**   우리나라에서 존엄사 논쟁이 본격적으로 점화한 것은 이른바 '김 할머니 뇌사 사건'이다. 사건의 발단은 2008년 2월로 거슬러 올라간다. 당시 김 할머니는 폐암이 의심되어 연세대 세브란스병원에서 기관지 내시경을 이용한 조직 검사를 받다가 폐출혈과 심호흡 정지를 겪고 식물인간이 되었다. 할머니 가족은 처음에는 의료진의 과실 여부를 따지기 위해 손해배상 청구소송을 신청했다가 김 할머니가 뇌손상을 입어 회복 가능성이 거의 없다는 사실을 확인하고 '국내 첫 존엄사 소송'을 진행했다.

할머니 가족은 "할머니가 입원하기 전 '병원에서 안 좋은 일이 생겨 소생하기 힘들 경우 나에게 인공호흡기를 절대 끼우지 말라'고 당부했다"며 병원 측에 호흡기 제거를 위한 병원윤리위원회 개최를 요구했다. 그러나 병원 측은 인공호흡기 부착과 치료 등을 계속하면 1~2년 이상 생존할 수 있다며 거부했다. 이에 김 할머니 가족은 2008년 5월 서울서부지법에 '무의미한 연명 치료 중지 가처분 신청'과 함께 본안 소송을 냈다. 정부가 존엄사에 대한 법률을 제정하지 않아 환자의 자기결정권과 행복추구권이 침해되었다며 헌법소원도 냈다.

그해 7월 서부지법은 가처분 신청은 기각했으나 11월 본심 1심 재판부는 김 할머니의 '자기결정권'을 존중해 연명 치료 중지를 인정했다. 병원 측이 항소했으나 서울고등법원도 2009년 2월 10일 1심과 같은 판결을 내렸다. 대법원은 2009년 5월 21일 존엄사를 인정하는 첫 판결을 내리고 존엄사 허용 기준을 제시했다. 기계장치에 의한 생명 연장보다는 존엄사를 택하는 게 인간 존엄과 가치를 지키고 헌법상 행복추구권에도 부합할 수 있다는 취지였다.

종교계 등은 생명에 대한 자기결정권이 남용되어 환자들이 무분별하게 죽음에 이를 수 있다고 반발했다. 헌법소원은 기각되었지만 의료계는 불치 환자들이 관행적으로 연명 치료를 거부해 왔다며 존엄사에 대한 자체 지침을 마련했다.

대법원 판결에 따라 김 할머니의 인공호흡기는 2009년 6월 23일 제거되었다. 그런데 길어야 3일 정도 살 수 있을 거라는 예상을 뒤엎고 김 할머니는 자발 호흡을 되찾았고 건강도 차츰 호전되었다. 이 때문에 '인공호흡기=인위적 연명 치료 수단'이란 등식이 깨지면서 '연명 치료의 범주를 어디까지로 규정할 것인가'란 새로운 논란이 제기되었다. 이후 김 할머니는 인공호흡기를 떼고도 201일 동안 살다가 2010년 1월 10일 숨을 거뒀다.

잭 키보키언의 안락사 논란

이 사건을 계기로 네덜란드에서는 '편안하게 생을 마감할 수 있는 권리를 달라'는 운동이 펼쳐졌다.

잭 키보키언(1928~2011)은 "환자들이 편안히 숨을 거두게 하는 것도 의사로서 중요한 의무"라며 1990년부터 8년간 그가 발명한 '자살 기계'로 중병에 걸린 환자 130여 명의 자살을 도와주었다. 이 때문에 의사 면허증을 박탈당하고 6차례 기소되어 4차례 법정에 섰다. 시한부 환자가 고통에 울부짖는 비디오를 상영하고 "안락사가 최선의 선택이었다"라는 환자 유족들의 증언 덕에 3차례는 무죄 평결을 받고 1차례는 배심원단의 의견 불일치 판정을 받아 무혐의 처리되었다.

그러나 미시간주에서 루게릭병을 앓고 있던 환자의 동의하에 1998년 9월 17일 치사량의 독극물을 직접 주사해 숨지게 하고 이 장면이 담긴 비디오테이프가 그해 11월 22일 CBS 방송의 '60분'에 방영되면서 더 이상 법망을 피해갈 수 없었다. 1급 살인죄로 기소될 처지에 놓였는데도 키보키언은 "안락사 문제를 법정에서 논의하는 기회를 만들기 위해 검찰이 자신을 기소하기 바란다"고 말하며 평소의 주장을 굽히지 않았다. 미시간주 오클랜드 법원은 1999년 4월 13일 키보키언에게 2급 살인혐의를 적용해 10~25년의 징역형을 선고했다. 키보키언은 8년 6개월간 복역하다가 2007년 6월 건강 이상으로 가석방되었다.

키보키언은 미시간대 의대 재학 시절부터 "사형수들에게 마취제로 사형당할 수 있는 선택권을 주어 이들의 시신을 의료 해부용으로 사용하고 장기를 활용하자"며 일찍부터 죽음 방식에 관해 관심이 많았다. 하지만 1952년 의과대를 졸업한 뒤에는 죽음에 대한 관심을 접고 병리학자로 생활하거나 예술 활동에 몰두했다. 그러던 중 1984년 사형 집행이 늘어나자 "사형수들에게 죽음의 방법을 선택할 수 있는 권리를 주어야 한다"고 다

잭 키보키언(1928~2011)

시 주장하기 시작했다. 1987년에는 네덜란드로 건너가 안락사에 대해 연구하고 1년 뒤 돌아와 안락사 전도사로 나섰다.

안락사는 환자에게 모르핀 등을 과다 투여하는 등 직접적인 행위로 죽도록 하는 '적극적 안락사'와 환자에게 필요한 의학적 조치를 취하지 않거나 인위적인 생명 연장 장치를 제거하는 '소극적 안락사'로 나뉜다. 안락사는 세계 각국에서 허용론과 불가론으로 갈려 팽팽히 맞서왔으나 결론을 보지 못한 채 논쟁만 계속하고 있다. 반면 네덜란드와 벨기에 등 몇몇 국가들과 미국의 일부 주는 적극적 안락사까지 허용하고 있다.

소극적 안락사를 뜻하는 '존엄사'라는 말은 1975년 미국 뉴저지주에서 술과 약물로 혼수상태에 빠져 식물인간이 된 21세 여성 캐런 앤 퀸런의 부모가 인공호흡기를 제거해 '존엄을 갖춘 죽음'을 맞이할 수 있게 해달라고 소송을 낸 데서 유래한다.

퀸런의 아버지는 딸의 의식이 회복될 가능성이 없다는 의사의 말을 듣고 생명 유지 장치를 뗄 권한을 자기에게 달라는 소송을 냈다. 뉴저지 고등법원은 의사 결정에 맡겨야 한다고 판결했지만 뉴저지 대법원은 1976년 3월 아버지의 요구를 수용했다. 이 판결은 생명 연장을 위한 치료를 포기하는 소극적 안락사를 처음 인정한 판결이라는 점에서 세계적으로 주목을 끌었다.

"환자들이 편안히 숨을 거두게 하는 것도 의사로서 중요한 의무"

오리건주는 1994년 주민투표를 거쳐 '품위 있게 죽을 권리법'을 제정했다. 법에 따르면 만 18세 이상의 말기 불치병 환자들은 2명 이상의 의사들로부터 '반 년 내 사망' 진단을 받으면 의사에게 극약 처방을 요구할 수 있다. 그러나 미 연방 정부는 "연방법인 금지약물법에 위반되므로 극약을 제공하는 의사가 적발되면 의사 면허증을 박탈하겠다"며 오리건주를 압박했다. '전국 삶의 권리위원회'도 오리건주의 법을 상대로 위헌소송을 제기했다. 그러나 미 연방 대법원이 1997년 10월 14일 안락사 허용법에 대해 합헌 판결을 내림으로써 오리건주는 적극적 안락사가 합법화된 미국 내 최초의 주가 되었다. 뒤이어 워싱턴주에서도 2009년 3월 안락사법이 발효됨으로써 안락사를 인정한 미국 내 2번째 주가 되었다.

안락사를 세계 최초로 합법화한 나라는 네덜란드다. 네덜란드에서 안락사 논쟁이 본격 점화한 것은 1973년 포스트마라는 한 여의사가 뇌출혈로 고생하는 어머니에게 치사량의 모르핀을 투여해 살해하고부터였다. 죽기 전 그녀의 어머니는 뇌출혈로 각종 장애를 앓았다. 어머니는 계속 딸에게 자신을 죽여 달라고 부탁했다. 포스트마가 "의자에 매달린 인간 이하의 모습을 견딜 수 없었다"며 안락사 이유를 밝혔으나 법원은 1주일의 형 집행과 1년의 집행유예를 선고해 유죄를 인정했다.

이 사건을 계기로 네덜란드에서는 '편안하게 생을 마감할 수 있는 권리를 달라'는 운동이 펼쳐졌다. 국민의 90%도 안락사를 지지했다. 결국 네덜란드 하원(2000.11)과 상원(2001.4)이 안락사 법안을 통과시켜 네덜란드에서는 2002년 4월 1일부터 '적극적 안락사'가 시행되고 있다. 심지어 2012년 3월부터는 의료진이 환자의 집을 직접 찾아가 안락사를 시행하고 있다.

허용 조건은 엄격하게 규정되어 있다. 환자가 질병으로 인해 끊임없이 고통을 받을 수밖에 없다는 의사 2인 이상의 진단이 있어야 하고, 환자가 건강한 정신을 잃지 않은 상태에서 안락사에 동의해야 하며, 환자의 고통이 참을 수 없을 만큼 클 경우로 한정했다. 네덜란드에서는 안락사를 합법화한 이후 안락사로 생을 마감하는 이들이 늘고 있다. 2005년 공식 사망 원인의 1.36%이던 안락사 비중이 2010년에는 2% 수준인 2,700명으로 증가했다.

벨기에서는 2002년 5월 안락사 법안이 통과되었다. 프랑스는 2004년 하원에서 환자가 치료 중단을 요청할 수 있는 '인생의 마지막에 대한 법안'을 통과시켰으며 영국은 2009년 안락사를 도와주는 사람에 대한 세부적인 처벌 기준을 마련해 사실상 상당 부분 안락사를 허용하고 있다.

우리나라에서는 1997년 12월 이른바 '보라매병원 사건'을 계기로 안락사 문제가 수면 위로 부상하고 2008년 '김 할머니 뇌사 사건'을 계기로 안락사 논쟁이 본격 점화되었다. 법원은 '보라매병원 사건' 의사에게는 유죄를 선고했으나 '김 할머니 뇌사 사건' 때는 '국내 첫 존엄사 소송'을 제기한 가족들의 손을 들어주었다. 사실상 '소극적 안락사'를 법원이 인정한 것이다. 그러나 아직 법 제정에까지는 이르지 못하고 있다.

비아그라 시판
'마법의 푸른 약', '기적의 신약' 등으로 불리며 발매 첫해에만 2,700만 정이나 팔려 나갔다.

1986년 화이자제약 연구원들은 'PDE-5'라는 효소를 억제하면 혈관 저항과 혈소판 응집이 줄어든다는 사실을 알게 되었다. 이후 연구원들은 수백 가지의 화합물을 시험했다. 그러던 중 1989년 12월 영국 샌드위치에 소재한 화이자 연구실에서 'PDE-5' 효소를 강력히 억제하는, 그래서 협심증 환자 치료에 효과가 있는 '실데나필'을 합성하는 데 성공했다. 이후 임상실험을 하던 중 뜻하지 않게 실데나필이 남성 발기부전 치료에 탁월한 효과가 있는 것으로 1992년 밝혀졌다. 화이자제약은 실데

나필이 협심증 치료제로는 약효가 크지 않다고 판단
하고 발기부전 치료제 개발로 방향을 틀었다.

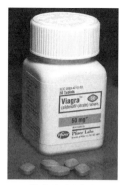

남자가 성적으로 흥분하면 대뇌가 음경 주위의
신경들에 신호를 보내 'NO(nitric oxide)'라는 물질
을 분비하고 이 물질이 음경에 'c-GMP'라는 물질
을 만들도록 한다. 이 'c-GMP'가 동맥을 확장시키
고 정맥을 닫히게 해 음경에 피를 괴게 함으로써 발
기 현상이 일어나는 것인데 'c-GMP'가 생성될 때

첫 출시 당시의 비아그라

'c-GMP'를 분해해 발기를 저지하는 'PDE-5'라는 물질도 함께 생성된다.

이 두 물질이 적당히 평형상태를 이루면 발기가 지속되는 것이고
'PDE-5'가 많아지면 발기가 중단되는 것이다. 따라서 발기부전은 생성
된 'c-GMP'를 'PDE-5'가 파괴해버려 결국 혈관의 이완과 수축이 조절
되지 못할 때 일어난다. 바꿔 말하면 'PDE-5' 효소를 분해하거나 억제하
는 물질이 있으면 'c-GMP'가 파괴되지 않고 발기가 되는 것인데 화이자
가 개발한 실데나필이 'PDE-5'를 억제하는 기능을 하는 것으로 밝혀진
것이다.

1997년 미국 비뇨기과학회에 보고된 화이자의 연구 발표에 따르면 370
여 명의 실험 환자에게 실데나필을 복용케 한 결과 주목할 만한 발기 성
공과 지속, 그리고 성적 만족이 확인되었다. 화이자는 당초의 이름 실데
나필 대신 '활력(Vigor)'이 '나이아가라(Niagara)' 폭포처럼 넘치게 해준다는
의미로 '비아그라(Viagra)'로 명명한 후 미국 식품의약국(FDA)에 시판 허용
을 신청했다.

잠자리가 두려운 남성들에게 '시판 허용'이라는 낭보가 전해진 것은
1998년 3월 27일이었다. 이후 비아그라는 '마법의 푸른 약', '기적의 신약',
'인류의 3대 발명품' 등으로 불리며 '고개 숙인 남성'들에게 발매 첫해에만

무려 2,700만 정이나 팔려 나갔다. 첫 생산 후 15주년이 되는 2013년까지 전 세계적으로 20억 정이 소비되고 공식적으로 세계 남성 3,800만 명이 이 약을 먹었다. 인터넷 등 불법 경로를 통해 비아그라를 손에 넣은 수백만 명까지 합하면 실제 비아그라 복용자는 이보다 훨씬 많았다. 이 덕분에 비아그라는 '비즈니스위크'지에 의해 '1998년 최고의 상품'으로 꼽혔고, 화이자사는 '포천'지에 의해 '가장 존경받는 미국 기업'으로 선정되었다. 화이자의 주가 역시 비아그라 발매 후 껑충 뛰었다.

피임약이 성 혁명을 이끈 견인차였다면 비아그라는 성 혁명의 주역

비아그라는 발기부전이라는 질병을 간편하게 치료할 뿐 아니라 발기부전이라는 문제를 양지로 끌어냈다는 점에서도 의미가 컸다. 우리나라에서는 1999년 10월 15일부터 25mg과 50mg의 알약 비아그라가 판매되어 200만 명으로 추산되는 국내 발기부전 환자들에게 삶의 활력소가 되어주었다. 이런 점에서 1950년대에 나온 피임약이 인류의 성 혁명을 이끈 1차 견인차였다면 비아그라는 2차 성 혁명의 주역이었다.

비아그라는 단순히 블록버스터 시약에만 그치지 않았다. 세계인의 라이프 스타일까지 바꿔놓았다. 비아그라 등장 후 대머리 치료제, 비만 개선제, 기분 전환제 등 이른바 '해피 메이커(행복약)'들이 우후죽순 나와 '약은 질병 치료를 위한 것'이라는 기존의 경계선을 모호하게 만들었다. 성의 공론화도 비아그라가 가져온 가장 큰 공헌이다. 자신의 성 트러블에 대해 의사와 상담하는 남성이 늘어나면서, 발기부전 증상을 초기 증상으로 하는 심장 발작이나 뇌졸중 등을 미리 발견할 확률이 높아졌고 폐동맥고혈압 환자도 비아그라를 치료제로 복용하게 되었다.

비아그라는 또한 고산 등반가와 운동선수의 경기력 향상에도 효험이 있는 것으로 알려졌다. 그러나 빛이 있으면 그림자도 있는 법. 남녀 간에 부드러운 애무나 로맨틱한 정서의 교감이 사라져 30분~1시간 전에 비아그라를 복용한 뒤 때만 기다리고 있는 짐승처럼 성행위만 갖는다는 것과, 노인이 되어도 비아그라로 인해 불륜이 한층 쉬워지면서 황혼 이혼이 급증하는 것도 문제로 제기되었다. 무엇보다 약을 복용한 협심증 환자 중 170명이 1년 만에 죽어 약의 안전성을 둘러싼 논란이 제기되었다. 복용 후 두통을 호소하거나 안면 홍조 현상을 보이는 환자도 있었고 시야 장애, 현기증, 근육통 환자도 발생했다.

그런데도 비아그라가 워낙 인기가 높아 유사 제품이 속속 발표되었다. '시알리스'(성분명 타다나필), '레비트라'(성분명 바데나필)가 선을 보였고 누에를 원료로 한 한국형 비아그라 '누에그라'도 시판되어 관심을 끌었으며 여성을 대상으로 한 성기능 촉진제 '시아그라'도 개발되었다. 화이자와 상관없이 '비아그라 치즈', '비아그라 아이스크림', '비아그라 칵테일' 등도 등장해 실소를 자아냈다. 국내에도 '비아그라'라는 이태원의 나이트클럽이 인기를 끌었고 PC통신에서는 비아그라를 풍자한 '~그라' 시리즈 유머가 만발했다. 발기가 지속될 때 좋다는 '그만 죽그라', '애배그라(불임증 치료제)', '밥묵그라(식욕 촉진제)', '또 싸그라(변비 치료제)', '자그라(불면 치료제)' 등이 당시 PC통신에서 떠돈 우스개 말들이다.

미 하원, '섹스 스캔들' 클린턴 대통령 탄핵안 가결
르윈스키에게 위증을 교사하고 자신 역시 위증했다는 혐의가 핵심이었고 본질이었다.

빌 클린턴(1946~) 미 대통령의 여성 편력은 오랜 역사를 자랑한다. 그와 한 번 이상 관계를 가진 것으로 언론에 묘사된 여성은 대략 6명이다. 이 가운데 클린턴에게 가장 악몽 같은 여성은 폴라 존스였다.

그녀는 아칸소주 정부 고용원으로 일하던 1991년 5월 클린턴 아칸소주 주지사가 그녀를 호텔로 불러 성희롱했다며 1994년 5월 클린턴을 상대로 70만 달러의 민사소송을 제기했다. 존스 측 변호사는 "클린턴의 섹스 전력을 들추겠다"며 1997년 12월 소문으로 떠돌고 있는 클린턴 대통령과 모니카 르윈스키의 성관계에 대해 두 사람이 증언하도록 법원에 요청했다. 르윈스키는 대학 졸업 후 1995년부터 백악관에서 인턴 생활을 시작한 21세의 젊은 여성이었다.

　법원의 증언 결정이 있자 클린턴은 르윈스키를 만나 "일체를 부인할 것. 구체적인 내용은 내 변호사 친구가 가르쳐줄 것"이라고 알려주었다. 클린턴의 지시대로 르윈스키는 1998년 1월 7일 증언에서 성관계를 부인했다. 클린턴도 1월 17일 증언이 예정되어 있었다. 그런데 당시 클린턴은 폴라 존스 사건 말고도 케네스 스타 특별검사로부터 집요한 추적을 받고 있었다. 골수 공화당원인 스타 검사는 1994년 8월 클린턴이 연루된 부동산 개발 사기 사건 조사를 담당하는 특별검사로 임명되어 4년 동안 클린턴을 조사했으나 거액의 수사비만 날린 채 별 성과를 거두지 못하고 있었다.

　이런 스타 검사에게 1998년 1월 12일 밤, 한 통의 전화가 걸려왔다. 린다 트립이라는 여성이 전화로 알려온 내용은 세 가지였다. 클린턴이 르윈스키와 분명히 성관계를 가졌고, 르윈스키가 클린턴과 성관계를 갖지 않았다고 증언한 것은 클린턴의 변호사가 그렇게 유도했기 때문이며, 르윈스키가 이에 대해 말한 내용을 녹음해 테이프를 갖고 있다는 제보였다. 트립은 클린턴의 절친한 친구이던 백악관 법률보좌관의 여비서였으나 법률보좌관의 자살(1993.7) 사건을 둘러싸고 클린턴에게 불리한 증언을 했다가 백악관에서 국방부로 쫓겨난 인물이었다. 트립이 르윈스키와 클린턴의 관계를 스타 검사 측에 전화로 제보한 것은 이런 악감정 때문이었다.

　1998년 9월 스타 검사가 의회에 제출한 스타 보고서에 따르면, 르윈스키는 고교 때부터 8살 연상의 유부남과 관계를 맺을 정도로 클린턴 못지않은 남성 편력의 소유자였다. 백악관 인턴이 된 르윈스키는 클린턴에게 접근을 시도했고, 운명의 1995년 11월 15일 대통령 집무실에서 클린턴과 첫 성 접촉을 했다. 클린턴에게 오럴 섹스를 해주고 클린턴은 르윈스키의 맨 가슴을 만지며 키스를 했다. 이후에도 계속된 두 사람의 만남에서 성 접촉은 빠지지 않았다. 만나지 못할 때는 폰섹스를 즐겼다. 그러나 르윈스키가 클린

빌 클린턴과 모니카 르윈스키의 스캔들을 보도한 타임지

턴 집무실을 자주 드나드는 것에 의심을 품은 백악관 비서실의 한 간부가 1996년 4월 르윈스키를 국방부로 전출시키면서 둘의 관계는 4월 7일의 성 접촉 후 한동안 소강상태를 맞았다.

클린턴은 재선 준비에 바빠 르윈스키를 만나지 못하다가 대선이 끝난 1997년 2월 28일 11개월 만에 다시 만나 성 접촉을 했다. 그런데 그날 클린턴의 정액이 르윈스키의 청색 드레스에 묻었고 이게 화근이 되었다. 두 사람은 3월 29일 성 접촉을 끝으로 클린턴의 요청에 따라 5월에 관계를 끝냈다. 그런데 르윈스키는 이후 주변 사람들에게 클린턴과의 관계를 떠벌리고 다녔다. 국방부 동료 린다 트립에게도 이 사실을 털어놓았다. 린다 트립은 1996년 9~10월경 르윈스키의 말들을 녹음했다가 클린턴의 증언이 있기 5일 전 특별검사실에 제보했다.

제보를 받은 스타 검사는 회심의 미소를 지었다. 41개월을 끌어온 클린턴의 추적에 서광이 비치는 듯 했다. 스타 검사가 "협조하지 않으면 1월 7일의 증언에 대해 위증 혐의로 처벌받는다"고 르윈스키를 윽박지르는 가

운데 클린턴은 1월 17일 폴라 존스 사건과 관련해 6시간 동안 비공개 증언을 했다. 예상대로 르윈스키와의 성관계를 부인했다.

현직 대통령으로 탄핵을 받은 미 역사상 두 번째 대통령

스타 검사는 속으로 쾌재를 불렀다. 그러나 르윈스키로부터 협조하겠다는 다짐을 받기도 전에 이 사실이 1월 21일 각 신문 1면을 장식하면서 세상에 공개되었다. 클린턴이 위증한 것으로 드러났으니 곧 해임될 것처럼 보였다. 사생활인 성관계가 문제가 아니었다. 클린턴이 르윈스키에게 거짓말을 하도록 위증을 교사하고 자신 역시 위증했다는 혐의가 핵심이었고 본질이었다.

그런데 이변이 일어났다. 스캔들 폭로 2~3일 동안 바닥으로 떨어졌던 클린턴의 직무수행 만족도가 반등하기 시작한 것이다. 미국인들의 생각은 대통령이 무슨 짓을 하든 "내 호주머니만 두둑하면 만사 오케이"라는 입장이었다. 당시 미국은 경제적으로 최대 호황을 구가하고 있었다.

속앓이를 하며 침묵을 지키던 클린턴의 부인 힐러리가 소방수로 나서 반격을 개시했다. 힐러리는 사건을 스타 검사가 대변하고 있는 보수 우익의 '조직적인 클린턴 때리기'로 규정했다. 르윈스키는 처음에는 스타 검사 측에 협조하지 않다가 1998년 7월 28일 클린턴과의 모든 관계를 솔직히 털어놓고 드레스를 건네준다는 조건 아래 스타 검사 측과 기소면제 협정을 맺었다.

르윈스키는 8월 6일 연방 대배심에서 클린턴과의 성관계 등을 인정하는 증언을 했다. 누가 보아도 클린턴의 정상적인 대통령직 수행이 불가능해 보였다. 그러나 여론은 여전히 클린턴에게 호의적이었다. 클린턴 측의 여론 장악 기법도 뛰어났다. 오히려 피해자처럼 보이고 특별검사 측이 국민의 세금을 4,000만 달러나 낭비하면서 그저 남의 사생활이나 캐는 추잡한 세력쯤으로 묘사했다.

클린턴은 8월 17일 백악관에 마련된 증언대에서 4시간 12분 동안 특별 검사 측과 설전을 벌였다. 연방 대배심원들은 폐쇄회로를 통해 이 장면을 시청하면서 검사들을 통해 질문을 전달하고 답변을 청취했다. 클린턴은 "오럴 섹스는 섹스가 아니다"라며 "부적절한 관계는 있었지만 성관계는 아니었다"고 강변했다. 9월 9일 스타 검사는 섹스 스캔들을 정리한 453쪽의 '스타 보고서'를 미 의회에 제출했다.

클린턴 측은 "스타 보고서가 '가장 사실적이고 외설적이며 불필요한 방식'으로 섹스를 500번 이상이나 언급했다"며 "이는 대통령에게 타격을 입히기 위한 의도"라고 비난했다. 훗날 회고록에 "클린턴의 목을 비틀고 싶었다"고 썼던 힐러리도 겉으로는 "내 남편이자 우리의 대통령"이란 수사로 남편과의 애정을 과시하며 위기 탈출을 시도했다. 그러나 미 하원은 1998년 12월 19일 연방 대배심 위증과 관련된 탄핵 결의안을 찬성 228표, 반대 206표로 가결했다. 사법 방해에 대해서도 찬성 221표, 반대 212표로 가결했다. 이로써 클린턴은 현직 대통령으로 탄핵을 받은 미 역사상 두 번째 대통령이 되었다.

다행히 1999년 2월 12일 상원이 탄핵안을 부결해 탄핵은 면할 수 있었다. 대통령 임기 마지막날인 2001년 1월 19일, 스타의 후임 특별검사 측은 클린턴과 막후 거래를 통해 클린턴이 변호사 자격 5년 정지와 2만 5,000달러의 벌금을 감수하기로 함에 따라 성 추문 관련 수사를 종결지었다. 폴라 존스 사건은 1998년 11월 클린턴이 85만 달러의 배상금을 지불하는 조건에 합의해 종결되었다.

북아일랜드 평화협정

2007년 5월 강경 신교도 정당인 민주연합당과 신페인당의 공동 정권이 출범했다.

 1922년 1월 아일랜드를 구성하고 있는 32개 주 가운데 남부 26개 주가 '아일랜드 자유국'으로 독립했으나 북부의 6개 주 이른바 북아일랜드는 독립하지 않고 영국령으로 남았다. 영국에서 건너온 과반수의 이주민들(신교도)이 영국령 잔류를 원했기 때문이다. 이후 신교도들은 북아일랜드에서 정치·경제·사회 각 부문의 주도권을 잡고 주택, 취업, 투표에서 가톨릭(구교)을 믿는 아일랜드계 주민들을 차별했다. 아일랜드계의 불만은 쌓이고 쌓여 결국 1960년대 말 대규모 폭동으로 폭발했다.

 유혈 사태는 가톨릭 교도들이 1967년 '북아일랜드 평등권운동연합'을 결성하고 신교도와 평등한 참정권과 공민권을 요구하는 공민권 운동을 벌이면서 본격적으로 발화했다. 구교도들은 직업과 주택 할당의 차별, 영국인에게 유리하도록 선거구를 마음대로 뜯어고치는 게리맨더링의 철폐 등을 요구했으나 그들에게 돌아온 것은 지배층 신교도들의 탄압이었다. 그래도 구교도들이 저항운동을 멈추지 않자 1969년 8월 영국 군대가 북아일랜드에 상륙했다. 1916년 '부활절 봉기' 후 53년 만이었다.

 영국군이 상륙하자 그동안 잠잠해 있던 'IRA(아일랜드 공화국군)'가 게릴라 형태의 무장 조직으로 재편하고 테러 활동을 전개했다. 이후 IRA는 영국인들에게 테러와 공포의 동의어가 되었다. 신교도들도 준군사 조직인 '얼스터 자위군(UVF)'을 앞세워 IRA에 맞서면서 북아일랜드 사태는 점점 걷잡을 수 없이 악화했다.

 1972년 1월 30일에는 북아일랜드의 런던데리에서 시민권을 요구하며 시가행진을 벌이던 1만 명의 구교도 시위대에게 영국군이 발포해 14명이 숨지는 '피의 일요일' 사건이 일어났다. IRA는 같은 해 7월 북아일랜드 최대 도시인 벨파스트에서 차량 폭발 사건을 일으켜 보복했다. 민간인 7명, 군인 2명이 숨진 이 사건은 '피의 금요일'로 불린다.

이처럼 북아일랜드에서 유혈 사태가 계속되자 영국 정부는 북아일랜드 정부가 신·구교도의 대립과 갈등을 해결할 능력이 없다고 판단해 북아일랜드의 헌법과 의회 활동

영국과 아일랜드

을 중지하고 북아일랜드의 자치권을 접수한 뒤 직할 통치에 나섰다. 그래도 테러와 보복의 악순환이 끊이지 않아 1972년 1년 동안 468명이 사망했다. 당시 상황을 배경으로 한 영화가 '아버지의 이름으로'(1993)다.

피의 악순환이 거듭되던 북아일랜드 사태에 또다시 기름을 부은 사건은 자신들을 죄인 취급하지 말고 정치범 대우를 해 달라는 IRA 죄수들의 단식투쟁이었다. 1차 단식투쟁은 1980년 10월에 시작되어 53일간 지속되고 2차 단식은 IRA 지도자 보비 샌즈가 단식투쟁을 시작한 1981년 3월부터 217일간 계속되었다. 결국 계속된 단식투쟁으로 보비 샌즈 등 IRA 죄수 10명이 사망했다.

당시 마거릿 대처 총리는 아사자가 속출해도 그대로 방치했다. 테러리스트와의 협상은 없다며 요구 사항을 일절 들어주지 않았다. 대처는 "범죄는 범죄이고 또 범죄다, 정치적 행위가 아니다"라면서 눈도 깜빡하지 않았다. 보비 샌즈의 단식투쟁은 스티브 매퀸이 감독한 영화 '헝거'(2008)에 처절하게 묘사되었다. IRA의 투쟁은 더욱 과격해졌다. 1984년 영국 본토의 보수당 전당대회장을 폭파하고 1991년 존 메이저 총리 관저에 박격포를 발사했다.

획기적인 돌파구가 마련된 것은 존 메이저 총리의 '다우닝가 선언'

피비린내 나는 갈등의 역사에 획기적인 돌파구가 마련된 것은 1993년 이었다. 존 메이저 영국 총리가 그동안 상대하지 않던 북아일랜드의 신 페인당 당수를 만나 비밀협상을 벌이고 아일랜드 총리와도 협상한 끝에 1993년 12월 15일 '다우닝가 선언'을 발표한 것이다. 선언은 신·구교도 모 두 무력 투쟁을 중지할 경우 신페인당을 포함한 모든 정파가 북아일랜드 의 미래에 관한 논의에 참여할 수 있고 북아일랜드의 미래는 주민 과반수 의 동의로 결정한다고 규정했다. 선언은 1905년 창당 후 줄곧 북아일랜드 의 독립을 요구해온 강경파 정당인 신페인당의 정치적 실체를 인정했다 는 점에서 파장이 컸다.

IRA는 1994년 6월 휴전을 선언했다. 이후에도 휴전 취소와 선언을 반 복하긴 했지만 휴전 선언이 준 기대감은 컸다. 이런 상황에서 1997년 6월 토니 블레어 총리가 북아일랜드 수도 벨파스트를 방문해 19세기 영국인 의 착취로 아일랜드인 200만 명이 굶어 죽은 대기근에 사과했다. 그의 솔 직한 사과는 아일랜드인의 마음을 푸는 실마리로 작용했다.

이후 영국과 아일랜드 정부 간에 북아일랜드 사태 해결을 위한 공동 방 안이 모색되었다. 1997년 9월부터는 북아일랜드 신·구교도 7개 정파와 영국·아일랜드 정부 대표가 모두 참가한 명실상부한 원탁회의가 시작되 었다. 그리고 1998년 4월 10일 마침내 '북아일랜드 평화협정'(성 금요일 평 화협정)이 타결되었다.

주요 내용은 이랬다. ▲총선을 통해 108석의 북아일랜드 의회를 구성 한다 ▲선거를 통해 각 정당 비례 대표 12명으로 구성된 집행위원회가 행 정부 기능을 수행한다 ▲아일랜드는 북아일랜드가 자국의 영토라는 헌법 조항을 삭제한다 ▲IRA와 신교도 자위대의 무장을 해제하고 정치범을 석 방한다 ▲대부분 신교도로 이뤄진 경찰에 아일랜드인도 참여하도록 경찰

구조를 개혁한다. 이 협정은 5월 22일 실시된 국민투표 결과 북아일랜드에서 71%, 아일랜드에서 94%의 지지를 얻어 확정되었다.

그러나 IRA가 "자치정부가 궤도에 오를 때까지 무기를 버릴 수 없다"는 입장을 고수하고 신교도 최대 정파인 '얼스터연합당' 역시 "IRA가 무장을 해제하지 않는 한 협정을 인정할 수 없다"며 협정안을 추인하지 않아 완전히 마음을 놓지는 못했다. 다행히 1999년 11월 얼스터연합당이 IRA의 무장해제와 상관없이 협정안을 공식 추인함으로써 1999년 12월 신·구교가 공동으로 참여한 북아일랜드 자치정부와 의회가 공식 출범했다.

IRA는 2001년 10월 무장을 해제했다. 그런다고 해묵은 갈등이 하루아침에 해결되지는 않았지만 그래도 평화를 위한 양측의 조심스러운 발걸음은 계속되었다. 그 결과 2007년 5월 강경 신교도 정당인 민주연합당과 신페인당의 공동정권이 출범했다. 1969년부터 그때까지 양측의 테러로 3,524명이 사망하고 4만 7,541명의 부상자를 냈으나 더 이상의 사상자가 나오지 않는 것만으로 그것은 축복이었다.

양국 관계 개선에는 영국 여왕도 적극적으로 나섰다. 엘리자베스 2세 여왕은 2011년 5월 아일랜드를 방문한 자리에서 아일랜드 독립전쟁 중 사망한 아일랜드인에 조의를 표했다. 여론조사에서 아일랜드 국민 77%는 여왕의 방문을 지지하는 것으로 화답했다. 여왕은 2012년 6월에도 북아일랜드를 방문했다. 이에 부응해 마이클 하긴스 아일랜드 대통령도 2014년 4월 아일랜드 정부 수반으로는 사상 처음으로 영국을 방문해 영국 의회에서 연설하고 엘리자베스 여왕이 주최하는 평화의 만찬에 참석, 평화를 기원했다.

우고 차베스 베네수엘라 대통령 당선

항복하면서도 당당한 모습을 잃지 않아 국민에게 깊은 인상을 남겼다.

우고 차베스(1954~2013)에 대한 평가는 '빈민들의 영웅'과 '미치광이 독재자'로 극명하게 갈린다. 지지하는 세력은 중남미 특유의 낡고 부패한 특권 지배 체제에 맞서 민주사회주의의 새 길을 개척한 해방자로 떠받든다. 그들에게 차베스는 중남미를 제국주의 침탈에서 해방시킨 시몬 볼리바르, 체 게바라, 피델 카스트로의 맥을 잇는 영웅이다. 반면 비판 세력에게는 권위주의적 포퓰리즘과 반미 사회주의로 대중을 선동하고 갈등과 대립을 부추기면서 국제 질서를 어지럽힌 말썽꾸러기 광대이다. 미국 등 서방국가들은 정치적 자유를 억압하고 자본주의 경제 질서를 부정하는 독재자란 비판을 쏟아냈다.

차베스는 가난한 집안에서 태어나 1975년 육군사관학교를 졸업했다. 당시 그의 우상은 19세기 남미 독립투쟁의 영웅인 시몬 볼리바르였다. 군 장교 시절이던 1982년 부패한 우파 정권에 대항해 젊은 장교들로 구성된 비밀운동조직 '볼리바르 혁명운동'을 결성했다.

베네수엘라는 세계 최대 석유 매장량과 세계 4위 석유 수출량에서 나오는 오일달러 덕에 1970년대 후반까지 호황을 누렸다. 1970년대 중반에는 남미에서 1인당 국내총생산이 가장 높았다. 하지만 1980년대 초반 유가 급락과 국제적 고금리로 외채가 급증하고 물가가 급상승했다. 이런 상황에서 신자유주의 정책을 추구하는 카를로스 안드레스 페레스 대통령이 1989년 2월 집권했다. 그러자 빈민들이 페레스에 반대하는 폭동을 일으켜 300명이 죽고 2,000여 명이 다치는 대참사가 벌어졌다.

차베스는 공수부대 중령이던 1992년 2월 페레스 정부를 전복하기 위해 쿠데타를 감행했으나 실패했다. 그는 투항 조건으로 방송 연설을 내걸었다. 요구가 받아들여지자 붉은 베레모를 쓴 채 "이 나라는 더 나은 미래를 향해 전진할 것이다. 우리는 단지 지금 실패했을 뿐"이라고 연설을 했다. 항복하면서도 당당한 모습을 잃지 않는 차베스의 모습은 텔레비전으로 중계되어 국민에게 깊은 인상을 남기고 곧 반정부 운동의 구심점으로 떠올랐다.

차베스는 1994년 3월 석방된 후 1997년 '볼리바르 혁명운동'을 '제5공화국운동'으로 이름을 바꿔 다른 좌파 정당들과 함께 선거연합체인 '애국전선'을 결성했다. 당시 베네수엘라는 석유 자원이 풍부한데도 국민의 80%가 빈곤선 이하의 생활을 했다. 차베스는 이런 경제체제의 모순을 발판 삼아 오일 머니의 재분배와 의회 해산 등 급진적인 공약을 내걸고 1998년 12월 6일에 치러진 대선에 도전했다. 그 결과 빈곤층의 절대적인 지지에 힘입어 56.2%의 득표율로 당선되었다. 44세 당선은 베네수엘라 대통령 역사상 최연소 기록이었다.

차베스는 부유한 사회주의를 표방한 '21세기 사회주의자'를 자처했다. 석유회사 등 사기업을 국유화하고 토지를 몰수하는 등 파격적인 행보를 이어갔다. 의회를 해산하고 차베스식 노선을 강조한 신헌법을 1999년 12월 국민투표에서 통과시켰다. 2000년 7월 새 헌법하에서 치른 대선에서도 60%의 지지를 얻어 막강한 대통령의 권한을 확보했다.

'빈민들의 영웅', '미치광이 독재자'로 극명하게 갈려

차베스는 석유 수출로 벌어들인 '오일 머니'를 무상 의료, 무상 교육, 주거 지원 등 빈민 복지에 쏟아부었다. 그 결과 1999년 50%에 달했던 빈곤층 비율은 2011년 남미 평균치인 32%까지 떨어졌다. 1인당 국민총소득은 2003년 3,482달러에서 2011년 1만 2,000달러로 증가했다. 경제성장률은 17.9%로 급등하고 2007년까지 10% 안팎의 초고속성장을 구가했다. 영아

우고 차베스(1954~2013)

사망률과 문맹률도 크게 떨어졌다.

일요일에는 '알로 프레시덴테(안녕 대통령)'라는 생방송 담화를 통해 '제국주의적 자본주의의 해악'부터 '샤워 때 물을 아끼는 방법'에 이르기까지 국민에게 온갖 것을 가르쳤다. 이 프로그램은 무려 5개 채널에서 동시에 생중계되고 설명이 12시간씩 이어질 때도 있었다. 차베스는 시민들로부터 걸려온 전화를 받고 이슈를 토론하고 기분이 내키면 춤추고 노래했다.

2002년 4월 대규모 시위 군중을 동원한 반대파의 쿠데타로 잠시 실각했으나 헌법 무력화 등에 반발한 군부가 차베스 편으로 돌아서면서 47시간 만에 대통령궁에 복귀했다. 2004년 8월에는 국민소환 투표가 있었지만 이 역시 이겨냈다.

외교적으로는 반미 노선을 뚜렷이 하고 중국·이란과 돈독한 관계를 유지했다. 적극적인 석유 외교를 펼치고 남미에서 반미 좌파 블록의 구심점 역할을 했다. 2005년 6월에는 카리브해 연안 13개국과 '페트로카리브'를 결성, 이들 국가에 석유를 최대 50% 싸게 공급해 중남미에서 영향력을 확대했다. 조지 부시 미 대통령에 대해선 극도의 혐오감을 드러내며 갖은 욕설을 퍼부었다. 2006년 9월 유엔 총회에서 부시 대통령이 연설한 이튿날 "어제 이곳에 악마가 왔다 갔는데 연단에서 아직도 유황 냄새가 난다"며 반미 감정을 드러냈다.

그는 빈민들에게는 영웅으로 추앙받았지만 장기 집권에 반대하는 측은 그를 독재자라고 비난했다. 실제로 독재자의 면모를 보여주기도 했다. 정부를 비판하는 텔레비전 채널과 라디오 방송, 웹사이트를 폐쇄하고 친차베스 방송으로 대체했다. 대법관을 늘려 새 대법관을 자신의 지지자로 채워넣어 사법부까지 장악했다.

2007년 헌법의 대통령 연임 제한 규정 철폐를 위해 국민투표라는 강수를 뒀다가 찬성 49% 반대 51%로 패배했지만 2009년 다시 치른 국민투표에서 55%에 가까운 찬성을 얻어 연임 제한 규정을 삭제한 후 집권 기간을 20년으로 늘렸다. 2012년 10월 대선에서 4선에 성공해 사실상 종신 대통령이 되었다. 그러나 병을 이겨내지 못하고 재임 중이던 2013년 3월 5일 사망했다.

1999년

황우석과 복제소 '영롱이' 탄생
김우중의 대우그룹 몰락
O양·B양 비디오 공개 파문
이해진의 네이버 창업과 국내 포털 간 경쟁
    _ 김범수
연평해전과 제2연평해전
    _ NLL(서해 북방한계선)
'개그 콘서트' 방송 시작
강제규 감독 영화 '쉬리' 개봉
심형래 연출 영화 '용가리' 개봉
우리별 3호, 무궁화 3호, 아리랑 1호 발사
Y2K 소동

황우석과 복제소 '영롱이' 탄생

세계 5번째의 복제동물이면서 젖소로는 세계 최초인 '영롱이'를 탄생시켰다.

1999년 2월 12일 오후 5시 30분 경기도 화성시의 한 목장에서 암수 교배 없이 체세포를 복제한 암컷 젖소 송아지가 태어났다. 우리나라 최초의 복제동물 '영롱이'였다. 복제소를 탄생시킨 서울대 수의학과 황우석(1952~) 교수에 따르면 영롱이의 어미는 넓게 보아 3마리였다. 먼저 우유를 많이 생산하는 우량 암소에서 자궁세포의 핵을 얻고 다음에 다른 우량 젖소의 난자를 채취해 유전물질이 든 핵을 제거했다. 마지막으로 핵이 비어 있는 난자에 자궁세포의 핵을 집어넣고 전기 충격으로 융합했다.

이후 자궁세포의 유전자를 가진 수정란이 만들어지고 수정란은 시험관에서 며칠을 자란 후 또 다른 암소의 자궁에 이식되어 275일 후 태어났다. 언론은 이 사실을 대서특필했다. 황우석은 IMF 외환위기로 시름에 잠겨 있던 국민의 칭송을 한몸에 받으며 대한민국의 대표 과학자로 추앙을 받았다.

황우석은 충남 부여에서 태어나 대전고와 서울대 수의학과를 졸업하고 1982년 서울대에서 수의학 박사학위를 받았다. 그가 동물 복제에 눈을 뜬 것은 일본 홋카이도대 연구원으로 활동할 때였다. 황우석은 그곳에서 수정란 연구와 관련된 국제적인 동향에 눈을 뜨고 관련 지식과 기술을 습득했다.

그가 본격적으로 수정란 이식을 연구한 것은 1986년 서울대 수의대 교수로 부임한 후였다. 처음에는 쌍둥이 송아지 생산을 늘리는 방식으로 생산성 증가를 시도하다가 체외수정으로 연구 영역을 넓혀나갔다. 그리고 1993년 국내 최초로 체외수정 방식의 시험관 송아지를, 1995년 2월 수정란 복제 송아지(쌍둥이 복제)를 생산하는 데 성공, 국내·외 학계의 주목을 받았다.

참고로 동물 복제에는 생식세포 복제와 체세포 복제 두 가지가 있다. 생식세포 복제는 수정란을 이용한 복제이고 체세포 복제는 난자의 핵을 제거한 뒤 그 자리에 체세포의 핵을 투입해 복제 생물을 만드는 원리이다. 수정란 복제는 수정란의 할구(형태적으로 미분화된 세포)를 분할하거나 할구의 핵을 다른 난자에 이식해 복제동물을 생산하는 것이다. 수정란 복제는 성체가 아닌 배아(정자와 난자가 만나 결합된 수정란으로 각종 조직과 기관이 형성되기 전 8주까지의 단계)의 핵이나 세포를 이용한다는 점에서 체세포 복제와 다르다.

체세포는 몸의 여러 가지 조직 기관을 구성하는 세포로, 난자와 정자가 결합하는 생식을 통해 유전정보를 다음 세대로 전달하는 생식세포와 달리 유전정보를 전달하지 못한다. 다만 체세포로 복제하면 난자와 정자가 결합하는 수정 과정 없이 생명체를 탄생시킬 수 있다. 난자만 있다면 손톱, 귀, 머리카락 등 몸에서 떨어진 세포 하나로도 자신과 유전형질이 똑같은 복제인간을 만들 수 있게 되는 것이다. 체세포 복제 과정을 거친 복제 수정란은 배반포 단계(보통 4~5일)까지 배양했다가 여기서 내부 세포 덩어리를 떼어내면 배아줄기세포를 확립할 수 있게 된다.

줄기세포는 구체적 장기(臟器)를 형성하기 전인 배아 단계의 미분화 세포로 근육·뼈·내장·피부 등 각 신체 기관 조직으로 전환할 수 있는 만능 세포를 말한다. 따라서 줄기세포를 확보한다면 다치거나 망가진 장기와 조직을 원상회복할 수 있기 때문에 의료 산업의 혁명적인 변화를 기대할 수 있다.

황우석이 1995년 수정란 복제에 성공하고 뒤이어 체세포 복제에 관심을 갖고 있던 1997년 2월 영국의 이언 윌멋이 "7개월 전인 1996년 7월 체세포를 이용한 복제양 돌리가 태어났다"고 발표했다. 세계 과학계는 경악했다. 그동안 체세포를 이용한 포유류 복제는 과학적으로 불가능하다는 게 정설이었기 때문이다. 돌리 이후 영국(양), 일본(소), 뉴질랜드(소), 미국(쥐)에서 체세포 복제에 성공하고 황우석도 1999년 세계 5번째의 복제동물이면서 젖소로는 세계 최초인 '영롱이'를 탄생시켰다.

황우석(1952~)이 경기도 화성의 한 목장에서 복제 송아지 '영롱이'에 우유를 먹이며 건강상태를 살펴보고 있다(1999.2.19).

대한민국의 대표 과학자로 추앙받아

황우석은 영롱이 덕분에 스타 과학자로 부상했으나 영롱이가 선물한 좋은 날은 오래가지 않았다. 결정적인 시련은 2005년 11월 황우석의 줄기세포 논문 조작 사건이 터지면서 불거진 영롱이의 복제 진위 논란이었다. 1999년 1월에 태어난다고 한 영롱이가 2월에 태어나고 체세포를 제공한 어미 소가 도축되고 없으며 복제소도 자연 폐사한 사실이 뒤늦게 알려지면서 의혹이 제기된 것이다. 그 중에서도 가장 큰 문제는 연구논문이 없다는 점이었다. 영국의 윌멋이 지속적으로 복제양 돌리의 생애를 추적하면서 조기 노화로 죽을 때까지 여러 부작용과 성과에 대한 자세한 논문을 잇달아 발표한 것과는 너무나 대조적이었다.

물론 모든 복제동물이 논문으로 연결되는 것은 아니라는 반론도 있다. 영롱이는 세계 최초의 복제동물도 아닐 뿐더러 이미 일본과 뉴질랜드에서 우리보다 먼저 소를 복제한 기록이 있기 때문에 굳이 학술지에 논문을 발표할 필요가 없다는 것이다.

이유가 무엇이든 영롱이의 진위는 복제 여부를 입증할 자료가 사라지고 없어 사실상 불가능해졌다. 이 때문에 영롱이는 복제소가 아닌 체외수정으로 태어난 소일 수 있다는 추론에 힘이 실리고 있다. 영롱이의 진위가 논란이 된 것은 2005년 말부터였기 때문에 그전까지 황우석은 영롱이를 탄생시킨 신적인 존재로 각광을 받으며 연구를 진행했다.

황우석이 필생의 연구 과제로 삼은 인간 줄기세포 연구에 뛰어들었던 2002년 어느 날 서울대병원 문신용 교수와 미즈메디병원 노성일 이사장이 황우석에게 손을 내밀었다. 당시 문신용은 국내 세포 치료법 연구의 총책임자였고 노성일은 줄기세포를 연구하고 있었다. 세 사람은 복제 기술과 줄기세포 연구의 결합을 시도하기로 뜻을 모았다.

2003년 3월경 황우석은 인간의 체세포를 복제해서 3~5일까지 키운 배반포를 갖고 있다고 판단했다. 더 나아가 줄기세포까지 만들었다고 믿었다. 물론 이 줄기세포는 나중에 밝혀지지만 핵을 제거하지 않은 난자가 전기 충격을 받고 정자가 들어온 것으로 착각해 스스로 분화해서 우연히 탄생한 처녀생식의 결과였다.

황우석은 그러나 그것이 인간 배아복제 줄기세포라고 확신해 관련 논문을 미국의 과학전문지 '사이언스'지에 보냈다. '사이언스'지는 2004년 2월 12일 인터넷판 속보를 통해 황우석과 문신용 연구팀이 세계 최초로 인간의 체세포 핵을 난자에 삽입하는 방법으로 인간 배아줄기세포를 만들었다고 발표했다. 242개의 난자 중 241개는 복제 과정이나 줄기세포 추출 과정에서 사라지고 1개의 줄기세포(NT-1)를 확립했다는 발표였다.

이 충격적인 발표는 전 세계의 의학계를 강타했다. 줄기세포를 암, 당뇨병, 치매 등 난치병 환자에게 이식하면 거부반응 없이 손상되지 않은 원래 상태로 복구할 수 있는 결정적인 계기가 마련되었기 때문이다. 이 논문 한 편으로 황우석은 대한민국을 넘어 전 세계의 주목을 받는 세계적인 과학자로 스포트라이트를 받았다.

세계를 또다시 깜짝 놀라게 할 황우석의 연구 결과가 발표된 것은 2005년 5월 20일이었다. '사이언스'지가 인터넷판을 통해 황우석과 미 피츠버그대 제럴드 섀튼 교수가 세계 최초로 환자의 체세포를 복제해 배아줄기세포를 추출·배양하는 데 성공했다고 발표한 것이다. 발표에 따르면 18명의 여성에게서 185개 난자를 기증받아 환자의 체세포를 넣는 방법으로 복제해 환자맞춤형 줄기세포 11개를 추출하는 데 성공했다는 것이다.

2004년 '사이언스' 논문이 체세포 복제를 이용한 배아줄기세포 확립의 원리 증명이었다면 2005년 논문은 이 방법이 본격 치료에 활용될 수 있다는 것을 뜻했다. 이 소식은 곧 전 세계에 알려졌고 세계 각 언론은 맞춤형 줄기세포 치료 시대가 열렸다고 흥분했다. '사이언스'는 황우석의 논문을 6월 12일자 표지논문으로 소개했다.

줄기세포 드라마, 'PD수첩' 보도 후 미스터리 사건으로 바뀌어

논문이 발표되자 세계가 발칵 뒤집어지고 월가의 줄기세포 관련 주식이 폭등했다. 심지어는 백신의 발명이나 항생제의 개발보다 위대하다는 찬사가 쏟아졌고 급기야 산업혁명에 비유되기도 했다. 우리 언론도 황우석을 세계 최고 과학자라고 치켜세우고 국민은 너나없이 열광했다. 게다가 청렴한 생활과 독특한 근면성까지 알려지면서 황우석은 대한민국의 과학 영웅으로 떠받들어졌다. 2005년 8월 3일에는 세계 최초로 복제개 '스너피'를 공개해 황우석은 거의 신적인 수준으로 떠받들어졌다.

그러나 황우석의 백일몽은 이후 반 년을 넘기지 못했다. 2005년 11월 22일 MBC의 'PD수첩'이 '황우석 신화의 난자 의혹' 프로그램에서 연구원의 난자 제공과 보상금을 문제 삼는 방송을 내보내면서 황우석의 신화가 하나둘 꺼풀이 벗겨지기 시작한 것이다. 'PD수첩'에 이 사실을 제보한 사람은 2004년 '사이언스' 논문의 제2저자인 유영준 연구원이었다.

2005년 12월 15일에는 노성일이 "황우석으로부터 환자맞춤형 줄기세포는 없다는 이야기를 들었다"며 "황우석 팀이 만들었다는 줄기세포 11개 중 9개는 가짜이고 나머지 2개도 복제된 줄기세포인지 의문"이라고 폭로했다. 이후 DNA 지문이 조작되었다는 의혹이 계속 이어졌다. 이때부터 전 국민의 줄기세포 드라마는 줄기세포 미스터리 사건으로 바뀌었다. 황우석에게 무한정 신뢰를 보내던 언론도 태도가 돌변했다.

결국 서울대 조사위가 조사에 착수, 2006년 1월 10일 조사 결과를 발표했다. 서울대 조사위는 황우석 연구팀이 줄기세포 연구를 위해 확인된 것만 129명으로부터 2,061개의 난자를 제공받았지만 단 한 개의 줄기세포도 수립하지 못했다며 2004년과 2005년 연구논문도 모두 조작된 것이라고 발표했다.

조사위는 2005년 논문에서 확립했다고 발표된 2, 3번 줄기세포는 미즈메디병원의 4번, 8번 수정란 줄기세포이고 2004년 논문에서 확보했다던 1번 줄기세포는 탈핵이 되지 않은 난자의 자체 처녀생식으로 만들어졌을 가능성이 높다고 밝혔다. 다만 복제 줄기세포를 만들 수 있는 원천 기술은 없지만 동물 복제 기술은 국제적 경쟁력을 갖춘 것으로 평가되고 사람 난자에서 핵 이식을 통해 배반포 형성에 성공한 업적과 독창성은 인정된다는 입장을 밝혔다. 세계 최초의 복제개 스너피는 DNA 검사 결과 진짜인 것으로 판명되었다고 발표했다. '사이언스'지는 2006년 1월 황우석의 2004년, 2005년 논문을 철회했다.

검찰 역시 2006년 5월 서울대와 같은 결론을 내렸다. 검찰은 줄기세포 조작은 줄기세포 배양의 책임을 맡은 미즈메디병원 소속 김선종 연구원이 중압감과 학문적 욕심으로 수정란 줄기세포를 남모르게 섞어 심었기 때문이라고 발표했다. 검찰에 따르면 김선종은 줄기세포 확립이 필요할 때마다 미즈메디병원에 있는 수정란 줄기세포를 가져다가 배양 중인 복제 배아의 배반포 내부 세포 덩어리에 섞어 심어 가짜 줄기세포를 만들었다. 이런 사실을 모르는 황우석은 이 줄기세포를 진짜라고 믿고 "어차피 사진 찍으면 다 같은 것"이라며 데이터 조작을 지시했다. 황우석은 논문이 조작된 사실을 'PD수첩'이 취재를 벌이던 2005년 10월 이후에야 알았다.

'과학계의 성수대교 붕괴'로 비유해

황우석 연구팀의 허술한 실험 기록과 데이터 관리도 문제점이 많은 것으로 비판을 받았다. 가장 기본적인 실험 날짜, 연구 진행 상황, 최종 결과까지 너무 부실했기 때문이다. 사정이 이런데도 각각 15명(2004), 25명(2005)이나 되는 논문의 공동저자들은 누구도 줄기세포 연구의 문제점을 지적하지 않았다. 황우석을 영웅시하는 분위기에 편승해 논문 공동저자로 이름을 올리려는 무임승차 풍조만 만연했을 뿐 사실 검증 시스템은 작동하지 못했다.

정부 역시 2001년 이후 황우석에게 287억 원을 지원하면서도 황우석에게 개인 경호를 따라 붙이는 영화 같은 쇼만 연출했지 누구 하나 연구의 진실성을 들여다보지 않았다. 과학계와 사회의 무비판적 열광에 경고를 보내지 못한 채 함께 과학 흥행주의에 떠내려갔던 언론의 책임도 컸다. 검찰은 황우석 사건을 '과학계의 성수대교 붕괴'라고 비유했다.

검찰은 조작된 논문과 연구 결과를 내세워 연구비를 가로채거나 유용한 혐의, 대가를 지불하고 일부 연구용 난자를 확보한 혐의(생명윤리법 위반)로 황우석을 불구속 기소했다. 다만 논문 조작 혐의에 대해서는 "전 세계적으로 처벌 사례가 없고 논문 조작 행위에 대한 응징은 학계의 자정 시스템에 맡겨야 한다"며 처벌하지 않기로 했다. 황우석은 "김선종에게 속아 지짜 줄기세포가 수립된 것으로 믿었고, 사재를 보태 연구비를 더 썼는데 어떻게 사기·횡령이 되느냐"며 반발, 치열한 법정 공방을 예고했다.

2009년 10월 1심 법원은 줄기세포 논문 조작 사건에 대한 판결에서 "황우석이 실제로 환자맞춤형 줄기세포가 존재한다고 믿고 있었던 것으로 보이지만 그래도 황우석이 연구원 등에게 지시를 내려 논문 데이터 조작에 개입한 부분은 인정된다"며 일부 횡령·사기죄와 생명윤리법 위반죄를 유죄로 인정해 징역 2년에 집행유예 3년을 선고했다. 2심 재판부는 2010년 12월 황우석에게 징역 1년 6개월에 집행유예 2년을 선고했다.

대법원 역시 2014년 2월 판결에서 난자 제공자에게 시술비 3,800만 원을 준 혐의(생명윤리법 위반)와 연구비 7억여 원 횡령 혐의를 유죄로 인정해 징역 1년 6개월에 집행유예 2년을 선고한 원심을 확정했다. 대법원은 또한 황우석이 서울대를 상대로 낸 파면 처분 취소 소송 상고심에서 "국립대 교수이자 과학자이던 황우석에게는 강한 진실성, 도덕성이 요구된다"며 "파면 처분은 정당하다"는 취지의 판결을 내렸다.

우리의 부끄러운 자화상이 송두리째 드러난 사건

대법원 판결에 앞서 2014년 1월에는 인간 배아줄기세포 논문 조작 사실을 MBC 'PD수첩'에 처음 제보한 유영준이 '네이처'지 인터뷰를 통해 입을 열었다. 유영준은 자신이 맡았던 프로젝트가 끝나 실험실을 떠나 있었는데 2005년 황우석 연구팀이 11개의 복제 줄기세포를 만들어 임상실험에 들어간다는 사실을 알고 두 가지 이유 때문에 'PD수첩'에 제보한 것이라고 언론에 밝혔다. 하나는 핵심 인력이 모두 떠난 상태인데 단기간에 11개의 배아줄기세포를 배양했다는 발표 내용을 도저히 믿을 수 없었고 다른 하나는 임상실험 대상이 2003년 자신이 직접 체세포를 떼어낸 척수

손상으로 인한 전신마비 10살 소년이었기 때문이다.

유영준은 "황우석 박사가 소년에게 줄기세포를 넣어 신경을 살린다는 계획이었는데 어떤 부작용이 있을지 아무런 검증이 안 된 상태였다. 면역 반응이 나타나거나 암에 걸릴 수도 있었다"며 "황우석 박사 주변 인물들에게 이런 위험성을 알렸지만 아무도 움직이지 않았다"고 주장했다. 자신의 사건 제보로 한국의 줄기세포 연구 흐름이 꺾였다는 비판에 대해서는 "지금까지 한국이 줄기세포 강국이었던 적은 한 번도 없었다"며 "언론이 키워온 거품이 대중의 상실감을 키운 것일 뿐"이라고 평가했다.

황우석 사태는 많은 교훈을 남겼다. 우리 내면에 숨어 있던 일그러진 경쟁 욕구, 무조건 성과만 내면 된다는 결과 만능주의, 그리고 희박한 윤리 의식 등 우리의 부끄러운 자화상이 송두리째 드러난 것이다. 물론 황우석 연구팀이 정상급 수준의 동물 복제 기술을 갖춘 건 사실이다. 복제 연구에는 핵 제거, 핵 이식, 세포융합, 배아 이식 등 다양한 과학기술이 필요한데 황우석 연구팀이 등록한 특허를 보면 중요한 고비마다 독창적인 기술을 확보해 연구를 발전시켜온 것을 확인할 수 있다.

흥미로운 것은 황우석이 2004년 만들고 2006년 20여 개국에 특허출원한 '1번 복제 인간 배아줄기세포(NT-1)'에 대해 호주(2008.9), 캐나다(2011.7), 미국(2014.2)이 특허를 승인했다는 점이다. NT-1은 황우석이 만들었다고 발표했던 복제 인간 배아줄기세포 가운데 유일하게 실재하는 것이다.

그러나 미국이 특허를 승인했다고 해서 NT-1이 체세포 복제를 통해 만든 줄기세포라는 황우석 측의 주장이 과학적으로 인정된 것은 아니라는 게 과학계의 전반적인 시각이다. 즉 황우석이 주장하는 방법이 특허가 될 만한 독창성을 지녔다는 것이지 NT-1 줄기세포가 실제로 복제되었음을 검증하는 것은 아니라는 것이다. 이에 대해 황우석은 "미국의 특허등록으로 NT-1의 실체가 인정되었다는 점에서 의미가 있다"는 주장을 폈다.

황우석은 또한 2013년 5월 미국 오리건 보건과학대 연구팀이 세계 최초로 성공했다고 발표한 복제 배아 기술도 자신이 성공했던 방식으로 '환자 맞춤형 줄기세포'를 만든 것이므로 자신의 연구 성과를 재현한 것이라고 주장한다. 미국 특허출원 후 황우석은 국민을 향해 이렇게 말하고 있다. "한 번 더 연구 기회를 주신다면 반드시 결실로 보답하겠습니다. 정부와 국민 여러분께 엎드려 바랍니다. 한 번만 더 기회를 주십시오."

김우중의 대우그룹 몰락
돌이켜보면 샐러리맨의 신화로 추앙받으며 승승장구하다 속절없이 무너진 일장춘몽의 세월이었다.

자서전 제목처럼 '세계는 넓고 할 일은 많다'며 5대양 6대주를 종횡무진 돌아다니던 김우중(1936~). 성장 일변도 시대에 그는 국민적 스타였고 샐러리맨의 우상이었다. 그러나 어느 날 시대의 변화와 엇박자를 이루면서 몰락을 시작하더니 결국 5년 8개월을 해외에서 유랑하다 돌아와 생의 후반부를 차디찬 감옥에서 지내야 했다. 돌이켜보면 샐러리맨의 신화로 추앙받으며 승승장구하다 속절없이 무너진 일장춘몽의 세월이었다.

신화는 1967년에 시작되었다. 31세 나이에 500만 원의 자본금과 5명의 직원으로 설립한 대우실업이 신화의 출발점이었다. 김우중은 1969년 국내 기업 최초로 해외 지사를 설립하는 등 무역에서 강점을 보이다가 1973년부터 경영 다각화를 모색했다. 동양증권(대우증권), 대우기계, 대우전자, 한국기계공업 등을 시작으로 1978년에는 옥포조선과 새한자동차 등을 인수하며 차근차근 대기업의 외양을 갖춰 나갔다.

김우중은 현장을 중시했다. 1980년대 후반 대우조선을 살리기 위해 경남 옥포에서 1년 8개월을 머물며 현장 관리에 나서 몇 년 후 대우조선을 세계적인 회사로 키워냈다. 1992년 대우자동차가 GM과 결별한 뒤에는 생산 현장에서 숙식을 해결하며 대우자동차를 정상화시켰다. 1993년 김우중은 '세계 경영'을 기치로 내세웠다. 쌈짓돈은 적었지만 탁월한 자금 조달 솜씨로 남의 돈을 얻어 해외 공장을 사들이고 공장을 돌렸다.

미 경제 전문지 '포춘'(1992.5)
표지에 실린 김우중(1936~)

이 과정에서 기업 설립보다는 인수, 자기자본보다는 자금 차입이라는 김우중의 특기가 유감없이 발휘되었다. 세계 경영의 전술은 이른바 '트로이의 목마'였다. 지역별 경제 블록 안에 생산 기지를 구축함으로써 무역 장벽을 뛰어넘고 고비용 생산구조를 타파하는 식이었다.

1990년대 중반, 대우자동차는 동유럽의 자동차 생산 기지를 싹쓸이하던 세계 경영의 첨병이었다. 폴란드, 루마니아, 체코를 차례로 함락한 데 이어 1996년 7월 우즈베키스탄에도 공장을 준공함으로써 동유럽에 4각 생산 기지를 구축했다. 우즈베키스탄 대통령은 이런 김우중을 칭기즈칸에 비유하며 '킴기즈칸'이라고 불렀다.

1996년 김우중은 20회의 해외 출장을 통해 35개국을 돌아다니며 257일을 해외에서 보냈다. 수행비서는 김우중의 체력을 따라가지 못해 평균 3년 단위로 바뀌었다. 세계 경영의 네트워크는 185개(1993년 말)에서 589개(1998년 말)로 늘어났고 해외 고용 인력도 2만 2,000명에서 15만 2,000명으로 급증했다. 그러나 1997년 IMF 외환위기가 대한민국을 강타하면서 김우중에게도 시련이 닥쳤다.

IMF 외환위기 전만 해도 대우의 기업 구조는 나름대로 탄탄했다. 유동성이 다소 빠듯하긴 했어도 자금 조달에는 별 어려움이 없었다. 매출이나 순익도 증가했다. 그러나 IMF 외환위기로 국가 신용등급이 6단계나 떨어지면서 세계 곳곳에 많은 사업장을 갖고 있던 대우는 해외 채권자들로부터 극심한 상환 압력을 받았다. 국내에서는 '부채비율 200%' 등 온갖 까다로운 기준이 신규 차입을 어렵게 했고 환율까지 폭등해 외화 빚이 많았던 대우를 휘청거리게 했다. 1997년 한 해 동안 입은 환차손만 8조 5,000억 원이나 되었고, 자금 압박도 하루하루 강도를 더했다.

성장 일변도 시대에 국민적 스타였고 샐러리맨의 우상

김우중은 1998년 2월에 출범한 김대중 대통령에게 강력한 생존의 러브콜을 보냈다. 김 대통령도 김우중에게 호의적이었고 독대도 여러 번 했다. 그래도 대우그룹은 계속 위기 속으로 내몰렸다. 이에 대해 김우중은 2014년 8월 발간된 대담집 '김우중과의 대화'에서 "김 대통령이 내 의견을 듣고 (관료들의 안을) 보류하거나 기각하는 정책이 생겨나면서 관료들의 반감이 시작되었다"며 "그들이 나를 제거하려는 프로그램을 갖고 있다고 믿고 있다"고 언급했다. 반면 당시 관료들은 "빅딜 등 자구 노력을 해야 시장의 신뢰가 살아난다고 강조했으나 대우는 손톱 하나 까딱하지 않았다"며 김우중을 비판했다.

그러던 차에 그룹 구조조정의 최우선 핵심 사업으로 추진 중이던 대우차·GM 간 합작 추진이 삐걱거렸다. 결국 합작이 무산되고 1998년 7월에는 단기자금 조달마저 불투명해졌다. 이처럼 악화하는 상황에서도 김우중은 1998년 9월 전경련 회장으로 취임하는 무리수를 두었다. 2002년 한 인터뷰에서 "마치 경제 대통령이나 된 것처럼 우쭐했다. 어리석었다"고 밝혔듯 전경련 회장은 김우중에게 크나큰 패착이었다. 결국 이러저러한 일들이 겹치면서 김우중과 정부 사이가 멀어졌고 대우가 휘청거릴 때 대우의 목을 죄는 정책이 쏟아졌다.

검찰에 따르면 다급해진 김우중은 1997~1998년 사이 4개 계열사를 통해 41조 원대의 분식회계를 하고 부풀려진 재무제표를 이용해 금융기관으로부터 10조 원대의 대출을 받았다. 여기에 1998년 10월 29일 일본 노무라증권 서울지점에서 나온 '대우그룹에 비상벨이 울리고 있다'는 제목의 보고서가 대우에 일격을 날렸다. 심각한 유동성 위기로 해외 채권이 회수되기 시작하면 워크아웃(기업 개선 작업)에 들어갈 수도 있다는 요지였다.

즉각 대우그룹 내 회사채 발행 계획이 취소되었고 금융권의 본격적인 자금 회수가 시작되었다. 삼성자동차와 대우전자 빅딜로 막판 돌파구를 찾으려 했으나 이마저 실패로 돌아가자 시장은 마치 하이에나처럼 대우에 잔인한 모습을 보이기 시작했다. 김우중은 고군분투했으나 이미 운명의 여신은 그를 떠나고 있었다.

1999년 8월 26일 대우는 결국 채권단에 의해 워크아웃이라는 사약을 받았다. 김우중은 2개월 뒤인 10월 20일 중국의 대우차 부품공장 준공식에 모습을 드러낸 것을 마지막으로 잠적했다. 5년 8개월 계속된 길고 긴 해외 도피 생활의 시작이었다. 독일, 프랑스, 태국, 베트남 등지를 떠돌며 유랑 생활을 하다가 2005년 6월 14일 귀국했으나 20조 원대의 분식회계를 지시하고 이를 통해 9조 8,000억대의 사기 대출을 받고 대우그룹의 해외 금융 조직인 BFC를 통해 회삿돈 32억 달러(4조여 원)를 해외로 빼돌린 혐의 등으로 구속되었다. 2006년 11월 2심에서 징역 8년 6개월에 추징금 18조 원을 선고받았으나 믿는 구석이 있었는지 상고심을 포기하고 복역하다가 2007년 12월 사면되었다.

김우중에 대한 평가를 내리기는 쉽지 않다. 불굴의 도전 정신과 천부적인 상술로 창업 30년 만에 자본금 500만 원짜리 기업을 세계 500위권에 진입시킨 신화적 인물이라는 칭송이 있는가 하면, 사기 경영이나 다름없는 세계 경영으로 외형만 부풀리고 IMF 외환위기 전후에도 계열사 매각 등을 통한 구조조정보다는 세계 경영을 기치로 외부 차입을 지속하는 바람에 결국 엄청난 부채를 안고 무너져 IMF 체제를 벗어나려는 국가 경제에 엄청난 타격을 입혔다는 비난 역시 만만치 않기 때문이다.

한 가지 분명한 것은 다시는 김우중식 실험과 도전을 감행할 기업들을 찾아보기 어렵고, 또 어떤 시대도 김우중과 같은 인물이 등장하는 것을 허용하지 않을 것이라는 점이다. 그때는 앞뒤 가리지 않고 앞만 보고 달리던 성장의 시대였다.

O양·B양 비디오 공개 파문

비난받아야 할 것은 아무것도 없었고 그 역시 피해자였는데 무엇이 죄송했을까.

1998년 12월, 서울 세운상가에 이상한 소문이 돌았다. 미스코리아 출신 유명 탤런트의 섹스 장면이 담긴 비디오가 있다는 소문이었다. 1999년 1월 인터넷 '유즈넷' 뉴스그룹 페이지에 이 탤런트의 섹스 스틸 사진이 뜨면서 탤런트의 실명이 거론되더니 급기야 2월부터는 그녀의 섹스 동영상이 인터넷을 타고 엄청난 속도로 전국을 강타했다. 언론이 모(某)양, A양, O양으로 기사화하면서 동영상에는 그녀의 이름 이니셜을 딴 'O양 비디오'라는 이름이 붙었고 그 이름은 두고두고 우리 사회의 이중성과 인터넷의 가공할 위력을 보여주는 상징어가 되었다.

꼭꼭 숨겨져온 개인의 성생활 그것도 유명 스타의 성이 이처럼 만천하에 까발려진 예는 없었다. TV에서 접하던 유명 여성 스타의 발가벗겨진 성을 안방과 사무실에서 은밀히 볼 수 있다는 것은 상상조차 못한 일이었다. 꿈같은 일이 현실로 나타났으니 호기심이 폭발한 것은 당연한 결과였다. '집단 관음'이라며 점잖게 나무라는 전문가라고 예외일 수 없었다.

모두가 동영상을 보고 싶어 안달이었다. 만나는 사람마다 온통 'O양 비디오' 얘기뿐이었다. 동영상을 보지 못하면 대화에도 끼지 못했다. 예전 같았으면 소문으로만 돌다가 그쳤을 일이 이처럼 빅뱅으로까지 발전한 것은 전적으로 인터넷의 급속한 발전과 보급에 있었다. 그때까지 인터넷이 편리하다는 것은 누구나 실감하고 있었지만 이런 식의 자기복제와 무차별 유통을 통해 괴물이 되리라고는 아무도 예상하지 못했다.

문제는 사람들이 호기심을 채우는 데만 머물지 않고 O양을 향해 돌팔매를 던졌다는 데 있었다. 인터넷이라는 새로운 의사소통 방식이 우리 사회를 매우 빠르게 파고들었는데도 우리 사회의 사고방식만은 여전히 제자리걸음을 하고 있다가 갑자기 터져나온 'O양 비디오'를 계기로 아무 잘못 없는 여성 스타를 일순간 파멸과 고통으로 몰아간 것이다. 이런 점에서 O양은 인터넷이라는 문화적 충격의 희생양이기도 했지만 누군가 맞아야 할 돌을 대신 맞아 그 자신 의도한 것은 아니지만 결과적으로 순교자이기도 했다.

개인의 성은 보호되어야 할 사생활이란 의식이 자리 잡은 것은 전적으로 O양의 희생 덕이었다. 20대 초반의 여성이 남자친구와 성관계를 가졌고 그 장면을 비디오로 촬영했으며 몇 년 후 누군가가 그 테이프를 유포했다. 그녀가 비난받아야 할 부분은 아무것도 없었다. 그저 사회가 막연하게 요구해온 윤리규범만 있었을 뿐이다.

그런데 피해자인 O양에게만 돌이 날아왔다는 점에서 그것은 부정을 저지른 서구 여인이 가슴에 달아야 했던 주홍 글씨와 다를 바 없었다. 쏟아지는 비난과 인생 파멸의 공포에 시달려야 했던 O양은 수개월 후 미국에서 돌아와 "물의를 일으켜 죄송하다"고 했다. 비난받아야 할 것은 아무것도 없었고 그 역시 피해자였는데 무엇이 죄송했을까.

겉으로는 성에 무관심한 척하다가 남몰래 탐닉하는 우리 사회의 이중성 심리가 일으킨 폭발적인 반응과, 뒤이은 손가락질을 홀로 이겨내기에는 너무 엄청났기 때문이었겠지만 크게 보면 20세기 마지막 해에 우리 사회에 던진 문화적 충격을 혼자 뒤집어썼기 때문일 것이다. 'O양 비디오'는 채 준비되지도 않고 경험해 보지도 않은 상태에서 어느 날 갑자기 닥쳐온 믿기지 않는 사실에 우리의 의식이 미처 따라가지 못한 데서 온 당혹감이었고 충격이었다. 그것을 O양 혼자서 맨몸으로 맞은 것이다.

다소의 시간이 흘러서인지 아니면 'O양 비디오'를 본 뒤 더 이상의 호기심이 사라졌는지는 몰라도 대중의 집단 흥분 상태는 서서히 제자리로 돌아왔다. "사생활은 보호되어야 한다"는 자각이 조금씩 목소리를 높이기 시작한 것이다. 'O양 비디오' 사건은 21세기의 우리에게 의식 전환을 요구한 화두였다.

우리 사회의 이중성과 인터넷의 가공할 위력 보여줘

2000년 봄이 되자 이번에는 "유명 가수 B양의 비디오가 있다"는 소리가 흘러나왔다. 다만 비디오의 실체가 드러나지 않아 일본 에로배우의 포르노물이거나 합성한 것으로 추측되어 큰 관심을 끌지는 못했다. 그러나 2000년 11월 19일 한 연예 관련 사이트에 일부 네티즌이 B양 동영상을 띄워놓으면서 비디오의 실체가 드러났다.

그녀는 혜성과 같이 등장해 1년 반 만에 톱스타 대열에 오른 유명 댄스 가수였다. 비디오 중간의 일부만을 공개한 이 샘플에는 풀 버전을 내려받을 수 있는 사이트 주소가 적혀 있었다. 결국 이 사이트는 한때 서버가 중단되었다. 한국인이 임대한 미국의 이 포르노 사이트는 동영상의 풀 버전을 19.9달러로 제공하면서 복사를 방지하기 위해 잠금 기술을 적용했다.

인터넷을 통해 자유롭게 유통되었던 'O양 비디오'와 달리 'B양 비디오'는 사전에 치밀한 계획을 통해 돈벌이를 목적으로 배포되었다는 점에서 악질 중의 악질이었다.

그러나 유료로만 볼 수 있다던 'B양 비디오'도 11월 26일 밤 일부 해커(크래커)들이 복제 방지 암호를 푼 뒤 개인 사이트에 게재하고 이 동영상이 계속 복제·유포되면서 인터넷은 순식간에 전쟁터로 돌변했다. 대기업의 메인 서버가 한때 다운되고 삼성과 현대 등 대기업 계열사에서는 공문이나 사내 통신을 통해 "B양의 파일을 유통하는 직원은 불이익을 받을 수 있다"고 단속하는 일도 벌어졌다. 나중에 알았지만 동영상을 인터넷에 올린 범인은 B양의 데뷔 당시 매니저이자 비디오 속 남성 파트너였다. 그는 돈벌이를 위해 1998년 12월 B양 몰래 촬영한 동영상을 가지고 이 같은 추악한 범죄를 저지른 것으로 검찰 조사 밝혀졌다.

그런데 'B양 비디오 사건'은 유포 과정과 네티즌의 뜨거운 반응만 같았을 뿐 이후의 전개 양상은 'O양 비디오'와 많이 달랐다. 무엇보다 'O양 비디오'라는 예방주사 덕에 돌팔매를 던지는 사람들이 적었고 일방적으로 맞기만 했던 O양과 달리 B양의 태도는 어느 정도 당당하기까지 했다. 연예인 '모(某)양'이 'A양'을 거쳐 'O양'으로, 이것을 다시 탤런트 ○○○양으로 바꾸는 데는 상당한 시간이 필요했지만 Q양 혹은 B양이 댄스가스 △△△양으로 바뀌는 데는 하루가 채 걸리지 않은 것도 크게 달라진 점이었다.

부아가 치밀고 분통이 터졌지만 또한 본인도 피해자였지만 그래도 B양은 파문이 서둘러 가라앉기를 바라는 마음에 "물의를 일으켜 죄송하다"는 세상과 타협한 O양의 방식을 택했다. 처음에는 합성이라며 모른다고 했다가 상대 남성의 등장으로 '몰카'라고 변명을 하기까지 문제를 회피하려는 태도로 B양은 초기에 네티즌의 비난을 샀다. 그렇다고 해도 그 누구도 B양을 비난해서도 안 되고 비난할 수도 없다. B양의 변명은 20대 여자가 감당하기엔 너무도 엄청났기에 어쩔 수 없는 방어법이었다.

다행인 것은 뒤로는 즐길지언정 앞에서는 점잖은 태도를 취해야 했던 O양의 386 팬들에 비해 "매춘도 아닌 사생활을 가지고 뭘 그러느냐"는 B양의 N세대 팬들의 목소리가 한결 커졌다는 점이다. 24살의 B양도 용감했다. 비난의 화살을 피해 어쩔 수 없이 몸을 숨기긴 했지만 11월 29일 모든 사실을 인정하는 눈물의 고백을 하고는 예정된 일정 중 일부를 소화했다. 개인 콘서트를 했고 3집 앨범을 냈으며 방송 컴백을 시도했다.

하지만 세상은 여전히 가혹했다. 누구도 B양을 방송에 못 나오게 하지는 않았지만 방송사는 그를 불러주지 않았다. 그렇게 6년의 세월이 흘렀고 2006년 6월 마침내 B양은 노래 '사랑 안해'로 다시 가요 순위 정상에 올랐다. 그날 B양은 복받쳐 오르는 눈물을 참지 못하고 펑펑 쏟아냈다. B양에서 가수로서의 온전한 자기 모습을 찾은 것이다.

이해진의 네이버 창업과 국내 포털 간 경쟁
무주공산이던 국내 포털 사이트의 초기 시장에 처음 깃발을 꽂은 포털은 '야후코리아'였다.

포털 사이트의 본래 기능은 이용자들을 방대한 인터넷 세상으로 안내하는 것이다. 세계 최대 포털 사이트인 미국의 '구글'이 그렇고 일본 포털 업계의 최강자 '야후재팬'이 그렇다. 그러나 우리나라 포털 사이트는 정보의 바다로 나가기 위한 '열린' 관문이 아니라 '닫혀 있는' 정보의 백화점이나 저수지로 운영되고 있다. 우리의 포털 사이트가 '정보의 블랙홀'이 되기까지에는 포털 간에 몇 차례 순위 다툼이 있었다.

무주공산이던 국내 포털 사이트의 초기 시장에 처음 깃발을 꽂은 포털은 '야후코리아'였다. 1997년 9월 처음 서비스를 시작한 야후는 우리나라

인터넷 역사에 등장한 첫 본격적인 포털이었다. 미국 야후 본사의 막강한 지원을 등에 업고 설립된 야후코리아는 까치네, 정보탐정, 심마니 등 올망졸망한 국내 검색 업체들이 경쟁하던 검색 시장을 순식간에 평정했다.

당시 야후의 무기는 디렉토리 검색이었다. 웹 문서 수가 적고 검색 기술이 빈약했던 인터넷 초기에 사람 손을 써서 문서와 키워드를 카테고리별로 분류해 이용자들이 원하는 정보를 쉽게 찾도록 한 것이다. 야후는 한동안 한국의 포털을 대표했다. 그러나 국내 네티즌들의 기호에 발 빠르게 대응하지 못해 2002년 1위 자리를 토종 포털 '다음'에 빼앗겼다. 이후에도 업계의 빠른 변화 속도를 따라가지 못해 국내 검색 시장 점유율 1% 이하로 떨어지는 수모를 당하다가 2012년 12월 31일 모든 서비스를 종료하고 국내에서 철수했다.

'다음'은 이재웅이 창업했다. 이재웅은 1993년 연세대 전산학과를 졸업하고 프랑스로 유학을 떠났다가 국내로 돌아와 1995년 2월 '다양한 소리의 조화'라는 의미의 '다음'을 창업했다. '다음'은 1997년 5월 무료 이메일 계정 서비스인 '한메일넷'을 오픈하면서 폭발적인 인기를 끌었다. 이재웅은 1999년 5월 한메일넷의 이름을 '다음'으로 바꾸고 기존의 PC통신 동호회와는 차원이 다른 '다음 카페'를 오픈했다. 1999년 7월 본격적으로 포털 서비스를 시작하면서 1위 자리를 놓고 야후와 엎치락뒤치락하다가 2002년 마침내 1위 자리를 쟁취했다.

그러나 그 무렵 크게 주목을 받지는 못했지만 정상을 준비하는 또 다른 포털이 있었다. 이해진(1967~)이 창업한 '네이버'였다. 이해진은 서울대 컴퓨터공학과를 나와 1992년 3월부터 삼성SDS에서 근무하다가 1997년 사내 벤처 1호로 '네이버 포트'를 설립했다. 2년 후 회사를 그만두고 한국기술투자로부터 유치한 자금을 종잣돈으로 삼아 1999년 6월 2일 '네이버컴'을 설립하고 검색 포털 서비스를 시작했다. 네이버는 항해를 뜻하는

이해진(1967~)

'Navigate'와 사람을 뜻하는 접미사 'er'를 합친 것이다.

　네이버의 강점은 다른 포털의 검색엔진이 외국산 일색일 때 국내 포털 최초로 자체 개발한 검색엔진을 기반으로 했다는 점이다. 그러나 당시는 검색할 수 있는 웹문서가 수천 개밖에 되지 않아 한글 검색 시장의 한계가 뚜렷했다. 그렇다고 콘텐츠가 풍부한 것도 아니었다. 결국 새로운 성장 기반을 필요로 하는 게임 포털 '한게임'과 2000년 4월 합병해 콘텐츠의 다양화를 꾀했다.

　한게임 대표는 서울대 산업공학과를 졸업한 김범수(1966~)로, 그는 이해진과 학번(86학번)이 같고 삼성SDS 입사 동기(1992)였다. 김범수는 1998년 삼성SDS를 나와 그해 11월 한게임커뮤니케이션을 설립하고 1999년 12월 한게임 서비스를 시작했다. 네이버와 합병하기 전, 한게임 서비스는 회원 수가 폭발적으로 증가하는 등 유저들로부터 큰 인기를 끌었으나 뚜렷한 수익 모델이 없고 급격히 늘어나는 회원을 감당하는 데 어려움을 겪고 있었다. 반면 네이버컴은 투자를 받은 덕에 자금의 여유가 있었다. 그래서 두 사람은 한게임의 회원 수와 트래픽을 활용하면 정체 상황인 검색 시장에서 새로운 활로를 마련할 수 있을 것으로 판단했다.

네이버의 지식in 서비스는 검색 서비스의 새로운 패러다임

　합병 후 네이버는 2000년 8월 세계 최초로 통합검색을 시작함으로써 한글 웹문서 부족이라는 한계를 극복했다. 통합검색 대상 범위는 점차 넓어져 웹문서, 사이트, 사전, 블로그, 뉴스, 전문 자료, 이미지, 동영상 등 다양한 영역으로 확대되었다. 네이버와 한게임의 합병은 성공적인 합병 사레로 평가받았다. 하지만 재무 상황이 나아지기는커녕 점점 어려워졌다. 그래서 선택한 게 한게임의 유료화였다. 유료화 첫날인 2001년 3월 16일 한게임은 하루 동안 1억 원의 매출을 올렸다. 이후 매출은 급증하고 네이버는 적자에서 흑자로 전환했다.

네이버컴은 2001년 9월 사명을 NHN으로 변경하고 도약을 준비했다. 하지만 야후와 라이코스 등 글로벌 업체들이 시장을 장악하고 있고 국내 토종 포털인 다음도 상승세를 타고 있어 순위를 끌어올리는 데 한계가 있었다. 네이버는 이용자들이 검색 서비스에서 궁극적으로 원하는 것이 사이트 소개에 그치는 것이 아니라 정보라는 것에 주목했다. 양질의 정보를 더 편리하고 합리적으로 제공하는 방법을 고민한 끝에 비장의 카드로 내세운 것이 '지식검색'이었다.

2002년 10월 시작한 '지식iN' 서비스는 검색 서비스의 새로운 패러다임이었다. 지식iN의 성공은 네이버가 검색 시장에서 절대 강자로 군림하는 데 결정적인 역할을 했다. 지식검색 서비스의 성공으로 네이버는 2003년 3월 야후를 제치고 2위로 올라섰다. 2004년 8월에는 1위인 다음마저 끌어내리고 국내 인터넷 업계를 평정했다. 이후 지금까지 한 번도 1위 자리를 내주지 않고 있다. 2014년 1월 기준, 네이버는 검색 점유율이 74% 내외로 부동의 1위를 지키고 있다. 20% 내외의 다음이 그 뒤를 잇고 있고 구글, 줌, 네이트가 3~5위에 랭크되어 있다.

이렇게 네이버 홀로 독주하고 심지어 '네이버 공화국'으로 불리다 보니 네이버에 쏟아지는 비판도 적지 않다. 가장 큰 비판은 세계적으로 유례가 없는 인터넷 검색 독점을 무기로 온라인게임, 커뮤니티, 광고, 기사 등 주요 인터넷 비즈니스를 싹쓸이하는 것에 대한 반발이다. 과거 재벌의 문어발 확장 때처럼 자신들의 독점력, 자금력, 인적 자원을 통해 기존 중소 인터넷·벤처기업들의 성장 기반을 무너뜨린다는 것이다. 네티즌들이 다른 사이트로 가지 못하도록 하는 폐쇄성도 문제점으로 지적되고 있다.

네이버가 문어발식으로 콘텐츠 생산을 확대할수록 중소 인터넷 사이트는 네이버에 종속되거나 차례차례 몰락, 결국 다양성의 싹을 없애버린다는 지적도 많다. 2013년 7월 현재 네이버의 계열사는 52개이고 온라인·모바일에 진출한 사업 분야는 30여 개나 된다. 그래서 이해진 역시 4~5%의 지분율로 1970~1980년대 재벌 총수들처럼 '황제 경영'을 한다는 비판을 받고 있다.

검색 독점을 무기로 인터넷 비즈니스 싹쓸이 한다는 비판 받아

사실 네이버의 문제는 구글을 제외한 국내 포털 전반의 문제다. 검색결과를 보여주는 본연의 기능에 충실해야 하는데 뉴스, 음악, 영화, 지도, 동영상, 블로그 등 온갖 콘텐츠 영역에 손을 뻗고 있는 것이 대표적이다. 포털이 모든 정보 영역에 손을 뻗치며 '포털 공화국'으로 군림하는 동안 독창적 아이디어나 경쟁력 있는 콘텐츠를 선보였던 사이트는 하나둘 사라져갔다. 이 때문에 미국에서는 '구글' 때문에 10만 개의 인터넷 기업이 생긴 반면 한국에서는 포털 때문에 10만 개의 기업이 죽었다고 비판하는 사람들도 있다.

네이버가 '뉴스 스탠드'를 운영하고 있는 지금은 달라졌지만 한동안 포털이 언론인가를 두고도 논란이 분분했다. 포털이 언론사에서 제공받은 뉴스를 취사선택 및 편집하고 의제설정 기능까지 한다는 점에서 포털이 사실상 언론으로 기능하고 있다는 것이다. 포털이 뉴스 시장에 접근한 것은 1998년 무렵이었다. 그때만 해도 이렇다 할 편집 없이 목록만 보여주었으나 2002년 한일 월드컵을 계기로 인터넷 뉴스의 주도권을 틀어쥐면서 뉴스 시장에까지 잠식해 들어간 것이다.

2001년 효순·미선 양 사망사건으로 촉발된 촛불시위와 2002년 12월 노무현 대통령을 당선시키는 데 포털의 역할이 결정적인 것으로 알려지면서 사람들은 뉴스를 접하기 위해 신문·방송을 찾기보다는 포털을 선호했다. 수십 개 언론사의 뉴스가 포털에 배치되면서 그동안 뉴스 시장에서 거의 절대적 지위를 누렸던 조중동 등 메이저 언론도 포털에서는 여러 뉴스 공급 업체 중 하나에 불과했다. 물론 이 결과에 대한 책임은 전적으로 기사를 포털에 헐값에 팔아넘긴 언론사 스스로에 있다.

오늘날 포털의 영향력은 여론 몰이가 가능할 정도로 커졌다. 하지만 이에 걸맞은 책임을 물을 규제 장치가 약해 사회적 견제와 감시에서 벗어나 있다는 비판이 제기되고 있다. 몸집만 공룡처럼 커지고 법적·사회적·윤리적 책임은 영향력에 비해 미미하다는 것이다. 2014년 현재 포털을 위협하는 가장 강력한 경쟁자는 SNS다. 스마트폰 시대가 열리면서 최대 화두로 떠오른 모바일과 소셜이 포털을 위협하기 시작한 것이다.

김범수   이해진이 '치밀한 전략가'라면 김범수는 '승부사 기질의 사업가'에 가깝다. 둘은 서울대 86학번 동기이면서 삼성SDS 입사 동기다. 김범수는 서울에서 태어나 서울대 산업공학과와 대학원을 졸업한 후 1992년 3월 삼성SDS에 입사했다.

당시 삼성SDS에는 내로라하는 고수가 많았다. 김범수는 프로그래밍을 할 줄 몰랐기 때문에 처음부터 배워서 따라가는 게 막막했다. 그래서 자신이 남들보다 뛰어난 경쟁력을 가질 수 있는 게 무엇일까를 고민했고, 결론은 "마이크로소프트의 윈도가 뜰 것"이라는 예측으로 이어졌다. 김범수는 프로그래밍의 기본은 모두 건너뛰고 C++(온라인 개발자 언어)와 윈도만 파고들었다. 예상대로 6개월 후 컴퓨터 업계의 패러다임이 바뀌었고 동료에게 뒤처지던 그가 오히려 동료 앞에서 강의할 정도로 그 분야에서만큼은 앞서나갔다. 김범수는 삼성SDS가 추진한 PC통신 유니텔팀에 뽑

김범수(1966~)

혀 프로그램 개발부터 기획·설계·유통·관리에 이르기까지 모든 업무를 섭렵했다.

그 무렵 세상이 PC통신에서 인터넷으로 바뀌고 있었다. 김범수는 1998년 9월 안정된 삼성 SDS를 그만두고 그해 11월 한게임커뮤니케이션을 설립했다. 첫 아이템은 PC방 사업이었다. 당시 PC방은 수익성이 좋은 신종 사업 아이템이었다. 김범수가 한양대 앞에 2억 4,000만 원을 들여 만든 PC방은 당시 국내 최대 규모를 자랑했다. 그는 여기에 만족하지 않고 PC방 고객 관리 프로그램을 만들어 다른 PC방에 파는 사업을 벌였다. 김범수는 "PC방보다 PC방 관리 프로그램이 더 이익이 많이 났다"고 회고했다.

점점 돈이 더 모이자 새로운 사업에 도전했다. 인터넷으로 즐기는 고스톱과 포커 게임이었다. 이른바 '회색(grey) 사업'에 도전장을 내민 것인데, 회색 사업이란 불법은 아니지만 도덕적으로 문제가 생길 수 있다는 평가를 받는 비즈니스를 말한다. 당시 수많은 사람이 게임을 개발했지만 도박 게임에 손을 댈 생각을 한 사람은 극소수였다.

천성적으로 게임과 승부를 즐기는 김범수는 바둑, 장기, 포커, 고스톱 등의 다양한 게임을 온라인으로 고스란히 옮겨놓은 한게임을 만들어 1999년 12월 서비스를 시작했다. 김범수는 PC방의 컴퓨터 바탕화면에 한게임 게임을 깔면 PC방 관리 프로그램을 무료로 주는 영업 방식으로 사업을 확장했다. 컴퓨터와 사람 간의 상호작용을 넘어 사람 간의 상호작용이 대세를 이룰 것이라는 그의 예측은 적중했다. 당시 컴퓨터와 대결하는 게임이 인기를 끌고 있던 상황에서 인터넷을 통해 얼굴도 이름도 모르는 사람과 게임을 즐길 수 있었던 한게임은 신선한 충격이었다. 한게임은 대박이 났다. 불과 1년 반 만에 1,000만 명이 한게임에서 고스톱을 치기 시작했다.

하지만 마땅한 수익 모델은 없는데 사용자가 급격히 늘어나 회사 운영 비용을 대기가 힘들었다. 고민 끝에 2000년 7월 이해진의 네이버컴과 합병을 성사시켜 NHN을 설립하고 대표이사로 이름을 올렸다. 네이버는 당시 100억 원대 투자를 받아 상대적으로 자금이 넉넉한 상태였지만 합병 후 NHN을 먹여 살린 것은 한게임이었다. 게임은 무료로 제공하되 게임에 사용할 아이템을 파는 모델이 대박이 났기 때문이다.

반면 네이버의 검색 서비스는 계속 적자에 시달렸다. 이런 상황은 네이버가 검색광고로 큰돈을 벌어들일 때까지 계속되었다. 네이버가 돈을 벌기 시작하자, 한게임과 김범수의 입지는 좁아졌다. 고스톱·포커 같은 도박 게임에 대한 사회적 비난도 커졌다. 지분으로도 이해진에 이은 2대 주주이다 보니 사람들은 '이해진의 네이버'로만 기억했다. 김범수는 결국 2007년 8월 "배는 항구에 있을 때 가장 안전하다. 하지만 그것이 배의 존재 이유는 아니다"라는 사직서를 남기고 회사를 떠났다. 그의 전격 사퇴를 놓고 업계에선 NHN 내부에서 '게임 인맥'이 '검색 인맥'에 밀렸다는 말이 돌아다녔다.

PC 기반의 웹 시대와 모바일의 앱 시대를 모두 석권한 최초의 인물

NHN을 떠나며 거머쥔 수백억 원의 자금으로 김범수는 새로운 벤처기업에 도전했다. 처음 창업한 회사는 2006년 12월 미국에서 출범한 '아이위랩'이었고 첫 작품은 2008년 미국 시장에 맞춘 '부루닷컴'이라는 블로그 서비스였다. 그러나 별 관심을 끌지 못하자 네이버의 지식인 서비스와 비슷한 웹사이트 '위지아'를 선보였다. 이번에도 반응은 신통치 않았고 돈만 계속 나갔다. 이런 그에게 새로운 전기가 찾아온 것은 2009년 말이었다. 애플의 아이폰이 급속도로 보급되는 상황에서 삼성전자가 애플에 맞설 새로운 스마트폰 준비를 서두른다는 소식이 들려왔다.

김범수는 커뮤니케이션이라는 큰 목표를 세웠다. 그러자 모바일 문자 메시지가 눈에 들어왔다. 그는 그 무렵 한창 인기를 끌고 있는 미국의 모바일 문자 서비스인 '왓츠앱'을 벤치마킹한 모델을 구상했다. 김범수는 세계 최초로 그룹 채팅 기능을 추가하고 한쪽만 전화번호를 알아도 연결해 주는 기능을 넣어 2010년 3월 모바일 문자 서비스인 '카카오톡'의 첫 버전을 내놨다. 무료이면서도 그룹 채팅이 가능한 카카오톡은 순식간에 확산되었다.

출시와 함께 10만 명이 카카오톡을 다운로드하는 것을 보고 김범수는 다시 승부사적인 결단을 내렸다. 기존에 준비하고 있던 다른 애플리케이션(앱) 개발을 모두 중단하고 카카오톡에 올인했다. 가입자는 빠른 속도로 늘어났다. 출시된 지 1년여 만인 2011년 4월 1,000만 명을 넘어선 것을 시작으로 3,000만 명(2011.11), 5,000만 명(2012.6), 6,000만 명(2012.9)을 넘어서더니 2013년 7월 마침내 1억 명을 돌파했다. 2014년 4월에는 1억 4,000만 명으로 늘어났고 국내 스마트폰 이용자의 93%가 카카오톡을 이용했다.

카카오톡은 어느덧 한국의 스마트폰 이용자 대부분이 깔아놓은 국민 메신저로 등극했다. 모바일 전용 무료 서비스로는 세계 최대 네트워크를 자랑했다. 한국어뿐만 아니라 영어·일본어·중국어 등 10개국 이상의 언어를 지원하는 것도 큰 장점이다. NHN과 카카오톡의 성공으로 김범수는 국내 인터넷 업계에서 PC 기반의 웹 시대와 모바일의 앱 시대를 모두 석권한 최초의 인물이 되었다.

모바일에서 고전하던 네이버의 이해진은 일본 지사인 NHN재팬을 통해 해외시장을 겨냥한 메신저 '라인'을 출시한 후 추격전을 펼쳤다. 2014

년 4월 마침내 4억 명을 돌파해 카카오톡을 저만치 따돌렸다. 다만 국내에서만은 카카오톡의 아성을 뛰어넘지 못하고 있다.

김범수는 또 한 번의 승부사적 결단을 내렸다. 국내 벤처기업인으로는 드물게 두 번의 창업에서 모두 '대박'이라 할 성공을 거두고 또다시 모험적인 사업에 뛰어든 것이다. 그것은 포털 사이트 '다음'과의 합병이었다. 카카오와 다음은 2014년 5월 합병 계약을 체결했다. 10월에는 통합법인 '다음카카오'를 출범시킬 예정이다. 합병은 다음이 신주를 발행해 1대 1.55의 비율로 카카오 주식과 교환해 흡수하는 형식으로 이뤄졌다. 그러나 실질적으로는 카카오의 우회상장이나 다름없다.

합병이 완료되면 김범수가 의결권을 행사할 수 있는 다음카카오 지분은 39.83%로 늘어나 최대주주가 된다. 바야흐로 모바일 메신저 '카카오톡'과 포털 '다음'이라는 양 날개를 달고 친구이자 '창업 동지'인 이해진과 운명의 결전을 시작한 것이다.

연평해전과 제2연평해전
교전 수칙은 확전을 막기 위해 우리 장병의 목숨을 담보로 한 것이다.

1999년 6월 8일부터 연일 계속되는 북한 해군의 서해상 북방한계선(NLL) 침범으로 우리 해군 장병들은 극도의 피로감 속에서도 긴장을 늦추지 않고 있었다. 해상 대치 8일째인 6월 15일 아침, 여느 때와 마찬가지로 20여 척의 북한 어선이 NLL을 침범하는가 싶더니 오전 8시를 전후해 4척의 북측 경비정이 NLL을 침범하며 남쪽 2km 지점에까지 접근했다. 오전 9시 4분쯤에는 3척의 어뢰정도 남하해 NLL을 침범한 북한 함정은 7척으로 늘어났다.

연평해전에서 우리 해군 고속정(왼쪽)이 북한 경비정의
뒷부분을 들이받고 있다(1999.6.15).

우리 해군은 고속정 10척, 초계함 2척, 구조함 1척 등이 긴급 출동해 북한 함정과 대치했다. 해군은 교전 수칙에 따라 경고 방송을 한 후 충돌식 밀어내기 작전을 전개할 참이었다. 당시 교전 수칙에 따르면 해상에서 북한 함정과 대치했을 때 경고 방송 → 시위 기동 → 경고 사격 → 위협 사격 → 격파 사격의 5단계를 거쳐야 했다. 달리 말하면 적의 선제공격이 있을 때까지는 적선에 밀착해 물리적으로 밀어내고만 있으라는 교전 수칙이었다. 따라서 언제고 적이 선제공격을 할 경우 그 자리에서 목숨을 잃을 가능성이 높았다. 교전 수칙은 확전 우려를 반영한 것이지만 확전을 막기 위해 우리 장병의 목숨을 담보로 한 것이다.

곧 우리 측 고속정과 북한의 경비정·어뢰정 간에 밀고 당기는 밀착전이 전개되었다. 우리 측의 경고 방송에도 북측 함정이 꿈쩍하지 않자 9시 7분쯤 170t급의 우리 고속정 1척이 420t급 북한 경비정의 함미를 들이받았다. 9시 20분에는 또 다른 우리 고속정 2척이 북한의 150t급 경비정 함미와 81t급 어뢰정 선체에 추돌했다. 워낙 고속으로 부딪친 탓에 어뢰정에 타고 있던 북한 해군 3~4명이 바다로 튕겨나가는 것이 목격되었다. 그런데 우리 고속정 참수리 326호가 북한 어뢰정을 옆에서 들이받는 과정에서 북한 어뢰정의 선체에까지 올라타는 일이 벌어졌다. 참수리 326호가 배를 후퇴시키기 위해 프로펠러를 역추진시키는 등 안간힘을 쓰고 있을 때 갑자기 북한 경비정에서 북한군 10여 명이 갑판 위로 올라가 소총사격을 가하며 선제공격을 시작했다. 곧이어 25mm 기관포를 우리 고속정으로 발사했다.

북한군의 갑작스러운 선제공격으로 326호 고속정의 기관실 일부가 파손되고 해군 수병이 피를 흘리며 쓰러졌다. 곧바로 우리 함정의 대응사격이 시작되었고 우리 초계함이 쏜 76mm 기관포가 북한 어뢰정에 명중했다. 집중포격으로 북한 어뢰정 1척은 완파되어 검은 연기를 뿜으며 가라앉았고 420t급 경비정 1척은 대파되었다. 나머지 경비정들도 반파되는 등 북한의 피해는 컸다. 9시 28분터 42분까지 불과 14분 동안 벌어진 일이었다.

양측의 포격이 뜸해진 틈을 타 파손된 북한 함정들은 북으로 퇴각했다. 북한은 이례적으로 함정 1척이 침몰하고 3척이 파손되었다고 발표했다. 반면 우리 군은 북한 어뢰정 1척이 격침되고 5척의 함정이 대파 혹은 반파되었으며 최소 30~40명의 사상자가 발생한 것으로 추정했다. 당시 북한 해군 8전대에 근무했던 탈북자의 증언에 따르면 북한은 당시 전투에서 17명이 죽고 60~70명이 부상하는 큰 피해를 보았다.

휴전 이후 최대 규모의 정규군 충돌에서 우리 군이 대승 거둬

우리 측은 고속정 1척이 경미한 손상을 입고 해군 11명이 부상하는 피해를 보았다. 전과가 말해주듯 휴전 이후 최대 규모의 정규군 충돌에서 우리 군이 대승을 거둔 것이다. 나약할 것 같던 우리 신세대의 침착하고 용감한 응전 덕에 우리 군은 장비, 전술, 작전 능력 등에서 북한보다 우위에 있음을 증명해 보였다. 북한은 전형적인 군사국가이면서도 허약한 군사력의 실체를 드러내 대내외에 망신살이 뻗쳤다. 하지만 해전 이후 일부 외신이 연평도 인근 해역을 '분쟁 수역'으로 표현하고 미 국무부도 NLL을 공해로 표현하는 등 연평도 인근 해역을 '분쟁 수역화' 했다는 점에서 북한으로서는 수확이 적지 않았다.

연평해전 후 5단계의 교전수칙이 일선 장병에게 너무 위험하다는 비판이 제기되었으나 김대중 대통령은 되레 '북방한계선을 지킬 것', '선제

공격을 하지 말 것', '상대가 먼저 발사하면 교전 규칙에 따라 격퇴할 것', '전쟁으로 확대하지 말 것' 등 4대 규칙을 재차 강조했다. 햇볕정책에 방해되는 그 어떤 행위도 용납하지 않겠다는 의지의 표현이었으나 달리 말하면 목숨 내놓고 국토를 방위하라는 최고 통수권자의 명령이나 다름없었다.

해군은 연평해전 대승에도 불구하고 북한을 의식하는 햇볕정책 때문에 제대로 된 승전 기념식조차 열지 못했다. 북한은 햇볕정책을 믿고 "연평해전의 남조선 책임자를 처벌하라"고 요구하는 등 기고만장한 모습을 보였다. 교전 수칙은 결국 3년 뒤 벌어진 서해교전 즉 제2연평해전에서 6명의 젊은이가 죽고 18명이 다치는 처참한 실패를 맛보고서야 3단계로 변경되었다.

연평해전이 일어난 지 3년 만인 2002년 6월 29일은 토요일이었다. 저녁에는 한국과 터키의 월드컵 3-4위 결정전이 예정되어 있었다. 비록 우리가 결승전에 오르진 못했어도 16강이라는 당초 목표를 뛰어넘어 8강과 4강까지 승승장구하며 한반도 전역을 뜨겁게 달구었던 2002 한일 월드컵의 열기는 여전히 뜨거웠다.

국민들이 설레는 마음으로 29일 아침을 맞고 있을 때 멀리 서해상에는 일촉즉발의 위기 상황이 전개되고 있었다. 오전 9시 30분~10시 사이 2척의 북한 경비정이 NLL을 넘어 빠르게 남하하는 모습이 우리 해군에 포착되었다. 그중 한 척은 우리 고속정이 가까이 접근하자 뱃머리를 돌려 곧바로 북상했다. 그러나 또 한 척의 북한 경비정 684호(215t급)는 우리 고속정 참수리 357호와 358호가 접근해도 남하를 계속했다.

357호·358호는 경고 방송과 시위 기동으로 이어지는 교전 수칙을 지키기 위해 북한 경비정 1,000야드(914.4m) 가까이 접근을 시도했다. 358호가 앞서고 357호는 300야드 거리를 두고 뒤따랐다. 후에 확인된 바에 의

하면 북한 경비정 684호는 1999년 6월의 연평해전 당시 우리 해군의 집중포화를 맞고 반파되었다가 수리 후 이날 처음으로 NLL을 넘어온 것으로 알려졌다.

"북으로 돌아가라"는 우리 경비정 358호의 경고 방송에도 684호가 남하를 멈추지 않자 358호는 북측 684호의 선수 앞을 가로지른 후 커브를 그리며 돌아 나갔다. 뒤이어 358호 뒤편에서 항해하던 357호가 북한 경비정에 왼쪽 측면을 노출한 채 지나가는 순간, 북한 684호가 느닷없이 포격을 가했다. 포탄은 정확하게 357호 조타실을 가격했고 무방비 상태에서 공격을 당한 357호는 순식간에 아수라장이 되었다.

6월 30일 하루 동안 제2연평해전은 먼 나라의 일

피격 직후 357호 대원들은 반사적으로 반격에 나섰다. 40mm포, 20mm포, M-60 기관총 사수들이 미친듯이 방아쇠를 당겼다. 교전 중 357호 정장 윤영하 대위가 쓰러지자 이희완 중위가 포탄 파편에 맞아 한쪽 다리뼈가 으스러지고 다른 쪽 다리는 파편이 관통당하는 중상을 입었으면서도 대원들을 지휘 독려했다. 권지형 상병은 포탄 파편에 맞아 왼쪽 손가락 다섯 개가 너덜거렸으나 방탄조끼 끈으로 팔목을 묶어 지혈한 뒤 왼쪽 팔뚝에 K-2 소총을 얹고 한 손으로 탄창을 갈아 끼우며 결사적으로 응사했다. 인근의 우리 측 고속정과 초계함까지 포격에 나서자 곧 684호에서 화염이 솟구쳤다. 684호를 절반쯤 침몰시켰을 즈음 상부에서 사격 중지 지시가 내려와 격렬했던 공방전은 불과 몇 분 사이에 결판이 났다.

북측 684호의 갑판에 있던 포 요원들 중 상당수가 전사하거나 포탑이 날아갔기 때문에 가끔씩 총알만 날아올 뿐 포탄은 더 이상 날아오지 않았다. 그 사이 358호는 만신창이가 된 357호를 안전 지역으로 예인했다. 357호 내부를 살펴보니 조천형 하사는 함포 방아쇠에 두 손을 얹은 채 전사해 있었고, 황도현 하사는 포탄에 머리 일부가 날아가 형체를 알아볼 수 없었다. 전사 4명, 부상 19명, 실종 1명의 비참한 결과였다. 조타실이 대파되고 기관실에 구멍이 뚫린 357호는 육지로 예인되던 중 연평도 근해 바닷속으로 모습을 감추었다.

조타장 한상국 하사는 41일 만에 357호 인양과 함께 조타실에서 발견되었다. 허리에 관통을 당하고도 조타실의 방향타를 놓지 않은 자세였다. 부상자 중 박동혁 상병은 상황 종료 후 다리 절단 수술을 받았으나 끝내 운명했다 이로써 제2연평해전(서해교전)의 최종 사상자 수는 전사 6명, 부상 18명으로 집계되었다.

북측의 684호는 화염에 휩싸인 채 북측 경비정에 예인되어 북쪽으로 퇴각했다. 684호가 NLL 북쪽으로 가기 전 우리 측 함정은 충분한 유효사거리를 유지하고 있으면서도 684호와 예인 함정을 향해 함포 사격을 가하지 않았다. 왜 그랬을까? 확전을 꺼린 군의 자제 때문이었다. 오전 11시 2함대 사령부가 교전 현장에 있던 우리 함정에 북측의 미사일 발사 징후를 알리고 전속으로 남하하라는 명령을 내렸다. 11시 25분 북한 등산곶에 배치된 실크웜 지대함 미사일에서 공격 징후 전파가 포착되자 초계함은 미사일 레이더파 교란을 위해 채프탄을 발사하면서 지그재그로 남하했다.

대승을 거둔 1999년 6월의 연평해전과 달리 제2연평해전에서는 우리 측의 피해가 컸다. 게다가 우리 장병의 목숨을 앗아간 북한 경비정은 우리 해군이 보는 앞에서 유유히 북으로 도주했다. 제2연평해전 이튿날 김대중 대통령은 한일 월드컵 결승전을 보러 일본으로 건너갔고 강원도에서는 승객 540명을 태운 금강산 유람선이 출항했다. 6월 30일 하루 동안 제2연평해전은 먼 나라의 일이었다.

더욱이 그날 북의 도발이 예고되고 우리 군도 이 사실을 감청을 통해 알고 있었는데도 예하 부대에 통고하지 않아 무방비 상태에서 속수무책으로 당한 것이 10년 후 밝혀져 국민들의 분노를 샀다. 우리의 대북 감청 부대가 교전 발발 2주일 전쯤인 6월 13일 북이 우리 배를 향해 발포하려 한다는 징후를 포착했고 이틀 전인 6월 27일에는 '발포 명령만 내리면 바로 발포하겠다'는 특수정보를 입수했다. 이 '특수정보 15자'는 지휘 계통에 따라 보고되었다. 그런데 막상 일선 부대에 내려진 것은 '단순 침범' 가능성에 대한 경고였다. 당시 우리 정부와 군이 사전에 입수한 북의 도발 징후만 제대로 일선 부대에 내려보냈어도 장병 6명이 목숨을 잃는 일은 없었을 것이다.

제2연평해전 후에도 우리 정부는 북한의 눈치를 보느라 사과를 받아내려는 적극적인 행동을 보이지 않았다. 추모식에는 대통령은 물론 국무총리, 국방장관까지 참석하지 않아 유족들이 분통을 터뜨렸다. 제2연평해전 후 교전 수칙의 위험성이 다시 제기되자 정부는 그때서야 5단계 교전 수칙을 시위 기동 → 경고 사격 → 격파 사격의 3단계로 변경했다. 그러나 이미 24명의 젊은이가 죽거나 다친 뒤였다. 1계급씩 승진한 6명 영웅들의 이름은 이랬다. 윤영하 소령, 조천형 중사, 황도현 중사, 서후원 중사, 한상국 중사, 박동혁 병장.

NLL
(서해 북방한계선) 1953년 7월 27일 정전협정 체결 당시 서해 섬의 대부분은 제공권과 제해권을 장악한 유엔군과 국군이 장악하고 있었다. 백령도, 대청도, 소청도, 연평도, 우도 등 이른바 서해 5도는 물론 평안남도 남포 서쪽 바다의 석도와 초도, 청천강 서쪽 인근의 대화도 등의 도서와 해면(도서와 육지 사이 바다)도 모두 유엔군과 국군의 점령지였다. 그러나 유엔군은 정전협정을 체결하면서 섬의 통제권 기준을 6·25전쟁 발생 전날인 1950년 6월 24일(38선 기준)로 삼아 공산 측에

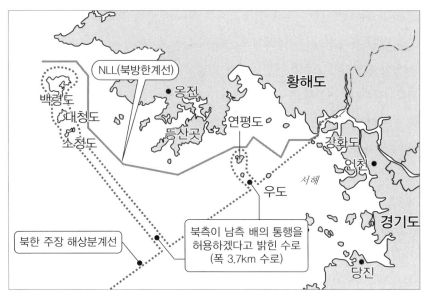

NLL(서해 북방한계선)과 북한 주장 해상분계선

큰 실리를 안겨주었다.

　양측은 정전협정 2조 13항에서 '황해도와 경기도의 도계선 북쪽과 서쪽에 있는 모든 섬 중에서 백령도, 대청도, 소청도, 연평도, 우도 등은 유엔군 총사령관의 군사 통제하에 남겨두고 이 도서군들을 제외한 기타 모든 섬은 조선인민군 총사령관 및 중국인민지원군 사령원의 군사 통제하에 둔다'고 규정했다. 서해 섬 대부분의 제공권과 제해권을 유엔군이 장악하고 있었는데도 아군의 해상 경계선을 스스로 38선 이남의 서해 5도로 축소·조정한 것이다. 이는 정전협정 체결 당시 유엔군이 점령했던 섬들을 모두 고수할 경우 북한 지역의 대부분 항구들이 봉쇄될 수 있는 점 등을 고려했기 때문이다.

　결국 이 같은 내용의 정전협정에 따라 당시 국군 해병대를 비롯해 켈로부대, 동키부대, 구월산유격대 등 유격부대 등이 점령하고 있던 38선 이북의 철산도, 대화도, 초도, 석도, 오작도, 월내도 등 대부분의 섬은 북한의 수중으로 넘어갔다.

정전협정 후 한 달이 지난 1953년 8월 30일 마크 클라크 유엔군 사령관은 서해상에서 북한과의 군사적 충돌을 피하기 위해 우방의 함정 및 항공기 초계 활동의 북방 한계를 백령도 등 서북 5개 도서와 북한 지역의 중간선(NLL)으로 결정했다. 당시 국제적으로 통용되던 폭 3해리 영해 원칙에 따라 서북 도서와 북한 지역의 대략적인 중간선을 기준으로 하고 한강 하구로부터 백령도 서북쪽까지 12개 좌표를 설정해 연결한 것이다.

덕분에 당시 해군력이 궤멸되어 있던 북한으로선 이 북방작전한계선(NLL)이 울타리가 되어 유엔군 측의 해상봉쇄 위협으로부터 벗어날 수 있었다. 이 해역에서 해군 함정과 민간 선박의 자유로운 항해 및 어로 활동을 보장받게 된 것도 북한이 얻은 실리로 꼽힌다.

이후 한국군이 이 선을 실질적인 경계선으로 간주하고 북한 역시 별다른 이의를 제기하지 않아 NLL은 실질적인 경계선으로 정착되었다. 1959년 북한 조선중앙통신사가 공식 발간한 '조선중앙연감'은 NLL을 황해남도 남쪽 경계선으로 표기해 군사분계선으로 인정했다. 1963년 5월 개최된 군사정전위 회담에서 북한 간첩선의 침투 및 격퇴 위치에 대한 논란이 벌어졌을 때도 북한 측은 "북한 함정이 북방한계선을 넘어간 적이 없다"고 언급해 NLL을 사실상 인정했다.

북한은 1970년대 초반까지 연평도와 백령도 인근에서 10여 차례 남한 어선을 납치하긴 했으나 우리 해군력에 비해 전력이 열세였기 때문에 공식적으로는 NLL을 문제 삼진 않았다. 하지만 1970년대 들어 12해리 영해가 국제적으로 일반화하자 어선을 남하시키는 등 NLL을 분쟁 지역화하기 위한 시도를 감행했다. 하지만 당시의 문제 제기는 대개 형식적이어서 우리 군이 경고하면 대부분 후퇴하는 식이었다. 북측이 주장하는 12해리 내에는 백령도, 대청도, 소청도, 연평도 등 서해 5도가 모두 포함된다.

북한이 본격적으로 NLL에 이의를 제기한 것은 1973년 10월부터 11월까지 연평도, 대청도, 백령도 근해를 43차례 월선한 이른바 '서해 사태' 이후다. 서해 사태 직후 열린 군사정전위 회의에서 북한은 처음으로 황해도와 경기도의 도계선 이북 지역이 자신들의 영해라고 주장하면서 서해 5도 도서에 출입하는 남측 선박이 사전 허가를 받아야 한다고 주장했다. 우리 국방부는 이때 북한이 정전 이후 처음으로 NLL을 인정하지 않는다는 '의사 표시'를 한 것으로 보고 있다.

NLL을 양보할 수 없는 이유는 북한의 호전성

1999년 6월에 발생한 연평해전은 북한이 NLL에 대해 취한 가장 강경한 반발이었다. 연평해전 후 "NLL은 미군이 일방적으로 결정한 것일 뿐 법적인 근거가 없다"는 북한의 주장이 단골 메뉴로 등장했다. 1999년 9월에는 자신들의 입맛에 맞게 서해 해상분계선을 새롭게 설정·선언하고 2000년 3월에는 이 분계선을 기준으로 '서해 5도 통항 질서'를 일방적으로 선포했다. 그러면서 백령도 등 서해 5도가 북측 영해에 속하기 때문에 섬에 드나들 때는 자신들이 정한 2개 수로만 이용해야 한다고 주장했다.

북한의 이런 주장에 대해 우리 정부는 크게 세 가지 측면에서 반박하고 있다. 우선 휴전 당시 유엔군은 북한 측 해상 전역과 대부분의 섬을 점령하고 있었고 두 번째는 그동안 한국군이 실질적으로 NLL 이남 해역을 관할해 왔기 때문에 사실상의 경계선으로 확정된 것이라는 입장이다. 세 번째는 1992년 9월 발효된 남북 불가침 부속합의서 제10조 '남과 북의 해상 불가침 경계선은 앞으로 계속 협의한다. 해상 불가침 구역은 해상 불가침 경계선이 확정될 때까지 쌍방이 지금까지 관할하여온 구역으로 한다'는 조항에 서명해 놓고 이제 와서 NLL을 인정하지 않겠다고 하는 것은 기본

합의서 위반이라는 것이다.

그러나 이 합의서 문구에 대해 진보 측은 다르게 해석한다. 즉 합의서에 '남과 북의 해상 불가침 경계선은 앞으로 계속 협의한다. 해상 불가침 구역은 해상 불가침 경계선이 확정될 때까지'라고 되어 있기 때문에 NLL이 군사분계선이 될 수 없다는 것이다. 또한 정전협정에 NLL이 구체적으로 명시되어 있지 않고 현재의 NLL은 이승만 대통령의 북진통일이나 우발적인 군사 충돌을 차단하기 위한 유엔군 사령부의 내부 규칙에 불과하므로 영토 개념이 아니라고 주장한다.

우리 군은 "육지와 달리 해상에서는 국가 간 경계가 명확하지 않아 지금도 세계 도처에서 NLL과 비슷한 갈등이 끊이지 않고 있다"며 "이 경우 누가 그 해역을 실효적으로 지배하느냐에 따라 경계를 가르는 것이 일반적인 논리"라는 주장이다. 이보다 더 현실적인 이유는 북한의 호전성이다. 북한과 군사적으로 첨예하게 대치해 있는 상황에서 NLL에 대해 북한과 협상해야 한다는 주장은 대한민국의 존립을 위태롭게 하는 발언이고 국가 안보에 치명적인 위험이고 도박이라는 것이다.

'개그 콘서트' 방송 시작
김미화는 무대에서 하는 개그 공연을 방송에 도입하면 성공할 것이라고 판단했다.

방송에서 코미디 프로그램이 쇠락의 조짐을 보인 것은 1990년대 중반이었다. 이경규·이홍렬·신동엽·남희석 등 인기 개그 스타들이 신설된 버라이어티쇼와 시트콤으로 떠나고, 시청자들도 스타 개그맨에 의지하는 콩트 코미디를 더 이상 반기지 않은 게 주원인이었다. 여기에 개그맨 MC를 내세운 버라이어티쇼와 시트콤들이 시청자들로부터 큰 호

김미화(1964~)

응을 얻으면서 코미디 프로그램들은 서서히 그 존재 의미를 잃어갔다. 이러다가 코미디 장르가 없어지는 것 아니냐는 불안감이 엄습할 정도로 불황의 골은 깊었다. 방송사들은 공채 개그맨들을 방출하거나 프로그램을 폐지했다.

사정은 1999년 들어서도 마찬가지였다. 다행인 것은 대학로에서 벌어지고 있는 개그 공연무대는 성황을 이룬다는 점이었다. 대학로 한편에서는 정찬우, 김태균 등 컬트 3총사가 '개그 콘서트'라는 제목의 공연으로 관객을 끌어모았고 다른 한편에서는 기획자 전유성과 연기자 백재현을 중심으로 신인 개그맨들이 개그 공연을 활발하게 펼쳤다. 춤과 노래와 마임, 그리고 3분을 넘지 않는 빠른 템포의 개그들로 구성된 이들의 공연에 젊은 관객은 박수와 폭소로 화답했다. 대학로의 개그맨들은 관객과 정면으로 만나는 부담감 때문에 항상 신선한 아이디어에 골몰할 수밖에 없었다. 아이디어가 제대로 먹히지 않으면 춤과 노래로 최소한의 즐거움을 제공했다.

개그맨 김미화(1964~)는 이런 흐름을 포착했다. 김미화는 당시 인기를 끌던 KBS 2TV '이소라의 프로포즈'처럼 현장 분위기를 담은 코미디를 만들어야겠다고 생각했다. 무대에서 하는 개그 공연을 방송에 도입하면 성공할 것이라는 판단이 서자 기획안을 만들어 KBS 제작진에 제안했다. 그러나 제작진은 회의적이었다. 우선 한 번도 시도되지 않은 형식에 거부반응을 보였다. '앙코르 개그'를 한다는 것은 말도 안 되는 소리였다. 게다가 신인 개그맨을 위주로 한다는 점이 더욱 받아들이기 어려웠다. 돈을 주고 방청객을 동원해야 하는 형편에 관객이 자발적으로 모일지도 의문이었다.

그러나 "두 달만 시간을 달라. 코미디 한번 해보겠다"는 작은 고추 김미화의 매운 설득에 제작진도 손을 들고 파일럿(시험) 프로그램을 만들기로 했다. 이때 그녀를 도와준 사람이 평소 개그 아이디어가 철철 넘치는 전유성이다. 그는 당시 백재현과 함께 대학로에서 개그공연 중이었다.

파일럿 무대는 음악 콘서트처럼 공연 문화로 기획되었다. 낯설고 파격적인 포맷이라 방송국의 반응은 여전히 반신반의하거나 회의적인 분위기였다. 그러나 박중민 PD와 전유성, 김미화, 백재현, 심현섭, 박경림, 김대희, 김지혜 등 선·후배 개그맨들은 기존 공식을 파괴하는 도전에 땀을 흘렸다. 당시 대학로에서 큰 인기를 끌고 있던 '컬트 삼총사'에게서 동의를 얻어 이름이 확정된 '개그 콘서트'의 파일럿 프로그램이 KBS 2TV 방송 전파를 탄 것은 1999년 7월 18일(일) 밤 9시였다.

무대에서는 1~3분 정도 길이의 17개 소극이 막간 쉼표 없이 빠르게 진행되었다. 거친 듯 하지만 생동감 있는 즉흥 대사가 유감없이 발휘되었다. 초대 손님으로 2인조 댄스가스 '컨츄리 꼬꼬'의 장기와 노래, '컬트 삼총사'의 축하공연이 이어졌다. 이날 방청석에는 400여 명의 20대 젊은 남녀가 가득찼다. PC통신으로 6,000여 명이 방청을 신청했을 만큼 방송 전부터 높은 관심을 끌었다. 파일럿은 이렇게 성공했고 1개월 후 본 방송이 결정되었다.

"지금도 충분히 역사고 앞으로 나가는 걸음이 모두 신기록이다"

마침내 '개그 콘서트'의 첫 방송이 안방을 파고든 것은 1999년 9월 4일(토) 밤 9시였다. 침체되어 있던 한국 코미디의 부활이자 '개그 콘서트'의 전설이 시작된 것이다. 첫 회 시청률은 10%를 넘지 못했으나 회를 거듭할수록 상승했다. 초기 분위기를 책임진 것은 김미화, 백재현, 심현섭이었다. 특히 심현섭은 정치인 흉내 내기에 이어 '사바나의 아침'에 추장으로 등장, "밤바야~"를 목청껏 외치며 '개콘'을 각인시키고 키잡이 역할을 했다.

승승장구하던 개콘에도 위기가 있었다. 최대 위기는 시청률이 30%를 넘어 승승장구하고 있던 2003년 1월 심현섭, 강성범, 이병진, 김준호, 황승환 등 주연급 7~8명이 대거 이탈해 그해 4월 방송을 시작한 SBS '웃음을 찾는 사람들'로 옮겨갔을 때였다. 개콘은 당시 한창 인기를 끌고 있던 박준형과 정종철을 전면에 내세우고 2진이던 정형돈, 김상태, 김기수, 임혁필 등을 1진으로 전진 배치해 안간힘을 썼다. 하지만 '웃찾사'의 적극적 공격으로 개콘의 시청률은 한 자릿수에 머문 때도 있었고 2004년 말에는 웃찾사에 시청률이 뒤진 때도 있었다.

그러나 저력이 있는 개콘은 곧 정상을 탈환했고 이후 한 번도 선두를 빼앗기지 않았다. 2008년에도 박준형, 정종철, 오지헌 등 주력 멤버들이 MBC의 '개그야'로 옮기는 위기가 있었으나 이미 자리가 잡힌 개콘의 아성은 좀처럼 흔들리지 않았다. 개콘의 10년간 평균 시청률은 19.2%에 달했다. 웬만한 오락 프로그램이 1년을 넘기기도 쉽지 않은 마당에 이처럼 높은 시청률로 장수하는 건 경이적인 일이었다.

개콘은 수많은 유명 개그맨과 캐릭터, 유행어의 산실이었다. '울랄라 추장' 심현섭, '연변 총각' 강성범, '남남북녀'의 김지선을 비롯해 '갈갈이 3형제'의 박준형, '옥동자'와 '마빡이' 정종철, '사랑의 카운슬러' 커플 유세윤과 강유미, '고음불가'의 이수근, '달인'의 김병만, '대화가 필요해'의 김대희, '왕비호'의 윤형빈 등 숱한 개그맨이 연이어 탄생했다. "그까이꺼 뭐 대충"(장동민), "왜 이래! 아마추어같이"(황현희) 등 숱한 유행어도 낳았다.

특히 김병만은 2002년 공채 데뷔 후 5년 동안 "몸만 쓰는 개그맨" 소리를 듣다가 2007년 12월 개콘의 '달인'을 시작해 2011년 11월까지 3년 11

개월 동안 단 한 번도 빠짐없이 출연해 '인간 승리'라는 찬사를 들었다. 개콘의 성공에 힘입어 개콘 출신 개그맨들은 KBS를 넘어 타 방송사 개그 프로그램까지 점령하고 영화와 드라마에서 감초 역으로 종횡무진했다.

개콘이 성공한 가장 큰 이유는 인기 개그맨 1~2명이 빠져도 별 문제가 없도록 만든 견고한 시스템에 있었다. 이 탄탄한 시스템은 신인들이라도 아이디어와 능력만 있으면 얼마든지 출연 기회를 보장받고, 스타 개그맨이라도 동료와 방청객을 웃기지 못하면 금세 도태되는 완벽한 개방형 경쟁 체제를 통해 구축되었다. 개콘 첫 회를 시작한 박중민 PD는 개콘을 이렇게 한 줄로 설명한다. "지금도 충분히 역사고, 앞으로 나가는 걸음이 모두 신기록이다."

강재규 감독 영화 '쉬리' 개봉
31억 원을 투입해 506억 원의 수입을 올렸으니 장사도 이런 장사가 없었다.

강재규(1962~)는 승부사 기질이 있고 모험심이 강한 감독이다. 한번 영화 작업에 들어가면 끝장을 보아야 하는 완벽주의자이고 일단 목표가 정해지면 자신의 모든 것을 걸고 올인하는 스타일이다. 그는 영화를 몇 편밖에 감독하지 않았는데도 한국 영화사를 고쳐 쓸 만큼 뚜렷한 족적을 남기고 명성을 쌓았다.

강재규는 경남 마산에서 태어나 마산고를 졸업하고 1981년 중앙대 연극영화과에 입학했다. 대학 4학년 때인 1984년 충무로 영화계에 진출했으나 춥고 배고픈 시절의 연속이었다. 연출부 스태프로 일하는 것만으로는 먹고살 수 없어 영화 외적인 일에도 기웃거리며 생활비를 벌었다.

어두웠던 그 시기에 그를 붙들어 준 것은 시나리오였다. 첫 결실은

1990년 개봉한 김성홍 감독의 '그래 가끔 하늘을 보자'였다. 1991년 개봉한 강우석 감독의 '누가 용의 발톱을 보았는가' 시나리오는 그에게 백상예술대상 각본상을 안겨주었다. 각종 영화제의 각본상을 휩쓴 '게임의 법칙'(1994) 시나리오는 당시 한국 영화에서 찾아보기 힘든 완성도를 지녔다는 극찬을 받았다. 이렇게 그는 충무로 최고 시나리오 작가로 우뚝 섰으나 그의 목표는 영화감독이었다. 하지만 그의 완벽주의 때문에 데뷔는 계속 늦어졌다. 생활 유지를 위해 다른 감독의 시나리오를 쓰는 일은 여전했고 틈틈이 비디오 영화감독으로 몸을 풀었다.

강제규가 12년의 기다림 끝에 데뷔작을 세상에 내놓은 것은 1996년이었다. 2월 17일 개봉된 데뷔작 '은행나무 침대'는 전국적으로 100만 명에 가까운 대성공을 거두고 각종 영화상을 휩쓸었다. 충무로의 10년 설움에 종지부를 찍는 순간이자 강제규의 등장을 알리는 서곡이었다. 자신감이 생긴 강제규는 영화 비즈니스에 뛰어들었다. 하지만 그에게 돌아온 것은 법정 소송에 전셋집 보증금의 가압류였다. 그래도 포기하지 않고 1998년 '강제규필름'을 설립해 영화감독과 사업가를 병행했다.

강제규가 비장의 카드로 내놓은 것은 한국형 블록버스터 '쉬리'였다. 시나리오 작업에만 2년을 쏟아붓고 12번이나 수정을 반복했다. '쉬리'는 IMF의 여파로 대기업의 자금이 충무로를 빠져나가고, 스크린쿼터 논란과 할리우드 영화 공세로 한국 영화계가 잔뜩 움츠려 있던 1999년 2월 13일 개봉되었다.

쉬리는 돈, 인력, 시간 모든 면에서 이전의 영화와 완전히 달랐다. 강제규는 31억 원이라는 거액을 제작에 투입하고 연기파 배우 한석규, 최민식, 송강호, 김윤진 등을 기용했다. 우리 영화의 최대 취약 지대인 시나리오를 치밀하게 다듬어 완성도를 높였으며 제작 기간도 3년으로 늘려 잡았다. 결과는 초대박이었고 만루홈런이었다.

실감 나는 도심 총격 신과 함께 남한 정보 요원과 북한 여간첩의 비극적 사랑이 관객을 매료시키고, 한국 영화로는 처음으로 특수효과 등이 화제가 되면서 '쉬리 신드롬'을 불러일으켰다. 개봉 119일 만인 6월 11일 종영되었을 때 '쉬리'가 받아본 성적표는 실로 눈부셨다. 서울 관객 243만 명에 전국 관객 610만 명. 우리 영화 최고 흥행작 '서편제'의 서울 관객 103만 명의 2배나 되고, '타이타닉'의 226만 명을 훌쩍 뛰어넘었다.

강제규(1962~)

31억 원을 투입해 506억 원의 수입을 올렸으니 장사도 이런 장사가 없었다. 국내 TV 판권도 역대 최고액(6억 5,000만 원)으로 KBS에 팔렸으며, 일본에서도 130만 명의 관객을 끌어모았다. 미국에서도 성황을 이루는 등 세계 15개 지역에서 벌어들인 돈만 1,000억 원에 달했다.

한국형 블록버스터의 탄생을 가능케 한 시발점

'쉬리'의 진정한 가치는 돈에 국한되지 않았다. 최대 수익을 낸 한국 영화라는 찬사보다 할리우드 영화 '타이타닉'의 국내 관객 동원 기록을 깬 것이 무엇보다 소중했고 그 힘을 통해 세계시장에 우리 영화를 내놓을 수 있다는 자신감이 중요했다. 1995년 20.9%, 1997년 25.5%이던 한국 영화 점유율은 '쉬리'가 대박을 터뜨린 그해 39.7%로 껑충 뛰어오르더니 2001년 50.1%라는 최고 기록을 세웠다. 이후 한국영화 점유율은 항시 40~65%를 유지했다. 영화 수입 개방국 가운데 인도를 제외하고 할리우드 영화보다 자국 영화 점유율이 더 높은 영화 강국으로 성장한 것이다.

'쉬리'를 기점으로 한국 영화의 점유율이 대폭 늘어났다는 점에서 '쉬리'는 한국 영화 발전의 분기점이었다. 또한 한국형 블록버스터의 탄생을 가능케 한 시발점이었고 21세기로 이어지는 길목에서 일어난 '문화적 사건'이었다. '쉬리'는 작품성까지 인정받아 그해 각종 영화제 상을 휩쓸었다. 강제규는 미국 경제주간지 '비즈니스 위크'에 의해 1999년 6월 '아시아 개혁을 주도하는 지도자 50인' 중의 한 사람으로 선정되었다.

'쉬리' 성공 후 개인적으로 100억 원 상당의 거금을 손에 쥐게 된 강제규의 기세는 하늘을 찔렀다. 2000년 당시는 한국 경제가 IMF 위기에서 벗어나 재도약하던 시점으로 IT 산업, 코스닥, 인터넷이 각광받던 시절이었다. 강제규는 본연의 영화감독을 넘어 영화 관련 비즈니스를 총괄하는 사업가로 변신을 시도했다. 매니지먼트 회사, 영화 연예 전문 인터넷방송국, 캐릭터 사업체, 극장 체인 등을 운영했다.

하지만 조직은 방만하게 운영되었고 투자 금액은 연기처럼 사라졌다. 제작한 영화들도 연이어 흥행에 실패했다. 자금줄은 끊기고 투자가들의 원성은 높아지고 주변 인사들과의 불화는 깊어갔다. 강제규는 '쉬리'에서 번 돈 대부분을 까먹었다. 이유야 많겠지만 그중에서도 강제규의 과욕과 무지와 경솔이 가장 큰 원인이었다. 강제규는 그때가 자신의 인생에서 가장 어려웠던 시기라고 말했다.

"어떻게 살아야 하나?" 고민 끝에 나온 결론은 "다른 것 하지 말고 감독만 하자"였다. 강제규는 2002년부터 두문불출하며 '태극기 휘날리며' 시나리오만 집필했다. 강제규식 올인이 다시 시작된 것이다. 그해 말 시나리오가 완성되었으나 투자할 사람이 나타나지 않았다. 경기가 안 좋은 데다 공교롭게도 그 무렵 거액을 들여 만든 국산 영화가 모두 흥행에 실패했다. 제작비는 147억 원이 필요했는데도 그가 끌어모은 돈은 57억 원밖에 되지 않았다.

강제규는 "일단 30%만 찍고 그것을 보여주어도 투자자가 안 나서면 때려치우자"라며 영화 촬영부터 시작했다. 강제규식 정면 돌파 방식이었다.

다행히 투자자가 나타났고 영화는 완성되어 2004년 2월 5일 개봉되었다. '태극기 휘날리며'는 국내에서만 1,174만 명에 달하는 관객을 동원해 또다시 사상 최대 기록을 경신했다. 일본과 미국 등지에서도 호평을 받아 국내외에서 벌어들인 총수입은 1,600억 원이나 되었다. '태극기 휘날리며'를 본 미국 언론들은 강제규를 '동아시아의 스티븐 스필버그'로 소개했다.

하지만 또 다른 시련이 그를 기다리고 있었다. 한국 영화사상 최대 제작비인 300억 원을 투입한 초대형 블록버스터 영화 '마이 웨이'(2011.12.21 개봉)가 흥행에 참패한 것이다. 손익분기점에 도달하려면 관객이 1,000만 명은 되어야 했으나 '마이 웨이'를 찾은 관객은 200여만 명에 불과했다. 강제규는 또다시 일어설 것이다. 늘 그랬듯이.

▶ 관객 1,000만 명 이상 국산 영화   ※단위 : 만명(2014.8.26 현재)

순위	영화명	개봉연도	관객수	순위	영화명	개봉연도	관객수
1	명량	2014	1,636	6	왕의 남자	2005	1,230
2	괴물	2006	1,301	7	태극기 휘날리며	2004	1,174
3	도둑들	2012	1,298	8	해운대	2009	1,145
4	7번방의 선물	2013	1,281	9	변호인	2013	1,136
5	광해	2012	1,231	10	실미도	2003	1,108

※외화 '아바타'(2009)와 '겨울왕국'(2014)의 관객수는 각각 1,362만 명, 1,029만 명

심형래 연출 영화 '용가리' 개봉

'영구 심형래'는 1980년대 바보 캐릭터의 대명사였고 시청률 제조기였다.

"안 된다고 하지 마라. 안 하니까 못하는 것이다." 1999년 정부 주관 '신지식인' 제1호로 선정된 심형래(1958~)가 그해 4월 제2건국 캠페인 TV광고에서 한 말이다. 심형래는 "시도하지 않으면 결과가 없다"

코미디 영화 '라스트 갓파더'에 출연한
심형래(1958~)

는 격언을 몸소 실천한 영화계의 도전자요
이단아였다. 그가 대중 앞에 처음 모습을 드
러낸 것은 1982년 5월 동상을 수상한 KBS
개그 콘테스트였다. 이후 그는 치고받고 넘
어지는 슬랩스틱 연기의 진수를 보여주며
정상급 코미디언으로 우뚝 섰다.

　바보스러운 몸짓은 영화에도 통했다. 첫
출연작 '각설이 품바타령'(1984.12)을 비롯해
'외계에서 온 우뢰매'(1986.10), '영구와 땡칠
이'(1989.7) 등 그가 출연한 영화마다 어린이
들에게 큰 웃음을 안겨주었다. 특히 '영구와
땡칠이'는 4편까지 나와 '심형래=흥행 보증
수표' 등식을 확인시켜주었다. '영구 심형래'는 1980년대 바보 캐릭터의
대명사였고 시청률 제조기였다.

　대박 행진이 거듭되자 심형래는 영화사를 차려 직접 영화를 제작하겠
다는 욕심을 냈다. 욕심은 한국만의 독자적인 기술로 SF영화를 만들어 세
계 시장을 석권하겠다는 포부로 발전했다. 1993년 4월 심형래는 '영구아
트무비'를 설립, 영화 제작의 전면에 나섰다. 3년 연속 연예인 소득 1위를
차지하면서 번 돈으로 장만한 집과 땅과 건물 등을 팔아 최첨단 장비를
구입하고 기술 개발에 쏟아부었다. 그러나 1993년 7월 개봉한 첫 작품 '영
구와 공룡쭈쭈'는 재미를 보지 못했다. 그래도 '심형래표' 어린이 SF영화
의 시작이라는 점에서 의미가 없지는 않다.

　심형래는 다시 24억 원을 들여 천신만고 끝에 완성한 '티라노의 발톱'을
1994년 8월 개봉했다. 이번에는 비슷한 시기에 개봉한 스티븐 스필버그
의 '쥐라기 공원'에 밀려 참패했다. 그래도 포기하지 않고 비디오영화 '영

구와 우주괴물 불괴리', '할매캅', '심비홍'을 제작·출시해 근근이 버텼다. 1997년 1월에는 '파워킹'(1995.8) 수출로 벌어들인 123만 달러와 '드래곤 투카'(1996.12) 등을 통해 번 돈으로 '용가리' 제작에 착수했다. 용가리는 개봉도 되기 전인 1998년 칸 영화제에서 272만 달러 수출 계약을 체결했다. 심형래는 덕분에 1999년 '신지식인' 제1호로 선정되는 영광의 주인공이 되었다.

'용가리'는 1999년 7월 17일 개봉해 전국적으로 152만 명(서울 52만 명)의 관객을 끌어들였다. 150억 원 규모의 첨단 장비와 120억 원의 제작비를 감안하면 기대 이하의 성적이었다. 다행히 2000년 칸 영화제에서 추가 판매된 것까지 합쳐 총 900만 달러어치의 해외 판권 수출을 계약하는 성적을 거둬 큰 적자는 피할 수 있었다. '용가리'에 대한 평은 전체적으로 부정적이었다. 시나리오는 허술하고 연기는 어색하며 세트가 정교하지 못하다는 것이다.

그런데도 국내외에서 주목을 끈 것은 컴퓨터그래픽(CG) 특수효과 등의 기술적 진보가 생각보다 뛰어났기 때문이다. 1대에 20억 원이나 되는, 아시아에는 2대밖에 없는 컴퓨터그래픽 합성기 '도미노'를 비롯해 모두 150억 원대의 컴퓨터 장비를 갖추고 100% 우리 기술로 용가리를 만든 게 인정을 받은 것이다. 그래도 미국 등의 선진 기술과는 여전히 격차가 컸다.

심형래는 36억 원을 더 들여 '용가리'를 절반 이상 다시 제작한 '2001 용가리'를 완성했다. 개정판은 일본의 250개 극장에서 개봉하는 등 외국에서 짭짤한 수익을 거뒀다. 하지만 해외 배급을 맡은 에이전트에 속아 실익은 없었다. 미국에서는 개봉하지 못해 승천하지 못한 지렁이가 되었지만 2001년 8월 21일 미국에서 비디오로 출시되어 3주 연속으로 대여순위 1위를 차지하는 이변을 기록했다.

용가리 후 심형래는 6년 동안 절치부심하며 첨단 CG 기법을 도입한 새

영화를 제작했다. 2007년 8월 1일 국내에서 개봉된 '디워'였다. 반응은 극단적으로 갈렸다. 한쪽에서는 스토리가 허술하고 완성도가 낮은데도 애국심 마케팅에만 호소한다고 강하게 비판했다. 다른 한쪽에서는 완성도가 생각보다 높고 무엇보다 심형래의 도전 정신을 인정해야 한다고 목소리를 높였다. 이처럼 찬반으로 갈리는 상황에서도 CG 기술만은 양측 모두 인정했다.

영화 '디워'에 대한 반응 극단적으로 갈려

용이 된 '이무기'와 '부라퀴'의 혈투를 비롯해 순수 국내 기술로 제작한 CG는 실제로 박진감이 넘쳤다. 특히 로스앤젤레스 도심을 배경으로 이무기와 미 공군이 벌이는 전투 장면은 웬만한 할리우드 블록버스터에 뒤지지 않았다. 국내 관객 843만 명을 끌어들여 역대 한국 영화 흥행사상 5위를 기록했지만 영화관람 수입은 130억 원에 불과해 한국 영화사상 최고액으로 공식 발표된 제작비 300억 원에 한참 못미쳤다.

'디워'는 2007년 9월 14일 미국의 2,275개 극장에서 'Dragon Wars' 제목으로 개봉했다. 그때까지 미국에서 개봉한 한국 영화 중 상영관이 가장 많았던 '괴물' 상영관이 100개였던 것과 비교하면 엄청난 규모였다. 미국에서 기록한 1,097만 달러(약 101억 원)의 매출은 마케팅 비용에도 미치지 못하는 금액이었으나 '미국에서 대규모로 개봉한 첫 한국 영화', '최고 흥행 수입' 등은 '디워'가 얻어낸 성과다. 일본에서는 2008년 11월 100개 극장에서 개봉되었다. 중국, 러시아, 필리핀, 말레이시아 등에서도 수십만 달러에서 수백만 달러의 매출을 기록했다.

심형래는 2010년 12월 29일 자신의 대표 캐릭터인 '영구'를 꺼내들고 주연까지 겸한 코미디영화 '라스트 갓파더'를 국내에 개봉했다. 이 영화 역시 100% 미국에서 촬영하고 할리우드의 유명 배우 하비 케이틀이 마피아

대부 역을 맡아 개봉 전부터 화제가 끊이지 않았지만 흥행 성적은 참패로 끝났다.

영화 실패가 불러온 파장은 컸다. 회사와 집이 압류되고 직원들 월급도 못 주는 상황이 되었다. 결국 영구아트무비는 2011년 7월 문을 닫았고 심형래는 직원들의 임금과 퇴직금을 체불한 혐의로 불구속 기소되었다. 2012년 3월 '디워'의 제작비를 둘러싼 대출금 소송에서도 패소해 수십억 원의 빚을 갚아야 할 처지가 되었다. 4월에는 회사 자금을 횡령한 혐의까지 더해졌다. 부인과도 헤어졌다.

더 이상 추락할 곳도 없어진 그에게 재기의 동아줄을 내려준 것은 법원이었다. 2013년 3월 심형래의 파산 신청을 받아들인 곳도, 같은 해 8월 170억 원의 채무를 탕감해준 면책 결정을 해준 곳도 법원이었다. 재판부는 "창의성이 중시되는 시대에 패자부활의 기회를 주는 것이 건강한 사회"라면서 "빚을 안고 사회에서 낙오되도록 방치하는 것이 아니라 재기하게 도와 사회에 긍정적 역할을 하도록 하자는 취지"라며 결정 이유를 밝혔다. 법원은 임금 체불 및 퇴직금 미지급 소송에서도 2013년 10월 1,500만 원의 벌금만을 선고해 재기의 발판을 마련해 주었다.

2014년 2월 KBS TV 후배 개그맨이 활동하는 '개그 콘서트' 멤버들은 모든 한국 코미디와 개그를 통틀어 심형래를 역대 최고로 웃기는 개그맨으로 꼽았다. 개그 콘서트 멤버들은 "변방의 북소리에서 북채와 싸우는 장면, 벌레들의 합창에서 똥파리 연기, 바보 영구의 연기는 지금도 견줄 사람이 없는 최고봉"이라고 평했다. 심형래는 2014년 6월 투자를 받아 "'디워 2' 제작 준비를 하고 있다"고 밝혔다. '디워 2'가 과연 세상에 나올 수 있는지 지켜볼 일이다.

우리별 3호, 무궁화 3호, 아리랑 1호 발사

우리나라가 발사한 위성은 2014년 4월 현재 총 16개다.

한국 과학계는 1999년을 '우리나라 인공위성 개발의 원년'으로 삼는다. 국내 개발진이 설계·제작한 과학위성 '우리별 3호'(1999.5), 멀티미디어 통신·방송위성 '무궁화 3호'(1999.9), 다목적 실용위성 '아리랑 1호'(1999.12)를 우주로 쏘아올린 해가 1999년이기 때문이다. 우리나라가 발사한 위성은 2014년 8월 현재 총 16개다. 이 중 일부만 현재 가동 중이고 나머지는 수명이 끝나 폐기된 상태다. 16개 위성은 크게 과학위성, 통신·방송위성, 다목적 실용위성, 기상위성 4가지 형태로 구분한다. 이 중 우리나라 최초 위성은 과학위성인 '우리별 1호'다.

우리별 1호는 1992년 8월 11일 남미 프랑스령 기아나에서 발사되었다. KAIST(한국과학기술원)가 영국 서리대의 기술지원을 받아 제작했기 때문에 사실상 우리 기술이라고는 할 수 없지만 그래도 우리별 1호 덕분에 한국은 세계에서 25번째 위성 보유국으로 이름을 올렸다. 1993년 9월 26일 남미 기아나에서 발사된 우리별 2호에는 다수 국산품이 부품으로 장착되어 "우리도 할 수 있다"는 자신감을 우리 연구진에게 심어 주었다.

1999년 5월 26일 인도에서 발사된 우리별 3호는 1호·2호와는 달리 설계에서부터 제작까지 국내 개발진이 직접 참여했다는 점에서 진정한 의미의 국산 위성으로 분류된다. 우리별 3호는 지상 720km 고도에서 지상 관측과 각종 우주 환경 실험을 수행했다.

우리나라는 과학위성과 함께 통신·방송 위성인 '무궁화 위성' 발사도 병행 추진했다. 우리별 1호·2호 위성이 초보적인 실험용 과학위성인 데 비해 무궁화 위성은 본격적인 상업위성이란 점에서 언론의 관심이 집중되었다. 무궁화 1호는 위성방송·케이블TV·무선인터넷 등을 중계할 목적으로 한국통신(KT)이 개발을 주도한 우리나라 최초의 통신·방송위성으로, 미국의 록히드 마틴이 제작하고 1995년 8월 5일 델타2 발사체에 실려 미국의 발사장에서 발사되었다.

다목적 실용위성 아리랑 1호

그런데 무궁화 1호가 올라간 지점이 당초 목표인 3만 5,786km의 정지 궤도에서 6,350km가 모자랐다. 결국 달고 있는 소형 로켓을 가동해 목표 지점까지 올라갔으나 이 과정에서 로켓의 연료 소모가 많아져 수명이 10년에서 4년 반으로 줄어들었다. 무궁화 1호는 적도에 위치한 인도네시아 직상공에 자리 잡고 한반도로 방향을 잡았다. 덕분에 TV 난시청 지역이 줄어들었고 안테나만 있으면 바다에 있어도 깨끗한 TV 화면을 볼 수 있게 되었다. 한국통신은 무궁화 1호의 짧아진 수명이 불안해 1호 발사 4개월 만인 1996년 1월 14일 무궁화 2호를 발사했다. 무궁화 2호는 무궁화 1호에 문제가 생겼을 경우에 대비해 만들어졌기 때문에 무궁화 1호와 동형이다.

1999년은 우리나라 인공위성 개발 원년

무궁화 3호 역시 미국의 록히드 마틴사가 제작했으나 발사체는 프랑스의 아리안으로 바뀌어 1999년 9월 5일 남미 기아나에서 발사되었다. 2000년 6월 남북 정상회담 당시 김대중 대통령이 평양 순안공항에서 김정일 국방위원장과 포옹하는 장면을 전 세계인이 TV를 통해 볼 수 있었던 것은 무궁화 3호의 공로다. 4호는 4자가 불길하다고 해 건너뛰었다

무궁화 5호는 프랑스 회사가 제작하고 2006년 8월 22일 태평양 적도 부

근 서경 154도 해상에서 성공적으로 발사되었다. 5호는 한국통신과 국방부가 합작한 민군(民軍) 공용위성으로 방송장비는 싣지 않고 민·군용 통신 중계기만 실었다. 대상 지역은 일본, 중국, 대만, 필리핀 등으로 확대되었다. 무궁화 6호는 올레 1호로 이름이 바뀌어 2010년 12월 30일 남미 기아나에서 아리안 발사체에 실려 발사되었다. 올레 1호는 무궁화 3호를 대체할 목적으로 발사되어 HD(고화질), 3D(3차원 입체영상) 등의 고품질 서비스를 제공하고 있다.

아리랑 위성은 우주 시장을 노리고 개발된 다목적 실용위성이다. 아리랑 1호는 한국항공우주연구원이 미국의 위성 제작사인 TRW와 공동개발한 것으로 미국의 발사체에 실려 1999년 12월 21일 미국에서 발사되었다. 아리랑 1호는 고도 685km 궤도에서 고해상의 카메라로 지구 표면의 6.6m 이상 크기의 모든 물체를 촬영할 수 있게 제작되었다. 발사 후 한반도 지도제작 및 지리정보시스템, 국토관리, 해양자원 관측, 해양오염상태 조사 등에 필요한 영상자료를 제공했다.

아리랑 2호는 아리랑 1호와 달리 우리나라가 개발을 주도하고 70%의 기술자립도를 실현해 위성기술개발의 한 획을 그었다는 평가를 들었다. 아리랑 2호는 러시아 흐루니체프사가 제작한 발사체 로콧에 실려 2006년 7월 28일 러시아에서 발사되었다. 이때 인연으로 흐루니체프는 나중에 나로호 발사체 1단을 제작했다.

0.7m 크기의 물체를 구분할 수 있는 초고해상도 관측위성인 아리랑 3호는 2012년 5월 18일 일본의 발사체에 실려 일본에서 발사되었다. 건물과 도로를 겨우 분간했던 아리랑 1호(6.6m급)보다 89배, 버스와 승용차를 구분했던 아리랑 2호(1m급)보다 2배 이상 정밀했다. 아리랑 4호 역시 4자가 불길하다고 해 건너뛰고 아리랑 5호는 2013년 8월 22일 러시아에서 러시아 발사체에 실려 발사되었다. 아리랑 2호와 3호는 낮에만 지상을 촬

영할 수 있었지만, 아리랑 5호는 밤이나 구름 낀 날에도 지상을 선명하게 볼 수 있어 기술의 혁신을 이뤄냈다.

진정한 의미의 국산 위성으로 분류되는 것은 우리별 3호

과학기술위성은 우리별 위성 개발을 주도한 KAIST(한국과학기술원)가 담당했다. 과학기술 1호는 2003년 9월 27일 러시아 발사체 코스모스에 실려 러시아에서 발사되었다. 그전에 발사된 과학위성(우리별1, 2, 3호) 역시 지구관측이 임무였으나 과학기술 1호는 은하의 구조와 진화를 밝혀낼 국내 최초의 우주 망원경인 '원자외선 우주분광기'를 탑재해 한국 최초로 우주로 눈을 돌린 위성에 속한다.

과학기술위성 2A는 한국항공우주연구원이 개발을 주도한 우리나라 최초의 위성 발사체인 나로호에 실려 2009년 8월 25일 외나로도에서 발사되었으나 목표궤도에 진입하지 못해 실패로 기록되었다. 나로호는 과학기술위성 2A와 쌍둥이 격인 과학기술위성 2B를 싣고 2010년 6월 10일 발사되었으나 발사 후 공중폭발해 또다시 실패했다. 네 번째 과학기술위성은 2013년 1월 30일 성공적으로 발사된 나로호에 탑재되어 정상 궤도에 진입했다. 이 위성은 '나로과학위성'으로 명명되었다. 과학기술위성 3호는 2013년 11월 21일 러시아 발사체에 실려 발사되었다.

위성은 위성이 자리 잡은 궤도 위치에 따라 저궤도 위성과 정지궤도 위성으로 나뉜다. 우리별, 아리랑, 과학기술위성은 저궤도 위성이고 무궁화는 정지궤도 위성이다. 저궤도 위성은 수명이 3~5년, 정지궤도 위성은 10~15년이다. 위성이 지구 둘레를 도는 것은 중력과 원심력이 균형을 이루고 있기 때문인데 저궤도의 경우 중력이 강해 원심력을 얻으려면 속도가 빨라야 한다. 이 때문에 저궤도 위성의 수명이 짧다. 정지궤도 위성은 적도 바로 위 3만 5,786km에 떠 있다. 지구 자전 속도와 같아 항상 우리

머리 위에 있다.

우리나라 첫 정지궤도 위성은 2010년 6월 27일 남미 기아나에서 발사된 천리안 위성이다. 무궁화 위성도 정지궤도 위성인데 천리안을 첫 정지궤도 위성으로 꼽는 이유는 무궁화 위성이 100% 외국산 위성인 데 비해 천리안은 한국항공우주연구원이 외국 회사와 공동으로 제작했기 때문이다. 천리안은 24시간 내내 한반도 3만 5,786㎞ 상공에서 구름, 습도, 태풍, 해류 변화 등을 관측해 지상으로 기상정보를 보내주고 있다.

▶ 우리나라 인공위성 발사 현황 　　　　　　　　　　　　　　　※2014년 8월 현재

	위성 이름	발사일	구분	발사지	특징
1	우리별 1호	1992.8.11	과학위성	남미 기아나	우리나라 최초 위성
2	우리별 2호	1993.9.26	과학위성	남미 기아나	국산부품 다량 장착
3	무궁화 1호	1995.8.5	통신·방송위성	미국	본격 상업용 위성. 정지궤도 안착 실패로 수명 반으로 단축
4	무궁화 2호	1996.1.14	통신·방송위성	미국	무궁화 1호 백업용
5	우리별 3호	1999.5.26	과학위성	인도	국내 개발진이 설계·제작
6	무궁화 3호	1999.9.5	통신·방송위성	남미 기아나	대용량 위성. 동남아까지 대상
7	아리랑 1호	1999.12.21	다목적 실용위성	미국	6.6m 이상의 물체 촬영 가능
8	과학기술 1호	2003.9.27	과학위성	러시아	우주로 눈을 돌린 첫 위성
9	아리랑 2호	2006.7.28	다목적 실용위성	러시아	1m급의 고해상도 카메라 장착
10	무궁화 5호	2006.8.22	통신위성	적도 해상	민군(民軍) 공용 위성
11	천리안	2010.6.27	통신·해양·기상	남미 기아나	우리나라 첫 정지궤도 위성
12	올레 1호	2010.12.30	방송·통신	남미 기아나	고화질, 3차원 입체영상 제공
13	아리랑 3호	2012.5.18	다목적 실용위성	일본	0.7m 물체 식별
14	나로과학	2013.1.30	과학위성	한국	나로호에 실려 발사
15	아리랑 5호	2013.8.22	다목적 실용위성	러시아	밤이나 구름 낀 날에도 촬영 가능
16	과학기술 3호	2013.11.21	과학위성	러시아	근적외선 영상 시스템 장착

Y2K 소동

컴퓨터가 인간이 의식하지 않는 동안 어느덧 괴물이 되어버려 인간에 첫 경고성 신호를 보낸 것이다.

'Year'(년)와 'Kilo'(천)의 머리글자를 따서 만든 'Y2K'는 연도를 끝 두 자리로 인식하는 컴퓨터가 2000년을 1900년으로 인식해서 생기는 문제들을 통칭하는 용어다. 다시 말하면 컴퓨터가 2001년을 1901년으로 잘못 인식할 때 일어나는 오작동의 가능성이 새 천년을 앞두고 컴퓨터 전문가들을 불안하게 한 것이다.

Y2K 문제는 왜 생긴 것일까. 1965년 이전에 생산된 컴퓨터들은 연도를 인식할 때 4자리(예:1965)로 인식하도록 만들었다. 그러나 1970년대 들어 메모리 부족 문제를 해결하고 비용을 절약하기 위해 연도표기 4자리 중 2자리(예:65)만 인식하도록 컴퓨터를 설계했다. 이 때문에 전 세계는 2000년을 1~2년 앞두고 생각지도 않았던 Y2K 홍역을 톡톡히 치러야 했다. 생활 깊숙이 파고든 컴퓨터가 인간이 의식하지 않는 동안 어느덧 괴물이 되어버려 인간에 첫 경고성 신호를 보낸 것이다.

Y2K 문제 해결을 위해 전 세계의 내로라하는 전문가들이 한마디씩 거들었다. 일부 언론은 비상사태에 대비해 라디오, 건전지, 연료 등을 준비해야 한다고 안내하는 한편 Y2K에 제대로 대응하지 못해 전 세계에 제2의 경제위기가 도래할 것이라고 경고했다. 이 때문에 미국에서는 비상 식량과 장비를 사는 데 2만 달러를 쓴 사람도 있고 도시에서 피난을 떠난 사람도 있었다. 의료 서비스가 중단될 것에 대비해 민간치료법이 인기를 끌기도 했다. 생존 캡슐을 만들어 7,000달러에 판매한 사람, 안전한 캠핑 장소를 임대하겠다는 사람 등 일부이긴 하지만 장삿속 챙기기도 극성을 부렸다.

미국 등 선진국의 IT 관련 기업들은 Y2K 특수가 가져다준 사상 최대의 매출 증가에 희색이 만면했다. 유엔 산하 국제 Y2K 협력단에 따르면 1999년 1년간 지구촌이 Y2K 문제 해결 비용으로 쏟아부은 자금이 1조 달러에 달하는 것으로 추산되었다. 우리 정부도 13개 중점 분야의 Y2K 대처에 1조 1,000억 원을 투입하고, 개별 기업들도 적지 않은 비용을 들인 것으로 미루어 Y2K 관련 기업들이 쏠쏠한 재미를 보았을 것으로 추정된다.

이처럼 세계 각국이 막대한 비용을 투입해가며 2000년 1월 1일 새해를 맞았으나 Y2K로 인한 별다른 문제가 발생하지 않아 초조한 마음으로 새해를 기다려온 전 세계를 허탈하게 만들었다. 영국에서 2000년에 태어난 신생아 수천 명의 연령이 100세로 표기되고 일본에서 2000년 2월 29일을 3월 1일로 잘못 인식하는 윤년 Y2K 문제로 1,000여 대의 현금 자동 지급기가 일시적으로 가동이 중단된 것 말고는 전 세계에서 이상 징후는 보이지 않았다. 우리나라에서도 13대 중점 분야에서 사고는 없었고 자영업, 중소 병의원, 중소기업체 등에서 모두 16건의 경미한 사고가 발생했을 뿐이다.

그러자 Y2K가 과대포장이었다는 주장과 사전 대응을 잘했기 때문에 무사히 넘어간 것이라는 의견이 팽팽하게 맞섰다. 비판적인 측은 노스트라다무스의 종말론처럼 쓸데없는 겁을 줘서 돈과 시간을 낭비했다며 일부 언론과 전문가들의 Y2K 경고가 상업적 목적에서 비롯된 것이라고 주장했다. 그러나 한편에서는 혼란 확률이 낮을 것이라는 예상에도 불구하고 전문가들이 계속 경고를 쏟아낸 것은 Y2K 문제가 없을 것이라는 것을 확신하는 것이 소프트웨어나 컴퓨터에 버그가 없다는 것을 입증하는 것처럼 어려웠기 때문이라는 주장도 제기되었다.

긍정하는 측은, 각국의 정부와 국민이 정보화의 역기능들을 되짚어보고 대비하도록 일깨워 주었다는 점에서 Y2K 사태를 순기능으로 해석했다. 막대한 비용을 투입하는 등 유비무환의 자세로 임했기 때문에 대란을 막을 수 있었고, Y2K 덕에 각국 정부와 기업의 위기관리 능력이 크게 높아졌다는 평가도 나왔다. 한 전문가는 인류가 그동안 정보화를 외치면서도 그 이면에 도사린 숱한 역기능을 무시해왔기 때문에 "Y2K 사태는 정보화 시대 문턱에서 치른 인류의 성인식"이라고 규정했다.

2000년

남북 정상회담과 김대중의 노벨 평화상 수상

"철저하게 돈에 의해 이뤄진 만남이고 공동선언문도 결국 돈의 결과물이었다"는 목소리도 있다.

2000년 6월 13일 오전 10시 27분, '대한민국' 로고와 태극기가 선명하게 새겨진 대한민국 대통령 전용기가 분단 이후 처음으로 북녘 땅 평양 순안공항에 착륙했다. 곧이어 비행기 문이 열리고 김대중 대통령이 모습을 드러냈다. 김 대통령이 비행기 트랩을 내려온 10시 37분, 예고 없이 공항을 방문한 북한의 김정일 국방위원장이 다가와 두 손을 잡았다. 분단 55년 만에 이뤄진 남북 정상의 역사적인 첫 만남이었다.

김 대통령은 도착 성명을 통해 "대한민국의 대통령으로서 남녘 동포의 뜻에 따라 평화와 협력과 통일에 앞장서고자 평양에 왔다"고 흥분된 어조로 말했다. 평양은 환영 일색이었다. 순안공항은 물론 김 대통령 일행이 공항에서 평양 시내 중심부로 향하는 연도마다 온갖 조화를 든 60만 군중의 환호 물결로 넘쳐났다. 평양 시민들은 조화를 흔들며 "결사옹위, 결사옹위", "김정일, 김정일" 구호를 외쳤다.

10시 49분, 전용차에 탄 두 사람은 김 대통령의 숙소인 백화원 영빈관까지 가면서 55분간 단독으로 회동했다. 내용은 알려지지 않았다. 두 정상은 먼저 백화원 영빈관에서 27분간의 1차 회담을 열었다. 이튿날 다시 만나 오후 3시부터 7시 15분까지 4시간 넘게 정상회담을 개최했다.

회담 후 5개 항으로 된 공동성명문에 서명할 예정이었으나 북측의 서명 당사자를 누구로 할 것인가를 놓고 한동안 서명이 지연되었다. 김정일은 "북한 헌법에 국가원수는 김영남 최고인민위원회 상임위원장"이라며 서명에 난색을 표명했으나 김 대통령이 "실질적으로 북한을 통치하는 김 위

김정일(왼쪽)과 김대중이 평양 순안공항에서 악수하고 있다
(2000.6.13).

원장의 이름이 들어가야 한다"고 주장해 결국 김정일이 서명하는 것으로 했다. 두 정상이 공동선언문에 서명한 시간은 6월 14일 오후 11시 20분이었다.

공동선언문의 주요 내용은 이랬다. ▲남과 북은 남측의 연합제 안과 북측의 낮은 단계의 연방제 안이 서로 공통점이 있다고 인정하고 앞으로 이 방향에서 통일을 지향시켜 나가기로 하였다 ▲남과 북은 올해 8.15에 즈음하여 흩어진 가족, 친척 방문단을 교환하며 비전향 장기수 문제를 해결하는 등 인도적 문제를 조속히 풀어나가기로 하였다 ▲남과 북은 경제협력을 통하여 민족경제를 균형적으로 발전시키며 사회, 문화, 체육, 보건, 환경 등 제반 분야의 협력과 교류를 활성화하여 서로의 신뢰를 다져 나가기로 하였다 ▲김대중 대통령은 김정일 국방위원장이 서울을 방문하도록 정중히 초청하였으며, 김정일 국방위원장은 적절한 시기에 서울을 방문하기로 했다.

그런데 공동선언문에는 서명일이 6월 14일이 아닌 15일로 기록되어 있었다. 두 가지 설이 있다. 김 대통령이 "6·14보다는 6·15가 어감이 좋다"는 이유로 '6·15 공동선언'으로 해야 한다고 고집했다는 설과, 김정일이 "북한은 4자를 좋아하지 않는다"고 해 6월 15일이 되었다는 설이다.

분단 55년 만에 이뤄진 역사적인 첫 만남

북측이 죽은 김일성의 시신이 안치된 금수산 기념궁전 참배를 요구해 한때 갈등을 빚는 듯했으나 이 문제는 김정일이 더 이상 요구하지 않아 무사히 넘어갔다. 김 대통령은 6월 15일 오후 4시 16분 평양 순안공항을 출발해 오후 5시 24분쯤 서울공항에 도착했다. 이로써 국내는 물론 전 세계적으로도 뜨거운 관심을 불러일으켰던 2박 3일의 일정은 끝이 났다.

정상회담 후, 남북 관계에는 엄청난 변화가 생겼다. "인민군은 휴전선을 포함해 어디에서도 대남 비방을 하지 말라"는 김정일의 지시에 따라 대남 비방이 사라졌다. 이산가족 방문단이 남북을 왕래했고 경제협력과 인적 교류가 활발해졌다. 9월의 시드니 올림픽 개폐회식 때는 남북이 동시 입장했다. 비전향 장기수가 북으로 송환되고 경의선이 기공되는 등 한반도의 긴장이 완화되는 가시적인 변화가 나타났으며 남북의 오랜 갈등과 분쟁이 금방이라도 해결될 것처럼 보였다. 그러나 화해·협력의 모습은 남쪽의 경제 지원이 지속될 때만 약효가 있었을 뿐 경제 지원이 조금이라도 줄어들면 북한은 어김없이 과거로 회귀했다.

남북 정상회담 3년 뒤 특별검사팀에 의해 밝혀지지만, 남북 정상회담이 열리기 전 회담의 대가로 김대중 정권이 현대그룹 창구를 통해 5억 달러(현물 5,000만 달러 포함)를 북한에 송금한 것으로 드러나 '돈으로 산 정상회담'이라는 비난이 제기되었다. 당초 6월 12일로 예정되었던 방북이 갑작스럽게 하루 늦춰진 것도 송금액 전부가 북으로 전달되지 않아 북측이 연기 요청한 것으로 알려졌다. 현금 4억 5,000만 달러도 현대그룹 측의 자발적인 신고에 따라 밝혀진 것일 뿐 실제로 얼마가 북한으로 송금되었는지는 정확히 파악되지 않고 있다. 이처럼 대북 송금을 둘러싸고 논란이 분분하자 정몽헌 전 현대아산 회장이 비밀 송금에 대한 사회적 비난과 검찰 수사에 대한 중압감을 이기지 못해 2003년 8월 4일 서울 계동 사옥에서 투신자살로 삶을 마감했다.

비판론자들은 "김 대통령이 치적으로 자랑해온 남북 정상회담은 철저하게 돈에 의해 이뤄진 만남이고 공동선언문이란 것도 결국 돈의 결과물이었다"고 주장한다. 사정이 이렇다 보니 정상회담 이후 남북 교류가 트이고 관계 개선이 이뤄졌다고는 하나 지속적으로 유지된 것은 북측이 경제 지원을 받을 수 있는 금강산 관광, 남북 이산가족 만남, 각종 북한 지원 프로젝트 등에 한정될 수밖에 없었다. 북한은 경제적으로 실익이 없을 땐 수시로 회담장을 뛰쳐나갔다. 이 때문에 퍼주기라는 비난과 대승적 차원의 북한 돕기라는 의견이 늘 충돌해 남남 갈등만 키운 결과가 되었다는 주장도 있다.

역대 81번째이자 아시아인으로는 7번째 노벨 평화상 수상

김대중은 남북 정상회담을 성사시킨 공로를 인정받아 그해 말 노벨 평화상을 수상했다. 이를 두고 남북 정상회담은 김정일에게 돈을 준 대가로 성사된 것이고 따라서 노벨 평화상도 돈을 주고 얻은 것이라는 비판이 없진 않으나 그래도 100여 년 동안 한국을 거부해온 노벨상의 물꼬를 처음 텄다는 점에서 함께 축하하고 자랑스러워할 경사 중의 경사였다.

김대중의 노벨 평화상 수상은 2000년 10월 13일 오전 11시(한국시간 오후 6시), 노르웨이 노벨위원회가 "한국의 민주화와 남북한 관계 개선 및 동북아 지역 평화에 기여한 공로를 인정해 수상자로 선정했다"고 발표하면서 세상에 알려졌다. 평화상 수상은 개인의 영광을 넘어 국제적으로 한국의 위상을 한 단계 높이는 계기가 되었다는 점에서 국민들로부터 열렬한 환영을 받았다. 전국은 순식간에 축제 분위기로 변하고 각종 인터넷에는 축하 댓글이 빼곡히 들어찼다. 한 여론조사에 따르면 국민의 89%가 수상을 환영한 것으로 조사되었다.

김 대통령의 노벨상 수상은 1987년부터 내리 14번이나 추천되는 기나긴 여정 끝에 일궈낸 한 편의 인간 드라마였다. 1901년 처음으로 앙리 뒤

낭과 프레데리크 파시가 노벨 평화상을 공동 수상한 이래 역대 81번째이 자 아시아인으로는 7번째의 노벨 평화상 수상자로 기록된 김 대통령의 노 벨상 수상은 '한국인 최초'라는 영예 말고도 노벨상 창설 100년째, 2000년 들어 첫 수상이라는 의미까지 더한 값진 결실이었다. 특히 같은 해 후보 에 오른 코피 아난 유엔 사무총장과 빌 클린턴 미국 대통령 등 100여 명 의 쟁쟁한 개인과 수십 개 단체를 물리치고 수상했다는 점에서 의미가 더 욱 각별했다.

　김 대통령이 처음 노벨상 후보에 오른 것은 1987년이었다. 빌리 브란트 전 서독 총리가 앞장서 독일 사민당 의원 73명이 추천한 것이 최초였다. 브란트는 "한국의 민주화와 인권 신장을 위한 투쟁과 3단계 통일방안을 제창해 남북 평화에 기여한 공로"를 추천 사유로 들었다.

　12월 10일, 노르웨이 오슬로 시청 메인홀에서 열린 노벨상 시상식에는 한국의 소프라노 가수 조수미가 축하 공연을 펼쳤다. 노벨상위원장이 김 대통령에게 평화 메달과 디플로마(증서)를 수여하는 순간, 시상식에 참석 한 세계 주요 인사들의 우레와 같은 박수가 터져 나왔다.

SOFA(주한미군지위협정) 2차 개정

여전히 다수 한국인의 의식 속에는 "미군은 이 땅의 평화를 위해 필요한 존재"라는 인식이 팽배했다.

　　　　　1966년 7월 9일 조인된 SOFA(주한미군지위협정)는 체결에 이르기까지 많은 논란이 있었다. 특히 비 공무 중 일어난 범죄·사고에 대 해 한국 정부가 1차 재판권을 갖고 있으면서도 "사건 발생 15일 안에 미 국에 재판권 행사를 요청하지 않으면 재판권이 자동으로 미국 쪽에 넘어 간다"는 형사재판권 자동포기 조항에 집중포화가 쏟아졌다. 조인 당시 미군은 한국의 안보에 필수 불가결한 존재였고 그 때문에 한국 정부 입장에서는 협정이 불평등한 것을 알면서도 미국의 뜻을 존중할 수밖에 없었다. 한국의 재판권 행사율은 예상대로 1~3%에 머물렀다. 그런데도 역대 군사정권이 미군 범죄와 SOFA에 대한 비판 여론을 철저하게 봉쇄한 탓에 개정 논의는 수면 아래로 잠복했다.

그러나 1980년 광주 사태를 계기로 반미의 금기가 깨지고 1987년 6월 항쟁 후 이 땅에 비로소 민주주의가 찾아오면서 SOFA 개정에 대한 논의가 활발해졌다. 반미 활동가들은 SOFA 개정을 반미의 표적으로 삼았다. 1988년 임신부 폭행, 이태원 집단 난동 등 잇따른 미군 범죄도 일반의 공분을 불러일으켰다. "미군 범법자들을 우리 손으로 처벌해야 한다"는 운동권의 목소리가 반향을 일으키고 이에 공감하는 일반인이 많아지자 미국은 마지못해 협상 테이블에 앉았다. 그 무렵 냉전 체제가 종식되고 우리 정부의 북방정책이 결실을 본 것도 한미 관계의 위상 재정립에 영향을 미쳤다. 그러나 여전히 다수 한국인의 의식 속에는 "미군은 이 땅의 평화를 위해 필요한 존재"라는 인식이 팽배했다.

SOFA 개정안은 1988년 12월 협상을 시작해 1991년 1월 4일 이상옥 외무장관과 도널드 그레그 주한 미 대사의 서명으로 확정되었다. 1차 개정에 따라 총 31개 SOFA 조항 중 논란이 되고 있던 형사재판 관할권을 비롯해 시설과 토지, 통관 관세, 노무, 질병 유입, 농산물 검역 등 8개 조항이 개정되었다. 대표적 독소 조항으로 꼽혀온 한국 정부의 형사재판권 자동포기 조항이 삭제되고 대신 미국이 한국에 재판권 포기를 요청할 경우 한국이 최대 42일 이내에 수락 여부를 통보하도록 했다. 또 미군의 뺑소니 사고 등 상대적으로 경미한 범죄에 대해서도 한국 정부가 재판권을 갖도록 했으며 미군의 공무 여부에 대해 오직 미군 장성만이 가릴 수 있던 것을 우리 측 일선 검찰도 이의를 제기할 수 있도록 했다.

살인과 강간 등 반인륜 범죄로 체포된 현행범의 경우 미군 부대 복귀 전에 도주나 증거인멸의 우려가 있으면 체포해서 구금·수감할 수 있도록 했다. 미군에 제공된 시설과 토지에 대해서도 연 1회 한미 합동회의를 개최해 불필요한 시설과 토지는 반환하고 과다 사용은 시정토록 했다. 1차 개정에 따라 강릉, 속초, 진해 등 9개 미군 비행장 부지 328만 평도 한국 측에 반환되었다.

미군의 주둔 여부는 전적으로 국민이 판단할 문제

SOFA 개정으로 한미 양국의 수직적 관계가 수평적 관계로 바뀌고 한국의 주권 의식과 안보 역할이 상대적으로 증대된 것은 긍정적인 평가를 받았다. 그러나 ▲재판 관할권이 여전히 미국에 유리하게 되어 있는 점 ▲미군 피고인이 1심에서 무죄 선고를 받았을 때 검사가 독자 항소를 못하도록 한 점 ▲미군 피의자가 영내에 숨어버릴 경우 신병을 요구할 수 있는 방안이 없는 점 ▲미군 부대 군속들에 대한 노동3권이 보장되지 않은 점 등에 대해서는 비판이 여전했다.

이것은 우리 국민을 자극할 미군 범죄가 언제든 발생하면 SOFA 개정의 목소리가 다시 높아질 가능성이 높다는 것을 의미했다. 예상대로 1992년 마이클 이병의 윤금이 씨 살해 사건, 1995년 미군의 충무로 지하철역 난동 사건, 2000년 매카시 상병의 이태원 여종업원 살해 사건 등이 일어날 때마다 SOFA 개정에 대한 목소리가 다시 높아졌다. 불평등 조항이 끊임없이 사회문제로 확대되면서 2차 개정을 피할 수 없었다. 2차 개정안은 우여곡절 끝에 2000년 12월 28일 가서명되고 2001년 4월 2일 발효되었다. 신병 인도 시점을 앞당기고 환경 조항을 넣은 것이 2차 개정안의 가장 큰 특징이었다.

종전에는 신병 인도 시기가 최종 확정판결 후였으나 살인, 강간, 유괴,

마약, 방화, 강도, 폭행치사, 상해치사, 음주운전 치사 등 주요 12가지 범죄에 대해서는 신병 인도 시기가 기소 이후로 앞당겨졌다. 환경 조항은 미국이 80여 개국과 체결한 SOFA 중 독일에 이어 세계 두 번째라는 점에서 우리 정부의 자부심이 컸다.

그럼에도 ▲공무 중 발생한 미군 범죄에 대해 한국이 재판권을 행사할 수 없는 점 ▲미국 대표의 참여 없는 피의자 또는 피고인 진술의 유죄 증거 채택이 불가능한 점 ▲공무 여부를 우리 법원이 판단하는 것이 아니라 미군 장성이 발급하는 공무증명서가 기준이 된다는 점 등에는 변함이 없어 여전히 논란이 되었다. 환경 조항도 선언적인 내용일 뿐 환경오염 제거 비용의 부담 등 구체성이 결여되어 비판을 받았다.

이에 대해 개정을 추진한 외무부는 ▲2차 개정안이 미·일 SOFA에 비해 불리하지 않고 ▲외국 군대가 공무를 수행하다 발생한 사건에 대해 군대 파견국이 재판권을 행사하는 것은 독일·일본 등 세계 모든 SOFA의 기본 원칙이며 ▲미·일 SOFA도 미국이 발급한 공무증명서를 공무 여부 판단의 근거로 인정하고 있다는 점을 들어 비판이 과도하다고 항변했다. 그러면서 우리나라가 외국에 군대를 파견할 때 맺은 SOFA도 공무든 비공무든 모든 재판권이 우리에게 있고 독일·일본 모두 중요한 사건의 경우 재판권 행사율이 우리와 비슷하다고 주장했다.

특히 2002년 6월 미군 장갑차에 의한 여중생 사망사건이 일어났을 때는 미군의 공무 중 과실이 분명해 미 군사법에 따라 무죄 평결이 내려진 것인데도 일부 세력이 SOFA의 불평등성을 들먹이며 근거 없는 증오심을 심어주고 부추겨 한미 관계의 갈등을 증폭시켰다고 비판했다. SOFA에 대한 논란은 이 땅에 미군이 존재하는 한 사라지지 않을 것이다. 미군의 주둔 여부는 확성기로 무장한 일부 단체의 목소리가 아니라 전적으로 국민이 판단할 문제다.

효순·미선 경기도 양주군 광적면 56번 지방도로에서 갓길을 걷고 있
던 14살의 신효순·심미선 두 여중생이 가교 운반용 미군
장갑차에 깔려 숨지는 사고가 발생한 것은 2002년 6월 13일 오전 10시 45
분쯤이었다. 사고는 온 나라가 한일 월드컵 열기로 뜨겁게 달아오르고 지
방선거가 실시된 날에 일어나 그다지 주목을 받지는 못했다. 그러다 보니
미군의 조사 결과 발표도 의례적이었다. 미군은 6월 19일 "관제병이 여중
생들을 30m 전방에서 발견해 운전병에게 경고하려고 했지만 소음이 심
해 제때에 경고하지 못해 발생한 고의성 없는 사고"라고 발표했다.

문제는 당시 한국 정서에서는 이성적인 '설명'보다 '사죄'가 앞서야 한다
는 것을 미군이 이해하지 못했다는 점이었다. 일부 시민단체들은 미 2사
단 캠프 앞에서 '살인 만행 주한 미군 규탄대회'를 열고, 사망대책위원회
는 미군 6명을 업무상 과실치사 혐의로 서울지검 의정부지청에 고소했다.
파문이 확산할 조짐을 보이자 7월 4일 주한 미군 사령관이 "미군이 사고
에 전적으로 책임이 있다"며 한발 물러서는 자세를 취했다.

두 미군은 미 군사법에 의거해 7월 5일 과실치사 혐의로 기소되었다.
우리 정부는 사안의 중요성을 감안해 장갑차 탑승 미군에 대한 1차 재판
권을 미군이 포기하도록 요청했다. 이는 공무수행(훈련) 중에 일어난 미군
범죄에 대한 형사재판권을 우리 측에 넘겨달라고 한 것으로, 1966년 '한
미주둔군지위협정'(SOFA) 체결 후 요청한 최초의 사례였다. 그러나 미군
이 SOFA 규정에 의거해 자신들이 재판권을 행사하겠다고 우리 정부에
통고함으로써 재판은 미군 영내에서 진행되었다.

재판이 진행되는 동안 미군 장갑차가 고의로 여중생들을 치어 여러 차
례 밟고 지나갔다는 등의 온갖 거짓 루머가 숨진 여중생의 끔찍한 현장
사진과 함께 인터넷과 거리 전시회를 통해 빠르게 확산하면서 사태는 예
측 불허로 치달았다. 11월 말, 미 군사재판이 이 사건을 과실로 인정해

종로거리에 모인 시민들이 효순·미선 양을 추모하며 촛불로 거리를 밝히고 있다(2002.12.31).

두 미군에게 무죄 평결을 내린 것도 사태를 악화시켰다. 무죄 평결을 내리면 우리 검찰이 더 이상 항소할 수 없는 SOFA 규정에 따라 사법적 판단은 마무리되었고 두 병사는 서둘러 미국으로 건너갔다.

미군은 원칙대로 처리했다고 항변했지만 정서상 이를 수용하지 못하고 SOFA 개정을 요구하는 시위대에 감정적으로 동조하는 사람이 많다면 상황은 달라진다. 결국 부시 대통령을 비롯해 럼즈펠드 국방장관, 허버드 주한 미 대사, 러포트 주한미군사령관 등까지 나서 유감을 표명하거나 사과해야 했다. 하지만 SOFA 개정이 목표였던 시위대에게 부시 대통령의 사과는 성이 차지 않았다. 하루가 멀다하고 효순·미선 양을 추모하는 촛불집회가 열리면서 전국은 반미 열기로 넘쳐났다.

조직적인 반미 촛불집회는 2002년 11월 26일 서울 종로 YMCA회관 앞에서 100여 명의 SOFA 개정론자들이 모여 촛불을 들고 '불평등한 한미 관계 개선', '미군 사과' 등을 요구하면서 점화되었다. 한 네티즌의 제안에 따라 11월 30일 집회 장소가 미 대사관 옆 광화문 사거리로 옮겨지면서 그곳은 연일 주한 미군의 성토장이 되었다.

열기는 뜨거웠다. 그해 6월 월드컵 4강 신화가 달성되는 과정에서 한국인들이 보여주었던 폭발적인 에너지가 다시 분출하는 듯했다. 오후 6시가 되면 촛불을 든 학생·회사원들이 매일 광장을 메웠고 주말이면 수만 명의 촛불이 광장을 수놓았다. 1년 동안 계속된 촛불집회에는 연인원 500

만 명이 참가했다.

영화감독 박찬욱은 삭발 투쟁을 벌였고 윤도현 밴드, 안치환, 권진원, 이적, 이은미, 싸이 등 유명 가수들은 거리 공연을 주도했다. 가수 신해철은 자신이 진행하는 방송을 통해 두 여중생의 죽음을 널리 알렸다. 심지어 북한의 7세 작곡가 신동은 여중생을 추모하는 노래를 만들고 평양의 한 중학교는 명예 졸업장을 수여했다. 진보 세력이 효순·미선 양을 그해 12월 19일 치러진 제16대 대통령선거에 적극 활용하면서 대선 판세도 요동을 쳤다.

이봉주 한국 마라톤 최고기록 수립
쉽게 피로를 느끼지 않는 '철의 심장'과 지구력 그리고 훈련을 묵묵히 소화해내는 성실함이 있었다.

이봉주(1970~)는 가정 형편이 어려워 육상에 도움이 되는 학교를 찾다 보니 고등학교를 세 곳이나 옮겨 다녔다. 천안농고, 삽교고, 광천고를 전전하며 싹을 틔운 재능이 마침내 꽃을 피운 것은 1990년 서울시립대(야간) 입학을 보장해준 서울시청에 입단하고부터였다. 장거리를 뛰다가 처음 마라톤 풀코스를 완주한 1990년 10월 전국체전에서는 2위를 차지했다. 동갑내기 황영조가 최우수선수로 뽑힌 1990년 11월의 부산~서울 역전 경기대회에서는 최우수 신인상을 받아 가능성을 인정받았다.

이봉주가 본격적으로 마라톤에 뛰어든 것은 황영조가 바르셀로나 올림픽에서 우승해 '몬주익의 영웅'으로 불리던 1992년 여름이었다. 체력만 보강하면 중장거리로 다져진 스피드로 단박에 좋은 기록을 낼 것 같았지만 마라톤은 단순한 거리의 연장이 아니었다. 사실상 데뷔 무대인 1992년 대구 전국체전에서는 2시간 20분대의 초라한 기록을 냈고 1993년 3월의 동

이봉주(1970~)

아 마라톤에서는 12위에 그쳤다.

이봉주가 주목을 받은 것은 1993년 10월의 광주 전국체전 때였다. 그는 이 대회에서 2시간 10분 27초로 첫 우승의 기쁨을 누렸다. 그해 12월 벌어진 호놀룰루 국제마라톤대회에서도 2시간 13분대의 기록으로 정상에 오르자 '독사'로 불리는 코오롱 정봉수 감독이 이봉주를 불러들였다. 당시 코오롱에는 김완기, 황영조 등 국내 톱 마라토너들이 포진하고 있었다.

이봉주는 정봉수 감독의 혹독한 조련을 받아 1994년 4월 보스턴 마라톤대회에서 2시간 9분대의 호기록(11위)을 세웠다. 황영조는 이 대회에서 2시간 8분 7초를 기록, 종전 한국신기록을 27초나 앞당기며 4위로 골인했다. 이봉주는 1994년 9월의 조선일보 마라톤과 1995년 3월의 동아일보 마라톤에서 우승, 황영조를 이을 차세대 주자로 부각되었다. 황영조는 성적 부진으로 1996년의 애틀랜타 올림픽 출전이 좌절되자 1996년 4월 아직 한창 뛸 나이에 은퇴해 국민을 실망시켰다.

이봉주는 1996년 8월 4일 애틀랜타 올림픽에서 불과 3초 차이의 아쉬운 2위(2시간 12분 39초)로 결승선에 골인했다. 이봉주는 여세를 몰아 1998년 4월 19일 로테르담 대회에서 2시간 7분 44초(2위)로 골인, 4년 전 황영조가 세운 한국 최고기록을 갈아 치웠다. 그해 12월 방콕아시안게임에서도 우승, 이봉주의 시대가 만개하는 듯했다. 그러나 1999년 4월 런던 마라톤에서 12위에 그치면서 시련이 시작되었다. 발 부상도 그를 괴롭혔지만 정봉수 감독의 스파르타식 지도에 대해서도 회의가 생겼다. 1999년 9월 혼자 숙소를 이탈했다가 되돌아오고, 이 일을 계기로 코오롱이 팀 정비에 나서자 후배들과 함께 사표를 냈다. "스승을 배신했다"는 비난 여론이 쏟아졌고 한국 육상계에도 충격을 안겨주었다.

세계 유일의 4연속 올림픽 출전, 아시안게임 2연패

이봉주 없는 코오롱, 코오롱 없는 이봉주는 상상조차 할 수 없었다. 무엇보다 이봉주 개인의 마라톤 인생이 가장 큰 위기였다. 마라톤은 그의 전부였고 포기할 수 없었다. 충남 보령과 경남 고성의 여관을 전전하며 달리고 또 달렸다. 그렇게 출전한 2000년 2월 13일의 도쿄 마라톤대회에서 2시간 7분 20초를 기록, 자신이 2년 전 세운 한국 최고기록을 24초나 앞당기는 쾌거를 이뤄냈다. 1위보다 불과 5초 늦은 2위로 골인해 아쉬움을 남겼지만 결승선을 지나는 순간, 이봉주의 표정은 환희에 찼다. 그동안 가슴속에 맺혔던 응어리가 한꺼번에 풀린 듯 오인환 코치를 부둥켜안은 채 눈물을 글썽거렸다. 10개월 전 런던 대회에서 근육 경련으로 부진한 후, 재기 무대에서 다시 일어섰다는 감격도 컸지만 무엇보다 '코오롱 사태'를 겪어 훈련 공백에 대한 우려를 말끔히 씻어냈다는 점에서 감정이 복받쳐올랐다. 그가 이때 세운 한국 신기록은 지금까지도 깨지지 않고 있다.

이봉주는 마라토너로서는 부적합한 신체 구조를 타고났다. 왼발 254mm, 오른발 250mm의 짝발에 발바닥은 거의 평발에 가까웠다. 그러나 그에게는 쉽게 피로를 느끼지 않는 '철의 심장'과 지구력 그리고 엄청난 훈련을 묵묵히 소화해내는 성실함이 있었다. 현역 시절 이봉주의 기상 시간은 무조건 5시였다. 이 규칙은 선수 생활 내내 아버지의 장례식을 빼고는 단 하루도 어긴 적이 없다. 비가 오건, 눈이 오건, 태풍이 불건 예외가 없었다. 심지어 프랑스로 떠난 신혼여행 때도 새벽에 파리 시내를 뛰었다.

이봉주는 황영조가 풀코스를 8회 완주하고 은퇴한 것과 달리 2009년 12월 은퇴할 때까지 41회나 풀코스를 완주하는 끈기를 보였다. 마라톤 풀코스를 뛰기 전 마라토너가 몸을 만들기 위해 매주 330km씩 12주 동안 뛴다는 점을 감안하면 이봉주가 달려온 거리는 지구를 거의 4바퀴나 돈 셈이다. 이봉주는 평소 "달리지 않으면 허전하다"고 했다. 황영조는 "이봉주처럼 앞만 보고 뛰는 선수를 본 적이 없다"고 했다.

이봉주는 2001년 4월 17일, 6년 전 11위에 그쳤던 보스턴 마라톤을 한국인으로는 51년 만에 제패하고, 2002년 10월 부산에서 아시안게임 2연패를 달성해 명실상부한 한국 최고의 마라토너가 되었다. 그러나 2004년 아테네 올림픽 때 2시간 15분대 기록으로 14위에 그치면서 내리막길을 걷기 시작했다. 나이에 따른 체력 저하와 고질적인 발바닥 부상이 부담을 가중했다.

한물간 것처럼 보였으나 이봉주는 2007년 3월 동아마라톤에서 2시간 8분 4초를 기록하며 1위로 골인, 화려하게 부활하는 모습을 보였다. 자신의 한국 최고기록에 불과 44초 뒤진 이날의 기록으로 여전히 세계 톱 클래스 마라토너라는 것을 입증해 보였다. 그리고 2009년 10월 전국체전에 마지막으로 출전해 2시간 15분 25초를 기록하고 은퇴했다. 세계에서 유일한 4연속 올림픽 출전, 아시안게임 2연패, 41번의 완주라는 대기록을 작성하고 20년 마라톤 인생의 막을 내린 것이다.

황영조 마지막 2km. 바르셀로나 올림픽 주경기장으로 가는 내리막길을 달려가며 황영조(1970~)는 이를 악물었다. 곁눈질을 해보니 35km 지점부터 함께 선두를 지켜온 일본의 모리시타도 지친 기색이 역력했다. 황영조 역시 탈진 상태였지만 마지막 투혼을 불사르며 40km 지점부터 뛰쳐나갔다. 모리시타는 점점 뒤로 처졌고 황영조는 마침내 2시간 13분 23초 만에 112명의 선수 중 가장 먼저 결승선을 통과했다. 시간은 1992년 8월 9일 밤 8시 23분을 가리키고 있었다.

황영조 개인으로는 마라톤 풀코스 도전 4번째 만에 이뤄낸 쾌거였다. 국가적으로는 올림픽 메인 스타디움에 울려퍼진 첫 애국가였으며 아시아 선수로는 1936년 손기정에 이어 두 번째였다.

황영조(1970~)

강원도 삼척에서 태어난 황영조는 해녀를 어머니로 둔 덕에 심폐 기능이 뛰어났고 강인한 체력과 정신력을 자랑했다. 강릉 명륜고 1학년 때 본격적으로 육상을 시작해 1990년 코오롱에 입단한 후에는 한동안 중장거리 선수로 활약했다.

1990년 전국체육대회에서 5,000m와 1만m에서 대회 신기록을 수립하며 금메달을 따는 등 장거리에서 실력을 발휘하던 그가 한국 마라톤의 기대주로 떠오른 것은 1991년 3월 처음 풀코스에 도전한 동아마라톤 대회였다. 당시 코칭 스태프는 마라톤 완주 경험이 전혀 없는 황영조에게 동료 선수들의 기록을 끌어올리기 위한 페이스 메이커 역할을 주문했다. 황영조는 페이스 메이커였기에 따로 훈련을 하지 않았고 출전에도 큰 의의를 두지 않았다.

그런데도 처음 달려본 마라톤에서 모두의 예상을 깨고 2시간 12분 35초로 당당히 3위를 기록, 일약 무서운 아이로 주목을 끌었다. 당시 한국 최고기록인 2시간 11분 34초에 불과 1분 1초 뒤진 호기록이었다. 그해 7월에는 영국 셰필드에서 벌어진 유니버시아드대회에서 2시간 12분 40초로 우승, 건국 이후 국제종합대회 마라톤 첫 우승의 기쁨을 한국 마라톤계에 안겨주었다.

1992년 2월 일본 벳푸-오이타 마라톤에서는 마의 10분벽을 깨며 종전의 한국 최고기록을 2분 15초나 단축한 2시간 8분 47초의 기록(2위)으로 결승선을 통과하더니 마침내 그해 8월에 열린 바르셀로나 올림픽에서 우승까지 거머쥐었다. 그날 밤잠을 설치며 TV 앞을 지키던 온 국민은 1936년 베를린 올림픽에서 손기정이 나라를 빼앗긴 설움을 울분으로 토해낸 바로 그날로부터 정확히 56년 만의 영웅 탄생에 일제히 환호성을 터뜨렸다. 관중석에서 현장을 지켜본 손기정은 눈물을 글썽이며 위대한 후배와 감격의 포옹을 했다.

이후 황영조는 '몬주익 언덕의 영웅', '한국 신기록 제조기' 등의 애칭과 함께 가장 사랑받는 스포츠맨이 되었다. 황영조는 1994년 4월 보스턴 마라톤대회에서 2시간 8분 9초의 한국 최고기록을 세우고 그해 10월 히로시마 아시안게임에서도 우승해 유니버시아드, 올림픽, 아시안게임 3개 종합대회를 모두 석권한 유일한 선수가 되었다.

그러나 한꺼번에 몰려온 인기와 부가 너무 버거웠을까. 1996년 4월 15일 황영조는 은퇴를 선언했다. 이유는 육상경기연맹이 1996년 애틀랜타 올림픽에 출전할 3명의 선수를 뽑는 기준으로 조선일보·동아일보 마라톤 기록순을 제시했으나 황영조가 두 대회에서 좋지 않은 성적을 냈는데도 연맹이 황영조를 예비선수 명단에 올린 게 발단이었다. 이미 선발된 3명이 불안감을 감추지 못하는 가운데 황영조는 3명 중 1명을 희생시켜 자신이 출전할 경우 공정성에 위배된다며 자신에게 쏟아질 비난이 부담스러워 은퇴를 결심했다.

그의 은퇴 소식에 언론은 연맹의 안이한 행정을 탓하면서도 황영조를 두둔하지만은 않았다. 마라토너는 30대가 전성기인데 한창 나이인 26세 은퇴가 올림픽같이 화려한 무대만을 좇는 것처럼 비쳤기 때문이다. 국민들로서는 안타까움보다는 섭섭함이, 섭섭함보다는 실망감이 앞선 은퇴였다. 현역 시절 10여 년 동안 황영조가 완주한 것은 모두 8번뿐인 반면 동갑내기 이봉주는 2009년 12월 은퇴할 때까지 41회나 풀코스를 완주한 것도 비교되었다.

마라톤 세계 최고 기록 변천사 세계 최초의 마라톤 기록은 1896년 제1회 아테네 올림픽에서 스피리돈 루이스(그리스)가 세운 2시간 58분 50초다. 그러나 공식 기록은 42.195㎞가 정착된 1908년 런던 올림픽을 기준으로 삼고 있다. 당시 올림픽에 출전한 존 헤이스(미국)가 세운 기록은 2시간 55분 18초. 이후 마라톤 기록은 급속히 단축되어 1925년 앨버트 미켈슨(미국)이 2시간 29분 2초의 기록으로 2시간 30분 벽을 깼다. 손기정은 1935년 11월 3일 일본의 메이지신궁대회에서 2시간 26분 42초로 결승테이프를 끊어 세계 최고기록을 갈아 치웠다. 손기정이 1936년 베를린 올림픽에서 수립한 2시간 29분 19초는 올림픽 최고기록이다.

손기정의 기록은 1947년 4월 21일 보스턴 마라톤에서 2시간 25분 39초를 기록한 한국의 서윤복에 의해 12년 만에 깨졌다. 이후 제임스 피터스(영국)가 1953년 9월 12일 2시간 19분 22초로 20분 벽을 깨뜨렸고 맨발의 아베베는 1960년 9월 로마 올림픽에서 2시간 15분 16초로 세계 최고기록을 수립했다. 아베베는 1964년 10월 21일, 도쿄 올림픽에서도 2시간 12분 11초로 자신의 세계 최고기록을 갈아 치웠다.

1967년 12월 3일 데릭 클레이턴(호주)이 일본 아사히 마라톤대회에서 2시간 9분 36초를 기록, '마의 10분 벽'을 돌파하고 1969년 5월 30일 역시 클레이턴이 호주 마라톤대회에서 2시간 8분 33초를 기록, '9분 벽'을 허물었다. 이후 1980년대 중반까지 세계 마라톤은 정체기였다. 그러던 중 1985년 4월 21일 카를로스 로페스(포르투갈)가 로테르담 대회에서 2시간 7분 12초를 기록해 '8분 벽'을 깨뜨렸고 1988년 4월 1일 벨라이네 딘사모(에티오피아)가 로테르담 대회에서 2시간 6분 50초의 기록으로 '7분 벽'을 깨뜨리며 6분 벽을 위협했다.

한동안 2시간 8~10분대에 머물며 좀처럼 깨지지 않던 세계기록은 1998년 9월 20일 호나우두 다 코스타(브라질)가 베를린 마라톤대회에서 2시간 6분 5초를 기록, 10년간의 침묵을 깼다. 1999년 10월 24일 할리드 하누치(미국)가 시카고 마라톤대회에서 2시간 5분 42초를 기록하며 '5분대 시대'로 접어들었다. 2003년 9월 28일 폴 터갓(케냐)이 베를린 마라톤에서 2시간 4분 55초로 우승, 인간 한계로 여겨지던 2시간 5분 벽을 깨뜨려 세계를 놀라게 했다. 흥미로운 것은 터갓의 페이스 메이커로 출전한 새미 코리르(케냐)가 터갓보다 불과 1초 늦은 2시간 4분 56초로 골인, 두 사람이 한꺼번에 마라톤 종전 기록을 갈아치웠다는 점이다.

기록은 계속 경신되었다. 하일레 게브르셀라시에(에티오피아)가 2007년 9월 베를린 마라톤에서 2시간 4분 26초의 세계 최고기록을 세우고 2008년 9월 28일에도 같은 대회에서 2시간 3분 59초를 세워 세계를 놀라게 했다. 2014년 8월 현재 세계 최고기록은 윌슨 킵상(케냐)이 2013년 9월 29일 베를린 마라톤에서 기록한 2시간 3분 23초다. 여자 최고기록은 2003년 4월 13일 영국의 폴러 래드클리프가 수립한 2시간 15분 25초다.

▶ 마라톤 세계기록 변천사   ※시간은 2시간대

기록	이름 (국적)	일자	기록	이름 (국적)	일자
55.18	존 헤이스 (미국)	1908.7.24	07.12	카를로스 로페스 (포르투갈)	1985.4.21
29.02	앨버트 미켈슨 (미국)	1925.10.12	06.50	벨라이네 딘사모 (에티오피아)	1988.4.1
26.42	손기정 (한국)	1935.11.3	05.42	할리드 하누치 (미국)	1999.10.24
25.39	서윤복 (한국)	1947.4.21	04.55	폴 터갓 (케냐)	2003.9.28
19.22	제임스 피터스 (영국)	1953.9.12	03.59	하일레 게브르셀라시에 (에티오피아)	2008.9.28
15.16	아베베 (에티오피아)	1960.9.10	03.38	패트릭 마카우 (케냐)	2011.9.25
12.11	아베베 (에티오피아)	1964.10.21	03.23	윌슨 킵상 (케냐)	2013.9.29
09.36	데릭 클레이턴 (호주)	1967.12.3			

오늘날 세계 최고기록의 산실은 베를린 마라톤이다. 역대 마라톤 1,2,3위 기록이 모두 베를린에서 나왔기 때문이다. 인간 한계의 종착점은 어디일까. 스포츠생리학자들은 "최적의 날씨와 코스 그리고 생리학적 심폐 기능, 근육 구조를 완벽한 상태로 만들고 과학적인 주법만 더욱 개발된다면 1시간 57분까지 가능하다"고 보고 있다.

태권도 시드니 올림픽 정식 종목 채택
경기가 끝난 후 사마란치 IOC 위원장은 "만족이다. 어느 종목보다 훌륭했다"고 찬사를 보냈다.

"차렷" "경례" "준비" "시작" "그쳐". 2000년 9월 27일 오전 9시 호주의 시드니 올림픽 파크 스테이트 스포츠센터에 한국어로 된 기합 소리가 쩡쩡 울려 퍼졌다. 그것은 우리나라의 국기 태권도가 올림픽 무대에 처음 정식 종목으로 등장했음을 알리는 탄생의 소리였다. 또한 1960년대부터 세계 각지로 퍼진 태권도 사범들이 160여 개국에서 피땀 흘려 키운 결실이었으며 1973년 세계태권도연맹의 창설 후 27년 만에 이뤄진 역사적인 순간이었다. 더구나 대부분 영어로 진행되는 다른 올림픽 종목과 달리 일본의 유도, 프랑스의 펜싱 등과 함께 종주국 용어를 당당히 사용해 한국인의 가슴을 뿌듯하게 했다.

첫날 경기장 귀빈석에는 후안 안토니오 사마란치 IOC 위원장을 비롯해 후안 카를로스 스페인 국왕, 헨리 키신저 전 미 국무장관, 이건희 IOC 위원, 김운용 세계태권도연맹 총재 등 세계 스포츠계의 거물급 100여 명이 자리를 잡고 올림픽에 처음 등장한 태권도 경기를 지켜보았다. 경기가 끝난 후 사마란치 IOC 위원장은 "만족이다. 어느 종목보다 훌륭했다"고 찬사를 보냈다.

국기원에서 열린 제1회 세계태권도선수권대회 개막식(1973.5.25)

'한국의 태권도'가 '세계의 태권도'로 비상하기 시작한 것은 1973년이었다. 19개국 200여 명이 참가한 제1회 세계태권도선수권대회가 서울에서 개최된 것이 그해 5월 25일이고, 세계태권도연맹이 서울에서 창립된 것도 같은 해 5월 28일이기 때문이다. 이후 태권도는 1981년 월드게임에 정식 종목으로 채택된 것을 시작으로 아프리칸게임, 팬암게임, 중미카리비안게임, 굿윌게임 등 올림픽을 제외한 거의 모든 국제대회에 단골손님으로 등장했다. 1988년 서울 올림픽과 1992년 바르셀로나 올림픽 때는 시범 종목으로 치러졌다.

태권도가 올림픽의 정식 종목으로 채택되는 과정은 순탄치 않았다. 1991년 6월 영국 버밍엄에서 열린 IOC 프로그램위원회의 문을 노크했으나 9-11로 IOC 집행위 상정이 부결되어 첫 시련을 안겨주었다. 반대 국가 중에는 일본과 북한도 있었다. 일본은 태권도가 올림픽 종목이 될 경우 입지를 잃게 될 가라테의 보호를 위해 방해 공작을 집요하게 폈고, 북한은 국제태권도위원회(총재 최홍희)를 내세워 공공연하게 "두 개의 한국을 조장한다"며 사정을 잘 알지 못하는 외국 언론에 호소했다.

그래도 우리의 노력은 멈추지 않았고, 그 결과 1994년 9월 4일 파리에서 열린 제103차 IOC 총회에서 출석위원 전원의 만장일치로 2000년 시드니 올림픽 정식 종목으로 결정되었다. 이로써 태권도는 세계로 전파되어 나간 지 불과 30년 만에 '지구촌 스포츠'로 공인을 받았다. 또한 1964년 도쿄 올림픽 때 첫선을 보인 일본의 유도에 이어 아시아 고유 스포츠로서는 두 번째로 올림픽에 깃발을 꽂게 되었다.

2000년 시드니 올림픽에는 남녀 4체급씩 모두 8개의 금메달이 걸렸다. 이 메달을 놓고 겨룬 국가는 51개국이었다. 이 가운데 개최국인 호주를 비롯해 스페인, 프랑스, 이탈리아 등 30개 출전국 올림픽 지도자들은 해외로 진출한 한국인 사범이었다. 첫 금메달은 2000년 9월 27일 여자 49kg 이하급에서 나왔다. 영광의 주인공은 호주의 여자 선수였다. 같은 날 58kg 이하급에서는 그리스 선수가 남자 첫 금메달을 차지했다. 태권도는 심판 판정 시비 등 잡음 하나 없이 두 경기 결승전을 모두 끝내 합격점을 받았다.

한국은 종주국의 금메달 독식을 방지하기 위한 조치로 8체급(남녀 4체급씩) 가운데 4체급만 참가했는데도 금 3, 은 1개의 호성적을 거뒀다. 한국에 첫 금메달을 안겨준 선수는 정재은이었다. 그는 9월 28일 열린 여자 57kg급 결승에서 베트남 선수를 2-0으로 꺾고 우승했다. 신준식은 같은 날 벌어진 남자 68kg 이하급에서 은메달에 그쳤지만 한국의 태권도 관계자들은 섭섭해하지 않았다. 한국이 모두 금을 독식할 것이라는 다른 나라의 의구심을 없애야 태권도가 올림픽 영구 종목으로 채택될 가능성이 높아지기 때문이었다. 정재은에 이어 이선희(67kg), 김경훈(80kg 이상)이 정상에 올라 태권도는 한국의 메달밭 역할을 했다.

세계 각지로 퍼진 태권도 사범들이 피땀 흘려 키운 결실

태권도는 여느 경기 못지않게 인기가 높았다. 전 경기 입장권이 바닥났고 경기 내내 관중이 5,000석의 좌석을 가득 메웠다. 그 덕에 2000년 12월, 4년 후 열릴 아테네 올림픽의 정식 종목으로 또다시 채택되어 영구 종목의 가능성을 높여주었다.

하지만 이후 태권도는 올림픽이 열릴 때마다 '올림픽 퇴출설'에 시달렸다. 경기가 지루하다는 평에 악성 판정 시비까지 겹쳤다. 2004년 아테네 올림픽 때는 자크 로게 IOC 위원장이 관전하던 면전에서 판정 시비가 붙었고, 2008년 북경 올림픽 때는 판정에 반발한 선수가 코트 위에서 심판을 돌려차기하는 사고도 일어났다. 2012년 런던 올림픽 퇴출 종목을 결정했던 2005년 싱가포르 IOC 총회에서는 태권도가 2표 차로 아슬아슬하게 살아남아 가까스로 퇴출 고비를 넘기기도 했다.

체질 개선에 나선 태권도는 2012년 런던 올림픽 때 전자 호구와 비디오 판독 시스템을 도입했다. 대체로 "많이 개선되었다"는 평가를 받았지만 신문 한 면의 3분의 2를 털어 '태권도는 재미없다'는 기사를 쓴 뉴욕타임스처럼 부정적인 반응도 여전했다. "후원하는 글로벌 스폰서가 없다", "TV 시청률이 안 나온다"는 등 태권도의 약점을 쿡쿡 쑤셔대는 다른 종목의 딴죽걸기도 다시 시작되었다. 그래도 IOC는 2013년 9월 아르헨티나의 부에노스아이레스 총회에서 2020년 도쿄 올림픽 대회 종목에 태권도를 포함시켰다.

제27회 시드니 올림픽은 199개국에서 1만 5,300여 명의 선수단이 참가한 가운데 2000년 9월 15일 개막되었다. 한반도기를 앞세운 남·북한 선수단 180명은 200개국 가운데 96번째로 메인 스타디움에 나란히 들어서 11만 관중의 환영을 받았다. 분단국이 하나의 깃발 아래 동시 입장한 것은 1896년 근대 올림픽 부활 이후 처음이었다. 평화와 화합이라는 올림픽 이념을 가장 잘 구현하며 새 밀레니엄의 첫 지구촌 스포츠 제전을 빛낸 역사적 사건이었다.

한국은 금메달 8개, 은메달 10개, 동메달 10개로 종합 12위를 차지했으나 5연속 종합 10위 진입에는 실패했다. 태권도의 금 3개를 뺀다면 5개의 금메달에 불과한 기대 이하의 성적이었다. 양궁(3개), 태권도(3개), 펜싱·레슬링(각각 1개) 등 특정 종목에 치중된 메달 편식 현상도 문제점으로 지적되었다.

윤미진은 여자 양궁 개인·단체전을 석권해 2관왕을 차지했다. 양궁의 신궁 김수녕은 단체전 우승으로 한국 선수 중 유일하게 하계올림픽 최다 관왕(4관왕)의 영예를 안았다. 남자 양궁 단체전도 12년 만에 정상을 차지했다. 김영호는 펜싱 남자 플뢰레에서 펜싱 사상 첫 금메달을 목에 걸고 한국 펜싱사를 새로 썼으며, 심권호는 레슬링 그레코로만형을 2연패했다.

김운용 김운용(1931~)은 대구의 부유한 집안에서 태어나 학창 시절 유도, 복싱, 태권도, 스케이트 등을 배운 만능 스포츠맨이었다. 경동고를 졸업하고 1949년 연세대 정치외교학과에 입학해 외교관을 꿈꿨으나 1950년 발발한 6·25로 인해 20대를 군 장교로 보내야 했다. 종전 후에는 군인 신분으로 미국 웨스턴대에서 1년 반 동안 정치학을 공부하고 돌아와 중도에 포기한 연세대 정치외교학과를 1960년 졸업했다. 1961년 6월 중령으로 예편한 후에는 송요찬 내각수반과 박정희 최고회의 의장 등의 비서관으로 근무하다 1963년 주미 대사관 참사관으로 임명되어 외교관으로 첫발을 내디뎠다. 이후 UN 대표부와 영국 대사관의 참사관으로 활동하다가 1968년 청와대 경호실의 자문역으로 발령을 받았다.

삶에 중대 변화가 일어난 것은 박종규 대통령 경호실장의 권유로 태권도협회 회장을 맡은 1971년 1월이었다. 당시 태권도계는 청도관, 무덕관, 지도관, 강도관 등 8대 문파를 비롯해 30개 문파가 난립했다. 김운용은 이 문파들을 정리·통합하는 한편 태권도인들의 숙원이던 중앙도장을 건립해 태권도 천하통일의 발판으로 삼았다. 중앙도장 국기원은 1972년 11월 서울 역삼동 산꼭대기에 준공되었고 김운용은 초대 국기원장에 취임했다. 김운용이 다음 단계로 손을 댄 것은 단증 발급의 통일 작업이었다. 당시 체육관들의 수입원은 승단 심사와 단증 발급을 통해 받는 돈이 주류

김운용(1931~)

였다. 김운용은 점차적으로 이 권한을 국기원으로 이관하고 경기 규정도 통일했다.

이렇게 국내 태권도계를 평정한 그가 다음 단계로 팔을 걷어붙인 것은 태권도 세계화였다. 1973년 5월 25일 서울에서 19개국 200여 명이 참가한 제1회 세계태권도선수권대회를 개최하고 5월 28일 세계태권도연맹 창립총회를 열어 자신이 초대 총재로 취임했다. 1975년에는 태권도를 국제경기연맹총연합회에 가입시켜 세계적인 스포츠로 공인을 받는 한편 사범들의 해외 진출을 적극적으로 지원했다. 김운용은 1981년 88 올림픽 서울 유치 때도 주역으로 활동했다.

1971년 태권도협회장 취임에 이어 김운용의 인생에서 두 번째로 큰 전기는 1986년 10월 17일 IOC 총회에서 IOC 위원으로 피선된 것이다. 한국인으로는 6번째였다. 10월 25일에는 국제경기연맹총연합회 총회에서 만장일치로 회장에 피선되어 국제 스포츠계에서도 입지를 강화했다. 1988년 8월에는 IOC의 내각이라 할 11인의 집행위원회 멤버가 되고 1989년 1월에는 IOC의 2인자 격인 TV분과위원장을 맡아 당시 사마란치 IOC 위원장의 두터운 신임을 얻었다.

IOC 위원장에 도전했으나 세계 스포츠의 높은 벽에 가로막혀 실패

김운용의 최대 성과는 태권도를 올림픽 정식 종목으로 채택케 한 것이다. 김운용은 먼저 태권도를 88 서울 올림픽과 92 바르셀로나 올림픽 시범 종목으로 채택되도록 했다. 뒤이어 1994년 9월 4일 파리에서 열린 IOC 총회에서 2000년 시드니 올림픽의 정식종목으로 결정되도록 하는 데 주도적인 역할을 했다. 더불어 사마란치 위원장의 신임을 받아 1992년

IOC 부위원장에 피선되고 1993년 대한체육회장과 대한올림픽위원회 위원장까지 겸임해 한국 스포츠계의 절대 권력자가 되었다.

2001년 7월에는 자신의 인생에 세 번째 전기가 될 IOC 위원장에 도전했다. '세계 스포츠 대통령' 도전은 동양인으로는 처음이었다. 그러나 세계 스포츠의 벽은 높고 완강했다. 110명의 IOC 위원 가운데 57명이나 되는 유럽 쪽 위원 대부분이 똘똘 뭉친 힘을 발휘하고 나머지 미주 지역 위원들도 '유색 인종'에 등을 돌렸다. 무엇보다 21년간 올림픽 권좌에서 막강한 권력을 휘두르며 IOC를 장악한 사마란치가 벨기에의 자크 로게를 후계자로 지목한 것이야말로 결정적인 패인이었다.

선거 패배 후 김운용에게 '호사(好事)'는 없고 '다마(多魔)'만 일어났다. 2002년 2월 솔트레이크시티 동계올림픽에서 김동성과 일본계 미국인 오노 간의 판정 시비가 불거져 우리 국민의 분노가 극에 달했을 때 이런 정서를 의식하지 않고 "성공적인 올림픽"이라고 평가했던 발언이 문제가 되면서 철옹성 같던 국내 입지가 흔들렸다. 이 여파로 2002년 3월 대한체육회장을 사퇴해야 했다. 2003년 7월 체코 프라하 IOC 총회 때는 사실이든 아니든 2010년 동계올림픽 개최지 투표 과정에서 강원 평창의 유치 '방해설'이 대두되어 또 한 번 논란에 휩싸였다.

결정적으로 그를 낙마시킨 것은 세계태권도연맹 후원금 유용 등 업무상 횡령과 외환관리법 위반 등으로 인한 구속(2004.1)이었다. 결국 김운용은 세계태권도연맹 총재 자리를 내놓았다. 2005년 1월 대법원에서 징역 2년에 추징금 7억여 원이 최종 확정되자 더 이상 버티지 못하고 2005년 5월 IOC 위원마저 자진 사퇴했다.

엄홍길·박영석, 히말라야 14좌 완등

박영석은 그렇게 안나푸르나의 품속에서 영원한 전설로 남게 되었다.

엄홍길(1960~)과 박영석(1963~2011)은 한국을 대표하는 동시대의 산악인이다. 엄홍길은 경남 고성에서 태어나 3살 때 도봉산 망월사 계곡으로 이사해 도봉산을 유년 시절과 청소년 시절의 놀이터로 삼았다. 1979년 고교 졸업 후에는 설악산 대피소 일을 도우며 전문 산악인의 꿈을 키웠다. 박영석은 서울에서 태어나 1983년 동국대 체육교육과에 입학한 뒤 전문 산악인의 길을 걸었다. 두 사람은 여느 산악인들처럼 세계 최고봉 에베레스트(8,848m)를 목표로 삼았다.

엄홍길은 1988년 9월 16일, 박영석은 1993년 5월 16일 에베레스트 첫 등정에 성공했다. 박영석은 엄홍길보다 늦긴 했으나 아시아 최초 무산소 등정이라는 점에서 빛났다. 하지만 박영석은 그 등반에서 후배 대원 2명이 추락사하는 비극을 겪었다.

엄홍길의 2번째 목표인 안나푸르나(8,091m)는 좀처럼 길이 열리지 않았다. 엄홍길은 1989년부터 1998년까지 안나푸르나에 4번이나 도전했으나 모두 실패했다. 1989년 등정 때는 동료 3명과 죽음의 이별을 하고 1997년에는 셰르파 1명을 잃었으며 1998년에는 자신이 절벽으로 굴러떨어져 중상을 입었다. 그런데도 포기하지 않고 1999년 4월 마침내 안나푸르나 등정에 성공했다. 하지만 이때도 하산 길에 여성 대원 지현옥과 셰르파를 잃는 아픔을 겪었다. 이처럼 안나푸르나는 그에게서 4명의 동료와 셰르파 2명을 앗아간 '죽음의 산'이었다. 엄홍길은 안나푸르나 등정을 시도하면서도 다른 8,000m급 도전을 병행했다. 1993년 초오유(8,201m), 1995년 마칼루(8,463m), 1996년 다울라기리(8,167m) 등 1996년까지 오른 8,000m 고봉이 11개나 되었다.

박영석이 그때까지 오른 히말라야의 8,000m
급 고봉은 총 14개 중 에베레스트(1993)와 안나
푸르나(1996)뿐이었다. 그러나 박영석은 '히말
라야의 탱크'라는 별명답게 지칠 줄 모르는 체
력과 불굴의 투혼을 지닌 타고난 산악인이었다.
1997년 거의 히말라야에 살다시피 하며 로체
(8,511m), 다울라기리 등 6곳에 올랐다. 한 해에
8,000m 고봉 6곳을 오른 것은 세계 산악계 사상

엄홍길(1960~)

처음이었다. 뒤이어 1998년 시샤팡마(8,012m), 1999년 칸첸중가(8,586m)
에까지 올라 박영석의 8,000m급 고봉 14좌 완등은 3곳만이 남았다.

엄홍길, 세계 최초 '14+2' 완등에 성공

빨라진 박영석의 발걸음에 엄홍길의 마음도 다급해졌다. 1999년 동상
으로 오른쪽 엄지와 둘째 발가락을 잘라내야 했던 낭가파르바트(8,125m),
KBS 기자와 후배 대원을 떠나보내야 했던 칸첸중가 등정에 성공함으로
써 이제 엄홍길에게 남은 마지막 고봉은 K2(8,611m)뿐이었다. 이 K2마저
2000년 7월 31일 마침내 등정에 성공함으로써 엄홍길은 세계에서 8번째,
아시아에서는 최초로 14좌 등정에 성공한 산악인 반열에 올랐다. 그러나
세계적으로 권위 있는 에베레스트닷컴이 시샤팡마와 로체 등정을 시비
삼으면서 엄홍길은 '완등 논란'에 시달렸다. 일부 고봉의 등정을 증명할
목격자와 사진이 없다는 게 이유였다.

세 곳을 남겨둔 박영석은 2000년 마칼루와 브로드피크(8,047m) 등정에
이어 2001년 7월 22일 마지막 남은 K2봉에까지 올라 세계에서 9번째 14
좌 완등의 주인공이 되었다. 엄홍길보다 한 해 늦긴 했으나 세계 최단기
간(8년 2개월)이라는 점에서 높은 평가를 받았다. 엄홍길은 2001년 5월 로

체, 2001년 9월 시샤팡마에 다시 올라 완등 논란 시비를 잠재웠다.

이후 두 거인의 행보는 각기 다르게 전개되었다. 엄홍길은 세계 최초의 '14+2' 완등을 목표로 삼았다. 그동안 위성봉으로 취급받다가 점차 독립봉으로 인정받는 추세에 있는 얄룽캉(8,505m)과 로체샤르(8,400m)가 목표였다. 박영석은 세계 최초 '산악 그랜드슬램' 달성에 열정을 쏟아부었다. 산악 그랜드슬램은 8,000m급 14좌 완등, 세계 7대륙 최고봉 완등, 에베레스트·북극·남극점 3극점 도달을 말한다.

각각의 과정은 험난했다. 엄홍길은 2003년 10월 5일 로체샤르의 남동릉을 경유해 8,250m까지 진출했을 때 죽음의 그림자와 맞닥뜨렸다. 갑자기 "쩡"하는 굉음과 함께 판상(板狀) 눈사태가 일어나 2명의 후배가 3,000m 아래로 추락했다. 후배들의 죽음을 슬퍼할 겨를도 없었다. 엄홍길은 자일도 없이 피로 물든 손으로 70도 경사의 빙설벽을 트래버스(비탈면 옆으로 횡단)하며 되돌아 내려오고서야 후배들의 죽음을 슬퍼할 수 있었다.

엄홍길은 2004년 5월 얄룽캉 등정에 성공한 후 다시 로체샤르에 도전했다. 2006년까지 세 번이나 실패를 거듭한 끝에 2007년 5월 31일 마침내 성공함으로써 '14+2' 완등을 이뤄냈다. 이날이 있기까지 엄홍길은 6명의 동료와 4명의 셰르파를 잃었다.

박영석, 세계 최초 '산악 그랜드슬램'에 성공

박영석은 세계 최초의 '산악 그랜드슬램' 달성을 위해 세계 7대륙 최고봉과 3극점에 도전장을 냈다. 2001년 7월 현재 7대륙 최고봉 중 에베레스트(1993), 이란고원 북부의 엘부르즈(5,686m·1993), 알래스카의 매킨리(6,195m·1994), 아프리카의 킬리만자로(5,895m·1995)는 이미 등정에 성공했기 때문에 3대륙 최고봉에만 오르면 되었다. 이 모든 것을 한꺼번에 해치운 건 2002년이었다. 남미의 아콩카과(6,959m), 호주의 카르스텐츠

(4,884m)에 이어 마지막 남은 남극 최고봉 빈슨 매시프(4,892m)마저 2002년 11월 성공했다. 이제 박영석의 마지막 목표는 남·북극 도달뿐이었다. 박영석은 2004년 1월 13일 남극점 도달에 이어 2005년 5월 1일, 54일 동안 1,500km를 걸어 지구의 끝 북극점에 도달했다. 세계 최초의 '산악 그랜드슬램'을 달성하는 역사적인 순간이었다.

박영석(1963~2011)

박영석은 정상에 오르기를 중시하는 '등정주의'보다 험하고 어려운 길을 골라 오르는 과정에 무게를 두는 '등로주의'를 지향했다. 산악 그랜드슬램을 달성한 이듬해인 2006년, 14개 고봉에 '코리안 루트'를 내겠다는 또 다른 도전을 발표했다. 그의 '코리안 루트' 첫 목표는 1993년 후배 2명의 목숨을 앗아간 에베레스트 남서벽이었다. 그 루트는 해발 6,500m의 웨스턴쿰 빙하에서 8,848m 높이의 정상에 이르기까지 수직고 약 2,400m로 치솟아 있어 히말라야 거봉의 수많은 등반로 중에서도 가장 험난하다는 평을 듣는 벽으로, 히말라야 산맥을 통틀어 마칼루 서벽, 로체 남벽과 함께 가장 오르기 힘든 '마의 루트'다. 남서벽에 처음 길을 낸 것은 1975년 영국 보닝턴 원정대였다.

박영석은 세계 최고봉 에베레스트에 한국인의 길을 내겠다는 꿈을 갖고 남서벽 중에서도 보닝턴 루트가 아닌 신루트를 목표로 삼았다. 그러나 남서벽 신루트는 좀처럼 길을 열어주지 않았다. 2007년 5월 처음 남서벽 신루트에 도전했으나 제4캠프(7,900m)에서 머물던 2명의 후배가 1,300m 아래 설원으로 추락해 사라졌다. 그는 한동안 후배들에 대한 죄책감에 눈만 뜨면 술독에 빠져 지내다가 2008년 가을, 남서벽 재도전에 나섰다. 하지만 이번에도 시속 100km가 넘는 강풍을 동반하는 제트기류에 휩싸여 정상을 앞두고 포기해야 했다.

2009년 봄 박영석은 또다시 남서벽에 도전했고 5월 20일 마침내 남서벽 신루트를 개척하는 데 성공했다. 이로써 한국은 히말라야 8,000m 이상 14좌에 처음으로 '코리안 루트'를 갖게 되었다. 그의 '코리안 루트' 2탄은 안나푸르나였다. 2011년 10월 18일 2명의 후배와 함께 안나푸르나 남벽 등정에 나섰다. 그러나 안개와 낙석 위험으로 오후 4시 하산을 결정했고 2시간 뒤 베이스캠프와의 교신을 끝으로 연락이 두절되었다. 박영석은 그렇게 안나푸르나의 품속에서 영원한 전설로 남게 되었다.

한왕용, 김재수, 김창호

히말라야 14좌 등정에 성공한 산악인 중에는 한왕용(1966~), 김재수(1961~), 김창호(1969~)도 있다. 우리나라는 박영석과 엄홍길이 2001년 각각 세계 8번째와 9번째, 한왕용이 2003년 세계 11번째, 김재수가 2011년 세계 27번째, 김창호가 2013년 31번째로 14좌 완등에 성공했다.

한왕용은 전북 군산에서 태어나 우석대 산악반에 들어가 전문 산악인의 꿈을 키웠다. 1994년 초오유(8,201m)에 오른 이후 매년 한두 개씩 8,000m급 고봉을 등정, 남다른 고산 체질을 과시했다. 마지막 두 봉을 남긴 2003년, 한왕용은 6월에 가셔브룸 2봉(8,035m)에 올라 잠시 휴식을 가질 만도 한데 불과 20일 만인 7월 15일 브로드피크(8,047m) 등정에 성공, 마침내 14좌 완등에 마침표를 찍었다.

한왕용의 등정이 인상적인 것은 단 한 번도 스폰서의 지원 없이 대원들과 십시일반 비용을 모아 14좌에 성공했다는 것과, 등반 도중 단 한 명의 동료도 잃지 않았다는 것이다. 1995년 에베레스트 등반 때는 생사를 넘나드는 절박한 상황인데도 뒤처져 있는 다른 대원을 5시간 넘게 기다렸다가 함께 하산하고, 2000년 7월 K2 등정 때는 고소 증세로 힘들어하는 선배에게 자신의 산소통을 넘겨주었다가 뇌혈관을 다쳐 귀국 후 4차례나 수술을 받았다.

김재수의 14좌 완등은 2009년 7월 낭가파르바트에서 숨진 고미영의 등반 매니저로 10개 봉을 함께 오른 게 계기가 되었다. 고미영이 히말라야 14좌 완등에 봉우리 3개를 남기고 유명을 달리하자 김재수는 고미영 대신 14좌를 완등하겠다고 다짐했다. 그리고 2011년 4월 26일 마침내 14좌의 마지막 봉우리인 안나푸르나에 올라 약속을 지켰다.

그런데 찜찜한 게 있었다. 1993년 14좌의 하나인 초오유를 오르면서 1,000만 원대에 달했던 입산료 부담 때문에 네팔에서 중국으로, 다시 네팔로 넘어가는 방식의 무단 단독 등정이 공식적으로 인정을 받지 못했기 때문이다. 그래서 2011년 9월 다시 정식으로 초오유 정상에 발자국을 남김으로써 마지막 남은 멍에를 스스로 벗고 14좌 도전사를 끝냈다.

김재수는 부산에서 태어났다. 초등학교 때 교통사고를 당해 오른 다리가 왼 다리보다 길어 등산하는 게 쉽지 않은데도 산을 좋아했다. 그의 8,000m급 도전은 1990년 에베레스트 정상에 오르면서 시작되었다. 다른 대원들보다 한참 먼저 정상에 오르는 바람에 동료를 2시간 넘도록 기다린 일화는 산악계의 전설로 남았다. 어느 날 고미영이 그를 찾아와 히말라야 14좌 완등이라는 자신의 목표를 밝히고 등반 매니저가 되어 달라고 부탁했다.

사업체를 운영하는 그로서는 받아들이기 어려운 제안이었지만 고미영의 간절한 부탁에 허락했다. 그렇게 시작된 두 사람의 등정은 10개 봉우리나 되었다. 하지만 고미영이 낭가파르바트 등정 후 하산길에 추락사하자 2010년 가셔브룸 2봉과 1봉, 2011년 안나푸르나를 잇따라 오르며 고미영과의 약속을 지켰다.

김창호는 경북 예천에서 태어나 서울시립대 재학 중 본격적으로 등산에 입문했다. 1993년 그레이트 트랑고타워, 1996년 가셔브룸 4봉을 등반

하면서 히말라야의 대자연에 흠뻑 빠졌다. 2000년부터 2008년까지는 8차례에 걸쳐 1,700여 일 동안 히말라야를 탐사하며 고산 등정의 꿈을 키웠다. 그 탐사가 '월간 산'지에 38회에 걸쳐 보도될 정도로 그는 글쓰기에도 재주가 있었다.

김창호가 마지막 14좌인 에베레스트 정상에 올라 대장정에 마침표를 찍은 것은 2013년 5월 20일이었다. 2005년 7월 낭가파르바트(8,156m) 루팔벽 등정을 시작으로 7년 10개월 6일 만에 이룬 성과였다. 이는 기존의 14좌 최단기간 완등 기록인 7년 11개월 14일을 40일가량 단축한 것이다.

그의 에베레스트 등정은 두 가지 점에서 크게 화제가 되었다. 아시아 최초로 14좌 전부를 인공 산소 도움 없이 완등했다는 것과 'From 0 To 8848' 개념을 도입했다는 것이다. 'From 0 To 8848'은 해수면 기준 0m에서 시작해 무동력으로 이동해 지구 최고봉 에베레스트에 올랐다는 의미다. 김창호에 앞서 8,000m 14개 고봉에 오른 산악인은 30명이고 이들 가운데 무산소 등정은 13명뿐이다.

김창호는 2013년 3월 14일 인도 벵골만에서 원정을 시작했다. 갠지스강을 따라 닷새 동안 카약을 타고 콜카타까지 156km를 거슬러 올라가 인도와 네팔 평원을 가로질러 히말라야 산맥의 바깥 기점인 툼링타르에 이르기까지 893km를 자전거로 이동했다. 그 후에도 162km를 도보 트래킹과 카라반으로 이동해 4월 20일 에베레스트 베이스캠프(5,350m)에 도착했다.

총 1,211km를 무동력으로 베이스캠프에 도착한 김창호와 대원들은 한 달간 현지 적응 훈련을 한 뒤 5월 20일 마침내 에베레스트 등정에 성공했다. 그러나 김창호의 기쁨은 하루를 넘기지 못했다. 함께 정상에 오른 서성호 대원이 하산 후 제4캠프(7,950m)에서 잠을 자다가 극도의 피로감 때문에 21일 새벽 숨진 채 발견된 것이다.

안티조선의 공세와 조선일보의 대응

평소 맷집 좋기로 소문난 신문사였는데도 각종 잽을 구사하는 안티조선의 공격을 당혹스러워했다.

"안티조선은 조선일보 제몫 찾아주기 운동"(강준만 전북대 교수), "상업적 극우주의 신문"(문학평론가 김명인), "조폭적 형태를 보이는 불량 제품"(정연주 한겨레 논설주간). 이른바 "한 놈만 잡자"는 안티조선(조선일보 반대) 운동의 주요 논객들은 안티조선 운동의 이유를 이렇게 강변했다.

"왜 조선일보냐"는 물음에는 "모든 (보수)언론을 상대하긴 벅차니 최대 효과를 낼 수 있는 최악의 상대를 분명하게 지정하고 움직여야 한다"는 전술적 이유를 들었다. 조선일보는 평소 맷집 좋기로 소문난 신문사였는데도 온라인과 오프라인, 신문과 방송과 잡지를 넘나들며 각종 잽을 구사하는 안티조선의 공격을 당혹스러워했다. 조선일보 기자가 노보를 통해 "조선일보 씹기를 생업으로 하는 단체들이 우후죽순으로 생겨나 취재에 어려움을 겪고 있다"고 고충을 토로할 정도였다.

조선일보와 이념을 달리하는 안티조선에게, 대한민국의 자유민주주의와 시장경제 체제를 수호하는 첨병을 자임하며 그 경계를 넘어서거나 무너뜨리려는 집단에 대해 가차 없이 비판을 가해대는 조선일보는 거추장스러운 존재였고 먼저 무너뜨려야 할 장벽이었다. 그들이 우군으로 여겨온 김대중 정부가 들어섰는데도 조선일보가 평소의 주의·주장을 굽히지 않아 괘씸해하고 있을 때 '최장집 사건'이 터졌다. '월간조선' 1998년 11월호가 '최장집 교수의 충격적 6·25 전쟁관 연구'라는 기사를 통해 당시 대통령 자문정책기획위원장이던 최장집 고려대 교수를 '좌파'로 규정하고, 조선일보가 '월간조선'과 맥을 같이하는 기사로 최 교수에 대해 공인의 자격을 물고 늘어진 것이 발단이었다.

안티조선 측은 "조선일보가 사상 검증을 한다"며 반발했다. 먼저 44개 시민단체가 1998년 11월 19일 '조선일보 허위·왜곡보도 공동대책위'를 구성했다. 그들은 조선일보 취재 거부, 구독 거부, 보도자료 안 보내기 등의 목표를 내걸고 안티조선 운동에 시동을 걸었으나 아직은 때가 일렀는지 곧 활동을 중단했다.

그러다가 강준만 전북대 교수가 자신이 발행하는 월간지 '인물과 사상' 1998년 12월호에서 최장집 교수 기사를 쓴 조선일보 기자를 가리켜 "스승의 등에 칼을 꽂은 청부살인업자"라고 비판하고, 월간 '말'지의 한 기자가 '말'지 12월호에서 "마조히즘적인 정신분열증상"이라고 가세하면서 2000년을 뜨겁게 달군 안티조선 운동의 서막이 올랐다. 강준만은 일련의 언론 비판 저서와 '인물과 사상'지를 통해 안티조선 운동의 공론화를 이끌어낸 안티조선의 대부 같은 존재였다. '강준만 신드롬'이라는 말이 생길 정도로 독특한 그의 실명 비판 방식은 지식인 사회에 큰 파장을 일으켰다.

조선일보 기자는 강준만 교수와 월간 '말'지 기자를 상대로 자신의 명예가 훼손되었다며 1998년 12월 각각 1억 원의 손해배상 소송을 냈다. 1년이 지난 1999년 11월 강준만과 '말'지 기자 두 사람이 벌금형 판결을 받았다는 사실이 알려지자 그해 6월 망명지 프랑스에서 돌아온 홍세화가 원군으로 나섰다. 홍세화는 11월 29일자 한겨레신문 칼럼을 통해 "나를 고소하라"며 조선일보를 맹비난했다. 뒤이어 '네 무덤에 침을 뱉으마'의 저자 진중권과 시인 김정란이 가세하면서 안티조선 진영에는 전의가 되살아났다. 홍세화의 칼럼 후, 강준만과 '말'지를 위한 모금 운동이 일부 네티즌 사이에서 전개되었고 이들의 조직적인 움직임은 1999년 12월 안티조선 사이트 '우리모두'의 탄생으로 이어졌다.

'우리모두'는 "나를 고소하라"는 공격적인 구호로 안티조선 서명운동을 펼쳤다. 2000년 8월, 154명의 조선일보 거부 선언을 시작으로 2차(2000.9)

153명, 3차(2001.3) 531명, 4차(2001.9) 740명 등 총 1,576명이 자칭 '지식인 선언'에 서명했다. 2000년 7월 소설가 황석영의 동인문학상 심사 대상 거부도 지식인 선언에 자극제로 작용했다.

"사상 검증을 한다"며 반발했으나 조선일보 버텨

지식인 선언에 이름을 올린 학계 인사로는 강만길·강정구·김세균·김진균·오세철·한상범 등이 있었으며 법조계에서는 민주사회를 위한 변호사 모임, 박원순 변호사 등이 참여했다. 문화계에서는 임헌영·문순태·박태순·송기숙 등의 문인들과 문성근·정지영·이효인·권해효·이창동 등의 영화인들이 적극적으로 참여했다. 특히 영화배우 명계남의 활약상은 발군이었다. 그는 안티조선 운동을 노사모(노무현을 사랑하는 모임)와 연결지어 대통령 선거운동에 활용하는 명민함을 보여 노무현 대통령 만들기에 적지 않은 공헌을 했다.

매체로는 한겨레신문, MBC, 오마이뉴스가 안티조선을 전파하는 데 힘을 보탰다. 오마이뉴스는 조선일보를 공격하는 내용으로 사이트를 도배했고 한겨레신문은 조선일보 흠집 내기에 앞장섰으며 MBC는 유시민이 진행하는 '100분 토론'을 통해 안티조선의 취지를 널리 홍보했다. 김대중 정부는 세무조사를 실시해 방상훈 조선일보 사장을 구속하는 것으로 보조를 맞췄다.

'조선일보 없는 아름다운 세상' 즉 '조아세'라는 안티 단체는 조선일보를 비방하는 유인물을 뿌리고 아파트 단지 등에 배달된 조선일보를 훔쳐가거나 신문 안에 조선일보 반대 유인물을 끼워넣는 등의 불법 행위로 조선일보를 괴롭혔다. 독립기념관은 그동안 전시되고 있던, 조선일보 강제 폐간호(1940.8.11)를 발행했던 조선일보 윤전기를 2003년 3월 전시장에서 쫓아냈다.

안티조선은 조선일보 인터뷰에 응하거나 조선일보에 기고하는 문인들이 발견되면 집단으로 낙인을 찍는 등 마녀사냥식의 압력을 가했다. 2000년 조선일보 기자 3명이 암에 걸려 사경을 헤매고 있을 때는 "조선 기자들의 암 발생 기쁜 소식. 하늘이 그런 나쁜 놈들을 그냥 넘어갈 리는 없다. 말기를 거쳐서 신속하게 사망에 이르기를 바란다"는 등의 저주를 인터넷에 퍼부었다. 조선일보 기자 3명은 끝내 사망했다.

보다 못한 작가 이문열이 2001년 7월 동아일보 칼럼에서 안티조선 활동가들을 '홍위병'으로 비유하고 2001년 12월 부산의 한 독서토론회에서 이들을 '친북 세력'이라고 표현하자 안티조선은 제대로 걸려들었다는 듯 이문열을 상대로 명예훼손 소송을 내고 이문열의 경기도 이천의 집 인근에서 '이문열 문학 장례식'을 치르는 등의 방식으로 이문열을 괴롭혔다. 소송은 이문열의 승소로 끝났으나 정신적 피해는 고스란히 이문열이 감당하는 수밖에 없었다.

송복 연세대 교수는 "최장집 교수라는 공인에 대해 의혹을 풀어주는 것은 당연히 언론의 몫이고 조선일보는 시세 영합적인 태도를 보이는 다른 신문과 달리 용기 있게 보도했다"며 안티조선에 강한 불쾌감을 드러냈다. 문학평론가 정과리는 "합리적 판단도 없이 비아냥거림과 욕설과 극언만 일삼고 있다"고 주장했다. 이문열 역시 "문화적 위장을 통해 김대중 정권 대신 조선일보에 정치적 보복을 하는 테러리스트들"이라고 규정했다.

동시다발적인 사방의 공격에 조선일보가 믿을 건 독자뿐이었다. 조선일보로서는 독자만이 유일한 버팀목이었다. 실제로 조선일보를 지지하는 독자 덕에 조선일보의 판매 부수가 격감할 것이라는 안티조선의 기대는 물거품이 되었다. 결국 기세 좋던 안티조선 운동도 체념에 빠져 강력했던 동력을 잃고 말았다.

오연호 '오마이뉴스' 창간

으레 당연하다고 생각해온 것이 왜 당연한지를 되묻는 철학은 새로운 시각과 기준을 제시했다.

'말'지 기자로 활동하던 1999년 어느 날, 오연호(1964~)는 조선일보에 실린 만화 '광수 생각'을 우연히 보게 되었다. 성냥갑과 성냥개비를 그린 단순한 2단 그림 밑에는 이렇게 적혀 있었다. "성냥과 황, 준비는 다 되었습니다. 당신의 인생에 불을 붙이세요." '광수 생각'을 보는 순간 마치 속내를 들킨 것 같아 깜짝 놀란 오연호는 그동안 구상해온 인터넷 신문을 창간하는 데 박차를 가했다.

오연호는 1999년 12월 초 '말'지 기자를 그만두고 1999년 12월 21일 '오마이뉴스' 창간준비 1호를 세상에 내놓았다. 당시 개그맨 김국진의 유행어 '오 마이 갓!'에서 이름을 딴 '오마이뉴스'는 기자라고 해봐야 오연호와 사진기자 1명, '기자 만들기' 출신 대학 재학생 2명이 전부였다. 그런 상황에서 오연호가 믿은 것은 727명의 뉴스게릴라(시민기자)였다.

오연호는 전남 곡성에서 태어나 순천고와 연세대 국문학과를 졸업했다. 1988년 월간 '말'지 기자가 되어 반미 성향의 특종과 심층취재로 이름을 날렸다. 1995년 '말'지 워싱턴 특파원으로 발령받아 기자로 활동하는 한편 미 리전트대 대학원에 입학, 저널리즘을 공부했다.

어느 날 대학원에서 '당신은 어떤 매체를 창간하고 싶은가'라는 제목의 과제물이 주어졌을 때 오연호는 '모든 시민은 기자'라는 개념을 적용한 '인터넷신문 창간 계획서'를 제출했다. 당시 오연호는 8 대 2로 불균형하게 짜인 보수와 진보의 언론 구도를 깨지 않고서는 참다운 민주주의가 요원하다고 생각했다.

오연호는 2000년 2월 22일 2시 22분 인터넷신문 '오마이뉴스'를 정식 창간하면서 이렇게 선언했다. "20세기 언론 문화와의 철저한 결별을 선언

오연호(1964~)

합니다. 우리는 신문의 생산·유통·소비 문화를 한꺼번에 바꾸려 합니다. 모든 시민은 기자입니다". 이 선언은 "기사는 훈련받은 기자만이 쓰는 것"이라는 그동안의 고정관념을 뛰어넘은 반란이었다. 기존 사회와 언론에 대한 도전이었다. 오마이뉴스는 누구나 기자가 될 수 있고, 기사의 공식을 파괴하고, 진보적인 생각을 담는다는 세 가지 원칙을 표방했다. 특히 '뉴스게릴라' 제도는 기존 언론과 가장 차별화된 새롭고 참신한 발상이었다.

다양한 직업을 가진 수많은 시민기자는 '팔자에도 없는' 기자라는 직함을 가지고 생활 현장에서 알게 된 사실들을 기사로 올려 오마이뉴스의 차별화에 기여했다. '열린 진보'를 표방하고 뉴스 소비자를 직접 생산자로 참여시킨다는 '발상의 전환'은 창간 9개월 만인 2000년 11월 '시사저널'지 선정 '매체 영향력 10위'에 오를 정도로 큰 호응을 얻었다.

'열린 진보' 표방하고 뉴스 소비자를 직접 생산자로 참여시켜

2002년의 대통령선거는 오마이뉴스 성장의 기폭제가 되었다. 그해 3~4월의 민주당 대선 후보 경선을 온라인으로 생중계하고 12월에 치러진 대통령선거 때까지 노무현 후보를 전폭 지원함으로써 노무현 대통령 당선의 1등 공신이 되었을 뿐 아니라 대안 매체로서의 입지도 확고히 다지게 되었다. 젊은 비주류 언론인의 실험 정도로 여겨지던 오마이뉴스의 창간이 이후 국내에서 돌풍을 일으키자 미국의 '뉴욕타임스'와 '뉴스위크', 영국의 '가디언' 등 세계 유수 언론에서도 주목했다.

오마이뉴스가 또다시 위력을 발휘한 것은 2004년 1월 민족문제연구소와 공동으로 펼친 '친일인명사전' 발간 성금 모금 캠페인이었다. 캠페인은

2003년 12월 친일인명사전 사업비 5억 원이 국회 예산심의 과정에서 전액 삭감된 것에 대해 비판적인 칼럼이 오마이뉴스에 실리면서 촉발되었다. 결과는 놀라웠다. 11일 만에 목표액 5억 원을 넘기고 모두 7억여 원의 편찬 자금이 모인 것이다. 오마이뉴스는 2004년 노무현 대통령 탄핵과 2008년 미국산 쇠고기 반대 촛불집회 등 사회적 주요 현안도 기성 매체와 다른 방법으로 접근, 독자들로부터 열렬한 호응을 얻었다.

14년이 지난 2014년 6월 현재, 창간 당시 727명으로 시작한 시민기자는 7만 8,200여 명에 이르고 쌓인 기사는 50만 꼭지가 넘는다. 오마이뉴스는 이처럼 질과 양적인 면에서 큰 성공을 거뒀으나 출범 초기에는 기사의 질이 떨어진다는 지적을 받았다. 특별한 결격사유가 없는 한 누구에게나 기자 등록을 허용했기 때문이다.

특히 자주 들었던 지적은 선동적이고 편파적이라는 비판이었다. 이념적으로 오마이뉴스를 반대하는 측은 오마이뉴스의 선동과 편파의 정도가 너무 심해 언론이라기보다는 한쪽 입장만을 두둔·대변하는 기관지 같다고 비판했다. 자신만의 프레임을 설정, 기존 언론의 칼럼이나 사설에 시비를 걸거나 말꼬리를 잡는 경우가 너무 많다는 비판도 적지 않았다. 이런 비판들보다 오마이뉴스를 가장 곤혹스럽게 한 것은 창간 후 10년이 지날 때까지 안정된 수익 모델을 만들지 못했다는 점이었다.

하지만 이런저런 비판에도 불구하고 오마이뉴스 창간이 갖는 의미와 이후 우리 사회에 끼친 영향은 크다. 으레 당연하다고 생각해온 것이 왜 당연한지를 되묻는 오마이뉴스의 철학은 우리 사회에 새로운 시각과 기준을 제시했다. 생경하고 무모해 보였던 것을 새로운 상식과 문화로 만드는 힘이 되었다.

오마이뉴스와 뜻을 같이하는 세력에 한정되긴 하지만 오마이뉴스가 지핀 진보적 시각이 언론계뿐 아니라 정치·사회 전반의 참여민주주의로 확장되고 시민참여 저널리즘을 실현한 것이야말로 오마이뉴스가 만들어낸 가장 큰 수확이었다.

게놈 프로젝트 초안 완성 발표
과학자들은 게놈 지도를 통해 질병을 치료할 수 있을 것으로 기대하고 있다.

유전체 즉 '게놈(genome)'은 생물이 갖고 있는 모든 유전정보를 일컫는 말로 유전자(gene)와 염색체(chromosome)의 합성어다. 인간의 게놈은 23개의 염색체가 30억 개의 염기서열로 이뤄져 있다. 게놈을 해독하면 인간의 질병과 관련된 각 유전인자의 특성을 분석할 수 있어 맞춤의학, 예방의학, 유전의학 등의 실현이 가능해진다.

인간의 게놈을 해독하자는 논의가 본격적으로 이뤄진 것은 1980년대였다. 그러나 전문가들은 인간게놈 해독에 회의적이었다. 당시 방식으로는 염기 수백 개의 서열을 밝히는 데도 꼬박 며칠이나 걸려 인간의 염기 30억 개를 해독한다는 게 꿈같은 얘기로 들렸기 때문이다. 그래도 인류가 반드시 도전해야 할 숙제라는 점에서 각국은 관심의 끈을 놓지 않았다.

선두 주자는 미국이었다. 미 국립보건원은 1988년 2월 산하기관으로 인간게놈연구소를 신설하고 그해 5월 제임스 왓슨을 초대 소장으로 앉혔다. 왓슨은 1953년 프랜시스 크릭과 함께 DNA 분자의 이중나선모델을 발표해 1962년 노벨 생리의학상을 수상한 당대 최고의 DNA 전문가였다.

미 국립보건원과 왓슨은 인간 게놈 사업을 국제 협력 프로젝트로 격상하기 위해 영국, 프랑스, 독일, 일본 등을 끌어들였다. 이렇게 해서 1990년 30억 달러의 초대형 프로젝트인 '인간 게놈 프로젝트(HGP)' 국제 컨소시엄이 출범했다. 원자폭탄 개발, 달 착륙 프로젝트에 이은 초대형 프로젝트였다. 프로젝트에는 6개 국가의 20개 연구소에서 2,000명 이상의 과학자가 참여했다. HGP 컨소시엄은 게놈 해독 시간을 단축하기 위해 '1단계 유전자 지도 작성, 2단계 염기서열 분석'이라는 전략을 세웠다. 유전자의 위치를 먼저 판별한 뒤 염기서열을 분석하면 복잡한 게놈 연구 시간을 단축할 수 있다고 판단한 것이다.

프로젝트가 진행되고 있던 1991년 미 국립보건원이 보건원 소속 크레이그 벤터 연구원이 추출한 1,000개 이상의 유전자 절편에 대해 특허를 출원했다. 그러자 평소 인간 유전자의 특허출원을 반대하는 입장을 취해온 왓슨과 벤터 간에 논쟁이 벌어졌다. 왓슨은 1991년 7월 열린 미 상원 청문회에서 유전자 서열을 특허출원하는 행동을 비난했다. 왓슨에게 모욕을 당한 벤터는 국립보건원을 떠나 1992년 사설 '게놈연구소'를 설립했다. 왓슨 역시 유전자 특허 문제로 국립보건원장과 마찰을 빚어 1992년 4월 인간게놈연구소를 떠났다. 후임 소장으로는 프랜시스 콜린스가 임명되었다.

사설 연구소에 둥지를 튼 벤터는 기존의 게놈 연구 방법에 안주하지 않았다. 그는 유전자 지도를 그려놓고 하나하나 염기서열을 분석하는 HGP 컨소시엄 측의 방법과 달리 '샷건(산탄총) 염기서열 분석법'이라는 새로운 방법을 개발했다. 이 분석법은 유전자 지도를 만드는 과정을 거치지 않고 전체 게놈을 잘게 쪼갠 뒤 곧바로 염기서열을 해독하는 방식이다. 이렇게 얻은 수천 개의 조각 데이터를 컴퓨터에 넣고 이를 순서대로 짜맞추는 프로그램을 돌려 완전한 게놈 서열을 재구성하는 것이다.

원자폭탄 개발, 달 착륙 프로젝트에 이은 초대형 프로젝트

벤터는 이 방식으로 1995년 박테리아의 일종인 헤모필루스 인플루엔자의 게놈 서열을 분석했다. 세포로 이뤄진 생물체로는 최초였다. 생명과학

장비 제조사인 ABI가 당시 세계에서 가장 빠른 서열분석기를 제공하기로 하자 벤터는 1998년 5월 민간 바이오 벤처회사인 '셀레라 지노믹스'를 설립한 뒤 독자적으로 인간 게놈을 해독하겠다고 선언했다. 벤터는 서열분석기를 이용해 하루에 염기를 1억 개씩 뽑아낸 뒤 최신의 슈퍼컴퓨터로 조각들을 이어 맞춰 원래의 게놈 서열 전체를 판독할 계획이었다.

HGP 컨소시엄은 자신들보다 무려 8년이나 뒤늦게 시작했는데도 자신들보다 빨리 인간 게놈 프로젝트를 완성하겠다는 벤터의 도전에 긴장하며 연구에 박차를 가했다. HGP 컨소시엄도 ABI에서 최신 기기를 구입해 게놈의 해독 속도를 높이는 데 사용했다. 그 결과 염기서열 첫 해독은 1999년 12월 HGP 컨소시엄이 22번 염색체 유전자 지도를 완성함으로써 첫 결실을 보았다. 2000년 5월에는 21번 염색체 염기서열도 해독했다.

HGP 컨소시엄과 셀레라 지노믹스가 치열하게 경쟁을 벌이자 빌 클린턴 미 대통령이 중재에 나섰다. 그는 2000년 6월 26일 양측 대표가 참석한 가운데 백악관에서 게놈 프로젝트의 개략적인 초안을 완성했다고 역사적인 선언을 했다. 동석한 HGP 컨소시엄의 프랜시스 콜린스와 셀레라 지노믹스의 크레이그 벤터도 유전자 염기서열 규명 작업의 대강을 완료했다고 같은 날 공동 발표했다. 이로써 인간 생명의 설계도를 만들려는 인류의 염원이 마침내 완성되었다.

'인간 유전자 지도'는 생명공학의 신대륙 발견으로 평가되었다. HGP 컨소시엄은 2001년 2월 15일 '네이처'에, 셀레라 지노믹스는 하루 뒤인 2월 16일 '사이언스'에 각각 자신들이 분석한 인간의 게놈 지도를 발표했다. 두 기관은 인간 유전자 개수도 발표했다. 그전까지 과학계는 고등동물인 인간의 유전자 수가 10만 개 정도일 것으로 예상했다. 그러나 결과는 충격적이었다. 인간의 유전자 수가 3만~3만 5,000개에 불과했던 것이다. 파리(1만 3,600개)나 예쁜꼬마선충(1만 9,500개) 등 하등동물과 비교해 큰 차이가 없었다. 이 수치는 2004년 2만 1,000개로 또다시 줄어들었다.

이로써 인간 생명의 설계도 만들려는 인류의 염원 마침내 완성돼

HGP 국제컨소시엄이 인간 게놈 지도를 완성했다고 발표한 것은 2003년 4월 14일이었다. 2000년 6월 초안 발표 때는 31억 2,000만 개의 염기 서열 가운데 해독하지 못한 공백이 15만 군데였으나 2003년 4월에는 400군데로 줄어들었다. 이 공백은 현재의 기술로는 해독이 불가능해 미래의 숙제로 남겨졌다.

2005년 남녀의 성을 결정하는 염색체 가운데 여성 X염색체가 미국, 영국, 독일의 공동 연구팀에 의해 완전 해독되고 2006년 23쌍의 인간 염색체 중에서 가장 유전자가 많고 해독도 어렵고 관련 질병도 많은 제1번 염색체가 완전 해독되었다. 이로써 인간의 23쌍 염색체 해독이 모두 완성되어 이른바 '생명의 책'이라 불리는 인간 게놈 유전자 지도가 최종적으로 완성되었다.

인간 외의 생물과 각종 질병을 일으키는 세포에 대한 해독 작업도 동시에 병행되었다. 1995년 인플루엔자 해독을 시작으로 효모(1996), 선충(1998), 초파리(1999), 애기장대(2000), 소, 복어, 선충, 말라리아 모기, 쥐, 침팬지, 개, 원숭이, 간암 세포, 콩, 옥수수, 감자, 와인용 포도, 피부암, 쌀 등이 게놈 클럽에 속속 이름을 올렸다.

과학자들은 게놈 지도를 통해 질병을 치료할 수 있을 것으로 기대하고 있다. 예를 들어 알츠하이머병은 1번 염색체에 있는 유전자 'PS2'에 돌연변이가 생겨 일어나는 병이기 때문에 이를 막으면 병을 피할 수 있다는 것이다. 유방암은 17번 염색체에 있는 'BRCA1' 유전자, 간질은 6번 염색체에 있는 'EPM2A' 유전자의 돌연변이가 원인이다. 당뇨병은 DDM1 유전자에 문제가 생겨 일어난 병이다.

현재까지 질병을 일으키는 것으로 알려진 유전자는 3,000여 개 정도다. 2009년부터는 세계적으로 개인의 게놈을 해독해주는 서비스가 등장하고 있다. 분석 결과 게놈을 이루고 있는 유전자 가운데 특정 부위가 다른 사람과 확연히 다를 경우 미래의 질병 위험에 대비할 수 있기 때문이다.

2012년 9월에는 유전자 2만 1,000여 개로 구성된 인간 게놈(유전체)을 가장 정밀하게 분석한 게놈 세밀 지도가 완성되었다. 미국, 영국, 일본, 스페인 32개 연구소 과학자 440여 명이 참가해 2003년부터 진행되어온 'DNA 백과사전'이 마침내 완성된 것이다. 세밀 지도를 통해 그동안 DNA 내에서 별다른 역할을 하지 않는 것으로 알려졌던 부분의 기능과 역할도 상당 부분 밝혀져 난치병 치료 등의 새로운 계기가 마련될 전망이다.

블라디미르 푸틴 러시아 대통령 당선

푸틴의 인기는 '정치적 메시아'의 출현을 원하는 러시아 국민의 염원에 힘입어 급상승했다.

블라디미르 푸틴(1952~)은 러시아 제2의 도시 레닌그라드(현 상트페테르부르크)에서 태어났다. 어려서부터 키가 작아 운동을 콤플렉스 극복의 수단으로 삼았다. 유도에 심취하고 러시아 격투기로 유명한 삼보도 익혔다. 17살이던 1969년 어느 날 푸틴은 KGB 레닌그라드 지부를 찾아가 첩보 요원이 될 수 있는지를 물었다. 돌아온 답은 "법학을 전공하고 스포츠로 몸을 단련하라"였다.

푸틴은 1975년 국립 레닌그라드대 법학부를 졸업한 뒤 KGB에 들어갔다. 1984년 구 동독으로 파견되어 활동했으나 1989년 독일의 통일로 KGB 입지가 크게 약화하자 1990년 고향으로 돌아와 레닌그라드대 총장의 대외관계 보좌관으로 활동했다. 1991년 6월 대학 은사가 레닌그라드

에서 이름이 바뀐 상트페테르부르크의 시장에
뽑히자 시 대외관계위원장으로 은사를 도왔다.
1994년 부시장으로 승격했지만 1995년 은사가
재선에 실패하자 활동 무대를 수도인 모스크바
로 옮겨 1996년 6월 보리스 옐친 러시아 대통령
이 근무하는 크렘린궁에 들어갔다. 출발은 부국
장이었지만 KGB 시절 익혔던 강한 추진력을 발
휘해 출세 가도를 달렸다. 1998년 7월, KGB의

블라디미르 푸틴(1952~)

후신인 연방보안국(FSB) 국장으로 임명되면서 전 세계 정치권의 주목을
한몸에 받았다.

　1999년 8월 옐친은 47세의 푸틴을 총리로 임명하면서 2000년에 실시될
대통령선거에 나설 자신의 후계자라고 밝혔다. 당시 옐친은 1996년 재선
에 성공했지만 경제난으로 지지율이 바닥이었다. 사회는 낯선 민주주의
와 시장경제 체제를 동시에 겪어 혼란이 극심했다. 1991년 소련 붕괴 이
후, 경제지표는 계속 악화하고 국제적 지위는 하락했다. 온갖 범죄가 창
궐하고 체첸 전쟁 등 내전이 끊이질 않았다. 그러나 정치인들은 말싸움뿐
이지 문제 해결에 도움을 주지 못했다. 이런 상황에서 옐친이 푸틴에게
국정을 맡기고 정치 일선에서 물러나면서 푸틴은 하루아침에 국정 최고
책임자가 되었다.

　푸틴이 총리로 임명된 후 1~2개월 동안 체첸 반군의 소행으로 추정되
는 의문의 폭탄 테러 사건이 잇따라 발생해 민심이 동요했다. 푸틴은 체
첸 공화국을 공습했다. 옐친 대통령이 1994~1996년 벌인 1차 체첸 전쟁
에서 러시아가 사실상 패배하면서 민족적 자긍심에 상처를 입었던 러시
아인들은 푸틴의 대 체첸 강경 노선에 전폭적 지지를 보냈다. 푸틴은 대
중적 스타가 되었다.

옐친은 건강이 더 나빠져 1999년 12월 31일 전격 사퇴하면서 푸틴을 대통령 권한대행으로 임명했다. 푸틴의 인기는 '정치적 메시아'의 출현을 원하는 러시아 국민의 염원에 힘입어 급상승했다. 싸늘한 이미지를 지닌 KGB 첩보원 출신에, 화려한 미사여구만 늘어놓는 다른 정치인들과 달리 꼭 필요한 말만 군대식으로 간략하게 내뱉었다. 알려진 것도 별로 없고 정치·부패 스캔들도 없었다. 신비감이 들 정도였다. 젊고 건강하고 일류대학을 나온 엘리트라는 것도 인기 상승의 비결이었다.

산술적으로 계산하면 2024년까지 대통령직 수행할 수 있어

대통령선거가 치러진 것은 2000년 3월 26일이었다. 대통령선거에는 12명이 입후보했다. 결과는 싱거웠다. 푸틴이 과반을 넘는 52.6%의 득표율을 기록하고 경쟁자인 겐나디 주가노프 공산당 당수는 29.34%를 얻는 데그쳤다. 그의 나이 불과 48세였다. 집권 후 푸틴은 소련 붕괴 후 거부가된 신흥 재벌(올리가르히)을 표적으로 삼았다. 상당수 올리가르히가 망명하거나 감옥에 갇혔다. 푸틴은 경제 재건을 탄압의 명분으로 내세웠지만사실상 정적 제거에 가까웠다. 극심한 빈부 격차에 지친 러시아 국민은이를 지지했다.

유가 상승으로 인한 오일달러 유입 덕에 1998년 디폴트(채무불이행)까지몰렸던 경제도 위험에서 한 발짝 벗어났다. 국내 생산이 회복되고 수입이확대되면서 생필품을 구하기 위해 텅 비다시피 한 상점 앞에 긴 줄을 서던 일은 옛날 이야기가 되어갔다. 러시아 경제가 연 6%대의 눈부신 고속성장을 계속하자 푸틴에 대한 지지율이 70%대로 치솟고 그를 러시아를위기에서 구한 '구세주'로 칭송하는 여론이 번져갔다.

푸틴은 2004년 3월 실시된 두 번째 대선에서 71%의 지지를 얻어 쉽게재선에 성공했다. 푸틴은 쇼맨십으로 국민의 시선을 끌었다. 상의를 벗은 채 말을 타고 총을 들었으며 유단자답게 유도를 하는 모습을 자주 연출했다. 전투기를 조종하고 레이스카를 운전했다. 이런 그의 쇼맨십은 TV와 신문을 통해 영웅적으로 보도되었다. 집무실에는 러시아 역사에서 가장 위대한 차르(황제)로 꼽히는 17세기 표트르 대제의 커다란 초상화를 걸어 놓고 러시아를 강대국으로 만들겠다는 꿈을 국민에게 홍보했다. 이후 언론에는 푸틴 이름 앞에 '전투기 모는', '근육질', '호랑이 잡는', '기업가에게 호통치는', '바이크를 모는' 등의 온갖 수식어가 따라다녔다.

푸틴은 3선 금지 헌법 때문에 2008년 3월 대선에는 출마하지 못했다. 대신 고향과 대학 후배 드미트리 메드베데프를 대통령으로 내세우고 자신은 총리로 물러났다. 그러나 막후에서는 여전히 권력을 독점하며 사실상 대통령으로 지냈다. 그런 가운데 2008년 국제 금융위기의 여파로 경제 사정이 어려워지자 반푸틴 여론이 서서히 고개를 들었다. 장기 집권, 고질적 부정부패, 2008년 금융위기 이후 더딘 경제 회복, 반정부 인사들의 잇따른 의문사에 염증을 느끼는 국민이 늘어났다. 10만 명이 넘는 인파가 거리로 몰려나와 푸틴 퇴진을 외치기도 했다.

그러나 반푸틴 목소리는 푸틴의 공적에 가려 큰 호응을 얻지 못했고 푸틴의 입지는 크게 흔들리지 않았다. 푸틴은 2008년 헌법 개정을 통해 대통령 임기를 4년에서 6년으로 늘리며 복귀를 준비했다. 2012년 3월에는 3선에 성공했다. 산술적인 계산으로 연임한다면 2024년까지 대통령직을 수행할 수 있게 된다.

'20세기 이야기'가 나오기까지

2000년 3월 5일 조선일보가 개최한 '21세기 한민족 대항해시대' 특별전이 예술의전당에서 열렸습니다. 제목만 보면 마치 21세기 해양대국을 기치로 내세운 전시회 같지만 실은 20세기를 회고하는 전시회였습니다. 당시 저는 실무자로 전시회에 참여했습니다. 그런데 준비 과정에서 20세기에 대해 모르는 것이 너무 많다는 것을 알게 되었습니다. 알고 있는 것도 깊이가 없어 결국 총체적으로 자괴감에 빠졌습니다.

사실 그 몇 년 전부터 시오노 나나미의 '로마인 이야기'를 계기로 세계사에 푹 빠져 있었는데도 정작 제가 숨 쉬고 있는 20세기에 대해 무지했던 겁니다. 전시회가 끝난 후 20세기에 관심을 가졌습니다. 관련 책만 편식했습니다. 그렇게 1년 반 정도가 지나고 나니 20세기를 정리하고 싶다는 욕심이 생겼습니다. 1~2권짜리 분량의 '20세기 소사전'이 목표였습니다. 그런데 관련 자료를 모으고 있던 2002년 11월 어느 날 신문사에선 '흔치 않은 일'이 일어났습니다.

김태익 당시 조선일보 문화부장이 '오늘의 소사' 성격의 글을 신문에 연재하면 어떻겠냐고 제안한 것입니다. '흔치 않은 일'이라고 한 것은 취재기자도 아니고 신문에 글을 써 본 적도 없는 사람에게 전국의 수백만 독자를 상대로 '오늘의 소사'를 연재하라고 했기 때문입니다. 이 결정은 누가 보아도 상식에서 벗어난 모험이었습니다. 변용식 당시 편집국장이 문화부장의 결정을 받아들인 것도 뜻밖이었습니다.

'흔치 않은 일'은 '역사 속의 오늘'이란 제목으로 구체화되어 2002년 12월 2일부터 조선일보 지면의 한 귀퉁이에서 매일 독자와 만났습니다. 준비가 충분치 않은 상태에서 갑작스럽게 시작되고, 연재 말고도 고유의 업무를 따로 해야 했기 때문에 하루하루가 고역이었습니다. 시간에 쫓겨 내용이 만족스럽지 않은 날도 있었습니다. 결국 '역사 속의 오늘'은 회사의 결정에 따라 연재를 시작한 지 2개월도 채 지나지 않은 2003년 1월 29일자를 끝으로 중단되었습니다.

그런데 다음날부터 놀라운 일이 벌어졌습니다. '역사 속의 오늘'을 계속 연재하라는 독자들의 전화가 연일 빗발쳤던 것입니다. 결국 회사는 십수 일이 지난 2월 10일 '역사 속의 오늘'을 부활했습니다. 그때 전화를 했던 독자가 이 책을 읽고 있다면 이 자리를 빌려 진심으로 감사하다는 말씀을 전합니다. 이 분들이 없었다면 필시 글에 대한 흥미를 잃어버렸거나 역사에 대한 관심을 접었을 테고 결국 '20세기 이야기'(전 10권)도 세상에 나오지 못했을 겁니다.

연재 중 답답한 것은 또 있었습니다. 원고지 7~8장 안에 매일 두 꼭지씩의 국내외 사건·사실이나 인물을 소개해야 했는데 그럴 때마다 발단, 전개과정, 의미, 영향 등을 제대로 짚어주기에는 지면이 부족했던 겁니다. 그러다 보니 꼭 소개해야 할 부분조차 포기할 때도 많았습니다. 그렇다고 신문 특성상 지면을 늘릴 수도 없어 나중에 꼭 보완하리라 마음먹고 연재를 이어갔습니다. 조선일보 연재는 이런 우여곡절을 거쳐 1년 만인 2003년 11월 29일에 끝을 맺었습니다. '역사 속의 오늘'은 2004년 9월부터 2006년 8월까지 2년 동안 또다시 주간조선의 지면을 통해 독자들과 만났습니다.

'20세기 소사전'을 정리해보고 싶다는 당초의 구상을 실천에 옮긴 것은 조선일보 연재가 끝난 후인 2004년 초부터였습니다. 본격적으로 자료를 수집하고 원고를 쓰는데 그동안 알지 못했던 새로운 사실들이 불쑥불쑥 튀어나왔습니다. 내공이 부족했던 겁니다. 점차 욕심이 커지고 범위가 넓어졌습니다. 결국 '20세기 소사전'은 '20세기의 모든 것'으로 확장되었습니다. 책 권수는 1~2권에서 10권으로 늘어나고 2~3년이면 끝날 줄 알았던 작업 기간은 그 몇 배인 8년을 훌쩍 뛰어넘었습니다.

마지막으로 이 책이 나오기까지 심적·물적으로 도움을 주신 분들께 감사의 말을 전합니다. 글을 쓸 수 있도록 계기를 마련해 준 김태익 당시 조선일보 문화부장과 변용식 편집국장, 원고를 꼼꼼히 읽고 격려해준 이희용 연합뉴스 부장과 김정일 외환은행 지점장, 책을 출판하는 과정에서 여러모로 도움을 준 김애숙 한길합동 법무사, 장진한 A플러스어문연구소 대표, 김남호 나모에디트 대표 등이 그들입니다. 종로·정독도서관의 사서, 교보문고 매장 직원들께도 감사의 뜻을 전합니다.

'20세기 이야기'(전10권) 첫 권을 내며

2012년 12월 1일

김정형

찾아보기

무궁화(인공위성) 1999년
무솔리니, 베니토 1922년
문명의 충돌(저서) 1996년
미선·효순 2000년
미스 사이공(뮤지컬) 1981년
미테랑, 프랑수아 1981년
민중미술 1985년
민청학련 1974년

ㅂ

박경리 1994년
박근혜 1998년
박세리 1998년
박영석(산악인) 2000년
박원순 1994년(참여연대)
박정희 1948년, 1963년, 1971년, 1972년, 1979년
박진영 1996년
박찬호 1996년
박흥식 1932년
발트 3국 1991년
발해를 꿈꾸며(음반) 1992년(서태지)
배아줄기세포 1999년(황우석)
백제금동대향로 1993년
버너스 리, 팀 1991년
베니스영화제 1987년
베를루스코니, 실비오 1994년
베를린장벽 1961년, 1989년
보라매병원 사건 1998년(안락사)
보스니아 내전 1991년
보스니아·헤르체고비나 1991년(유고슬라비아)
복제소 1999년
복제양 1996년
북방외교 1988년(동구권 수교),
        1991년(남북한 유엔 가입)
북아일랜드 평화협정 1998년
북한 미사일 1998년
북한 세습정권 1993년
분신 1991년
브린, 세르게이 1997년
블리자드 1998년(스타크래프트)
비아그라 1998년

ㅅ

사랑이 뭐길래(드라마) 1991년
사사오입 개헌 1954년
산울림(가수) 1977년
삼성전자 1969년, 1983년(반도체), 1993년(이건희),
        1994년
삼풍백화점 붕괴 1995년
생물다양성보존협약 1992년(리우 환경회의)
샤넬, 가브리엘 1913년
샤프빌 학살(남아공) 1976년
서봉수 1993년
서울 아시안게임 1986년
서울 올림픽 1988년
서태지와 아이들 1992년
서편제(영화) 1993년
서프, 빈턴 1983년, 1990년
석유 파동 1973년
성수대교 붕괴 1995년
세르비아 1991년(유고슬라비아)
세일즈맨의 죽음(희곡) 1949년
섹스 스캔들(클린턴) 1998년
소니 1979년
소떼 방북 1998년
소련 소멸 1991년
소련 쿠데타 1991년(소련 소멸)
솔제니친, 알렉산드르 1974년
송재경(벤처기업인) 1998년
수정란 복제 1996년(돌리)
쉬리(영화) 1999년
슈밋, 에릭 1997년(구글)
슈투트가르트 발레단 1993년
스너피(복제개) 1999년(황우석)
스리 테너 1990년
스크래피 1982년(프루지너, 스탠리), 1996년(광우병)
스타크래프트 1998년
스탈린, 이오시프 1924년, 1934년, 1953년, 1956년
스톡홀름 환경회의 1972년
스필버그, 스티븐 1982년
슬로바키아 1993년
슬로베니아 1991년(유고슬라비아)
시대 시리즈(저서) 1994년
시드니 올림픽 2000년
시오노 나나미 1995년
시카고 불스(NBA팀) 1991년
신경영(삼성) 1993년

신사참배   1938년
신성일   1964년
심형래   1999년

◉

아데나워, 콘라드   1949년
아라파트, 야세르   1969년, 1993년(중동평화협정)
아르파넷(인터넷)   1969년
아리랑(인공위성)   1999년
아파르트헤이트   1991년
안락사   1998년
안티조선   2000년
알리, 무하마드   1974년
애니콜(휴대폰)   1994년
애플컴퓨터   1975년(빌 게이츠), 1981년(PC),
            1984년(잡스, 스티브)
앤드리슨, 마크   1993년
야후코리아   1999년(네이버)
양현석   1996년
양희은   1971년
엄홍길   2000년
에베레스트   1953년, 1977년, 1986년, 1992년,
            1995년, 2000년
엔씨소프트   1998년(리니지), 1998년(김택진)
엘리자베스 2세   1952년
연평해전   1999년
영롱이(복제소)   1999년
영불 해저터널   1994년
오마이뉴스   2000년
오스만 튀르크   1923년
오연호   2000년
온산병   1985년
온실가스   1997년(교토 의정서)
올레(인공위성)   1999년
와일스, 앤드루   1994년
와츠 폭동   1965년
왓슨, 제임스   1953년, 2000년(게놈)
용가리(영화)   1999년
우루과이 라운드(UR)   1994년
우리모두   1995년(인터넷신문)
우리별(인공위성)   1999년
우에무라 나오미   1970년
우즈, 타이거   1997년
월드 오브 워크래프트(WOW)   1998년(스타크래프트)

월드와이드웹(WWW)   1991년
월드컵 4강 신화   1996년
월드컵(한국·일본)   1996년
윈도 95   1995년
윌머트, 이언   1996년
유고 연방   1948년(티토), 1991년
유니버설 발레단   1984년
유럽공동체(EC)   1993년(유럽연합)
유럽석탄철강공동체   1993년(유럽연합)
유럽연합(EU)   1993년
유로 터널   1994년
유명우   1993년
유서 대필 사건   1991년
유엔 가입(남북한)   1991년
유엔환경개발회의   1992년
유일 지도체제(북한)   1972년
유홍준   1993년
윤석화   1983년
윤호진   1997년
응창기배   1989년
이건희   1983년(반도체), 1993년
이란·이라크 전쟁   1980년
이명박   1977년
이문열   1979년
이병철   1966년(사카린 밀수 사건), 1969년,
            1983년(반도체)
이봉주   2000년
이소룡   1971년
이수만   1996년
이순재   1991년
이승만   1914년, 1919년, 1946년(정읍발언), 1948년
이승훈   1907년
이어령   1963년
이에리사   1973년
이영희(한복)   1994년
이우혁   1992년
이재호   1991년(분신)
이창호   1990년
이청준   1976년
이태원(성악)   1997년(명성황후)
이해진   1999년
인간광우병   1982년, 1996년
인터넷(국내)   1990년, 1992년(PC통신),
            1995년(인터넷신문), 1997년(야후),
            1999년(네이버)
인터넷신문   1995년